Steuerung der GmbH durch einen Interim Manager

Forum Unternehmens-, Steuer- und Bilanzrecht

Deutsche, europäische und internationale Rechtsfragen

Herausgegeben von Oliver Fehrenbacher / Michael Stöber

Band 17

PETER LANG

Stefan Jäkel

Steuerung der GmbH durch einen Interim Manager

PETER LANG

Bibliografische Information der Deutschen Nationalbibliothek
Die Deutsche Nationalbibliothek verzeichnet diese Publikation in der Deutschen Nationalbibliografie; detaillierte bibliografische Daten sind im Internet über http://dnb.d-nb.de abrufbar.

Zugl.: Konstanz, Univ., Diss., 2020.

D 352
ISSN 2366-293X
ISBN 978-3-631-83819-8 (Print)
E-ISBN 978-3-631-84780-0 (E-PDF)
E-ISBN 978-3-631-84781-7 (EPUB)
E-ISBN 978-3-631-84782-4 (MOBI)
DOI 10.3726/b18061

Peter Lang – Berlin · Bern · Bruxelles · New York · Oxford · Warszawa · Wien

Diese Publikation wurde begutachtet.

www.peterlang.com

MEINEN LIEBSTEN
IN DANKBARKEIT

Danksagung

Ohne die Unterstützung zahlreicher Personen hätte diese Arbeit nicht realisiert werden können. Für die vielfältig erfahrene Hilfe möchte ich mich an dieser Stelle sehr herzlich bedanken.

Mein besonderer Dank gilt zunächst meinem Doktorvater Herrn Prof. Dr. Oliver Fehrenbacher, der mir erst die Möglichkeit gegeben hat, diese Arbeit durchzuführen. Ich danke ihm für seine Hilfe bei der Themastellung, für die hervorragende Betreuung und für seine ständige Diskussions- und Hilfsbereitschaft. Unsere Gespräche habe ich stets als Ermutigung und Motivation empfunden. Herrn Prof. Dr. Christian Picker danke ich für die wissenschaftliche Betreuung als Zweitgutachter und seinen besonderen persönlichen Einsatz im Rahmen der mündlichen Prüfung.

Diese Dissertation entstand nebenberuflich während meiner Tätigkeit als Rechtsanwalt bei GKD Rechtsanwälte am Standort Konstanz. Die Durchführung des Projekts wäre deshalb auch nicht ohne die große Unterstützung, das Vertrauen und das Verständnis meines Arbeitgebers möglich gewesen. Für diese nicht selbstverständliche Hilfe möchte ich mich bei allen Kollegen sehr herzlich bedanken.

Mein besonderer Dank gilt auch meinen Eltern Regine und Gerhard Jäkel, die mir meinen bisherigen Lebensweg ermöglichten und mich zu dieser Arbeit ermutigt haben. Auch meiner Schwester Katharina Jäkel, die mich besonders in vielen langen Stunden bei der Korrektur dieser Doktorarbeit unterstützt hat, gebührt besonderer Dank. Ganz besonders bedanke ich mich bei meiner Ehefrau Carina Madeleine Jäkel für ihre Rücksichtnahme, die stets liebevolle und vielseitige Unterstützung und ihr uneingeschränktes Verständnis.

Inhaltsverzeichnis

Abkürzungsverzeichnis

a.A.	anderer Ansicht
a.a.O.	am angegebenen Ort
abl.	ablehnend
Abs.	Absatz
AcP	Archiv für die civilistische Praxis (*Zeitschrift*)
a.E.	am Ende
AfP	Zeitschrift für Medien- und Kommunikationsrecht
AG	Aktiengesellschaft
AG	Die Aktiengesellschaft *(Zeitschrift)*
AG	Amtsgericht
ähnl.	ähnlich
AiB	Arbeitsrecht im Betrieb (*Zeitschrift*)
AktG	Aktiengesetz
allg.	allgemein
Alt.	Alternative
Anm.	Anmerkung
ArbRAktuell	Arbeitsrecht Aktuell *(Zeitschrift)*
AT	Allgemeiner Teil
Aufl.	Auflage
AÜG	Gesetz zur Regelung der Arbeitnehmerüberlassung
BAG	Bundesarbeitsgericht
BB	Betriebs Berater *(Zeitschrift)*
BC	Zeitschrift für Bilanzierung, Rechnungswesen und Controlling
Bd.	Band
bes.	besonders
BetrVG	Betriebsverfassungsgesetz

BGB	Bürgerliches Gesetzbuch
BGBl.	Bundesgesetzblatt
BGH	Bundesgerichtshof
bspw.	beispielsweise
bzw.	beziehungsweise
DAX	Deutscher Aktienindex
DB	Der Betrieb *(Zeitschrift)*
ders.	derselbe
DNotZ	Deutsche Notar-Zeitschrift
DStR	Deutsches Steuerrecht *(Zeitschrift)*
DWiR	Deutsche Zeitschrift für Wirtschaftsrecht
e.A.	eine Ansicht
f., ff.	folgende (Seiten)
FAZ	Frankfurter Allgemeine Zeitung
Fn.	Fußnummer
FS	Festschrift
gem.	gemäß
GmbH	Gesellschaft mit beschränkter Haftung
GmbHR	GmbH-Rundschau *(Zeitschrift)*
Hb.	Handbuch
herausg.	herausgegeben
HGB	Handelsgesetzbuch
h.Lit.	herrschende Literaturmeinung
h.M.	herrschende Meinung
i. d. R.	in der Regel
i.A.	im Auftrag
i.S.(d.)	im Sinne (des)
i. S. v.	im Sinne von
i.V.	in Vertretung

i. V. m.	in Verbindung mit
JA	Juristische Arbeitsblätter (*Zeitschrift*)
Kap.	Kapitel
KSI	Krisen-, Sanierungs- und Insolvenzberatung (*Zeitschrift*)
LG	Landgericht
Lit.	(Rechts)Literatur
m.E.	meines Erachtens
m. w. N.	mit weiteren Nachweisen
NJW	Neue Juristische Wochenschrift *(Zeitschrift)*
NZA	Neue Zeitschrift für Arbeitsrecht *(Zeitschrift)*
NZG	Neue Zeitschrift für Gesellschaftsrecht *(Zeitschrift)*
NZI	Neue Zeitschrift für Insolvenz- und Sanierungsrecht
OLG	Oberlandesgericht
OWiG	Ordnungswidrigkeitengesetz
Rn.	Randnummer
Rspr.	Rechtsprechung
S.	Satz/Seite
s.	siehe
s.a.	siehe auch
SGG	Sozialgerichtsgesetz
s.o.	siehe oben
sog.	sogenannte/sogenannter/sogenanntes
s.u.	siehe unten
tw.	teilweise
u.a.	unter anderem
Urt.	Urteil
u.U.	unter Umständen
usw.	und so weiter
v.a.	vor allem

vgl.	vergleiche
Vor.	Vorbemerkung
WM	Zeitschrift für Wirtschafts- und Bankrecht
z.B.	zum Beispiel
ZErb	Zeitschrift für die Steuer- und Erbrechtspraxis
Ziff.	Ziffer
ZInsO	Zeitschrift für das gesamte Insolvenzrecht
ZIP	Zeitschrift für Wirtschaftsrecht
ZPO	Zivilprozessordnung
z.T.	zum Teil
zust.	zustimmend

Einleitung

Über kaum ein anderes alltägliches Rechtsthema herrscht in vielen Unternehmen so wenig Klarheit wie über das Vertretungsrecht. Dabei geht es z.B. um die Fragen: Wer kann das Unternehmen in welchen Fragen und in welchem Umfang wirksam nach außen vertreten? An wessen Erklärungen muss es sich festhalten lassen? Auch der richtige Umgang mit den vertretungsrechtlichen Kennzeichnungen „i.V.", „i.A." etc. und deren rechtlicher Bedeutung ist in vielen Unternehmen nicht bekannt. Häufig ist schon die Frage, welcher Mitarbeiter was nach außen erklären darf und welchen Umfang die jeweilige Vertretungsmacht des Mitarbeiters haben soll, unternehmensintern nicht geklärt. Das fehlende Problembewusstsein bezüglich der Vertretungsregelungen ist auch nicht etwa ein „Privileg" kleinerer Unternehmen – die regelmäßig über keine eigene Rechtsabteilung verfügen –, sondern ist mitunter sogar bei börsennotierten Unternehmen anzutreffen. Das beweist u.a. sehr anschaulich der Streit der beiden DAX-Unternehmen Daimler und Henkel aus dem Jahr 2009 über den wirksamen Abschluss eines Sponsoringvertrages für das Mercedes Formel 1 Team, der durch einen Mitarbeiter von Henkel unterzeichnet worden war. Hinterher wurde die Vollmacht des Mitarbeiters für den Abschluss eines solchen Vertrages in Zweifel gezogen.[1]

Diese Feststellungen überraschen, spielt doch der Einsatz von Stellvertretern im alltäglichen Wirtschaftsleben eine unverzichtbare Rolle.[2] Jedes Mal, wenn ein Unternehmen einen Vertrag abschließt, eine Mahnung ausspricht oder eine Kündigung erklärt, geschieht dies regelmäßig durch Mitarbeiter, die für das Unternehmen handeln, dieses also nach außen vertreten. Anders als noch im römischen Recht, als es diese nicht gab,[3] bildet die Stellvertretung im modernen Handelsverkehr die Regel und nicht die Ausnahme.[4] Das gesamte Wirtschaftsleben käme sofort zum Erliegen, wenn Unternehmen keine Vertreter mehr einsetzen würden. Ohne dass andere Personen mit der Wahrnehmung fremder Interessen im Rechtsverkehr betraut werden, wäre das heutige Wirtschaftsleben gar nicht möglich.[5] Neben dem rein praktischen Zweck der Arbeitsteilung[6] und der Erweiterung des Wirkungskreises[7] werden andere Personen aber oft auch

---

1 Dargestellt z.B. auf: http://www.sueddeutsche.de/wirtschaft/formel-schmutzige-waesche-bei-henkel-streit-mit-daimler-1.128106, zuletzt abgerufen am 02.08.2015 um 15:39 Uhr.

2 Staub/*Joost* HGB vor § 48 Rn. 1.

3 *Wesel*: Geschichte des Rechts, S. 206.

4 MüKoHGB/*Krebs* HGB Vor. § 48 Rn. 1.

5 *Rüthers/Stadler*: BGB AT, § 29 Rn. 1.

6 Staub/*Joost* HGB vor § 48 Rn. 1.

7 *Grooterhorst*: Vollmachten im Unternehmen, S. 17.

wegen ihrer besonderen Vertrauenswürdigkeit mittels des Stellvertretungsrechts mit der Wahrnehmung fremder Interessen betraut[8].

Ein weiterer nicht unbedeutender Grund für die rechtsgeschäftliche Stellvertretung von Unternehmensträgern ist außerdem die besondere Sachkunde einer Person, die auf diesem Wege für das Unternehmen nutzbar gemacht werden soll. Ein sehr beliebter Weg, sich ein solches Spezialwissen zu beschaffen, besteht für viele Unternehmen inzwischen in dem Einsatz sog. Interim Manager, deren Einsatz in den letzten Jahren zunehmend an Bedeutung gewonnen hat.[9] In der Rechtswissenschaft ist das Phänomen des Interim Managements insbesondere durch die umfangreiche Arbeit von *Uffmann* bekannt geworden, die dieses Thema unter vielen Aspekten beleuchtet.[10] Interim Manager werden meist dann gerufen, wenn sich Unternehmen aus den verschiedensten Gründen durch die kurzzeitige Hinzuziehung externen Sachverstandes schnelle Verbesserung erhoffen. Je nachdem auf welcher Unternehmensebene das gesuchte Spezialwissen benötigt wird, werden sie auch in der Führungs- bis hin zu der Geschäftsführer- bzw. Vorstandsebene eingesetzt. Häufig – insbesondere bei mittelgroßen Unternehmen, die überwiegend in der Rechtsform der GmbH organisiert sind – soll der Interim Manager aber nicht nur punktuell eingesetzt werden, sondern insgesamt die *„Steuerung"* des gesamten Unternehmens übernehmen[11], um es beispielsweise selbstständig aus einer Krise zurück in sichere Fahrwasser zu führen.

Solche Interim Manager werden – auch wenn das auf den ersten Blick sicherlich naheliegender wäre – zunehmend nicht direkt als Geschäftsführer einer GmbH (bzw. als Vorstand einer AG) oder als *„einfache"* Arbeitnehmer in die Unternehmen integriert, sondern aus ganz unterschiedlichen Gründen immer häufiger nur auf schuldrechtlicher Basis in Form eines Dienstvertrages verpflichtet. Der wohl wichtigste Grund für diese schuldrechtliche Variante dürfte darin liegen, dass Interim Manager besonders häufig in Krisenzeiten von Unternehmen eingesetzt werden und von Seiten der Manager (ob zu Recht, sei an dieser Stelle zunächst dahingestellt) die rein schuldrechtliche der organschaftlichen Haftung vorgezogen wird. Insbesondere in der sog. Eigenverwaltung, die durch das ESUG 2012 nochmals entscheidend gestärkt wurde, ist dieses Phänomen häufig zu beobachten.[12] Hier werden unabhängige und erfahrene Interim Manager, sog. *„Chief Restructuring Officer"*, oft als Retter in der Not und als *„Feuerwehr"*[13] angesehen,[14] die dann zeitlich befristet in Unternehmen gehen, um Managementaufgaben auf der Ebene der Geschäftsleitung oder den darunter liegenden Führungsebenen

---

8 *Rüthers/Stadler*: BGB AT, § 29 Rn. 1.
9 *Krieger* FS Hoffmann-Becking, S. 711.
10 *Uffmann*: Interim Management.
11 Vgl. z.B.: *Maschmann* NZA 2013, 1305.
12 Z.B.: *Specovius*, in: Kübler: HRI, § 13 Rn. 65.
13 *Krieger* FS Hoffmann-Becking, S. 711.
14 *Uffmann* ZIP 2016, 295.

wahrzunehmen, die intern mangels fachlicher oder personeller Kapazität nicht abgedeckt werden können oder dies aus Flexibilisierungsgründen nicht sollen. Hier kommt dann das Problem hinzu, *„dass Interim Management in der Unternehmenskrise schon rechtstatsächlich „gefahrgeneigte" Arbeit"* darstellt[15] und gleichzeitig auch die Haftung des Sanierungsgeschäftsführers in der Eigenverwaltung gegenwärtig eines der umstrittensten Probleme in der Eigenverwaltung überhaupt ist[16]. Dies zeigt nicht zuletzt auch die Entscheidung des BGH vom 26.4.2018, in solchen Fällen den Geschäftsleiter analog §§ 60, 61 InsO haften zu lassen.[17]

Sollen die Interim Manager auf rein dienstvertraglicher Ebene mit der Einsatzgesellschaft verbunden sein, bleiben sie anders als der Geschäftsführer bzw. der Vorstand auf die Gesellschaft bezogen nur außenstehende Dritte. Sie sind dann auch nicht unmittelbar in das gesellschaftsrechtliche Verantwortungs- und Haftungsgefüge eingebunden, haben dementsprechend aber auch keine (unmittelbaren) organschaftlichen Befugnisse.[18] Soll der Interim Manager dann trotz der fehlenden Organstellung die Aufgabe der *„Steuerung"* des Unternehmens übernehmen, stellt sich zwangsläufig die Frage, wie ihm die dafür notwendigen Kompetenzen auf einer rein schuldrechtlichen Basis – also ohne ihn zum Organ der Gesellschaft zu bestellen – eingeräumt werden können, sodass dieser die der Führungsebene entsprechenden Kompetenzen also auch tatsächlich innerhalb und außerhalb des Unternehmens ausüben kann.

In der Praxis wird der Interim Manager in solchen Fällen regelmäßig neben dem Dienstvertrag noch zusätzlich mit einer sog. Generalvollmacht ausgestattet,[19] die ihm ein umfassendes Recht, die Gesellschaft im Rechtsverkehr zu vertreten, einräumen soll. Um ihm tatsächlich aber die *„Steuerung"* der Gesellschaft zu ermöglichen, dürfte die bloße Erteilung einer solchen Generalvollmacht jedoch nicht ausreichend sein. Ein häufiges Problem bei einem solchen schuldrechtlichen Einsatz stellt nämlich auch die Beziehung des Managers zur organschaftlichen Führungsebene und die Aufgabenverteilung zwischen diesen Akteuren dar. Gerade in der Anfangsphase kommt es vor, dass sich Geschäftsführer bzw. Vorstände entweder aus *„Machtstreben"* oder aus alter Gewohnheit nicht an die Neudefinition der Kompetenzverteilung halten und sich stattdessen in verschiedenster Art und Weise in die Zuständigkeiten des Interim Managers einmischen.[20] Ein weiteres nicht zu unterschätzendes Problem ist der Loyalitätskonflikt, in den die

15 *Uffmann* ZIP 2016, 295, 297.

16 So: *Uffmann* ZIP 2016, 295, 297; vgl. dazu auch u.a.: *Skauradszun/Spahlinger* DB 2015, 2559 ff.; *Bachmann* ZIP 2015, 101; *Kebekus/Zenker* FS Kübler, S. 331 ff.; *Thole/Brünkmans* ZIP 2013, 1097; *Flöther*, in: Kübler: HRI, § 18 jeweils mit weiteren Nachweisen.

17 BGH, Urteil vom 26.04.2018 (IX ZR 238/17) = NJW 2018, 2125.

18 *Uffmann* ZGR 2013, 273, 295.

19 *Specovius*, in: Kübler: HRI, § 13 Rn. 65; *Hammes* NZI 2017, 233; *Uffmann* ZGR 2013, 273, 295.

20 Buth/Hermanns/*Kaufmann* RSI § 20 Rn. 42.

Mitarbeiter durch diesen „*Machtkampf*" gestürzt werden können. Da der Interim Manager schon per Definition nur für einen befristeten Zeitraum im Unternehmen verbleibt, wird es im Normalfall keiner der Mitarbeiter wagen, sich gegen den Willen des Geschäftsführers bzw. Vorstands auf dessen Seite zu schlagen. Die dadurch fehlende Unterstützung in breiten Teilen des Unternehmens würde aber den Erfolg, den man sich vom Einsatz des Interim Managers erhofft, ernsthaft gefährden.[21] Die bloße Aufteilung der Zuständigkeiten nach Aufgabengebieten[22] ist da wenig erfolgversprechend. Auch im Hinblick auf die Gestaltung neuer Aufträge muss dem Interim Manager stets ein Kontroll- und Widerspruchsrecht vorbehalten bleiben, damit sein Einsatz nicht durch diesem zuwiderlaufende Vertragsabschlüsse der Geschäftsführung unterlaufen wird.[23]

Um das Spezialwissen und die Fähigkeiten des Interim Managers daher möglichst umfassend für das Unternehmen fruchtbar zu machen, wird mit der Erteilung der Generalvollmacht neben der damit bezweckten und automatisch verbundenen umfassenden Vollmachtserteilung im Außenverhältnis in der Regel auch eine „*Übertragung*" umfassender Entscheidungsbefugnisse im Innenverhältnis verbunden sein müssen.[24] Eine solche Übertragung im Innenverhältnis ist durch die Einräumung einer Generalvollmacht allein nicht automatisch gegeben. So kann die Generalvollmacht beispielsweise auch lediglich für einen Spezialauftrag erteilt werden[25], bei dem umfangreiche Kompetenzen im Innenverhältnisse gar nicht notwendig sind, sondern die umfassende Vertretungsmacht nach außen völlig ausreichend ist. Weil die Generalvollmacht eben nicht schon per se Befugnisse im Innenverhältnis gegenüber der Geschäftsführung der Gesellschaft beinhaltet, muss neben die Vollmachterteilung ein weiterer Vertrag hinzutreten, in dem dem Interim Manager interne Kompetenzen eingeräumt werden.[26] Dabei geht es letztendlich also um die Einräumung eigenständiger „*Geschäftsführungsrechte*".[27] Durch diese Konstruktion würde der Interim Manager tatsächlich eine von den Geschäftsführungsorganen unabhängige Rechtsstellung erlangen und wäre bei entsprechender Ausgestaltung des Vertrages (zumindest schuldrechtlich) auch frei von deren Weisungen. Darüber hinaus wären die Geschäftsführungsorgane an der Ausübung der ihnen im Normalfall zustehenden Vertretungsbefugnisse nicht nur durch eine interne Beschränkung gehindert, sondern sogar an die Weisungen des Interim Managers gebunden.

---

21 Zu Recht darauf hinweisend: Buth/Hermanns/*Kaufmann* RSI § 20 Rn. 43.

22 So z.B.: Buth/Hermanns/*Kaufmann* RSI § 20 Rn. 44.

23 Buth/Hermanns/*Kaufmann* RSI § 20 Rn. 45.

24 *Uffmann* ZGR 2013, 273, 295; MüKoGmbHG/*Stephan/Tieves* GmbHG § 35 Rn. 237; *Geitzhaus*, GmbHR 1989, 229; *Hübner*, ZHR 143 (1979), 1, 2.

25 *Hübner* ZHR 143 (1979), 1, 2.

26 *Uffmann* ZGR 2013, 273, 295.

27 *Uffmann* ZGR 2013, 273, 295; *Semrau*: Dritteinflussnahme, S. 134.

Viele Unternehmen bzw. deren rechtliche Berater scheuen sich aber nach wie vor, diesen schuldrechtlichen Weg zu gehen, da der Einsatz – zumindest aus ihrer Sicht – noch zu viele rechtliche Risiken birgt. Dies gilt insbesondere für die GmbH, bei der Interim Manager aber besonders häufig eingesetzt werden und die ohnehin die am häufigsten gewählte Gesellschaftsform darstellt, weshalb auch nur diese Gegenstand der vorliegenden Untersuchung werden soll. Diesem schuldrechtlichen Weg stehen bei der GmbH insbesondere zwei große Hürden im Weg. So ist nämlich zunächst schon der Einsatz einer Generalvollmacht bei der GmbH in der Rechtsliteratur[28] und in der Rechtsprechung[29] heftig umstritten. Im krassen Gegensatz zur praktischen Akzeptanz und Relevanz der Generalvollmacht stehen nämlich die unterschiedlichen Vorschläge zu ihrer rechtlichen Ausformung und Bestimmung sowie die Beschäftigung mit ihrer Anerkennung durch Rechtsprechung und Wissenschaft. Bzgl. der über die Vollmacht noch hinausgehenden, bereits angesprochenen „*Steuerung*" im Innenverhältnis stellen sich sogar zwei Probleme. Anders als bei der Generalvollmacht ist hier schon gar nicht klar, wie diese Kompetenzeinräumung überhaupt dogmatisch konstruiert werden kann. Daneben stellt sich aber auch hier die Frage, ob eine solche Konstruktion, ließe sie sich denn dogmatisch erklären, gesellschaftsrechtlich zulässig sein kann.

Die Zulässigkeit der Generalvollmacht ist wie bei keiner anderen Vollmacht bis heute heftig umstritten und nahezu ungeklärt.[30] Nicht nur ihre Zulässigkeit,

28 Vgl. etwa: Oppenländer/Trölitzsch/*Trölitzsch* § 17 Rn. 3, § 18 Rn. 36; MHLS/*Lenz* GmbHG § 35 Rn. 9; Henssler/Strohn/*Oetker* GmbHG § 35 Rn. 41; Röhricht/Graf von Westphalen/Haas/*Wagner* HGB § 50 Rn. 23; Staudinger/*Schilken* § 167 Rn. 83; Soergel/*Leptien* BGB § 167 Rn. 41; Rowedder/Schmidt-Leithoff/*Koppensteiner/Gruber bzw. Baukelmann* GmbHG § 35 Rn. 9; *Brüggemann*, JA 1977, 500, 502; *Gustavus* GmbHR 1978, 219, 225; *Eder* GmbHR 1962, 265 ff.; *Henze*: Handbuch zum GmbH-Recht, Rn. 1162; Roth/Altmeppen/*Altmeppen* GmbHG § 35 Rn. 15 f.; BeckOK GmbHG/*Wisskirchen/Kuhn* GmbHG § 35 Rn. 7 f.; Baumbach/Hueck/*Noack/Zöllner* GmbHG § 35 Rn. 76; *Wicke* GmbHG § 35 Rn. 3; MüKoGmbHG/*Stephan/Tieves* GmbHG § 35 Rn. 237; *K. Schmidt* GesR, § 36 II. 1. b); *K. Schmidt* HandelsR, § 16 Rn. 8; Lutter/Hommelhoff/*Kleindiek* GmbHG § 35 Rn. 2; BeckHdbGmbH/*Axhausen* § 5 Rn. 155; *Joussen* WM 1994, 273 ff.; *Spitzbarth* BB 1962, 851, 853; Staub/*Joost* HGB § 49 Rn. 47 f.; UHL/*Paefgen* GmbHG § 35 Rn. 122; Hachenburg/*Mertens* GmbHG § 35 Rn. 103; *Leiner*: Generalvollmacht, S. 128; Mertens/Stein/*Mertens* § 35 Rn. 103; Scholz/*Schneider* GmbHG § 35 Rn. 18; *Geitzhaus* GmbHR 1989, 232 ff.; *Geck* DStR 1988, 90, 97; HK-GmbHG/*Fichtelmann* GmbHG § 35 Rn. 38; *Uffmann*: Interim Management, § 19, S. 360 ff.; *Baumann*: Generalvollmacht, S. 3 ff.

29 Vgl. dazu insbesondere die Urteil des BGH vom 12.12.1960 (Az.: II ZR 255/59) = BGHZ 34, 27; vom 22.01.1962 (Az.: II ZR 11/61) = WM 1962, 240 ff.; vom 19.06.1975 (Az.: II ZR 170/73) = WM 1975, 790; vom 18.10.1976 (Az.: II ZR 9/75) = NJW 1977, 199; vom 16.11.1987 (AZ.: II ZR 92/87) = BB 1988, 291 f; vom 18.07.2002 (Az.: III ZR 124/01) = NJW-RR 2002, 1325; vom 20.10.2008 (Az.: II ZR 107/07) = NJW 2009, 293.

30 *Leiner*: Generalvollmacht, S. 1.

sondern auch ihr konkreter Umfang liegen *„weitgehend im juristischen Dunkel“*[31]. Dies wird insbesondere beim Blick auf die vielfältigen Entscheidungen des Bundesgerichtshofes[32] bzw. des Reichsgerichts[33] und der Mehrzahl der Literaturmeinungen[34] deutlich. Der wesentliche Grund für die fehlende Anerkennung und Ausformung der Generalvollmacht durch Rechtsprechung und Wissenschaft ist allerdings leicht ausgemacht. Im Gegensatz zur Prokura und der kaufmännischen Handlungsvollmacht ist diese nämlich bezüglich ihres Umfangs und ihrer Zulässigkeit bis heute überhaupt nicht gesetzlich geregelt, auch wenn sie zumindest gelegentlich in einigen Gesetzesvorschriften (z.B. § 5 Abs. 3 Nr. 2 BetrVG, §§ 29 Abs. 1 Nr. 4, 30 Abs. 1 Nr. 3 OWiG, § 173 ZPO, § 16 Abs. 4 SGG) erwähnt wird. Diese Erwähnungen sind allerdings allein der tatsächlichen Existenz der Generalvollmacht im Wirtschaftsleben geschuldet und enthalten keinerlei Aussagen über eine gesetzgeberische Weichenstellung oder Gestaltungsabsicht. Der Gesetzgeber überlässt es also bis heute allein der Rechtsprechung und Wissenschaft, über den Umfang und die Grenzen der Zulässigkeit der Generalvollmacht zu bestimmen und diese auch inhaltlich auszuformen. Die fehlende Anerkennung der Generalvollmacht ist aber nicht für alle Gesellschaftsformen gleich ausgeprägt. Überraschenderweise ist sie nämlich nur bei der GmbH heftig umstritten und nach der wohl derzeit herrschenden Meinung auch unzulässig, wohingegen sie bei Einzelpersonen, bei Personengesellschaften[35] und Aktiengesellschaften[36] weitgehend anerkannt ist.[37] In der Wissenschaft bisher wenig untersucht und nicht abschließend geklärt ist bisher die Frage, ob dieser Umstand auf tatsächlichen Unterschieden in der Organisationsform der GmbH zu den anderen Gesellschaftstypen begründet ist, ob also tatsächlich gewichtige dogmatische Gründe für die unterschiedliche Behandlung sprechen, oder ob hier nicht eher konkrete Einzelfallentscheidungen die Richtung der Zulässigkeitsfrage bestimmt haben. Der Rechtssicherheit und -klarheit, die gerade für den schnelllebigen

---

31 *Geitzhaus* GmbHR 1989, 229.

32 S. Aufzählung in Fn. 29.

33 Vgl. etwa die Urteile des RG zur Generalvollmacht vom 17.02.1912, 24.02.1915 und vom 04.07.1928.

34 S. Aufzählung in Fn. 28.

35 Vgl. etwa: *Westermann*: Vertragsfreiheit, S. 405 ff.; *Joussen* WM 1994, 273, 278; *Schippers* DNotZ 2009, 353, 365; *Spitzbarth* BB 1962, 851, 852; *Leiner*: Generalvollmacht, S. 139 ff.; *Reimer*: Generalvollmacht, S. 48 ff.

36 Vgl. etwa: *Grooterhorst*: Vollmachten im Unternehmen, S. 146; MüKoAktG/*Spindler* AktG § 78 Rn. 114; Hüffer/*Koch* AktG § 78 Rn. 10; Hölters/*Weber* AktG § 78 Rn. 41; Spindler/Stilz/*Fleischer* AktG § 78 Rn. 52; MünchHdB GesR IV/*Wiesner* § 23 Rn. 28; *Leiner*: Generalvollmacht, S. 133 ff.; *Reimer*: Generalvollmacht, S. 48 ff.; Schmidt/Lutter/*Seibt* AktG § 78 Rn. 15; GKAktG/*Habersack/Foerster* AktG § 78 Rn. 81 f.; KK-AktG/*Mertens/Cahn* AktG § 78 Rn. 78; *Huber* ZHR 152 (1988), 1, 26; *Frels* ZHR 122 (1959), 173, 187 f.; GKAktG/*Habersack* AktG § 78 Rn. 59.

37 So zu Recht etwa auch schon: *Leiner*: Generalvollmacht, S. 2, 16.

kaufmännischen Geschäftsverkehr essenziell sind, wäre zweifellos mit einem Gleichlauf zumindest bei den Kapitalgesellschaftstypen gedient.

Zu dieser Frage sind inzwischen – neben einigen Aufsätzen – auch schon eine Reihe von Arbeiten veröffentlicht worden. Die Autoren kommen darin zu unterschiedlichen Ergebnissen. Die 1998 von *Leiner* veröffentlichte Dissertation („*Die Generalvollmacht im Recht der Kapital- und Personengesellschaften*") bestätigt weitestgehend die bisher herrschende Lehre und kommt zum Ergebnis, dass eine Generalvollmacht nur zulässig ist, wenn die „*Übertragung unübertragbarer organschaftlicher Befugnisse*" ausgeschlossen ist, andernfalls liege eine „*unwirksame organschaftliche*" Generalvollmacht vor, die dann höchstens in eine rechtsgeschäftliche Generalvollmacht umgedeutet werden könne.[38] Dagegen vertritt *Uffmann* in ihrer erst 2015 erschienenen Habilitationsschrift „*Interim Management*", die sich ebenfalls in einem Teil mit der Generalvollmacht bei der GmbH auseinandersetzt, die gegensätzliche Auffassung, dass durch die bloße Einräumung einer Generalvollmacht nämlich schon überhaupt keine organschaftlichen Befugnisse übertragen werden könnten. Als dritte wichtige Arbeit zur Frage der Zulässigkeit der Generalvollmacht ist an dieser Stelle noch die Dissertation von *Reimer* („*Die Generalvollmacht im Handels- und Gesellschaftsrecht*") aus dem Jahr 2001 zu nennen. Auch *sie* argumentiert, dass bei einer Generalvollmacht bei der GmbH „*keine organschaftlichen Befugnisse übertragen werden könnten*", und die gegen die Generalvollmacht bei der GmbH vorgebrachten Argumente deshalb nicht überzeugen würden. Abschließend befürwortet sie eine Eintragungspflicht im Zusammenhang mit einer grundsätzlichen gesetzlichen Regelung der Generalvollmacht.

Diese Arbeiten haben erheblich dazu beigetragen, dass die bis vor wenigen Jahren noch so deutliche h.M. bzgl. der Ablehnung der Generalvollmacht bei der GmbH ganz allmählich ins Wanken gerät. Auch wenn durch diese Arbeiten also insbesondere die Diskussion versachlicht und viele Argumente gegen die Totalablehnung ins Feld geführt werden konnten, ist der Streit über die Zulässigkeit der Generalvollmacht bei der GmbH längst noch nicht entschieden. Der Grund für den weiter fortdauernden Streit dürfte insbesondere auch in einem Punkt liegen, in dem sich – soweit ersichtlich – alle Autoren, die sich bisher mit der Zulässigkeit der Generalvollmacht befasst haben, einig sind. Unabhängig davon, ob sie selbst die Zulässigkeit der Generalvollmacht bei der GmbH im Ergebnis ablehnen oder befürworten, bewerten sie die Rechtsprechung des BGH und des RG als (Teil-)Ablehnung dieser Zulässigkeit. Auch in dieser Arbeit kann deshalb über die Zulässigkeitsfrage nicht hinweggegangen werden. Vielmehr soll nachfolgend zunächst an ihren Ursprungsort zurückgekehrt werden, indem die Rechtsprechung des BGH und des RG zur Generalvollmacht noch einmal grundlegend analysiert wird.

38 *Leiner*: Generalvollmacht, S. 150.

Die Schwierigkeit, die Zulässigkeit von Generalvollmachten richtig einzuordnen und zu bewerten, dürfte daneben aber nicht zuletzt gerade in der von *Beuthien* so zutreffend als *„Grundlagenungewissheit des deutschen Gesellschaftsrechts“*[39] beschriebenen Situation begründet sein. *Beuthien* ist außerdem der Auffassung, dass *„die rechtsdogmatische Einordnung der Stellvertretung im Gesellschaftsrecht“* nach wie vor *„ungeklärt“*[40] ist. Schon die Unterscheidung zwischen rechtsgeschäftlicher, gesetzlicher und organschaftlicher Stellvertretung sei *„nicht stimmig“*. Er vertritt vielmehr die Ansicht, dass sich Organhandeln und Stellvertretung schon begrifflich ausschließen.[41] Folgt man dieser Auffassung, ist es konsequenterweise nicht möglich, die Frage der Zulässigkeit der Generalvollmacht zu entscheiden, ohne zuvor auch das Verhältnis zwischen rechtsgeschäftlicher und organschaftlicher Stellvertretung untersucht zu haben. Denn erstere wird in den Untersuchungen gerade von der Frage der *„Übertragung“* von organschaftlichen Befugnissen abhängig gemacht. Die Zulässigkeit der Generalvollmacht bei der GmbH, aber auch bei anderen Gesellschaftsformen, ist deshalb nicht zuletzt eine Frage des Verhältnisses zwischen der Organstellung bzw. der organschaftlichen Stellvertretung und der rechtsgeschäftlichen Stellvertretung. Die Lösung dieses Spannungsverhältnisses wird letztendlich auch die Richtung für den Einsatz der Generalvollmacht vorgeben.

Anders als das Thema der Zulässigkeit der Generalvollmacht ist die Frage der *„Steuerung“* im Innenverhältnisses noch nicht in den Blickpunkt wissenschaftlicher Untersuchung geraten. Bis heute ist so noch nicht untersucht worden, ob ein nur schuldrechtlich eingesetzter Interim Manager, dem neben einer Generalvollmacht auch noch zusätzliche Kompetenzen im Innenverhältnis eingeräumt werden, das von der Gesellschaft eingesetzte und bestellte Geschäftsführungsorgan *„entmachten“* und die Geschäfte der Gesellschaft auf diesem Weg selbstständig *„führen“* kann. Diese Fragestellung geht damit über die reine Zulässigkeitsproblematik der Generalvollmacht bei der GmbH, die in den bisherigen Arbeiten thematisiert wurde, noch deutlich hinaus. Gefragt ist dabei nämlich, ob ein schuldrechtlich bevollmächtigter Interim Manager rechtlich so verankert werden kann, dass er in der *„Weisungshierarchie“* der Gesellschaft nicht nur neben oder unter dem Geschäftsführungsorgan stehen kann, sondern sogar über diesem und damit letztendlich (zumindest für begrenzte Zeit, z.B. während einer notwendigen Sanierung des Unternehmens) die Geschäfte der Gesellschaft leiten bzw. diese *„steuern“* und somit auch die eigentliche Macht innerhalb der Gesellschaft ausüben kann. Mit dieser Fragestellung werden zugleich grundlegende Fragen bei der GmbH aufgeworfen, wie unter anderem die Frage der Einheit von Herrschaft und Haftung oder die Frage, unter welchen Voraussetzungen ein Gremium oder eine natürliche Person Organ einer juristischen Person wird.

---

39 *Beuthien* NJW 2005, 855.
40 *Beuthien* NJW 2005, 855.
41 *Beuthien* NJW 2005, 855, 857.

Untersucht werden muss des Weiteren auch, ob die dem Interim Manager für diesen Zweck zu *„übertragenden"* Aufgaben überhaupt einer externen Delegation zugänglich sind, oder ob sie zwingend im Sinne eines uneinschränkbaren Kernbereichs beim Geschäftsführungsorgan bzw. den Gesellschaftern verbleiben müssen. Es geht an dieser Stelle also auch um die Frage, ob sich die Organstellung des Geschäftsführers zugleich in seinen Kompetenzen widerspiegeln muss oder ob die sog. *„Allzuständigkeit"* der Gesellschafterversammlung soweit reicht, dass der Geschäftsführer auch als *„Marionette"*[42] des Interim Managers fungieren kann.[43]

Für die Bearbeitung dieser zweiten Fragestellung ist zunächst auch die Kompetenzverteilung innerhalb der GmbH näher zu untersuchen. Dabei ist insbesondere die Frage zu klären, ob die Kompetenzzuweisung gerade für den Geschäftsführer zwingend ist oder aber ob auch sie der das GmbH-Recht durchdringenden grundsätzlichen Dispositionsfreiheit der Gesellschafter unterliegt. Anders formuliert ist zu untersuchen, ob ein unentziehbarer Kernbereich von Geschäftsführungsbefugnissen des Geschäftsführers existiert. Dabei geht es also auch um die Flexibilität der gesetzlichen Organisationsverfassung der GmbH. Abweichend vom gesetzlichen Regelfall wird in der zu untersuchenden Konstellation nämlich das Verhältnis zwischen dem Geschäftsführer und dem Interim Manager so ausgestaltet, dass der Organvertreter von der Entscheidung des Interim Managers abhängig ist. Organstellung und Generalvollmacht stehen dann nicht nur nebeneinander, sondern der Interim Manager als lediglich rechtsgeschäftlich Bevollmächtigter steht im krassen Gegensatz zur gesetzlichen Ausgangslage sogar über dem Geschäftsführer und vertritt die GmbH sozusagen *„im Überordnungsverhältnis"*[44].

Neben der bereits aufgeworfenen Frage der Zulässigkeit der Generalvollmacht bei der GmbH soll im Folgenden deshalb insbesondere diese Forschungslücke geschlossen werden. Der Grund, weshalb sich mit diesem umfassenden Thema der *„nichtorganschafltichen Steuerung"* der GmbH durch einen gesellschaftsfremden Dritten – soweit ersichtlich – bisher weder Wissenschaft noch Rechtsprechung eingehend auseinandergesetzt haben, lässt sich wohl relativ leicht mit der bisher fehlenden praktischen Relevanz des Problems erklären. So hat es sich bis vor wenigen Jahren bei der beschriebenen Fragestellung noch um ein rein akademisches Problem gehandelt. Es gab schon keinen sinnvollen Grund dafür, weshalb eine Gesellschaft einen Geschäftsführer bestellen sollte, wenn sie diesen durch einen Generalbevollmächtigten entmachten will. Sie hätte den Generalbevollmächtigten dann auch gleich direkt zum Geschäftsführer bestellen können, ohne diesen auf den ersten Blick nur umständlichen Weg zu wählen. Die *„außenstehende"* Stellung als *„starker"* Generalbevollmächtigter

42 *Zöllner* ZGR 1977, 319, 325; *Geißler* GmbHR 2009, 1071 ff.
43 Siehe zu dieser Fragestellung auch: *Uffmann* ZGR 2013, 273, 303.
44 Den Begriff verwendet *Schippers* DNotZ 2009, 353, 363.

hatte für keine der Parteien einen zusätzlichen Nutzen. Diese fehlende praktische Relevanz ist durch den zunehmen Einsatz der beschriebenen Interim Manager nun seit einigen Jahren aber überholt worden. Auch wenn bisher nicht vollständig ersichtlich ist, wie groß der Bedarf für die Wirtschaft tatsächlich ist, dürfte sich diese Ausgangsstellung in den letzten Jahren grundlegend geändert haben. Bei vielen Unternehmen besteht ein immer größeres Bedürfnis, sich in bestimmten Situationen ein Spezial-Knowhow zu beschaffen.

Schon bei diesem Problemaufriss wird deutlich, dass sich unter dem Aspekt des Interim Managements viele der zu verschiedenen Themen schon bestehenden Streitfragen aus einem neuen Blickwinkel betrachten lassen, wodurch sich zum einen neue Lösungswege, zum anderen aber auch neue Probleme ergeben können. Bei beiden Teilen der Untersuchung geht es nämlich u.a. auch um die dogmatische Grundfrage des *„Organs"*. Was macht ein Organ aus? Wofür gibt es ein Organ? Worin unterscheidet sich das Innen- vom Außenverhältnis bei den Eigenschaften des Organs? Die allermeisten Arbeiten – insbesondere auch die im Zusammenhang mit der Generalvollmacht erwähnten – befassen sich allein mit dem Außenverhältnis, sprich mit der Vertretungsmacht des Organs, ohne dabei aber eine klare Trennung zwischen Innen- und Außenverhältnis vorzunehmen. Ohne klare Trennung dieser beiden Eigenschaften des Organs lässt es sich aber nicht vermeiden, dass es oftmals nur um Begrifflichkeiten und weniger um tatsächliche Streitfragen geht, für die die Rechtswissenschaft eine Lösung finden müsste. Denn auch hier gilt, dass Begriffe lediglich *„gedankliche Mittel zum Zweck der geistigen Beherrschung des empirisch Gegebenen [sind] und allein sein können"*.[45]

Ziel der Arbeit ist also die Vornahme einer umfassenden Analyse und dadurch die Beantwortung der Frage, ob und wenn ja, wie es einem Interim Manager möglich ist, eine GmbH zu *„steuern"*, ohne dafür selbst zum Organ oder Organmitglied der GmbH werden zu müssen. Im ersten Teil sollen dafür zunächst das Interim Management näher untersucht und dessen Bedürfnisse im rechtlichen Sinne herausgearbeitet werden. Außerdem sollen an dieser Stelle auch der Begriff der *„Steuerung"* und die damit zusammenhängenden Kompetenzen bei der GmbH näher beleuchtet werden. Entscheidend wird hier die Beantwortung der Frage sein, welches Organ nach dem gesetzlichen Normalstatut die GmbH *„steuert"* und welche Kompetenzen dem Interim Manager deshalb eingeräumt werden müssen, damit er diese Aufgabe übernehmen kann. Aufbauend auf den dabei gewonnen Ergebnissen sollen dann im zweiten Teil das Außenverhältnis und im dritten Teil das Innenverhältnis zwischen dem Interim Manager und der GmbH hinsichtlich des rechtlichen Rahmens der *„Steuerung"* intensiv analysiert werden. Während es im Außenverhältnis der GmbH primär auf die Vertretung der GmbH im Rechtsverkehr ankommen wird, beleuchtet das Innenverhältnis insbesondere

45 Max Weber (WL 208 f.).

das Verhältnis zwischen dem Interim Manager und dem „regulären" Geschäftsführer sowie der Gesellschafterversammlung der GmbH. Im letzten Teil der Arbeit soll dann schließlich ein Fazit zu den gewonnenen Ergebnissen gezogen werden. Außerdem sollen die Ergebnisse der Arbeit auch noch in Thesenform zusammengefasst werden.

Erster Teil: Der Einsatz von Interim Managern zur Steuerung einer GmbH

Bevor in den folgenden beiden Teilen der Arbeit im Einzelnen untersucht werden kann, ob und unter welchen Voraussetzungen ein Interim Manager die GmbH auf rein schuldrechtlicher Basis – also ohne statuarische Verankerung – im Außen- und Innenverhältnis selbstständig steuern kann, muss zunächst – insbesondere wegen der fehlenden gesetzlichen Kodifikation des Interim Managements – herausgearbeitet werden, wie der Interim Manager zu definieren und das Vertragsverhältnis zwischen ihm und dem Einsatzunternehmen rechtlich einzuordnen ist. Auch die Frage, wie und in welchem Umfang Interim Manager im modernen Wirtschaftsleben in den Unternehmen eingesetzt werden und welche Bedürfnisse daraus für den Einsatz des Interim Managers als „*Steuermann*" der GmbH abgeleitet werden können, soll im ersten Teil der Arbeit näher untersucht werden. Und schließlich muss an dieser Stelle für die weitere Untersuchung bestimmt werden, wie die „*Steuerung*" der GmbH nach dem gesetzlichen Regelungsmodell funktioniert, was darunter im Einzelnen zu verstehen ist und welches Organ innerhalb der GmbH für die „*Steuerung*" zuständig ist. Anhand der in diesem Kapitel gefundenen Ergebnisse sind anschließend diejenigen Kompetenzen, die der Interim Manager zur „*Steuerung*" der GmbH benötigt und die ihm dafür eingeräumt werden müssen, zu benennen. Die hier gefundenen Kompetenzen geben das Prüfprogramm für die weiteren beiden Teile der Arbeit vor, bei denen konkret die Möglichkeit und Zulässigkeit einer Kompetenzeinräumung außerhalb eines Organverhältnisses für den Einsatz des Interim Managers zur „*Steuerung*" der GmbH zu prüfen sind.

§ 1: Das Interim Management

Um den Begriff „Interim Management" richtig verstehen und einordnen zu können, soll dieser zunächst näher untersucht und erläutert werden. Dafür sollen zuerst die Entstehungsgeschichte und die Entwicklung des sog. Interim Managements beschrieben werden. Danach soll der Begriff näher definiert werden, bevor dieser dann auch rechtlich eingeordnet werden kann. Abschließend soll dann noch kurz dargestellt werden, wie und auf welche Weise so definierte Interim Manager in der Praxis in die Einsatzunternehmen integriert werden.

A. Entstehungsgeschichte und Entwicklung des Interim Managements

Der Rückgriff auf die Kompetenzen von außerhalb des Unternehmens stehenden Experten gehörte lange vor der Entstehung des *„Interim Managements"* und der heute mit diesem Begriff verknüpften Aufgaben zur unternehmerischen Realität[46] und soll sogar bereits in der griechischen Mythologie erwähnt worden sein[47]. Mit dem Einsatz solcher unternehmensfremder Experten war schon immer die Hoffnung auf eine Antwort auf die zunehmende Professionalisierung und Verselbstständigung von sog. Managementfunktionen verbunden.[48]

Das Interim Management[49] selbst – als besondere Form des Einsatzes von externen Führungskräften – hat dagegen erst relativ spät, nämlich in den 1970er bzw. den frühen 1980er Jahren, im Bereich der Unternehmenssanierung seinen Anfang genommen[50]. Es war in dieser Zeit im Wesentlichen eine marktwirtschaftliche Antwort auf die Sanierungs- und Restrukturierungsbedürfnisse der Unternehmen nach dem weltweiten Konjunkturabschwung, der auf den u. a. durch den Jom-Kippur-Krieg ausgelösten Ölpreisschock folgte.[51] Als Alternative

46 Hofmann/*Eisenberg* S. 237; *Uffmann* ZGR 2013, 273, 280; *Weber*: Privatautonomie, S. 6; *Exner*: Der Unternehmensberatungsvertrag, S. 1; vgl. auch etwa: Studie der Ludwig Heuse GmbH: Interim Management in Deutschland 2017, abrufbar unter: https://www.interim-management.de/c/_o/308/Studie_Interim_Management_in_Deutschland_2017.pdf, zuletzt abgerufen am 12.07.2017 um 12:17 Uhr.

47 So: Hofamm/*Eisenberg* S. 237.

48 *Uffmann* ZGR 2013, 273, 280.

49 Vgl. zur Schreibweise: Erläuterungen des Arbeitskreis Interim Management Provider, abrufbar unter: http://www.aimp.de/interim-management-sprachlich-betrachtet/, zuletzt abgerufen am 15.07.2017 um 12:58 Uhr.

50 *Uffmann* ZIP 2016, 295, 296; *Faber/Till* Interim Management S. 7; *Fues*: Management auf Zeit S. 49; a.A.: *Mestwerdt*: KMU, S. 51: zuerst in Schweden 1966.

51 *Uffmann*: Interim Management, S. 25 ff.

zur Insolvenz wurde mit Hilfe externer Experten versucht – unter Umgehung der für die Krise oftmals mitursächlichen Unternehmensleitung – Krisenbewältigung zu betreiben.[52] Eine weitere Boomphase des Interim Managements war der Start und der dann ebenso rasche Abschwung der sog. „New Economy", als in den schnell wachsenden Unternehmen eine Vielzahl neuer Aufgaben zu vergeben waren und besondere Fähigkeiten gebraucht wurden.[53] Vorreiter in der Gründung von Interim-Management-Unternehmen waren jeweils Unternehmensberatungs- bzw. Wirtschaftsprüfungsgesellschaften.[54] Inzwischen haben sich aus diesen Abteilungen zumeist eigenständige Interim-Management-Firmen entwickelt.[55]

Die Ausbreitungswelle des Interim Managements ging besonders von den Vereinigten Staaten von Amerika aus und setzte sich dann in Europa zunächst hauptsächlich im Vereinigten Königreich und in den Niederlanden fort.[56] Nach Deutschland kam es dagegen erst deutlich später anlässlich der von der Treuhandanstalt zu verantworteten Privatisierungen nach der Wiedervereinigung und der damit verbundenen Überwindung von Managementdefiziten in der ostdeutschen Wirtschaft ab Anfang der 1990er Jahre.[57] Nach und nach kamen dann auch in Deutschland weitere Aufgabenfelder hinzu. Neben der Sanierung und Restrukturierung von Unternehmen sind heute u.a. besonders die Prozessoptimierung, die Ertragssteigerung, die Internationalisierung sowie die Produktoptimierung wichtige Einsatzfelder der Interim Manager.[58]

Inzwischen haben die marktwirtschaftlichen Notwendigkeiten auch in Deutschland dazu geführt, dass sich mit ca. 15.000[59] bis 20.000[60] Interim Managern,

---

52 *Uffmann*: Interim Management, S. 28.

53 Hofmann/*Eisenberg* S. 242; *Fues*: Management auf Zeit S. 50.

54 Hofmann/*Eisenberg* S. 237; *Ribbert*: Interim-Management, S. 35.

55 Hofmann/*Eisenberg* S. 242.

56 *Haag/Tiberius* NZA 2004, 190, 191; Hofmann/*Eisenberg* S. 237; *Ribbert*: Interim-Management, S. 3.

57 *Uffmann*, Interim Management, S. 24 ff., 29; Hofmann/*Eisenberg* S. 237 f.; *Faber/Till* Interim Management S. 7 f; *Fues*: Management auf Zeit S. 49; *Mestwerdt*: KMU, S. 52.

58 *Uffmann*: Interim Management, S. 30.

59 Provider-Umfrage des Arbeitskreis Interim Management Provider, S. 6, abrufbar unter: http://www.aimp.de/wp-content/uploads/AIMP_PROVIDERUMFRAGE_2017_MASTERFILE_FOR_SITE.pdf, zuletzt abgerufen am 15.07.2017 um 12:50 Uhr; im Jahr 2004 nach *Haag/Tiberius* NZA 2004, 190, 191: 10.000.

60 So: Studie von *„Atreus Interim Management"*: Interim Management in Deutschland 2009, S. 18, abrufbar unter: https://www.ddim.de/wp-content/uploads/2016/10/Atreus_-_Studie_Interim_Management_in_Deutschland_2009_Presse_2009-10.pdf, zuletzt abgerufen am 12.07.2017 um 09:38 Uhr; nach *Uffmann* ZGR 2013, 273, 314 f. 8.000; nach *Tiberius*: Interimsmanagement, S. 11, sollen es schon 2004 rund 10.000 Interims Manager gewesen sein; nach *Ribbert*: Interim-Management, S. 3 und *Mestwerdt*: KMU, S. 52: Anfang bis Mitte der 1990er Jahre noch zwischen 5000 und 7000; *Dahl* DB 2005, 1738; in den Niederlanden soll es 2004 bereits mehr als 40.000 gegeben haben: *Tiberius*: Interimsmanagement, S. 11.

ca. 20–30 ausschließlich auf die Vermittlung bzw. Bereitstellung von Interim Managern spezialisierten Dienstleistern[61] und eigenen Interessensverbänden das Interim Management als eigenständiger Berufszweig der Personaldienstleistung neben der Unternehmensberatung und der klassischen Zeitarbeit etabliert[62] hat. Zwar steckt die gesamte Branche trotz dieser durchaus beeindruckenden Zahlen nach wie vor noch in den „*Kinderschuhen*"[63] und es bestehen immer noch gewisse Überzeugungsschwierigkeiten in den Führungsebenen der Unternehmen, was insbesondere auf die Unkenntnis und die mangelnde Erfahrung bei den für einen solchen Einsatz zuständigen Entscheidungsträgern zurückgeführt wird.[64] Trotzdem gilt das Interim Management heute schon als bedeutsames Instrument moderner Unternehmensführung[65], das inzwischen branchenübergreifend in einer immer größer werdenden Anzahl von Unternehmen angewendet wird.[66] So sollen bereits mehr als 20 Prozent aller Unternehmen in Deutschland Erfahrungen in diesem Bereich gemacht haben,[67] in den Niederlanden sogar schon über 60 Prozent[68].

Auch in Deutschland ist das Interim Management also weit mehr als eine reine Modeerscheinung, sodass sich die Rechtsanwendung mit diesem Phänomen auch tatsächlich auseinanderzusetzen hat. Entgegen dieser Feststellung und der immer größer werdenden Beliebtheit ist es rechtlich betrachtet aber noch immer ein vergleichsweise „*unbekanntes Phänomen*"[69.70] Der Interim Manager ist – anders als bspw. der Rechtsanwalt oder der Steuerberater – auch (noch?) kein rechtlich normiertes Berufsbild. Um das „*Phänomen*" Interim Management rechtlich bewerten und in dieser Arbeit behandeln zu können, muss es deshalb möglichst genau definiert und insbesondere von anderen Einsatzformen

61 *Uffmann* ZGR 2013, 273, 314 f.; Studie von „*Atreus Interim Management*": Interim Management in Deutschland 2009, S. 18, abrufbar unter: https://www.ddim.de/wp-content/uploads/2016/10/Atreus_-_Studie_Interim_Management_in_Deutschland_2009_Presse_2009-10.pdf, zuletzt abgerufen am 12.07.2017 um 09:38 Uhr.

62 *Uffmann*: Interim Management, S. 33; „*Interimsmanager: Chefs auf Zeit*", Artikel in der FAZ vom 03.11.2009; *Dilenge* BB 2016, 2678.

63 *Kabst/Thost/Isidor*: Vorteil Interim Management, S. 20; Schaub/Schrader/Straube/Vogelsang/*Siebert* Arbeitsrechtliches Formular- und Verfahrenshandbuch, 2. Teil. Arbeitsvertrag, Rn. 387.

64 *Kabst/Thost/Isidor*: Vorteil Interim Management, S. 20.

65 *Uffmann* ZIP 2016, 295; *Buschbaum/Klösel* NJW 2012, 1482; *Alewell*: Zeitarbeit und Interimmangement; *Kabst/Thost/Isidor*: Vorteil Interim Management, S. 20..

66 *Tiberius*: Interimsmanagement, Vorwort auf S. 5; Vgl. auch etwa: BC 2014, 396.

67 Hofmann/*Eisenberg* S. 243; *Tiberius*: Interimsmanagement, S. 11; *Kabst/Giardini/Wehner*: International komparatives Personalmanagement, S. 54.

68 *Tiberius*: Interimsmanagement, S. 11.

69 Zitat von *Uffmann* ZGR 2013, 273, 276.

70 *Fleischer* DB 2015, 1764; *Dahl* DB 2005, 1738; *Fues*: Management auf Zeit S. 3.

gesellschaftsfremder Dritter im Bereich der Unternehmensführung – wie etwa der Unternehmensberatung oder der Zeitarbeit – abgegrenzt werden.

B. Definition und Aufgaben des Interim Managers

Da das gesamte Interim Management von der Rechtswissenschaft bisher wenig beachtet worden ist, gab es auch kaum (rein) juristische Definitionsversuche. Vielmehr ist schon ein einheitliches Begriffsverständnis über das Interim Management derzeit kaum feststellbar.[71] Der Begriff wird nicht selten für völlig verschiedene Fallkonstellationen verwendet, was natürlich nicht zuletzt auch daran liegt, dass auch der angloamerikanische Begriff des *„Managements“* selbst schon ein äußerst vager und in seiner inhaltlichen Ausgestaltung weitgehend offener Begriff[72] ist. Ein weiteres Hindernis für eine brauchbare Definition des Interim Managements sind u.a. auch die sehr unterschiedlichen, teils diffusen und von der aktuellen Mode im Sprachgebrauch abhängigen Bezeichnungen, mit denen die Interim Manager in den Unternehmen bedacht werden. In den letzten Jahren waren etwa Bezeichnungen wie *„Chief Restructuring Officer (CRO)“*, *„Krisenmanager“*, *„Interim-CEO“*, *„Sanierungsgeschäftsführer“* oder schlicht *„Sanierer“*[73] en vogue. Ganz besonders die erstgenannte Bezeichnung des CRO ist in den letzten Jahren immer populärer geworden, da sie sich an den angloamerikanischen Sprachgebrauch des „C-Levels“ für die Funktionen auf der obersten Managementebene eines Unternehmens (CEO, CFO, COO, CIO etc.) anlehnt. Aber auch diese Bezeichnungen, so schön sie auch klingen mögen, stellen weder eine brauchbare Definition des Begriffs des Interim Managers dar, noch können sie eine solche ersetzen. Gerade die Funktion des CROs kann sowohl von einem internen, permanent im Unternehmen angestellten Mitarbeiter als auch von einem von außen kommenden und nur für einen bestimmten Zeitraum im Unternehmen tätigen Fachmann ausgefüllt werden.[74]

Auch wenn es auf Grund dieser zahlreichen Schwierigkeiten so aussieht, als sei das Unterfangen, für die Untersuchung eine brauchbare Definition zu finden, von vornherein zum Scheitern verurteilt, ist es, damit überhaupt deutlich wird, über was in dieser Arbeit gesprochen wird, doch unumgänglich. Schließlich kann auch nur so vermieden werden, dass es zu einem reinen *„Streit über Worte“* kommt. Ausgehend von den soeben beschriebenen Hintergründen und der tatsächlichen Ausgestaltung des Einsatzes von Interim Managern soll deshalb in diesem Abschnitt eine eigene Arbeitsdefinition des Interim Managements für die vorliegende Arbeit erstellt werden. Ausgangspunkt für die Erarbeitung einer solchen Arbeitsdefinition muss aber selbstverständlich eine Gesamtschau

71 *Rybnikova*: Interim Management, S. 13.
72 *Uffmann*: Interim Management, S. 48.
73 *Uffmann* ZIP 2016, 295, 300.
74 Buth/Hermanns/*Kaufmann* RSI § 20 Rn. 45a.

der bestehenden definitorischen Betrachtungen in der rechts-, aber auch in der betriebswissenschaftlichen Literatur sein.

I. Bisherige Definitionen in der Literatur

In der Rechtsliteratur gibt es bereits mehrere Versuche einer Definition von Interim Management. An erster Stelle ist dabei die Arbeit von *Uffmann* zu nennen, die das Interim (lateinisch ad interim = *einstweilen, unterdessen*) Management als *„die zeitlich befristete Übertragung von Managementaufgaben auf unternehmensexterne selbstständige Führungskräfte“*[75] und als *„den befristeten Fremdbezug von unternehmerischen Leistungen bzw. die Delegation von unternehmerischen Führungsaufgaben auf Dritte“*[76] definiert. Interim Manager würden dabei insbesondere Aufgaben wahrnehmen, *„die ansonsten von den Geschäftsleitern oder leitenden Angestellten wahrgenommen werden würden, indessen mangels fachlicher oder personeller Kapazität nicht intern abgedeckt werden können oder aus Flexibilisierungsgründen nicht intern abgedeckt werden sollen.“*[77]

Daneben definiert etwa *Haag* das Interim Management als *„die befristete Wahrnehmung einer klar definierten Führungsaufgabe durch einen Interimsmanager bei bzw. in einem Unternehmen“*.[78] *Vogt/Deppen* verstehen unter Interim Management *„die Konstellation, in der es um einen von vornherein zeitlich befristeten Einsatz einer Person auf einer Managementposition in einem Unternehmen geht, um einen kurzfristigen Personalbedarf zu decken oder das Management als dispositiven Produktionsfaktor zu flexibilisieren“*.[79]

Auf der betriebswissenschaftlichen Seite definiert etwa *Rybnikova* Interim Management als eine *„temporäre Beschäftigung auf der Basis eines Dienst- oder Werkvertrages in Managementposition“*[80]. *Tiberius* sieht Interim Management als *„den ex ante zeitlich befristeten Einsatz einer Person auf einer Managementposition in einer Unternehmung, um einen kurzfristigen Personalbedarf zu decken oder den dispositiven Produktionsfaktor grundsätzlich zu flexibilisieren“*[81]. Gerade die Tatsache, dass die zeitliche Befristung bereits *„ex ante“* geplant wird, würde nach Ansicht von *Tiberius* in der Literatur häufig ausgeblendet werden. So sollen nämlich andere kurzfristige Beschäftigungen eines Managers, die bspw. durch einen Aufhebungsvertrag oder durch eine Kündigung beendet werden, nicht unter den Begriff Interim Management fallen. Eine weitere wirtschaftswissenschaftliche Definition findet sich bei *Ribbert*, die das Interim Management als *„den befristeten*

---

75 *Uffmann*: Interim Management, S. 1.
76 *Uffmann* ZGR 2013, 273, 314.
77 *Uffmann* ZIP 2016, 295.
78 *Haag/Tiberius* NZA 2004, 190, 191.
79 *Vogt/Deepen* ArbRAktuell 2012, 573.
80 *Rybnikova*: Interim Management, S. 14.
81 *Tiberius*: Interimmanagement, S. 17 sowie Vorwort auf S. 5.

Einsatz externer Führungskräfte in Unternehmen", die „*für Aufgaben des oberen und mittleren Managements mit den notwendigen Kompetenzen und Weisungsbefugnissen ausgestattet*" sind, „*ohne dabei aber selbst weisungsgebunden zu sein*" definiert.[82] *Mestwerdt* beschreibt den Begriff Interim Management als „*die zeitlich begrenzte Integration einer von außen kommenden, erfahrenen Führungspersönlichkeit in eine Unternehmung zur Beseitigung einer Engpasssituation*"[83].

Fues[84] wiederum sieht drei wesentliche Kernpunkte, die das Interim Management ausmachen sollen, nämlich das „*Management*" bzw. die „*Führung*" eines Unternehmens, die „*zeitliche Befristung*" des Einsatzes sowie den „*Einsatz von Externen*". Der Begriff „*Management*" soll dabei als „*professionalisierte Form der Führung zu verstehen*" sein und damit etwa die Aufgaben „*Planung, Organisation und Kontrolle*", nicht dagegen rein ausführende Tätigkeiten umfassen. Die zeitliche Befristung, die insbesondere auf den besonderen Zweck des Interim Managements zurückzuführen sei, sieht *Fues* anders als die meisten Autoren, die eine Festlegung vermeiden, bei einer Einsatzdauer von bis zu maximal 24 Monaten als noch erfüllt an[85]. Bezüglich des dritten Merkmals betont *Fues*, dass Interim Manager während ihres Einsatzes – jedenfalls formal gesehen – stets außerhalb der Organisation ihres Einsatzunternehmens stehen.

Schließlich findet sich auch bei der Dachgesellschaft Deutsches Interim Management e.V. noch die folgende Definition für den Begriff Interim Management: als ein „*befristeter Einsatz externer Führungskräfte zur Übernahme temporärer Managementaufgaben*".[86]

Alle hier dargestellten Definitionen haben also positiv ausgedrückt gemein, dass es beim Interim Management immer um einen von vornherein zeitlich befristeten **(1)** Einsatz einer externen Fachkraft **(2)** zur Ausübung von Führungsaufgaben **(3)** geht.[87] Negativ ausgedrückt ist den Definitionen gemein, dass es beim Interim Management weder um einen ursprünglich langfristigen **(1)** Einsatz noch um einen Arbeitnehmer oder um den Inhaber des Unternehmens **(2)** noch um lediglich einfache Ausführungsaufgaben von nur geringer Wichtigkeit im Unternehmen **(3)** geht. Verallgemeinernd gesagt verstehen die bisher in der Literatur verwendeten Definitionen unter dem Modell Interim Management also den Fall, dass unternehmensfremde Dritte – also Personen, die weder Organ,

---

82 *Ribbert:* Interim Management, S. 43.

83 *Mestwerdt*: KMU, S. 51 bzw. 44.

84 *Fues*: Management auf Zeit S. 14 f.

85 Diese Zeitfenster bestätigt auch die Provider-Umfrage des Arbeitskreis Interim Management Provider, S. 28, abrufbar unter: http://www.aimp.de/wp-content/uploads/AIMP_PROVIDERUMFRAGE_2017_MASTERFILE_FOR_SITE.pdf, zuletzt abgerufen am 15.07.2017 um 12:50 Uhr.

86 Abrufbar unter: https://www.ddim.de/interim-management/faq/#toggle-id-1, zuletzt abgerufen am 12.07.2017 um 09:49 Uhr.

87 Ähnlich auch bei: *Haag/Tiberius* NZA 2004, 190, 191.

Mitglied oder Arbeitnehmer des Unternehmens sind – von vornherein befristet als Führungskräfte in geschäftsleitender Position in Unternehmen eingesetzt werden.

II. Einsatzfelder, Aufgaben und Initiatoren des Interim Managements in der Praxis

Eine für die weitere Untersuchung der Bedürfnisse des Interim Managements brauchbare Definition muss aber auch besonders die Einsatzfelder sowie die dabei vom Interim Manager jeweils zu bewältigenden Aufgaben im modernen Wirtschaftsleben berücksichtigen.

1. Einsatzfelder des Interim Managements

Inzwischen finden sich in der Rechtsliteratur zur Konkretisierung der Leistungsbeschreibung des Interim Managements sowohl als Geschäftsführer in der Eigenverwaltung[88] als auch als externer Interim Manager[89] erste Vorschläge und entsprechende Vertragsmuster. Entgegen diesem eher einseitigen Befund in den Formularwerken beschränkt sich das Gesamtpanorama der denkbaren Einsatzfelder eines Interim Managers aber weder speziell auf die Eigenverwaltung noch allgemein auf die Unternehmenssanierung. Das Einsatzspektrum des Interim Managers ist vielmehr nicht nur in Krisensituationen[90] überaus komplex und umfangreich[91]. Lenkt man den Fokus von reinen Krisen- bzw. Sanierungssituationen ab, gehören dazu etwa die Felder Effizienzsteigerung, Projektmanagement[92] (bspw. bei der Verlagerung einer Produktionsstätte, der Einführung einer neuen IT, der Vorbereitung eines Börsengangs, der Integration eines zugekauften Unternehmens oder der Begleitung einer Nachfolge), Vakanzüberbrückung, Entwicklung von Wachstumsstrategien, Erschließung neuer Geschäftsfelder und Umsetzung von Gesetzesänderungen.[93] Aus diesen sehr unterschiedlichen Einsatzgebieten werden in der Literatur überwiegend drei Hauptanwendungsgebiete des Interim Managements ausgemacht, die auch in dieser Arbeit im Folgenden

---

88 für einen Sanierungs*geschäftsführer*: *Thiele*, ZInsO 2015, 1083, 1091; *Maschmann/Sieg/Göpfert*, Ziff. B.II.4 Rn. 17.

89 Schaub/Schrader/Straube/Vogelsang/*Siebert*: Arbeitsrechtliches Formular- und Verfahrenshandbuch, 2. Teil. Arbeitsvertrag, Rn. 391.

90 Hier z.B.: *Rendels* FS Kübler, S. 589.

91 *Kabst/Giardini/Wehner*: International komparatives Personalmanagement, S. 54.

92 *Buschbaum/Klösel* NJW 2012, 1482; *Vogt/Deepen* ArbRAktuell 2012, 573; *Balkenhohl* AiB 2009, 63 f.; Studie der Ludwig Heuse GmbH: Interim Management in Deutschland 2017, S. 8, 10, abrufbar unter: https://www.interim-management.de/c/_o/308/Studie_Interim_Management_in_Deutschland_2017.pdf, zuletzt abgerufen am 12.07.2017 um 12:17 Uhr.

93 Aufzählung bei: *Uffmann*: Interim Management, S. 69 ff.

näher untersucht werden sollen:[94] Managementvakanz, Projektmanagement, Sanierungs- und Krisenmanagement.

a) Managementvakanz

Der erste große Anwendungsbereich des Interim Managements liegt in der Überbrückung einer Geschäftsführer- bzw. Managementvakanz,[95] die etwa durch das plötzliche Ausscheiden und die Abberufung bzw. auch durch den plötzlichen Ausfall einer Führungskraft durch Krankheit oder Tod entstehen kann.[96] Eine zwar nicht tatsächliche, wohl aber faktische Vakanz und somit die Notwendigkeit einer Interimslösung können auch durch die Vorbereitung und Durchführung einer Unternehmensnachfolge entstehen.[97] Gerade wenn ein familieninterner Nachfolger bereits zum Organ bestellt wurde, dieser aber (nach Ansicht der Gesellschafter) noch nicht über die notwendige Erfahrung für die Ausübung des Führungspostens verfügt, soll ihm oft in der Person des Interim Managers eine erfahrene Führungskraft zur Seite gestellt werden.[98] Hier ist also insbesondere die zeitliche Dringlichkeit auf der Unternehmensseite sowie die Erfahrung des Interim Managers der Grund für seinen Einsatz.

b) Projektmanagement

Der Bereich Managementvakanz lässt sich nicht immer scharf von dem zweiten großen Bereich des Interim Managements, dem sog. „Projektmanagement“[99], trennen. So besteht dieses „Projekt“ nämlich nicht selten gerade in der Organisationsentwicklung und Reorganisation bei der Überbrückung einer Managementvakanz.[100] Weitere „Projekte“, für die ein Interim Manager ins Unternehmen geholt

---

94 *Kabst/Thost/Isidor*: Vorteil Interim Management, S. 22; *Ribbert*: Interim-Management, S. 5, 44 ff.; *Koepff*: Institutionelles Krisenmanagement, S. 53; *Bähring*: Intermediäre im Bereich des Interimsmanagements, S. 11.

95 *Kabst/Giardini/Wehner*: International komparatives Personalmanagement, S. 56; *Uffmann*: Interim Management, S. 363; Hofmann/*Eisenberg* S. 240; *Faber/Till* Interim Management S. 4; *Ribbert*: Interim-Management, S. 51; *Tiberius*: Interimsmanagement, S. 14; *Johner-Glamsch*, in: *Tiberius*: Interimsmanagement, S. 163; *Mestwerdt*: KMU, S. 51, 73 ff.; *Dahl* DB 2005, 1738; *Krieger* FS Hoffmann-Becking, S. 711; Provider-Umfrage des Arbeitskreis Interim Management Provider, S. 25, abrufbar unter: http://www.aimp.de/wp-content/uploads/AIMP_PROVIDERUMFRAGE_2017_MASTERFILE_FOR_SITE.pdf, zuletzt abgerufen am 15.07.2017 um 12:50 Uhr.

96 *Kabst/Giardini/Wehner*: International komparatives Personalmanagement, S. 54 ff.; *Uffmann*: Interim Management, S. 121; *Ribbert*: Interim-Management, S. 51.

97 *Uffmann*: Interim Management, S. 121.

98 *Uffmann* ZGR 2013, 273, 295.

99 U.a.: *Mestwerdt*: KMU, S. 78 ff; *Krieger* FS Hoffmann-Becking, S. 711.

100 *Kabst/Giardini/Wehner*: International komparatives Personalmanagement, S. 54 ff.

wird, sind bspw. die Einführung eines neuen technischen Systems, der Aufbau eines neuen Unternehmensbereichs bzw. einer neuen Abteilung, die Entwicklung eines neuen Produktes oder der Kauf und Verkauf eines Unternehmens.[101]

Als weiterer „*Treiber*" des Interim Managements im Bereich der Projektarbeit wird u.a. von *Uffmann* das Private-Equity Geschäft identifiziert.[102] So sollen gerade diese Gesellschaften bei ihren Investitionen in die Zielunternehmen auf eine rasche Steigerung des Unternehmenswerts ausgelegt und zugleich von einem hohen „Cashflow" abhängig sein, um die finanzierten Geschäfte rentabel zu gestalten. Aus diesem Grund vertrauen sie selten auf das bei der Übernahme vorhandene Management und versuchen stattdessen gezielt, durch den Einsatz von erfahrenen und spezialisierten Interim Managern die Unternehmensführung zu unterstützen bzw. auch zu kontrollieren.

In diesem Bereich spielt also die fachliche Spezialisierung im jeweiligen Projektthema die entscheidende Rolle für den Einsatz des Interim Managers.

c) Sanierungs- und Krisenmanagement

Als das unumstrittene Hauptanwendungsgebiet des Interim Managements gilt – nicht zuletzt wegen der weltweiten Finanzkrise seit Anfang der 2000er Jahre[103] sowie der sog. „New-Economy-Krise"[104] – aber weiterhin der Bereich, der sich allgemein als Sanierungs- und Krisenmanagement beschreiben lässt.[105] In Krisensituationen betrifft der Einsatz des Interim Managers etwa die Prüfung von Insolvenzgründen, die Feststellung und Analyse der Krisenursachen, die objektive Beurteilung der Sanierungsfähigkeit und die Konzeptionierung eines auf Krisenstadium und -ursachen abgestimmten, schlüssigen Sanierungsplans mit seinen sämtlichen Teilschritten.[106] Das Interim Management profitiert bei solchen

---

101 Hofmann/*Eisenberg* S. 240 f.; *Kabst/Giardini/Wehner*: International komparatives Personalmanagement, S. 54ff.; Schaub/Schrader/Straube/Vogelsang/*Siebert* Arbeitsrechtliches Formular- und Verfahrenshandbuch, 2. Teil. Arbeitsvertrag, Rn. 387.

102 *Uffmann*: Interim Management, S. 31.

103 Hofmann/*Eisenberg* S. 240.

104 *Tiberius*: Interimsmanagement, S. 15.

105 *Fleischer* DB 2015, 1764; *Faber/Till* Interim Management S. 6; Hofmann/*Eisenberg* S. 240; *Tiberius*: Interimsmanagement, S. 15; Schmidt/Uhlenbruck/*Brinkmann*, S. 221, Rn. 2.201; *Johner-Glamsch*, in: *Tiberius*: Interimsmanagement, S. 163; *Uffmann*: Interim Management, S. 112; *Dahl* DB 2005, 1738; *Hammes* NZI 2017, 233 ff.; *Krieger* FS Hoffmann-Becking, S. 711; Schaub/Schrader/Straube/Vogelsang/*Siebert* Arbeitsrechtliches Formular- und Verfahrenshandbuch, 2. Teil. Arbeitsvertrag, Rn. 387; vgl. auch: Studie von „*Atreus Interim Management*": Interim Management in Deutschland 2009, S. 5, 14, https://www.ddim.de/wp-content/uploads/2016/10/Atreus_-_Studie_Interim_Management_in_Deutschland_2009_Presse_2009-10.pdf, zuletzt abgerufen am 12.07.2017 um 09:38 Uhr.

106 *Uffmann* ZIP 2016, 295, 300; *Dahl* DB 2005, 1738.

Kriseneinsätzen davon, dass ihm zugeschrieben wird, über einen ausgeprägten Erfahrungsschatz und nahezu unendliches Spezialwissen zu verfügen.[107] Man traut dem Interim Management deshalb wie keiner anderen Dienstleitung die erfolgreiche Bewältigung dieses besonderen Einsatzszenarios zu.[108] Es ist daher auch nicht verwunderlich, dass in der Praxis nahezu jede Eigenverwaltung in der Insolvenz, also die Wahrnehmung der spezifischen Aufgaben und Pflichten des eigenverwaltenden Schuldners,[109] mit Hilfe von Interim Managern durchgeführt wird.[110] Gerade in diesem Bereich hat das Interim Management in den letzten Jahren stark zugenommen.[111] Die Interim Manager werden hier gerne als *„Sanierungsgeschäftsführer“*[112], *„Insolvenzgeschäftsführer“*[113], *„Krisenmanager“*[114] *„Sanierungsberater-Geschäftsführer“*[115] oder gerne auch als *„Chief Restructuring Officer (CRO)“*[116] tituliert und gelten als *„Silberstreif am dunklen Horizont“*[117] der Eigenverwaltung.

Aber auch in anderen schwierigen Phasen für die Unternehmen werden häufig die bisherigen Geschäftsführer durch einen in solchen Situationen erfahrenen Interim Manager ausgetauscht, sodass dieser an ihre Stelle als Sanierungsexperte treten kann. Das bisherige Management ist oft auch gar nicht in der Lage, neben dem Tagesgeschäft unter Zeitdruck auch noch ein Restrukturierungs- und Sanierungskonzept zu erarbeiten und umzusetzen, da ihm häufig sowohl die Zeit als auch die notwendige fachspezifische Sachkenntnis fehlen.[118] Mit der Bestellung eines Externen auf Zeit ist dagegen die Hoffnung verbunden, auf diese

107 *Ribbert*: Interim-Management, S. 70 ff.

108 *Buschbaum/Klösel* NJW 2012, 1482; *Vogt/Deepen* ArbRAktuell 2012, 573; *Ribbert*: Interim-Management, S. 66, 70; *Mestwerdt*: KMU, S. 125, 170, 180.

109 *Uffmann* ZIP 2016, 295, 300.

110 *Hammes* NZI 2017, 233.

111 HK-InsO/*Landfermann* InsO Vor. §§ 270 ff. Rn. 23 ff.

112 *Thiele*, ZInsO 2015, 1083; *Specovius*, in: Kübler: HRI, § 13 Rn. 65; Crone/Werner/*Weniger*: Modernes Sanierungsmanagement, S. 232 ff.

113 Nicht explizit für Interim Manager: *Uhlenbruck* GmbHR 2005, 817, 825; *Uhlenbruck* FS Görg, S. 515, 516.

114 MüAnwHB Insolvenz und Sanierung/*Nerlich/Rhode*, § 4 Rn. 205.

115 Nicht explizit für Interim Manager: AG Stendal, Beschluss v. 31.08.2012, Az.: 7 IN 164/12, ZIP 2012, 1875; *Klein/Thiele* ZInsO 2013, 2233.

116 *Kabst/Thost/Isidor*: Vorteil Interim Management, S. 22; *Specovius*, in: Kübler: HRI, § 13 Rn. 65; *Klein/Thiele* ZInsO 2013, 2233, Fn. 3; *Hammes* NZI 2017, 233; vgl. dazu auch: BAG, Urteil vom 24.09.2015 (Az.: 6 AZR 492/14 = ZIP 2015, 2387).

117 *Uffmann*: Rechtsfragen des Einsatzes von Interim Managern in Krise und Insolvenz, https://www.ak-inso-koeln.de/fileadmin/user_upload/PDF/vortraege-2016/Rechtsfragen-Interim-Management-in-Krise-und-Insolvenz.pdf, zuletzt aufgerufen am 26.08.2018 um 14:24 Uhr.

118 *Uffmann*: Interim Management, S. 112; MüAnwHB Insolvenz und Sanierung/*Nerlich/Rhode*, § 4 Rn. 201; *Loeber/Weniger* KSI 2008, 53; *Felden/Goldschmidt/Singer* KSI 2012, 265 ff.

Weise der Gefahr *„opportunistischen Verhaltens"*, das in der Krise beim vorhandenen Management – insbesondere bei Gesellschafter-Geschäftsleitern – besonders ausgeprägt ist,[119] zu begegnen.[120] Externe Manager gelten als unabhängig und unvoreingenommen, wohingegen davon ausgegangen wird, dass die bisherige Geschäftsführung bezüglich notwendiger (eventuell auch radikaler) Umbrüche unter einer *„psychologischen Hemmschwelle"* leidet, da sie oft *„geistig zu sehr in die Entwicklungsgeschichte der Unternehmung"*[121] eingebunden ist und somit der *„Gefahr selektiver Wahrnehmung"*[122] unterliegt.[123] Häufig fehlt den bisherigen Geschäftsführern auch schon das notwendige Vertrauen der Eigentümer, der Arbeitnehmer und der externen Geldgeber sowie der Kunden und Lieferanten, da die Geschäftsleitung das Unternehmen häufig – in ca. 90% der Fälle[124] – (verschuldet oder unverschuldet) erst in die Krise geführt hat.[125]

Je nach Schwere der aufgedeckten Defizite versuchen Unternehmen teilweise auch zuerst mit den bestehenden Geschäftsführern, die mit dem Unternehmen vertraut und in ihre Aufgaben eingearbeitet sind, die Krise zu meistern. *„Don't change horses in the middle of the stream"* heißt das dazu passende amerikanische Sprichwort.[126] Eine wichtige Rolle spielen dabei sicherlich auch die Kosten und der Zeitverlust, mit denen sowohl die Freisetzung vertraglich gebundener wie auch die Gewinnung neuer Manager, speziell im Krisenfall, verbunden sein kann.[127] Die Interim Manager werden dann nur den bisherigen Geschäftsführern als weitere Geschäftsführer oder aber als Generalbevollmächtigte ergänzend zur Seite gestellt[128] und sollen die Geschäftsführung hinsichtlich der Erarbeitung eines

---

119 *Kebekus/Zenker* FS Maier-Reimer, S. 319, 332 f.; MüKoInsO/*Klöhn* § 15a InsO Rn. 35 ff.; *Koepff*: Institutionelles Krisenmanagement, S. 106; *Kessler*, S. 173.

120 *Uffmann* ZIP 2016, 295, 299; *Mestwerdt*: KMU, S. 180.

121 *Mestwerdt*: KMU, S. 170.

122 *Mestwerdt*: KMU, S. 170.

123 *Kabst/Thost/Isidor*: Vorteil Interim Management, S. 21; *Uffmann*: Interim Management, S. 112; *Alewell*: Zeitarbeit und Interimmangement, S. 1003; Schmidt/Uhlenbruck/*Schkuck-Amend*, S. 62, Rn. 1.168; MüKoInsO/*Klöhn* § 15a InsO Rn. 35 ff.; *Uffmann* ZIP 2016, 295, 299; *Kessler*, S. 172; *Ribbert*: Interim-Management, S. 70; *Mestwerdt*: KMU, S. 170; *Alewell*: Zeitarbeit und Interimmangement, S. 1003; *Koepff*: Institutionelles Krisenmanagement, S. 38.

124 Zahlen bei: *Grub/Rinn* ZIP 1993, 1583, 1584; *Grub* WM 1994, 880, 881.

125 Buth/Hermanns/*Kaufmann* RSI § 20 Rn. 5, 7; MüAnwHB Insolvenz und Sanierung/*Nerlich/Rhode*, § 4 Rn. 201–205; *Körner* NZI 2007, 270, 273; *Mestwerdt*: KMU, S. 171; *Eidenmüller*, S. 414 ff.; Schmidt/Uhlenbruck/*Brinkmann*, S. 221, Rn. 2.201; *Koepff*: Institutionelles Krisenmanagement, S. 37; MüKoInsO/*Ganter/Lohmann*, § 1 InsO Rn. 120.

126 Buth/Hermanns/*Kaufmann* RSI § 20 Rn. 6

127 Buth/Hermanns/*Kaufmann* RSI § 20 Rn. 6; *Uffmann*: Interim Management, S. 114 ff..

128 *Uffmann*: Interim Management, S. 114 ff.

Restrukturierungs- und Sanierungskonzepts unterstützen, die dazu in der Regel weder die ausreichende Zeit noch die nötige spezifische Sachkenntnis besitzt.[129]

Neben dem hohen Zeitdruck, der den betroffenen Unternehmen keine langen Such- und Einarbeitungsphasen gestattet,[130] ist zumeist auch die Tatsache, dass es in einer solchen Krisensituation für das Unternehmen meist völlig unmöglich ist, eine „reguläre", vollständig neue, geeignete und umsetzungsstarke Führungsmannschaft von außen zu gewinnen, ein ausschlaggebendes Argument für einen Interim Manager. Ein in die Krise geratenes Unternehmen ist selbst für wechselwillige Manager aus anderen Firmen gerade hinsichtlich der zeitlichen und finanziellen Perspektiven und der Größe der zu bewältigenden Sanierungsaufgaben meist nicht besonders attraktiv. Und auch reine Berater können in einer solchen Situation die Probleme des Unternehmens oft nicht zufriedenstellend lösen, da sie nach ihrem Aufgabenverständnis und auch gemäß ihrem Erfahrungshintergrund auf die Beratung und nicht auf die Umsetzung spezialisiert sind.[131] Gerade in diese Lücke ist die spezielle Dienstleistung Interim Management gestoßen. Der Schuldner soll sich dadurch das intern nicht vorhandene spezifische Sanierungs- und Insolvenz-Know-how extern einkaufen können, womit er die Hoffnung, *„am Ende saniert aus einer eigenverwalteten und deswegen nicht ganz so bedrohlich wirkenden Insolvenz, die ihm das Gefühl vermittelt, Herr im Hause zu bleiben, herauszugehen"*[132], verbindet. Für die Stakeholder des Unternehmens dagegen vermag ein externer, unabhängiger Experte die Vertrauenskrise gegenüber dem Schuldner zu überwinden, dessen altes Management die Schieflage häufig mitverantwortet hat.[133] Und schließlich soll auch das Gericht bei der Prüfung des Antrags auf Eigenverwaltung durch den Einsatz des Interim Managements keine konkreten Nachteile für die Gläubiger im Sinne des § 270 Abs. 2 Nr. 2 InsO befürchten müssen, weil sich der Schuldner die erforderliche Sachkunde *„hinzugekauft"*[134] hat.[135]

---

129 *Uffmann* ZIP 2016, 295, 299; *Ribbert*: Interim-Management, S. 70 f.; *Mestwerdt*: KMU, S. 175; MüAnwHB Insolvenz und Sanierung/*Nerlich/Rhode*, § 4 Rn. 201; *Reck* ZInsO 2000, 121, 126; *Uffmann*: Interim Management, S. 364.

130 Buth/Hermanns/*Kaufmann* RSI § 20 Rn. 8.

131 Buth/Hermanns/*Kaufmann* RSI § 20 Rn. 9.

132 *Uhlenbruck* FS Metzeler, S. 85 f.

133 Uhlenbruck/*Zipperer*, § 270 InsO Rn. 7; MüKoInsO/*Tetzlaff* § 270 InsO Rn. 71; *Mönning* FS Wellensiek, S. 645; *Bierbach*, in: Kübler: HRI, § 11 Rn. 86; *Kessler*, S. 172.

134 MüKoInsO/*Tetzlaff* § 270 InsO Rn. 64.

135 *Neußner*, in: Kübler, HRI, § 6 Rn. 118; *Laroche/Pruskowski/Schöttler/Siebert/Vallender* ZIP 2014, 2153, 2162; Nerlich/Römermann/*Riggert* vor §§ 270 bis 285 InsO Rn. 8 f.; HambKomm/*Thies/Fiebig*, § 270 InsO, Rn. 22; *Frind* WM 2014, 590, 597; *Mönning* FS Wellensiek, S. 650; *Rendels* FS Kübler, S. 579, 580; *Kessler*, S. 173; HK-InsO/*Landfermann* InsO § 270 Rn. 13; in diese Richtung argumentierend auch: *Uhlenbruck* FS Görg, S. 515, 516, 524; vgl. auch: AG Hamburg ZIP 2014, 487; kritisch: *Hammes* NZI 2017, 233, 236.

2. *Aufgaben des Interim Managers im Unternehmen*

Leider lassen die in der Praxis dem Einsatz des Interim Managers zu Grunde liegenden Verträge (soweit solche in schriftlicher Form überhaupt vorhanden sind[136]) in der Regel eine konkretisierende Umschreibung der wahrzunehmenden Aufgaben vermissen.[137] Ohnehin lassen sich aber die Aufgaben, für die ein Interim Manager eingesetzt wird, nicht verallgemeinern; vielmehr ist es grundsätzlich möglich, jede denkbare Managementposition und damit auch jede Aufgabe im Unternehmen durch einen Interim Manager zu besetzen.[138] Nach der Lünendonk Trendstudie zum Interim Management waren im Jahr 2009 allerdings 27,7 % der befragten Interim Manager auf der ersten Führungsebene (Vorstand, Geschäftsführer) tätig, 27,2 % auf der zweiten Führungsebene (Bereichsleitung), 20,4 % auf der dritten Führungsebene (Abteilungsleitung) sowie 21,7 % im Projektmanagement.[139] Anhand dieser Zahlen wird also deutlich, dass Interim Manager ganz überwiegend für Führungsaufgaben und in einer nicht zu vernachlässigenden Größe auch für Leitungsaufgaben eingesetzt werden.[140] Mit dieser Feststellung ist auch verbunden, dass der Interim Manager unabhängig von seinem konkreten Einsatzgebiet regelmäßig nicht nur mit der Willensdurchsetzung, sondern auch mit der Willensbildung innerhalb des Unternehmens beauftragt wird.

3. *Initiatoren des Interim Managements*

Einmal abgesehen von der reinen Projektarbeit ist allen hier dargestellten Anwendungsbereichen gemein, dass die Initiative zum Einsatz des Interim Managers in der Regel entweder unmittelbar von den Eigentümern des Unternehmens, bei der GmbH also von der Gesellschafterversammlung, oder mittelbar von den Gläubigern des Unternehmens ausgeht. Daneben versuchen auch die das Unternehmen finanzierenden Banken durch den (von den Unternehmen nicht immer freiwillig hingenommenen) Einsatz von Interim Managern Einfluss auf die Führung des Unternehmens auszuüben.[141] Die Banken (bzw. allgemeiner die Fremdkapitalgeber) nutzen dabei insbesondere das Druckmittel der Kreditvergabe, um im Unternehmen entweder gleich einen Wechsel hin zu einer ihr genehmen Geschäftsführung durchzusetzen oder aber – wenn dies nicht gewünscht oder aus Sicht der Bank nicht notwendig erscheint – zur Installierung

---

136 *Rendels* FS Kübler, S. 585 f.

137 *Uffmann* ZIP 2016, 295, 300; *Thiele*, ZInsO 2015, 1083.

138 *Ribbert*: Interim-Management, S. 22.

139 Provider-Umfrage des Arbeitskreis Interim Management Provider, S. 24, abrufbar unter: http://www.aimp.de/wp-content/uploads/AIMP_PROVIDERUMFRAGE_2017_MASTERFILE_FOR_SITE.pdf, zuletzt abgerufen am 15.07.2017 um 12:50 Uhr.

140 MüAnwHB Insolvenz und Sanierung/*Nerlich/Rhode*, § 4 Rn. 205.

141 IDW/*Strenger*: Kapitalmarktorientierte Unternehmensüberwachung, S. 83 ff.; *Servatius*, Gläubigereinfluss durch Covenants, S. 25; *Fromm* GmbHR 2003, 1114, 1115.

eines Interim Managers, um die Geschäftsführung so zumindest kontrollieren zu können.[142] Häufig werden bereits in Kreditverträgen Nebenabreden getroffen, wonach das Unternehmen in einer entsprechenden Krisensituation zur Installation eines Interim Managers verpflichtet ist (sog. „*Covenants*").[143]

Die Geschäftsleitung selbst wird dagegen nur dann eigenverantwortlich einen Interim Manager beauftragen, wenn sie einen Managementengpass auf der Ebene der leitenden Angestellten feststellen wird.[144] Dagegen dürfte sie, wenn der Engpass bzw. die fehlende Kompetenz und Fachkunde auf der eigenen Führungsebene auftreten sollte, nur in absoluten Ausnahmenfällen aus eigener Initiative tätig werden. Dies gilt ganz besonders für Krisensituationen, da in solchen Fällen die Geschäftsleitung kaum zugeben wird, dass sie der Krise nicht gewachsen ist bzw. diese selbst (mit)verursacht hat und nun durch einen Interim Manager beaufsichtigt, bestimmt oder sogar ersetzt werden soll. Umso mehr noch gilt dies für den in der Arbeit allein zu behandelnden Interim Manager, der neben oder sogar über dem Geschäftsführer stehen soll. In diesen Fällen wird die Initiative wohl nie von der Geschäftsleitung selbst ausgehen.

Im Folgenden soll nur die Situation, dass die Gesellschafter den Einsatz initiieren untersucht werden. Denn auch wenn der Einsatz durch die Gläubiger bzw. durch die finanzierenden Banken ausgelöst wird, ist das (zumindest aufgezwungene) Einverständnis der Gesellschafter notwendig. Die durch solch eine aufgezwungene Zustimmung zusätzlich hinzutretenden Probleme würden den Rahmen dieser Arbeit sprengen. Die Initiation durch die Geschäftsführung dürfte schließlich, wie gerade festgestellt, in der Praxis schlicht keine Relevanz besitzen und ist daher auch für diese Arbeit uninteressant.

III. Zusammenfassung

Wie die Darstellungen in diesem Kapitel zeigen, unterscheiden sich die unterschiedlichen Ausgestaltungsformen des Interim Management Einsatzes in der Praxis hinsichtlich des Einsatzfeldes, der konkret übertragenen Aufgaben und den Initiatoren zum Teil ganz erheblich. Interim Manager werden von den Gesellschaftern, den finanzierenden Banken und den Gläubigern besonders dann gerne eingesetzt, wenn sich auf die Schnelle kein Ersatz für die Geschäftsführung findet, ein weiteres (und zumindest alleiniges) Festhalten an ihr jedoch keine gangbare Alternative darstellt oder aber wenn von vornherein nicht geplant ist, die Geschäftsführung abzusetzen, weil die Probleme bspw. nur temporärer Natur sind und kurzfristig durch das zusätzliche Know-how bzw. die besonderen Fähigkeiten des Interim Managers gelöst werden sollen. In Übereinstimmung mit

142 *Servatius*, Gläubigereinfluss durch Covenants, S. 20 ff., 25.

143 *Servatius*: Gläubigereinfluss durch Covenants, S. 32 ff., 41; *Fromm* GmbHR 2003, 1114 ff.; *Eidenmüller* S. 286.

144 *Uffmann*: Interim Management, S. 56.

den schon in der juristischen und betriebswirtschaftlichen Literatur gefundenen Definitionen des Interim Managements konnte jedoch auch gezeigt werden, dass alle Erscheinungsformen des Einsatzes zumindest stetes zwingend die drei nachfolgenden Merkmale aufweisen: So wird der Interim Manager immer nur befristet in das Einsatzunternehmen integriert. Bei der Person des Interim Managers handelt es sich außerdem um eine externe Person, die also bisher in keiner vertraglichen Beziehung zu dem Einsatzunternehmen gestanden hat. Und schließlich übernimmt der Interim Manager zwingend „Management-" und damit also Führungsaufgaben im Unternehmen und führt nicht nur „einfache" Hilfs- bzw. Sachbearbeitertätigkeiten aus. Von diesen Ergebnissen ausgehend kann der Interim Management Einsatz im nächsten Kapitel nun auch rechtlich hinsichtlich der den Vertrag unterzeichnenden Parteien und des zugrundeliegenden Vertragstyps eingeordnet und von anderen Erscheinungsformen des (kurzfristigen) Fremdpersonaleinsatzes abgegrenzt werden.

C. Die rechtliche Einordnung des Interim Management Vertrages

Damit der Interim Management Vertrag rechtlich eingeordnet werden kann, sind zunächst die Parteien des Vertrages und der diesem Vertrag zugrundeliegende Typ zu bestimmen. Darauf aufbauend kann das Interim Management abschließend von anderen Erscheinungsformen des Fremdpersonaleinsatzes abgegrenzt werden.

I. Die Vertragsparteien

Die in der Praxis geläufigen Verträge beim Einsatz von Interim Managern lassen sich hinsichtlich der Vertragsparteien im Wesentlichen in zwei Ausgestaltungsformen unterscheiden: Entweder tritt der Interim Manager direkt mit dem Einsatzunternehmen in vertraglichen Kontakt oder zwischen den Interim Manager und das Einsatzunternehmen tritt zusätzlich ein Interim Management Dienstleister (auch „*Provider*" genannt).[145] Bei diesem Provider-Modell kann wiederum zwischen zwei grundlegenden Modellen der vertraglichen Ausgestaltung unterschieden werden.[146] Beim sog. „*angelsächsischen Modell*", das auf dem deutschen Markt nur durch wenige Provider angeboten wird, schließen Provider und Unternehmen einen so genannten „*Dienstverschaffungsvertrag*" ab, in dessen Folge es

145 *Vogt/Deepen* ArbRAktuell 2012, 573; *Haag/Tiberius* NZA 2004, 190; *Ribbert*: Interim-Management, S. 22; *Fues*: Management auf Zeit S. 14 f.; *Fleischer* DB 2015, 1764; *Dahl* DB 2005, 1738; Hüffer/Koch/*Koch* § 84 AktG, Rn. 17; Schaub/Schrader/Straube/Vogelsang/*Siebert* Arbeitsrechtliches Formular- und Verfahrenshandbuch, 2. Teil. Arbeitsvertrag, Rn. 388; *Krieger* FS Hoffmann-Becking, S. 711.

146 *Buschbaum/Klösel* NJW 2012, 1482; *Vogt/Deepen* ArbRAktuell 2012, 573.

zu einem direkten Vertragsschluss zwischen dem Einsatzunternehmen und dem Interim Manager kommt. Dagegen entsteht beim *„holländischen Modell"*, nach dem die meisten Provider auf dem deutschen Markt arbeiten und das ca. 15 bis 40% des gesamten Interim Management Marktumsatzes ausmachen soll[147], ein vertragliches Dreiecksverhältnis.[148] Das Einsatzunternehmen schließt hier ausschließlich mit dem Provider einen Dienstvertrag ab. Der Provider wiederum erbringt die Dienstleistung – wozu er vertraglich berechtigt ist – aber nicht selbst, sondern schließt seinerseits mit dem Interim Manager einen Vertrag. Ein vertragliches Verhältnis besteht hier also grundsätzlich nur zwischen dem Interim Manager und dem Dienstleister, wobei dieses meist auf die Dauer des konkreten Einsatzes befristet ist, sowie zwischen dem Dienstleister und dem Unternehmen. Anders als beim Einsatz ohne Provider sowie beim *„angelsächsischen Modell"* besteht jedoch unmittelbar zwischen dem Interim Manager und seinem Einsatzunternehmen kein Vertragsverhältnis.[149]

II. Vertragstyp

Aufgrund der oben dargestellten Schwierigkeiten bei der Ausarbeitung einer Definition für das Interim Management überrascht es wenig, dass die Kautelarpraxis bisher noch keinen einheitlichen Vertragsstandard für das Interim Management entwickelt hat, was sich nicht zuletzt auch an der bunten und vielgestaltigen Benennung der in der Praxis verwendeten Verträge ablesen lässt[150]. Dementsprechend schwer tut sich auch die Literatur, das Interim Management einem bestimmten Vertragstypen zuzuordnen.

1. Kein Arbeitsvertrag

Einigkeit besteht sowohl in der betriebswirtschaftlichen[151] als auch in der juristischen[152] Literatur aber jedenfalls darüber, dass der Interim Manager (zumindest in den allermeisten Fällen) kein Arbeitnehmer ist, sondern seine Leistungen aufgrund eines „freien" *Dienst*vertrages erbringt, allerdings ohne dass diese Erkenntnis argumentativ untermauert wird. Auch in der Praxis wird in den entsprechenden Verträgen häufig ausdrücklich darauf hingewiesen, dass der Interim

---

147 *Alewell*: Zeitarbeit und Interimmangement, S. 991.

148 Schaub/Schrader/Straube/Vogelsang/*Siebert* Arbeitsrechtliches Formular- und Verfahrenshandbuch, 2. Teil. Arbeitsvertrag, Rn. 389.

149 Buth/Hermanns/*Kaufmann* RSI, § 20 Rn. 29; *Vogt/Deepen* ArbRAktuell 2012, 573; *Barkowski* BC 2012, 193.

150 *Uffmann* ZIP 2016, 295, 301.

151 *Ribbert*: Interim-Management, S. 22 ff.; *Fues*: Management auf Zeit S. 14 f.; *Dilenge* BB 2016, 2678, 2679; *Haag/Tiberius* NZA 2004, 190, 192 f.; *Bloemer*: Interim Management, S. 118.

152 *Buschbaum/Klösel* NJW 2012, 1482; *Haag/Tiberius* NZA 2004, 190.

Manager kein Arbeitnehmer ist.[153] Wahlweise finden sich insoweit Bezeichnungen wie *„freier Mitarbeiter“*, *„freier Dienstnehmer“*, *„Berater“* oder ähnliches.[154] Eine solche Einordnung oder Bezeichnung des Vertrages wirkt allerdings allenfalls deklaratorisch, aber keinesfalls rechtsgestaltend[155], sodass diese Bezeichnung allein nicht weiter führt und insbesondere auch nicht die vertragliche Einordnung erspart.

Nach einer in der Literatur stark vertretenen Ansicht[156] greift die pauschale Abgrenzung zum Arbeitsvertrag auch zu kurz. Zwar führe die Wahrnehmung einer befristeten und klar definierten Führungsaufgabe beim Interim Management regelmäßig nicht zu einer Qualifizierung als klassischer Arbeitnehmer, trotzdem könnten die für die Beurteilung einer Arbeitnehmereigenschaft entscheidenden Kriterien, nämlich die *„persönliche Abhängigkeit“* und die *„Eingliederung“*, auch bei Interim-Managern vorliegen.[157] So führe auch die bloße Befristung der Tätigkeit insbesondere dann nicht allein bereits zur Selbstständigkeit, wenn der Interim Manager im Einsatzunternehmen in die Organisationsstruktur eingegliedert wird.[158] Genauso sollen sich auch Managementdienste, die in der Regel durch ein hohes Maß an Gestaltungsfreiheit, Eigeninitiative und fachlicher Selbstständigkeit geprägt sind, hinsichtlich der rechtlichen Einordnung wie andere typische Abgrenzungsfälle (Bürogehilfen, Außendienstmitarbeiter, Dozenten, Redakteure, etc.) *„im Spannungsfeld zwischen Arbeitsverhältnis und Selbstständigkeit“*[159] bewegen und sich deshalb auch an den von der Rechtsprechung dazu entwickelten Kriterien messen lassen müssen.

In der Rechtsprechung des BAG wird der (selbstständige) Dienstvertrag vom Arbeitsvertrag durch den Begriff des Arbeitnehmers und insbesondere durch das Merkmal der persönlichen Abhängigkeit[160] abgegrenzt. Der Arbeitnehmer soll – im Gegensatz zum Selbstständigen – *„im Dienst eines anderen zur Leistung weisungsgebundener, fremdbestimmter Arbeit in persönlicher Abhängigkeit verpflichtet“* sein.[161] Wesentliche Indizien für eine Arbeitnehmereigenschaft sollen die

---

153 *Haag*, in: *Tiberius*: Interimsmanagement, S. 239.

154 *Vogt/Deepen* ArbRAkt2020uell 2012, 573, 574; *Haag*, in: *Tiberius*: Interimsmanagement, S. 239; *Haag/Tiberius* NZA 2004, 190.

155 *Lembke* NZA 2013, 1312, 1313; *Haag* NZA 2004, 190, 193; BeckOK BGB/*Fuchs* § 611 BGB, Rn. 37; ErfK/*Preis* § 611 BGB, Rn. 9.

156 *Lembke* NZA 2013, 1312, 1313; *Vogt/Deepen* ArbRAktuell 2012, 573, 574; *Dahl* DB 2005, 1738; *Ginal/Heinemann-Diehl* GWR 2014, 408 ff.

157 *Vogt/Deepen* ArbRAktuell 2012, 573, 574; *Lembke* NZA 2013, 1312, 1313.

158 *Vogt/Deepen* ArbRAktuell 2012, 573, 574.

159 *Dahl* DB 2005, 1738.

160 *Dahl* DB 2005, 1738; *Ginal/Heinemann-Diehl* GWR 2014, 408, 409; BeckOK BGB/*Fuchs* § 611 BGB, Rn. 37.

161 So u.a.: BAG, Urteil vom 13.11.1991 (Az.: 7 AZR 31/91 = AP BGB § 611 Abhängigkeit Nr. 60); NJW 1993, 1156; BAG, Urteil vom 24.06.1992 (Az.: 5 AZR 384/91 = AP BGB § 611 Abhängigkeit Nr. 61).

Eingliederung in eine fremde betriebliche Ordnung[162], eine Weisungsgebundenheit hinsichtlich Ort, Zeit, Dauer und Art der Tätigkeit[163] sowie die Verpflichtung zur persönlichen Leistungserbringung[164] sein. Für die Einordnung als Selbstständiger soll dagegen das Tragen eines gewissen Unternehmerrisikos[165] sowie die Ausübung weiterer Tätigkeiten[166] sprechen.[167]

Auf dieser Definition aufbauend kommen z.B. *Vogt/Deepen* im Ergebnis nur dann zur Einordnung des Interim Managers als Nichtarbeitnehmer, wenn dessen Einsatz in *„arbeits- und sozialrechtlicher Hinsicht ein hoher Grad an eigenständiger und verantwortlicher Arbeit sowie ein klar definierter Erfolg“* zu Grunde liegt.[168] Es bedarf daher stets einer fundierten Prüfung sämtlicher Umstände des Einzelfalles[169], wobei insbesondere die dem Interim Manager konkret übertragenen Aufgaben und dessen Integration in das Einsatzunternehmen von besonderer Bedeutung sein dürften. In der Vertragspraxis wird die persönliche Abhängigkeit deshalb oft auch noch zusätzlich dadurch zu vermeiden versucht, dass dem Interim Manager schon in der Vertragskonzeption genügend Freiraum für die eigenverantwortliche Gestaltung seiner Tätigkeit und Arbeitszeit gelassen wird.[170]

Gleichwohl dürfte aber jedenfalls für den hier zu untersuchenden, zur Steuerung einer GmbH eingesetzten Interim Manager gelten, dass dessen Leistung – unabhängig davon, ob er organschaftlich als Geschäftsführer oder auf rein schuldrechtlicher Basis eingesetzt wird – immer einen Fall des klassischen Fremdmanagements, also der Leitung des Unternehmens durch einen Nichtgesellschafter, darstellen wird. Dabei nimmt der Interim Manager klassische Arbeitgeberfunktionen wahr und erbringt seine Leistungen höchstpersönlich und in der Regel weitgehend weisungsfrei. Insbesondere das Krisenmanagement ist eine Aufgabe von höchster Priorität, die eine organisatorische Zuordnung zur obersten Managementebene notwendig macht.[171] Im Hinblick auf die vom BAG entwickelten Abgrenzungsmerkmale der Weisungsgebundenheit und der persönlichen Abhängigkeit passen diese Feststellungen deshalb nicht zum klassischen Arbeitnehmerbegriff. So deutlich formuliert es auch etwa *Haag*, wenn er klarstellt, dass eine *„Qualifizierung [des] Interim Managers als klassische[r]*

162 BAG, Urteil vom 06.05.1998 (Az.: 5 AZR 347/97 = AP BGB § 611 Abhängigkeit Nr. 94).

163 BAG, Urteil vom 30.09.1998 (Az.: 5 AZR 563/97 = BAGE 90, 36).

164 BAG, Urteil vom 19.11.1997 (Az.: 5 AZR 653/96 = AP BGB § 611 Abhängigkeit Nr. 90).

165 BAG, Urteil vom 13.08.1980 (Az.: 4 AZR 592/78 = AP BGB § 611 Abhängigkeit Nr. 37).

166 BAG, Urteil vom 30.09.1998 (Az.: 5 AZR 563/97 = BAGE 90, 36).

167 Vgl. auch: *Haag/Tiberius* NZA 2004, 190.

168 *Dahl* DB 2005, 1738.

169 So auch zum Fremdgeschäftsführer etwa: *Ginal/Heinemann-Diehl* GWR 2014, 408, 410.

170 *Fues*: Management auf Zeit S. 14 f; *Haag*, in: *Tiberius*: Interimsmanagement, S. 241 f.

171 *Ribbert*: Interim-Management, S. 167.

Arbeitnehmer ausscheide".[172] Zur Recht wird daher angenommen, dass jedenfalls dann, wenn beide Vertragspartner die Selbstständigkeit des Interim Managers wollen[173] und dies im zugrundeliegenden Vertrag auch klarstellen, nur dann entgegen diesem ausdrücklichen Willen ein Arbeitsverhältnis vorliegen kann, wenn die tatsächliche Vertragsdurchführung von diesem Willen eindeutig erkennbar abweicht.[174]

2. Weiterentwicklung des sog. „Managementvertrages"?

Abgesehen von der (meist pauschalen) Abgrenzung zum Arbeitsvertrag fehlte in der Rechtsliteratur lange Zeit eine umfassende rechtliche Einordnung des Interim Management Vertrages.[175] Diese Forschungslücke wurde vor wenigen Jahren zu einem entscheidenden Teil durch die Habilitationsschrift von *Uffmann*[176] geschlossen. *Uffmann* sieht in Interim Management Verträgen eine neue Generation des sog. „*Managementvertrages*", der als besonderer Geschäftsbesorgungsvertrag mit Dienstleistungscharakter[177] zwar kein normativ vorgeformter, aber dennoch anerkannter Vertragstyp ist.[178] Dabei übernimmt ein unternehmensfremder Dritter (der sog. „*Manager*") in eigener Verantwortung die „*Kontrolle*" für ein fremdes Unternehmen, wofür ihm die andere Partei (der sog. „*Managementnehmer*") als Gegenleistung ein Entgelt zahlt.[179] Der Managementnehmer erhofft sich mit einem solchen Vertragsschluss in der Regel, das unternehmerische Know-how, die Erfahrung oder die wirtschaftlichen Beziehungen des Managers für seinen Betrieb nutzbar machen zu können.[180] Beim „*echten*" bzw. „*typischen*" Managementvertrag handelt der Manager in fremdem Namen als rechtsgeschäftlicher oder organschaftlicher Vertreter des zu führenden Unternehmens.[181] Der Vertrag wird im Wesentlichen durch die Geschäftsführungsleistung des Managers geprägt und ist als Geschäftsbesorgung oder als „*Vertragsleistung sui generis*"[182]

172 *Haag* NZA 2004, 190, 193.
173 Vgl. aber zum Risiko der konkludenten Vereinbarung des KSchG: *Stagat* NZA-RR 2011, 617 ff.; *Ginal/Heinemann-Diehl* GWR 2014, 408 ff.
174 *Dahl* DB 2005, 1738, 1740; *Dilenge* BB 2016, 2678 ff.
175 *Fleischer* DB 2015, 1764.
176 *Uffmann*: Interim Management.
177 Staudinger/*Martinek* § 675 BGB Rn. B 142 ff., 143; BeckOGK/*Teichmann* BGB § 675 Rn. 70.
178 *Uffmann*: Interim Management, S. 97 ff.; *Uffmann* ZGR 2013, 273, 281; vgl. etwa auch schon: *Martinek*: Moderne Vertragstypen. Bd. II, S. 275 ff.; als Dienstvertrag.
179 Staudinger/*Martinek* § 675 BGB Rn. B 142; *Martinek*: Moderne Vertragstypen. Bd. II, S. 276; MüKoBGB/*Martiny* Rom I-VO Art. 4 Rn. 64; BeckOGK/*Teichmann* BGB § 675 Rn. 70.
180 Staudinger/*Martinek* § 675 BGB Rn. B 142; BeckOGK/*Teichmann* BGB § 675 Rn. 71.
181 Staudinger/*Martinek* § 675 BGB Rn. B 147.
182 MüKoBGB/*Martiny* Rom I-VO Art. 4 Rn. 64.

einzuordnen.[183] Diese Einordnung soll auch für das oben beschriebene Provider-Modell – dann für das Verhältnis zwischen dem Dienstleister und Einsatzunternehmen – gelten, da insofern keine andere Beurteilung notwendig sei.[184]

Diese Einordnung von *Uffmann* vermag durchaus zu überzeugen. Meines Erachtens kann aber nicht nur ein solcher Geschäftsbesorgungsvertrag, sondern auch ein Werkvertrag die rechtsgeschäftliche Grundlage des Einsatzes bilden, unabhängig davon, ob der Interim Manager unmittelbar oder über ein Dienstleistungsunternehmen eingesetzt wird.[185] Nicht selten wird nämlich ein reines Erfolgshonorar für die erfolgreiche Erledigung einer Managementaufgabe vereinbart,[186] sodass eindeutig der Erfolg im Vordergrund der Vergütung steht. Diese Übernahme des Erfolgsrisikos legt in solchen Fällen die Einordnung als Werkvertrag nahe. Die Abgrenzung orientiert sich deshalb letztendlich am Willen der vertragsschließenden Parteien und an der tatsächlich gelebten Ausgestaltung des Vertragsverhältnisses.[187] Wesentlicher Unterschied zwischen den beiden Vertragstypen ist nämlich nur, dass beide eine jeweils unterschiedliche Vertragsordnung aufstellen, die für den Fall der Vertragsstörung einen angemessenen Ausgleich der widerstreitenden Parteiinteressen gewährleisten soll. Bei der Abgrenzung sind deshalb insbesondere das Fehlerrisiko der Parteien, das Zeitrisiko, die nicht vorhersehbaren Risiken sowie das Abwicklungsrisiko zu beachten. Gerade wenn der Interim Manager die Gewähr für den Eintritt eines bestimmten Erfolges übernommen hat, dürfte in der Regel ein Werkvertrag vorliegen.[188]

III. Abgrenzung zu anderen Erscheinungsformen des Fremdpersonaleinsatzes

Fremdpersonal wird nicht nur durch Interim Management Verträge eingesetzt, sondern auch durch die sog. Arbeitnehmerüberlassung und auch im Bereich der Unternehmensberatung. Ob und wie sich das Interim Management von diesen anderen beiden Formen des Fremdpersonaleinsatzes unterscheidet und abgrenzen lässt, soll im Folgenden untersucht werden.

1. *Arbeitnehmerüberlassung*

Die Ähnlichkeit zwischen dem Interim Management und der Arbeitnehmerüberlassung als zwei Erscheinungsformen des Fremdpersonaleinsatzes wird besonders bei dem oben beschriebenen sog. *„niederländischen Modell“* des Interim

---

183 MüKoBGB/*Martiny* Rom I-VO Art. 4 Rn. 64.
184 *Haag/Tiberius* NZA 2004, 190, 193.
185 *Haag*, in: *Tiberius*: Interimsmanagement, S. 241; *Haag/Tiberius* NZA 2004, 190, 193.
186 *Krieger* FS Hoffmann-Becking, S. 711.
187 *Haag*, in: *Tiberius*: Interimsmanagement, S. 241; *Haag/Tiberius* NZA 2004, 190, 193.
188 *Haag/Tiberius* NZA 2004, 190, 193.

Managements, wenn also zwischen dem Interim Manager und dem Einsatzunternehmen ein Dienstleister bzw. Provider zwischengeschaltet ist, deutlich. Gemeinsam ist dann beiden Vertragsarten das Vorhandensein dreier Parteien, die jeweils in einer bestimmten Beziehung zueinanderstehen.[189] Aber auch ohne die Zwischenschaltung eines Providers bestehen Ähnlichkeiten, die eine Abgrenzung hier notwendig machen. Denn sowohl das Interim Management als auch die Arbeitnehmerüberlassung haben die *„flexible Beschaffung personeller Ressourcen"*[190], mit denen ein zeitlich befristeter Personalbedarf des Einsatzunternehmens gedeckt und gleichzeitig Teile der klassischen Arbeitgeberfunktionen outgesourct werden können[191], zum Ziel. Beide sind außerdem Formen des betriebsübergreifenden Personaleinsatzes.[192]

Bei der Abgrenzung kann zunächst im Wesentlichen schon auf die oben dargestellten rechtlichen Grundsätze der Abgrenzung zwischen Dienst- und Arbeitsvertrag, zurückgegriffen werden.[193] Denn Voraussetzung dafür, dass ein drittbezogener Arbeitseinsatz als *Arbeitnehmer*überlassung im Sinne des Arbeitnehmerüberlassungsgesetzes (AÜG) eingeordnet wird, ist, dass ein Arbeitnehmer zum Zwecke der Ausleihe beschäftigt und entsprechend gewerbsmäßig an Dritte überlassen wird. Eine Überlassung i.S.d. § 1 Absatz 1 Satz 1 AÜG liegt nach Rechtsprechung des BAG[194] deshalb nur vor, *„wenn einem Entleiher Arbeitskräfte zur Verfügung gestellt werden, die in dessen Betrieb eingegliedert sind und ihre Arbeit nach Weisungen des Entleihers und in dessen Interesse ausführen"*. Der Verleiher verspricht dem Entleiher demnach, einen bei ihm angestellten *Arbeitnehmer* auszuwählen und ihm dem Entleiher so zur Verfügung zu stellen, dass dieser ihn wie seine eigenen angestellten *Arbeitnehmer* einsetzen darf.[195] Zwischen Verleiher und dem Zeitarbeitnehmer besteht also ein gewöhnlicher *Arbeitsvertrag*, bei dem lediglich die Besonderheit besteht, dass das arbeitsvertragliche Weisungsrecht vom Verleiher auf den Entleiher übertragen werden kann.[196]

Schon nach der oben herausgearbeiteten Einordnung des Interim Management Vertrages als Dienst- oder Werkvertrag und jedenfalls gerade nicht als Arbeitsvertrag findet beim Interim Management also keine Arbeitnehmerüberlassung statt. Anders als bei dieser steht bei ihm (auch beim *„niederländischen Model"*) vielmehr die Vermittlung selbstständiger Personen im Fokus.[197] Zwischen dem

---

189 *Lanzinner/Nath* NZS 2015, 210.
190 *Ribbert*: Interim-Management, S. 27.
191 *Alewell*: Zeitarbeit und Interimmangement, S. 991.
192 *Alewell*: Zeitarbeit und Interimmangement, S. 991.
193 Vgl. auch: *Vogt/Deepen* ArbRAktuell 2012, 573; *Lembke* NZA 2013, 1312.
194 BAG, Urteil vom 20.09.2016 (Az.: 9 AZR 735/15 = AP AÜG § 1 Nr. 39); vgl. auch *Alewell*: Zeitarbeit und Interimmangement, S. 1005.
195 *Maschmann* NZA 2013, 1305, 1306.
196 *Maschmann* NZA 2013, 1305, 1306; *Ribbert*: Interim-Management, S. 30.
197 *Faber/Till* Interim Management S. 4; *Ribbert*: Interim-Management, S. 27 ff.; *Alewell*: Zeitarbeit und Interimmangement, S. 991, 999, 1007; *Dilenge* BB 2016, 2678 f.

Dienstleister und dem Unternehmen liegt regelmäßig ein freier Dienstvertrag (bzw. Werkvertrag) zwischen zwei selbstständigen Unternehmen vor,[198] in dem der Dienstleister die Verpflichtung zur Erbringung bestimmter Dienstleistungen (bzw. die Erbringung eines bestimmten Gewerkes) übernimmt, die er aber von vornherein nicht selbst in Person oder durch eigene *Arbeitnehmer*, sondern durch Einsatz eines Interim Managers zu erbringen hat.[199] In Zeiten nicht vorhandener Vermittlungsaufträge werden die Interim-Manager von der Agentur auch anders als (Leih)Arbeitnehmer weder eingesetzt noch vergütet.[200] Auch von den Kunden wird der Interim Manager (in aller Regel) wie ein Selbstständiger eingesetzt und somit weder in dessen betriebliche Organisation integriert noch einem dem arbeitsvertraglichem Direktionsrecht vergleichbaren Weisungsrecht unterstellt.[201] Des Weiteren werden Interim Manager nicht wie Zeitarbeiter für eher einfache und administrative Tätigkeiten nachgefragt, sondern kommen – wie oben schon herausgearbeitet – meist auf den höheren Hierarchieebenen und für komplexere und anspruchsvollere Aufgaben oder Projekte zum Einsatz.[202]

Unterschiede bestehen auch bei der Leistungsbeschreibung bzw. der Vertragspflicht des Providers und des Verleihers. Die des Providers endet beim *„niederländischen Modell"* nämlich nicht bereits mit der Auswahl und dem Zurverfügungstellen des Interim Managers. Denn egal ob hier ein Werk- oder Dienstvertrag vorliegt, bleibt der verpflichtete Provider für die Erfüllung der in dem Vertrag vorgesehenen Dienste oder für die Herstellung des geschuldeten Werks gegenüber dem Drittunternehmen unmittelbar selbst verantwortlich, darf sich lediglich der Dienste Dritter bedienen.[203] Schließlich wird bei der Arbeitnehmerüberlassung in der Regel eine Gattungsschuld vorliegen, da keine bestimmten Personen, sondern nur unpersönliche Arbeitsqualifikationen benannt werden. Dagegen bestehen beim Interim Management meist derart konkrete Qualifikationsanforderungen an den einzusetzenden Manager, dass man gerade nicht mehr von einer Gattungsschuld sprechen kann.[204]

Interim Management ist deshalb keine Arbeitnehmerüberlassung, sondern vielmehr wird *„mit dem bedarfsgerechten Zukauf externen Management-Know-hows der ökonomische Grundgedanke der Zeitarbeit, nämlich die Flexibilisierung des Faktors Arbeit, auf die Führungsebene übertragen"*.[205]

---

198 *Haag* NZA 2004, 190, 193.

199 *Haag* NZA 2004, 190, 194.

200 *Vogt/Deepen* ArbRAktuell 2012, 573, 575; *Mestwerdt*: KMU, S. 47.

201 *Ribbert*: Interim-Management, S. 32; *Dilenge* BB 2016, 2678 f.

202 *Faber/Till* Interim Management S. 4; *Ribbert*: Interim-Management, S. 32; *Mestwerdt*: KMU, S. 45; *Haag/Tiberius* NZA 2004, 190, 193.

203 Vgl. Urteil des BAG vom 20.09.2016, Az.: 9 AZR 735/15, AP AÜG § 1 Nr. 39.

204 *Mestwerdt*: KMU, S. 47.

205 *Uffmann*: Interim Management, S. 69 ff.

2. *Unternehmensberatung*

Wie in der Darstellung der Entstehungsgeschichte bereits eingangs erwähnt wurde, hat sich das Interim Management aus der Unternehmensberatung heraus entwickelt. Beiden Phänomenen ist außerdem gemein, dass sie befristet sind und gerade bei besonderen Projekten oder Krisen und nicht im Alltagsgeschäft der Unternehmen eingesetzt werden.[206] Wie Interim Manager werden auch Unternehmensberater häufig (aber nicht zwingend) befristet beauftragt.[207] Schließlich ist auch der Beratungsvertrag in aller Regel als Dienstvertrag einzuordnen. Auch von dieser Form des Fremdpersonaleinsatzes muss das Interim Management deshalb abgegrenzt werden.

Bei der Unternehmensberatung soll die Informationsbasis der Entscheidungsträger im Unternehmen durch „*die quantitative und qualitative Kapazität*"[208] des Beraters, der der Unternehmensführung Kenntnisse und Erfahrungen vermittelt und Unternehmensentscheidungen vorbereitet oder eventuell auch an diesen *mitwirkt*,[209] verbessert werden. Der Berater erteilt dazu *Ratschläge* und gibt sonstige *Hilfestellungen*. Die verbindliche Entscheidung bleibt jedoch stets dem Auftraggeber und damit den Entscheidungsträgern des Unternehmens selbst vorbehalten.

Interim Management umfasst dagegen mehr als die bloße Erteilung von *Ratschlägen* und *Hilfestellungen* an die Unternehmensführung. Anders als der Unternehmensberater übernimmt der Interim Manager selbständig *Leitungsaufgaben* für das Unternehmen und führt diese selbst aus, statt nur an ihnen mitzuwirken.[210] Vom Unternehmensberater unterscheidet sich der Interim Manager also in erster Linie in seinen Befugnissen, da er für die Erfüllung seiner ihm übertragenen Aufgaben „*Entscheidungs- und Verantwortungskompetenz*" benötigt, was ein Berater nie erhält[211]. Während der Unternehmensberater (vorwiegend) für die Analyse und Problemfindung eingesetzt wird, wird der Interim Manager auch für die Umsetzung dieser Lösung beauftragt.[212]

D. Integration des Interim Managers in das Einsatzunternehmen

Interim Manager werden in unterschiedlicher Weise in das Einsatzunternehmen verankert.[213] Je nachdem ob eine Zusammenarbeit zwischen dem Interim

206 So etwa: *Müller-Feldhammer* NJW 2008, 1777 ff.

207 *Müller-Feldhammer* NJW 2008, 1777 ff.

208 *Ribbert*: Interim-Management, S. 37 ff.

209 Vgl. *Exner*: Der Unternehmensberatungsvertrag, S. 1, 2 ff.

210 *Tiberius*: Interimsmanagement, S. 18; *Uffmann*: Interim Management, S. 97.

211 *Mestwerdt*: KMU, S. 45.

212 *Dahl* DB 2005, 1738; *Kabst/Thost/Isidor*: Vorteil Interim Management, S. 21; *Tiberius*: Interimsmanagement, S. 18.

213 *Uffmann* ZIP 2016, 295, 303.

Manager und der bisherigen Geschäftsleitung angestrebt wird, oder der Interim Manager die Aufgabe der Geschäftsleitung allein übernehmen soll, sind unterschiedliche Modelle denkbar. In der Praxis haben sich dabei besonders drei verschiedene Modelle etabliert:[214] Entweder wird der Interim Manager zum Mitglied des geschäftsführenden Organs (organschaftliches Modell) oder zum Mitglied eines statutarischen Beirats als fakultatives Gesellschaftsorgan, dem in der Satzung aufgabenadäquate Geschäftsführungskompetenzen eingeräumt werden (Beiratsmodell), bestellt oder aber er wird allein insbesondere mittels einer Generalvollmacht für das Unternehmen tätig (schuldrechtliches Modell).[215]

I. Organschaftliche Verankerung

Die auf den ersten Blick naheliegendste Möglichkeit für die Integration des Interim Managers in das Einsatzunternehmen ist natürlich die organschaftliche Integration, ihn also bei der GmbH zum Geschäftsführer zu bestellen.[216] Die Bestellung erfolgt dann ganz gewöhnlich durch die Gesellschafterversammlung, ohne dass dabei Besonderheiten zu beachten wären. Der Vorteil einer solchen organschaftlichen Integration ist, dass der Interim Manager dann nicht nur schuldrechtlich mit der Gesellschaft verbunden, sondern auch gesellschaftsrechtlich in das gewohnte Verantwortungs- und Haftungsgefüge der Gesellschaft eingebunden ist.[217] In einer solchen Konstellation ist der Interim Manager dem Gesellschaftsinteresse wie ein Geschäftsführer besonders verpflichtet.[218] Die Geschäftsführerbestellung wird deshalb insbesondere dann gewählt werden, wenn dem Interim Manager die gesamte Geschäftsleitung übertragen bzw. ihm im Fall mehrerer bestellter Geschäftsführer zumindest ein gesamtes Ressort übertragen werden soll.[219]

II. Mitglied eines statuarischen Beirates

Eine weitere Möglichkeit der organschaftlichen Integration des Interim Managers in das Einsatzunternehmen ist seine Benennung zum Mitglied eines (fakultativen) statuarischen Beirats (bzw. Aufsichtsrates), der durch die Gesellschafterversammlung gewisse Geschäftsführungsaufgaben übertragen bekommen

214 *Uffmann*: Interim Management, S. 277 ff.

215 *Grobler*: Der Interim Manager als Beirat von mittelständischen Familienunternehmen; Für das organschaftliche und das schuldrechtliche Modell auch: *Bierbach*, in: Kübler: HRI, § 11 Rn. 84.

216 *Uffmann*: Interim Management, S. 278; MüAnwHB Insolvenz und Sanierung/*Nerlich/Rhode*, § 4 Rn. 205; *Haag/Tiberius* NZA 2004, 190, 193.

217 *Uffmann*: Interim Management, S. 278; für Beirat: *Teubner* ZGR 1986, 565, 570; *Semrau*: Dritteinflussnahme, S. 282.

218 *Uffmann*: Interim Management, S. 278; für Beirat: *Teubner* ZGR 1986, 565, 570.

219 *Uffmann*: Interim Management, S. 278.

hat.[220] Beiräte (und erst recht Aufsichtsräte) sind in der Regel aber nur beratend bzw. überwachend tätig. Für die Übertragung von Geschäftsführungsaufgaben bestehen außerdem auch Bedenken bzgl. Zulässigkeit und Zweckmäßigkeit. Die Bestellung zum Mitglied eines statuarischen Beirats wird also nur dann in Betracht kommen, wenn die wesentliche Aufgabe des Interim Managers lediglich darin besteht, die bestehende (evtl. aber noch unerfahrene oder kurzzeitig überforderte) Geschäftsleitung anzuleiten und zu beraten und somit direkte Eingriffe in die *„Steuerung"* des Unternehmens nicht notwendig sind.[221]

III. Schuldrechtliche Einbettung

Da der Einsatz von Interim Managern – wie schon der Namen sagt – immer nur befristet erfolgt, ist die Praxis aber ganz besonders an einer unkomplizierten und flexiblen Lösung interessiert. Oft wollen die Interim Manager auch schon gar nicht direkt vertraglich (bzw. organschaftlich) mit ihrem Einsatzunternehmen, sondern ausschließlich mit ihrem Dienstleistungsunternehmen verbunden sein. Geeignete Krisenmanager sind – insbesondere vor dem Hintergrund einer in Krisenzeiten relevanten umfangreichen Geschäftsführerhaftung – häufig nicht bereit, die Organstellung des Geschäftsführers zu übernehmen.[222] Auch wenn dabei wohl häufig die Haftungsrisiken als sog. *„faktischer Geschäftsführer"* und auch die „normale" vertragliche Haftung ignoriert werden, sind Interim Manager in der Praxis deshalb nur in seltenen Fällen organschaftlich in die Gesellschaft verankert. Stattdessen wird versucht, sie nur schuldrechtlich (entweder direkt oder indirekt über einen Dienstleister) in das Unternehmen zu integrieren. Den Interim Managern werden im Innenverhältnis häufig zwar alle Kompetenzen zugewiesen, doch trotzdem repräsentiert die bisherige Geschäftsführung das Unternehmen weiterhin (zumindest formal) nach außen, weshalb diese organisatorische Einordnung auch passend als *„Schattenmanagermodell"* bezeichnet wird.[223]

Damit der Interim Managern die ihm übertragenen Führungsaufgaben aber auch unabhängig von der bisherigen Geschäftsleitung wahrnehmen und insofern auch nach außen auftreten und das Unternehmen im Rechtsverkehr vertreten kann, müssen ihm (schuldrechtliche) Vollmachten erteilt werden.[224] Im Gefüge der verschiedenen (handelsrechtlichen) Vollmachten herrscht dabei die Vorstellung, dass besonders die Generalvollmacht wegen ihres großen Umfangs diese Anforderungen ausgezeichnet erfüllt und deshalb ein geeignetes Lösungsmodell der Unternehmensführung durch einen Interim Manager darstellt.[225] Im

220 *Uffmann*: Interim Management, S. 278.
221 *Uffmann*: Interim Management, S. 278.
222 Schmidt/Uhlenbruck/*Schkuck-Amend*, S. 62, Rn. 1.167.
223 *Ribbert*: Interim-Management, S. 169.
224 *Haag/Tiberius* NZA 2004, 190, 193.
225 *Uffmann* ZGR 2013, 273, 311; *Uffmann*: Interim Management, S. 360.

Gegensatz zur Prokura und zur Handlungsvollmacht wird mit der Generalvollmacht ein nahezu unbeschränkter Vertretungsumfang und eine flexible Anpassung der Vertretungsmacht verbunden. Insbesondere wenn der Interim Manager auf der obersten Leitungsebene eingesetzt und ihm deshalb eine mit den anderen Organen vergleichbare Stellung eingeräumt werden soll, wird der Generalvollmacht gegenüber den anderen, von vornherein eingeschränkten Vollmachten, der Vorzug gegeben.[226]

Der Interim Manager ist dann im Innenverhältnis zwar ebenfalls zur „Steuerung" des Unternehmens legitimiert und kann mittels Generalvollmacht auch nach außen für das Unternehmen auftreten. Anders als bei der organschaftlichen Verankerung hat die „reguläre" Geschäftsleitung des Unternehmens aufgrund ihrer nach außen weiterhin bestehenden Kompetenzen allerdings die Möglichkeit, die Aktivitäten des Interim Managers wesentlich zu beeinflussen, einzuschränken oder sogar völlig zu blockieren.[227] Aus diesem Grund besteht seitens der Initiatoren des Interim Managements, also der Gesellschafter oder der Gläubiger bzw. Banken des Unternehmens, regelmäßig ein großes Interesse daran, den Interim Manager trotz seiner rein schuldrechtlichen Verankerung zum alleinigen „*Steuermann*" des Unternehmens zu ernennen und die Befugnisse der „regulären" Geschäftsleitung vollständig unter die Leitung des Interim Managers zu stellen bzw. diese zumindest weitestgehend einzuschränken.

E. Zwischenergebnis: Der hier untersuchte Interim Manager

Als Ergebnis dieses ersten Abschnitts lässt sich also festhalten, dass es sich bei einem Interim Manager um eine externe Fachkraft handelt, die von vornherein befristet in einem Unternehmen zur Ausübung von Führungsaufgaben eingesetzt wird. Dieser Einsatz wird in der Praxis überwiegend, aber nicht ausschließlich mittels einer sog. Provider-Gesellschaft, die zwischen den Manager und das Einsatzunternehmen tritt, durchgeführt. Auch ohne die Zwischenschaltung eines Providers ist das Vertragsverhältnis des Interim Managers nicht als Arbeitsvertrag, sondern als sog. „*Managementvertrag*" und damit als ein besonderer Fall des Geschäftsbesorgungsvertrags mit Dienstleistungs- oder Werkvertragscharakter einzuordnen. Insofern lässt sich der Interim Management Vertrag deshalb auch gerade am Merkmal des Arbeitnehmers von der Arbeitnehmerüberlassung nach dem AÜG abgrenzen. Von der Unternehmensberatung unterscheidet er sich dagegen im Wesentlichen dadurch, dass ein Interim Manager im Gegensatz zu einem bloßen Berater nicht nur lediglich Ratschläge erteilt und Hilfestellungen

226 *Leiner*: Generalvollmacht, S. 8 ff.
227 *Ribbert*: Interim-Management, S. 170.

anbietet, sondern selbst Leitungsaufgaben für das Unternehmen übernimmt und diese auch selbst ausführt.

Je nachdem zu welchem konkreten Zweck und in welchem konkreten Anwendungsbereich der Interim Manager eingesetzt wird, lassen sich dabei verschiedene, von ihm zu erfüllende Aufgaben unterscheiden, die wiederum jeweils verschiedene Kompetenzen, aber auch eine jeweils unterschiedliche Integration des Interim Managers in das Einsatzunternehmen erfordern. Insbesondere wenn der Interim Manager zur Überbrückung von Managementvakanzen oder aber für das Sanierungs- und Krisenmanagement eingesetzt wird, ist er regelmäßig in der obersten Führungsebene des Unternehmens angesiedelt. Dies bringt es mit sich, dass er – je nachdem, wie sein Verhältnis zu der bisherigen Unternehmensleitung von den Initiatoren des Einsatzes festgelegt wird – das Unternehmen wie ein selbstständiger und allein handelnder Einzelunternehmer führt und leitet. Gerade für diese Konstellation wird also die Frage, unter welchen rechtlichen Voraussetzungen das Einsatzunternehmen *„gesteuert"* werden kann, relevant. Ganz besonders gilt dies dann, wenn der Interim Manager – aus welchen Gründen auch immer – auch nicht organschaftlich in das Einsatzunternehmen eingebettet wird, also nicht selbst zum Geschäftsführer oder als Mitglied eines statuarischen Beirats der Gesellschaft bestellt wird, sondern rein schuldrechtlich mit der Gesellschaft verbunden sein soll. Dann muss er auf rein schuldrechtlicher Basis die „Steuerung" der GmbH übernehmen und dabei vollkommen selbstständig, also insbesondere unabhängig von der „regulären" Geschäftsführung, agieren können. Eine solche Einflussnahme durch einen Externen ist aber keinesfalls immer unproblematisch, sodass sich ganz besonders die Frage der Zulässigkeit einer solchen Konstruktion stellt. An diesem Bedürfnis soll die Arbeit ansetzen und mögliche Wege, wie dieses Ziel erreicht werden kann, aufzeigen. Dafür ist im folgenden Abschnitt zunächst die *„Steuerung"* der GmbH zu untersuchen.

§ 2: Die „Steuerung“ der GmbH nach dem gesetzlichen Normalstatut

Nachdem im vorherigen Kapitel der Begriff des Interim Managers bestimmt und dabei die für diese Arbeit relevanten Bedürfnisse seines Einsatzes herausgearbeitet werden konnten, soll in diesem Kapitel untersucht werden, was unter dem in der Einleitung eingeführten Begriff der „*Steuerung*“ der GmbH verstanden werden kann, und wie diese „*Steuerung*“ im gesetzlichen Normalstaut der GmbH geregelt ist. Darauf aufbauend kann dann in den anderen beiden Hauptteilen der Arbeit näher untersucht werden, ob, und wenn ja, wie dem Interim Manager im Einzelnen die „*Steuerung*“ der GmbH ermöglicht werden kann. Insbesondere ist an dieser Stelle also zu überlegen, welche Kompetenzen zur „*Steuerung*“ der GmbH notwendig sind und wer diese Kompetenzen nach dem gesetzlichen Normalstatut der GmbH ausübt.

A. Was ist unter der „Steuerung“ der GmbH zu verstehen?

Zunächst ist also allgemein zu fragen, was konkret unter dem untechnischen Begriff der „Steuerung“ der GmbH zu verstehen ist. Es gilt also, den Begriff soweit zu definieren, dass daraus im nächsten Schritt zumindest auch konkrete Kompetenzen, die für deren Ausübung notwendig sind, abgeleitet werden können.

I. Der Begriff der „Geschäftsführung“

Es scheint auf den ersten Blick nur konsequent und stimmig zu sein, die „*Steuerung*“ der GmbH mit dem Begriff der „*Geschäftsführung*“ gleichzusetzen, und insofern auch ausschließlich diesen Begriff in der Arbeit zu verwenden. So steht die Geschäfts*führung* schon begrifflich der Steuerung sehr nahe. Außerdem wird der Begriff der Geschäftsführung im Gegensatz zur Steuerung auch in verschiedenen Gesetzen verwendet und ist insbesondere in der Rechtsliteratur und Rechtsprechung weitgehend etabliert und anerkannt. Bei der näheren Betrachtung der Verwendung dieses Begriffs wird allerdings auch schnell deutlich, dass dieser naheliegende Ansatz immer zweifelhafter wird, je weiter man in die Detailbetrachtung des Begriffsverständnisses, besonders in der Rechtsliteratur, eintaucht. Das dürfte nicht zuletzt daran liegen, dass der Gesetzgeber sowohl im GmbHG als auch im BGB und HGB diesen Begriff zwar benutzt, auf eine nähere Bestimmung der Begriffsbedeutung aber verzichtet hat. Stattdessen hat der Gesetzgeber diese als „*nicht erläuterungsbedürftig*“[228] vorausgesetzt.

---

228 *Wiedemann* GesR II, § 4 II. 1. a).

In der Rechtsliteratur werden mit dem Begriff Geschäftsführung deshalb zunächst zwar noch übereinstimmend alle Maßnahmen einer Gesellschaft beschrieben, *„die zur Förderung bzw. zur Verfolgung des Gesellschaftszwecks bestimmt (und erforderlich) sind“*.[229] Auch grenzt die Rechtsliteratur Maßnahmen der Geschäftsführung noch größtenteils übereinstimmend insbesondere von den sog. *„Grundlagenentscheidungen“* der Gesellschaft ab,[230] worunter Maßnahmen verstanden werden sollen, *„die die Grundlagen der Gesellschaft, insbesondere deren Struktur und Organisation, betreffen“* und entweder (formelle) Vertragsänderungen oder auch bloß faktische Eingriffe in die bestehende Struktur oder Organisation der Gesellschaft darstellen und deshalb der Gestaltung durch die Gesamtheit der Gesellschafter im Rahmen des Gesellschaftsvertrags vorbehalten seien[231]. Entscheidend soll bei der Einordnung einer Maßnahme als Geschäftsführung oder als Grundlagenentscheidung insoweit auch der Schutz der Mitgesellschafter vor der Umgestaltung der Gesellschaftsgrundlagen durch den hierzu nicht berufenen Geschäftsführer sein.

Deutlich weniger Konsens ist in der Rechtsliteratur allerdings in Bezug auf das Verhältnis des Begriffs der Geschäftsführung zum Begriff der Vertretung zu spüren. Teilweise wird die Geschäftsführung als das Innenverhältnis einer juristischen Person in Abgrenzung zum Außenverhältnis – der sog. *„organschaftlichen Stellvertretung“* – verstanden.[232] Der Unterschied der beiden Begriffe wird insofern in der *„für das gesamte Gesellschaftsrecht geltenden grundlegenden Trennung zwischen Geschäftsführungsbefugnis und Vertretungsmacht“*[233]

229 Vgl. etwa: MüKoBGB/*Carsten Schäfer* BGB § 709 Rn. 7; MüKoHGB/*Rawert* HGB § 114 Rn. 6; Henssler/Strohn/*Oetker* GmbHG § 37 Rn. 2; UHL/*Paefgen* GmbHG § 35 Rn. 168; BeckOK HGB/*Klimke* HGB § 114 Rn. 4; EBJS/*Drescher* HGB § 114 Rn. 4; Henssler/Strohn/*Finckh* HGB § 114 Rn. 4; Baumbach/Hueck/*Zöllner/Noack* GmbHG § 35 Rn. 29; Oetker/*Lieder* § 114 HGB Rn. 4; Koller/Kindler/Roth/Morck/*Kindler* § 114 HGB Rn. 2; *Hoffmann/Liebs* Rn. 3035; *Wiedemann* GesR II, § 4 II. 1. a); BeckHdbGmbH/*Axhausen* § 5 Rn. 132; *Hueck* OHG § 10 I 1; *Ziemons*, S. 7; Mertens/Stein/*Mertens* § 37 Rn. 3; ähnlich: *Mack*: Gleichlauf von Geschäftsführungsbefugnis und Vertretungsmacht, S. 31.

230 MüKoBGB/*Carsten Schäfer* BGB § 709 Rn. 7; BeckOK HGB/*Klimke* HGB § 114 Rn. 4; EBJS/*Drescher* HGB § 114 Rn. 6; Henssler/Strohn/*Finckh* HGB § 114 Rn. 6; Oetker/*Lieder* § 114 HGB Rn. 4; Koller/Kindler/Roth/Morck/*Kindler* § 114 HGB Rn. 2; mit Hinweis auf die fehlende Trennschärfe: MüKoHGB/*Rawert* HGB § 114 Rn. 7; *Hueck* OHG § 10 I 1.

231 *Wiedemann* ZGR 1996, 286, 292 f.

232 Baumbach/Hueck/*Zöllner/Noack* GmbHG § 35 Rn. 5; MüKoGmbHG/*Stephan/Tieves* § 35 GmbHG Rn. 80; Rowedder/Schmidt-Leithoff/*Koppensteiner/Gruber* GmbHG § 37 Rn. 5; *Jula*: Der GmbH-Geschäftsführer, S. 24 ff.; Lutter/Hommelhoff/*Kleindiek* GmbHG § 37 Rn. 1 ff.; Achilles/Ensthaler/Schmidt/*Schmidt* GmbHG § 37 Rn. 2 ff.; *Henze*: Handbuch zum GmbH-Recht, Rn. 1207 ff., 1216 ff.; so wohl auch: *Uffmann*: Interim Management, S. 382 ff.; so z.B. auch: BGH, Urteil vom 18.10.1976 (Az.: II ZR 9/75) = NJW 1977, 199.

233 Baumbach/Hueck/*Zöllner/Noack* GmbHG § 35 Rn. 5.

gesehen.[234] Während die Vertretungsmacht maßgebend für die Wirksamkeit von Willenserklärungen gegenüber Dritten (das rechtliche „*Können*“ im Außenverhältnis) sei, sage die Geschäftsführungsbefugnis, in welchem Umfang Geschäftsführungshandlungen (zweckverfolgende Maßnahmen) zulässig sind (das rechtliche „*Dürfen*“ im Innenverhältnis).[235] Teilweise wird deshalb auch die Auffassung vertreten, dass eine Handlung stets gleichzeitig ein Akt der Geschäftsführung und ein Akt der Vertretung sein kann und der Unterschied allein im unterschiedlichen Gesichtspunkt, aus dem die Tätigkeit betrachtet wird, zu finden sei.[236]

Vertreten wird aber auch die Meinung, dass es für die Zugehörigkeit zur Geschäftsführung weder darauf ankommen soll, ob es sich bei den fraglichen Handlungen um solche tatsächlicher oder rechtsgeschäftlicher Natur handle, noch ob sich die Tätigkeit auf das Innenverhältnis beschränke oder auch Außenwirkungen habe, namentlich in der Vertretung der Gesellschaft gegenüber Dritten.[237] Zur Vertretung, also zur Willensäußerung der Gesellschaft gegenüber Dritten, unterscheide sich die Geschäftsführung gerade nicht.[238] Die Vertretung sei vielmehr „*derjenige Teilbereich der Geschäftsführung, der das rechtsgeschäftliche Außenhandeln der Geschäftsführung umfasse*“, weshalb auch die verbreitet anzutreffende Gegenüberstellung von Geschäftsführung als Handeln im Innenverhältnis und Vertretung als Außenhandeln „*unzutreffend*“ sei.[239] Dieser Ansicht folgend wird deshalb auch oft zwischen der „*Geschäftsführung im weiten Sinne*“ und der „*Geschäftsführung im engeren Sinne*“ zu unterscheiden versucht, wobei erstere neben der Geschäftsführung im engeren Sinne auch die Vertretung der GmbH mitumfassen soll.[240].

---

234 Baumbach/Hueck/*Zöllner/Noack* GmbHG § 35 Rn. 5; Oppenländer/Trölitzsch/*Trölitzsch* § 16 Rn. 1; *Schmidt-Leithoff*: Die Verantwortung der Unternehmensleitung, S. 371 f.; Schwerdtfeger/*Alexander* GmbHG § 37 Rn. 1 f.; MünchHdB GesR III/*Riemenschneider/Freitag* § 6 Rn. 3; *Wiedemann* GesR, § 10 II. 1. a); *Windbichler* GesR, § 7 Rn. 11.

235 Baumbach/Hueck/*Zöllner/Noack* GmbHG § 35 Rn. 5; MHLS/*Lenz* GmbHG § 37 Rn. 4; MünchHdB GesR III/*Riemenschneider/Freitag* § 6 Rn. 3; *Geck* DStR 1988, 90, 96.

236 *Windbichler* GesR, § 7 Rn. 11.

237 MüKoBGB/*Carsten Schäfer* BGB § 709 Rn. 7; *Hoffmann/Liebs* Rn. 3000, 3035; *Zitzmann*: Die Vorlagepflichten des GmbH-Geschäftsführers, S. 14 ff; *Hueck* OHG § 10 I 2.

238 MüKoBGB/*Carsten Schäfer* BGB § 709 Rn. 7.

239 MüKoBGB/*Carsten Schäfer* BGB § 709 Rn. 7; *Hueck* OHG § 10 I 2; *Wiedemann* GesR II, § 4 II. 1. b); so auch: *Mack*: Gleichlauf von Geschäftsführungsbefugnis und Vertretungsmacht, S. 33.

240 So bspw. bei: Scholz/*Schneider* GmbHG § 37 Rn. 2 f.; MHLS/*Lenz* § 37 GmbHG Rn. 3; *Schmidt-Leithoff* wählt statt „GF im weiteren Sinne“ den Begriff der „*Unternehmensleitung*“ als Oberbegriff: *Schmidt-Leithoff*: Die Verantwortung der Unternehmensleitung, S. 373.

Noch undurchschaubarer wird die Abgrenzung zwischen Geschäftsführung und Vertretung, wenn man auch noch den Begriff der „*Geschäftsführungsbefugnis*" hinzunimmt. Von manchen Autoren wird dieser Begriff synonym zur Geschäftsführung verwendet[241] Andere sehen darin dagegen wiederum nur einen Teilbereich der Geschäftsführung und verwenden ihn insofern ähnlich zum Begriff der Geschäftsführung im engeren Sinne[242].

Zusammenfassend lässt sich also feststellen, dass schon die Frage, was unter dem Begriff der „*Geschäftsführung*" zu verstehen ist, alles andere als einfach zu beantworten und das Begriffsverständnis bei genauerem Hinsehen vielmehr sehr umstritten ist. Entgegen dem ersten Eindruck gibt der Begriff der Geschäftsführung trotz seiner häufigen Verwendung, seiner gesetzlichen Erwähnung und seiner Etablierung in der Rechtsliteratur für sich allein genommen, jedenfalls für die hier anzustellende Untersuchung, wenig bis gar nichts her. Zu unklar und undeutlich sind die Konturen dieses Begriffes und zu oft werden die gerade genannten Begriffe in diesem Zusammenhang miteinander vermischt, sodass deren genaue Bedeutung unklar bleibt. Ein einheitliches Begriffsverständnis ist jedenfalls nicht vorhanden. Aus diesem Grund soll für die Arbeit im Folgenden auch der Begriff der „*Steuerung*" verwendet werden, der dazu in den nächsten Abschnitten zunächst noch definiert werden muss.

II. Vergleich mit dem Handeln einer natürlichen Person

Der Ausgangspunkt der Definition des Begriffs „*Steuerung*" soll das oben unter § 1 gefundene Ergebnis zu den Aufgaben des Interim Managers sein. Dieses Ergebnis hat gezeigt, dass der Interim Manager – um seine Aufgaben für das Unternehmen am wirkungsvollsten wahrnehmen zu können – mitunter das Unternehmen wie ein selbstständiger und allein handelnder Einzelunternehmer führen und leiten können muss. Bezogen auf den Rechtsverkehr bedeutet diese Feststellung, dass der Interim Manager auch hier wie ein Einzelunternehmer und deshalb wie eine natürliche Person handeln können muss.

1. Das Handeln einer natürlichen Person im Rechtsverkehr

Spätestens seit *Hugo Grotius* steht der Vertrag im Zentrum des Privatrechts.[243] Dieser kommt durch Angebot und Annahme zustande, wobei diesen jeweils der im inneren gebildete und nach außen geäußerte Wille der Person zugrunde liegt. Eine natürliche Person handelt im Rechtsverkehr also im Wesentlichen allein

241 So wohl: *Wiedemann* GesR II, § 4 II. 1. b); Lutter/Hommelhoff/*Kleindiek* GmbHG § 37 Rn. 1 ff.; Achilles/Ensthaler/Schmidt/*Schmidt* GmbHG § 37 Rn. 2 ff.

242 Oppenländer/Trölitzsch/*Trölitzsch* § 16 Rn. 2, § 17 Rn. 1; *Windbichler* GesR, § 7 Rn. 11; BeckHdbGmbH/*Axhausen* § 5 Rn. 131; *Hueck* OHG § 10 II 1 ff.; *Mack*: Gleichlauf von Geschäftsführungsbefugnis und Vertretungsmacht, S. 33.

243 *Wesel*: Geschichte des Rechts, S. 365.

durch die Abgabe und den Empfang von Willensäußerungen. Das können entweder Willenserklärungen, geschäftsähnliche Handlungen und auch Realakte sein. Gemeinsam ist allen drei Erscheinungsformen, dass jeweils aus einer bestimmten Handlung auf einen Willen der sich äußernden Person geschlossen wird bzw. die eintretende Rechtsfolge jedenfalls mit dem dahinterstehenden Willen der handelnden Person zu rechtfertigen ist.[244] Diesen Willen kann eine im Rechtsverkehr auftretende natürliche Person im Inneren frei und selbstständig bestimmen bzw. bilden. Außerdem kann sie diesen autonom gebildeten Willen mittels Willensäußerung auch selbst, das heißt ohne Einschaltung einer weiteren Person, abgeben, also nach außen kundtun, sodass er ihr unmittelbar zugerechnet wird. Aus diesen Möglichkeiten der natürlichen Person, im Rechtsverkehr aufzutreten, abgeleitet, kann der Begriff der *„Steuerung“* somit als die Fähigkeit, den Inhalt von Willensäußerungen nach innen frei und selbstständig bestimmen und nach außen selbst durch direkte Zuordnung äußern zu können, definiert werden. Oder mit anderen Worten ausgedrückt: Für eine natürliche Person bedeutet Steuerung, die Kontrolle über die Willensbildung und die Willensäußerung im Rechtsverkehr selbst zu besitzen.

2. Übertragung der Gedanken auf die juristische Person

Die GmbH als juristische Person handelt im Rechtsverkehr – schon mangels entsprechender Sondervorschriften – nicht anders als die natürliche Person, also ebenfalls durch die Abgabe von Willenserklärungen, durch geschäftsähnliche Handlungen und durch Realakte. Rein tatsächlich kann die juristische Person als bloßes Gedankenkonstrukt aber unstreitig nicht selbst handeln. Ein tatsächliches Handeln ist vielmehr nur natürlichen Personen möglich.[245] Da aber nur ein solches natürliches Handeln als Willenserklärung, geschäftsähnliche Handlung oder Realakt Rechtswirkungen erzeugen kann, muss das tatsächliche Handeln bzw. müssen die daraus resultierenden Willensäußerungen von bestimmten natürlichen Personen, nämlich des Organs bzw. präziser des Organwalters, der juristischen Person kraft gesetzlicher Anordnung *„zugerechnet“* werden. Nur mittels dieser Zurechnung kann auch die GmbH als juristische Person handlungsfähig gemacht werden.[246] Die juristische Person ist aber auch nicht fähig, einen Willen tatsächlich bilden zu können, weshalb nicht nur die Äußerung des Willens durch eine solche Zurechnung von Willenserklärungen, Realakten und geschäftsähnlichen Handlungen natürlicher Personen erfolgen muss, sondern auch schon der Wille der juristischen Person erst auf diesem Weg gebildet werden kann. Die Willensbildung wird bei einer juristischen Person dadurch ausgeübt, dass gegenüber dem für die juristische Person den Willen im Rechtsverkehr

---

244 ähnlich: *Ulrici* NJW 2003, 2053.
245 *Hoffmann/Liebs* Rn. 3000; Oppenländer/Trölitzsch/*Trölitzsch* § 17 Rn. 1.
246 *K. Schmidt* GesR, § 10 I. 2. c).

äußernden Organ bestimmt wird, wie dieses im Namen der Gesellschaft zu handeln bzw. den Willen der Gesellschaft nach außen hin zu äußern hat. Eine juristische Person benötigt deshalb nicht nur Willens*äußerungs*-, sondern auch Willens*bildungs*organe.[247]

Der Unterschied zur natürlichen Person besteht also darin, dass schon denknotwendig immer nur eine Zurechnung von Willensäußerungen natürlicher Personen stattfindet. Diese zwingend notwendige Zurechnung macht sozusagen das Wesen der juristischen Person aus. Überträgt man, auf dieses Ergebnis aufbauend, den Gedankengang bei der natürlichen Person auf die juristische Person, bedeutet „*Steuerung*" hier, die alleinige Fähigkeit zu besitzen, Willensäußerungen abzugeben, die der juristischen Person als deren Wille und als deren Willensäußerung zugerechnet werden, um dadurch mit der juristischen Person wie als natürliche Person am Rechtsverkehr teilnehmen zu können.

3. Zusammenfassung

Nach den hier gefundenen Ergebnissen steuert also derjenige eine juristische Person, der für diese den Willen bildet[248] und diesen auch durch eine entsprechende Willensäußerung nach außen im Rechtsverkehr durchsetzen kann. Dieses Ergebnis deckt sich auch mit betriebswirtschaftlichen Untersuchungen, wie ein Blick in das Standartwerk der Betriebswirtschaftslehre von *Schneider*[249] zeigt. Dieser beschreibt nämlich die „*Führung eines Unternehmens*" als das „*Ausüben von Unternehmerfunktionen durch eine Unternehmensleitung*". Die Unternehmung leite wiederum derjenige (als der sog. Manager), der durch „*eigene Willensbildung und Willensdurchsetzung*" die Unternehmerfunktionen ausübe.[250] Es reicht demnach zur Steuerung einer Unternehmung nicht aus, den Willen für diese bilden zu können. Notwendig ist zugleich auch immer die Fähigkeit, diesen Willen nach außen umzusetzen.

III. Der Wille der GmbH

Bevor im nächsten Kapitel untersucht werden kann, welches Organ der GmbH durch welche konkrete Kompetenz den Willen für die GmbH bilden und äußern kann, ist zunächst noch herauszuarbeiten, was unter dem hier allein relevanten Willen der GmbH im Sinne der „*Steuerung*" der GmbH überhaupt zu verstehen ist, bzw. diesen von anderen Willensäußerungen innerhalb der GmbH abzugrenzen. Hintergrund dieser Überlegung ist, dass bei der GmbH wie bei den meisten Gesellschaftsformen eine Schwierigkeit darin besteht, dass der Gesellschaftsvertrag

---

247 *K. Schmidt* GesR, § 14 II. 1; UHL/*Hüffer/Schürnbrand* GmbHG § 48 Rn. 2.
248 Vgl. Roth/Altmeppen/*Altmeppen* GmbHG § 35 Rn. 1: „*internen Willensbildung*".
249 *Schneider*: Theorie der Unternehmung, S. 106.
250 *Schneider*: Theorie der Unternehmung, S. 106.

nicht nur einen kooperationsrechtlichen Akt darstellt, sondern zugleich auch einen schuldrechtlichen Vertrag zwischen den Gesellschaftern begründet.[251] Um diesen weiterentwickeln zu können und Änderungen des Vertrages zu ermöglichen, ohne dabei stets auf Einstimmigkeit angewiesen zu sein, vereinbaren die Gesellschafter in dem Vertrag zugleich – wie bspw. § 53 Abs. 1 GmbHG zeigt –, dass solche auf den Vertrag bezogenen Entscheidungen mit „Schaffung“ der GmbH nur noch in deren „Rahmen“ getroffen werden sollen. Dafür erklären die Gesellschafter die Gesellschafterversammlung für ausschließlich zuständig, die über diese Fragen durch Beschluss mit qualifizierter Mehrheit entscheiden soll. Mit Eintritt in die GmbH wird also zugleich die Zustimmung zu einer bestimmten Form der Vertragsänderung und Vertragsbeendigung erklärt.

Aus diesen Überlegungen wird deutlich, dass nicht jede Betätigung der Gesellschaftsorgane der GmbH – insbesondere solche der Gesellschafterversammlung – auch schon immer als Willensbildung oder Willensäußerung der GmbH zu verstehen sein kann. Vielmehr betreffen die soeben erwähnten Gesellschafterbeschlüsse (bspw. über die Änderung der Satzung) nur das Verhältnis der Gesellschafter zueinander, ohne dass darin zugleich ein Akt der Willensbildung für die GmbH gesehen werden könnte.[252] „Akte“, die allein das Innenverhältnis der Gesellschaft betreffen, stellen somit auch nicht den Willen der GmbH dar, da hier nicht die juristische Person selbst handelt, sondern vielmehr die jeweiligen Gesellschafter als natürliche Personen in Bezug auf den Gesellschaftsvertrag der GmbH, der diese erst zum (juristischen) Leben erweckt. Diese „Akte“ betreffen deshalb auch nicht die „*Steuerung*“ der GmbH, auch wenn sie für die GmbH wesentliche Änderungen bedeuten können und damit auch die GmbH beeinflussen. Es handelt sich dabei aber nicht um eine „*Steuerung*“ der GmbH von innen heraus, sondern vielmehr um eine „Beeinflussung“ von außen durch die Gesellschafter, die in diesem Zusammenhang außerhalb der Gesellschaft stehen, wodurch ihr Verhalten nicht der GmbH selbst zuzurechnen ist. Vom Willen der GmbH ist also der Wille der Gesellschafter in Bezug auf den Gesellschaftsvertrag bzw. auf ihre individuellen Mitgliedschaftsrechte[253] zu unterscheiden[254] und von der weiteren Untersuchung auszuschließen. Diese Zweiteilung gehört schon zu den Grundmustern der Gesellschaftslehre.[255]

Zu den nicht den Willen der GmbH betreffenden Akten gehört somit insbesondere der gesamte Bereich der „*körperschaftlichen Beziehungen*“[256], also

---

251 U.a.: *Wiedemann* GesR II, § 2 I. 1.

252 Vgl. für KG und OHG auch: *Hadding* FS Lutter, S. 859 ff., 861; allg. dazu: *Wiedemann* GesR I, § 6 III., IV.

253 Lutter/Hommelhoff/*Bayer* GmbHG § 45 Rn 1.

254 In diese Richtung im Ergebnis z.B. auch: *Zitzmann*: Die Vorlagepflichten des GmbH-Geschäftsführers, S. 14 ff.

255 *Wiedemann* GesR II, § 4 II. 1. a).

256 Baumbach/Hueck/*Zöllner/Noack* GmbHG § 35 Rn. 92.

alle gesellschaftsrechtlichen Rechtsgeschäfte mit einzelnen vorhandenen oder zukünftigen Gesellschaftern, da diese nur die Rechtsbeziehungen der Gesellschafter untereinander regeln.[257] Die weitere, konkrete Zuordnung kann im Einzelnen sehr schwierig sein. Auszuschließen sind aber jedenfalls alle satzungs- bzw. gesellschaftsverhältnisbezogenen Geschäfte, satzungsändernden Erklärungen, Kapitalmaßnahmen (§§ 53 bis 59 GmbHG), Erklärungen zur Auflösung der Gesellschaft, Beschlüsse über die Verschmelzung, Spaltung oder den Formwechsel der Gesellschaft (§§ 13, 50 ff., 125, 193, 226 ff. UmwG) und vergleichbare strukturändernden Maßnahmen[258]. Auch keine auf den Willen der GmbH bezogenen Akte der Gesellschaft sind die Feststellung über die Jahresbilanz und die Verteilung des sich hieraus ergebenden Reingewinns, Einforderung von Einzahlungen auf die Stammeinlage, Teilung und Einziehung von Geschäftsanteilen, die Zustimmung zur Veräußerung von Geschäftsanteilen (§ 15 Abs. 5 GmbHG), die Genehmigung der Teilung von Gesellschaftsanteilen (§ 46 Nr. 4 GmbHG), die Stundung und der Erlass von Nebenleistungspflichten, die Einziehung von Gesellschaftsanteilen und die Zuteilung von Gesellschaftsanteilen bei Kapitalerhöhung. Nicht zum Willen der GmbH gehören schließlich auch bloße „Organisationsrechte“ wie die Einladung zu Gesellschafterversammlung in § 49 Abs. 1 GmbHG.[259] Alle anderen Äußerungen der Gesellschaftsorgane der GmbH, die nicht unter die aufgezählten Akte zu subsumieren sind, können somit als der hier relevante Wille der GmbH angesehen werden. Positiv formuliert muss der Wille der GmbH also dieser selbst und nicht etwa einzelnen Gesellschaftern zuzurechnen sein. Außerdem muss er auch nach außen gerichtet sein und darf nicht nur das Innenverhältnis der GmbH betreffen.

B. Die Willensäußerung und Willensbildung im Normalstatut der GmbH

Die größte Schwierigkeit bei der Suche nach dem Willensäußerungs- bzw. Willensbildungsorgan der GmbH besteht sicherlich darin, dass sich im GmbHG keine (ausdrücklichen) Regelungen zur Willensbildung und Willensäußerung finden lassen. Vielmehr ist zunächst zu konstatieren, dass die gesellschaftsinterne Zuständigkeitsordnung der GmbH – mit Ausnahme der Vertretung – gesetzlich nur sehr unvollkommen geregelt ist. So lässt sich für die Vertretung in §§ 35 und 37 Abs. 2 GmbHG zumindest noch eine Grundnorm finden. Dagegen

257 Roth/Altmeppen/*Altmeppen* GmbHG § 35 Rn 17; Scholz/*Schneider* GmbHG § 35 Rn 38ff; *Fleck* ZGR 1988, 104, 109 ff.; Baumbach/Hueck/*Zöllner/Noack* GmbHG § 35 Rn. 92; *Renkl*: Der Gesellschafterbeschluss, S. 26.

258 So wohl auch h.M.: Scholz/*K. Schmidt* GmbHG § 47 Rn. 114 f.; *Raiser/Veil* § 43 Rn. 63; Hachenburg/*Ulmer* § 53 Rn. 144.

259 Henssler/Strohn/*Oetker* GmbHG § 37 Rn. 3.

fehlt eine solche für die Willensbildung völlig.[260] Das GmbHG enthält auch keine vollständige und konsistente Regelung der internen Befugnis zur *„Führung“* der Geschäfte der Gesellschaft[261] und unterscheidet demgemäß auch schon nicht näher zwischen der internen Befugnis zur Führung der Gesellschaft einerseits und der Befugnis, die Gesellschaft nach außen zu vertreten, andererseits.[262] Auch das Verhältnis, in dem die Organe hinsichtlich ihrer Kompetenzen zueinander stehen, *„lässt sich nur mosaikartig aus einer Zusammenschau von Einzelnormen aus dem GmbHG beschreiben.“*[263] So besteht bei der GmbH im Unterschied zur Aktiengesellschaft, deren innere Struktur auf einer klaren und eindeutigen Abgrenzung der Befugnisse zwischen Vorstand, Aufsichtsrat und Aktionären beruht, ein *„Spannungsverhältnis zwischen den Zuständigkeiten der Gesellschafter und des Geschäftsführers“*[264]. Sowohl bei den Gesellschaftern[265] als auch bei den Geschäftsführern[266] wird von *„Allzuständigkeit“* bzw. *„Kompetenz-Kompetenz“*[267] gesprochen.

Nachdem im vorherigen Kapitel solche Akte innerhalb der GmbH, die nicht den Willen der GmbH darstellen und deshalb auch für die weitere Untersuchung nicht relevant sind, herausgearbeitet und außerdem bestimmt werden konnte, dass es für die Steuerung der GmbH maßgeblich auf die Kontrolle über die Willensbildung und die Willensäußerung der GmbH im Rechtsverkehr ankommt, ist nun anhand der gesetzlichen Organisationsverfassung der GmbH zu untersuchen, wie die Willensbildung und die Willensäußerung der GmbH im – vom Gesetzgeber nur *„schemenhaft umrissenen“*[268] – Normalstatut geregelt ist, und welche Kompetenzen damit jeweils im Außen- und Innenverhältnis verknüpft sind. Zwar lässt die sog. *„Satzungsfreiheit“* der GmbH Abweichungen vom Normalstatut im bestimmten Maße zu, trotzdem ist dieses für die Stellung der Organe für die Willensbildung und Willensäußerung zunächst maßgeblich. Nur wenn dessen Regelungen freigelegt sind, kann geprüft werden, ob Abweichungen davon möglich, zulässig und an dieser Stelle auch zweckmäßig sind.

---

260 Für den Begriff der Geschäftsführung: MüKoGmbHG/*Stephan/Tieves* GmbHG § 37 Rn. 4.

261 MüKoGmbHG/*Stephan/Tieves* GmbHG § 37 Rn. 4.

262 MüKoGmbHG/*Stephan/Tieves* GmbHG § 37 Rn. 4.

263 *Uffmann* ZGR 2013, 273, 304.

264 MüKoGmbHG/*Stephan/Tieves* GmbHG § 37 Rn. 5.

265 Scholz/*K. Schmidt* GmbHG § 46 Rn. 1; Baumbach/Hueck/*Zöllner* GmbHG § 46 Rn. 89; Roth/Altmeppen/*Roth* GmbHG § 45 Rn. 2; Henssler/Strohn/*Mollenkopf* GmbHG § 45 Rn. 1; UHL/*Hüffer/Schürnbrand* GmbHG § 46 Rn. 134; *Konnertz-Häußler* GmbHR 2012, 68 72, 77, Ziffer 1.3.1.

266 BGH Urt. v. 15.10.1996 – VI ZR 319/95, BGHZ 133, 370 (376 f.); BGH Urt. v. 9.1.2001 – VI ZR 407/99, NJW 2001, 969 (971).

267 Rowedder/Schmidt-Leithoff/*Koppensteiner/Gruber* § 45 Rn. 1.

268 MünchHdB GesR III/*Grziwotz* § 18 Rn. 1.

I. Die Kompetenzen der Organe im Normalstatut der GmbH

Um die Kompetenzen der Organe im Normalstatut der GmbH herausarbeiten und gegeneinander abgrenzen zu können, sind diese Organe im ersten Schritt zunächst einmal zu bestimmen.

1. Die Organe im Normalstatut der GmbH

Das Gesetz schreibt bei der GmbH nur zwei Organe zwingend vor.[269] Eines davon ist in jedem Fall der Geschäftsführer (vgl. § 6 Abs. 1 GmbHG). Umstritten ist aber, was genau das zweite Organ – also das Organ, in dem die Gesellschafter die Rechte ausüben – ist.[270] Das Gesetz trifft an dieser Stelle keine eindeutige Aussage. Ein Teil der Rechtsliteratur sieht deshalb die *„Gesamtheit der Gesellschafter“* als Organ an, das zwar im Regelfall, aber nicht zwingend (vgl. § 48 Abs. 2 GmbHG) im Rahmen einer Gesellschafterversammlung Beschlüsse fasse.[271] Die wohl herrschende Gegenauffassung hält dagegen die *„Gesellschafterversammlung“* als solche für dieses Organ, da diese im gesetzlichen Regelfall nach § 48 Abs. 1 GmbHG Träger der Kompetenz zur Willensbildung der GmbH sei[272] und eben nicht notwendig die Gesamtheit der Gesellschafter, sondern nur der Teil der Gesellschafter, der an dem besonderen Abstimmungsverfahren teilnehme, zu entscheiden habe.[273] Das Argument, dass das Beschlussorgan die Gesellschafter seien und die Gesellschafterversammlung hingegen nur die notwendige Verfahrensweise sei, treffe gerade nicht zu, weil sonst nämlich die nicht an der Versammlung teilnehmenden von den übrigen Gesellschaftern nicht übergangen werden dürften.

---

269 Unstreitig, s. u.a.: MüKoGmbHG/*Liebscher* GmbHG § 45 Rn. 77; *Raiser/Veil* § 41 Rn. 1; *K. Schmidt* GesR, § 36 I 1 a).

270 S. bspw.: *Hüffer* FS 100 Jahre GmbHG, S. 521 ff.

271 So bspw.: *K. Schmidt* GesR, § 36 III. 1; § 36 I. 1. a); Scholz/*Seibt* GmbHG § 48 Rn. 1; MHLS/*Römermann* GmbHG § 48 Rn. 8, § 45 Rn. 12, 36; Roth/Altmeppen/*Roth* GmbHG § 45 Rn. 2–5; Rowedder/Schmidt-Leithoff/*Koppensteiner/Gruber* GmbHG § 45 Rn. 3; *Wicke* GmbHG § 45 Rn. 2; Scholz/*K. Schmidt* GmbHG § 45 Rn 5; MünchHdb. GesR III/*Wolff* § 36 Rn. 1; Lutter/Hommelhoff/*Bayer* GmbHG § 45 Rn 1, 3; Oppenländer/Trölitzsch/*Trölitzsch* § 19 Rn. 1, 18; BeckHdbGmbH/*Schmiegelt/Schmidt* § 3 Rn. 2; *Vogel*: Gesellschafterbeschlüsse und Gesellschafterversammlung, S. 10; Saenger/Inhester/*Bergjan* GmbHG § 45 Rn 5.

272 UHL/*Hüffer/Schürnbrand* GmbHG § 45 Rn 6; Baumbach/Hueck/Zöllner, § 45 Rn. 4; Schwerdtfeger/*Alexander* GmbHG § 45 Rn. 1; *Hüffer* FS 100 Jahre GmbHG, S. 521 ff.; *Raiser/Veil* § 41 Rn. 1; Henssler/Strohn/*Oetker* GmbHG § 35 Rn. 1; BeckOK GmbHG/*Schindler* GmbHG § 46 Rn. 131; *Goette* DStR 1998, 938, 943.

273 So bspw.: MüKoGmbHG/*Stephan/Tieves* GmbHG § 35 Rn. 13; UHL/*Hüffer/Schürnbrand* GmbHG § 45 Rn. 6, § 48 Rn. 3; Baumbach/Hueck/*Zöllner* § 45 Rn. 4; BeckOK GmbHG/*Schindler* GmbHG § 48 Rn. 7; *Hüffer* FS 100 Jahre GmbHG, S. 521 ff.; *Eisenhardt* FS Pfeiffer, S. 839 ff.

Im Ergebnis dürften sich aus den beiden Ansichten aber keine sich in der Praxis bemerkbar machenden Unterschiede ergeben.[274] Die zwingende Notwendigkeit dieses zweiten Gesellschafterorgans ergibt sich jedenfalls aus §§ 45, 46, 47 Abs. 1, 48 Abs. 1 GmbHG. Da dieses Problem – insbesondere auch für die hier zu untersuchende Frage – keine besondere Relevanz hat, soll im Folgenden – schon aus Vereinfachungszwecken – nur von der *Gesellschafterversammlung* als zweitem Gesellschaftsorgan neben dem Geschäftsführer gesprochen werden.

Im Gegensatz zu diesen beiden zwingenden GmbH-Organen ist der in § 52 GmbHG zumindest rudimentär geregelte Aufsichtsrat als weiteres Organ der GmbH nur rein fakultativ vorgesehen. Er ist insofern auch kein Organ des Normalstatuts der GmbH. Zu untersuchen sind an dieser Stelle deshalb nur der Geschäftsführer und die Gesellschafterversammlung.

a) Der Geschäftsführer

Die zentrale Norm für die Kompetenzen des Geschäftsführers findet sich in § 35 Abs. 1 GmbHG. Danach wird die Gesellschaft *„durch“* den Geschäftsführer *„gerichtlich und außergerichtlich vertreten“*. Dabei ist der Geschäftsführer gemäß § 37 Abs. 1 GmbHG aber *„der Gesellschaft gegenüber verpflichtet“*, die Beschränkungen einzuhalten, welche für den Umfang der Vertretung gegenüber der Gesellschaft durch den Gesellschaftsvertrag oder, soweit dieser nicht ein anderes bestimmt, durch die Beschlüsse der Gesellschafter festgesetzt sind. Aus dieser Regelung bzw. dem Fehlen einer entsprechenden Regelung für die Vertretungsbefugnis folgt damit auch, dass die Kompetenz des Geschäftsführers, die GmbH zu vertreten, gegenüber *dem Geschäftspartner* nicht beschränkbar ist.

Die Befugnis des Geschäftsführers zur Vertretung erstreckt sich auf alle außergerichtlichen Geschäfte, die die Teilnahme der GmbH am Rechtsverkehr mit sich bringt[275]. Davon ist grundsätzlich *„jedes außenwirksame Handeln der Geschäftsführer“*[276] im Rechtsverkehr einschließlich der Passivvertretung, also insbesondere die Abgabe und Empfangnahme von Willenserklärungen gegenüber Dritten, umfasst.[277] Dazu gehören aber auch rechtsgeschäfts*ähnliche* Handlungen und Realakte.[278] Neben den Verkehrsgeschäften der Gesellschaft fallen unter die Vertretungsmacht bspw. auch Rechtsgeschäfte und Gestaltungserklärungen

274 MüKoGmbHG/*Liebscher* GmbHG § 45 Rn. 78; MünchHdb. GesR III/*Wolff* § 36 Rn. 1.

275 *Raiser/Veil* § 42 Rn. 14.

276 MüKoGmbHG/*Stephan/Tieves* GmbHG § 35 Rn. 95.

277 MüKoGmbHG/*Stephan/Tieves* GmbHG § 35 Rn. 95; Baumbach/Hueck/*Zöllner/Noack* GmbHG § 35 Rn. 79; Lutter/Hommelhoff/*Kleindiek* GmbHG § 35 Rn. 9; Rowedder/Schmidt-Leithoff/*Koppensteiner/Gruber* GmbHG § 35 Rn. 6; Hachenburg/*Mertens* GmbHG § 43 Rn. 43; UHL/*Paefgen* GmbHG § 35 Rn. 44.

278 MüKoGmbHG/*Stephan/Tieves* GmbHG § 35 Rn. 95, 117; Baumbach/Hueck/*Zöllner/Noack* GmbHG § 35 Rn. 79; UHL/*Paefgen* GmbHG § 35 Rn. 48; *Ulrici* NJW 2003, 2053, 2056 f.

gegenüber Arbeitnehmern und damit auch die Erteilung von Weisungen im Rahmen des arbeitsvertraglichen Direktionsrechts des Unternehmens.[279] Teilweise wird vertreten, dass Erklärungen, die *„keine rechtsgeschäftlichen Bindungen“* auslösen sollen, wie z.B. Erläuterungen (etwa zur Geschäftsstrategie gegenüber Mitarbeitern) oder andere Wissenserklärungen, nicht in den Bereich des Vertretungsrechts fallen.[280]

Neben der außergerichtlichen Vertretung im Rechtsverkehr weist § 35 Abs. 1 S. 1 GmbHG aber auch ausdrücklich die gerichtliche Vertretung der Gesellschaft als Außengeschäft grundsätzlich allein dem Geschäftsführer zu. Sie umfasst die Vornahme aller Prozesshandlungen gegenüber Gerichten aller Gerichtszweige im Namen der GmbH sowie die Vorbereitung von Prozessen durch Erteilung von Prozessvollmacht. Darunter fallen auch die Anmeldungen zum Handelsregister. Insoweit wird § 35 GmbHG durch § 78 GmbHG ergänzt.

Neben der Vertretungsmacht in § 35 Abs. 1 GmbHG sind dem Geschäftsführer im Gesetz insbesondere noch die folgenden Kompetenzen zugewiesen: die Einreichung der Gesellschafterliste zum Handelsregister gemäß § 40 GmbHG, die Buchführung und Bilanzierung in §§ 41, 42 GmbHG, die Vorlage des Jahresabschlusses und des Lageberichts gemäß § 42a GmbHG, die Einberufung der Gesellschafterversammlung gemäß § 49 GmbHG und als nicht rechtsgeschäftliche Verfahrenshandlung bzw. Organisationsakt[281] auch die Anmeldung von Satzungsänderungen zum Handelsregister gemäß § 54 GmbHG. Außerdem ist dem Geschäftsführer gemäß § 51a GmbHG auch die Pflicht, den Gesellschaftern Auskunft zu geben und Einsicht zu gestatten, zugewiesen.

Im Umkehrschluss zu der Regelung in §§ 35 Abs. 1, 37 Abs. 1 GmbHG und im Zusammenspiel mit den anderen genannten Spezialnormen soll dem Gesetz schließlich außerdem entnommen werden können, dass der Geschäftsführer *„umfassend zur Führung der Geschäfte der Gesellschaft berufen“* ist.[282] Der Geschäftsführer soll deshalb auch das Unternehmen nach Recht, Gesetz und Unternehmensstatuten sowie gemäß der Unternehmensstrategie und -zielsetzung *„führen“*.[283] Er soll außerdem auch dafür verantwortlich sein, die zur Verfolgung des Gesellschaftszwecks notwendigen Entscheidungen und Maßnahmen *„auszuführen“*.[284]

279 MüKoGmbHG/*Stephan/Tieves* GmbHG § 35 Rn. 96; Rowedder/Schmidt-Leithoff/*Koppensteiner/Gruber* GmbHG § 35 Rn. 6; Baumbach/Hueck/*Zöllner/Noack* GmbHG § 35 Rn. 82; Scholz/*Schneider* Rn. 39; UHL/*Paefgen* GmbHG § 35 Rn. 44; van Venrooy GmbHR 2001, 7, 9f.

280 MHLS/*Lenz* GmbHG § 35 Rn. 35; so auch: BeckHdbGmbH/*Axhausen* § 5 Rn. 149.

281 MüKoGmbHG/*Harbarth* GmbHG § 54 Rn. 10; UHL/*Ulmer/Casper* GmbHG § 7 Rn. 19; Rowedder/Schmidt-Leithoff/*Schmidt-Leithoff* GmbHG § 7 Rn. 4.

282 Lutter/Hommelhoff/*Kleindiek* GmbHG § 35 Rn. 3; Baumbach/Hueck/*Zöllner/Noack* GmbHG § 35 Rn. 4; Roth/Altmeppen/Altmeppen GmbHG § 35 Rn. 2; Kelber/Zeißig/Birkefeld/*Adelhardt* Kapitel C Rn. 78.

283 Buth/Hermanns/*Kaufmann* RSI § 20 Rn. 1.

284 *Geißler* GmbHR 2009, 1071, 1072.

Eine der wichtigsten operativen Aufgaben des Geschäftsführers ist demzufolge die jederzeitige und uneingeschränkte Sicherstellung der Handlungsfähigkeit der Gesellschaft.[285]

Aufgrund seines Anstellungsvertrages und der durch die Organstellung vermittelten Treuepflicht gegenüber der Gesellschaft ist der Geschäftsführer allerdings auch verpflichtet, die Weisungen der Gesellschafterversammlung im Sinne des § 37 Abs. 1 S. 1 GmbHG auszuführen (sog. *„Folgepflicht des Geschäftsführers“*).

b) Die Gesellschafterversammlung

Der Gesellschafterversammlung ist gemäß § 45 Abs. 2 GmbHG im gesetzlichen Normalstatut der GmbH grundsätzlich nur der Aufgabenkatalog aus § 46 GmbHG zugewiesen. Diese besonders *„unternehmensbedeutsamen“*[286] Aufgaben sind im Wesentlichen die Feststellung des Jahresabschlusses, die Entscheidung über die Verwendung des Ergebnisses, die Entscheidung über die Billigung des von dem Geschäftsführer aufgestellten Abschlusses, die Einforderung und die Rückzahlung von Nachschüssen, die Teilung, Zusammenlegung sowie Einziehung von Geschäftsanteilen, die Bestellung, die Abberufung und Entlastung von Geschäftsführern, die Entscheidung über Maßregeln zur Prüfung und Überwachung der Geschäftsführung, die Bestellung von Prokuristen und von Handlungsbevollmächtigten zum gesamten Geschäftsbetrieb sowie die Geltendmachung von Ersatzansprüchen gegen den Geschäftsführer oder Gesellschafter. Darüber hinaus ist die Gesellschafterversammlung auch für Satzungsänderungen einschließlich der Maßnahmen zur Kapitalerhöhung und Kapitalherabsetzung nach den §§ 53 bis 59 GmbHG, für die Auflösung der Gesellschaft und die Bestellung und Abberufung der Liquidatoren gemäß §§ 60 Abs. 1 Nr. 2, 66 GmbHG sowie für Beschlüsse über die Verschmelzung, Spaltung oder den Formwechsel der Gesellschaft nach dem Umwandlungsgesetz zuständig.

Die Gesellschafterversammlung hat schließlich gemäß § 37 Abs. 1 GmbHG – als Gegenstück zur Folgepflicht des Geschäftsführers – auch noch die Kompetenz, durch einen Beschluss Beschränkungen *„für den Umfang der Vertretungsbefugnis“* des Geschäftsführers festzusetzen, die dieser *„gegenüber der Gesellschaft“* einzuhalten hat. Daraus wird in der Literatur ein Weisungsrecht der Gesellschafter gegenüber dem Geschäftsführer abgeleitet.[287] Dieses Recht wird u.a. damit begründet, dass sich die Gesellschafter bzw. die Gesellschafterversammlung als deren Organ durch die Bestellung eines Geschäftsführers nicht ihrer ureigenen *„Geschäftsführungsbefugnis“* entledigt haben.[288] Durch Weisungsbeschlüsse, die

---

285 Buth/Hermanns/*Kaufmann* RSI § 20 Rn. 2.

286 *Geißler* GmbHR 2009, 1071, 1072.

287 Kelber/Zeißig/Birkefeld/*Adelhardt* Kapitel C, Rn. 121; *Mennicke* NZG 2000, 622; *Kort* ZIP 1274, 1275; *Beuthien/Gätsch* ZHR 157 (1993), 483, 497.

288 Henssler/Strohn/*Oetker* GmbHG § 35 Rn. 14.

insofern einer entsprechenden Satzungsbestimmung gleichgestellt sind,[289] kann die Gesellschafterversammlung entweder allgemein Ge- und Verbote für den Geschäftsführer aufstellen oder aber ihre Weisungen auf ganz konkrete Maßnahmen beziehen.[290] Die Gesellschafterversammlung kann aber auch umgekehrt eine an sich ihr vorbehaltene Entscheidung im Einzelfall an den Geschäftsführer *„delegieren"*.[291] Das Weisungsrecht der Gesellschafterversammlung unterliegt aber auch im Normalstatut der GmbH jedenfalls formellen Schranken. So muss die Weisung durch das dafür zuständige Organ erteilt werden. Weisungsbefugt sind nämlich nicht die einzelnen Gesellschafter selbst, sondern allein das Organ der Gesellschafterversammlung (§ 37 Abs. 1 GmbHG). Diese Weisungserteilung gegenüber dem Geschäftsführer erfolgt durch Beschlussfassung gem. § 47 Abs. 1 GmbHG als *„das gesetzliche Instrument zur Willensäußerung"*[292] der Gesellschafterversammlung, bei dem die einfache Mehrheit ausreichend ist.[293] Bei der Fassung des Weisungsbeschlusses müssen schließlich auch sämtliche Einberufungs- und Verfahrensvorschriften eingehalten werden.[294]

2. *Abgrenzung der Kompetenzen*

Die Kompetenzen des Geschäftsführers und der Gesellschafterversammlung lassen sich im Folgenden dadurch abgrenzen, dass zunächst für beide Organe jeweils die nach dem Gesetz vorgesehenen Bereiche ausschließlicher Zuständigkeit bestimmt werden. Für die Bereiche, in denen sich eine solche klare Zuständigkeitsregelung nicht finden lässt, muss anschließend noch untersucht werden, welches der beiden Organe jeweils zuständig ist.

a) Ausschließliche Zuständigkeit des Geschäftsführers

Nach dem gesetzlichen Normalstatut der GmbH ist der Geschäftsführer ausschließlich zur Vertretung der Gesellschaft im Rechtsverkehr berufen. Die Gesellschafterversammlung ist dagegen lediglich im Zusammenhang mit Ersatzansprüchen der Gesellschaft, die gegen den Geschäftsführer oder einen

---

289 OLG Karlsruhe, Urt. vom 23.3.2011 (Az.: 7 U 81/10), NZG 2011, 987 (989); Baumbach/Hueck/*Zöllner/Noack* GmbHG § 37 Rn. 20; Roth/Altmeppen/*Altmeppen* GmbHG § 37 Rn. 6, 14; Rowedder/Schmidt-Leithoff/*Koppensteiner/Gruber* GmbHG § 37 Rn. 21; Scholz/Schneider/*Schneider* GmbHG § 37 Rn. 38; UHL/*Hüffer/Schürnbrand* § 46 Rn. 135; MüKoGmbHG/*Stephan/Tieves* GmbHG § 37 Rn. 117; a.A.: *Hommelhoff* ZGR 1978, 119, 127 ff.

290 *Geißler* GmbHR 2009, 1071, 1074f.; *Kort* ZIP 1274, 1276; *Zöllner* ZGR 1992, 172, 178.

291 Rowedder/Schmidt-Leithoff/*Koppensteiner/Gruber* GmbHG § 37 Rn. 36.

292 BeckOK GmbHG/*Schindler* GmbHG § 47 Rn. 8; MüKoGmbHG/*Liebscher* GmbHG § 45 Rn. 82; *Mennicke* NZG 2000, 622.

293 *Ebert* GmbHR 2003, 444.

294 *Ebert* GmbHR 2003, 444.

Gesellschafter verfolgt werden sollen, zur Vertretung im Rechtsverkehr befugt. Daneben ist der Geschäftsführer auch ausschließlich für Handlungen der Gesellschaft außerhalb des Rechtsverkehrs, also Einreichungen zum Handelsregister, die Buchführung und Bilanzierung der Gesellschaft und die Einberufung der Gesellschafterversammlung zuständig. Das Gleiche gilt für Handlungen, die die Gesellschaft gegenüber der Gesellschafterversammlung bzw. den einzelnen Gesellschaftern vorzunehmen hat, wie die Vorlage des Jahresabschlusses und des Lageberichts sowie die Erfüllung des Auskunftsrechts der einzelnen Gesellschafter.

b) Ausschließliche Zuständigkeit der Gesellschafterversammlung

Die Gesellschafterversammlung ist nach dem gesetzlichen Normalstatut der GmbH dagegen ausschließlich zuständig für alle Entscheidungen über die in § 46 GmbHG genannten Themenfelder, insbesondere für alle kooperationsrechtlichen Maßnahmen bzw. „*organisationsrechtlichen Akte*", also Veränderungen der Satzung, insbesondere Änderungen am Stammkapital der Gesellschaft, Maßnahmen nach dem UmwG, Einforderung von Nachschüssen sowie die Auflösung der Gesellschaft.[295] Auch Veränderungen der Organisationsverfassung (insbesondere die Schaffung fakultativer Gesellschaftsorgane) sind der Gesellschafterversammlung durch eine Änderung der Satzung vorbehalten.[296] Neben der Entscheidungskompetenz für solche Grundlagen der Gesellschaft hat die Gesellschafterversammlung außerdem auch die ausschließliche Kompetenz, über Beschränkungen der Vertretungsbefugnis des Geschäftsführers im Verhältnis zur Gesellschaft entscheiden zu können.

c) Keine klare Zuständigkeitsregelung

Wie sich bei der Gegenüberstellung der beiden ausschließlichen Zuständigkeitsbereiche zeigt, gibt es also für den Bereich der inhaltlichen Ausfüllung der Vertretungskompetenz weder eine ausschließliche Zuständigkeit des Geschäftsführers noch eine der Gesellschafterversammlung. Diese Kompetenzüberschneidung wird dadurch begründet, dass der Geschäftsführer die GmbH gemäß § 35 Abs. 1 GmbHG zwar auf der einen Seite nach außen hin vertreten und diese Kompetenz von der Gesellschafterversammlung nach außen hin auch nicht eingeschränkt werden kann, diese aber seine Kompetenz „*der Gesellschaft gegenüber*" gemäß § 37 Abs. 1 GmbH beschränken „***kann***".

Insofern grenzt hier also das Weisungsrecht der Gesellschafterversammlung die Kompetenzen der beiden Gesellschaftsorgane ab.[297] Es schränkt

295 Kelber/Zeißig/Birkefeld/*Adelhardt* Kapitel C. Rn. 85.

296 Henssler/Strohn/*Oetker* GmbHG § 37 Rn. 1; Baumbach/Hueck/*Zöllner/Noack* GmbHG § 37 Rn. 26; Lutter/Hommelhoff/*Kleindiek* GmbHG § 35 Rn. 19; Roth/Altmeppen/*Altmeppen* GmbHG § 37 Rn. 28; UHL/*Paefgen* GmbHG § 37 Rn. 49.

297 *Konzen* NJW 1989, 2977,2978.

im Innenverhältnis von Gesellschaft und Geschäftsführer die Befugnis des Geschäftsführers ein.[298] Wie sich aus § 37 Abs. 1 GmbHG nämlich eindeutig ergibt, muss sich der Geschäftsführer an die durch Beschlüsse gefassten Weisungen der Gesellschafterversammlung strikt halten. Für die Frage, welches Organ in diesem Schnittbereich welche Kompetenz besitzt, sind daher mehrere Lösungen vorstellbar. Im Folgenden sollen die auf den ersten Blick wohlmöglich naheliegendste Ansicht der umfassenden „Erstzuständigkeit“ des Geschäftsführers und die von der h.M. vertretene Lösung einer nur begrenzten „Erstzuständigkeit“ dargestellt werden.

(1) E.A.: Umfassende „Erstzuständigkeit“ des Geschäftsführers

Zunächst ist den Regelungen in § 37 Abs. 1 S. 1 und § 35 Abs. 1 S. 1 GmbHG zu entnehmen, dass neben der ausdrücklich geregelten *„Befugnis, die Gesellschaft zu vertreten“*, dem Geschäftsführer kraft Übernahme der Organstellung – was auch schon aus der Organbezeichnung folgt – *„die Führung der Geschäfte der Gesellschaft“* obliegt.[299] Auf den ersten Blick könnte diese Kompetenzverteilung deshalb so verstanden werden, dass der Geschäftsführer durch seine Vertretungskompetenz auch über die Art und Weise, wie die GmbH im Rechtsverkehr vertreten wird, autonom entscheiden kann und er dabei nur dann beschränkt ist, wenn die Gesellschafterversammlung entsprechende Beschlüsse im Sinne des § 37 Abs. 1 GmbHG gefasst hat, er also *„umfassend zur Führung der Geschäfte der Gesellschaft berufen“*[300] ist. Insofern soll der Geschäftsführer also so lange zuständig sein, also autonom über die Art und Weise der Vertretung der GmbH entscheiden können, bis die Gesellschafterversammlung die Angelegenheit an sich zieht oder zumindest ihrer Zustimmung unterwirft.[301] Der Geschäftsführer hätte also insofern eine ***„Erstzuständigkeit“*** und dürfte die Kompetenz nur dann und nur soweit ausüben, wie die Gesellschafterversammlung von ihrem Recht keinen Gebrauch gemacht hätte. Auf der anderen Seite hätte aber auch die Gesellschafterversammlung keine ***„Grundsatzkompetenz“***, da sie nur dann zuständig wäre, wenn sie von ihrem Recht durch Weisung auch tatsächlich Gebrauch gemacht hätte. In der Literatur wird in diesem Zusammenhang deshalb auch von *„parallelen Zuständigkeiten des Geschäftsführers und der Gesellschafterversammlung“*[302] gesprochen.

---

298 *Konzen* NJW 1989, 2977, 2979.
299 Baumbach/Hueck/*Zöllner/Noack* GmbHG § 37 Rn. 6.
300 Baumbach/Hueck/*Zöllner/Noack* GmbHG § 37 Rn. 6.
301 *Wiedemann* GesR I, § 6 III. 2. a); Kelber/Zeißig/Birkefeld/*Adelhardt* Kapitel C. Rn. 79; *Zitzmann*: Die Vorlagepflichten des GmbH-Geschäftsführers, S. 64 ff., 107.
302 MüKoGmbHG/*Stephan/Tieves* GmbHG § 37 Rn. 12

(2) H.M.: nur begrenztes „Erstzuständigkeitsrecht" des Geschäftsführers

Dagegen soll nach der wohl herrschenden und auch stimmigeren Ansicht das *„Erstzuständigkeitsrecht"* des Geschäftsführers nur für einen Teilbereich der Vertretung der GmbH im Rechtsverkehr gelten.[303] Der Geschäftsführer soll nämlich auch ohne entsprechende Weisungen der Gesellschafterversammlung grundsätzlich selbst und autonom **nur** über alles, was sich *„im Rahmen des gewöhnlichen Geschäftsablaufs des Unternehmens hält"*,[304] insbesondere bei den sog. ***„laufenden Geschäften"***, entscheiden dürfen.[305] Nur in diesem Bereich soll der Geschäftsführer die GmbH nach freiem Ermessen vertreten dürfen, ohne dass er dazu erst die Gesellschafterversammlung befragen müsste.[306] Zur Abgrenzung der *„laufenden Geschäften"* werden in der Rechtsliteratur insbesondere die sog. *„außergewöhnliche Geschäfte"* und die *„Unternehmenspolitik"* genannt. Daneben soll die Kompetenz des Geschäftsführers, über die Vertretung autonom entscheiden zu dürfen, auch durch die sog. *„Treuepflicht des Geschäftsführers"* eingeschränkt sein.

(a) Laufende Geschäfte

Unter dem Begriff der *„laufenden Geschäfte"* werden sowohl die tatsächlichen und rechtsgeschäftlichen Handlungen, die der gewöhnliche Betrieb des Handelsgewerbes der Gesellschaft erfordert, als auch solche Maßnahmen verstanden, die zur gewöhnlichen Verwaltung der Gesellschaft gehören,[307] also die Planung, Vorbereitung, Abwicklung und Überwachung des *„laufenden Tagesgeschäfts"*.[308] Dazu soll z.B. die Einhaltung der Gesetze (die sog. *„Compliance"*) gehören.[309] Auch die Ausübung von Rechten aus Unternehmensbeteiligungen soll Teil der *„laufenden Geschäftsführung"* sein.[310] Konzernleitung soll nämlich *„funktionell"*

---

303 So z.B.: Rowedder/Schmidt-Leithoff/*Koppensteiner/Gruber* GmbHG, § 37 Rn. 6 ff.; UHL/*Paefgen* GmbHG, § 37 Rn. 19 f.; Scholz/*Schneider/Schneider* GmbHG, § 37 Rn. 15 ff.; Lutter/Hommelhoff/*Kleindiek* GmbHG, § 37 Rn. 10 f.; a.A.: Baumbach/Hueck/*Zöllner/Noack* GmbHG § 37 Rn. 6.

304 Rowedder/Schmidt-Leithoff/*Koppensteiner/Gruber* GmbHG, § 37 Rn. 6.

305 MHLS/*Lenz* GmbHG § 37 Rn. 7; *K. Schmidt* GesR, § 36 I. 1. b); Lutter/Hommelhoff/*Kleindiek* GmbHG § 37 Rn. 4, 7 ff.; BeckHdbGmbH/*Axhausen* § 5 Rn. 135; Für eine Alleinzuständigkeit des Geschäftsführers im Normalstatut für die laufenden Geschäfte: *Hommelhoff* ZGR 1978, 119, 127 ff.

306 *Uffmann* ZGR 2013, 273, 304; *Geißler* GmbHR 2009, 1071, 1072; Rowedder/Schmidt-Leithoff/*Koppensteiner/Gruber* GmbHG, § 37 Rn. 6; Scholz/*Schneider* GmbHG § 37 Rn. 11; UHL/*Paefgen* GmbHG § 37 Rn. 4; *Hommelhoff* ZGR 1978, 119, 127ff.

307 Z.B.: Kelber/Zeißig/Birkefeld/*Adelhardt* Kapitel C. Rn. 81.

308 Rowedder/Schmidt-Leithoff/*Koppensteiner/Gruber* GmbHG, § 37 Rn. 6; Scholz/*Schneider* GmbHG § 37 Rn. 11.

309 Z.B.: Kelber/Zeißig/Birkefeld/*Adelhardt* Kapitel C. Rn. 79.

310 Rowedder/Schmidt-Leithoff/*Koppensteiner/Gruber* GmbHG, § 37 Rn. 15; *Hommelhoff*: Die Konzernleitungspflicht, S. 43 ff.; *Schneider* BB 1981, 249, 250 ff.; Scholz/*Schneider* GmbHG § 37 Rn. 65 ff.; Lutter/Hommelhoff/*Kleindiek* GmbHG § 37 Rn. 6;

Unternehmensleitung sein.[311] Aber auch im Bereich der *„laufenden Geschäfte“* soll die Kompetenz des Geschäftsführers stets durch die *„Umschreibung des Unternehmensgegenstandes im Gesellschaftsvertrag“* im Sinne von § 3 Abs. 1 Nr. 2 GmbHG gebunden sein.[312] Dies gelte auch hinsichtlich tatsächlicher Änderungen der Geschäftstätigkeit, die somit von seiner Kompetenz nicht gedeckt sein soll.[313]

Der Geschäftsführer unterliegt in diesem Bereich ansonsten der Weisungsbefugnis bzw. allgemeiner ausgedrückt der *„Letztentscheidungsbefugnis“*[314] der Gesellschafterversammlung. Die Gesellschafterversammlung kann Fragen zu laufenden Geschäften, die ihr vorgelegt werden oder die sie von sich aus an sich zieht, mit einfacher Mehrheit durch Beschluss entscheiden.[315] Inwiefern eine Gesellschafterversammlung von dieser Kompetenz in der Praxis auch tatsächlich Gebrauch macht, hängt von vielen Faktoren ab. Ausschlaggebend ist insbesondere das Fachwissen, das Interesse und die unternehmerische Befähigung der Gesellschafter. In vielen GmbHs sind auch Gesellschafter und Geschäftsführung identisch.

(b) Außergewöhnliche Maßnahmen

Abgegrenzt wird der Bereich der *„laufenden Geschäfte“* insbesondere von den sog. *„außergewöhnlichen Maßnahmen“*, bei denen der Geschäftsführer bei Fehlen einer eindeutigen Satzungsregel und einer Weisung der Gesellschafterversammlung nach h.M. nicht selbst über die Vertretung entscheiden dürfen soll, sondern einer *„Vorlagepflicht“* unterliegt.[316] Der Geschäftsführer soll zwar eigene Ideen

auf die Gesamtumstände abstellend: UHL/*Paefgen* GmbHG § 37 Rn. 13; *Schneider* BB 1981, 249, 251.

311 U.a.: *Schneider* BB 1981, 249, 250.

312 UHL/*Paefgen* GmbHG § 35 Rn. 169, § 37 Rn. 8; Oppenländer/Trölitzsch/*Trölitzsch* § 16 Rn. 2; BeckHdbGmbH/*Axhausen* § 5 Rn. 135; so auch: OLG München Urt. vom 29.03.2012 (Az.: 23 U 4344/11), BeckRS 2012, 07661.

313 Rowedder/Schmidt-Leithoff/*Koppensteiner/Gruber* GmbHG, § 37 Rn. 7; Henssler/Strohn/*Oetker* GmbHG § 35 Rn. 14; OLG Stuttgart, Urt. vom 2. 6. 1999 (Az.: 9 U 246/98), NZG 1999, 1009; Roth/Altmeppen/*Altmeppen* GmbHG § 37 Rn. 27; *Brandner* FS Rowedder, S. 44 ff.

314 Dafür prägend: *Brodmann*: GmbHG § 45 Rn. 1.

315 Baumbach/Hueck/*Zöllner* GmbHG § 46 Rn. 91.

316 Rowedder/Schmidt-Leithoff/*Koppensteiner/Gruber* GmbHG, § 37 Rn. 10 ff.; Henssler/Strohn/*Oetker* GmbHG § 37 Rn. 6; UHL/*Paefgen* GmbHG § 37 Rn. 19 ff.; Kelber/Zeißig/Birkefeld/*Adelhardt* Kapitel C. Rn. 82; Oppenländer/Trölitzsch/*Trölitzsch* § 16 Rn. 2; *K. Schmidt* GesR, § 36 I. 1. b); Schwerdtfeger/*Alexander* GmbHG § 37 Rn. 7; Achilles/Ensthaler/Schmidt/*Schmidt* GmbHG § 37 Rn. 4; *Lutter/Leinekugel* ZIP 1998, 225, 231 f.; 231MünchHdB GesR III/*Marsch/Barner/Diekmann* § 44 Rn. 58; *Hommelhoff* ZGR 1978, 119, 123; Lutter/Hommelhoff/*Kleindiek* GmbHG § 37 Rn. 10; Scholz/*Schneider* GmbHG § 37 Rn. 12 ff.; *Sitzenfrei/Tischer* DB 2008, 1307, 1308; a.A.: Baumbach/Hueck/*Zöllner/Noack* GmbHG § 37 Rn. 7 ff.; *Zitzmann*: Die Vorlagepflichten des GmbH-Geschäftsführers, S. 85 ff.; *Westermann-Menger* DWiR 1991, 143, 148 f.;

und Konzepte entwickeln, diese aber nicht ohne die Zustimmung der Gesellschafterversammlung vollziehen dürfen.[317] Begründet wird diese Auffassung in der neueren Literatur insbesondere mit einer Anlehnung an die zum Aktienrecht ergangene sog. *„Holzmüller-Entscheidung“*[318] samt weiterführender Folgeentscheidungen.[319] Denn wenn nach dieser Rechtsprechung schon der gemäß § 119 Abs. 2 AktG gesetzlich zur Alleinentscheidung berufene Vorstand der AG in derartigen Angelegenheiten die Hauptversammlung fragen müsse, könne für den Geschäftsführer einer GmbH nicht anderes gelten.[320]

Unter den *„außergewöhnlichen Maßnahmen“* werden im Allgemeinen solche Maßnahmen verstanden, die außerhalb des in der Satzung festgelegten Unternehmensgegenstandes liegen. Die Beurteilung ist also vom Gegenstand und den spezifischen Gegebenheiten des jeweiligen Unternehmens abhängig und kann daher kaum allgemein und konkret formuliert werden, sodass über den Begriff auch kein einheitliches und allgemein abgrenzbares Begriffsverständnis existiert.[321] Kennzeichnend soll aber jedenfalls einerseits der über die unternehmerische Routine hinausgehende Typ des Geschäftes und andererseits die Bedeutung und – damit zusammenhängend – die möglichen Folgen der in Frage stehenden Maßnahme sein. Dazu gehören etwa Entscheidungen über die Änderung einer langjährig praktizierten Geschäftspolitik[322], über die Gewährung eines hohen Kredits[323], über die Veräußerung eines Unternehmensteils[324] sowie über die Ausgliederung wesentlicher Vermögensteile auf eine Tochtergesellschaft[325]. So dürfe der Geschäftsführer insbesondere auch nicht eigenmächtig über die Gründung einer Tochtergesellschaft oder den Erwerb einer Beteiligung an einem Unternehmen, deren Unternehmensgegenstand, mit dem der Gesellschaft nicht kongruent ist, entscheiden, sondern müsse zuvor die Zustimmung der Gesellschafterversammlung einholen.[326]

---

diff. – Einberufung der Gesellschafterversammlung erforderlich: *Eisenhardt* FS Pfeiffer, S. 839, 842 ff.; ähnlich *Ziemons*, S. 14 ff.; weniger restriktiv hingegen *Kort* ZIP 1991, 1274, 1275 ff.; *Mack*: Gleichlauf von Geschäftsführungsbefugnis und Vertretungsmacht, S. 32.

317 *Hommelhoff* ZGR 1978, 119, 126.

318 BGH, Urteil vom 25.02.1982 (Az.: II ZR 174/80) = BGHZ 83, 122.

319 BGH, Urteil vom 26.04.2004 (Az.: II ZR 154/02 und II ZR 155/02) = BGHZ 159, 30.

320 Baumbach/Hueck/*Zöllner* GmbHG § 46 Rn. 90.

321 *Geißler* GmbHR 2009, 1071, 1072.

322 So: BGH Urt. vom 25.02.1991 (Az.: II ZR 76/90), NJW 1991, 1681; Scholz/*Schneider* GmbHG § 37 Rn. 13 ff.

323 *Geißler* GmbHR 2009, 1071, 1072.

324 *Geißler* GmbHR 2009, 1071, 1072; *Lutter/Leinekugel* ZIP 1998, 231 f.; *Koppensteiner* FS Sigle, S. 183; Lutter/Hommelhoff/*Kleindiek* GmbHG § 37 Rn. 11; Baumbach/Hueck/*Zöllner* GmbHG § 46 Rn. 90.

325 Kelber/Zeißig/Birkefeld/*Adelhardt* Kapitel C. Rn. 82; Lutter/Hommelhoff/*Kleindiek* GmbHG § 37 Rn. 11; Baumbach/Hueck/*Zöllner* GmbHG § 46 Rn. 90.

326 Henssler/Strohn/*Oetker* GmbHG § 37 Rn. 7.

Der Begriff der *„außergewöhnlich Maßnahmen“* soll u.a. auch durch die Erfahrungen bei der Anwendung des § 116 HGB vorgeprägt sein. So könne man ohne die Festlegung gewisser *„Grundsätze“* ein Unternehmen nicht sinnvoll betreiben, ein *„außergewöhnliches“* Geschäft könne dagegen auch unterbleiben. Anders als bei § 116 HGB haben die Geschäftsführer der GmbH aber fremde Interessen zu wahren, während die Gesellschafter der OHG stets auch im eigenen Interesse handeln.[327]

(c) Sog. „Treupflicht“ des Geschäftsführers

Außerhalb der *„außergewöhnlichen Maßnahmen“* soll der Geschäftsführer außerdem auch auf Grund der *„Treuepflicht der Geschäftsführer“*[328] einer Vorlagepflicht unterliegen, wenn er bei einer Entscheidung mit dem Widerspruch der Gesellschafterversammlung zu rechnen habe[329] bzw. Zweifel hinsichtlich der Einordnung in die vorgenannten Kategorien bestehen würden[330]. Der Geschäftsführer dürfe nämlich nichts tun, von dem er anzunehmen habe, dass die Gesellschafterversammlung nicht einverstanden sei. Auch unabhängig von solchen Zweifeln soll im Übrigen immer danach zu fragen sein, ob die konkret in Frage stehende Maßnahme eine *„faktische Satzungsänderung“* in dem Sinne bewirke, dass die tatsächlichen Grundlagen oder Inhalte des Gesellschaftsvertrages verändert würden.[331] Sei diese Frage zu bejahen, dürfe der Geschäftsführer nicht ohne die Zustimmung der Gesellschafterversammlung handeln. Die Vorlagepflicht soll dabei dem Umstand Rechnung tragen, dass der Geschäftsführer die Gesellschaft anders als der Vorstand der AG gerade nicht *„in eigener Verantwortung“* leitet.

(d) Grundsätze der Unternehmenspolitik

Nach der vorzugswürdigen und heute auch herrschenden Meinung in der Literatur ist der Geschäftsführer schließlich auch nicht für die Formulierung der

---

327 Rowedder/Schmidt-Leithoff/*Koppensteiner/Gruber* GmbHG, § 37 Rn. 11.

328 Kelber/Zeißig/Birkefeld/*Adelhardt* Kapitel C. Rn. 82; Achilles/Ensthaler/Schmidt/*Schmidt* GmbHG § 37 Rn. 4; so auch: BGH Urt. vom 05.12.1983 (Az.: II ZR 56/82), NJW 1984, 1461.

329 UHL/*Paefgen* GmbHG § 37 Rn. 23; Rowedder/Schmidt-Leithoff/*Koppensteiner/Gruber* GmbHG, § 37 Rn. 13; Oppenländer/Trölitzsch/*Trölitzsch* § 16 Rn. 2; Lutter/Hommelhoff/*Kleindiek* GmbHG § 37 Rn. 11; Achilles/Ensthaler/Schmidt/*Schmidt* GmbHG § 37 Rn. 4; MünchHdB GesR III/*Marsch/Barner/Diekmann* § 44 Rn. 59; *Ziemons*, S. 17 f.; *Zitzmann*: Die Vorlagepflichten des GmbH-Geschäftsführers, S. 91 ff.; dagegen wohl *Spahn* AG 1988, 339 zu OLG Frankfurt, Urt. vom 19.01.1988 (Az.: 5 U 3/86).

330 Kelber/Zeißig/Birkefeld/*Adelhardt* Kapitel C. Rn. 84; BGH, Urt. vom 05.12.1983 (Az.: II ZR 56/82), NJW 1984, 1461.

331 Rowedder/Schmidt-Leithoff/*Koppensteiner/Gruber* GmbHG, § 37 Rn. 14; Scholz/*Schneider* GmbHG § 37 Rn. 71.

„Grundsätze der Geschäftspolitik“ – also Fragen, *„die im Interesse eines gedeihlichen Betriebs des Unternehmens entschieden werden müssen, weil alle Einzelmaßnahmen davon abhängen“*[332] – zuständig.[333] Maßnahmen, die den von den Gesellschaftern festgelegten Grundsätzen der Geschäftspolitik widersprechen, sollen weisungswidrig und infolge dessen der Gesellschafterversammlung zur Entscheidung vorzulegen sein.[334] Da die Gesellschafterversammlung bei Vorliegen solcher Grundsätze aber faktisch bereits ihre Weisungskompetenz ausgeübt hat, wird hier teilweise auch vertreten, dass der Geschäftsführer jedenfalls eine *„Ersatzzuständigkeit“* haben soll, wenn die Gesellschafterversammlung keine oder unvollständige Grundsätze festgelegt habe.[335]

Diese Vorlagepflicht des Geschäftsführers wird hauptsächlich aus der Kompetenz der Gesellschafterversammlung, mittels Feststellung der Jahresbilanz und des Gewinnverteilungsbeschlusses gem. § 46 Nr. 1 GmbHG auch über die Bilanzpolitik und damit über das Ausmaß der Eigenfinanzierung des Unternehmens zu entscheiden, und auch aus der Kompetenz hinsichtlich der personellen Besetzung der Führungspositionen gem. § 46 Nr. 5, 7 GmbHG (*„Geschäftsführungspolitik durch Personalpolitik“*)[336] hergeleitet.[337] Als Argumente werden außerdem die Einschränkungen, denen der Geschäftsführer gem. § 37 Abs. 1 GmbHG unterliegt,[338] und der soeben erläuterte allgemein anerkannte Grundsatz, dass der Geschäftsführer keine Entscheidungen treffen dürfe, die offensichtlich den Interessen der Gesellschafter widersprechen, herangezogen.[339] Außerdem betone

---

332 kritisch zum Begriffsinhalt: Rowedder/Schmidt-Leithoff/*Koppensteiner/Gruber* GmbHG, § 37 Rn. 8.

333 Z.B.: Kelber/Zeißig/Birkefeld/*Adelhardt* Kapitel C. Rn. 79; Lutter/Hommelhoff/*Kleindiek* GmbHG § 37 Rn. 8; UHL/*Paefgen* GmbHG § 37 Rn. 18; Achilles/Ensthaler/Schmidt/*Schmidt* GmbHG § 37 Rn. 4; MünchHdB GesR III/*Marsch/Barner/Diekmann* § 44 Rn. 57; *Hommelhoff* ZGR 1978, 119, 124 ff.; *Eisenhardt*, FS Pfeiffer, 1988, S. 839, 842; Scholz/*Schneider* GmbHG § 37 Rn. 10; Roth/Altmeppen/*Altmeppen* GmbHG § 37 Rn. 22, 23; *Mack*: Gleichlauf von Geschäftsführungsbefugnis und Vertretungsmacht, S. 32; MünchHdB GesR III/*Marsch-Barner/Diekmann* § 44 Rn. 54; BGH Urt. vom 25.02.1991 (Az.: II ZR 76/90), NJW 1991, 1681; krit.: Baumbach/Hueck/*Zöllner/Noack* GmbHG § 37 Rn. 13 ff.; BeckHdbGmbH/*Axhausen* § 5 Rn. 134; *Kort* ZIP 1991, 1274, 1276; *Ziemons*, S. 18 ff.; a.A.: *Brandner* FS Rowedder, S. 44 ff.; *Goette* DStR 1998, 938, 942.

334 UHL/*Paefgen* GmbHG § 37 Rn. 18; Lutter/Hommelhoff/*Kleindiek* GmbHG § 37 Rn. 8.

335 Lutter/Hommelhoff/*Kleindiek* GmbHG § 37 Rn. 8; Oppenländer/Trölitzsch/*Trölitzsch* § 19 Rn. 14.

336 *Hommelhoff* ZGR 1978, 119, 125.

337 U.a.: *Eisenhardt* FS Pfeiffer, S. 839, 842 ff.; *Geißler* GmbHR 2009, 1071, 1073; BGH, Urteil vom 25.02.1991 (Az.: II ZR 76/90) = GmbHR 1991, 197, 198; *Hommelhoff* ZGR 1978, 119, 124.

338 *Hommelhoff* ZGR 1978, 119, 124.

339 *Hommelhoff* ZGR 1978, 119, 125.

auch § 37 Abs. 1 GmbHG, dass die Gesellschafterversammlung das Unternehmensinteresse konkret selbst definiere.[340]

Gegen diese Argumentation der herrschenden Meinung wird von Teilen der Literatur aber nicht zu Unrecht eingewandt, dass sich die der Unternehmenspolitik zugehörigen Gegenstände kaum zuverlässig definieren und abgrenzen ließen.[341] *Geißler* spricht sich deshalb dafür aus, dass, wenn der Geschäftsführer schon in der Vergangenheit über solche unternehmensbedeutsamen Maßnahmen entschieden hätte, jedenfalls eine Vermutung dafür sprechen würde, dass er auch weiterhin nicht die Gesellschafterversammlung einbinden müsse.[342] Anders wäre es nur, wenn er bei solchen Entscheidungen Zweifel an der Billigung der Gesellschafterversammlung hätte, denn gegen deren (mutmaßlichen) Willen dürfte er nicht agieren (s. dazu schon oben unter (c)).[343] Für die weitere Untersuchung ist diese Frage allerdings nicht weiter relevant.

3. *Zusammenfassung*

Eine strikte Trennung zwischen den Kompetenzen der Gesellschafterversammlung und dem Geschäftsführer gibt es im Normalstatut der GmbH anders als bei der AG nur für die Kompetenz des Geschäftsführers, die Gesellschaft im Rechtsverkehr zu vertreten, und die sog. *„Satzungs- und Organisationskompetenz“* der Gesellschafterversammlung. Für die Kompetenz, über die Art und Weise der Vertretung der GmbH im Rechtsverkehr zu bestimmen, gibt es eine solche Trennung dagegen nicht.[344] Die Gesellschafterversammlung kann hier zwar gemäß § 37 Abs. 1 GmbHG durch Beschlüsse Weisungen an den Geschäftsführer erteilen. Und auch ohne solche ausdrücklichen Beschlüsse ist die *„Entscheidungskompetenz“* des Geschäftsführers in bestimmten Fällen von vornherein eingeschränkt (außergewöhnliche Maßnahmen, Treuepflicht des Geschäftsführers, Grundsätze der Unternehmenspolitik). Außerdem ist die Gesellschafterversammlung gemäß § 46 Nr. 6 GmbHG auch zur Überwachung der Geschäftsführung befugt. Trifft die Gesellschafterversammlung dagegen keine Weisungen, hat der Geschäftsführer aber zumindest im Bereich der sog. *„laufenden Geschäfte“* eine gewisse Erstzuständigkeit.

---

340 *Konzen* NJW 1989, 2977, 2979.

341 Baumbach/Hueck/*Zöller/Noack* GmbHG§ 37, Rn. 13; *Zitzmann*: Die Vorlagepflicht des GmbH-Geschäftsführers, S. 64 ff, vgl. auch: *Geißler* GmbHR 2009, 1071, 1073; *Kort* ZIP 1274, 1276 f.

342 *Geißler* GmbHR 2009, 1071, 1073.

343 *Geißler* GmbHR 2009, 1071, 1073; Lutter/Hommelhoff/*Kleindiek* GmbHG § 37 Rn. 11.

344 *Tillmann/Mohr* Rn. 51.

II. Willensbildung und Willensäußerung für die GmbH

Nachdem die Kompetenzen der beiden zwingenden Gesellschaftsorgane im Normalstatut der GmbH feststehen, ist nun zu fragen, welches Organ durch welche der beschriebenen Kompetenzen den Willen für die GmbH bildet und diesen Willen für die GmbH nach außen verbindlich äußert.

1. Die Willensäußerung für die GmbH: Die Vertretung der GmbH im Rechtsverkehr

Wie gerade festgestellt, wird die GmbH gem. § 35 Abs. 1 S. 1 GmbHG grundsätzlich ausschließlich durch das Organ des Geschäftsführers gerichtlich und außergerichtlich vertreten. Lediglich in einigen Sonderfällen ist stattdessen die Gesellschafterversammlung für die Vertretung der Gesellschaft zuständig. Die Vertretungskompetenz des Geschäftsführers ist umfassend und deckt nahezu alle Möglichkeiten ab, wie der Wille der GmbH nach außen geäußert werden kann.

Diese Vertretungskompetenz des Geschäftsführers wird zwar für das Innenverhältnis gegenüber der Gesellschaft von § 37 Abs. 2 GmbHG dahingehend eingeschränkt, dass die Geschäftsführer der Gesellschaft gegenüber verpflichtet sind, die Beschränkungen einzuhalten, welche für den Umfang ihrer Befugnis, die Gesellschaft zu vertreten, durch den Gesellschaftsvertrag oder, soweit dieser nicht ein anderes bestimmt, durch die Beschlüsse der Gesellschafter festgesetzt sind. Allerdings betrifft diese Einschränkung gerade nicht die Möglichkeit, den Willen verbindlich für die GmbH äußern zu können. Willensäußerungen, die gegen die von den Gesellschaftern im Rahmen der Geschäftsführung im Innenverhältnis gesetzten Beschränkungen verstoßen, sind nämlich aufgrund der Abstraktion zwischen Innen- und Außenverhältnis Dritten gegenüber trotzdem grundsätzlich gem. §37 Abs. 2 GmbHG wirksam.[345]

Demnach ist also allein und ausschließlich das Organ des Geschäftsführers für die verbindliche Äußerung des Willens der GmbH im Rechtsverkehr zuständig. Der Gesellschafterversammlung ist es dagegen durch keine ihr zugewiesene Kompetenz möglich, den Willen der GmbH verbindlich zu äußern. Die Vertretungskompetenz des Geschäftsführers ist damit gleichzeitig auch die alleinige Kompetenz, den Willen für die GmbH im Rechtsverkehr gegenüber Dritten nach außen verbindlich zu äußern.

2. Die Willensbildung für die GmbH

Anders als die Frage der Willensäußerung durch die Vertretungskompetenz des Geschäftsführers ist die Frage der Willensbildung im GmbHG nur äußerst rudimentär geregelt und wird dementsprechend auch sehr kontrovers diskutiert.[346]

345 MüKoGmbHG/*Stephan/Tieves* GmbHG § 35 Rn. 19.
346 MüKoGmbHG/*Stephan/Tieves* GmbHG § 35 Rn. 79.

Zwar trifft die Feststellung, dass die Frage nach dem Willensbildungsorgan der GmbH in der Praxis in der Regel nur *„rein akademischer Natur“* sei, da ihr meist *„lediglich terminologische Bedeutung“* zukomme,[347] zu. Um die in der Arbeit zu untersuchende Frage, welche Kompetenzen der Interim Manager zur Steuerung der GmbH benötigt, beantworten zu können, muss aber zunächst geklärt sein, welche Kompetenzen für die Willensbildung benötigt werden und wem diese in der GmbH zustehen. Dafür ist aus den oben herausgearbeiteten Kompetenzen des Geschäftsführers und der Gesellschafterversammlung, über die Art und Weise der Vertretung der GmbH im Rechtsverkehr entscheiden zu können, die Willensbildung für die GmbH abzuleiten.

a) Durch den Geschäftsführer mittels Vertretung

Wie oben gezeigt werden konnte, gilt zunächst, dass der Geschäftsführer trotz der umfassenden Weisungsbefugnis der Gesellschafterversammlung, nämlich solange und soweit diese jedenfalls ihm gegenüber keine Weisung ausgesprochen hat, im Bereich der *„laufenden Geschäfte“* selbstständig und autonom den Willen für die Gesellschaft bilden kann. Insofern folgt also schon aus der Organstellung als Vertretungsorgan der GmbH,[348] dass dem Geschäftsführer insofern *„in praktischer Hinsicht“*[349] ein *„eigener Entscheidungsspielraum“*[350] bei der Frage der Art und Weise der Vertretung – also der Willensäußerung für die GmbH – zusteht.[351] Dies gilt umso mehr auch deshalb, da die Gesellschafterversammlung schon faktisch in der Regel nicht für jede zu treffende Entscheidung schon vorweg ihr Weisungsrecht ausüben kann bzw. wird.[352] Der Geschäftsführer bildet also in diesem Bereich allein durch die tatsächliche Vertretung der GmbH – ohne zuvor eine Weisung der Gesellschafterversammlung erhalten zu haben – verbindlich und autonom deren Willen.

b) Durch die Gesellschafterversammlung mittels Weisung an den Geschäftsführer

Wie sich bei der Abgrenzung der Kompetenzen der Gesellschafterversammlung und des Geschäftsführers insbesondere durch § 37 Abs. 1 GmbHG aber auch gezeigt hat, ist dem Geschäftsführer die Willensbildung gerade nicht vollumfänglich zugeordnet. Seine Kompetenz ist nämlich nicht schrankenlos für den gesamten Bereich der möglichen Vertretungshandlungen auf diese Weise gestaltet. Vielmehr darf der Geschäftsführer nach der oben unter Ziff. 2 c) (2) dargestellten

347 So z.B.: MüKoGmbHG/*Liebscher* GmbHG § 45 Rn. 78.
348 So etwa: *Geitzhaus* GmbHR 1989, 229, 231.
349 UHL/*Paefgen* GmbHG § 37 Rn. 26.
350 UHL/*Paefgen* GmbHG § 37 Rn. 26.
351 UHL/*Paefgen* GmbHG § 37 Rn. 26; *Geißler* GmbHR 1071, 1072.
352 UHL/*Paefgen* GmbHG § 37 Rn. 26.

h.M. bei Vertretungshandlungen, die nicht den *„laufenden Geschäften"* zugeordnet werden oder in denen er mit dem Widerspruch der Gesellschafterversammlung zu rechnen hat, überhaupt nicht frei über die Art und Weise der Vertretung entscheiden. Für solche Maßnahmen muss er zuvor vielmehr stets auch dann, wenn keine ausdrückliche Weisung vorliegt, eine verbindliche Weisung der Gesellschafterversammlung einholen, so dass in diesem Bereich allein diese über die Art und Weise der Vertretung der GmbH durch den Geschäftsführer entscheidet und insofern auch den Willen bestimmt.

Aber auch im Bereich der *„laufenden Geschäfte"* kann die Gesellschafterversammlung, wie festgestellt, jederzeit eine verbindliche Weisung an den Geschäftsführer erteilen und somit über die Art und Weise der Vertretung durch den Geschäftsführer verbindlich entscheiden. Der Weisungsbeschluss der Gesellschafterversammlung ist in diesem Sinne auch zugleich Ausdrucks des Willens der Gesellschaft.[353] Aus der Tatsache, dass die Willensbildung durch den Geschäftsführer aufgrund des umfassenden Weisungsrechts unter der Disposition der Gesellschafterversammlung steht[354] bzw. die Gesellschafterversammlung das oberste Organ der Gesellschaft ist[355], wird teilweise auch abgeleitet, dass die Befugnisse des Geschäftsführers, den Willen der GmbH im Bereich der laufenden Geschäfte zu bilden, von der Gesellschafterversammlung auch nur abgeleitet sei.[356]

Die *„Entscheidungskompetenz"* über die Art und Weise der Vertretung der GmbH verbleibt also primär bei der Gesellschafterversammlung.[357] Auch ohne eine formale, statuarische Veränderung des Normalstatuts der Gesellschaft kann die Gesellschafterversammlung durch bloße Ausübung ihres Weisungsrechts und die Vorlagepflichten des Geschäftsführers Einfluss auf die Vertretung durch den Geschäftsführer nehmen.[358] Deshalb geht auch die herrschende Meinung in der Literatur zu Recht davon aus, dass *„Träger der Kompetenz zur Willensbildung"*

---

353 BeckOK GmbHG/*Schindler* GmbHG § 47 Rn. 8; UHL/*Hüffer/Schürnbrand* GmbHG § 47 Rn. 2.

354 MüKoGmbHG/*Stephan/Tieves* GmbHG § 37 Rn. 4, § 35 Rn. 18; Baumbach/Hueck/Zöllner/Noack GmbHG § 35 Rn. 5; MHLS/*Lenz* GmbHG § 37 Rn. 16 ff.; Roth/Altmeppen/*Altmeppen* GmbHG § 35 Rn. 2, 8; Henssler/Strohn/*Oetker* GmbHG § 35 Rn. 2; Rowedder/Schmidt-Leithoff/*Koppensteiner/Gruber* GmbHG, § 37 Rn. 2; *Ziemons*, S. 12; MünchHdB GesR III/*Marsch-Barner/Diekmann* § 44 Rn. 54.

355 MHLS/*Römermann* GmbHG § 46 Rn. 11; *Mack*: Gleichlauf von Geschäftsführungsbefugnis und Vertretungsmacht, S. 63; Hachenburg/*Mertens*, GmbHG § 35 Rn. 1 und MünchHdB GesR III/*Wolff* § 46 Rn. 3 die aber von den *„Gesellschaftern"* als Organ sprechen.

356 *Geißler* GmbHR 2009, 1071.

357 *Zöllner* ZGR 1992, 172, 178.

358 MHLS/*Römermann* GmbHG § 45 Rn. 37.

im Regelfall die Gesellschafterversammlung ist,[359] die diese Kompetenz jederzeit durch ihr Weisungsrecht ausüben kann. Die Gesellschafterversammlung wird deshalb auch als das *„oberste Willensbildungs- und Entscheidungsorgan“* der GmbH bezeichnet.[360]

III. Zusammenfassung

Zusammenfassend lässt sich festhalten, dass im Normalstatut der Gesellschaft die Willensäußerung allein dem Geschäftsführer, der den Willen der GmbH durch seine Vertretungskompetenz verbindlich nach außen im Rechtsverkehr äußert, obliegt. Die Willensbildung für die GmbH obliegt dagegen sowohl der Gesellschafterversammlung als auch dem Geschäftsführer. Denn dort, wo nicht zwingend die Kompetenz der Gesellschafterversammlung eingreift bzw. solange diese keine Weisungen erteilt, hat grundsätzlich der Geschäftsführer das Recht und die Pflicht, einen Willen für die Gesellschaft zu bilden, in dem er diesen durch die Vertretungsbefugnis tatsächlich nach außen äußert. Der Geschäftsführer bildet also grundsätzlich für die laufenden Geschäfte den Willen der GmbH, die Gesellschafterversammlung dagegen für alle anderen Bereiche sowie auch für die laufenden Geschäfte, wenn sie entsprechende Weisungen an den Geschäftsführer richtet. Die Gesellschafterversammlung besitzt für die Willensbildung und Willensäußerung der GmbH also keine Allzuständigkeit, da der Geschäftsführer jedenfalls ausschließlich zur Vertretung der GmbH im gerichtlichen und außergerichtlichen Rechtsverkehr berufen ist und auch in einem eingeschränkten Bereich den Willen für die GmbH verbindlich bilden kann.[361] Aber auch der Geschäftsführer steuert (bzw. „leitet“) im Gegensatz zum Vorstand der AG die GmbH nicht unabhängig und unter eigener Verantwortung.

Diese Aufgabenverteilung ist hauptsächlich Praktikabilitätsgründen geschuldet und wird insbesondere dann verständlich, wenn man die Interessenlage innerhalb der GmbH betrachtet und sie – zumindest in ihrem Normalstatut – als eine Mitunternehmergemeinschaft[362] begreift, bei der die Gesellschafter als Unternehmer bzw. als „Eigentümer“ der GmbH das Unternehmensinteresse selbst definieren und die Oberhoheit über ihre Gesellschaft haben. Die Gesellschafter müssen deshalb auch durch das Organ der Gesellschafterversammlung, in dem

---

359 Baumbach/Hueck/*Zöllner* GmbHG § 45 Rn. 4; MHLS/*Römermann* GmbHG § 45 Rn. 36; *Geitzhaus* GmbHR 1989, 229, 235; UHL/*Hüffer/Schürnbrand* GmbHG § 45 Rn 19; *Goette* DStR 1998, 938, 943.

360 *K. Schmidt* GesR, § 36 III. 1.; Roth/Altmeppen/*Altmeppen* GmbHG § 35 Rn. 2; UHL/*Hüffer/Schürnbrand* GmbHG § 48 Rn. 2; MüKoGmbHG/*Stephan/Tieves* GmbHG § 35 Rn. 13; Baumbach/Hueck/*Zöllner* GmbHG § 46 Rn. 89; *Kort* ZIP 1274, 1276; *Lutter/Leinekugel* ZIP 1998, 225, 231; *„Willensorgan“* bei: *Vogel*: Gesellschafterbeschlüsse und Gesellschafterversammlung, S. 10.

361 *Tillmann/Mohr* Rn. 49.

362 *Konzen* NJW 1989, 2977.

sie ihre Rechte und Pflichten ausüben können, den Willen der GmbH bestimmen. Dies unterstreicht § 37 Abs. 1 GmbHG.[363] Dabei sind die Gesellschafter aber in ihrer Entscheidung, wie sehr sie diese Kompetenz auch tatsächlich ausüben wollen, oder inwieweit sie diese dem Geschäftsführer überlassen wollen, (nahezu) völlig frei.[364] Die Gesellschafter können dem Geschäftsführer entweder relativ viel eigenen Beurteilungsspielraum überlassen und nur ad hoc bei konkreten Geschäftsführungsmaßnahmen eingreifen, wenn sie dies im *konkreten* Fall für notwendig halten. Sie können aber genauso im Vorfeld *abstrakt* durch Festlegungen in der Satzung oder in einer Geschäftsordnung für die Geschäftsführung bestimmen, welche Arten von Maßnahmen ihre Zustimmung erfordern.[365]

Insofern geben die Gesellschafter das ihnen über das Organ der Gesellschafterversammlung selbst zustehende *„Letztentscheidungsrecht“*[366] (jederzeit widerruflich und beschränkt) an den Geschäftsführer weiter. Dies lässt sich auch so erklären, dass es durch die (mögliche) Vielzahl von Gesellschaftern unpraktikabel wäre, wenn die Gesellschafter über alle Willensbildungen für die GmbH selbst entscheiden *müssten.*[367] Aus diesem Grund wurde das Organ des Geschäftsführers geschaffen, der den Gesellschaftern diese Pflicht, nicht aber das Recht abnehmen soll.

C. Zwischenergebnis: Die Steuerung der GmbH

Bei der Untersuchung der „Steuerung“ der GmbH stößt man zunächst zwangsläufig auf den Begriff der *„Geschäftsführung“*. Das mit diesem Begriff verbundene Verständnis ist in seinen Konturen allerdings so unklar und insbesondere auch durch die Unterscheidung zwischen der Geschäftsführung im engeren und der Geschäftsführung im weiteren Sinne bzw. der Geschäftsführung und der Geschäftsführungsbefugnis auch nicht einheitlich, sodass für die vorliegende Untersuchung daraus kein Erkenntnisgewinn erzielt werden kann. Erst recht können aus diesem Begriff auch keine Kompetenzen abgeleitet werden, die für die *„Steuerung“* der GmbH durch einen Interim Manager notwendig sind.

Stringenter und auch zielführender erscheint es deshalb, sich konsequent die natürliche Person als „Vorbild“ für die juristische Person und damit auch für die GmbH vor Augen zu führen. Die *„Steuerung“* der GmbH ist deshalb als die Willensbildung im Innenverhältnis und die Willensäußerung im Außenverhältnis zu verstehen. Um die Frage beantworten zu können, ob und wie der hier untersuchte Interim Manager die GmbH steuern kann, ist also im weiteren Verlauf

---

363 *Mennicke* NZG 2000, 622.
364 *Hommelhoff* ZGR 1978, 119, 122.
365 *Zöllner* ZGR 1977, 319, 325.
366 Dafür prägend: *Brodmann*: GmbHG § 45 Rn. 1.
367 *Renkl*: Der Gesellschafterbeschluss, S. 22.

der Arbeit zu untersuchen, ob dieser den Willen für die GmbH bilden und diesen nach außen hin auch erklären kann.

Nach den in diesem Kapitel gefundenen Ergebnissen ist nach dem gesetzlichen Normalstatut der GmbH weder der Geschäftsführer noch die Gesellschafterversammlung als das „Steuerungsorgan“ der GmbH anzusehen. Zwar kann nur der Geschäftsführer durch seine ausschließliche Vertretungskompetenz verbindlich den Willen für die GmbH nach außen äußern. Dagegen ist aber seine Kompetenz, auch über die Art und Weise der Vertretung der GmbH im Rechtsverkehr zu entscheiden und so den Willen für die GmbH schon rein tatsächlich zu bilden, nach der zutreffenden h.M.[368] im Normalstatut der GmbH durch die verschiedenen Vorlagepflichten auf den Bereich der sog. *„laufenden Geschäfte“* beschränkt. Aber selbst in diesem Bereich ist seine Kompetenz stets disponibel, da sie immer unter der Möglichkeit zur Einflussnahme durch die Gesellschafterversammlung steht, die damit jederzeit – zumindest hypothetisch – die Willensbildung für die GmbH übernehmen kann. Die Steuerung der GmbH ist im Normalstatut also nicht auf ein Organ beschränkt, sondern es sind zugleich Kompetenzen beider (notwendigen) GmbH-Organe betroffen. Weder der Geschäftsführer noch die Gesellschafterversammlung kann ohne die jeweilige Kompetenz des anderen Organs die GmbH selbstständig *„steuern“*.

Für den Fortgang der Arbeit bedeutet dieses Untersuchungsergebnis, dass der hier untersuchte Interim Manager zunächst im *Außenverhältnis* eine mit derjenigen des Geschäftsführers vergleichbare Vertretungskompetenz erhalten muss. Er muss also befugt sein, die GmbH in allen Bereichen des Rechtsverkehrs allein und ohne Mitwirkung des Geschäftsführers zu vertreten. Um zugleich auch den Willen für die GmbH bilden zu können, muss der Interim Manager außerdem im *Innenverhältnis* frei, mithin ohne Mitwirkung der Gesellschafterversammlung im Einzelfall und insbesondere ohne die des Geschäftsführers, über die Art und Weise der Vertretung für die GmbH entscheiden können. Um dabei sicherzustellen, dass der Geschäftsführer als das gesetzliche Vertretungsorgan der Gesellschaft von seiner ansonsten vorhandenen Möglichkeit, zumindest im Bereich der sog. *„laufenden Geschäfte“* einen anderen Willen nach außen hin bilden und erklären bzw. dem Interim Manager im Rahmen des zwischen ihm und der GmbH bestehenden Rechtsverhältnisses Weisungen erteilen zu können, keinen Gebrauch machen darf, muss der Interim Manager als gesellschaftsfremder Dritter schließlich aber auch intern gegenüber dem Geschäftsführer über eine Weisungskompetenz verfügen können. Im nachfolgenden Kapitel ist deshalb zu prüfen, ob und wenn ja auf welche Weise es möglich ist, dem Interim Manager die notwendigen Kompetenzen auf rein schuldrechtlichem Weg – also ohne organschaftliche Verankerung – einzuräumen.

368 Siehe dazu oben unter § 2 B. 2. c)(2).

§ 3: Optionen zur Steuerung der GmbH durch einen Interim Manager als Nichtorgan: Generalvollmacht und Weisungsbefugnis?

Im vorherigen Kapitel konnte herausgearbeitet werden, dass für die Aufgabe, die GmbH zu steuern, einerseits die Vertretungskompetenz des Geschäftsführers, gleichzeitig aber auch die Kompetenz, über die Art und Weise der Vertretung durch den Geschäftsführer entscheiden zu können, notwendig ist. Es reicht daher nicht aus, dem Interim Manager schuldrechtlich eine mit der Vertretungskompetenz des Geschäftsführers vergleichbare Kompetenz einzuräumen. Ebenso wenig würde es aber ausreichen, dem Interim Manager lediglich die umfassende Weisungsbefugnis der Gesellschafterversammlung über den Geschäftsführer einzuräumen. Mit Letzterem wäre – abgesehen von der Frage, ob einem gesellschaftsfremden Dritten überhaupt ein so umfassendes Weisungsrecht eingeräumt werden kann – nämlich nur eine „indirekte" Steuerung der GmbH über dann sehr detaillierte Weisungen an den Geschäftsführer möglich. Für die oben beschriebenen Einsatzfelder des Interim Managers, insbesondere für den Einsatz in Krisensituationen, bei denen es gerade auf schnelle und unkomplizierte Reaktionen der Unternehmensführung ankommt, ist das umständliche Weisungsrecht für sich allein genommen unbrauchbar.

A. Abweichungsmöglichkeiten vom Normalstatut der GmbH durch Änderungen der GmbH-Satzung

Bevor im Folgenden detailliert betrachtet werden soll, wie eine schuldrechtliche Steuerungs-Möglichkeit für den Interim Manager aussehen kann, ist zuvor noch zu prüfen, ob nicht das im vorherigen Kapitel beschriebene gesetzliche Normalstatut der GmbH für einen solchen schuldrechtlichen Einsatz angepasst werden kann. Zu fragen ist also, ob sich durch Abweichungen vom Normalstatut der GmbH mittels Satzungsänderung noch weiterer Handlungsspielraum öffnen lässt. Die als Normalstatut bezeichnete gesetzliche Organisationverfassung der GmbH ist im Gegensatz zur Satzungsstrenge der Aktiengesellschaft nicht starr und zwingend, sondern unterliegt weitestgehend der satzungsrechtlichen Gestaltungsfreiheit. Davon erfasst ist gerade auch die Verteilung der Organzuständigkeiten.[369] Wenn die GmbH Verfassung durch gesellschaftsvertragliche Ausformung und Veränderung so angepasst werden könnte, dass dem Interim

369 *Uffmann* ZGR 2013, 273, 305.

Manager nur von einem Gesellschaftsorgan die für die Steuerung der GmbH notwendigen Kompetenzen eingeräumt werden müssten, würde dies den ansonsten notwendigen „Aufwand" erheblich reduzieren. Geprüft werden soll also, ob die GmbH Verfassung entweder dadurch, dass dem Geschäftsführer die Vertretungskompetenz vollständig entzogen wird, oder dadurch, dass die Weisungskompetenz der Gesellschafterversammlung beseitigt wird, angepasst werden könnte.

I. Vollständiger Entzug der Vertretungskompetenz des Geschäftsführers

Wenn es möglich wäre, dem Geschäftsführer die Vertretungskompetenz für die GmbH vollständig zu entziehen, sodass dieser die GmbH im Rechtsverkehr überhaupt nicht mehr vertreten könnte, müsste dem Interim Manager zur Steuerung der GmbH nicht zwingend eine Weisungskompetenz gegenüber dem Geschäftsführer eingeräumt werden. Der Geschäftsführer könnte in diesem Fall nämlich schon keinen abweichenden Willen für die GmbH verbindlich nach außen äußern und dem Interim Manager auch keine Weisungen erteilen. Dem Interim Manager bräuchte deshalb auch keine Kompetenz eingeräumt werden, durch die er den Inhalt der Willensäußerung des Geschäftsführers bestimmen könnte.

Nach der richtigen und wohl ganz herrschenden Meinung in der Rechtsliteratur soll es zwar grundsätzlich möglich sein, dem Geschäftsführer die seiner Zuständigkeit unterliegenden Aufgaben weitestgehend zu entziehen und sie auf eine andere gesellschaftsinterne Stelle bzw. auf nachgeordnete Mitarbeiter der Gesellschaft zu übertragen.[370] Allerdings ist es schon aufgrund der eindeutigen Regelung in § 37 Abs. 2 S. 1 GmbHG der Gesellschafterversammlung gerade nicht möglich, die dem Geschäftsführer nach § 35 Abs. 1 S. 1 GmbHG obliegende Vertretungskompetenz für die GmbH im Rechtsverkehr durch Satzungsänderungen zu beschränken und beispielweise an sich zu ziehen,[371] da dies einer unerlaubten faktischen „*Abschaffung*" des Geschäftsführers gleich käme[372].

370 UHL/*Paefgen* GmbHG, § 37 Rn. 28; Scholz/*Schneider* GmbHG, § 37 Rn. 38; BeckOK/*Wisskirchen/Kuhn* GmbHG § 37 Rn. 29; Lutter/Hommelhoff/*Kleindiek* GmbHG § 37 Rn. 12; *Uffmann*: Interim Management, S. 349 f.; für nachgeordnete Stelle: *Sina* GmbHR 1990, 65 ff.

371 Baumbach/Hueck/Zöllner/Noack GmbHG § 35 Rn. 4; Roth/Altmeppen/*Altmeppen* GmbHG § 35 Rn 8; MHLS/*Lenz* GmbHG § 35 Rn 5, 6; Rowedder/Schmidt-Leithoff/*Koppensteiner/Gruber* GmbHG § 35 Rn. 8; MüKoGmbHG/*Stephan/Tieves* GmbHG § 35 Rn. 13; BeckOK GmbHG/*Wisskirchen/Kuhn* GmbHG § 35 Rn. 4; Mertens/Stein/*Mertens* § 35 Rn. 7, 42, 80; *Beuthien/Gätsch* ZHR 157 (1993), 483, 498; *Mennicke* NZG 2000, 622, 623; Saenger/Inhester/*Lücke/Simon* GmbHG § 35 Rn 16; *Mack*: Gleichlauf von Geschäftsführungsbefugnis und Vertretungsmacht, S. 63; zweifelnd aber z.B.: *Geck* DStR 1988, 90, 97.

372 MHLS/*Römermann* GmbHG § 45 Rn. 34; Baumbach/Hueck/*Zöllner* GmbHG § 46 Rn. 93.

Der Geschäftsführer kann wegen der insofern zwingenden gesetzlichen Vorgaben nicht vollständig von der Vertretung ausgeschlossen werden[373] und seine Stellung als „*Handlungsorgan*" der Gesellschaft kann auch nicht aufgehoben werden.[374] Vielmehr ist die Vertretungsbefugnis des Geschäftsführers grundsätzlich unbeschränkbar und zwingend mit seiner Organstellung verknüpft.[375] Auch eine inhaltliche Beschränkung der Vertretungskompetenz ist mit der h.M. genauso abzulehnen wie der Ausschluss bestimmter Geschäfte oder die Knüpfung der Vertretungsmacht an den Eintritt irgendwelcher Bedingungen.[376] Das gilt selbst für den Fall, dass die GmbH mehrere Geschäftsführer bestellt hat. Auch dann kann die interne Aufgabenverteilung durch eine entsprechende Gestaltung der Vertretungsmacht, also durch Einschränkungen der Vertretungsmacht der einzelnen Geschäftsführer gemäß ihrer internen Aufgaben, nicht in das Außenverhältnis transportiert werden.[377] Die GmbH muss sich also bei ihrer Vertretung im Außenverhältnis zumindest „in der ersten Reihe" grundsätzlich ihres Geschäftsführers bedienen.[378] Eine „Vereinfachung" der schuldrechtlichen Steuerung durch einen Interim Manager lässt sich auf diesem Wege nicht erreichen.

II. Verzicht auf die Weisungskompetenz der Gesellschafterversammlung

Eine nach Ansicht der wiederum ganz herrschenden Meinung in der Rechtsliteratur[379] zulässige Möglichkeit, vom Normalstatut der GmbH abzuweichen, besteht aber darin, das Weisungsrecht der Gesellschafterversammlung gegenüber dem

373 MüKoGmbHG/*Stephan/Tieves* GmbHG § 35 Rn. 132; Baumbach/Hueck/*Zöllner/Noack* GmbHG § 35 Rn. 108; UHL/*Paefgen* GmbHG § 35 Rn. 98, § 37 Rn. 26; Roth/Altmeppen/*Altmeppen* GmbHG § 35 Rn. 51; *Jula*: Der GmbH-Geschäftsführer, S. 27; MünchHdB GesR III/*Marsch-Barner/Diekmann* § 44 Rn. 18, § 41 Rn. 2.

374 Oppenländer/Trölitzsch/*Trölitzsch* § 7 Rn. 6; *Hommelhoff* ZGR-Sonderheft 13, S. 42 ff.; Hachenburg/*Ulmer* GmbHG § 6 Rn. 5; Scholz/*Schneider* GmbHG § 6 Rn. 2.

375 MüKoGmbHG/*Stephan/Tieves* GmbHG § 35 Rn. 132.

376 MüKoGmbHG/*Stephan/Tieves* GmbHG § 35 Rn. 132; UHL/*Paefgen* GmbHG § 35 Rn. 99; Scholz/*Schneider* GmbHG § 35 Rn. 108; Hachenburg/*Mertens* GmbHG § 35 Rn. 80.

377 MüKoGmbHG/*Stephan/Tieves* GmbHG § 35 Rn. 132.

378 Rowedder/Schmidt-Leithoff/*Koppensteiner/Gruber* GmbHG § 45 Rn. 6; UHL/Hüffer/Schürnbrand GmbHG § 45 Rn 17.

379 Hachenburg/*Hüffer* GmbHG § 45 Rn. 17; Rowedder/Schmidt-Leithoff/*Koppensteiner/Gruber* GmbHG § 45 Rn. 7; MüKoGmbHG/*Stephan/Tieves* GmbHG § 37 Rn. 77; Henssler/Strohn/*Oetker* GmbHG § 37 Rn. 16; UHL/*Paefgen* GmbHG § 37 Rn. 55; Lutter/Hommelhoff/*Kleindiek* GmbHG § 37 Rn. 26; Schwerdtfeger/*Alexander* GmbHG § 37 Rn. 10.

Geschäftsführer entweder durch einen einfachen Gesellschafterbeschluss[380] (nach a.A. nur durch Satzungsänderung)[381] ganz zu beseitigen. Begründet wird diese Ansicht u.a. mit der grundsätzlich bestehenden sog. *„Kompetenz-Kompetenz"* der Gesellschafterversammlung,[382] die es dieser auch ermöglichen soll, umfassend auf die ihr nach dem Normalstatut zustehenden Kompetenzen zu verzichten. Durch eine solche Änderung des Normalstatus der GmbH kann dem Geschäftsführer eine mit dem Vorstand einer AG vergleichbare Position eingeräumt werden, wodurch dieser (zumindest weitestgehend) uneingeschränkt selbst den Willen für die GmbH bildenkann.

Ob der h.M. bei dieser Frage zuzustimmen ist, muss an dieser Stelle allerdings nicht weiter erörtert werden. Denn eine solche (vermutlich zulässige) Anpassung der GmbH-Verfassung würde für die schuldrechtliche Steuerung der GmbH durch den Interim Manager keinen Gewinn bringen. Denn auch bzw. gerade wenn die Rechtsstellung des Geschäftsführers durch einen umfassenden Verzicht der Gesellschafterversammlung auf ihre Weisungsbefugnis derjenigen eines Vorstands bei der AG im Sinne von § 76 Abs. 1 AktG angenähert werden würde,[383] müsste nach den im vorherigen Abschnitt gefundenen Ergebnissen trotzdem noch sichergestellt werden, dass der Interim Manager als gesellschaftsfremder Dritter über die Art und Weise der Vertretung durch den Geschäftsführer entscheiden könnte. Gerade ein in diesem Sinne weisungsfreier Geschäftsführer könnte ansonsten ohne Möglichkeit zur Einflussnahme durch den Interim Manager nahezu vollständig über die Art und Weise der Vertretung entscheiden und so einen vom Interim Manager unabhängigen Willen der GmbH bilden und nach außen auch verbindlich äußern. Eine vollumfängliche schuldrechtliche Steuerung der GmbH durch einen Interim Manager wäre durch eine solche Anpassung der GmbH Verfassung also nicht leichter, sondern noch schwieriger.

III. Zusammenfassung

Jedenfalls der vollständige Entzug der Vertretungskompetenz des Geschäftsführers ist, wie die h.M. zu Recht feststellt, nicht möglich. Dagegen ist ein Verzicht der Gesellschafterversammlung auf die Weisungskompetenz gegenüber dem Geschäftsführer zwar nach ganz h.M. rechtlich zulässig, aber für die hier untersuchte Steuerung der GmbH durch den Interim Manager nicht hilfreich. Es ist

380 Rowedder/Schmidt-Leithoff/*Koppensteiner/Gruber* GmbHG § 37 Rn. 36; UHL/*Paefgen* GmbHG § 37 Rn. 55; MüKoGmbHG/*Stephan/Tieves* GmbHG § 37 Rn. 77; Henssler/Strohn/*Oetker* GmbHG § 37 Rn. 16.

381 Lutter/Hommelhoff/*Kleindiek* GmbHG § 37 Rn. 26; Schwerdtfeger/*Alexander* GmbHG § 37 Rn. 10.

382 Rowedder/Schmidt-Leithoff/*Koppensteiner/Gruber* GmbHG § 37 Rn. 35.

383 Lutter/Hommelhoff/*Kleindiek* GmbHG § 37 Rn. 25; MüKoGmbHG/*Stephan/Tieves* GmbHG § 37 Rn. 77; UHL/*Paefgen* GmbHG § 37 Rn. 51; Henssler/Strohn/*Oetker* GmbHG § 37 Rn. 16.

daher also nicht möglich, durch eine entsprechende Satzungsänderung vom Normalstatut dahingehend abzuweichen, dass dem Interim Manager zur Steuerung der GmbH entweder nur die Vertretungskompetenz oder nur die Weisungskompetenz gegenüber dem Geschäftsführer eingeräumt werden müsste. Für beides ist daher in den folgenden Abschnitten nach anderen Optionen zu suchen.

B. Abschluss eines Managementvertrages

Der Befund, dass Unternehmen nicht durch ihre gesetzlichen Organe, sondern durch gesellschaftsfremde Dritte geführt bzw. gesteuert werden, ist in der Unternehmenspraxis keine Neuheit und keinesfalls nur auf die relativ neue Erscheinung des Interim Managers beschränkt. Eine solche „Fremdsteuerung“ wird in der Praxis etwa durch die Verwendung sog. „*Managementverträge*“ versucht. Auch der Interim Management Vertrag fällt, wie oben dargestellt, in diese Vertragskategorie. Im folgenden Abschnitt soll der Managementvertrag deshalb zunächst näher untersucht und rechtlich eingeordnet werden, bevor dann zu prüfen ist, ob allein durch den Abschluss eines solchen schuldrechtlichen Vertrages bereits die benötigten Kompetenzen für den Interim Manager „erzeugt“ werden können.

I. Der Begriff des Managementvertrages

Über die praktische Bedeutung von Managementverträgen und deren Verbreitung ist – wie auch schon das Beispiel des Interim Management Vertrages zeigt – bisher nur wenig bekannt geworden.[384] Der Hauptanwendungsbereich von Managementverträgen soll früher einmal bei den Kolonialgesellschaften in Großbritannien[385] und später bei den Eisenbahngesellschaften[386] gelegen haben. Neuerdings wird über eine zunehmende Verbreitung solcher Verträge u.a. im Hotelgewerbe[387], aber auch in der Energieversorgungs-, der Luftfahrt-, der Reederei- und der Filmbranche berichtet.[388] Ein weiterer Anwendungsbereich für den Managementvertrag liegt auch in der Verwaltung von Investmentfonds im

---

384 Emmerich/Habersack/*Emmerich* AktG § 292 Rn. 55a; *Veelken*: Der Betriebsführungsvertrag, S. 11.

385 *Martinek*: Moderne Vertragstypen, Bd. II, S. 277.

386 *Schlüter*: Management- und Consulting-Verträge, S. 20 f.; *Martinek*: Moderne Vertragstypen, Bd. II, S. 278; *Fleischer* ZIP 2003, 1, 9 mit Verweis auf den sog. „Rumänischen Eisenbahnfall“, RGZ 3, 123.

387 *Martinek*: Moderne Vertragstypen, Bd. II, S. 278 f.; *Fleischer* ZIP 2003, 1, 9 mit Verweis auf die sog. „Holiday-Inn-Entscheidung“ des BGH (NJW 1982, 1817 und OLG München ZIP 1987, 849; *Joachim* DWiR 1992, 397; *Veelken*: Der Betriebsführungsvertrag, S. 28; *Frisch* AG 1995, 362.

388 *Otte-Gräbener/Deilmann* NZG 2016, 1361; *Wagenhals*: Betriebsführungsvertrag, S. 3; *Löffler* NJW 1983, 2920, 2921; *Rieble*, NZA 2010, 1145.

Sinne des KAGB durch Management-Gesellschaften.[389] Bei personengeführten Unternehmen liegt die Motivation für den Abschluss eines Managementvertrages außerdem häufig darin, sich aus dem Tagesgeschäft zurückziehen zu können, ohne das Unternehmen schon verkaufen zu müssen, sondern sich weiterhin unmittelbare Eingriffsmöglichkeiten zu erhalten.[390]

Teilweise wird der Begriff des Managementvertrages in der Literatur deckungsgleich mit den Begriffen *Betriebsführungs-* und *Beherrschungsvertrag* verwendet.[391] Das neuere Schrifttum hält dagegen m.E. zu Recht die beiden zuletzt genannten Begriffe für Unterformen des Managementvertrages,[392] bei denen dieser gezielt als Mittel der Konzernpolitik eingesetzt wird.[393]. Da der Betriebsführungs- (als „einfacher" Managementvertrag) und der Beherrschungsvertrag (als „erweiterter" Managementvertrag) in der Praxis mit Abstand am häufigsten vorkommen dürften, sollen in diesem Kapitel auch nur diese beiden Managementverträge näher untersucht werden.

1. Betriebsführungsvertrag

Mittels eines *Betriebsführungsvertrages* übernimmt ein unternehmensfremder Dritter die wirtschaftliche Leitung eines Unternehmens oder bestimmter Teilbereiche davon.[394] Der Betriebsführungsvertrag berechtigt und verpflichtet den

---

389 Emmerich/Habersack/*Emmerich* AktG § 292 Rn. 55a; *Köhn* Konzern 2011, 530; *Winter/Theisen* AG 2011, 662.

390 Staudinger/*Martinek* § 675 BGB Rn. B 144 ff.; für den „Betriebsführungsvertrag": BeckOGK/*Teichmann* § 675 BGB Rn. 70; *Otte-Gräbener/Deilmann* NZG 2016, 1361; *Weißmüller* BB 2000, 1949; diese Motivation gibt es natürlich auch bei Kapitalgesellschaften: *Weißmüller* BB 2000, 1949 ff.

391 BeckOGK/*Teichmann* § 675 BGB Rn. 70; *Joachim* DWiR 1992, 397; *Knepper* BB 1982, 2061 264 f.; MüKoAktG/*Altmeppen* AktG § 292 Rn. 143; Emmerich/Habersack/*Emmerich* AktG § 292 Rn. 55; *Löffler* NJW 1983, 29200 ff.; *Windbichler* ZIP 1987, 825 ff.; *Gessler* FS Hefermehl, S. 263 ff.; in der Rechtsprechung bspw.: BGH, Urteil vom 05.10.1981 (Az.: II ZR 203/80) = NJW 1982, 1817.

392 *Martinek*: Moderne Vertragstypen, Bd. II, S. 276 f.; *Fleischer* ZIP 2003, 1, 9; Staudinger/*Martinek* § 675 BGB Rn. B 148, der den Begriff „Betriebsführungsvertrag" nur auf einen als Mittel der Konzernpolitik eingesetzten Managementvertrag bezieht; *Schlüter*: Management- und Consulting-Verträge, S. 21; BeckOGK/*Teichmann* § 675 BGB Rn. 70; von einigen Autoren wird der *Betriebsführungsvertrag* aber auch mit dem *Betriebspachtvertrag* i.S.d. § 292 Nr. 3 AktG gleichgesetzt, da die Übertragung der Betriebsführung einen ebenso schwerwiegenden Eingriff in die Organisationsverfassung des überlassenden Unternehmens bedeute wie seine Verpachtung: MüKoAktG/*Altmeppen* AktG § 292 Rn. 107; Hölters/*Deilmann* AktG § 292 Rn. 34; MüKoBGB/*Harke* BGB § 581 Rn. 15; in diese Richtung auch: *Winter/Theisen* AG 2011, 662; 666; a.A. z.B.: *Veil*: Unternehmensverträge, 47.

393 Staudinger/*Martinek* § 675 BGB Rn. B 148.

394 BeckOGK/*Teichmann* § 675 BGB Rn. 70; MüKoAktG/*Altmeppen* AktG § 292 Rn. 143; *Schlüter*: Management- und Consulting-Verträge, S. 22; *Veil*: Unternehmensverträge,

Dritten (*Betriebsführer*) dazu, den Betrieb für das eigentliche Trägerunternehmen (*Eigentümer*) zu führen.[395] Der Eigentümer zieht sich aus dem operativen Geschäft in der Regel völlig zurück.[396] Zur genaueren Differenzierung soll noch danach unterschieden werden, wie stark dabei die Stellung des Eigentümers bleibt und in welchem Umfang und hinsichtlich welcher Fragen die Führung des Unternehmens auf den Betriebsführer übertragen wird.[397] So tritt der Betriebsführer entweder im Namen und auf Rechnung der Eigentümergesellschaft auf (*sog. echter Betriebsführungsvertrag*), oder er handelt zwar auf fremde Rechnung, aber im eigenen Namen (*sog. unechter Betriebsführungsvertrag*).[398] Die Praxis scheint Ersteres zu bevorzugen[399] und nutzt den Vertragstypen hauptsächlich als konzerninternes Gestaltungsinstrument, bei dem beispielsweise die Muttergesellschaft die Betriebsführung übernimmt, sodass eine einheitliche Strukturierung und Straffung der Konzernführung erreicht wird.[400] Teilweise übernimmt aber auch eine Tochtergesellschaft die Rolle des Betriebsführers für eine Sparte des Mutterunternehmens, um damit eine Dezentralisierung des Konzerns zu erreichen (Spartenorganisation).[401]

47; *Wagenhals*: Betriebsführungsvertrag, S. 11; *Frisch* AG 1995, 362; BGH, Urteil vom 05.10.1981 (Az.: II ZR 203/80) = NJW 1982, 1817; *Köhn* Konzern 2011, 530; Emmerich/Habersack/*Emmerich* AktG § 292 Rn. 55; *Weißmüller* BB 2000, 1949; *Winter/Theisen* AG 2011, 662; *Gessler* FS Hefermehl, S. 263; *U. Huber* ZHR 152 (1988), 1, 2 ff.; *Knepper* BB 1982, 2061; *Veelken*: Der Betriebsführungsvertrag, S. 15; Hüffer/*Koch* AktG § 292 AktG Rn. 20; MünchHdB GesRIV/*Krieger* § 73 Rn. 48 ff.; Henssler/Strohn/*Paschos* § 292 AktG Rn. 14; *Raiser/Veil* § 64 Rn. 19.

395 *Otte-Gräbener/Deilmann* NZG 2016, 1361; *Rieble*, NZA 2010, 1145; Spindler/Stilz/Veil, AktG § 292 Rn. 52.

396 *Otte-Gräbener/Deilmann* NZG 2016, 1361; *Weißmüller* BB 2000, 1949.

397 Emmerich/Habersack/*Emmerich* AktG § 292 Rn. 55a.

398 BeckOGK/*Teichmann* § 675 BGB Rn. 70; *Otte-Gräbener/Deilmann* NZG 2016, 1361; Fleischer ZIP 2003, 1, 9; *Raiser/Veil* § 64 Rn. 19; *Wagenhals*: Betriebsführungsvertrag, S. 13 ff.; *U. Huber* ZHR 152 (1988), 1, 4 f.; *U. Huber* ZHR 152 (1988), 123, 124; *Priester* FS Hommelhoff, S. 876; *Weißmüller* BB 2000, 1949, 1951; *Winter/Theisen* AG 2011, 662; 663; Henssler/Strohn/*Paschos*, § 292 Rn. 14; *Joachim* DWiR 1992, 397; *K. Schmidt* FS Hoffmann-Becking, S. 1066.

399 *U. Huber* ZHR 152 (1988), 123, 124.

400 BeckOGK/*Teichmann* § 675 BGB Rn. 71; *Schlüter*: Management- und Consulting-Verträge, S. 24 f.; *Wagenhals*: Betriebsführungsvertrag, S. 4 ff.; MünchHdB GesR IV/*Krieger* § 72 Rn. 47; *Knepper* BB 1982, 2061, 264; *Winter/Theisen* AG 2011, 662, 663; *Gessler* FS Hefermehl, S. 266; *U. Huber* ZHR 152 (1988), 123 ff.; *Knepper* BB 1982, 2061, 264.

401 BeckOGK/*Teichmann* § 675 BGB Rn. 71; MünchHdB GesR IV/*Krieger* § 72 Rn. 47; *Priester* FS Hommelhoff, S. 879; *Winter/Theisen* AG 2011, 662, 664.

2. *Beherrschungsvertrag*

Ein *Beherrschungsvertrag*, der im Gegensatz zum Betriebsführungsvertrag gesetzlich kodifiziert worden ist, liegt nach dem Wortlaut gem. § 291 Abs. 1 S. 1 Alt. 1 AktG dann vor, wenn eine AG oder KGaA die Leitung ihrer Gesellschaft einem anderen Unternehmen unterstellt. Auf die GmbH soll § 291 Abs. 1 S. 1 Alt. 1 AktG analog anwendbar sein, sodass auch die GmbH danach einem anderen Unternehmen ihre Leitung unterstellen kann.[402] Die wichtigste Wirkung eines *Beherrschungsvertrages* ist dabei die Befugnis der herrschenden Gesellschaft, gem. § 308 AktG der beherrschten Gesellschaft hinsichtlich ihrer Leitung (auch nachteilige) Weisungen zu erteilen.[403] Als Kompensation ist die herrschende Gesellschaft gem. § 302 AktG zur Verlustübernahme verpflichtet und muss den Gläubigern bei Beendigung des Vertrages gem. § 303 AktG Sicherheit leisten. Den außenstehenden Gesellschaftern der beherrschten Gesellschaft ist gem. § 304 Abs. 1 S. 2 AktG ein angemessener Ausgleich zu gewähren. Zudem sind sie gem. § 305 AktG zum Austritt gegen Abfindung berechtigt.

In der Praxis kommt es meist wegen §§ 17, 14 KStG zum kombinierten Beherrschungs- und Gewinnabführungsvertrag, wobei beide Verträge hinsichtlich der rechtlichen Erfassung aber strikt zu trennen sind.[404] Die praktische Bedeutung eines isolierten Beherrschungsvertrags ist bei der GmbH als sehr gering einzuschätzen, da anders als bei der AG ohnehin der Gesellschafterversammlung und damit den Gesellschaftern die Willensbildung obliegt.[405] Dagegen wird zwar eingewendet, dass der Beherrschungsvertrag nicht nur das Kompetenzgefüge verändere, sondern vor allem auch die Möglichkeit biete, gesellschaftsfremde Ziele legal zu verfolgen.[406] Aus dem Umkehrschluss zu §§ 291 ff. AktG folgt jedoch, dass dies bei der nicht unternehmensvertraglich gebundenen GmbH gerade nicht ohne weiteres zulässig ist.[407]

II. Rechtliche Einordnung der Managementverträge

Der Betriebsführungsvertrag und der Beherrschungsvertrag als Haupterscheinungsformen des Managementsvertrages sollen nachfolgend auch rechtlich eingeordnet werden.

---

402 BGH, Beschluss vom 24.10.1988 (Az.: II ZB 7/88) = BGHZ 105, 324.

403 BeckOKGmbHG/*Servatius* Konzernrecht Rn. 41.

404 BeckOKGmbHG/*Servatius* Konzernrecht Rn. 44.

405 U.a.: *Rix* MittRhNotK 1986, 29, 30: *„praktisch keine Bedeutung"*; Roth/Altmeppen/*Altmeppen* Anh. § 13 Rn. 21 ff.; hierzu krit. jedoch Lutter/Hommelhoff/*Lutter/Hommelhoff* GmbHG Anh. § 13 Rn. 43 ff.; *Goette* DStR 1998, 938, 493.

406 BeckOKGmbHG/*Servatius* Konzernrecht Rn. 43.

407 BeckOKGmbHG/*Servatius* Konzernrecht Rn. 43.

1. Betriebsführungsvertrag

Sofern der Manager – wie in aller Regel[408] – für seine Tätigkeit vom Eigentümer ein Entgelt erhält, soll es sich bei einem Managementvertrag – anders als bei der Betriebspacht, die eine Gebrauchsüberlassung darstellt – um einen Dienstvertrag gem. §§ 611 ff. BGB handeln, der auf eine Geschäftsbesorgung i.S.d. § 675 BGB gerichtet ist (dazu auch schon oben unter § 1 C. II. 2.).[409] Im Gegensatz zum Betriebspachtvertrag steht das wirtschaftliche Ergebnis des Betriebes deshalb auch allein dem Eigentümer zu.[410] Bei der Betriebspacht kommt der Betrieb zum Pächter; beim Managementvertrag kommt der Manager zum Betrieb.[411]

Der Gegenstand des Vertrages ist dabei in der Regel diejenige Managementleistung *„die sonst der Vorstand oder die Geschäftsführung des Unternehmens selbst erbringt"*.[412] Der Manager agiert im Fremdinteresse des Eigentümers und *„führt dessen Geschäfte"*.[413] Mit Abschluss des Vertrages sollen die Leitungsorgane schlicht nicht mehr dafür zuständig sein, *„Führungsentscheidungen"* zu treffen, ohne dass dadurch aber ihre grundsätzlich bestehenden Organkompetenzen eingeschränkt würden. Führungsentscheidungen über den Betrieb soll dann nur noch der Manager treffen.[414] Es ist allerdings nicht notwendig, dass der Managementvertrag jede denkbare Entscheidung umfasst. Er kann sich auch lediglich auf bestimmte Ausschnitte beschränken.[415] In personalwirtschaftlicher Sicht

---

408 *Weißmüller* BB 2000, 1949, 1952; *Joachim* DWiR 1992, 397, 398.

409 BeckOGK/*Teichmann* § 675 BGB Rn. 70; *Schlüter*: Management- und Consulting-Verträge, S. 23; *Knepper* BB 1982, 2061, 2064; *Martinek*: Moderne Vertragstypen, Bd. II, S. 285; OLG München, Urteil vom 07.03.1986 (Az.: 23 U 1936/82) = AG 1987, 380, 382; Emmerich/Habersack/*Emmerich* AktG § 292 Rn. 56; *Joachim* DWiR 1992, 397, 398; *Frisch* AG 1995, 362, 363; *Köhn* Konzern, 2011, 530, 531; MünchHdB GesR IV/*Krieger* § 72 Rn. 49; Staudinger/*Martinek* § 675 BGB Rn. B 143; *Priester* FS Hommelhoff, S. 876; *Rieble* NZA 2010, 1145, 1146; *Veil*: Unternehmensverträge, 47; *Wagenhals*: Betriebsführungsvertrag, S. 11; *Gessler* FS Hefermehl, S. 264 f.; *K. Schmidt* FS Hoffmann-Becking, S. 1069; *U. Huber* ZHR 152 (1988), 1, 5; *U. Huber* ZHR 152 (1988), 123 ff.; *Veelken*: Der Betriebsführungsvertrag, S. 210 ff.; BeckOGK/*Teichmann* § 675 BGB Rn. 70; *Rieble*, NZA 2010, 1145.

410 *Otte-Gräbener/Deilmann* NZG 2016, 1361; Spindler/Stilz/*Veil*, AktG § 292 Rn. 52; Hölters/*Deilmann*, § 292 Rn. 34; *Joachim* DWiR 1992, 397, 398.

411 *Rieble*, NZA 2010, 1145.

412 *Martinek*: Moderne Vertragstypen, Bd. II, S. 288 ff.; *Rieble*, NZA 2010, 1145; Spindler/Stilz/*Veil* AktG § 292 Rn. 53; MüKoAktG/*Altmeppen* AktG § 292 Rn. 107, 143 f.; *Weißmüller* BB 2000, 1949, 1950 ff.

413 *Martinek*: Moderne Vertragstypen, Bd. II, S. 288 ff.; *Rieble*, NZA 2010, 1145, 1146; *Joachim* DWiR 1992, 397, 398.

414 Spindler/Stilz/*Veil* AktG § 292 Rn. 53.

415 *Rieble*, NZA 2010, 1145; Spindler/Stilz/*Veil* AktG § 292 Rn. 54; *Weißmüller* BB 2000, 1949, 1950.

wird in diesem Zusammenhang deshalb auch von „*Outsourcing von Personalfunktionen*“[416] (und gegebenenfalls weiterer Unternehmensfunktionen) gesprochen.

Um den Betrieb des Eigentümers auf diese Weise führen zu können, ohne gleichzeitig aber Organ der Eigentümergesellschaft zu sein, muss der Managementvertrag im Gegensatz zum Betriebspachtvertrag auch die Kompetenzen der Leitungsorgane der Eigentümergesellschaft für den Betrieb verändern, ohne dass dadurch aber wie etwa beim Beherrschungsvertrag das Organisationsrecht der Eigentümergesellschaft berührt wird.[417] Zu diesem Zweck bedarf der Manager jedenfalls beim „*echten Betriebsführungsvertrag*“, bei dem die Betriebsführung im Namen des Eigentümers den Betrieb führt, insofern also als dessen „*verlängerter Arm*“[418] agiert, einer (rechtsgeschäftlichen) Vollmacht des Betriebseigentümers.[419] Dabei kommen in der Praxis insbesondere die Prokura (§ 48 HGB), die Generalhandlungsvollmacht (§ 54 HGB) bzw. die Generalvollmacht in Betracht.[420]

Einen Ausgleich für die häufig starke Stellung des Betriebsführers soll nur das Kündigungsrecht der Eigentümergesellschaft aus § 627 BGB bilden.[421] Außerdem kommt auch eine Kündigung aus wichtigem Grund gem. § 626 bzw. § 314 BGB[422] in Betracht, wenn der Betriebsführer schwerwiegend gegen die Interessen der Eigentümergesellschaft verstößt.[423] Außerdem ist die Art und Weise, wie der Manager den Betrieb zu führen hat, grundsätzlich auch durch das aus §§ 675 Abs. 1, 611, 665 BGB folgende Weisungsrecht eingeschränkt[424] und kann darüber hinaus – auf Grund der Privatautonomie – auch von Konsultationspflichten

---

416 *Wagenhals*: Betriebsführungsvertrag, S. 3.

417 *Martinek*: Moderne Vertragstypen, Bd. II, S. 306 f.

418 LAG Baden-Württemberg, Urteil vom 26.02.2016, 17Sa 58/15.

419 Henssler/Strohn/*Paschos*, § 292 Rn. 14; Hüffer/Koch/*Koch* AktG § 292 Rn. 20; *Joachim* DWiR 1992, 397, 401.

420 *Martinek*: Moderne Vertragstypen, Bd. II, S. 306 ff.; Hüffer/Koch/*Koch* AktG § 292 Rn. 18 f.; Emmerich/Habersack/*Emmerich* AktG § 292 Rn. 55 (nur Generalvollmacht); MünchHdB GesR IV/*Krieger* § 72 Rn. 55; *K. Schmidt* FS Hoffmann-Becking, S. 1067 ff.; für letztere insbesondere: *Weißmüller* BB 2000, 1949, 1952; *Joachim* DWiR 1992, 397, 401; *Schlüter*: Management- und Consulting-Verträge, S. 21.

421 Emmerich/Habersack/*Emmerich* AktG § 292 Rn. 56; MüKoAktG/*Altmeppen* AktG § 292 Rn. 152; BGH, Urteil vom 05.10.1981 (Az.: II ZR 203/80) = NJW 1982, 1817; *Joachim* DWiR 1992, 397, 403.

422 Zum Verhältnis von § 626 BGB als nicht abschließender lex speciales zu und § 314 BGB vgl. etwa: MüKoBGB/*Henssler* BGB § 626 Rn. 44 sowie MüKoBGB/*Gaier* BGB § 314 Rn. 13–15.

423 Emmerich/Habersack/*Emmerich* AktG § 292 Rn. 56; MüKoAktG/*Altmeppen* AktG § 292 Rn. 152; BGH, Urteil vom 05.10.1981 (Az.: II ZR 203/80) = NJW 1982, 1817; *Joachim* DWiR 1992, 397, 403.

424 *Veil*: Unternehmensverträge, 47; Hölters/*Deilmann*, AktG § 292 Rn. 35; Emmerich/Habersack/*Emmerich* AktG § 292 Rn. 56; *Winter/Theisen* AG 2011, 662; 665; *Joachim* DWiR 1992, 397, 398; *Priester* FS Hommelhoff, S. 877.

und Genehmigungsvorbehalten des Eigentümers abhängig gemacht werden.[425] In der Regel behält sich der Managementnehmer schließlich auch zumindest die Kompetenz für unternehmerische Grundsatzentscheidungen vor oder überträgt ausdrücklich nur die *„laufenden Geschäfte“* der *„Tagespolitik“*.[426]

Dagegen wird in der Literatur – in Analogie zum Geschäftsführer (s.o.) – aber auch die Ansicht vertreten, dass Weisungen *„im laufenden Tagesgeschäft“* schon nur dann zulässig sein sollen, wenn dies ausdrücklich vertraglich vorgesehen ist.[427] In der Praxis wird das Weisungsrecht des Managementnehmers ohnehin oft vertraglich auch noch weiter eingeschränkt und dem Manager die Entscheidungsbefugnis einschränkungslos übertragen.[428] Teilweise wird das Weisungsrecht sogar *„umgepolt“*[429], sodass der Manager auch gegenüber dem Managementnehmer weisungsbefugt ist und diesem nur noch das Recht zur Kündigung des Vertrages verbleibt.[430] Da das Weisungsrecht nur vertraglicher Natur ist, soll es grundsätzlich eingeschränkt werden können.[431] Soweit die Eigentümergesellschaft eine AG ist, müsse aber zwingend § 76 AktG beachtet werden, weshalb die grundsätzlichen Entscheidungen über die Unternehmenspolitik beim Vorstand der Eigentümergesellschaft verbleiben müssen.[432] Werde das Weisungsrecht dagegen insgesamt ausgeschlossen, was insbesondere bei der Erteilung einer Generalvollmacht der Fall sein soll,[433] läge tatsächlich ein Beherrschungsvertrag (dazu sogleich) vor,[434] für den auch dessen spezielle Regelungen insbesondere im Hinblick auf die Zustimmung der Hauptversammlung und die Eintragung in das Handelsregister gelten würden.[435]

Sehr umstritten ist in der Literatur schließlich noch die Frage, ob der Betriebsführungsvertrag „bloß“ einen schuldrechtlicher Vertrag[436] oder wie der sogleich behandelte Beherrschungsvertrag ebenfalls einen Unternehmensvertrag in

---

425 Staudinger/*Martinek* § 675 BGB Rn. B 152; *Martinek*: Moderne Vertragstypen, Bd. II, S. 289; *Winter/Theisen* AG 2011, 662; 665; *Priester* FS Hommelhoff, S. 877 f.

426 Staudinger/*Martinek* § 675 BGB Rn. B 151, 152.

427 Henssler/Strohn/*Paschos*, § 292 Rn. 14; *U. Huber* ZHR 1988, 1, 31 f.; MünchHdB GesR IV/*Krieger* § 73 Rn. 54; MüKoAktG/*Altmeppen* AktG § 292 Rn. 147.

428 Staudinger/*Martinek* § 675 BGB Rn. B 151.

429 *Martinek*: Moderne Vertragstypen, Bd. II, S. 289.

430 Staudinger/*Martinek* § 675 BGB Rn. B 152.

431 *Martinek*: Moderne Vertragstypen, Bd. II, S. 289.

432 Hölters/*Deilmann*, AktG § 292 Rn. 35; Emmerich/Habersack/*Emmerich* AktG § 292 Rn. 56.

433 So z.B.: *Priester* FS Hommelhoff, S. 880.

434 Hölters/*Deilmann*, AktG § 292 Rn. 35; MüKoAktG/*Altmeppen* AktG § 292 Rn. 153; *Priester* FS Hommelhoff, S. 877; *Martinek*: Moderne Vertragstypen, Bd. II, S. 304.

435 Hölters/*Deilmann*, AktG § 292 Rn. 35; MüKoAktG/*Altmeppen* AktG § 292 Rn. 153.

436 Z.B.: *Frisch* AG 1995, 362, 363; *K. Schmidt* GesR, § 31 III 1. b); *Köhn* Konzern 2011, 530, 534 f.

analoger Anwendung von § 292 Abs. 1 Nr. 3 AktG[437] darstellt.[438] Für die zuerst genannte Ansicht spricht insbesondere, dass die Intensität des Betriebsführungsvertrages deutlich geringer ist als beim Beherrschungsvertrag oder dem Betriebspachtvertrag und ohnehin stark von den schuldrechtlich eingeräumten Kompetenzen des Betriebsführers abhängt, eine pauschale Einordnung als Organisationsvertrag also schwer begründbar ist. Letzteres spricht aber auch wiederum für die Einordnung als Organisationsvertrag, wenn man die Rechtsfolge dieser Einordnung – nämlich die Zustimmungsrechte der Hauptversammlung – in den Blick nimmt. Wenn man auf die konkrete Ausgestaltung des Betriebsführungsvertrages abstellen will, kann die Abgrenzung nur unscharf werden, was wiederum zu großer Rechtsunsicherheit bei der Einordnung führt.[439] Es würde sich daher anbieten, den Betriebsführungsvertrag zwar als einfachen schuldrechtlichen Vertrag anzusehen, ihn bei der AG aber trotzdem der Zustimmungspflicht der Hauptversammlung zu unterwerfen. Auf die Streitentscheidung kommt es an dieser Stelle – wie gleich noch zu zeigen wird – aber nicht an.

2. *Beherrschungsvertrag*

Zwingender und deshalb auch wichtigster Inhalt des Beherrschungsvertrages ist die Unterstellung der Leitung der Eigentümergesellschaft unter das beherrschende Unternehmen. Erforderlich und genügend soll dafür sein, dass der herrschende Vertragspartner in die Lage versetzt wird, *„eine auf das Gesamtinteresse der verbundenen Unternehmen ausgerichtete Zielkonzeption zu entwickeln und gegenüber der Geschäftsleitung der beherrschten Gesellschaft rechtlich durchzusetzen“*.[440] Die Einräumung von Leitungsmacht soll zwingend ein entsprechendes *„unternehmerisches Initiativrecht des herrschenden Unternehmens“* voraussetzen.[441]

Anders als der gerade behandelte einfache Management- bzw. Betriebsführungsvertrag kann der Beherrschungsvertrag deshalb auch nicht ein bloßer schuldrechtlicher Vertrag sein. Er ist vielmehr stets ein *„gesellschaftsrechtlicher Organisationsvertrag, der satzungsgleich den rechtlichen Status der beherrschten Gesellschaft ändert“* bzw. *„als satzungsüberlagernder Organisationsvertrag in der Lage ist, das herrschende Unternehmen zum Organ der abhängigen Gesellschaft zu*

---

437 H.M.: MüKoAktG/*Altmeppen* AktG § 292 Rn. 155 ff.; Emmerich/Habersack/*Emmerich* AktG § 292 Rn. 58; *U. Huber* ZHR 152 (1988), 123 ff.; *Veil*: Unternehmensverträge, 297; *Knepper* BB 1982, 2061, 2064; Spindler/Stilz/*Veil* AktG § 292 Rn. 54; Hölters/*Deilmann* AktG § 292 Rn. 34–38.

438 So z.B.: *K. Schmidt* FS Hoffmann-Becking, S. 1053; Vgl. zum Streitstand insbesondere: *Priester* FS Hommelhoff, S. 880 ff.

439 So Z.B.: *Priester* FS Hommelhoff, S. 884 f.

440 OLG Schleswig, Beschluss vom 27.08.2008 (Az.: 2 W 160/05) = NZG 2008, 868, für die AG.

441 BeckOKGmbHG/*Servatius* Konzernrecht Rn. 52.

machen"[442,443] Schon durch den Abschluss des Beherrschungsvertrages können Geschäftsführungsentscheidungen nicht mehr autonom von der Gesellschaft selbst durch ihre Mitglieder getroffen werden.[444] Die *„Geschäftsführungszuständigkeit"* der Gesellschafterversammlung wird also unmittelbar beschnitten.[445] Anders als beim Betriebsführungsvertrag wird nur durch Abschluss des Beherrschungsvertrags die Weisungskompetenz der Gesellschafterversammlung in *„Geschäftsführungsangelegenheiten"* auf die herrschende Gesellschaft *„übertragen"* und der Gesellschaftszweck der Eigentümergesellschaft wird auf das Konzerninteresse unter Aufhebung der unabhängigen erwerbswirtschaftlichen Teilnahme am Wirtschaftsverkehr ausgerichtet.[446] Die gesetzlichen Weisungsgrenzen müssen deshalb auch nicht erst noch schuldrechtlich in den Unternehmensvertrag aufgenommen werden.[447] Aufgrund dieses intensiven Eingriffs in die Organisationstrukturen der Gesellschaft werden Beherrschungsverträge – in Kombination mit einem Gewinnabführungsvertrag – auch als *„Fusionstatbestände auf Zeit"* bezeichnet.[448]

Zwar ist in der Rechtsliteratur nach wie vor noch nicht hinreichend geklärt, in welchem Verhältnis der Beherrschungsvertrag zur Änderung der Satzung und des Gesellschaftszwecks steht.[449] Allerdings reduziert sich die dogmatische und praktische Bedeutung dieser Unklarheit allein darauf, unter welchen Voraussetzungen ein Beherrschungsvertrag wirksam wird, und nicht darauf, ob durch Abschluss eines solchen Vertrages eine Änderung der Satzung eintritt.[450] Das Letzteres der Fall ist, dürfte in der Rechtsliteratur unumstritten sein. Insofern stellt § 291 Abs. 2 AktG klar, dass ohne eine Abhängigkeit zwischen zwei Unternehmen und damit auch ohne entsprechende Satzungsänderung schon kein Beherrschungsvertrag vorliegt.

---

442 *Schürnbrand* S. 223.

443 Ganz h.M., vgl. z.B.: *Zöllner* ZGR 1992, 172, 177; *Veil*: Unternehmensverträge, 202; MüKoAktG/*Altmeppen* AktG § 291 Rn. 27; Hüffer/*Koch* AktG § 291 Rn. 17; Henssler/Strohn/*Paschos* AktG § 291 Rn. 4; Emmerich/Habersack/*Emmerich* AktG § 291 Rn. 25; BGH Beschluss vom 24.10.1988 (Az.: II ZB 7/88) = BGHZ 105, 324; BGH Urteil vom 14.12.1987 (Az.: II ZR 170/87) = BGHZ 103, 1; OLG Stuttgart Urteil vom 29.10.1997 (Az.: 20 U 8/97) = NZG 1998, 601.

444 *Zöllner* ZGR 1992, 172, 177.

445 *Zöllner* ZGR 1992, 172, 179.

446 BGH Beschluss vom 24.10.1988 (Az.: II ZB 7/88) = BGHZ 105, 324; BGH Urteil vom 14.12.1987 (Az.: II ZR 170/87) = BGHZ 103, 1.

447 *Zöllner* ZGR 1992, 172, 186 ff.

448 *Altmeppen* FS Lutter, S. 981.

449 BeckOKGmbHG/*Servatius* Konzernrecht Rn. 62.1.

450 BeckOKGmbHG/*Servatius* Konzernrecht Rn. 62.1.

III. Zusammenfassung: Kompetenzeinräumung durch den Abschluss eines Managementvertrages

Der zuletzt behandelte Beherrschungsvertrag ist in jedem Fall kein (rein) schuldrechtlicher Vertrag, sondern ein gesellschaftsrechtlicher Organisationsvertrag, der tief in die Organisationsstruktur der Eigentümergesellschaft eingreift und diese verändert. Unabhängig von den Fragen, ob das herrschende Unternehmen dadurch schon zum Organ der Eigentümergesellschaft wird,[451] und ob der Interim Manager als natürliche Person überhaupt als Vertragspartner eines Beherrschungsvertrages in Betracht käme, ist im hier untersuchten Fall die gesellschaftsvertragliche Einbindung des Interim Managers gerade nicht gewollt. Dazu wäre außerdem die Bestellung des Interim Managers zum Geschäftsführer wohl der wesentlich unkompliziertere Weg. Der Abschluss eines Beherrschungsvertrags kommt hier deshalb nicht in Betracht.

Der einfache Management- bzw. der Betriebsführungsvertrag ist dagegen ein gewöhnlicher Dienstvertrag im Sinne des BGB und stellt keinen eigenständigen Vertragstyp dar. Zwar übernimmt der Manager bzw. Betriebsführer nach dem Inhalt des Vertrages die Führung über den Eigentümerbetrieb und „ersetzt" dessen Führung. Da der einfache Management- bzw. Betriebsführungsvertrag aber gerade nicht in die Gesellschaftsstruktur eingreift[452], müssen dem Manager die dafür benötigten Kompetenzen innerhalb der juristischen Person erst schuldrechtlich eingeräumt werden; etwa mittels einer Generalvollmacht. Die Kompetenzen des Betriebsführers entstehen also nicht schon allein durch den Abschluss des Vertrages. Bei der Kompetenzeinräumung stellen sich somit die gleichen Fragen wie beim hier untersuchten Interim Management Vertrag. Allein durch den Abschluss eines Management- bzw. Betriebsführungsvertrages kann diese Frage damit jedenfalls nicht gelöst werden, da allein durch den Vertragsschluss weder dem Interim Manager Kompetenzen eingeräumt noch die bestehenden Kompetenzen des Geschäftsführers beschränkt werden.

Dieses Ergebnis überrascht insbesondere dann nicht, wenn man sich vor Augen hält, dass der Gesetzgeber des BGB insbesondere die Stellvertretung grundsätzlich von dem ihr zugrundeliegenden Rechtsverhältnis abstrahiert hat. Insofern kann das zugrundeliegende Vertragsverhältnis für die Art und Weise der Kompetenzeinräumung auch nicht relevant sein. Die gewillkürte Vertretungsmacht ist im Stellvertretungsrecht allgemein geregelt und nicht jeweils besonders im Zusammenhang mit den verschiedenen in Betracht kommenden Grundverhältnissen. Nicht jedes dieser Grundverhältnisse erfordert stets eine Stellvertretung und nicht jeder Stellvertretung liegt das gleiche Grundverhältnis zu Grunde. Die

451 So z.B.: *K. Schmidt* FS Hoffmann-Becking, S. 1068 f. für den „*echten*" Betriebsführungsvertrag bei gleichzeitiger Erteilung einer Generalvollmacht.

452 MüKoAktG/*Altmeppen* AktG § 292 Rn. 7.

Lösung für die Frage der Kompetenzeinräumung ist also auch in diesem Bereich zu suchen.

C. Steuerung der GmbH durch eine Vollmacht und Weisungsbefugnis?

Da weder durch Anpassungen an der Satzung noch allein durch den Abschluss eines Managementvertrages die Frage, wie dem Interim Manager die zur Steuerung der GmbH notwendigen Kompetenzen eingeräumt werden können, gelöst werden konnte, sind an dieser Stelle die dafür in Frage kommenden schuldrechtlichen Optionen zu erläutern, die dann in den folgenden Abschnitten jeweils näher auf ihre Zulässigkeit und ihre Praktikabilität untersucht werden sollen.

I. Willensäußerung durch eine (General)Vollmacht

Für die Kompetenz zur Willensäußerung wird eine Möglichkeit gesucht, wie der nur schuldrechtlich mit der GmbH verbundene Interim Manager umfassend, das heißt im gleichen im Umfang wie der Geschäftsführer (als das Willensäußerungsorgan der GmbH), den Willen für die GmbH im Rechtsverkehr äußern kann. Da die Willensäußerung für die GmbH im Rechtsverkehr durch ihre rechtsgeschäftliche Vertretung erfolgt, ist also nach einer schuldrechtlich einzuräumenden Vollmachtsart zu suchen.

Auch bei der GmbH als juristischer Person ist es möglich und üblich, neben den Geschäftsführer weitere rechtsgeschäftliche Vertreter zu stellen. Dies geschieht insbesondere durch die im HGB für den Handelsverkehr ausdrücklich vorgesehene Möglichkeit der Erteilung von Prokura und Handlungsvollmachten, aber auch durch die Erteilung einer Vollmacht nach den §§ 164 ff. BGB.[453] Für diese Formen, den Willen der GmbH zu äußern, gelten neben den besonderen Vorschriften im HGB die allgemeinen Vertretungsregeln des BGB. Die umfassendste Vollmachtsart, die auf schuldrechtlichem Wege eingeräumt werden kann, ist dabei die gesetzlich überhaupt nicht geregelte sog. Generalvollmacht. Die Generalvollmacht – so jedenfalls die Vorstellung der Verwender – soll den Bevollmächtigten zu allen Rechtsgeschäften bevollmächtigen, die der Vollmachtgeber auch selbst abschließen könnte. Wenn sich dieser Befund auch im Detail bestätigen lässt, könnte die GmbH den Interim Manager mit Hilfe der Generalvollmacht also zu allen Rechtsgeschäften bevollmächtigten, die sie auch selbst, das heißt durch ihren Geschäftsführer, abschließen könnte. Mit anderen Worten ausgedrückt, könnte der Interim Manager mit Hilfe der Generalvollmacht den Willen der GmbH im Rechtsverkehr im gleichen Umfang wie der Geschäftsführer äußern.

453 Roth/Altmeppen/*Altmeppen* GmbHG § 35 Rn. 14; Baumbach/Hueck/*Zöllner/Noack* GmbHG § 35 Rn. 70; Scholz/*Schneider* GmbHG § 35 Rn. 17.

Die Generalvollmacht erfüllt das an dieser Stelle aufgestellte Anforderungsprofil also umfassend. In den nachfolgenden Abschnitten ist sie deshalb im Detail zu betrachten. Dabei muss sich zeigen, ob die Generalvollmacht bei der GmbH überhaupt eingesetzt werden kann und der Einsatz nicht etwa von vornherein unzulässig ist. Genauer untersucht werden muss außerdem auch, ob sich das hier gefundene Ergebnis zum Umfang der Generalvollmacht auch bei genauerer Betrachtung bestätigen lässt.

II. Willensbildung durch Weisungsbefugnis gegenüber dem Geschäftsführer

Damit der Interim Manager den Willen für die GmbH nicht nur nach außen hin äußern, sondern ihn für die GmbH auch intern selbstständig bilden kann, muss, wie bereits oben erläutert, sichergestellt sein, dass er den Inhalt seiner Willensäußerung für die GmbH frei bestimmen und gleichzeitig der Geschäftsführer für die GmbH keinen anderen Willen verbindlich bilden und äußern kann. Beides wäre dann nicht der Fall, wenn der Geschäftsführer einen vom Interim Manger unabhängigen Willen für die GmbH äußern könnte oder wenn die Art und Weise der Willensäußerung durch den Interim Manager durch ein entsprechendes Weisungsrecht der GmbH, das wiederum durch das Vertretungsrecht des Geschäftsführers ausgeübt würde, einschränkbar wäre. Da die Vertretungskompetenz des Geschäftsführers nicht durch eine Anpassung der Satzung eingeschränkt werden kann, muss der Interim Manager also auf anderem Wege die Art und Weise, wie der Geschäftsführer von dieser Kompetenz Gebrauch machen kann, bestimmen können.

Die GmbH Verfassung sieht in ihrem Normalstatut ein umfassendes Weisungsrecht der Gesellschafterversammlung gegenüber dem Geschäftsführer vor, durch das diese insbesondere auch verbindlich festlegen kann, wie der Geschäftsführer von seiner Vertretungskompetenz Gebrauch machen darf. Könnte erreicht werden, dass der Interim Manager diese Kompetenz der Gesellschafterversammlung gegenüber dem Geschäftsführer selbst ausüben kann, ohne ihn gleichzeitig zum Organ der Gesellschaft bestellen zu müssen, wäre somit auch das Ziel, den Willen allein für die GmbH verbindlich zu bilden, erreicht. Zwar könnte auch dann nicht vollständig verhindert werden, dass die Geschäftsführung einen anderen Willen für die GmbH nach außen verbindlich äußert, jedoch müsste der Geschäftsführer, der damit gegen den intern gebildeten Willen der GmbH handeln und damit auch seine Organpflichten verletzen würde, mit erheblichen persönlichen Konsequenzen – insbesondere haftungsrechtlicher Natur – und sogar seiner Abberufung rechnen. Die Gefahr eines solchen weisungswidrigen Verhaltens des Geschäftsführers ist deshalb auch eher theoretischer Natur und dürfte dem hier verfolgten Zweck – der Steuerung der GmbH durch den Interim Manager – nicht entgegenstehen. Durch die Einräumung eines solchen (umfassenden) Weisungsrechts gegenüber dem Geschäftsführer wäre außerdem gleichzeitig auch die Möglichkeit, dass dieser als Vertretungsorgan der GmbH durch

Ausübung des vertraglichen Weisungsrechts aus dem Vertrag der GmbH mit dem Interim Manager einen abweichenden Willen für die GmbH durchsetzen könnte, ausgeschlossen.

Fraglich bliebe dann allerdings noch, ob damit auch jede Weisungsmöglichkeit der Gesellschaft gegenüber dem Interim Manager, etwa durch die Gesellschafterversammlung, ausgeschlossen werden könnte. Da ein vollständiger Ausschluss der Einflussnahme auf den Interim Manager einer vollständigen Selbstentmündigung der Gesellschaft gleichkäme, ist eine solche Möglichkeit wohl abzulehnen. Vielmehr musss der Gesellschaft stets eine durch die Gesellschafterversammlung jederzeit ausübbare Kündigungs- bzw. Widerrufsmöglichkeit im Sinne des § 168 BGB verbleiben. Aber selbst, wenn der Gesellschafterversammlung danach weiterhin eine Weisungsmöglichkeit verbleiben muss, steht dies der Steuerung der GmbH durch den Interim Manager nicht im Wege. Sollte die Gesellschafterversammlung, die sich – jedenfalls in der hier untersuchten Konstellation – für den Einsatz des Interims Managers entschieden hat, zu der Überzeugung gelangen, diesem Weisungen erteilen zu müssen und damit also einen von dem des Interim Managers abweichenden Willen für die GmbH bilden zu wollen, stünde ohnehin dessen gesamter Einsatz in Frage. Die Gesellschafterversammlung könnte dann auch ohne Weiteres direkt, d.h. durch eine entsprechende Weisung an den Geschäftsführer als Vertretungsorgan, die vertragliche Beziehung mit dem Interim Manager beenden und ihr Weisungsrecht gegenüber dem Geschäftsführer wieder unmittelbar selbst ausüben. Wenn das Weisungsrecht der Gesellschafterversammlung gegenüber dem Geschäftsführer dem Interim Manager als Nichtorgan eingeräumt werden kann, könnte dieser also die Willensbildung für die GmbH übernehmen.

D. Zwischenergebnis: Die Steuerung der GmbH durch Rechtsgeschäft

Es ist nicht möglich, durch eine entsprechende Satzungsänderung vom Normalstatut der GmbH dahingehend abzuweichen, dass dem Interim Manager zur Steuerung der GmbH entweder nur die Vertretungskompetenz oder nur die Weisungskompetenz gegenüber dem Geschäftsführer eingeräumt werden müsste. Auch durch den Abschluss eines sog. Managementvertrages kann die Frage der Kompetenzübertragung nicht umfassend gelöst werden. So ist der Beherrschungsvertrag schon kein (rein) schuldrechtlicher Vertrag, sondern ein gesellschaftsrechtlicher Organisationsvertrag. Als solcher greift er unmittelbar in die Organisationsstruktur der Eigentümergesellschaft ein, was in der hier untersuchten Form des Interim Manager Einsatzes gerade nicht gewollt ist. Der einfache Management- bzw. der Betriebsführungsvertrag, der einem Interim Management Vertrag nahekommt, ist wie dieser ein gewöhnlicher Dienstvertrag im Sinne des BGB. Da er aber gerade nicht in die Gesellschaftsstruktur eingreift, müssen dem Manager die benötigten Kompetenzen erst schuldrechtlich eingeräumt werden und entstehen eben nicht schon allein durch den Abschluss des Management- bzw. Betriebsführungsvertrages.

Die Willensäußerung für die GmbH ist mit der Vertretung der GmbH im Rechtsverkehr gleichzusetzen. In Betracht kommen daher alle rechtsgeschäftlichen Vollmachtsarten und als deren umfassendste die sog. Generalvollmacht. Die Willensbildung für die GmbH erfolgt zum einen dadurch, dass der Interim Manager auch den Inhalt seiner Willensäußerungen frei bestimmen kann, und zum anderen durch die Kontrolle über die Willensäußerungen für die GmbH durch den Geschäftsführer. Diese Kontrolle könnte dem Interim Manager dadurch ermöglicht werden, dass ihm das Weisungsrecht der Gesellschafterversammlung gegenüber dem Geschäftsführer eingeräumt wird. Zu prüfen ist deshalb im weiteren Verlauf, ob die Erteilung der Generalvollmacht und die Einräumung eines Weisungsrechts gegenüber dem Geschäftsführer der GmbH an den Interim Manager zulässig sind und ob sich der damit verfolgte Zweck, die Steuerung der GmbH durch den Interim Manager, erreichen lässt.

§ 4: Der Interim Manager als fakultatives Gesellschaftsorgan der GmbH?

Bevor in den nachfolgenden Teilen der Arbeit im Einzelnen untersucht werden kann, ob es mit der Erteilung einer umfassenden Generalvollmacht und eines Weisungsrechtes gegenüber dem Geschäftsführer möglich ist, die GmbH sowohl im Außen- also auch im Innenverhältnis zu steuern, stellt sich jedoch zunächst noch eine andere Frage. Es ist nämlich zu überlegen, ob ein mit so umfassenden Kompetenzen ausgestatteter Interim Manager nicht allein schon durch diese „Kompetenzallmacht" Organeigenschaft erlangt, er dadurch also – ähnlich wie z.B. nach Ansicht *Schürnbrands*[454] auch das herrschende Unternehmen beim Beherrschungsvertrag – zum *„Steuerungsorgan"* der GmbH wird. So wird teilweise die Ansicht vertreten, dass schon allein durch Übertragung von gewissen Rechten, die ursprünglich ein Organ der Gesellschaft innehatte, eine Organstellung begründet wird.[455] Andere Stimmen in der Literatur meinen dagegen, der Begriff des Organs müsse erst inhaltlich gefüllt werden[456], gerade auch weil er dazu dienen soll, die Zulässigkeit von Entscheidungsstrukturen in der Gesellschaft zu beurteilen[457]. Müsste diese Frage mit Ja beantwortet werden, würde der oben beschriebene Sinn und Zweck der rein schuldrechtlichen Installation des Interim Managers in der GmbH vollständig konterkariert werden.

In diesem Kapitel sind also die Eigenschaften des Organs einer juristischen Person sowie die Voraussetzungen, unter denen eine natürliche (oder auch juristische) Person zum Organ der GmbH wird, herauszuarbeiten. Anschließend ist zu prüfen, ob diese Voraussetzungen durch den hier untersuchten generalbevollmächtigten und weisungsbefugten Interim Manager erfüllt werden. Auszugehen ist dabei von dem – für alle juristischen Personen gleichermaßen geltenden – Organbegriff. Geprüft werden muss aber auch, ob diesbezüglich Besonderheiten bei der GmbH bestehen, und wenn ja, welche.

A. Das Organ der juristischen Person

Schon der Ausgangspunkt der Frage, wie ein Organ einer juristischen Person (bzw. allg. eines Rechtssubjektes) zu definieren bzw. zu qualifizieren ist, wodurch

454 *Schürnbrand* S. 223 ff.

455 So z.B.: KG, OLGZ 78, 385, 393; *Beuthien/Gätsch* ZHR 156 (1992), 459, 467 ff., ZHR 157 (1993), 483, 486.

456 *Teubner* ZGR 1986, 565, 568; *Ulmer* FS Werner, S. 923; *Herfs*: Einwirkung Dritter, S. 63; s. auch: *Reuter* FS 100 Jahre GmbHG, S. 631, 634.

457 *Herfs*: Einwirkung Dritter, S. 63.

also eine natürliche oder auch eine (andere) juristische Zurechnungseinheit zum Organ einer juristischen Person wird, ist bis heute umstritten und nicht eindeutig geklärt.[458] Relativ leicht zu beantworten ist diese Frage lediglich für die jeweils gesetzlich vorgeschriebenen Organe der verschiedenen juristischen Personen. Welche Organe diese haben müssen und wie eine natürliche oder juristische Person zu einem solchen obligatorischen Organ bestimmt wird, ist gesetzlich mehr oder weniger klar vorgezeichnet. Ungleich schwieriger zu beantworten ist die Frage dagegen für die rein fakultativen Organe einer juristischen Person, also für diejenigen Organe, die zusätzlich zu den gesetzlich vorgeschriebenen durch die Mitglieder der juristischen Person selbst „geschaffen“ werden. Anhand des herauszuarbeitenden Sinns und Zwecks der Organstellung bei den juristischen Personen sowie der Wesensmerkmale des Organs soll daher zunächst bestimmt werden, was das Organ auszeichnet und wodurch es von einem Nichtorgan abgegrenzt werden kann.

I. Sinn und Zweck der Organstellung bei juristischen Personen

Der Sinn und Zweck der Organstellung bei juristischen Personen liegt im Wesentlichen in der Möglichkeit, der juristischen Person das Handeln natürlicher Personen zurechnen zu können, sowie in der Flexibilisierung der Zurechnung durch den Einsatz von Organen.

1. *Zurechnung vom Handeln natürlicher Personen*

Das Privatrecht ordnet nicht nur natürlichen, sondern auch juristischen Personen Rechte, Pflichten und Rechtsverhältnisse zu. Juristische Personen – als rein rechtliche Gebilde – können aber weder selbst tatsächlich handeln noch einen Willen bilden, sondern müssen sich das Handeln und den Willen von natürlichen Personen zurechnen lassen. Der Sinn und Zweck der Organstellung liegt deshalb stets darin, das tatsächliche Handeln von natürlichen Personen – in welcher Form auch immer – der juristischen Person zuzurechnen.[459] Ohne eine solche Zurechnung wäre jede juristische Person willens- und handlungsunfähig. Die h.M. in der Rechtsliteratur geht deshalb folgerichtig davon aus, dass ein Organ

458 So u.a.: MüKoGmbHG/*Liebscher* GmbHG § 45 Rn. 90; auch: *Hammen* WM 1994, 765, 767, der meint, dass der Begriff „aus den Vorschriften des GmbH-Gesetzes sowie anderen gesellschaftsrechtlichen Vorschriften“ zu entwickeln sei.

459 *Ulmer* FS Wiedemann, S. 1305 f.; *Herfs*: Einwirkung Dritter, S. 64; *Flume* BGB AT I/2, § 11 I.; *Westermann*: Vertragsfreiheit, S. 150 ff.; *K. Schmidt* HandelsR, § 16 Rn. 6; Staub/*Joost* HGB vor § 48 Rn. 28; Staudinger/*Schilken* Vor. §§ 164 ff., Rn. 1; Soergel/*Hadding* BGB § 26 Rn. 3.

immer eine Person ist, die *„nach der Verfassung der juristischen Person deren Handlungsfähigkeit begründet“*.[460]

2. Flexibilisierung der Zurechnung

Von diesem zentralen Zurechnungsbedürfnis ausgehend muss dann noch die Frage beantwortet werden, weshalb die juristische Person, wie etwa *Beuthien* zutreffend formuliert, *„stets aus Mitgliedern und im Übrigen aus Organen“*[461] und nicht etwa nur aus Mitgliedern oder nur aus Organen besteht; weshalb der juristischen Person also nicht einfach unmittelbar das Handeln (all) ihrer Mitglieder zugerechnet wird, sondern die Rechtsfigur des Organs „entdeckt“ bzw. „kreiert“ worden ist. So bedürfen nämlich bspw. auch nicht rechtsfähige Kooperationsgemeinschaften im Gegensatz zur juristischen Person keiner Organe.

Diese Frage lässt sich überzeugend dahingehend beantworten, dass diese Unterscheidung keinesfalls denknotwendig zwingend ist, sondern mit ihr vielmehr erst die weiteren Möglichkeiten, die mit der Schaffung der juristischen Person als eigenständigem Rechtssubjekt verbunden sind, eröffnet werden. Indem die Zurechnung ausschließlich durch die Organe erfolgt, muss der juristischen Person nämlich gerade nicht das Einzelhandeln eines jeden Mitglieds zugerechnet werden. Außerdem kann auf diese Weise aber auch grundsätzlich erst zwischen Organen und Mitgliedern unterschieden werden, indem auch das Handeln von Nichtmitgliedern der juristischen Person zugerechnet wird, wenn diese Organ bzw. genauer Organwalter der juristischen Person sind. Und schließlich kann der juristischen Person durch die „Schaffung“ von Organen – wie bspw. bei der Gesellschafterversammlung der GmbH oder der Mitgliederversammlung des Vereins – auch das Handeln eines Kollektivs und nicht nur das Handeln von einzelnen natürlichen Personen zugerechnet werden. Die Organstellung lässt sich insofern also vollständig von der Mitgliedschaft entkoppeln. Durch diese Entkoppelung bzw. Unterscheidung zwischen Organ- und Mitgliedschaft in einer juristischen Person werden somit verschiedene Zurechnungsmöglichkeiten eröffnet. Die Zurechnung lässt sich so flexibel an die Bedürfnisse der jeweiligen juristischen Person anpassen.

II. Die Wesensmerkmale des Organs

Neben dem soeben herausgearbeiteten Sinn und Zweck der Organstellung bei der juristischen Person sind an dieser Stelle außerdem die Wesensmerkmale, die das Organ einer juristischen Person auszeichnen, von Bedeutung. Es ist dabei zu

---

460 *Flume* BGB AT I/2, § 11 I.; so auch: *K. Schmidt* GesR, § 14 II. 1.; Soergel/*Hadding* BGB § 26 Rn. 3; MüKoBGB/*Schäfer* BGB § 705 Rn. 256a; *Schürnbrand*, S. 69 ff., 436; *Köhl* NZG 2005, 197; als „zu eng“ ablehnend: *Burgard*: Gestaltungsfreiheit, S. 220.
461 So z.B. *Beuthien* FS Zöllner S. 97 f.

fragen, was das Handeln des Organs auszeichnet bzw. charakterisiert und vor allem, ob, und wenn ja, wie die Zurechnung des Organhandelns von anderen Formen der Zurechnung des Handelns natürlicher Personen – namentlich insbesondere der rechtsgeschäftlichen Stellvertretung – unterschieden werden kann. Die Untersuchung lässt sich dabei in drei Kategorien unterteilen: das Organhandeln, die innergesellschaftliche Funktion des Organs und schließlich noch die Verankerung des Organs in der Verfassung bzw. in der Satzung der juristischen Person.

1. Organhandeln

Wie soeben festgestellt, wäre die juristische Person selbst ohne die Zurechnung des Handelns natürlicher Personen handlungsunfähig. Sie ist also auf diese Zurechnung angewiesen, um überhaupt am Rechtsverkehr teilnehmen zu können. Somit stellt sich als allerserstes die Frage, wie die Zurechnung des Organhandelns funktioniert und dogmatisch erklärt werden kann und ob allein durch dieses Organhandeln das Organ von Dritten, die die juristische Person lediglich rechtsgeschäftlich vertreten, abgegrenzt werden kann.

a) Darstellung des sog. „Theorienstreits"

Der Versuch, das Organhandeln dogmatisch zu erklären, ist als sogenannter *„Theorienstreit"* in die gesellschaftsrechtliche Rechtsgeschichte eingegangen. Dabei standen – bzw. stehen sich noch heute – die Vertreter der sog. *„Organ-"*[462] und diejenigen der sog. *„Vertretertheorie"*[463] gegenüber. Heute gilt der Streit als weitgehend geklärt und für die *„Organtheorie"* gewonnen.[464] Er soll – jedenfalls im Ergebnis – nach heute gefestigter Meinung für die GmbH keine praktischen Konsequenzen mehr haben[465], da insbesondere auch auf Basis der *„Organtheorie"* neben dem unter § 35 Abs. 3 S. 1 GmbHG ohnehin ausdrücklich erwähnten § 181 BGB auf die *„organschaftliche Vertretung"* durch den Geschäftsführer auch die übrigen allgemeinen Regeln der Stellvertretung anzuwenden sein sollen. Trotzdem ist der *„begrifflich nutzlos anmutende Streit"*[466] grundlegend für den Zugang zu vielen praktischen Problemen der juristischen Person.[467] Er ist deshalb im Folgenden – zumindest in seinen Grundzügen – kurz darzustellen.

462 So u.a.: *Beuthien* FS Zöllner, S. 87, 92ff.; *Beuthien* FS Canaris Band II, S. 41 ff.; *K. Schmidt* GesR, § 10 I. 2.; MüKoBGB/*Reuter* BGB § 26 Rn. 11.

463 *Flume* BGB AT I/2, § 11 I.

464 MüKoGmbHG/*Stephan/Tieves* GmbHG § 35 Rn. 15; UHL/*Paefgen* GmbHG § 35 Rn. 19.

465 So wörtlich bspw.: MüKoGmbHG/*Stephan/Tieves* GmbHG § 35 Rn. 15; i.E.a.: UHL/*Paefgen* GmbHG § 35 Rn. 19.

466 *Beuthien* FS Zöllner S. 90.

467 So: *Beuthien* FS Zöllner S. 90.

Die auf *Friedrich Carl v. Savigny*[468] zurückgehende *„Vertretertheorie"* sieht die juristische Person zwar als vermögensfähiges Rechtssubjekt an, das aber als bloße *„Fiktion"* selbst *„weder willens- noch handlungsfähig"* ist, sondern der Vertretung durch dazu verfassungsmäßig berufene Personen bedarf. Organhandeln ist nach dieser Theorie stets Stellvertretung und gerade kein Eigenhandeln der juristischen Person. Nach *Beuthien* ist die Vertretertheorie insofern ein Kind des inzwischen von dem Prinzip der Willens- und Wissenszurechnung abgelösten *„personalen Willensdogmas des 19. Jahrhunderts"*, wonach nur der Mensch eigenverantwortlich einen rechtsgeschäftlichen Willen bilden und diesen mittels Willenserklärung äußern könne.[469]

Die auf *Otto v. Gierke*[470] zurückgehende *„Organtheorie"* begreift die juristische Person dagegen nicht nur als rechtsfähig, sondern hält sie darüber hinaus auch für fähig, einen eigenen Willen bilden und selbst handeln zu können. Sie gesteht der *„Vertretertheorie"* zwar zu, dass eine juristische Person selbstverständlich nicht wie ein Mensch handeln und wollen könne, wendet aber ein, dass die juristische Person auch nicht mit dem natürlichen Menschen zu vergleichen sei, sondern mit der natürlichen Person als Rechtsubjekt, die auch erst durch die Rechtsordnung Rechts- und Geschäftsfähigkeit zuerkannt bekomme.[471] Die juristische Person wird dieser Theorie zufolge also nicht durch ihre Organe *„vertreten"*, sondern *„handelt selbst"* durch diese nach einem ihr eigenen Willen. Für diese Arbeit hat der Theorienstreit, wie gleich noch zu zeigen sein, wird keine Relevanz.

b) Unterschied zwischen Organhandeln und Stellvertretung

Sowohl nach der *„Vertreter-"* als auch nach der *„Organtheorie"* ist also unbestritten, dass die juristische Person eine oder mehrere natürliche Personen benötigt, die rein tatsächlich für sie handeln, indem ihr deren Handeln zugerechnet wird. Die hinter dem Theorienstreit stehende Frage dreht sich also allein darum, wie genau dieses Handeln von natürlichen Personen der juristischen *„rechtlich zugeordnet"* werden bzw. wie diese Zurechnung dogmatisch begründet werden kann. So ist das Organhandeln nach der *„Organtheorie"* rein rechtlich und dogmatisch etwas anderes als die (rein rechtsgeschäftliche) Stellvertretung,[472] da die Organe die als juristische Person verfasste Körperschaft nicht wie deren rechtgeschäftliche Stellvertreter *„repräsentieren"*, sondern gesellschaftsrechtlich ein Teil derselben sind. Trotzdem sollen auf sie die Regeln der Stellvertretung *„entsprechend"* angewendet werden. Nach der *„Vertretertheorie"* ist dagegen auch die Zurechnung von

468 *v. Savigny*: System des heutigen römischen Rechts, Bd. II, S. 236 ff., 312 ff.
469 *Beuthien* FS Zöllner S. 92.
470 *v. Gierke*: Deutsches Privatrecht, Bd. I, § 67.
471 *Beuthien* FS Zöllner S. 92.
472 So z.B.: *Beuthien* FS Canaris Band II, S. 41 ff.; s. auch: *K. Schmidt* HandelsR, § 16 Rn. 6.

Organhandeln rechtlich und dogmatisch als reine Stellvertretung einzuordnen, weshalb die Regeln der Stellvertretung schon unmittelbar – ohne dogmatische Umwege – anzuwenden sind. Ihr zur Folge liegt der Unterschied in der Art und Weise, wie die Stellvertretung begründet wird.

c) Zusammenfassung

Nach den in diesem Abschnitt gefunden Ergebnissen kann schon überhaupt nur nach der herrschenden *„Organ-"*, nicht aber nach der *„Vertretertheorie"* die Zurechnung von Organhandeln von anderen Formen der Zurechnung, insbesondere der Stellvertretung, dogmatisch unterschieden werden. Selbst wenn man aber der herrschenden *„Organtheorie"* folgen will, lässt sich aus dieser rein dogmatischen Differenzierung, die sich auch lediglich auf die Begründung für die Anwendung der Regeln über die Stellvertretung auswirkt, kein praktikables Unterscheidungskriterium für das Handeln natürlicher Personen in Organ- und Stellvertreterhand gewinnen. Allein anhand der Art und Weise der Zurechnung des tatsächlichen Handels einer natürlichen Person kann demnach noch keine Organqualität positiv oder negativ festgestellt werden.

2. Innergesellschaftsrechtliche Funktion

Ob einer natürlichen Person innerhalb einer juristischen Person Organqualität zukommt, kann u.a. aber daran festgemacht werden, ob die natürliche Person (notwendige) Funktionen innerhalb der juristischen Person bzw. Kompetenzen für diese wahrnimmt. So besteht in der Rechtsliteratur nämlich weitestgehend Einigkeit darüber, dass ein Organ ohne Kompetenzen ein Widerspruch in sich wäre, ein Organ also jedenfalls Kompetenzen innerhalb der juristischen Person haben müsse.[473] Daraus folgert die ganz herrschende Lehre wiederum, dass eine natürliche Person auch erst durch die Verleihung gesellschaftsinterner Verantwortungsbereiche zu einem Organ der Gesellschaft werden kann.[474]

Nicht so einig ist sich die Rechtsliteratur dagegen, wenn es darum geht, welche konkreten Kompetenzen der natürlichen Person dafür verliehen worden sein müssen. So ist umstritten, ob dafür schon jede Kompetenz ausreichend ist oder die anvertraute Kompetenz eine gewisse Qualität aufweisen muss. Von Letzterem geht die wohl vorherrschende Meinung aus.[475] Entscheidend seien nämlich

---

473 So u.a.: MüKoGmbHG/*Liebscher* GmbHG § 45 Rn. 92; *Goette* DStR 1998, 938; *Burgard*: Gestaltungsfreiheit, S. 220; *Hammen* WM 1994, 765, 767 mit Verweis auf den Wortlaut von § 32 Abs. 1 BGB und § 118 Abs. 1 AktG.

474 MüKoGmbHG/*Liebscher* GmbHG § 45 Rn. 92; *Beuthien/Gätsch* ZHR 156 (1992), 459, 468 ff. MünchHdB GesR III/*Wolff* § 37 Rn. 65; *Hammen* WM 1994, 765, 767; *Härer*: Erscheinungsformen und Kompetenzen des Beirats in der GmbH, S. 26.

475 MüKoGmbHG/*Liebscher* GmbHG § 45 Rn. 90; Baumbach/Hueck/*Zöllner* GmbHG § 45 Rn. 17; *Herfs*: Einwirkung Dritter, S. 64 f.; *Schubel*: Verbandssouveränität und Binnenorganisation, S. 594 ff.

nur die gesetzlich vorgegebenen Kompetenzen, die der Gesellschaft zur „*Willensbildung* und *Geschäftsführung*" dienen würden. Aus diesen gesetzlichen Aufgaben leitet diese h.M. ab, dass Organe durch die „*Wahrnehmung*" dieser „*innergesellschaftlichen Funktionen*" zur „*Erreichung des Gesellschaftszwecks*" gekennzeichnet sind.[476] Organcharakter können deshalb auch lediglich diejenigen natürlichen Personen oder Personengruppen haben, die als „*Kompetenzträger zur Erfüllung von für die Gesellschaft nützlichen Aufgaben mit innergesellschaftlichen Entscheidungsbefugnissen*"[477] ausgestattet sind und damit „*den von dem Willen der einzelnen Mitglieder verschiedenen einheitlichen Gesamtwillen der juristischen Person bilden und diesen nach außen betätigen*"[478]. Diese Aufgaben könnten von der laufenden Geschäftsführung, über die verbindliche Streitbeilegung bis hin zur Änderung der gesellschaftsvertraglichen Grundlagen als *Willensbildungs-*, *Handlungs-* oder *Aufsichtsorgane*[479] reichen.

Der herrschenden Meinung ist an dieser Stelle zu folgen. Das Ergebnis deckt sich nämlich sowohl mit den hier gefundenen Ergebnissen zum Willen der GmbH (s. § 1 A. III.) als auch mit den Ergebnissen zum Sinn und Zweck der Organstellung bei der juristischen Person (s. § 4 A. I.). Für das Vorliegen eines Organs ist also zu fordern, dass dieses unmittelbar entweder an der Willensbildung oder aber an der Willensäußerung beteiligt ist.

3. *Verankerung in Satzung*

Schließlich kann ein Organ von einem Nichtorgan auch durch die Art und Weise, wie bzw. an welchem Ort die Zurechnung des Handelns von einer natürlichen Person geregelt ist, abgegrenzt werden. Rein formal kann nämlich danach unterschieden werden, ob einer natürlichen Person unmittelbar durch die Verfassung der jeweiligen juristischen Person, also deren Satzung, Kompetenzen eingeräumt werden, oder ob ihr diese Kompetenzen erst mittelbar durch die Handlung eines in der Satzung genannten bzw. gesetzlich ausdrücklich vorgeschriebenen Organs eingeräumt werden.

So ist nämlich nach der ganz überwiegenden Meinung in der Rechtsliteratur für die Organstellung eine „*satzungsmäßige Verankerung*" dieser Zurechnung erforderlich.[480] Nur ganz vereinzelt wird angenommen, dass ein Dritter bereits

---

476 MüKoGmbHG/*Liebscher* GmbHG § 45 Rn. 90; *Beuthien/Gätsch* ZHR 156 (1992), 459, 468; MünchHdB GesR III/*Wolff* § 37 Rn. 65.

477 Baumbach/Hueck/*Zöllner* GmbHG § 45 Rn. 17.

478 *Herfs*: Einwirkung Dritter, S. 64 f.

479 *Herfs*: Einwirkung Dritter, S. 64 f.

480 MüKoGmbHG/*Liebscher* GmbHG § 45 Rn. 91; MüKoGmbHG/*Spindler* GmbHG § 52 Rn. 650, 652; *Robertz* MittRhNotK 1991, 239 f., 245; Rowedder/Schmidt-Leithoff/*Ganzer* GmbHG § 45 Rn. 14; MHLS/*Giedinghagen* GmbHG § 52 Rn. 403; Oppenländer/Trölitzsch/*Jaeger* § 20 Rn. 60; *Beuthien/Gätsch* ZHR 156 (1992), 459, 468; *Beuthien/Gätsch* ZHR 157 (1993), 483, 488; *Wiedemann/Kögel*: Beirat und Aufsichtsrat

allein durch die Einräumung einer Kompetenz für die juristische Person auch schon zum Organ der Gesellschaft werde.[481] Umstritten sind bei der h.M. lediglich die konkreten Voraussetzungen dieses Satzungserfordernisses.[482] Organqualität soll der Zurechnung des natürlichen Handelns entweder dann zukommen, wenn die Zurechnung bereits ausdrücklich im Gesellschaftsvertrag vorgesehen ist[483], oder aber bereits dann, wenn die Mitglieder zur Einrichtung der Zurechnung im Gesellschaftsvertrag ermächtigt sind[484].

Begründet wird dieses Satzungserfordernis u.a. damit, dass die grundlegenden Zurechnungsfragen für ein Organ stets in der Verfassung der juristischen Personen geklärt werden müssten und allein die Satzung *„die Verfassung"* der juristischen Person[485] bestimme. Nur die Satzung als *„körperschaftlicher Organisationsvertrag"* könne deshalb die Rechtsgrundlagen der juristischen Person gestalten und dadurch die mitgliedschaftlichen Beziehungen der Gesellschafter zur juristischen Person regeln.[486] Deshalb sollen auch nur dort die Organe der jeweiligen juristischen Person *„geschaffen werden"* können. Die Satzung habe *„einen*

---

im Familienunternehmen, S. 45 ff.; *Rohleder*: Die Übertragbarkeit von Kompetenzen auf GmbH-Beiräte, S. 12 ff., 22 ff.; UHL/*Heermann* GmbHG § 52 Rn. 16, 17; MünchHdB GesR III/*Wolff* § 37 Rn. 66; Roth/Altmeppen/Altmeppen GmbHG § 52 Rn. 71; *Härer*: Erscheinungsformen und Kompetenzen des Beirats in der GmbH, S. 26; *K. Schmidt* GesR, § 36 IV. 1. a); Schwerdtfeger/*Schauer* GmbHG § 52 Rn. 28; UHL/*Paefgen* GmbHG § 37 Rn. 49; MünchHdB GesR III/*Wolff* § 37 Rn. 66; *Buth/Hermanns* DStR 1996, 597, 601; *Wagner*: Aufsichtsgremien im Gesellschaftsrecht, S. 162, 167 ff.; *Uffmann* NZG 2015, 169, 170; Lutter/Hommelhoff/*Lutter/Hommelhoff* GmbHG § 52 Rn. 110 f.; *Hölters* BB 1977, 106; *Hölters*: Der Beirat, S. 5, 10; *Reichert* FS Maier-Reimer, S. 545; *Uffmann* NZG 2015, 169; *Voormann*: Der Beirat im Gesellschaftsrecht, S. 53; *Schürnbrand* S. 50; *Joussen*: Gesellschafterabsprachen neben Satzung und Gesellschaftsvertrag, S. 114; *Nießen/Kempermann* NJW-Spezial 2012, 271; *Heckschen*/Heidinger § 4 Rn. 326b; *Wiedemann* FS Schilling, S. 107 ff.; *Gräwe/Stütze* GmbHR 2012, 877; Scholz/*Schneider* GmbHG § 52 Rn. 49, 54, 59; *Habbe* NZG 2016, 1010, 1012; BeckHdbGmbH/*Müller* § 6 Rn. 20; so auch: *Reuter* FS 100 Jahre GmbHG, S. 635; *Schubel*: Verbandssouveränität und Binnenorganisation, S. 594 ff.

481 So z.B.: *Wicke* GmbH § 37 Rn. 6.

482 Dazu: Scholz/*K. Schmidt* GmbHG § 45 Rn. 8 ff.; *Thümmel* DB 1995, 2461; Baumbach/Hueck/*Zöllner/Noack* GmbHG § 45 Rn. 19; *Spindler/Kepper* DStR 2005, 1738 ff.

483 Baumbach/Hueck/Zöllner GmbHG § 45 Rn. 15; *Robertz* MittRhNotK 1991, 239 f.; UHL/*Heermann* GmbHG § 52 Rn. 316 ff.; MüKoGmbHG/*Liebscher* GmbHG § 45 Rn. 91 f.; *Bayer* FS Schneider, S. 76; *Reichert* FS Maier-Reimer, S. 545; MüKoGmbHG/*Spindler* GmbHG § 52 Rn. 652; *Wiedemann/Kögel*: Beirat und Aufsichtsrat im Familienunternehmen, S. 45 ff.; *Rohleder*: Die Übertragbarkeit von Kompetenzen auf GmbH-Beiräte, S. 12 ff., 22 ff..

484 OLG München, Urt. v. 09.08.2012, Az.: 23 U 4173/11, ZIP 2012, 1756; UHL/*Heermann* GmbHG § 52 Rn. 16.

485 MüKoGmbHG/*Liebscher* GmbHG § 45 Rn. 91.

486 *Ulmer* FS Werner, S. 930.

Zurechnungsmechanismus vorzusehen, aufgrund dessen das natürliche Verhalten von Menschen unter näher zu umschreibenden Voraussetzungen als das Verhalten der juristischen Person" gelte.[487]

Danach sind Organe also organisatorisch, nicht jedoch im Außenverhältnis rechtlich verselbständigte Teile der Verbandsverfassung, die nur durch Gesetz oder durch Satzung, nicht dagegen durch einfachen Beschluss eines anderen Organs oder gar auf schuldrechtlicher Grundlage errichtet werden können. Wenn das Gremium nicht in der Satzung verankert ist, liegt deshalb auch nur eine schuldrechtliche Absprache und gerade keine Organqualität vor.[488] Beim Verein soll deshalb auch bspw. ein in der Satzung nicht vorgesehener „Geschäftsführer" kein Organ des Vereins sein, sondern seine Vertretungsmacht für den Verein nur aus einer rechtsgeschäftlichen Vollmacht bestimmen können.[489]

III. Zusammenfassung

Nach der zutreffenden h.M. in der Rechtsliteratur kann zum einen am Sinn und Zweck der Organstellung bei der juristischen Person und zum anderen anhand bestimmter Wesensmerkmale des Organs bestimmt werden, ob eine natürliche Person durch ihr Handeln für eine juristische Person zugleich auch ein Organ der juristischen Person ist. So liegt der Sinn und Zweck der Organstellung darin, die an sich zum tatsächlichen Handeln nicht fähige juristische Person durch die Zurechnung des tatsächlichen Handelns natürlicher Personen handeln zu lassen. Außerdem kann durch die Schaffung der Organisationseinheit Organ die Zurechnung von der Mitgliedschaft abgekoppelt und die Zurechnung für die Bedürfnisse der jeweiligen juristischen Person flexibilisiert werden. Des Weiteren konnte gezeigt werden, dass sowohl nach der sog. „*Vertreter-*" als auch nach der sog. „*Organtheorie*" anhand der Art und Weise der Zurechnung keine Abgrenzung zwischen einem Organ und einem Nichtorgan möglich ist. Möglich ist eine Abgrenzung dagegen danach, ob durch das Handeln der natürlichen Person innergesellschaftliche Funktionen wahrgenommen werden, die den Zweck der juristischen Person fördern. Ganz entscheidend ist schließlich aber auch noch, ob diese Kompetenzen der natürlichen Person durch Gesetz oder durch Satzung eingeräumt werden. Nur wenn beide Voraussetzungen vorliegen, kann auch von einem Organ der juristischen Person gesprochen werden.

---

487 *Schürnbrand* S. 10.

488 UHL/*Heermann* GmbHG § 52 Rn. 316; MüKoGmbHG/*Liebscher* GmbHG § 45 Rn. 90–91; Rowedder/Schmidt-Leithoff/*Ganzer* GmbHG § 45 Rn. 14, 15; Baumbach/Hueck/*Zöllner/Noack* GmbHG § 45 Rn. 17; BeckOK GmbHG/*Schindler* GmbHG § 45 Rn. 49 ff.; *Bayer* FS Schneider, S. 76; *Reichert* FS Maier-Reimer, S. 545; *Wiedemann/Kögel*: Beirat und Aufsichtsrat im Familienunternehmen, S. 45 ff.; *Rohleder*: Die Übertragbarkeit von Kompetenzen auf GmbH-Beiräte, S. 12 ff., 22 ff).

489 Vgl. etwa: *Brouwer* NZG 2017, 481, 483 ff.

Nachdem damit zunächst für die juristische Person im Allgemeinen das Organ vom Nichtorgan abgegrenzt werden konnte, muss nun aber noch für die GmbH im Besonderen anhand von deren Organisationsverfassung geprüft werden, ob auch diese fakultative Organe neben den beiden gesetzlich vorgeschriebenen Organen zulässt, und wenn ja, unter welchen Voraussetzungen solche fakultativen Organe errichtet werden können.

B. Fakultative Organe bei der GmbH

Dass auch bei der GmbH fakultative Organe „geschaffen" werden können, ist aufgrund der weiten Satzungsautonomie, die sich auch im Fehlen einer mit § 23 Abs. 5 AktG vergleichbaren Regelung im GmbHG ausdrückt,[490] und der Überzeugung, dass die Gesellschafterversammlung und der Geschäftsführer nur die *„gesetzliche Mindestausstattung"*[491] der GmbH darstellen, allgemein anerkannt.[492] Das soll sogar selbst dann gelten, wenn dadurch im Ergebnis vom *„gesetzlichen Leitbild"* der GmbH-Verfassung mit Geschäftsführer und Gesellschafterversammlung abgewichen wird.[493] Die Schaffung im Gesetz nicht vorgesehener Organe soll deshalb anders als etwa im Aktien- und Genossenschaftsrecht, wo

490 So z.B.: *Hammen* WM 1994, 765, 766.

491 Baumbach/Hueck/*Zöllner* GmbHG § 45 Rn. 15.

492 Vgl. etwa: Baumbach/Hueck/*Zöllner* GmbHG § 45 Rn. 17; MüKoGmbHG/*Liebscher* GmbHG § 45 Rn. 90; MHLS/*Römermann* GmbHG § 45 Rn. 64 ff.; Lutter/Hommelhoff/*Bayer* GmbHG § 45 Rn. 8; UHL/*Hüffer/Schürnbrand* GmbHG § 45 Rn. 17; Für den Beirat bspw.: *Habbe* NZG 2016, 1010, 1012; Henssler/Strohn/*Oetker* GmbHG § 35 Rn. 2; *Bacher* GmbHR 2005, 465; MHLS/*Tebben* GmbHG § 6 Rn. 63; MHLS/*Geidinghagen* GmbHG § 52 Rn. 403; Baumbach/Hueck/*Zöllner* GmbHG § 46 Rn. 34a; MüKoGmbHG/*Liebscher* GmbHG § 45 Rn. 90; Roth/Altmeppen/*Altmeppen* GmbHG § 35 Rn. 3, § 52 Rn. 69; Rowedder/Schmidt-Leithoff/*Koppensteiner/Gruber* GmbHG § 45 Rn. 9; Henssler/Strohn/*Oetker* GmbHG § 35 Rn. 2; *Buth/Hermanns* DStR 1996, 597 ff.; Lutter/Hommelhoff/*Bayer* GmbHG § 45 Rn. 8; UHL/*Heermann* GmbHG § 52 Rn. 16 ff., 310 ff.; UHL/*Hüffer/Schürnbrand* GmbHG § 45 Rn. 17; *Mertens* FS Stimpel, S. 417; *Huber* GmbHR 2004, 772; *Hölters* BB 1977, 105, 106; *Thümmel* DB 1995, 2461; *Hölters* BB 1977, 106; Scholz/*K. Schmidt* GmbHG § 45 Rn. 13; *Hölters*: Der Beirat, S. 5; *Wagner*: Aufsichtsgremien im Gesellschaftsrecht, S. 161 ff.; *Hinterhuber/Minrath* BB 1991, 1201, 1205; *Hammen* WM 1994, 765, 766; *Blasche* GmbHR 2013, 176; *Härer*: Erscheinungsformen und Kompetenzen des Beirats in der GmbH, S. 23 f., 30 ff.; *Hofbauer*: Beirat, S. 51 ff; *Rohleder*: Die Übertragbarkeit von Kompetenzen auf GmbH-Beiräte, S. 28 f.; eine andere Auffassung vertritt hier – soweit ersichtlich – nur *Reuter*, der Organe auch bei der GmbH nur zulassen will, soweit dafür – wie etwa für den Aufsichtsrat – eine ausdrückliche gesetzliche Ermächtigung besteht: *Reuter* FS 100 Jahre GmbHG, S. 631 ff.

493 MHLS/*Giedinghagen* GmbHG § 52 Rn. 403.

dem der Grundsatz der Satzungsstrenge entgegensteht[494], vollständig der Gestaltungsfreiheit der Gesellschafter unterworfen sein. Gerade in dieser „*Dispositivität und Ergänzungsfähigkeit des Normenbestandes*" unterscheidet sich die GmbH von der AG mit ihrem „*weithin zwingenden Organisationsstatut*".[495]

I. Fakultativer Aufsichtsrat

Für das in der GmbH-Praxis am häufigsten anzutreffende fakultative Organ, den fakultativen Aufsichtsrat, ergibt sich die Zulässigkeit schon unmittelbar aus dem GmbHG. Gesetzliche Vorgaben finden sich für den fakultativen Aufsichtsrat allerdings nur zu wenigen Einzelpunkten. In § 52 GmbHG werden lediglich eine Reihe von aktienrechtlichen Vorschriften für anwendbar erklärt, soweit im Gesellschaftsvertrag nicht „*ein anderes bestimmt*" ist, sodass die Gesellschafter in der Satzung auch andere Regelungen treffen können.[496] Nur wenn keine anderen Regelungen getroffen wurden, hat der fakultative Aufsichtsrat nach § 52 Abs. 1 GmbHG i.V.m. § 111 Abs. 1 AktG ausschließlich Kontrollfunktionen. „*Maßnahmen der Geschäftsführung*" dürfen ihm dann gem. § 111 Abs. 4 AktG nicht übertragen werden. Weitere Bestimmungen hinsichtlich der Voraussetzungen, unter denen bei der GmbH ein Organ „geschaffen" bzw. durch die ein Dritter zum Organ der GmbH werden kann, lassen sich den Vorschriften zum fakultativen Aufsichtsrat jedoch nicht entnehmen. Allgemein gültige Regeln für andere fakultative Organe können daraus deshalb nicht abgeleitet werden.[497]

II. Beirat

Neben dem fakultativen Aufsichtsrat beschäftigt sich die Rechtsliteratur außerdem aber auch mit dem in der Praxis sehr häufig anzutreffenden sog. „*Beirat*" als einem weiteren fakultativem Organ in der GmbH. Die Bezeichnung „*Beirat*" wird allerdings nicht homogen benutzt, sondern die Autoren verstehen darunter jeweils sehr unterschiedlich ausgestaltete Organe der GmbH. Neben dem Begriff „*Beirat*" sind (insbesondere in der Praxis) für solche fakultativen Organe außerdem auch die Bezeichnungen „*Verwaltungsrat*", „*Familienrat*" oder „*Gesellschafterausschuss*" gebräuchlich.[498]

---

494 Z.B.: *Robertz* MittRhNotK 1991, 239, 250; MünchHdB GesR IV/*Sailer-Coceani* § 6 Rn. 9 f.; Hüffer/*Koch* AktG § 23 Rn. 36.

495 *Hommelhoff* ZGR-Sonderheft 13, S. 37.

496 *Robertz* MittRhNotK 1991, 243, 244.

497 *Härer*: Erscheinungsformen und Kompetenzen des Beirats in der GmbH, S. 24.

498 *Sigle* NZG 1998, 619; *Sigle* FS Hoffmann-Becking, S. 1152; *Wagner*: Aufsichtsgremien im Gesellschaftsrecht, S. 161; *Rohleder*: Die Übertragbarkeit von Kompetenzen auf GmbH-Beiräte, S. 1; *Wiedemann* FS Schilling, S 105; Baumbach/Hueck/*Zöllner* GmbHG § 45 Rn. 18; *Gräwe/Stütze* GmbHR 2012, 877; *Spindler/Kepper* DStR 2005, 1738; *Härer*: Erscheinungsformen und Kompetenzen des Beirats in der GmbH, S. 24 ff..

Je nachdem welche Aufgabe das fakultative Organ innerhalb der GmbH konkret erfüllen soll, werden ihm entsprechende Kompetenzen eingeräumt. Dies hängt im besonderen Maße von dem Nutzen ab, den sich die Gesellschafter mit der Schaffung des Organs versprechen. So gibt es etwa Beiräte, die überhaupt keinen nennenswerten Einfluss auf die Geschäftsführung haben und in erster Linie dienen. Dann gibt es wiederum Beiräte, dessen Aufgaben und Rechte mit denen eines Aufsichtsrats einer Aktiengesellschaft vergleichbar sind.[499] Und schließlich gibt es aber auch Beiräte, dessen Aufgaben und Rechte weit darüber hinausgehen.[500] Folgerichtig stellt deshalb auch etwa *Robertz* fest, *„dass mit Beirat ganz allgemein jedes Gesellschaftsorgan bezeichnet wird, das ohne gesetzliche Anordnung gebildet wird und nicht nur die Interessen einzelner Gesellschafter wahrnimmt“*.[501]

Eine gesetzliche Regelung hinsichtlich der Kompetenzen oder der Errichtung des Beirats einer GmbH existiert nicht. Da aber alle Aufgaben, die innerhalb der juristischen Person wahrzunehmen sind, auch ausgefüllt werden müssen, da andernfalls die juristische Person (jedenfalls teilweise) handlungsunfähig wäre, müssen bei der Schaffung zusätzlicher Organe zwangsläufig Kompetenzen von einem gesetzlichen Organ auf ein fakultatives Organ verlagert werden.[502] Wie bereits im vorherigen Kapitel erläutert, geht die ganz h.M. davon aus, dass ein fakultatives Organ in der Satzung der Gesellschaft verankert sein muss und ihm durch die Satzung auch seine Kompetenzen eingeräumt werden. Dies gilt deshalb selbstverständlich auch für die GmbH.[503] Nur wenn in der Satzung keine eindeutigen Regelungen getroffen worden sind, soll dem Organ im Zweifel eine rein beratende Funktion zukommen.[504]

III. Zusammenfassung

Zusammenfassend lässt sich also festhalten, dass auch in der GmbH aufgrund der Satzungsfreiheit fakultative Gesellschaftsorgane, auf die dann im Normalstatut der GmbH dem Geschäftsführer oder der Gesellschafterversammlung zustehende Kompetenzen übertragen werden können, grundsätzlich zulässig sind. Als solche fakultativen Organe kommen insbesondere der ohnehin schon in § 52 Abs. 1 GmbHG vorgesehene Aufsichtsrat und der nicht gesetzlich geregelte Beirat

499 *Sigle* NZG 1998, 619, 620; *Rohleder*: Die Übertragbarkeit von Kompetenzen auf GmbH-Beiräte, S. 7 ff.; *Reichert* FS Maier-Reimer, S. 545 ff.; *Wiedemann* FS Schilling, S. 105; *Gräwe/Stütze* GmbHR 2012, 877, 879.

500 *Sigle* NZG 1998, 619, 620; *Rohleder*: Die Übertragbarkeit von Kompetenzen auf GmbH-Beiräte, S. 7 ff.; *Reichert* FS Maier-Reimer, S. 545 ff.; *Wiedemann* FS Schilling, S. 105; *Gräwe/Stütze* GmbHR 2012, 877, 879.

501 *Robertz* MittRhNotK 1991, 239.

502 *Thümmel* DB 1995, 2461; *Hammen* WM 1994, 765, 766 f.; *Blasche* GmbHR 2013, 176.

503 So z.B.: MHLS/*Giedinghagen* GmbHG § 52 Rn. 404.

504 MHLS/*Römermann* GmbHG § 45 Rn. 65; Baumbach/Hueck/*Zöllner*, § 45 Rn. 19.

in Betracht. Die Grenzen zwischen beiden Organen (sofern man solche überhaupt erkennen will) sind allerdings sehr fließend.

C. Der Interim Manager als Organ der GmbH?

Um die Ausgangsfrage, ob der Interim Manager als Organ der GmbH einzuordnen ist, beantworten zu können, sind zunächst die in den vorherigen Abschnitten gefundenen Ergebnisse auf den hier untersuchten Interim Manager anzuwenden. Anschließend ist aber auch noch zu fragen, ob er als „faktisches Organ" bzw. als „schuldrechtliches Organ" der GmbH anzusehen ist.

I. Anwendung der gefundenen Ergebnisse auf den Interim Manager

Der hier untersuchte Interim Manager soll nach den unter § 3 gefunden Ergebnissen die Willensbildung innerhalb der GmbH ausüben und diesen Willen auch nach außen umsetzen, indem er die GmbH im Rechtsverkehr rechtsgeschäftlich vertritt. Das Handeln des Interim Managers soll also der GmbH zugerechnet werden, wodurch dieser auch ohne Zweifel innergesellschaftsrechtliche Funktionen der GmbH wahrnimmt. Gleiches gilt auch für das dem Interim Manager einzuräumende Weisungsrecht gegenüber dem Geschäftsführer. Wie gezeigt, wäre ein solches Führungs- bzw. Steuerungsorgan in der GmbH als fakultatives Gesellschaftsorgan zumindest grundsätzlich auch zulässig. Die Aufgabenübertragung an den Interim Manager in dem hier untersuchten Fall soll allerdings gerade nicht in der Satzung der GmbH, sondern ausschließlich durch einen schuldrechtlichen Vertrag zwischen der GmbH und dem Interim Manager geregelt werden. Eine Verankerung dieser Kompetenzen für den Interim Manager in der Satzung der GmbH ist hier also gerade nicht gegeben. Da das Satzungserfordernis – wie herausgearbeitet – für die Abgrenzung zwischen Organ und Nichtorgan bei jeder juristischen Person und somit auch bei der GmbH elementar ist, kann der hier untersuchte Interim Manager deshalb nicht als ein fakultatives Organ der GmbH eingeordnet werden. Allein durch Kompetenzeinräumung bzw. -ausübung und die innergesellschaftsrechtliche Funktion dieses Handelns folgt nach der zutreffenden h.M. nämlich noch keine Organstellung.[505]

II. Der Interim Manager als „faktisches Organ" der GmbH?

Da der hier untersuchte Interim Manager also weder als gesetzliches noch als fakultatives Organ der GmbH angesehen werden kann, ist noch zu überlegen, ob er als sog. *„faktisches Organ"* der Gesellschaft einzuordnen ist. Es ist also zu

505 So ausdrücklich: Lutter/Hommelhoff/*Kleindiek* GmbHG § 37 Rn. 15; *Baumann*: Generalvollmacht, S. 3 ff.; s. außerdem oben Ergebnisse in § 4 A. III.

untersuchen, ob der Interim Manager nicht allein schon durch eine so umfassende Kompetenzeinräumung zu einem „*faktischen Organ*" der GmbH wird und auf diesem Wege jedenfalls „faktische" Organqualität erlangt. Um diese Frage beantworten zu können, ist aber zunächst zu klären, ob unter dem rechtlichen Gebilde, das mit dem Begriff des „*faktischen Organs*" bezeichnet wird, überhaupt ein Organ einer Gesellschaft im Rechtssinne zu verstehen ist und was für Rechtsfolgen aus einer solchen Einordung folgen würden.

Die Rechtsfigur des „*faktischen Organs*" wird in der Rechtsliteratur bisher hauptsächlich im Bereich der GmbH und dort beim sog. „*faktischen Geschäftsführer*" diskutiert. Dabei wird allerdings immer wieder betont, dass diese Rechtsfigur „*unklare Konturen besitzt*"[506] und zu „*juristischer Ungenauigkeit verleitet*"[507] bzw. sogar „*mystische Kraft als Quelle freier Rechtsfindung*"[508] entfaltet und mit ihr eine „*Grauzone des GmbH-Rechts*"[509] betreten wird, die trotz der zahlreichen Veröffentlichungen zu diesem Thema noch nicht vollständig untersucht ist. Trotz dieser Bedenken werden in der Rechtsliteratur immer wieder Versuche unternommen, den schwierig zu fassendem Begriff rechtlich zu definieren bzw. ihn zumindest in handhabbare Fallgruppen einzuordnen und ihn von anderen bzw. ähnlichen Fallkonstellationen zu unterscheiden.

Unabhängig von der nur schwer zu lösenden Definitionsfrage lässt sich aber jedenfalls feststellen, dass von einem „*faktischen Organ*" immer dann gesprochen wird, wenn unklar ist, ob das Verhalten einer natürlichen Person als Nicht-Organ einem Verband zugeordnet werden kann oder ob die natürliche Person wie ein Organ zur Verantwortung gezogen werden soll.[510] So nimmt etwa der sog. „*faktische Geschäftsführer im weiteren Sinne*"[511] trotz fehlendem förmlichen Bestellungsakt rein tatsächlich die Aufgaben des Geschäftsführers wahr. Der sog. „*Geschäftsführern kraft Rechtsscheins*" ist dagegen weder bestellt noch nimmt er tatsächlich die Aufgaben eines Geschäftsführers wahr, vermittelt nach außen jedoch den entsprechenden Eindruck (z.B. auf dem Briefbogen der Gesellschaft).[512] Und schließlich agiert der sog. „*faktische Geschäftsführer im engeren Sinne*" neben einem ordnungsgemäß bestellten Geschäftsführer.[513]

---

506 So z.B.: *Himmelsbach/Achsnick* NZI 2003, 355, 360.

507 *K. Schmidt* GesR, § 14 III. 4. a); *Zöllner/Noack*, in: Baumbach/Hueck GmbHG, § 43 Rn. 3.

508 *Zöllner/Noack*, in Baumbach/Hueck GmbHG § 43 Rn. 3.

509 *Fleischer* GmbHR 2011, 337.

510 *K. Schmidt* GesR, § 14 III. 4. a); *Strohn* DB 2011, 158 ff..

511 So auch: *Krause/Meier* DStR 2014, 905; *Strohn* DB 2011, 158.

512 *Fleischer* AG 2004, 517, 518; *Fleischer* GmbHR 2011, 337, 338; *K. Schmidt* GesR, § 14 III. 4. a) (allerdings ohne die dritte Kategorie gesondert auszuweisen); *Strohn* DB 2011, 158.

513 *Krause/Meier* DStR 2014, 905, 908; *Zöllner/Noack*, in: Baumbach/Hueck GmbHG, § 43 Rn. 3; *Strohn* DB 2011, 158.

Es handelt sich bei der Rechtsfigur des *„faktischen Organs"* letztendlich also gerade nicht um ein Rechtsinstitut eigener Art,[514] das dem Handeln natürlicher Personen entgegen den oben gefundenen Ergebnissen Organqualität verleihen würde. Es handelt sich vielmehr um ein reines *„Normanwendungsproblem"*[515], sodass bei der jeweils konkret anzuwenden Norm die Frage beantwortet werden muss, ob diese grundsätzlich für den ordnungsgemäß bestellten Geschäftsführer geltende Regelung, ausnahmsweise auch auf ein Nichtorgan, nämlich den sog. *„faktischen Geschäftsführer"*, anzuwenden ist. Die Hauptmotivation für solche Überlegungen liegt darin begründet, dass die Geschäftsführer einer GmbH anders als die Gesellschafter unbeschränkt haften (z.B. § 43 Abs. 1 und 2 GmbHG, § 823 Abs. 2 BGB i.V. m. § 64 Abs. 1 GmbHG; aber auch im Steuerrecht §§ 69, 34 Abs. 1 AO i.V.m. § 35, 6 GmbHG), und deshalb von Seiten der Gläubiger ein großes Interesse daran besteht, möglichst viele natürliche Personen als Geschäftsführer in Haftung nehmen zu können.[516] Wenn nun neben dem eigentlich bestellten Geschäftsführer noch weitere Personen nach außen auftreten, ist die Versuchung, auch diese als Haftungssubjekte nutzbar zu machen, natürlich besonders groß.[517]

Die Rechtsfigur des *„faktischen Geschäftsführers"* ist somit aber keine „Erweiterung der Organausstattung" der GmbH, wodurch der *„faktische Geschäftsführer"* zu einem Geschäftsführer im *„echten"* korporationsrechtlichen Sinne würde,[518] sondern ein Haftungs- bzw. Zurechnungsmodell, nach dem jemand durch eine bestimmte Handlungsweise wie ein Organ haftet, obwohl er nach den oben herausgearbeiteten Abgrenzungskriterien gerade kein Organ der Gesellschaft ist. Als ein solches Modell hat es aber keinerlei Auswirkungen auf die Verfassung der GmbH. Die in diesem Zusammenhang diskutierten Fragen drehen sich deshalb auch primär um die Frage der Haftung der für eine Gesellschaft handelnden Personen.[519] Die Rechtsfigur des *„faktischen Organs"* spielt deshalb bei der Frage, ob der hier zu untersuchende Interim Manager ein Organ der GmbH ist, keine Rolle.

---

514 *Roth* ZGR 1989, 421, 432.

515 So bspw.: *K. Schmidt* GesR, § 14 III. 4. a); *Weimar* GmbHR 1997, 538, 543; *Uffmann*: Interim Management, S. 385; differenzierend dagegen: *Stein*: Das faktische Organ, S. 69 ff., 94, die im „faktischen Organ" jedenfalls dann eine Rechtsfigur sieht, wenn sicherzustellen sei, *„dass die Gesellschaft handlungsfähige, pflichtgebundene und Verantwortung tragende Organe hat."*

516 *Krause/Meier* DStR 2014, 905.

517 So ausdrücklich etwa: *Strohn* DB 2011, 158, 167.

518 Baumbach/Hueck/*Zöllner/Noack* GmbHG § 35 Rn. 2; MHLS/*Lenz* GmbHG § 35 Rn. 28.

519 Vgl. etwa: Baumbach/Hueck/*Zöllner/Noack* GmbHG § 43 Rn. 3; *Weimar* GmbHR 1997, 473, 478; *Roth* ZGR 1989, 421, 432; BGH, Urteil vom 21.03.1988 (Az.: II ZR 194/87) = BGHZ 104, 44; OLG Brandenburg, Urteil vom 15.11.2000 (Az.: 7 U 114/00) = NZG 2001, 807.

III. Der Interim Manager als „schuldrechtliches Organ“ der GmbH?

Schließlich könnte der hier untersuchte Interim Manager aber auch ein sog. *„schuldrechtliches Organ“* der GmbH sein. Fakultative Gesellschaftsorgane, insbesondere Beiräte, werden in der Praxis nämlich häufig gar nicht in der Satzung verankert, sondern nur mittels schuldrechtlicher Vereinbarung zwischen der Gesellschaft und dem Gremium bzw. dessen Mitgliedern errichtet.[520] Einer Studie aus dem Jahr 2012 zufolge sind generell nur 25 % der Beiräte im Gesellschaftsvertrag verankert, also organschaftlicher Natur, wohingegen 75 % nicht gesellschaftsvertraglich ausgeformt sind.[521]

Anders als der Begriff zunächst vermuten lässt, handelt es sich bei einem nur schuldrechtlich eingerichtetem *„Organ“* nach den oben herausgearbeiteten Abgrenzungskriterien aber nicht um ein Organ der Gesellschaft.[522] Ein solches Gremium steht gerade außerhalb der Satzung und damit außerhalb der juristischen Person. Alle Rechte und Pflichten, die sich für dieses Gremium ergeben, folgen nicht aus der Satzung oder dem Wesen der juristischen Person, sondern aus einzelnen schuldvertraglichen Regelungen zwischen dieser und dem Gremium. Der Name *„Organ“* wird in diesem Zusammenhang allein deshalb verwendet, weil das Gremium *„organähnliche Kompetenz“*[523] erhalten können soll. Die Bezeichnung wird deshalb auch in der Literatur u.a. von *Zöllner*[524] zu Recht als wenig glücklich bezeichnet. Für die Frage, ob der hier untersuchte Interim Manager als Organ der GmbH einzuordnen ist, spielt dieses „Rechtsinstitut“ daher ebenso wenig wie das des *„faktischen Organs“* eine Rolle und braucht an dieser Stelle nicht weiter untersucht werden.

---

520 *Uffmann* NZG 2015, 169; dazu: *Sigle* NZG 1998, 619 ff.; *Hölters*: Der Beirat, S. 5 f.; *Hölters* BB 1977, 105 ff.

521 *Uffmann* NZG 2015, 169 f.

522 So auch h.M.: BeckOK GmbHG/*Schindler* GmbHG § 45 Rn. 68; *Uffmann* NZG 2015, 169; Baumbach/Hueck/*Zöllner/Noack* GmbHG § 45 Rn. 23; MüKoGmbHG/*Spindler* GmbHG § 52 Rn. 723 ff.; MHLS/*Giedinghagen* GmbHG § 52 Rn. 429; Roth/*Altmeppen* GmbHG § 52 Rn. 71; MünchHdB GesR III/*Marsch-Barner/Diekmann* § 49 Rn. 3; *Voormann*: Der Beirat im Gesellschaftsrecht, S. 53; Scholz/*Schneider* GmbHG § 52 Rn. 49, 59; Lutter/Hommelhoff/*Lutter/Hommelhoff* GmbHG § 52 Rn. 110 f.; *Hölters*: Der Beirat, S. 5 f., 10; *Voormann*: Der Beirat im Gesellschaftsrecht, S. 53; *Schürnbrand*, S. 50; *Joussen*: Gesellschafterabsprachen neben Satzung und Gesellschaftsvertrag, S. 114; UHL/*Heermann* GmbHG § 52 Rn. 316 ff.; *Härer*: Erscheinungsformen und Kompetenzen des Beirats in der GmbH, S. 25.

523 BeckOK GmbHG/*Schindler* GmbHG § 45 Rn. 68.

524 Baumbach/Hueck/*Zöllner* GmbHG § 45 Rn. 23.

D. Zwischenergebnis: Der Interim Manager ist kein Organ der GmbH

Der hier untersuchte Interim Manager ist mangels eines entsprechenden Bestellungsaktes also kein gesetzliches Organ der GmbH. Da ihm seine Kompetenzen auch nicht kooperationsrechtlich durch die Satzung der GmbH, sondern nur schuldrechtlich durch entsprechende Verträge mit dieser eingeräumt werden sollen, ist er auch kein fakultatives Organ der GmbH. Dies gilt selbst dann, wenn ihm in diesen Verträgen weitreichende und mit denen eines Geschäftsführers vergleichbare Kompetenzen eingeräumt werden. Die Rechtsfigur des sog. *„faktischen Organs“* ist ebenso wie die des sog. *„schuldrechtlichen Organs“* keine Erweiterung des Organbegriffs. Selbst wenn der hier untersuchte Interim Manager unter einen der beiden Begriffe zu subsumieren wäre, könnte er nicht als Organ der GmbH angesehen werden. Eine Prüfung konnte deshalb an dieser Stelle (noch) unterbleiben und beide Rechtsfiguren sind an dieser Stelle deshalb auch (noch) nicht näher zu untersuchen.

§ 5: Ergebnis des ersten Teils und Problemdarstellung

Im diesem ersten Teil der Arbeit konnte zunächst die Entwicklung und die zunehmende Bedeutung des Interim Managements im modernen Wirtschaftsleben dargestellt werden. Außerdem konnte der Begriff des Interim Managements definiert und die darauf aufbauenden Rechtsverhältnisse als Geschäftsbesorgungsverträge rechtlich eingeordnet und von anderen Formen des (kurzfristigen) Fremdpersonaleinsatzes – insbesondere von der Arbeitnehmerüberlassung, aber bspw. auch von der Unternehmensberatung – abgegrenzt werden. Dabei ließ sich zeigen, dass der ohnehin per Definition schon zwingend mit Führungsaufgaben beschäftigte Interim Manager nicht selten in der obersten Führungsebene – bei der GmbH also auf Geschäftsführerebene – eingesetzt wird. Aus unterschiedlichen Gründen wird er in manchen Fällen allerdings nicht zum Organ bestellt, sondern soll seine Aufgabe, die trotz der fehlenden Organstellung in der „*Steuerung*" der Gesellschaft liegen soll, auf einer rein schuldrechtlichen Basis und insbesondere mittels einer Generalvollmacht erfüllen.

Auf diesen Erkenntnissen aufbauend konnten die Anforderungen, die eine solche „Steuerung" speziell bei der GmbH – auf die diese Arbeit beschränkt sein soll – beinhaltet, herausgearbeitet und die im Normalstatut der GmbH dafür zuständigen Organe – nämlich sowohl der Geschäftsführer als auch die Gesellschafterversammlung – und deren Kompetenzen bestimmt werden. Dabei hat sich gezeigt, dass es bei der rein schuldrechtlich konstruierten Steuerung der GmbH für die Willensäußerung und Willensbildung nicht ausreichend ist, wenn lediglich – mittels einer Generalvollmacht – die Kompetenz zur Vertretung der GmbH im Rechtsverkehr eingeräumt wird. Mit dieser umfassenden Vollmacht läge nämlich zwar die Kompetenz zur Willensäußerung, nicht aber zugleich auch die Kompetenz zur (alleinigen) Willensbildung in der Hand des Interim Managers. Solange dieser eine entsprechende Kompetenz zur Willensbildung für die GmbH nicht in der Hand hält, kann der Geschäftsführer immer noch frei über die von ihm im Rechtsverkehr mittels seines nicht einschränkbaren Vertretungsrechts abzugebenden Willensäußerungen für die GmbH entscheiden. Er könnte und dürfte so neben dem Interim Manager auch einen abweichenden Willen für die GmbH festlegen und damit dessen Arbeit erheblich beeinträchtigen. Es ist deshalb zwingend notwendig, dass der Interim Manager auch die vom Geschäftsführer der GmbH abzugebenden Willensäußerungen kontrollieren und deren Inhalt vorgeben kann. Für diese Aufgabenstellung bietet sich das Mittel der Weisungserteilung durch die Gesellschafterversammlung an.

Im weiteren Verlauf der Arbeit ist deshalb nun zu prüfen, ob die Generalvollmacht und die Weisungskompetenz der Gesellschafterversammlung tatsächlich dafür geeignet sind, die Willensäußerung bzw. die Willensbildung der GmbH auszuüben und somit die GmbH insgesamt dadurch „*gesteuert*“ werden kann. Während es bei der Generalvollmacht im Wesentlichen darauf ankommen wird, ob diese – entgegen der wohl h.M. – auch bei der GmbH in zulässiger Weiser erteilt werden darf, wird bei der Weisungskompetenz die Frage im Vordergrund stehen, ob und wie diese durch den Interim Manager überhaupt ausgeübt werden kann; wie also ein solches „schuldrechtliches Weisungsrecht“ dogmatisch konstruiert werden kann. Unabhängig von der der Beantwortung dieser im Folgenden noch zu klärenden Fragen konnte im letzten Abschnitt dieses Teils auch noch gezeigt werden, dass der nur schuldrechtlich mit der GmbH verbundene Interim Manager – selbst wenn sich zeigen sollte, dass er mit solch umfassenden Kompetenzen ausgestattet werden kann – kein Organ der GmbH ist, das Ziel der rein schuldrechtlichen Verbindung zwischen GmbH und Interim Manager also nicht bereits an dieser Stelle scheitert.

Zweiter Teil: Die Willensäußerung für die GmbH durch eine Generalvollmacht

Im zweiten Teil der Arbeit soll nun untersucht werden, ob die Generalvollmacht für den hier untersuchten Interim Manager ein probates Mittel sein kann, den Willen für die GmbH auf rein schuldrechtlicher Basis umfassend im Rechtsverkehr zu äußern; ob also durch die Generalvollmacht die GmbH umfassend gesteuert werden kann. Die Generalvollmacht ist dafür – mangels gesetzlicher Kodifikation – zunächst zu definieren und rechtlich einzuordnen. Anhand der dabei gefunden Ergebnisse ist weiter zu prüfen, ob die Generalvollmacht geeignet ist, die im vorherigen Kapitel aufgestellten Anforderungen für die Willensäußerung der GmbH zu erfüllen, wobei ganz besonders auf die grundsätzliche Zulässigkeit der Generalvollmacht gerade bei der GmbH einzugehen sein wird. Wie bereits eingangs erwähnt, sind schon eine Reihe von Arbeiten verfasst worden, die sich sehr ausführlich mit der Generalvollmacht im Allgemeinen und bei der GmbH im Besonderen befassen. Aus diesem Grund sollen an dieser Stelle auch nur solche Fragen zur Generalvollmacht behandelt werden, die sich auf die Ausgangsfrage, also die Reichweite und Zulässigkeit der gewillkürten Stellvertretung zur wirksamen Erklärung des Willens für die GmbH im Rechtsverkehr, auswirken.

§ 1: Die Generalvollmacht im zivilrechtlichen Vollmachtssystem

Bevor die Frage beantwortet werden kann, ob die Generalvollmacht die im vorherigen Kapitel aufgestellten Anforderungen erfüllen kann und ob sie speziell bei der GmbH zulässig ist, muss noch untersucht werden, wie die Generalvollmacht rechtlich einzuordnen und wie ihr Umfang bzw. ihre Grenzen zu bewerten sind. Ein Hauptaugenmerk muss dabei darauf liegen, wie die Generalvollmacht in das bestehende gesetzliche System der Stellvertretung einzuordnen ist. Deshalb ist nach der Definition der Generalvollmacht zunächst das System der handelsrechtlichen Vollmachten, dessen Prinzipien und das Verhältnis zu den BGB-Vollmachten darzustellen. Im Anschluss kann die Generalvollmacht in dieses System eingeordnet werden.

A. Definition und Anwendungsbereiche der Generalvollmacht

Im ersten Schritt der Untersuchung der Generalvollmacht soll diese zunächst definiert und anschließend ihr Anwendungsbereich herausgearbeitet werden.

I. Definition

Die Generalvollmacht ist eine reine *„Schöpfung der Praxis“*[525]. Sie ist weder im Bürgerlichen Gesetzbuch noch im Handelsgesetzbuch noch in anderen Gesetzen geregelt. Die vereinzelten Erwähnungen in einigen wenigen Gesetzesvorschriften sind allein der tatsächlichen Existenz der Generalvollmacht im Rechtsverkehr geschuldet, weshalb auch an diesen Stellen keine Definitionen zu finden sind. Vielmehr kann auch noch nicht einmal behauptet werden, dass die jeweiligen Gesetzesautoren an diesen Stellen überhaupt von einem gemeinsamen und insofern für alle Gesetze gleich geltendem terminus technicus ausgegangen sind.[526]

Da gemäß § 166 Abs. 2 S. 1 BGB allein die Willenserklärung, mit der die jeweilige Vollmacht erteilt wird, den Umfang der Bevollmächtigung vorgibt[527], ist die Auslegung dieser Vollmachtserklärung in den Mittelpunkt der Definition zu stellen.[528] Bei der Auslegung von Willenserklärungen ist gemäß §§ 133, 157

525 *Grooterhorst*: Vollmachten im Unternehmen, S. 135.
526 *Grooterhorst*: Vollmachten im Unternehmen, S. 134; *Hoffmann/Liebs* Rn. 3022.
527 EBJS/*Weber* Vor. §§ 48 ff., Rn. 8; *Joussen* WM 1994, 273.
528 EBJS/*Weber* Vor. §§ 48 Rn. 8; *Spitzbarth* BB 1962, 851; *Joussen* WM 1994, 273, 275 f.; *Leiner*: Generalvollmacht, S. 125 ff.

BGB der objektive Empfängerhorizont des Vollmachtsempfängers[529] und damit also die Frage, wie ein objektiver Dritter die erteilte Vollmacht verstehen würde, entscheidend.[530] Dabei ist zu beachten, dass der konkreten Gestaltung der Vollmacht – grundsätzlich jedenfalls – keine Grenzen gesetzt sind. Gerade weil es sich nicht um ein fest definiertes Institut handelt, kann eine als „Generalvollmacht" überschriebene Vollmacht in der Vollmachtserklärung theoretisch beliebig ausgestaltet werden.[531] Die Titulierung allein bedeutet deshalb auch nicht zwangsläufig, dass die Vollmacht einen unbeschränkten Umfang haben muss.[532] Neben der „Überschrift" wären deshalb auch der konkrete Zweck der Vollmacht, das zugrundeliegende Rechtsverhältnis und insgesamt die Interessen der Beteiligten bei der Auslegung zu berücksichtigen.[533] Da für die weitere Untersuchung aber unmöglich alle denkbaren Formen und Ausgestaltungen einer Generalvollmacht untersucht werden können, muss der mögliche Inhalt der Erklärung – ähnlich wie bereits im ersten Kapitel für den Begriff des Interim Managements – soweit vereinfacht werden, dass eine sinnvolle und verallgemeinerungsfähige Untersuchung möglich ist. Deshalb ist an dieser Stelle zunächst auch nur von einer „einfachen" Generalvollmacht auszugehen – auch wenn eine solche in der Praxis nicht immer auch tatsächlich vorzufinden sein dürfte. Gemeint ist damit eine ausschließlich als „Generalvollmacht" titulierte Vollmacht, ohne dass diese durch ihren Wortlaut, das zugrundeliegende Rechtsgeschäft oder die Begleitumstände noch weiteren inhaltlichen Einschränkungen oder Ausgestaltungen durch die Parteien unterliegt.

Wird mit einer solchen „einfachen" Generalvollmacht also ausschließlich eine Vollmacht „generell" erteilt, kann die zugrundeliegende Erklärung nur dahingehend verstanden werden, dass damit eine umfassend weite Vollmacht, die grundsätzlich zu einer Vertretung bei „allen" Rechtsgeschäften ermächtigt, gemeint sein soll.[534] Die Merkmale einer solchen umfassenden *General*vollmacht lassen sich am deutlichsten durch einen Vergleich mit der *Spezial*vollmacht sichtbar machen.[535] Während nämlich die *Spezial*vollmacht nur zur Vornahme eines *speziell* bestimmten Rechtsgeschäfts oder einer *speziell* bestimmten Art von Rechtsgeschäften (z.B. als Gattungsvollmacht für bestimmte Gattungen von Rechtgeschäften) ermächtigt bzw. an eine *spezielle* Funktion oder Stellung

---

529 Oetker/*Schubert* HGB § 48 Rn. 72; Staudinger/*Schilken* § 167 Rn. 84 ff.

530 BGH NJW 1960, 859; *Leiner*: Generalvollmacht, S. 19, 22; *Reimer*: Generalvollmacht, S. 90; Erman/*Maier-Reimer* BGB § 167 Rn. 49 ff.; Soergel/*Leptien* BGB § 167 Rn. 39, 41; Pfeiffer/*Hammen* § 3 Rn. 69.

531 MüKoHGB/*Krebs* HGB Vor. § 48 Rn. 93.

532 MüKoBGB/*Schramm* § 167 Rn. 84.

533 Staudinger/*Schilken* § 167 Rn. 84 ff.; Soergel/*Leptien* BGB § 167 Rn. 39.

534 *Joussen* WM 1994, 273; *Eder* GmbHR 1962, 225; *Leiner*: Generalvollmacht, S. 16; Erman/*Maier-Reimer* BGB § 167 Rn. 48; *Hübner* ZHR 143 (1979), 3.

535 *Spitzbarth* BB 1962, 851; Staudinger/*Schilken* § 167 Rn. 83; Erman/*Maier-Reimer* BGB § 167 Rn. 48.

geknüpft ist[536], soll die *General*vollmacht eine möglichst umfassende – sprich *generelle* – Vollmacht darstellen.[537] Wohingegen der Vollmachtgeber bei einer *Spezial*vollmacht nur in *speziellen* Angelegenheiten vertreten werden will, will er bei einer *General*vollmacht bei *allen* möglichen Arten von Rechtsgeschäften, die zuvor nicht weiter definiert werden sollen bzw. auch nicht definiert werden können, von seinem rechtsgeschäftlich bestimmten Vertreter vertreten werden.

Der Bevollmächtigende erteilt die Generalvollmacht also nicht nur in einem einzeln abgrenzbaren Bereich, sondern für alle denkbaren Bereiche. Mit der Generalvollmacht soll dem Bevollmächtigten – ohne jede Beschränkung – jede nur denkbare Art von Vertretung ermöglicht werden, unabhängig von dem konkreten Inhalt oder dem konkreten Umfang des Rechtsgeschäfts[538]. Dem (General) Bevollmächtigten sollen also letztendlich die gleichen Befugnisse wie dem die Vollmacht erteilenden Rechtsinhaber selbst zugestanden werden.

II. Anwendungsbereiche der Generalvollmacht im unternehmerischen Bereich

Die so als allumfassend definierte Generalvollmacht ist keine neue Erfindung. Generalvollmachten werden vielmehr schon seit Jahrzehnten von Privatpersonen und ganz besonders von Unternehmen jeder Größenordnung im handelsrechtlichen Geschäftsverkehr eingesetzt.[539] Tatsächlich hat sich die Generalvollmacht, schon unmittelbar nachdem die Stellvertretung überhaupt erst als solche anerkannt war, im Rechts- und Geschäftsverkehr durchgesetzt.[540] Inzwischen haben auch nicht nur große Banken und Großbetriebe[541], sondern auch viele kleinere Unternehmen einen Generalbevollmächtigten.[542]

1. Interne Verwendung

Werden Generalvollmachten nur intern erteilt, geschieht dies häufig vor allem aus organisatorischen Gründen.[543] Soll beispielsweise ein Angestellter Führungsaufgaben erhalten, ohne aber gleichzeitig Geschäftsführer werden zu wollen (bspw. aus Angst, den gesetzlichen Kündigungsschutz zu verlieren) oder zu können, bietet sich die Erteilung einer Generalvollmacht an.[544] Ein weiterer Grund für den

536 MüKoBGB/*Schramm* § 167 Rn. 82.
537 Staudinger/*Schilken* § 167 Rn. 83.
538 MüKoBGB/*Schramm* § 167 Rn. 83; *Hübner* ZHR 143 (1979), 1, 3; *Leiner*: Generalvollmacht, S. 16.
539 Pfeiffer/*Hammen* § 3 Rn. 62.
540 *Hübner* ZHR 143 (1979), 1, 5.
541 *Spitzbarth* BB 1962, 851.
542 *Leiner*: Generalvollmacht, S. 1.
543 *Leiner*: Generalvollmacht, S. 10; *Joussen* WM 1994, 273, 275.
544 *Leiner*: Generalvollmacht, S. 10.

Einsatz der Generalvollmacht im unternehmerischen Bereich liegt in dem auch im Vergleich zur Prokura sehr großen Umfang der Vertretungsmacht. So können Unternehmen ihren Mitarbeitern bspw. über einen bestimmten Geschäftsbereich die tatsächliche Alleinverantwortung übertragen[545] und dadurch die Unternehmensleitung entlasten. Neben diesen rein organisatorischen Gründen gibt es aber auch personalpolitische Gründe, die zur Erteilung von Generalvollmachten führen. So kann damit bspw. einem verdienten Mitarbeiter ein besonderer Vertrauensbeweis erteilt bzw. ein höheres Ansehen im Geschäftsverkehr verschafft werden.[546]

Die Generalvollmacht ist zwar nicht auf große Unternehmen beschränkt, gleichwohl ist sie bei diesen am weitesten verbreitet[547], da gerade hier offenbar ein erhöhter Bedarf besteht. Oft soll hier durch die Erteilung von Generalvollmachten an Arbeitnehmer in Führungspositionen eine weitere Hierarchieebene unterhalb der Geschäftsführung (bzw. dem Vorstand) und oberhalb von Prokuristen und Handlungsbevollmächtigten geschaffen werden.[548] Damit ist regelmäßig (aber nicht zwingend) auch eine entsprechende Erweiterung der Befugnisse im Innenverhältnis verbunden.[549] Gerade bei großen und deshalb eher bürokratisch aufgebauten Unternehmen ist die Bezeichnung *„Generalbevollmächtigter"* aber auch bloß ein *„begehrter Titel, um aus der Schar der Prokuristen herauszuragen"*[550], quasi als *„Vorstufe zum Vorstand"*[551]. Bei Großbanken ist eine Hierarchiefolge vom Vorstand, den Generalbevollmächtigten, Bankdirektoren, Abteilungsdirektoren bis hin zum Prokuristen üblich.[552] Anders als noch bei Einführung des ADHGB üblich, nimmt der Generalbevollmächtigte damit regelmäßig statt dem Prokuristen die hierarchische Position unterhalb der gesetzlichen Vertreter ein.[553]

2. Externe Verwendung

Neben dieser rein internen Verwendung der Generalvollmacht besteht aber auch häufig ein kaufmännisches Bedürfnis, Leitungsaufgaben nicht durch Organe

---

545 *Leiner*: Generalvollmacht, S. 10; *Joussen* WM 1994, 273, 275.

546 *Leiner*: Generalvollmacht, S. 12; *Joussen* WM 1994, 273, 275.

547 MüKoBGB/*Schramm* § 167 Rn. 83; Baumbach/Hopt/*Hopt* HGB Vor. § 48 Rn. 2.

548 MüKoBGB/*Schramm* § 167 Rn. 83; EBJS/*Weber* Vor. § 48 ff., Rn. 4; *Leiner*: Generalvollmacht, S. 8; *Hoffmann/Liebs* Rn. 3022; *Joussen* WM 1994, 273, 275; *Hübner* ZHR 143 (1979), 2; Pfeiffer/*Hammen* § 3 Rn. 62.

549 *Grooterhorst*: Vollmachten im Unternehmen, S. 135.

550 *Grooterhorst*: Vollmachten im Unternehmen, S. 135.

551 *Grooterhorst*: Vollmachten im Unternehmen, S. 135; *Spitzbarth* BB 1962, 851; *Joussen* WM 1994, 273, 275.

552 *Krebs*: ZHR 159, 635, 636; *Grooterhorst*: Vollmachten im Unternehmen, S. 78; *Joussen* WM 1994, 273, 275; *Spitzbarth* BB 1962, 851.

553 *Krebs*: ZHR 159, 635, 636; *Joussen* WM 1994, 273, 275; *Spitzbarth* BB 1962, 851; Baumbach/Hopt/*Hopt* HGB Vor. § 48 Rn. 2.

oder Mitarbeiter des Unternehmens, sondern durch außerhalb des Unternehmens stehende Dritte wahrnehmen zu lassen.[554] Auch für diese externe Verwendung werden Generalvollmachten erteilt. Dies gilt zwar wiederum für große Unternehmen weitaus häufiger, doch nicht selten setzen auch schon mittlere und kleine Unternehmen solche Generalbevollmächtigte ein. Sehr häufig wird bspw. die Generalvollmacht außerhalb von Unternehmen an natürliche oder juristische Personen – wie bereits im vorherigen Kapitel kurz erwähnt – im Rahmen eines sog. Betriebsführungs- oder Managementvertrages erteilt,[555] wobei dann nicht primär die Vertretung der Gesellschaft gegenüber anderen Unternehmen, sondern die interne Unternehmensleitung den Fokus bildet. Die Vertretungsmacht ist hier häufig nur eine *„kaufmännisch sinnvolle Dreingabe“*[556]. Ein weiterer Anwendungsbereich der Generalvollmacht an Dritte ist die Bevollmächtigung von Angestellten einer Konzernmuttergesellschaft zur Führung der Tochtergesellschaften, da aus Sicht der Tochtergesellschaft ein Angestellter der Konzernmutter ebenso ein unternehmensfremder Dritter ist.[557] Und schließlich werden Generalvollmachten gerade im Rahmen von (Interim-)Managementverträgen erteilt, bei denen die generalbevollmächtigten Interim Manager in eigener Verantwortung die Steuerung für ein fremdes Unternehmen übernehmen sollen.[558]

B. Das System der handelsrechtlichen Vollmachten

Das Bedürfnis nach gesetzlich geregelten Vollmachten entstand insbesondere durch die Anforderungen des handelsrechtlichen Rechtsverkehrs. Gegenüber dem „einfachen“ Privatrechtsverkehr nahmen hier von Anfang an Schnelligkeit und Leichtigkeit sowie die besondere Berücksichtigung des Verkehrsinteresses überragende Rollen im Vertretungsrecht ein.[559] Um diese Bedürfnisse zu befriedigen und die Geschäftsaktivitäten des Kaufmanns zu erleichtern, wurde im handelsrechtlichen Vertretungsrecht mit der Prokura auch erstmals eine in ihrem Umfang gesetzlich eindeutig festgelegte „Vollmachtsform“ geschaffen. Aufgrund der damals nur sehr eingeschränkten Kommunikationsmöglichkeiten bestand nämlich stets die latente Gefahr, dass Geschäftspartner bei Unsicherheiten hinsichtlich der Existenz und des Umfanges der Vollmacht vom Vertragsschluss Abstand nahmen.[560] Anders als das Handelsrecht, das seine Wurzeln bereits im Mittelalter hat und bei dem die Vereinheitlichung durch den

---

554 *Geitzhaus* GmbHR 1989, 229.
555 *Grooterhorst*: Vollmachten im Unternehmen, S. 135.
556 *Geitzhaus* GmbHR 1989, 229.
557 Beispiel bei *Geitzhaus* GmbHR 1989, 229.
558 MüKoBGB/*Martiny* Rom I-VO Art. 4 Rn. 64.
559 Röhricht/Graf von Westphalen/Haas/*Wagner* HGB vor § 48 Rn. 2; Staub/*Joost* HGB vor § 48 Rn. 2.
560 MüKoHGB/*Krebs* HGB § 48 Rn. 2; Staub/*Joost* HGB vor § 48 Rn. 2.

grenzüberschreitenden Verkehr deutlich früher einsetzte,[561] konnte die Kodifizierung eines einheitlichen allgemeinen Zivilrechts auch erst deutlich später, nämlich nach Entstehung des Reiches, in Angriff genommen werden, sodass das BGB erst 1900 in Kraft trat. Diese historischen Wurzeln erklären, weshalb das allgemeine Stellvertretungsrecht anfangs noch zusammen mit der handelsrechtlichen Prokura im ADHGB von 1861 geregelt war.[562] Erst seit 1900 sind das Recht der Prokura und der Handlungsvollmacht in den §§ 48 bis 58 HGB, getrennt von den allgemeinen Stellvertretungsregeln, im BGB kodifiziert.[563]

I. Die normierten handelsrechtlichen Vollmachten

Als handelsrechtliche Vollmachten sind Prokura und Handlungsvollmacht gesetzlich normiert, die im Folgenden nun näher untersucht werden.

1. Die Prokura

Zu Zeiten des ADHGB war es noch geläufig, den Prokuristen als *„alter ego des Kaufmanns"* zu bezeichnen. Inzwischen – insbesondere mit Aufkommen der Generalvollmacht – stimmt diese Bezeichnung aber *„nicht nur hierarchisch, sondern auch vertretungsrechtlich"*[564] nicht mehr mit der tatsächlichen Funktion und Stellung des Prokuristen überein. Auch die heutzutage inzwischen unbeschränkten Kommunikationsmöglichkeiten und die dadurch abnehmenden Unsicherheiten bzgl. des Umfangs einer Vollmacht haben die Stellung des Prokuristen erheblich verändert.[565] Schließlich sind durch die Zulassung der Gesamtprokura die Möglichkeiten, den Prokuristen weiter einzuschränken, nochmals deutlich erweitert worden. Trotzdem gilt die Prokura auch heute noch als für den handelsrechtlichen Rechtsverkehr unentbehrlich.[566]

Der Umfang der Prokura ist gesetzlich bestimmt. Gemäß § 49 Abs. 1 HGB ermächtigt die Prokura zu allen Arten von gerichtlichen und außergerichtlichen Geschäften und Rechtshandlungen, *„die der Betrieb eines Handelsgewerbes mit sich bringt"*. Die Formulierung *„eines"* im Vergleich zur Formulierung *„eines derartigen"* in § 54 Abs. 1 HGB beim Handlungsbevollmächtigten wird so gedeutet, dass der Radius der Prokura branchenübergreifend und nicht durch das konkrete Handelsgewerbe oder gar das konkrete Unternehmen bestimmt wird. Die Vertretungsmacht geht also selbst über den statuarischen Unternehmensgegenstand hinaus[567] und deckt nicht nur typische, sondern auch außergewöhnliche

561 S. etwa: *Wesel*: Rechtsgeschichte, S. 450.
562 Staub/*Joost* HGB vor § 48 Rn. 2; *Krebs* ZHR 159, 635, 636.
563 *Krebs* ZHR 159, 635, 636.
564 *Krebs* ZHR 159, 635, 637.
565 *Grooterhorst*: Vollmachten im Unternehmen, S. 135.
566 *K. Schmidt* HandelsR, § 16 Rn. 11.
567 MüKoHGB/*Krebs* HGB § 49 Rn. 15.

Geschäfte.[568] Darüber hinaus ist der Umfang wie die Vertretungsmacht des Geschäftsführers unbeschränkt und unbeschränkbar. Einzige gesetzliche Ausnahme ist gemäß § 49 Abs. 2 HGB die Veräußerung und Belastung von Grundstücken. Daneben sollen aber auch Grundlagengeschäfte, höchstpersönliche Inhaber- bzw. Organpflichten, Privatgeschäfte des Inhabers sowie nach allgemeinen Grundsätzen Insichgeschäfte und der Missbrauch der Vertretungsmacht als ungeschriebene Grenzen die Prokura einschränken.[569] Die Prokura ist gem. § 53 HGB außerdem zur (deklaratorischen) Eintragung ins Handelsregister anzumelden.

Der Wert der Prokura mit ihrem gesetzlich umschriebenen Umfang besteht also insbesondere darin, dem Rechtsverkehr das Risiko, abwägen zu müssen, ob dem Vertreter die von ihm vorgenommene Handlung erlaub ist oder nicht, abzunehmen.[570] Dem Vertragspartner genügt ein Blick in das Handelsregister (und das Gesetz), um den vollständigen Umfang des rechtlichen Könnens des Prokuristen zu erkennen. Er kann sich somit auf eine Willenserklärung des Prokuristen, die dieser innerhalb der Grenzen der Prokura für das Unternehmen abgibt, verlassen und muss keine weiteren Erkundigungen einholen, da er weiß, dass sein Geschäftspartner an diese Erklärung gebundenist.

2. *Die Handlungsvollmacht*

Gemäß der gesetzlichen Definition in § 54 Abs. 1 HGB, ist jeder, der im Handelsverkehr *„als dem Unternehmen zugehöriger Vertreter auftreten darf"*, wenn er nicht zugleich gesetzlicher Vertreter oder Prokurist des Unternehmens ist, auch Handlungsbevollmächtigter. Allein schon wegen der Vielzahl der tatsächlich eingesetzten Handlungsbevollmächtigten im Handelsverkehr spielt also auch die zweite gesetzlich geregelte handelsrechtliche Vollmacht – die sog. Handlungsvollmacht – eine sehr gewichtige Rolle.[571] Anders als die Prokura wird der Umfang der Handlungsvollmacht gem. § 54 HGB aber nicht durch das Gesetz zwingend vorgegeben, sondern lediglich widerlegbar vermutet. So ist nach allgemeiner Auffassung § 54 Abs. 1 HGB als Vermutung dahingehend auszulegen, dass der Handlungsbevollmächtigte den Kaufmann (grundsätzlich) nur beim

568 *Klein* ZErb 2016, 89; Staub/*Joost* HGB § 49 Rn 8; Koller/Kindler/Roth/Morck/*Roth* HGB § 49 Rn 2; Pfeiffer/*Hammen* § 3 Rn. 13, 15; *Grooterhorst*: Vollmachten im Unternehmen, III. Rn 27.

569 *Klein* ZErb 2016, 89; MüKo-HGB/*Krebs*, § 49 Rn 50 ff.; Baumbach/Hopt/*Hopt* HGB, § 49 Rn 2 und 4; EBJS/*Weber* HGB § 49 Rn. 9 ff.; Oetker/*Schubert* HGB § 49 Rn 13 ff.

570 *K. Schmidt* HandelsR, § 16 Rn. 28; *Canaris* HandelsR, § 12 Rn. 1; Staub/*Joost* HGB vor § 48 Rn. 4, 47; Heidel/Schall/*Schmidt* HGB Vor. §§ 48–58 Rn. 7; s. auch: *Oetker* HandelsR § 5 B I Rn. 7 ff.

571 *K. Schmidt* HandelsR, § 16 Rn. 90.

Abschluss von „*branchenüblichen*" Geschäften vertreten darf.[572] Von der gesetzlichen Vermutung werden also nur solche Geschäfte abgedeckt, die für die Branche bzw. ein Unternehmen der jeweils vorliegenden Art[573] typisch sind. § 54 Abs. 2 HGB schränkt die (vermutete) Vertretungsbefugnis weiter ein. § 54 Abs. 3 HGB bewirkt den Schutz des gutgläubigen Dritten.[574]

Anders als die gesetzlich in ihrem Umfang klar umrissene Prokura kommt die Handlungsvollmacht im Rechtsverkehr deshalb auch in ganz verschiedenen Variationen mit teils stark abweichendem Umfang vor[575] (z.B.: Art-, Spezial- oder Generalhandlungsvollmacht) und ist unter Beachtung der Einschränkungen in § 54 Abs. 3 HGB auch beliebig ausformbar. Dem einem Handlungsbevollmächtigten gegenüberstehenden Vertragspartner ist es mangels Eintragungsfähigkeit ins Handelsregister nicht möglich, sich durch Einsicht Gewissheit über den Umfang und das Bestehen der Vollmacht zu verschaffen.[576]

Die Handlungsvollmacht ist deshalb *„schon per se ein dogmatisch und praktisch schwer greifbares Institut"*[577]. Nach der ganz herrschenden Meinung ist § 54 Abs. 1 HGB auch nur eine Vermutung über den Umfang einer Vollmacht.[578] Die Regelung enthält außerdem Elemente des Verkehrsschutzes bei einem Abweichen dieser Vermutung vom tatsächlichen Umfang. Anders als die Prokura ist die Handlungsvollmacht schließlich auch keine gesetzliche Regelung des Vollmachtsumfangs.[579]

II. Numerus clausus handelsrechtlicher Vollmachten bzw. Enumerationsprinzip

Neben diesen beiden gesetzlichen handelsrechtlichen Vollmachtsregelungen werden in der Rechtsliteratur im Zusammenhang mit handelsrechtlichen Vollmachten verschiedene *„ungeschriebene, aber bisher durchgängig praktizierte"*[580]

---

572 *Borsch* GmbHR 2004, 1378; Baumbach/Hopt/*Hopt* HGB § 54 Rn. 10; Röhricht/Graf von Westphalen/Haas/*Wagner* HGB § 54 Rn. 27 ff.

573 *K. Schmidt* HandelsR, § 16 Rn. 101.

574 *Borsch* GmbHR 2004, 1378; MüKo HGB/*Krebs* HGB § 54 Rn. 3 ff.

575 *Borsch* GmbHR 2004, 1378; Baumbach/Hopt/*Hopt* HGB § 54 Rn. 10; Röhricht/Graf von Westphalen/Haas/*Wagner* HGB § 54 Rn. 17 ff.; Staub/*Joost* HGB § 54 Rn. 33 ff.

576 *Borsch* GmbHR 2004, 1378; Staub/*Joost* HGB § 54 Rn. 27.

577 *Borsch* GmbHR 2004, 1378.

578 MüKoHGB/*Krebs* HGB § 54 Rn. 4 f.; Baumbach/Hopt/*Hopt* HGB § 54 Rn. 9; Oetker/*Schubert* HGB § 54 Rn. 2; BeckOK HGB/*Meyer* HGB § 54 Rn. 66 ff.

579 *Borsch* GmbHR 2004, 1378; Baumbach/Hopt/*Hopt* HGB § 54 Rn. 1 ff.;; Staub/*Joost* HGB § 54 Rn. 1 ff., 30, 69; *K. Schmidt* HandelsR, § 16 Rn. 111; *Canaris* HandelsR, § 13 Rn. 1 f., 11, 25; Oetker/*Schubert* HGB § 54 Rn. 2, 16, 38; *Oetker* HandelsR § 5 C III Rn. 51; aber wohl a.A.: MüKoHGB/*Krebs* HGB § 54 Rn. 3 ff.; Soergel/*Leptien* BGB § 167 Rn. 39; *Grooterhorst*: Vollmachten im Unternehmen, S. 47.

580 *Krebs* ZHR 159, 635, 641; MüKoHGB/*Krebs* HGB § 48 Rn. 22 ff.

Grundprinzipien der handelsrechtlichen Stellvertretung diskutiert. Für die rechtliche Einordnung der Generalvollmacht in das zivilrechtliche Vollmachtssystem ist davon allerdings nur das sog. *„Enumerationsprinzip“*, auch *„Numerus clausus handelsrechtlicher Vollmachten“* genannt, von Bedeutung. Diese im Wesentlichen von *Krebs*[581] und *Schubert*[582] vertretene Theorie besagt, dass ein Vollmachtgeber bei der Erteilung einer handelsrechtlichen Vollmacht einem handelsrechtlichen Typenzwang unterliegt. Neben der im HGB geregelten Prokura und der Handlungsvollmacht bleibe im Handelsverkehr kein Raum für andere – insbesondere nach dem BGB – erteilten Vollmachten. (sog. Numerus clausus handelsrechtlicher Vollmachten).[583] Andere Stimmen in der Literatur sehen das Vollmachtsrecht dagegen von der *„allgemeinen Handlungsfreiheit“* bestimmt und wollen deshalb auch ein *„Vollmachtserfindungsrecht“* anerkennen. In der Rechtsprechung findet sich bisher kein Urteil, das sich mit einem Numerus clausus auseinandersetzt.[584]

1. Ansicht Krebs

Nach der hauptsächlich heute noch von Krebs vertretenen Ansicht soll sich das Enumerationsprinzip aus dem Kontinuitätsgedanken zum ADHGB ergeben.[585] So habe es im ADHGB für aus dem Handelsgewerbe heraus handelnde Personen allein die Handlungsvollmacht und die Prokura gegeben.[586] Alle anderen Vollmachten seien unter Art. 298 ADHGB gefallen.[587] Eine allgemeine zivilrechtliche Vollmacht sei völlig unbekannt gewesen.[588] Als weiteres Argument wird auch der Wortlaut des § 54 Abs. 1 HGB *„ohne Erteilung der Prokura“* vorgebracht.[589] Daraus wird geschlossen, das jede handelsrechtliche Vollmacht, die keine Prokura sei, ausnahmslos immer eine Handlungsvollmacht im Sinne des § 54 HGB darstelle und somit überhaupt kein Raum für eine BGB-Vollmacht mehr bliebe.[590] Schließlich sei der Numerus clausus auch durch den Verkehrsschutz begründet. Die Bevollmächtigungsverhältnisse im Handelsverkehr würden nach Typisierung verlangen, weil der Partner im Geschäftsleben wissen müsse, was derjenige, der

---

581 *Krebs* ZHR 159, 635 ff.; MüKoHGB/*Krebs* HGB Vor. § 48 Rn. 29, § 49 Rn. 61 f.

582 Oetker/*Schubert* HGB § 48 Rn. 1 ff.

583 *Krebs* ZHR 159, 635, 652; Oetker/*Schubert* HGB § 48 Rn. 1 ff.; so auch: *Brüggemann* JA 1977, 500, 502, 503; ansatzweise auch: Staub/*Joost* HGB § 54 Rn. 6 (im Anwendungsbereich des § 54 kein Ausweichen möglich).

584 So schon: *Reimer*: Generalvollmacht S. 16.

585 *Krebs* ZHR 159, 635, 647; MüKoHGB/*Krebs* HGB Vor. § 48 Rn. 29, § 49 Rn. 61 f.; *K. Schmidt*: HandelsR, § 16 IV 1 a.

586 MüKoHGB/*Krebs* HGB Vor. § 48 Rn. 29, § 49 Rn. 61 f.

587 MüKoHGB/*Krebs* HGB Vor. § 48 Rn. 29.

588 MüKoHGB/*Krebs* HGB Vor. § 48 Rn. 29.

589 MüKoHGB/*Krebs* HGB Vor. § 48 Rn. 29; *Brüggemann* JA 1977, 500, 502, 503.

590 So auch: *Eder* GmbHR 1962, 225 ff.; in diese Richtung wohl auch: Staudinger/*Schilken* § 167 Rn. 83.

ihm als Bevollmächtigter des Kaufmanns entgegentrete, dürfe und was nicht. Gäbe es keinen Numerus clausus, könnten neue Formen der Vollmacht jederzeit erfunden werden und der Rechtsverkehr würde zu unzumutbaren Nachforschungen über den Umfang der Vollmacht gezwungen werden.[591] Die BGB-Vollmachten und besonders die Generalvollmacht seien allein der Privatsphäre zuzuordnen und auf den *„punktuellen"* Gebrauch des Privatmanns für erforderlich werdende Fälle zugeschnitten.[592] Anders als im Handelsrecht werde in der Privatsphäre *„nicht ständig"* rechtsgeschäftlich agiert.[593]

2. Ansicht Schubert

Schubert stellt zwar zunächst klar, dass die handelsrechtlichen Vollmachten als besondere Formen rechtsgeschäftlicher Vertretungsmacht die allgemeinen Stellvertretungsregeln des BGB nur ergänzen.[594] Trotzdem geht auch er, die Ansicht von *Krebs* zitierend, von einem Numerus clausus handelsrechtlicher Vollmachten aus, ohne dafür aber neue oder eigene Argumente anzuführen[595] Inkonsequenter Weise ist er aber im Gegensatz zu *Krebs* der Meinung, dass der Inhaber des Handelsgeschäfts neben den (dem Numerus clausus unterliegenden) handelsrechtlichen Vollmachten auch Vollmachten nach dem Stellvertretungsrecht des BGB erteilen kann.[596] Einzige Einschränkung sei dabei lediglich, dass diese nicht denselben Verkehrsschutz wie die handelsrechtlichen Vollmachten hätten.[597] Für *Schubert* bedeutet also der Numerus clausus der handelsrechtlichen Vollmachten etwas grundsätzlich anderes als für *Krebs*. Anders als *Krebs* will *Schubert* damit nur zum Ausdruck bringen, dass zu der Prokura und der Handelsvollmacht keine weiteren Vollmachten hinzukommen bzw. *„erfunden"* werden können, die ebenfalls einem ähnlichen Verkehrsschutz unterliegen. Verzichtet werden müsse dabei also nur auf den den handelsrechtlichen Vollmachten anheftenden Verkehrsschutz.

3. H.M.: Ablehnung des Numerus clausus

Die ganz herrschende Meinung in der Literatur lehnt dagegen einen Numerus clausus handelsrechtlicher Vollmachten ab und geht vielmehr davon aus, dass der Inhaber eines Handelsgeschäfts beliebige andere Vollmachten (also BGB-Vollmachten nach den §§ 164ff. BGB und damit auch eine Generalvollmacht)

591 *Krebs* ZHR 159, 635, 652; MüKoHGB/*Krebs* HGB Vor. § 48 Rn. 29; *Brüggemann* JA 1977, 500, 502, 503.
592 So schon: *Brüggemann*, JA 1977, 500, 502.
593 *Brüggemann*, JA 1977, 500, 502.
594 Oetker/*Schubert* HGB § 48 Rn. 1.
595 Oetker/*Schubert* HGB § 48 Rn. 1.
596 Oetker/*Schubert* HGB § 48 Rn. 3.
597 Oetker/*Schubert* HGB § 48 Rn. 3.

erteilen kann.[598] Die gesetzlichen Regelungen zum handelsrechtlichen Vertretungsrecht würden nämlich schon kein in sich geschlossenes kaufmännisches Vertretungsrecht darstellen.[599] Deshalb stelle auch die Handlungsvollmacht, anders als ihr Name suggeriere, schon kein eigenes Rechtsinstitut, sondern eine „*normale*" Vollmacht i.S.v. § 167 BGB dar, bei der lediglich der Umfang bei Vorliegen gesetzlich geregelter Voraussetzungen vermutet würde.[600] Das HGB beschränke sich folglich auch nur auf teils ergänzende, teils modifizierende Regelungen für die rechtsgeschäftliche Vertretung des Kaufmanns, um dem gesteigerten Bedürfnis nach Rechtsklarheit und der dadurch geförderten Erleichterung des Geschäftsverkehrs zu dienen,[601] da der Umfang der Vollmacht im BGB nicht geregelt sei und sich allein aus der Willenserklärung bei der Vollmachtserteilung bestimmen lasse.[602] Die handelsrechtlichen Regelungen erweitern also die Handlungsmöglichkeiten im kaufmännischen Rechtsverkehr und sollen diesen gerade nicht einschränken.[603] Der Vollmachtgeber kann, aber muss sich nicht dieser handelsrechtlichen Instrumentarien bedienen.[604]

Gegen einen Numerus clausus wird insbesondere auch das Argument angeführt, dass BGB-Vollmachten wie die Generalvollmacht im nichtkaufmännischen, also privaten Bereich, ganz unbestritten zulässig sind und deshalb erst recht auch im kaufmännischen, geschäftlichen Bereich zulässig sein müssten.[605] In diesem Bereich seien nämlich die individuelle Freiheit und die Persönlichkeit als Schranken der Vertretungsmöglichkeit weniger berührt und ein grundsätzliches Verbot würde deshalb keinen Sinn ergeben.[606] Außerdem sei unbestritten, dass der Kaufmann selbstverständlich Personen auch nur zu einem einzigen Rechtsgeschäft bevollmächtigen könne; § 54 Abs. 1 HGB würde aber

598 Baumbach/*Hopt* HGB Einleitung vor § 48 Rn. 2; Staub/*Joost* HGB vor § 48 Rn. 5; Koller/Kindler/Roth/Morck/*Roth* Vor. §§ 48–58 HGB Rn. 2; BeckOK HGB/*Meyer* HGB § 48 Rn. 60; *Hübner* ZHR 143 (1979), 1, 7; *Joussen* WM 1994, 273, 274; *Geitzhaus* GmbHR 1989, 229, 230, 232; *Borsch* GmbHR 2004, 1378; Heidel/Schall/*Schmidt* HGB Vor. §§ 48–58 Rn. 2, § 54 Rn. 2; Röhricht/Graf von Westphalen/Haas/*Wagner* HGB § 54 Rn. 18 ff.; Koller/Kindler/Roth/Morck/*Roth* HGB Vor. §§ 48–58 Rn. 2; *Leiner*: Generalvollmacht, S. 64; *Reimer*: Generalvollmacht, S. 21 ff.; *Baumann*: Generalvollmacht, S. 8; *Uffmann*: Interim Management, S. 446; *Oetker* HandelsR § 5 A Rn. 5.

599 Staub/*Joost* HGB vor § 48 Rn. 5, 45.

600 *Canaris* HandelsR, § 13 Rn. 1 ff.; Koller/Kindler/Roth/Morck/*Roth* HGB § 54 Rn. 2; EBJS/*Weber* HGB § 54 Rn. 1.

601 Koller/Kindler/Roth/Morck/*Roth* Vor. §§ 48–58 HGB Rn. 1; Staub/*Joost* HGB vor § 48 Rn. 5, 44.

602 *Hübner* ZHR 143 (1979), 1, 6.

603 Staub/*Joost* HGB vor § 48 Rn. 5.

604 *Baumann*: Generalvollmacht, S. 8.

605 *Baumann*: Generalvollmacht, S. 8.

606 *Hübner* ZHR 143 (1979), 1, 7; *Reimer*: Generalvollmacht, S. 24.

als Mindestmaß die Ermächtigung zur Vornahme einzelner (sprich mehrerer) Rechtsgeschäfte voraussetzen.[607]

4. Stellungnahme

Würde man den Vertretern des Enumerationsprinzips folgen, würde dies für die als BGB-Vollmacht einzustufende Generalvollmacht bedeuten, dass diese im unternehmerischen Bereich überhaupt nicht erteilt werden könnte. Eine erweiterte Handlungsvollmacht, eine sog. „*Generalhandlungsvollmacht*", könnte dieser Ansicht nach auch höchstens auf den Umfang einer erweiterten Prokura erstreckt werden. Auf eine Streitentscheidung kommt es an dieser Stelle also an.

Dabei ist m.E. richtigerweise der ganz herrschenden Ansicht in der Rechtsliteratur, die einen Numerus clausus der handelsrechtlichen Vollmachten ablehnt, zu folgen. Die andere Ansicht verkennt insbesondere, dass das HGB noch nie eine eigene in sich abgeschlossene Rechtsmaterie, sondern seit jeher nur *Sonder*privatrecht der Kaufleute[608] war und somit lediglich eine Ergänzung zum *Jedermann*privatrecht darstellt. Das Handelsrecht kann deshalb nur zusammen mit den allgemeinen, für alle Rechtsgeschäfte geltenden Vorschriften des BGB und nicht isoliert verstanden und angewendet werden.[609]

Auch das von den Befürwortern eines Numerus clausus vorgebrachte Argument, dass die BGB-Vollmachten nicht einzutragen seien und dadurch der Geschäftspartner und die Öffentlichkeit weniger geschützt als bei der Prokura wären, verfängt schon bei einem Vergleich mit der ebenfalls nicht einzutragenden Handlungsvollmacht nicht. Gerade in Bezug auf den hier untersuchten Generalbevollmächtigten kann das Argument aber erst recht nicht überzeugen. Zum einen wird der Generalbevollmächtigte ohnehin häufig gleichzeitig auch Prokurist sein, sodass die beschriebene Situation schon aus diesem Grund abgemildert wird.[610] Die Öffentlichkeit muss vor dem Generalbevollmächtigten aber auch schon deshalb nicht geschützt werden, weil dieser nach der hier vertretenen Ansicht in seiner Vertretungsbefugnis ohnehin unbeschränkt ist. Der Rechtsverkehr kann bei einer solchen Vollmacht deshalb auf diesen unbeschränkten Vollmachtsrahmen vertrauen[611], sodass die Generalvollmacht entgegen der Ansicht von *Krebs* gerade dem gesteigerten handelsrechtlichen Verkehrsschutz besonders entgegenkommt.

Schließlich muss die Ablehnung eines Numerus clausus aber auch schon aus der Einordnung der Handlungsvollmacht als bloße Vermutungsregelung folgen. Wenn nämlich, wie oben dargestellt, die Handlungsvollmacht keine eigene

607 *Hübner* ZHR 143 (1979), 1, 7; *Reimer*: Generalvollmacht, S. 24.
608 So z.B.: *K. Schmidt* HandelsR, § 1 Rn. 1.
609 Baumbach/*Hopt* HGB Einleitung Rn. 1; *Leiner*: Generalvollmacht, S. 22.
610 *Hübner* ZHR 143 (1979), 1, 7.
611 So z.B. auch: *Hübner* ZHR 143 (1979), 1, 7.

Vollmachts*art*, sondern lediglich eine Vermutung für den konkreten Umfang einer im handelsrechtlichen Zusammenhang eingeräumten Vollmacht ist, bedeutet das mangels entsprechender Vorschriften im Handelsrecht, dass auch eine Handlungsvollmacht immer nach den Vorschriften der §§ 164 ff. BGB erteilt werden muss und insofern ebenfalls eine BGB-Vollmacht ist. Auch die historische Entwicklung der handelsrechtlichen Vollmachten spricht dafür, auch für diese die Vorschriften des BGB über die Stellvertretung nach den §§ 164 bis 181 BGB anzuwenden.[612]

Das HGB ergänzt, modifiziert bzw. typisiert die BGB-Vollmacht für die rechtsgeschäftliche Vertretung im kaufmännischen Handelsverkehr nur bezüglich ihres Umfangs und ihrer Erteilung,[613] Alleiniger Sinn und Zweck der handelsrechtlichen Vertretungsreglungen ist ein verstärktes Bedürfnis des Rechtsverkehrs[614], sich auf den bestimmten Umfang einer Vollmacht verlassen zu können. Dieses Bedürfnis tritt ausschließlich im Bereich des Handelsrechts auf und wird deshalb auch nur dort gesetzlich geregelt.[615] Wenn der die Vollmacht erteilende Kaufmann aber diesen gesetzlich geregelten Umfang nicht in Anspruch nehmen will und auch die Gefahr, dass sein Geschäftspartner mit seinem Bevollmächtigten wegen der Unsicherheiten über den Vollmachtsumfang keine Rechtsgeschäfte tätigen will, in Kauf nimmt, kann ihm das nicht verwehrt werden. Auch der Geschäftspartner ist frei, mit einem Bevollmächtigten, dessen Vollmachtsumfang nicht gesetzlich bestimmt ist, Rechtsgeschäfte zu tätigen oder sich den Umfang der Vollmacht zunächst vom Vollmachtgeber bestätigen zu lassen. Bei einseitigen Rechtsgeschäften kann der Geschäftspartner die Erklärung eines nicht durch Vollmachtsurkunde ausgewiesenen Bevollmächtigten nach § 174 S. 1 BGB ohnehin zurückweisen.

Die handelsrechtlichen Vollmachten sind also keine eigenständigen Vollmachtsformen,[616] die „andere" Vollmachten verdrängen könnten. Es ist deshalb auch nicht zwischen handelsrechtlichen Vollmachten und BGB-Vollmachten zu unterscheiden. Auch schreiben weder die Regelungen über die Prokura noch die über die Handlungsvollmacht einen bestimmten Umfang für die im Handelsverkehr eingesetzten Vollmachten vor. Vielmehr ist die Prokura eine Option für den Kaufmann und die Handlungsvollmacht als Zweifelsfallregelung ausgestaltet. Ob für die von einem Kaufmann erteilte Vollmacht die Regelungen der Prokura bzw. der Handlungsvollmacht ergänzend zu den Vorschriften der §§ 164 bis 181 BGB anzuwenden sind, ist deshalb nur im jeweiligen Einzelfall zu entscheiden.

---

612 EBJS/*Weber* Vor. §§ 48 ff., Rn. 1; Staub/*Joost* HGB vor § 48 Rn. 5; Koller/Kindler/Roth/Morck/*Roth* HGB Vor. §§ 48–58 Rn. 1.

613 EBJS/*Weber* Vor. §§ 48 ff., Rn. 1.

614 EBJS/*Weber* Vor. §§ 48 ff., Rn. 1; Staub/*Joost* HGB vor § 48 Rn. 44; Koller/Kindler/Roth/Morck/*Roth* HGB Vor. §§ 48–58 Rn. 1.

615 *Joussen* WM 1994, 273, 274 f.

616 So auch: *Leiner*: Generalvollmacht, S. 23; *K. Schmidt* HandelsR § 16 III. 1.;

III. Stufenverhältnis zwischen der Prokura und anderen Vollmachten

Äußerst umstritten ist in der Rechtsliteratur außerdem aber auch das Verhältnis zwischen Prokura und Handlungsvollmacht. Teilweise wird hier vorgebracht, dass jede von einem Kaufmann erteilte Vollmacht maximal den Umfang einer erweiterten Prokura (§ 49 Abs. 2 HGB) als sog. „*Generalhandlungsvollmacht*“ haben könnte. Eine darüberhinausgehende Handlungsvollmacht könne im Handelsverkehr nicht erteilt werden, da § 49 Abs. 2 HGB insofern ein Maximum an handelsrechtlicher Vertretungsmacht beschreibe. Eine noch umfassendere (Handlungs-) Vollmacht, wie etwa die hier untersuchte Generalvollmacht, widerspräche dem Stufenverhältnis zwischen Prokura und der Handlungsvollmacht als „*kleiner Prokura*“.[617] Anders als bei der soeben untersuchten Frage des Numerus clausus wird hier darüber gestritten, welche Vollmachten neben der Prokura im Handelsverkehr eingesetzt werden dürfen. Diskussionsstoff ist allein der Umfang dieser anderen Vollmachten, unabhängig davon, ob man diese als Handlungsvollmachten oder BGB-Vollmachten bezeichnen will.

Folgt man aber auch hier der schon oben geschilderten herrschenden Meinung und geht davon aus, dass die Handlungsvollmacht gerade keine eigene Vollmachtsart, sondern nur eine Vermutungsregelung für den Umfang einer im handelsrechtlichen Verkehr erteilten Vollmacht darstellt, kann zwischen der Prokura und der Handlungsvollmacht schon kein Stufenverhältnis bestehen. Aber auch zwischen der Prokura und den „anderen“ Vollmachten besteht kein Stufenverhältnis „zugunsten“ der Prokura. Denn wie bereits oben erläutert, sollte mit der Prokura nämlich nicht der Kaufmann im Vergleich zum Privatmann in der Erteilung von Vollmachten eingeschränkt werden, indem der Maximalumfang einer im Handelsverkehr zu erteilenden Vollmacht gesetzlich zwingend vorgegeben wurde. Vielmehr wurde mit der Prokura ein sich im Handelsverkehr als praktikabel erweisender Umfang einer Vollmacht gesetzlich festgelegt und den Kaufleuten die Möglichkeit gegeben, diesen Umfang zu nutzen, indem der jeweilige Vertreter mit Prokura ausgestattet und ins Handelsregister eingetragen wird. Eine Verpflichtung, von dieser Möglichkeit Gebrauch zu machen und andere Vollmachten nicht zu nutzen, kann dem Gesetz nicht entnommen werden. Weshalb ein solche Option für den Kaufmann gleichzeitig aber auch eine Beschränkung sein soll, erschließt sich nicht. Sie würde den Kaufmann nur unnötigerweise hemmen und den Rechtsverkehr nicht sicherer, sondern im Gegenteil unsicherer machen, da ohne gesetzliche Regelung die Entscheidung in die Hände der Gerichte gelegt wäre. Ein Stufenverhältnis zwischen der Prokura und den anderen Vollmachtsarten ist deshalb abzulehnen.

---

617 MüKoHGB/*Krebs* HGB Vor. § 48 Rn. 91; *Eder* GmbHR 1962, 225; *Oetker* HandelsR § 5 C III Rn. 52.

C. Eigene Vollmachtsart oder Generalhandlungsvollmacht

Nach der wiederum besonders von *Krebs*[618] vertretenen Ansicht ist die Generalvollmacht (jedenfalls für hierarchisch in das Unternehmen eingegliederte Personen) – schon auf Grund des Numerus clausus der handelsrechtlichen Vollmachten – notwendigerweise immer eine qualifizierte Art der Generalhandlungsvollmacht.[619] Für eine über den Umfang einer Generalhandlungsvollmacht hinausgehende BGB-Vollmacht bestehe auch keine Notwendigkeit. So solle die Verwendung der Position des Generalbevollmächtigten durch die Praxis nämlich auch keinem vertretungsrechtlichen Mangel abhelfen, sondern nur eine neue hierarchische Position einführen.[620] Prokura und die Gestaltungsmöglichkeiten der Generalhandlungsvollmacht seien für die Vertretung im Handelsverkehr völlig ausreichend. Ein tatsächliches Bedürfnis für die Vertretung durch einen Generalbevollmächtigten ergäbe sich daher, wenn überhaupt, nur bei Handlungen, die den gesetzlichen Vertretern vorbehalten und auch Prokuristen verwehrt seien.[621] Gerade für diesen Bereich sei jedoch eine rechtsfortbildende Zulassung der Generalvollmacht unzulässig; insbesondere dürfe ein Generalbevollmächtigter nicht als „*haftungfreier Geschäftsführer*" agieren.[622] § 49 Abs. 2 HGB beschreibe ein Maximum an handelsrechtlicher Vertretungsmacht, das auch für die Handlungsvollmacht als „*kleiner Prokura*" gelte.[623] Ein anderes Ergebnis widerspräche außerdem dem „*Stufenverhältnis*" zwischen Prokura und Handlungsvollmacht.[624] Eine über die erweiterte Prokura nach § 49 Abs. 2 hinausgehende Vertretungsmacht könnte demnach nicht erteilt werden.[625]

Lehnt man dagegen wie die ganz herrschende Meinung einen Numerus clausus handelsrechtlicher Vollmachten mit der Begründung ab, dass die Handlungsvollmacht lediglich eine Vermutungsregelung und keine eigene Vollmachtsart darstellt und Prokura und Handlungsvollmacht auch kein in sich geschlossenes Vollmachtssystem darstellen, muss auch die Einordnung der Generalvollmacht als Generalhandlungsvollmacht abgelehnt werden. Die Regelung zur Generalhandlungsvollmacht ist nach dieser Sichtweise nämlich gerade keine unbeschränkte Generalvollmacht, sondern lediglich eine Vermutung für den Umfang einer erteilten BGB-Vollmacht, wenn deren Umfang nicht feststeht. Bei der hier untersuchten Generalvollmacht, deren Rechtsgrundlage – wie für alle

---

618 MüKoHGB/*Krebs* HGB Vor. § 48 Rn. 75; *Krebs* ZHR 159, 635, 640, 651; außerdem auch: *Eder* GmbHR 1962, 225 ff.
619 *Krebs* ZHR 159, 635, 653 ff.
620 *Krebs* ZHR 159, 635, 654.
621 MüKoHGB/*Krebs* HGB Vor. § 48 Rn. 88.
622 MüKoHGB/*Krebs* HGB Vor. § 48 Rn. 88.
623 MüKoHGB/*Krebs* HGB Vor. § 48 Rn. 91.
624 MüKoHGB/*Krebs* HGB Vor. § 48 Rn. 91.
625 MüKoHGB/*Krebs* HGB Vor. § 48 Rn. 91.

Vollmachten grundsätzlich – die §§ 164 ff. BGB sind,[626] steht der Umfang dagegen gerade fest und geht über den einer vermuteten Generalhandlungsvollmacht noch hinaus.[627] Die Generalvollmacht ist z.B. auch nicht auf Handelsgeschäfte beschränkt, sodass eine darüber hinaus gehende Vertretung des Kaufmanns – etwa bezüglich dessen Privatvermögens – anders als bei einer vermuteten Generalhandlungsvollmacht möglich ist.[628] Ein weiterer Unterschied besteht darin, dass der Prokurist zwar einen Generalhandlungsbevollmächtigten, aber keinen Generalbevollmächtigten bestellen kann, da seine Befugnisse geringer als die des Generalbevollmächtigten sind.[629] Die Generalvollmacht ist also gerade nicht mir der Generalhandlungsvollmacht zu verwechseln, sondern unterscheidet sich von dieser durch ihren Umfang.[630]

Da aber auch für die Generalvollmacht – wie für alle im kaufmännischen Rechtsverkehr eingesetzten Vollmachten – im Zweifel die Vermutungsregelungen der Handlungsvollmacht gelten,[631] ist auch der Einordnung der Generalvollmacht von *Karsten Schmidt* als sog. *„qualifizierte Generalhandlungsvollmacht“*[632] zuzustimmen. Im Handelsverkehr können sich die Geschäftspartner nämlich stets darauf verlassen, dass eine als Generalvollmacht bezeichnete Vollmacht – nach der Vermutungsregelung in § 54 HGB – jedenfalls mindestens den Umfang einer Generalhandlungsvollmacht hat. Zwar geht eine erteilte Generalvollmacht nach dem Inhalt ihrer Erklärung über diesen vermuteten Umfang noch hinaus, für diesen (erweiterten) Umfang gelten dann aber nicht mehr die den Rechtsverkehr schützenden Vermutungsregelungen. Das bedeutet aber nur, dass sich der Geschäftspartner, der mit einem Generalbevollmächtigten Geschäfte abschließt, sich bezüglich dessen Vollmacht *gesetzlich* nur auf den Umfang einer Generalhandlungsvollmacht verlassen kann. Nach der hier vertretenen Auffassung kann er sich bezüglich des erweiterten bzw. *„qualifizierten“* Umfangs aber auf Grund der Auslegung der Generalvollmacht stets auch auf den umfassenden Vollmachtsumfang verlassen.

626 EBJS/*Weber* Vor. §§ 48 ff., Rn. 6.
627 *Spitzbarth* BB 1962, 851.
628 *Joussen* WM 1994, 273, 274; *Spitzbarth* BB 1962, 851.
629 *Spitzbarth* BB 1962, 851.
630 *Hübner* ZHR 143 (1979), 1, 3, 5 ff.; EBJS/*Weber* HGB Vor. §§ 48 Rn. 5, 6; Röhricht/Graf von Westphalen/Haas/*Wagner* HGB § 54 Rn. 18 ff.; Staub/*Joost* § 49, Rn. 47, § 54 Rn. 5; Baumbach/Hopt/*Hopt* HGB vor § 48 Rn. 2; MüKoGmbHG/*Stephan/Tieves* GmbHG § 35 Rn. 237; Koller/Kindler/Roth/Morck/*Roth* HGB Vor. §§ 48–58 Rn. 2; *Grooterhorst*: Vollmachten im Unternehmen, S. 133.
631 a.A.: *Leiner*: Generalvollmacht, S. 23.
632 *K. Schmidt* HandelsR, § 16 Rn. 95.

D. Umfang und Grenzen der rechtsgeschäftlichen Stellvertretung

Nachdem die Generalvollmacht als eigenständige und vollumfassenste BGB-Vollmacht in das gesetzliche Vollmachtssystem eingeordnet werden konnte, sind im nächsten Schritt nun noch die allgemeinen und deshalb auch für die Generalvollmacht geltenden Grenzen der rechtsgeschäftlichen Vollmachten zu bestimmen. Jeder Vollmachtserteilung und damit auch der Erteilung der Generalvollmacht immanent ist nämlich die Einschränkung, dass eine solche nur soweit reicht, wie sie auch rechtlich Wirkung entfalten kann.[633] Aufgrund der umfassenden Reichweite der Generalvollmacht sind von ihrem Umfang aber grundsätzlich nur solche Rechtsgeschäfte ausgenommen, bei denen die rechtsgeschäftliche Stellvertretung überhaupt nicht zulässig ist, bei denen der Vertretene also selbst bei einer ansonsten ordnungsgemäßen und zulässigen Vollmachtserteilung nicht wirksam vertreten werden kann.

Die rechtsgeschäftliche Stellvertretung ist in diesen Bereichen also grundsätzlich und von vornherein ausgeschlossen und damit unzulässig.[634] Anders als bei den Fällen fehlender Vertretungsmacht kann das Rechtsgeschäft in diesen Bereichen auch nicht nachträglich genehmigt werden[635], sondern es ist unheilbar nichtig[636]. Dieser der Vollmachtserteilung immanente Ausschluss führt aber nicht dazu, dass die entsprechende Vollmacht, die ohne ausdrückliche (deklaratorische) Ausnahme solcher Rechtsgeschäfte erteilt wird, selbst unwirksam bzw. nichtig werden würde. Vielmehr entfaltet eine Bevollmächtigung (auch) zu solchen Rechtsgeschäften an diesen Stellen schlicht keine Wirkung. So ist u.a. die Generalvollmacht einer natürlichen Person auch nicht deshalb nichtig, weil die der Höchstpersönlichkeit unterliegende Einwilligung in ärztliche Heilbehandlungen nicht ausdrücklich von der Vertretungsmacht ausgenommen ist.[637] Nichtig und unzulässig ist also lediglich das einzelne vom rechtsgeschäftlichen Vertreter vorgenommene Rechtsgeschäft.

Zwar ist die Stellvertretung grundsätzlich überall im rechtsgeschäftlichen Verkehr zulässig,[638] allerdings unterliegt jede Vollmachtserteilung und deshalb auch die Generalvollmacht – insbesondere zum Schutz vor einer zu weitgehenden Selbstentrechtung des Vollmachtgebers – gewissen Beschränkungen im allgemeinen Zivilrecht.[639] Und gerade die jeder Vollmachtserteilung immanente

---

633 *Schippers* DNotZ 2009, 353, 373.

634 Palandt/*Heinrichs*, Einf. v. § 164 Rn. 4; MüKoBGB/*Schramm* Vor. § 164 Rn. 71 ff.; Staudinger/*Schilken*, Vor. §§ 164 ff. Rn. 40 f.; Soergel/*Leptien* BGB Vor. § 164 Rn. 84; *Uffmann*: Interim Management, S. 373.

635 MüKoBGB/*Schramm* Vor. § 164 Rn. 75 ff..

636 BGH, NJW 1971, 428; MüKoBGB/*Schramm*, Vor. § 164 Rn. 75.

637 Beispiel bei: *Baumann*: Generalvollmacht, S. 5.

638 Soergel/*Leptien* BGB Vor. § 164 Rn. 84.

639 *Leiner*: Generalvollmacht, S. 18.

Gefahr der Einschränkung des Selbstbestimmungsrechts bzw. der Selbstentrechtung ist bei der Generalvollmacht mit ihrem gewollt so umfassenden Inhalt natürlich besonders groß.[640] Um dieser und anderen mit der Vollmachterteilung verbunden Gefahren zu begegnen, geht die Rechtswissenschaft von verschiedenen im Folgenden näher zu untersuchenden Schranken bei der Erteilung von Vollmachten aus.[641]

I. Allgemeine zivilrechtliche Schranken der rechtsgeschäftlichen Vertretung

Als allgemeine Grenze einer jeden rechtsgeschäftlichen Vollmacht ist zunächst natürlich an das Gebot von Treu und Glauben gem. § 242 BGB zu denken.[642] Aus diesem für alle Rechtsgeschäfte geltenden und deshalb auch generalklauselartig formulierten Gebot lassen sich zwar kaum verallgemeinerungsfähige Regeln aufstellen, trotzdem hat sich die u.a. aus § 242 BGB abgeleitete Regel, dass ein Bevollmächtigter nicht berechtigt sein soll, Erklärungen des Vertretenen unmittelbar nach deren Abgabe durch eine entgegengesetzte Erklärung wieder zu beseitigen, in der rechtswissenschaftlichen Literatur durchgesetzt.[643] Auch das anerkannte Gebot, dass ein Bevollmächtigter nicht zum Widerruf einer gleichrangigen Vollmacht berechtigt sein soll, wird maßgeblich mit dem Gebot von Treu und Glauben begründet.[644]

Eine weitere – sehr allgemeine – Einschränkung für alle Formen der Vollmacht ergibt sich aus dem Verbot des Selbstkontrahieren gem. § 181 BGB. Durch dieses Verbot soll die Gefahr *„ernster Interessenskollisionen"*, die entstehen können, wenn der rechtsgeschäftlich bestellte Vertreter auf „beiden Seiten" auftritt, verhindert werden.[645] Da das Verbot des Insichgeschäfts durch eine entsprechende Erklärung des Vertretenen auch abbedungen werden kann, soll hier vornehmlich die Gefahr des Fehlgebrauchs der Vertretungsmacht eingedämmt werden.

Schließlich ergibt sich auch aus dem Rechtssatz, dass der Umfang einer Vollmacht nicht weiter reichen kann als die Rechtsmacht und die Befugnisse des Vollmachtgebers,[646] eine grundsätzliche Einschränkung der Vollmachtserteilung. Besteht also z.B. gegen den Vollmachtgeber ein Verfügungsverbot, kann auch der Bevollmächtigte nicht über den entsprechenden Gegenstand verfügen.[647] Eine

---

640 *Leiner*: Generalvollmacht, S. 18.
641 *Leiner*: Generalvollmacht, S. 18.
642 Staudinger/*Schilken* § 167 Rn. 87; Soergel/*Leptien* BGB § 167 Rn. 39.
643 Staudinger/*Schilken* § 167 Rn. 87; Soergel/*Leptien* BGB § 167 Rn. 41; *Uffmann*: Interim Management, S. 377.
644 Erman/*Maier-Reimer* BGB § 167 Rn. 48.
645 Soergel/*Leptien* BGB § 181 Rn. 3.
646 So zutreffend etwa: *Reimer*: Generalvollmacht, S. 80.
647 *Reimer*: Generalvollmacht, S. 80 f.

für den hier untersuchten Einsatz einer Generalvollmacht relevante Einschränkung ergibt sich aus den dargestellten allgemeinen zivilrechtlichen Schranken also nicht.

II. Höchstpersönliche Rechtsgeschäfte

Neben den allgemeinen zivilrechtlichen Schranken ist die rechtsgeschäftliche Stellvertretung auch im Bereich der sog. höchstpersönlichen Rechtsgeschäfte eingeschränkt. Solche höchstpersönlichen Rechtsgeschäfte soll es sowohl im allgemeinen Zivilrecht als auch speziell im Handelsrecht geben.

1. Allgemeines Zivilrecht

Unter die grundsätzliche Beschränkung der Vollmachtserteilung nach dem „allgemeinen Zivilrecht" fallen auch sog. *„höchstpersönliche Rechtshandlungen"*, also solche Rechtshandlungen, die der Vertretene aus verschiedenen Gründen selbst *„in Person"* auszuführen hat.[648] Dazu gehören insbesondere die Bereiche des Familien- und Erbrechts, wie etwa die Testamentserrichtung (§ 2064 BGB) oder die Eheschließung (§ 1311 S. 1 BGB)[649]. Neben diesen sehr speziellen Regelungen der Höchstpersönlichkeit bestimmter Pflichten des Rechteinhabers gibt es vereinzelt weitere allgemeine gesetzliche Bestimmungen, die eine Stellvertretung nicht zulassen sollen. So sollen z.B. die Parteivernehmung im Prozess ((§ 447 ZPO) und die Eidesleistung ((§ 478 ZPO) höchstpersönliche, die Vertretung ausschließende Erklärungen sein.[650] Auch presserechtliche Gegendarstellungen sollen unter das Höchstpersönlichkeitsgebot fallen.[651] Für die hier untersuchte Frage sind die aufgeführten Bereich aber irrelevant.

2. Handelsrecht

Neben diesen *„höchstpersönlichen Rechtsgeschäften"* des allgemeinen Zivilrechts soll es auch im Bereich des hier relevanten Handelsrechts höchstpersönliche Rechtsgeschäfte des Kaufmanns geben, die sog. *„Prinzipalgeschäfte"*. Unter Prinzipalgeschäften versteht man gemeinhin Geschäfte, die der Inhaber eines Handelsgeschäfts (der sog. Prinzipal) selbst vornehmen *muss*. Zu diesen Prinzipalgeschäften sollen insbesondere die folgenden näher zu untersuchenden Aufgaben gehören: die Erteilung der Prokura (§ 48 Abs. 1 HGB), Anmeldungen zum

---

648 Soergel/*Leptien* BGB Vor. § 164 Rn. 84; Erman/*Maier-Reimer* BGB § 164 Rn. 32; *Schippers* DNotZ 2009, 353, 360; Staub/*Joost* HGB vor § 48 Rn. 29 *Joussen* WM 1994, 273, 276; *Hübner* ZHR 143 (1979), 3.

649 Soergel/*Leptien* BGB Vor. § 164 Rn. 84; *Reimer*: Generalvollmacht S. 15.

650 MüKoHGB/*Krebs* HGB § 49 Rn. 51; BeckOK HGB/*Meyer* HGB § 49 Rn. 22; Staub/*Joost* HGB § 50 Rn. 28.

651 OLG Frankfurt, Urteil vom 03.07.2003 (Az.: 16 U 40/03) = AfP 2003, 459.

Handelsregister (§§ 12, 29 HGB), die Unterzeichnung des Jahresabschlusses (§ 245 HGB), die Stellung des Insolvenzantrages (§§ 15, 15a InsO) und schließlich sog. Grundstücksgeschäfte des Unternehmens (§ 49 Abs. 1 und 2 HGB).

a) Prokuraerteilung

Besonders die Erteilung der Prokura wird von der h.Lit. als sog. Prinzipalgeschäft angesehen. Diese Ansicht soll in diesem Kapitel zunächst dargestellt und anschließend in einer eigenen Stellungnahme kritisch bewertet werden.

(1) H.Lit.

Gemäß § 48 Abs. 1 HGB kann die Prokura „*nur von dem Inhaber des Handelsgeschäfts oder seinem gesetzlichen Vertreter und nur mittels ausdrücklicher Erklärung erteilt werden*". Die ganz herrschende Lehre (eine abweichende Ansicht konnte nicht gefunden werden) folgert aus dieser Vorschrift, dass ein rechtsgeschäftlicher Vertreter vom Kaufmann weder durch Spezial- noch durch Generalvollmacht zur Prokuraerteilung ermächtigt werden kann.[652] Sie sieht in der Prokuraerteilung also eine höchstpersönliche Willenserklärung des Unternehmensinhabers, wodurch seine rechtsgeschäftliche Vertretung bei der Abgabe der zugrundeliegenden Willenserklärung (vergleichbar mit der Eheschließung und der Testamentserrichtung) ausgeschlossen sein soll. Die herrschende Lehre argumentiert dabei – soweit ersichtlich – hauptsächlich mit dem in ihren Augen ausdrücklichen Wortlaut der Vorschrift sowie mit dem umfassenden Vollmachtsumfang der Prokura und den daraus folgenden weitreichenden Einflussmöglichkeiten eines Prokuristen auf das Unternehmen des Kaufmanns. Bei der juristischen Person wird die Höchstpersönlichkeit von der herrschenden Lehre so verstanden, dass Prokura auch nur durch die juristische Person selbst und deshalb nur durch ihre organschaftlichen Vertreter erteilt werden könne.[653] Begründet wird die Einschränkung der rechtsgeschäftlichen Vertretung hier damit, dass nach der oben dargestellten herrschenden *Organtheorie* die juristische Person durch ihre Leitungsorgane selbst handle und insofern auch nur das Handeln des Organs eine höchstpersönliche Erklärung der juristischen Person darstelle.[654]

---

652 MüKoHGB/*Krebs* HGB § 48 Rn. 15; Koller/Kindler/Roth/Morck/*Roth* § 48 HGB Rn. 3; Oetker/*Schubert* HGB § 48 Rn. 14; EBJS/*Weber* HGB § 48 Rn. 12; *Canaris* HandelsR, § 12 Rn. 3; *K. Schmidt* HandelsR, § 16 Rn. 24; Staub/*Joost* HGB § 48 Rn. 49; BeckOK HGB/*Meyer* HGB § 48 Rn. 19.

653 MüKoHGB/*Krebs* HGB § 48 Rn. 15; Koller/Kindler/Roth/Morck/*Roth* § 48 HGB Rn. 3; Oetker/*Schubert* HGB § 48 Rn. 14; EBJS/*Weber* HGB § 48 Rn. 12; *Canaris* HandelsR, § 12 Rn. 3; *K. Schmidt* HandelsR, § 16 Rn. 24; Staub/*Joost* HGB § 48 Rn. 49; BeckOK HGB/*Meyer* HGB § 48 Rn. 19.

654 So z.B. für die Bilanzunterzeichnung: *Joussen* WM 1994, 273, 278.

Würde man der herrschenden Lehre folgen, könnte mittels einer rechtsgeschäftlichen Vollmacht also keine Prokura erteilt werden, auch nicht mittels einer Generalvollmacht. Dadurch wäre der Umfang der Generalvollmacht im Vergleich zur Vertretungsmacht des Geschäftsführers nicht unerheblich eingeschränkt. Diese Argumentation ist m.E. aber aus mehreren Gesichtspunkten nicht haltbar, wie nun im folgenden Abschnitt gezeigt werden soll.

(2) Stellungnahme

Zunächst ist schon der Wortlaut der Vorschrift weniger eindeutig, als dies von der herrschenden Lehre zugegeben wird. Tatsächlich besagt der Wortlaut des § 48 Abs. 1 HGB nämlich nur, dass die Prokura nur vom Inhaber *erteilt* werden kann. Sie besagt aber gerade nicht und schon gar nicht ausdrücklich, dass sich der Inhaber bei der Erteilung nicht vertreten lassen kann. Denn auch wenn ein Bevollmächtigter die Willenserklärung zur Prokuraerteilung abgibt, treffen die Rechtsfolgen der Erklärung nach den allgemeinen Stellvertretungsregelungen ausschließlich den Vertretenen. Auch bei der Erklärung durch einen Bevollmächtigten des Kaufmanns hätte deshalb trotzdem ausschließlich der Kaufmann und nicht der Bevollmächtigte die Prokura erteilt. Der Bevollmächtigte selbst *erteilt* nur dann Vollmacht, wenn er einem Dritten eine Untervollmacht für den Vollmachtgeber erteilt. Schon der Wortlaut spricht deshalb dafür, dass lediglich die Erteilung einer untergeordneten (eigenen) Prokura, also einer (mittelbaren) Unterprokura, die nicht vom Kaufmann selbst, sondern von dem Bevollmächtigten abgeleitet wäre, ausgeschlossen werden sollte.[655] Mit dem Wortlaut wird außerdem klargestellt, dass nur ein Kaufmann und nicht jedermann Prokura erteilen kann. Allein aus dem Wortlaut der Vorschrift kann deshalb nicht auf ein höchstpersönliches Rechtsgeschäft geschlossen werden.

Gegen das Höchstpersönlichkeitsdogma der herrschenden Lehre spricht des Weiteren die (wie soeben ausgeführt) von der h.M. anerkannte grundsätzliche Zulässigkeit der Generalvollmacht als eine über den Umfang einer Prokura noch hinausgehende Vollmacht nach §§ 167 ff. BGB. Wenn nämlich die Erteilung der noch umfangreicheren Generalvollmacht (mangels gesetzlicher Grundlage) keine höchstpersönliche Willenserklärung darstellen soll, ist nicht einzusehen, weshalb bei der Prokuraerteilung andere Maßstäbe angelegt werden sollten. Zwar könnte dann argumentiert werden, dass auch die Generalvollmacht eine solche höchstpersönliche Willenserklärung darstellt, allerdings ließe sich dann jedenfalls nicht der Wortlaut des § 48 Abs. 1 HGB als Argument heranziehen, da eine entsprechende Vorschrift für die Generalvollmacht fehlt.

Auch der im Gegensatz zur Generalvollmacht mit der Prokuraerteilung verbundene Gutglaubensschutz durch § 15 HGB führt nicht dazu, dass der Kaufmann hier durch ein Höchstpersönlichkeitsdogma geschützt werden müsste.

655 Vgl. etwa: BeckOK HGB/*Meyer* HGB § 49 Rn. 14.

Zwar ist der Rechtsverkehr durch die Eintragung der Prokura im Glauben an ihr Bestehen geschützt und der Kaufmann muss sich insofern an der Eintragung festhalten lassen. Allerdings geht die ganz h.M. schon zu Recht davon aus, dass die Anmeldung nicht nur durch den Kaufmann selbst, sondern auch durch einen Bevollmächtigten vorgenommen werden kann.[656] Wenn also der für den Kaufmann evtl. „kritische" Gutglaubensschutz mittels Eintragung durch einen Bevollmächtigten herbeigeführt werden kann, ist kein vernünftiger Grund ersichtlich, weshalb dies nicht auch für die Erteilung selbst gelten soll.

Für die vorliegende Frage der Höchstpersönlichkeit der Prokuraerteilung bleibt deshalb nur das Argument des umfassenden Umfangs der Prokura. Aber auch dieses Argument, das letztendlich den Schutz des Kaufmanns vor einer ausufernden Vervielfachung der ihn umfassend vertretenden Personen bezweckt, verfängt nicht. Dagegen spricht, dass es für einen solchen Schutz bereits ausreichend ist, wenn man zum Schutz des Kaufmanns annimmt, dass die Vollmacht zur Erteilung der Prokura in der Regel nicht bereits vom Umfang einer (gewöhnlichen) Handlungsvollmacht umfasst ist. Dagegen bedarf der Kaufmann, der entweder eine Spezialvollmacht zur Erteilung der Prokura oder eine Generalvollmacht, die auch die Erteilung der Prokura mitumfasst, erteilt hat, keines besonderen Schutzes. Bei der Spezialvollmacht hat sich der Kaufmann nämlich bereits für die Erteilung einer Prokura entschieden. Je nach konkreter Ausgestaltung der Spezialvollmacht hat er sich außerdem schon dazu entschieden, den Bevollmächtigten selbst über die Person des Prokuristen und den Zeitpunkt der Prokuraerteilung bestimmen zu lassen. Bei der Generalvollmacht lässt sich wiederum argumentieren, dass der Kaufmann dem Generalbevollmächtigten ohnehin schon umfassende Vollmacht eingeräumt hat und kein qualitativer Unterschied entsteht, wenn sich der Generalbevollmächtigte bei der Ausübung dieser umfassenden Vollmacht eines Prokuristen bedient. Der Kaufmann hat dem Generalbevollmächtigten eine so umfassende Entscheidungsbefugnis über sein Unternehmen erteilt, die durch die Erteilung einer Prokura durch den Generalbevollmächtigten gar nicht weiter ausgebaut würde. Dafür spricht im Übrigen auch, dass die Prokuraerteilung zwar nur ausdrücklich, aber auch formlos erfolgen kann, der Kaufmann offensichtlich also nicht in gleicher Weise vor der Reichweite seiner Entscheidung gewarnt werden muss wie etwa bei der Immobilienübertragung, bei der Testamentserrichtung oder der Eheschließung.

Schließlich ist die Idee eines höchstpersönlichen Rechtsgeschäfts jedenfalls bei juristischen Personen m.E. ohnehin völlig verfehlt. Denn sie basiert – wie der obige Blick ins allgemeine Zivilrecht zeigt – nämlich letztendlich auf dem Gedanken der Menschenwürde. Mit ihr soll der einzelne Mensch in seiner Person geschützt bzw. in die Pflicht genommen werden. Sie schützt deshalb auch nicht

656 MüKoHGB/*Krebs* HGB § 53 Rn. 9; EBJS/*Weber* HGB § 53 Rn. 5; Oetker/*Schubert* HGB § 53 Rn. 5–7; Koller/Kindler/Roth/Drüen/*Roth* HGB § 53 Rn. 1–6; a.A. aber wohl: BeckOK HGB/*Meyer* HGB § 53 Rn. 3 ff.

die *Rechts*persönlichkeit, sondern die Persönlichkeit natürlicher Personen. Der juristischen Person als bloßem Gedankenkonstrukt wird zwar von der Rechtsordnung eine „*Rechts*persönlichkeit" zugestanden, anders als natürliche Personen hat sie aber unzweifelhaft keine menschliche Persönlichkeit und deshalb auch keine zu schützende Würde. Wenn man bei der juristischen Person also von höchstpersönlichen Rechtsgeschäften spricht, können damit allenfalls entweder höchstpersönliche Rechtsgeschäfte des jeweiligen Organwalters (in der Regel der Person des Geschäftsführers: wie bei der Handelsregisteranmeldung, der Unterzeichnung des Jahresabschlusses, der Pflicht zur Insolvenzantragstellung etc.) oder aber der hinter der juristischen Person stehenden Gesellschafter (bspw. vor einer ungewollten Bevollmächtigung Dritter) als natürliche Personen gemeint sein. Nie aber kann es bei juristischen Personen um den Schutz der „Persönlichkeit" der juristischen Person gehen, weil eine solche nicht existiert.[657]

Die Erteilung der Prokura ist also nach richtiger Auffassung kein höchstpersönliches Rechtsgeschäft des Kaufmanns. Ob die Prokuraerteilung vom Umfang einer vom Kaufmann erteilten Vollmacht umfasst ist, muss deshalb im Einzelfall entschieden werden. Davon wird aber nur im Ausnahmefall auszugehen sein, da die Prokura in der Regel weiter reichen dürfte als die erteilte Vollmacht, der Kaufmann sich sonst also widersprüchlich verhalten würde. Anders sieht dies allerdings für die Generalvollmacht aus. Als vollumfassende und grundsätzlich nicht eingeschränkte Vollmacht ist von ihrem Umfang auch die Erteilung einer Prokura umfasst. Da ihr Umfang weiter reicht als der einer Prokura, ist hier auch kein Widerspruch zu sehen. Der vom Generalbevollmächtigten ernannte Prokurist kann den Kaufmann nicht umfassender vertreten als dies der Generalbevollmächtigte ohnehin selbst könnte, sodass der Kaufmann durch die Prokuraerteilung keinem zusätzlichem bzw. keinem größeren Risiko ausgesetzt wird.

b) Anmeldungen zum Handelsregister

Die GmbH wird auch bei Anmeldungen zum Handelsregister grundsätzlich durch ihr Vertretungsorgan, also ihren Geschäftsführer, vertreten.[658] Wie sich aus den §§ 10, 378 Abs. 1 FamFG und § 12 Abs. 1 S. 2 HGB ausdrücklich ergibt, kann die Anmeldung aber auch durch Bevollmächtigte[659] und deshalb auch durch

657 a.A. bspw.: *Uffmann*: Interim Management, S. 371.

658 MüKoHGB/*Krafka* HGB § 12 Rn. 43; EBJS/*Schaub* HGB § 12 Rn. 130; Koller/Kindler/Roth/Morck/*Roth* HGB § 12 Rn. 2, 6; Oetker/*Preuß* HGB § 12 Rn. 12.

659 MüKoHGB/*Krafka* HGB § 12 Rn. 25; EBJS/*Schaub* HGB § 12 Rn. 63; BeckOK HGB/*Bömeke* HGB § 29 Rn. 5; Baumbach/Hopt/*Hopt* HGB § 12 Rn. 3; Oetker/*Preuß* HGB § 12 Rn. 37; BeckOK HGB/*Müther* HGB § 12 Rn. 13; Henssler/Strohn/*Wamser* HGB § 12 Rn. 3; Koller/Kindler/Roth/Morck/*Roth* HGB § 12 Rn. 6; *Gustavus* GmbHR 1978, 219, 224 f.; *Schaub* DStR 1999, 1699.

einen Generalbevollmächtigten[660] erfolgen. Daraus folgt, dass die Handelsregistereintragung grundsätzlich keine eigenhändige gesetzliche Inhaber- bzw. Organpflicht ist, wie das früher zum Teil stillschweigend angenommen wurde.[661]

Allerdings soll die Anmeldungshandlung dann „*höchstpersönlich*" sein, wodurch die rechtsgeschäftliche Stellvertretung ausgeschlossen wäre, wenn mit der Anmeldung zusätzliche Erklärungen oder Versicherungen abzugeben sind, die bei Wahrheitswidrigkeit zivil- oder strafrechtliche Folgen nach sich ziehen.[662] So sollen bei der GmbH die folgenden in § 78 Alt. 2 GmbHG aufgezählten Anmeldungen vom *Geschäftsführer* höchstpersönlich abzugeben sein: die Erstanmeldung gem. § 7 GmbHG, Anmeldungen von Kapitalerhöhungen gem. § 57i GmbHG, von Kapitalerhöhungen aus Gesellschaftsmitteln gem. § 57i GmbHG und von Kapitalherabsetzungen gem. § 58 Abs. 1 GmbHG.[663] In dieser Beschränkung liegt aber bei genauerer Betrachtung keine Einschränkung der rechtsgeschäftlichen Vertretung der Gesellschaft, sondern eine Beschränkung der Vertretung der Person des Geschäftsführers. Die öffentlich-rechtliche Pflicht[664] trifft insofern nämlich nicht die GmbH, die durch den Geschäftsführer vertreten werden müsste, sondern die Person des Geschäftsführers persönlich, der mit der Amtsübernahme gewisse öffentlich-rechtliche Pflichten übernommen hat, bei deren Ausübung er sich nicht vertreten lassen darf.[665] Nur ihn persönlich und damit die hinter dem Organ stehende natürliche Person persönlich treffen die straf- und zivilrechtlichen Folgen und nur ihn treffen deshalb auch diese öffentlichen Pflichten. Der hier untersuchte Interim Manager als Generalbevollmächtigter der GmbH soll aber nicht den Geschäftsführer, sondern ausschließlich die GmbH vertreten. Des Weiteren betrifft das Befolgen öffentlich-rechtlicher Pflichten auch nicht den oben herausgearbeiteten Willen der GmbH. Mit diesen öffentlich-rechtlichen

660 EBJS/*Schaub* HGB § 12 Rn. 63; *Schaub* DStR 1999, 1699; Baumbach/Hopt/*Hopt* HGB § 12 Rn. 3; Henssler/Strohn/*Wamser* HGB § 12 Rn 3; Koller/Kindler/Roth/Morck/*Roth* HGB § 12 Rn. 6; MüKoHGB/*Krafka* HGB § 12 Rn. 25; *Geitzhaus* GmbHR 1989, 229, 233; ablehnend aber: *Schippers* DNotZ 2009, 353 ff.; *Gustavus* GmbHR 1978, 219, 225.

661 MüKoHGB/*Krebs* HGB § 49 Rn. 50; *Geitzhaus* GmbHR 1989, 229, 233.

662 MüKoHGB/*Krafka* HGB § 12 Rn. 32 ff.; EBJS/*Schaub* HGB § 12 Rn. 95; *Schaub* DStR 1999, 1699, 1701; Baumbach/Hopt/*Hopt* HGB § 12 Rn. 3; BeckOK HGB/*Müther* HGB § 12 Rn. 14; Henssler/Strohn/*Wamser* HGB § 12 Rn 3; Koller/Kindler/Roth/Morck/*Roth* HGB § 12 Rn. 6; in diese Richtung auch: *Geitzhaus* GmbHR 1989, 229, 233; differenzierend: Oetker/*Preuß* HGB § 12 Rn. 41; BGH, Urteil vom 02.12.1991 (Az.: II ZB 13/91) = BGHZ 116, 190.

663 EBJS/*Schaub* HGB § 12 Rn. 96; BeckOK HGB/*Müther* HGB § 12 Rn. 14; Hachenburg/*Ulmer* GmbHG § 7 Rn. 12; Baumbach/Hueck/*Fastrich* GmbHG § 7 Rn. 3; Rowedder/Schmidt-Leithoff/C. Schmidt-Leithoff GmbHG § 7 Rn. 8; *Gustavus* GmbHR 1978, 219, 224 f.

664 *Uffmann*: Interim Management, S. 371.

665 So auch: *Gustavus* GmbHR 1978, 219, 224 f.; *Schaub* DStR 1999, 1699, 1701.

Pflichten des Geschäftsführers ist also keine Einschränkung der Möglichkeiten des Interim Managers, mittels Generalvollmacht den Willen für die GmbH im Rechtsverkehr zu bilden, verbunden. Auf die Frage, ob an dieser Stelle eine Vertretung des Geschäftsführers möglich ist oder nicht, kommt es damit nicht an.

c) Die Unterzeichnung des Jahresabschlusses, § 245 HGB

Gem. § 245 S. 1 HGB ist der Jahresabschluss *„vom Kaufmann"* unter Angabe des Datums *„zu unterzeichnen"*. Die wohl herrschende Meinung in der Rechtsliteratur legt den Wortlaut der Norm so aus, dass die Unterzeichnung nur durch den Einzelkaufmann *höchstpersönlich* zu erfolgen hat und eine Vertretung nicht möglich sein soll.[666] Auch bei einer Kapitalgesellschaft soll die Unterzeichnung der Bilanz durch die juristische Person höchstpersönlich und deshalb durch das Vertretungsorgan der juristischen Person, also bei der GmbH durch den Geschäftsführer, erfolgen.[667]

Wie soeben bei den Anmeldungen zum Handelsregister ausgeführt, liegt aber auch hier keine *„höchstpersönliche"* Verpflichtung der Gesellschaft, sondern eine des jeweiligen Organwalters vor. Mit der Unterzeichnung übernimmt der Unterzeichnungspflichtige hier die Verantwortung für die Vollständigkeit und Richtigkeit des unterschriebenen Jahresabschlusses[668] und dokumentiert die darin enthaltenen Erklärungen[669]. Die Unterzeichnungspflicht soll deshalb als Bestandteil der Buchführungs- und Bilanzierungspflicht des Kaufmanns eine ausschließlich öffentlich-rechtliche Pflicht im Interesse der Adressaten des Jahresabschlusses sein.[670] Tatsächlich vertritt der Geschäftsführer durch die Unterschriftsleistung damit deshalb auch nicht die GmbH nach außen. Vielmehr erfüllt der Geschäftsführer durch die Unterschriftsleistung eine ihm selbst auferlegte öffentliche Pflicht, die er höchstpersönlich zu erbringen hat. Insofern handelt es

---

666 EBJS/*Böcking/Gros* HGB § 245 Rn. 6; BeckOK HGB/*Ruppelt* HGB § 245 Rn. 20 f.; Koller/Kindler/Roth/Morck/*Morck* HGB § 245 Rn. 3; MüKoHGB/*Ballwieser* HGB § 245 Rn. 2; MüKoBilanzR/*Kleindiek* HGB § 245 Rn. 16.

667 *Joussen* WM 1994, 273, 278; MüKoHGB/*Ballwieser* HGB § 245 Rn. 8; MüKoBilanzR/*Kleindiek* HGB § 245 Rn. 9, 12; EBJS/*Böcking/Gros* HGB § 245 Rn. 8; BeckOK HGB/*Ruppelt* HGB § 245 Rn. 17; Koller/Kindler/Roth/Morck/*Morck* HGB § 245 Rn. 3.

668 BeckOK HGB/*Ruppelt* HGB § 245 Rn. 1; MüKoHGB/*Ballwieser* HGB § 245 Rn. 1; EBJS/*Gros/Böcking* HGB § 245 Rn. 1; MüKoBilanzR/*Kleindiek* HGB § 245 Rn. 1; Koller/Kindler/Roth/Morck/*Morck* HGB § 245 Rn. 2; BGH, Urteil vom 27.02.1962 (Az.: VI ZR 194/61) = BB 1962, 426.

669 BeckOK HGB/*Ruppelt* HGB § 245 Rn. 1; EBJS/*Gros/Böcking* HGB § 245 Rn. 1; Koller/Kindler/Roth/Morck/*Morck* HGB § 245 Rn. 2; MüKoHGB/*Ballwieser* HGB § 245 Rn. 1; MüKoBilanzR/*Kleindiek* HGB § 245 Rn. 2; OLG Frankfurt, Urteil vom 10.05.1988 (Az.: 5 U 285/86) = NJW-RR 1989, 546.

670 BeckOK HGB/*Ruppelt* HGB § 245 Rn. 1; BGH, Urteil vom 28.01.1985 (Az.: II ZR 79/84) = BB 1985, 567; MüKoBilanzR/*Kleindiek* HGB § 245 Rn. 2; EBJS/*Gros/Böcking* HGB § 245 Rn. 1.

sich auch bei der Höchstpersönlichkeit der Unterzeichnung des Jahresabschlusses nach § 245 HGB nicht um eine Einschränkung der Vertretung der GmbH, sondern derjenigen der Person des Geschäftsführers als natürliche Person, also des Organwalters. Auch die Unterzeichnung des Jahresabschlusses gehört nicht zum oben herausgearbeiteten Willen der GmbH. Deshalb muss auch an dieser Stelle die Frage, ob eine Vertretung des Geschäftsführers möglich ist oder nicht, nicht entschieden werden.

d) Recht und Pflicht zur Insolvenzantragsstellung

Gemäß § 15 Abs. 1 S. 1 InsO haben bei einer juristischen Person ausschließlich *„die Mitglieder des Vertretungsorgans“* das *Recht* zur Stellung eines Antrags auf Eröffnung des Insolvenzverfahrens über das Vermögen der juristischen Person. Gemäß § 15a Abs. 1 S. 1 InsO haben außerdem *„die Mitglieder des Vertretungsorgans“* einer juristischen Person bei Zahlungsunfähigkeit oder Überschuldung spätestens drei Wochen nach Eintritt auch die *Pflicht*, einen Eröffnungsantrag zu stellen. Mitarbeiter der insolventen juristischen Person sind deshalb genau so wie andere mit der juristischen Person verbundene Dritte, wenn diese nicht Mitglied im Vertretungsorgan sind, unabhängig davon, ob ihnen Vollmachten zustehen bzw. ihnen Prokura erteilt worden ist, weder zur Antragstellung *berechtigt* noch *verpflichtet*.[671]

Auch die *Verpflichtung* zur Antragsstellung ist wiederum als eine höchstpersönlich öffentlich-rechtliche Verpflichtung der Person des Vertretungsorgans der juristischen Person ausgestaltet und trifft damit ausschließlich die dahinterstehende natürliche Person des Organwalters. Nur sie kann diese ihr auferlegte öffentlich-rechtliche Verpflichtung erfüllen. Eine Vertretung kann insofern auch nicht zulässig sein.

Dagegen ist das *Recht* zur Antragstellung keine öffentlich-rechtliche Verpflichtung der Gesellschaft[672] und auch keine des Geschäftsführers. Vielmehr handelt es sich bei der eingeschränkten Antragsberechtigung dogmatisch um eine *„besondere gesetzliche Vertretungsmacht“*[673], deren Zweck in erster Linie in der Vereinfachung der Eigenantragstellung bei juristischen Personen liegt.[674] Durch die klare und eindeutige Regelung sollen auch die Gläubiger der juristischen Person vor Verzögerungen der Antragstellung aufgrund interner Streitigkeiten geschützt

671 Schmidt InsO/*Gundlach* InsO § 15 Rn. 7; Schmidt InsO/*Herchen/Karsten Schmidt* InsO § 15a Rn. 15; Braun/*Bußhardt* InsO § 15 Rn. 9; BeckOK InsO/*Wolfer* InsO § 15 Rn. 1c; MüKoGmbHG/*H.-F. Müller* GmbHG § 64 Rn. 51; Baumbach/Hueck/*Haas* GmbHG § 60 Rn. 28, 30; MüKoInsO/*Klöhn* InsO § 15 Rn. 7 ff.

672 *Geitzhaus* GmbHR 1989, 229, 233.

673 MüKoInsO/*Klöhn* InsO § 15 Rn. 2; Uhlenbruck/*Hirte* § 15 Rn. 1 (*„erweitert die Vertretungsmöglichkeiten“*); KG, Beschluss vom 13.05.1965 (Az.: 1 W 848/65) = NJW 1965, 2157, 2158.

674 MüKoInsO/*Klöhn* InsO § 15 Rn. 2.

und das Insolvenzgericht von der Pflicht, die Einzelheiten der Vertretungsstrukturen zu prüfen, enthoben werben.[675] Auch insofern ist die Antragstellung also kein *„Prinzipal-“* oder *„höchstpersönliches Rechtsgeschäft“* der juristischen Person, bei der die rechtsgeschäftliche Vertretung zwingend ausgeschlossen wäre. Vielmehr trifft die Insolvenzordnung an dieser Stelle zum Schutz der Gläubiger und zur Entlastung des Insolvenzgerichts lediglich eindeutige und abschließende Vertretungsregelungen. Auch der Generalbevollmächtigte kann deshalb keinen Insolvenzantrag stellen. Da aber die Insolvenzantragsstellung ebenfalls nicht in den oben definierten Bereich des Willens der GmbH fällt, ist auch damit keine für die hier untersuchte Frage relevante Einschränkung verbunden.

e) Grundstückgeschäfte, § 49 Abs. 2 HGB

Die Vornahme von Grundstücksgeschäften ist schon deshalb kein *„Prinzipalgeschäft“* des Kaufmanns, da jedenfalls der Prokurist durch eine Erweiterung der Prokura[676] gem. § 49 Abs. 2 HGB zur Veräußerung und Belastung von Grundstücken berechtigt werden kann. Unabhängig von der Frage, ob es bei juristischen Personen überhaupt so etwas wie höchstpersönliche Rechtsgeschäfte geben kann, ist jedenfalls bei der Vornahme von Grundstücken rechtsgeschäftliche Vertretung grundsätzlich zulässig.

3. Zusammenfassung

Wie in diesem Abschnitt gezeigt werden konnte, sind die im Handelsrecht als Prinzipal- bzw. höchstpersönliche Rechtsgeschäfte beschriebenen Handlungen nicht mit den höchstpersönlichen Rechtsgeschäften im allgemeinen Zivilrecht vergleichbar. Anders als diese sind sie nämlich insbesondere gerade nicht an eine natürliche Person geknüpft. Da aber nur eine natürliche Person eine von der Rechtsordnung zu schützende Persönlichkeit besitzt und diese auch nicht mit der *Rechts*persönlichkeit natürlicher und juristischer Personen gleichgesetzt werden kann, können hier auch nicht die im allgemeinen Zivilrecht zu Recht vorgebrachten Argumente verwendet werden. Mangels anderer überzeugender Argumente können deshalb grundsätzlich alle Rechte für die juristische Person auch von einem „nur“ Bevollmächtigten und deshalb also auch von einem Generalbevollmächtigten ausgeübt werden.[677]

Sofern an verschiedenen Stellen im Gesetz die Ausübung bestimmter Rechte lediglich bestimmten Personen – insbesondere dem Geschäftsführer der GmbH – gestattet ist, soll damit nicht die juristische Person als solche in ihrer „Höchstpersönlichkeit“ geschützte werden. Vielmehr liegt in diesen Fällen regelmäßig

675 MüKoInsO/*Klöhn* InsO § 15 Rn. 2.
676 EBJS/*Weber* HGB § 49 Rn. 18.
677 Anders aber *Geitzhaus* GmbHR 1989, 229, 233, der dafür eine konkrete Einzelvollmacht verlangt.

eine an die Person des Geschäftsführers geknüpfte (öffentlich-rechtliche) Verpflichtung vor. Nur wenn dies der Fall ist, ist die Ausübung der Handlung einem Dritten nicht gestattet. Damit wird aber nicht die juristische Person geschützt, sondern der entsprechende Organwalter persönlich in die Pflicht genommen. Dies sieht auch *Krebs*[678], wenn er schreibt, dass der Gesetzgeber in einigen Fällen dem Inhaber bzw. dem gesetzlichen Vertreter *„nicht nur unmittelbare Pflichten im Sinne einer haftungsrechtlichen Verantwortung auferlegt, sondern auch die persönliche Ausführung anordnet und damit diese Handlungen der Vertretungsmacht des Prokuristen entzieht"*.[679]

III. Unwiderruflichkeit der Generalvollmacht

Schließlich könnte die Generalvollmacht nach allgemeinem Zivilrecht auch dadurch eingeschränkt sein, dass – unabhängig von ihrem weiten Umfang – eine Vollmacht zum Schutz des Vollmachtgebers (und damit erst recht eine Generalvollmacht) nach wohl h.M. nicht unwiderruflich erteilt werden kann, sie – als Ausfluss der Privatautonomie[680] – für den Vertretenen also stets widerrufbar sein muss,[681] selbst wenn der Vollmacht ein Rechtsgeschäft zugrunde liegt (sog. kausale Vollmacht).[682] *Leiner* begründet diese Ansicht etwa damit, dass *„der Vollmachtgeber bei einer unwiderruflichen Vollmacht seine rechtsgeschäftlichen Entscheidungsbefugnisse derart umfänglich in die Hände eines anderen"* lege, dass *„das grundlegende Privileg ausschließlicher Selbstbestimmung in rechtlichen Angelegenheiten nahezu aufgehoben und die Entscheidungsfreiheit unvertretbar eingeschränkt"* wäre.[683] Auch bei den oben bereits erwähnten Betriebsführungsverträgen wird in der Literatur die Erteilung einer unwiderruflichen Generalvollmacht an den Betriebsführer ganz überwiegend für unzulässig gehalten.[684] Argumentiert wird hier, dass eine unwiderrufliche Vollmacht zur umfassenden Beherrschung des Vollmachtgebers

---

678 MüKoHGB/*Krebs* HGB § 49 Rn. 50.

679 Vgl. auch Staub/*Joost* HGB § 50 Rn. 28.

680 *Flume* BGB AT II, § 53; Soergel/*Leptien* BGB § 168 Rn. 25; a.A. aber: *Joussen* WM 1994, 273, 281 f.

681 *Weber*: Privatautonomie, S. 297; *Leiner*: Generalvollmacht, S. 19 f.; MüKoBGB/*Thiele* BGB § 168 Rn. 25; Soergel/*Leptien* BGB § 168 Rn. 25; *Traumann* GmbHR 1985, 78 f.; *Huber* ZHR 152 (1988), 1, 24 ff.; *Flume* BGB AT I/2, § 10 II, AT II, § 53; für die AG: MüKoAktG/*Spindler* AktG § 78 Rn. 114; Hüffer/*Koch* AktG § 78 Rn. 10; Hölters/*Weber* AktG § 78 Rn. 41; Spindler/Stilz/*Fleischer* AktG § 78 Rn. 52; GKAktG/*Habersack/Foerster* AktG § 78 Rn. 81 f.; MünchHdB GesR IV/*Wiesner* § 23 Rn. 28.

682 *Leiner*: Generalvollmacht, S. 20; Soergel/*Leptien* BGB § 168 Rn. 25; *Flume* BGB AT II, § 53; BeckOK BGB/*Schäfer* BGB § 168 Rn. 25; MüKoBGB/*Schubert* BGB § 168 Rn. 25.

683 *Leiner*: Generalvollmacht, S. 20 f.

684 MüKoAktG/*Altmeppen* AktG § 292 Rn. 154; Baumbach/Hopt/*Roth* HGB § 125 Rn. 7; EBJS/*Wertenbruch*, HGB § 105 Rn. 17.

führe und deshalb dessen Privatautonomie beseitige.[685] Ein solche Beherrschung soll allenfalls unter den Voraussetzungen eines echten Beherrschungsvertrags und zu Lasten einer juristischen Person (nie aber einer Personengesellschaft oder eines Einzelunternehmens) nach § 291 AktG zulässig, im Übrigen sittenwidrig i. S. von § 138 Abs. 1 BGB sein.[686]

Dem ist m.E. vollumfänglich zuzustimmen. Jedenfalls bei einer nicht fremdnützigen so umfänglichen Vollmachtserteilung sollte der Vollmachtgeber sich nicht vollumfänglich seiner Entscheidungsbefugnisse begeben können. Für eine unwiderrufliche Generalvollmacht besteht für den hier untersuchten Interim Manager – soweit ersichtlich – aber auch schon kein Bedürfnis.[687] Dieser soll zwar die GmbH umfassend steuern können. Allerdings soll sein Einsatz ohnehin von vornherein zeitlich beschränkt sein. Und auch wenn er seine Entscheidungen im Einzelfall ohne Zustimmung der Gesellschafterversammlung treffen können soll, wird er von dieser beauftragt. Er handelt somit nicht im eigenen Interesse oder im Interesse eines Dritten. Ein Bedürfnis für eine unwiderrufliche und damit von der Einflussnahme des Bevollmächtigenden unabhängige Vollmacht ist hier deshalb nicht zu erkennen. Ob die Generalvollmacht unwiderruflich erteilt werden kann, ist hier deshalb nicht relevant.

E. Zwischenergebnis: Die hier zu untersuchende Generalvollmacht

Die Generalvollmacht als reine „*Schöpfung der Praxis*" unterliegt wie jede nicht gesetzlich geregelte Form der Vollmacht grundsätzlich der Auslegung. Zu Vereinfachungszwecken muss für diese Arbeit aber angenommen werden, dass damit nur eine „einfache" Generalvollmacht gemeint ist, die also „generell" erteilt wurde und deshalb so zu verstehen ist, dass damit eine umfassend weite Vollmacht, die grundsätzlich zu einer Vertretung bei „allen" Rechtsgeschäften ermächtigt, gemeint sein soll. Diese umfassende Generalvollmacht erfreut sich im Wirtschaftsleben einer großen Beliebtheit und kann sowohl intern an

---

685 MüKoAktG/*Altmeppen* AktG § 292 Rn. 154; so auch *Flume* BGB AT II, § 53 3.: „*Niemand kann sich verpflichten, alles zu tun, was ein anderer will, und deshalb kann man auch nicht einem anderen die Macht geben, nach seinem Willen und selbst entgegen dem eigenen Willen jedes beliebige Tun für einen zu bewirken.*"; Insoweit zustimmend: *Köhn* Konzern 2011, 530, 544, der aber der Ansicht ist, dies betreffe nur die „*schuldrechtliche Seite*" des Betriebsführungsvertrags und sei für die Beurteilung der „*organisationsrechtlichen Zulässigkeit*" unbeachtlich; *U. Huber* ZHR 152 (1988), 1, 16 ff.

686 *Rieble*, NZA 2010, 1145, 1146; *Windbichler* ZIP 1987, 825; *U. Huber* ZHR 152 (1988), 1 ff.; MüKoAktG/*Altmeppen* AktG § 292 Rn. 153 ff.

687 a.A.: *Joussen* WM 1994, 273, 281 f., der mit dem Verweis auf den sog. „Holiday-Inn-Fall" aber gerade eine fremdnützige Vollmacht als Beispiel heranzieht.

Angestellte des Unternehmens als auch extern an beliebige Dritte erteilt werden. Sie ist von der gesetzlich geregelten Prokura als eigene Vollmachtsart zu unterscheiden. Auch mit der (General)Handlungsvollmacht – die keine bestimmte Vollmachtsart, sondern lediglich eine Vermutung über den Umfang einer besonders typisch erteilten Form einer handelsrechtlichen Vollmacht darstellt – ist die Generalvollmacht nicht identisch.

Anders als von Teilen der Literatur angenommen, stellen höchstpersönliche Rechtsgeschäfte des Kaufmanns bzw. sog. Prinzipalgeschäfte keine Einschränkungen der Vollmachtserteilung im handelsrechtlichen Rechtsverkehr dar. Soweit bestimmte Handlungen an die Person des Geschäftsführers geknüpft werden, handelt es sich dabei um (öffentliche-rechtliche) Verpflichtungen der entsprechenden natürlichen Person. Weder dadurch noch durch andere allgemeingültige Einschränkungen wird die Möglichkeit, mittels der Generalvollmacht Willenserklärungen im Rechtsverkehr abgeben zu können, wesentlich beschränkt. Da der Einsatz des Interim Managers im hier untersuchten Fall auch durch die Gesellschafterversammlung gedeckt sein soll, ist dieser nicht auf eine (wohl unzulässige) unwiderrufliche Generalvollmacht angewiesen. Damit steht also auch fest, dass die Generalvollmacht grundsätzlich ein geeignetes Mittel zur umfassenden Steuerung der GmbH im Außenverhältnis darstellt. Die umfassendste Schranke der Generalvollmacht würde aber das oben bereits angedeutete und von der herrschenden Meinung grundsätzlich angenommene Verbot der Erteilung einer Generalvollmacht bei der GmbH darstellen. Im nächsten Abschnitt ist deshalb nun zu prüfen, ob die Generalvollmacht bei der GmbH überhaupt zulässig erteilt werden kann.

§ 2: Status quo zur Zulässigkeit der Generalvollmacht bei der GmbH

Wie bereits zuvor schon erwähnt, gibt es sowohl in der Rechtsliteratur als auch in der Rechtsprechung des Reichsgerichts und des Bundesgerichtshofes erhebliche Zweifel an der Zulässigkeit der Generalvollmacht – speziell bei der GmbH. Während die Rechtsprechung (zumindest auf den ersten Blick) die Generalvollmacht bei der GmbH grundsätzlich ablehnt,[688] gibt es in der Literatur zu dieser Frage inzwischen ein *„facettenreiches Meinungsspektrum"*[689]. Zwar steht ein noch immer großer Teil der Literaturstimmen der Generalvollmacht bei der GmbH – der (vermeintlichen) Meinung des BGH folgend – nach wie vor ablehnend gegenüber.[690] Jedoch gibt es zunehmend gewichtige Stimmen, die sie mit verschiedenen Argumenten und unter verschiedenen Voraussetzungen – wobei häufig zwischen zulässigen und unzulässigen Erscheinungsformen der Generalvollmacht unterschieden wird – für zulässig erachten.[691] Eine neuere Ansicht, die hauptsächlich von *Uffmann*[692] vertreten wird, verwirft diese in ihren Konturen ohnehin sehr

---

688 Vgl. dazu insbesondere die Urteil des BGH vom 12.12.1960 (Az.: II ZR 255/59) = BGHZ 34, 27; vom 22.01.1962 (Az.: II ZR 11/61) = WM 1962, 240 ff.; vom 19.06.1975 (Az.: II ZR 170/73) = WM 1975, 790; vom 18.10.1976 (Az.: II ZR 9/75) = NJW 1977, 199; vom 16.11.1987 (AZ.: II ZR 92/87) = BB 1988, 291 f; vom 18.07.2002 (Az.: III ZR 124/01) = NJW-RR 2002, 1325; vom 20.10.2008 (Az.: II ZR 107/07) = NJW 2009, 293.

689 *Uffmann* ZGR 2013, 273, 312; *Schippers* DNotZ 2009, 353, 358 ff.

690 So z.B.: Oppenländer/Trölitzsch/*Trölitzsch* § 17 Rn. 3, § 18 Rn. 36; MHLS/*Lenz* GmbHG § 35 Rn. 9; Henssler/Strohn/*Oetker* GmbHG § 35 Rn. 41; Röhricht/Graf von Westphalen/Haas/*Wagner* HGB § 50 Rn. 23; Staudinger/*Schilken* § 167 Rn. 83; Soergel/*Leptien* BGB § 167 Rn. 41; Rowedder/Schmidt-Leithoff/*Koppensteiner/Gruber bzw. Baukelmann* GmbHG § 35 Rn. 9; *Brüggemann*, JA 1977, 500, 502; *Gustavus* GmbHR 1978, 219, 225; *Eder* GmbHR 1962, 265 ff.; *Henze*: Handbuch zum GmbH-Recht, Rn. 1162; *Mack*: Gleichlauf von Geschäftsführungsbefugnis und Vertretungsmacht, S. 54; *Kuhn* WM 1978, 598, 605; *Ripfel* GmbHR 1953, 181 ff.

691 Z.B.: Roth/Altmeppen/*Altmeppen* GmbHG § 35 Rn. 15 f.; BeckOK GmbHG/*Wisskirchen/Kuhn* GmbHG § 35 Rn. 7 f.; Baumbach/Hueck/*Noack/Zöllner* GmbHG § 35 Rn. 76; *Wicke* GmbHG § 35 Rn. 3; MüKoGmbHG/*Stephan/Tieves* GmbHG § 35 Rn. 237; *K. Schmidt* GesR, § 36 II. 1. b); *K. Schmidt* HandelsR, § 16 Rn. 8; Lutter/Hommelhoff/*Kleindiek* GmbHG § 35 Rn. 2; BeckHdbGmbH/*Axhausen* § 5 Rn. 155; *Joussen* WM 1994, 273 ff.; *Spitzbarth* BB 1962, 851, 853; Staub/*Joost* HGB § 49 Rn. 47 f.; UHL/*Paefgen* GmbHG § 35 Rn. 122; Hachenburg/*Mertens* GmbHG § 35 Rn. 103; *Leiner*: Generalvollmacht, S. 128; Mertens/Stein/*Mertens* § 35 Rn. 103; Scholz/*Schneider* GmbHG § 35 Rn. 18; *Geitzhaus* GmbHR 1989, 232 ff.; *Geck* DStR 1988, 90, 97; HK-GmbHG/*Fichtelmann* GmbHG § 35 Rn. 38.

692 *Uffmann*: Interim Management; *Uffmann* ZGR 2013, 273 ff.; s. aber auch schon: *Baumann*: Generalvollmacht, S. 3 ff.

unklaren Unterscheidungen zwischen zulässigen und unzulässigen Generalvollmachten und will den Fokus stärker auf das Innenverhältnis zwischen dem Generalbevollmächtigten und der GmbH richten.

Gemeinsam ist den meisten Ansichten, dass diese von den verschiedenen Autoren leider oft nur unzureichend oder gar nicht näher begründet bzw. die zugrundeliegenden Argumente nicht offengelegt werden. Zur Feststellung des Status quo der Generalvollmacht bei der GmbH ist an dieser Stelle deshalb eine tiefergehende Auseinandersetzung mit den dazu ergangenen Entscheidungen des RG und des BGH sowie mit den zu dieser Frage in der Literatur vertretenen Ansichten unumgänglich. Erst wenn die Argumente, die nach Ansicht der Rechtsprechung und der Literatur gegen die Zulässigkeit der Generalvollmacht bei der GmbH sprechen, herausgearbeitet worden sind, können diese im nächsten Schritt einer kritischen Prüfung unterzogen werden.

A. Analyse der Rechtsprechung des Reichsgerichts und des Bundesgerichtshofs

Im Folgenden sollen nun zunächst die Entscheidungen des RG und des BGH untersucht werden, die sich (insbesondere, aber nicht nur) bei der GmbH mit der Generalvollmacht auseinandergesetzt haben und deshalb auch von der Literatur immer wieder als Argument gegen deren Zulässigkeit angeführt werden.

I. Entscheidungen des RG

Das Reichsgericht hat sich mit der Generalvollmacht und deren Zulässigkeit in den vier nachfolgend in chronologischer Reihenfolge analysierten Urteilen auseinandergesetzt.

1. Entscheidung vom 17.02.1912[693]

Der Entscheidung des RG vom 17.02.1912 lag der Sachverhalt zugrunde, dass zwei Bergwerksdirektoren zusammen den gesamtvertretungsberechtigten Vorstand einer Gewerkschaft gebildet hatten und einer der beiden dem anderen eine „*Generalvollmacht*" erteilt hatte, mit der dieser die Gewerkschaft in der Folgezeit alleine nach außen vertreten hatte. Das Reichsgericht erklärte die Erteilung der Generalvollmacht für unwirksam, weil es der Meinung war, dass die hier erteilte Vollmacht „*die Übertragung der Gesamtheit*" der dem anderen Direktor zustehenden „*Vorstandsrechte*" bezwecke und dadurch letztendlich das „*Zusammenwirken*" der zwei gesamtvertretungsberechtigten Vorstandsmitglieder, in dem „*die Gewähr einer ordnungsgemäßen Geschäftsführung*" liege, beseitigt würde.

693 RG JW 1917, 295.

Das – soweit ersichtlich – erste Urteilt des RG zur Generalvollmacht beruht also ausschließlich auf der Überlegung, dass ein lediglich gesamtvertretungsberechtigtes Organmitglied nicht von einem anderen ebenfalls nur gesamtvertretungsberechtigten Mitglied des gleichen Organs durch eine Generalvollmacht zur Einzelvertretung berechtigt werden dürfe. Dadurch würde nämlich der Schutz der Gesellschaft bzw. der Gesellschafter, dem die Beschränkungen der Gesamtvertretung ausschließlich dienen, unterlaufen.[694] Für die grundsätzliche Zulässigkeit einer von der GmbH an einen organfremden Dritten erteilten Generalvollmacht können aus dem Urteil daher keine Rückschlüsse gezogen werden.[695] Da hier aber – soweit ersichtlich – zum ersten Mal das Argument, dass mit einer Generalvollmacht nicht die *„Gesamtheit der Organrechte übertragen"* werden dürfe, in der Rechtsprechung auftaucht und sich die nachfolgenden Entscheidungen des Reichsgerichts und auch die frühen Entscheidungen des BGH wesentlich auf dieses Urteil beziehen, ist es für den weiteren Gang der Rechtsprechung und deshalb auch für die weitere Untersuchung trotzdem von entscheidender Bedeutung. Insbesondere können durch dieses Urteil die nicht immer klar erkennbaren Motive hinter den nachfolgenden Entscheidungen besser verstanden werden.

2. Entscheidung des Reichsgerichts vom 24.02.1915[696]

In einem vom Reichsgericht im Jahr 1915 entschiedenen Fall hatte ein alleinvertretungsberechtigter GmbH-Geschäftsführer seinem Mitgesellschafter, der nicht zugleich auch Geschäftsführer der GmbH war, eine *„Generalvollmacht"* erteilt. Außerdem hatte er diesem auch *„die Geschäftsführung"* überlassen und *„ohne weiteres alles unterschrieben, was dieser ihm vorgelegt hatte"*. Dieser Generalbevollmächtigte hatte daneben außerdem zusammen mit einem Geschäftspartner die Verwaltung über eine Briefhypothek einer Witwe übertragen bekommen. Diese Briefhypothek hatte er dann – unter Fälschung der Unterschrift des anderen Mitverwalters – zunächst an die GmbH und als deren Generalbevollmächtigter anschließend an einen Dritten weiterübertragen.

Auch in diesem Fall entschied das RG – obwohl hier keine Umgehung einer Gesamtvertretungsbefugnis in Betracht kam –, dass die Erteilung der Generalvollmacht unzulässig und deshalb unwirksam sei. Vorliegend sei nicht bloß eine (gewöhnliche) *„Handlungsvollmacht"* erteilt worden, sondern tatsächlich bezweckt worden sei die *„Übertragung der gesamten Geschäftsführung"*. Eine *„solche"* Generalvollmacht sei aber nach den bereits im Urteil vom 17.02.1912 aufgestellten Grundsätzen *„völlig unzulässig"* und *„auch Dritten gegenüber für unwirksam zu erachten"*.

---

694 So auch: *Hübner* ZHR 143 (1979), 1, 9.
695 *Leiner*: Generalvollmacht, S. 71.
696 RG, Urteil vom 24.02.1915 = RGZ 86, 262.

Das RG greift hier also das von ihm in der zuvor dargestellten Entscheidung postulierte *„Verbot der Übertragung von Organbefugnissen"* wieder auf. Eine solche unzulässige Übertragung sieht das Gericht diesmal aber nicht in der Umgehung der Gesamtvertretung, sondern in der Art und Weise, wie der bestellte Geschäftsführer und der von ihm eingesetzte Generalbevollmächtigte in der Folgezeit gemeinsam gehandelt hatten. Deshalb bewertet das RG die hier erteilte Generalvollmacht nicht als (nach Ansicht des Gerichts wohl zulässige) *„Handlungsvollmacht"*, sondern als eine verbotene *„Übertragung von Organbefugnissen"*. An keiner Stelle der Urteilsbegründung erklärt das RG hingegen die Generalvollmacht für *grundsätzlich* unzulässig. Für unzulässig hält das Gericht vielmehr ausschließlich das konkrete Zusammenwirken des Geschäftsführers und des Generalbevollmächtigten, das zumindest rein faktisch zu einer *„Übertragung"* der Organbefugnisse geführt hatte, da der Generalbevollmächtigte nicht neben dem Geschäftsführer für die GmbH nach außen auftrat, sondern vollständig *„in dessen Rolle schlüpfte"* und der Geschäftsführer seine Tätigkeit für die GmbH vollständig aufgab. Erst aus dieser faktischen *„Übertragung"* folgte für das Gericht die Auslegung als unzulässige – weil *„übertragende"* – Vollmacht. Unzulässig ist damit (nach Ansicht des Gerichts) aber nicht die Generalvollmacht an sich, sondern die Substitution des Geschäftsführers durch eine Generalvollmacht.

Bei dieser Entscheidung darf aber auch die konkrete Interessenlage in dem zugrundeliegenden Sachverhalt nicht außer Acht gelassen werden. Der Verdacht, dass es dem Gericht bei seiner Entscheidung in erster Linie nicht um eine dogmatische Einordnung der Generalvollmacht, sondern vielmehr um den Schutz der Inhaberin der hier veruntreuten Briefhypothek ging, liegt jedenfalls sehr nahe. Der (sonst wohl mittellosen und verwitweten) Geschädigten konnte mit der Unzulässigkeitserklärung der Generalvollmacht am besten geholfen werden, da dadurch der gutgläubige Erwerb des letzterwerbenden Dritten am fehlenden Besitz der GmbH an dem Hypothekenbrief scheiterte. In der Entscheidung ging es also letztendlich nicht um den Schutz der Gesellschafter oder der Vertragspartner der GmbH vor einer Generalvollmacht, sondern (ausschließlich) um die Folgenbeseitigung einer Untreuehandlung, die zunächst gar nichts mit der Generalvollmacht zu tun hatte.[697] Auch dieser Entscheidung kann deshalb nicht die Aussage entnommen werden, dass die Generalvollmacht bei der GmbH *grundsätzlich* unzulässig sei.

3. Entscheidung des Reichsgerichts vom 04.07.1928[698]

In der Entscheidung des RG vom 04.07.1928 hatte der Aufsichtsrat einer AG einen nur gesamtvertretungsberechtigten Generaldirektor durch Beschluss, der wiederum durch einen Beschluss der Hauptversammlung gedeckt war, zum

---

697 *Hübner* ZHR 143 (1979), 1, 10.
698 RG HRR 29, 25.

„*Alleinhandeln*" für die AG berechtigt. Anschließend hatte der Generaldirektor für die AG mit einem Geschäftspartner einen diesen begünstigenden Erlassvertrag abgeschlossen. Das Reichsgericht hatte nun die Gültigkeit des Erlassvertrages zu prüfen, wobei es entscheidend darauf ankam, ob der Generaldirektor durch den Beschluss des Aufsichtsrates tatsächlich zum „Alleinhandeln" für die AG berechtigt gewesen war.

Das Reichsgericht führt in den Entscheidungsgründen zwar zunächst aus, dass die Ermächtigung mangels Eintragung im Handelsregister nicht als Vorstandsbestellung gelten könne. Allerdings sei die Ermächtigung hier als Erteilung einer wirksamen „*Generalvollmacht*" aufzufassen, die dem Bevollmächtigten „*die gleichen Befugnisse wie die eines alleinvertretungsberechtigten Vorstandsmitglieds*" verleihe. Die bei der Erteilung einer Generalvollmacht an einen Gesamtvertreter oder an einen Dritten geäußerten Bedenken würden ausschließlich auf der Erwägung beruhen, dass der Gesellschaft unter Durchbrechung der Sicherungsmaßnahmen, die in der Anordnung der Gesamtvertretung oder in der Bestellung eines bestimmten vertrauenswürdig erscheinenden Vertreters liegen würden, nicht ein anderer Vertreter aufgedrängt werden dürfe. Im vorliegenden Fall kämen solche Bedenken aber nicht in Betracht, da das Einverständnis sämtlicher Organe der AG festgestellt sei.

In dieser Entscheidung stellt das RG also zum ersten Mal ausdrücklich klar, dass eine Generalvollmacht auch bei Kapitalgesellschaften grundsätzlich zulässig ist. Außerdem stellt das Gericht fest, dass eine Generalvollmacht dem Bevollmächtigten „*die gleichen Befugnisse*" wie die eines alleinvertretungsberechtigten Vorstandsmitgliedes verleiht. Anders als bei den zuvor dargestellten Entscheidungen sieht das RG auch keine Tatbestände, die zur Unwirksamkeit der Generalvollmacht *im Einzelfall* führen können, als erfüllt an. Weder seien hier die Regelungen zur Gesamtvertretung umgangen worden, noch sei der Gesellschaft hier ein Vertreter aufgedrängt worden, den sich diese nicht ausgesucht habe.

Auch nur auf den ersten Blick widerspricht diese Entscheidung deshalb der soeben behandelten Entscheidung aus dem Jahr 1915, bei der das RG eine Generalvollmacht noch mit dem Argument, dass dabei unzulässig die Geschäftsführung „*übertragen*" worden sei, für unzulässig erklärt hatte. Denn schon dort hatte das RG angedeutet, dass eine Generalvollmacht nicht schon als bloße „*(Handlungs-) Vollmacht*" unwirksam sei. Dies sei vielmehr nur dann der Fall, wenn mit ihr zugleich auch „*organschaftliche*" Befugnisse „*übertragen*" werden. Da das RG die Generalvollmacht nicht nur für den konkreten Fall, sondern allgemein so auslegt, dass damit die „*gleichen Befugnisse wie die eines alleinvertretungsberechtigten Vorstandsmitglieds*" verbunden sind, wird schließlich auch noch deutlich, dass das RG die Generalvollmacht nicht bloß als eingeschränkte (General)Handlungsvollmacht mit dem (vermuteten) Umfang des heutigen § 54 HGB zulassen wollte.

4. *Bewertung der Entscheidungen des Reichsgerichts*

Zusammenfassend lassen sich die Entscheidungen des RG also dahingehend auslegen, dass das Gericht nicht zwischen einer zulässigen Handlungsvollmacht im Sinne des § 54 HGB und einer unzulässigen – weil im Umfang darüberhinausgehenden – Generalvollmacht unterscheiden wollte. Vielmehr differenziert das Gericht in allen drei dargestellten Urteilen allein danach, ob mit der Einräumung einer Generalvollmacht ausschließlich eine zulässige (umfassende) Vertretungsmacht verbunden wird, oder ob damit zugleich die sowohl die Gesellschaft als auch die Vertragspartner der GmbH schützenden Vorschriften umgangen werden bzw. ob gleichzeitig die organschaftlichen Befugnisse auf einen Dritten *„übertragen"* werden sollen. Allein die Umgehung dieser Vorschriften bzw. die verbotene *„Übertragung"*, nicht aber schon die Erteilung einer Generalvollmacht hielt das Gericht jeweils für unzulässig. Leider bleibt bei diesen Entscheidungen im Dunkeln, woran genau eine solche *„Übertragung"* nach Ansicht des Gerichts im Einzelfall festzumachen ist. Insbesondere der zuletzt vorgestellten Entscheidung aus dem Jahr 1928 kann aber zumindest entnommen werden, dass das RG allein in der Erteilung der Generalvollmacht jedenfalls noch keine solche *„Übertragung"* sehen wollte.

II. Entscheidungen des BGH

Der BGH hat sich mit der Generalvollmacht – aufbauend auf den oben dargestellten Entscheidungen des Reichsgerichtes – in den folgenden sieben Urteilen näher auseinandergesetzt. Auch diese Urteile sollen nachfolgend in chronologischer Reihenfolge analysiert werden.

1. *Entscheidung des BGH vom 12.12.1960*[699]

a) *Sachverhalt und Entscheidung*

In einer GmbH mit zwei gesamtvertretungsberechtigten Geschäftsführern erteilte einer der beiden Geschäftsführer dem anderen eine *„widerrufliche Generalvollmacht"*, da er selbst (zeitlich begrenzt) seine Wehrzeit ableisten musste und seine Geschäftsführerpflichten deshalb schon rein faktisch nicht erfüllen konnte. Die GmbH, alleinvertreten durch den so bevollmächtigten Geschäftsführer, verkaufte in der Folgezeit mehrere Grundstücke an die öffentliche Hand. Später wollte die GmbH die Grundstücke mit der Begründung, dass die erteilte Generalvollmacht unwirksam gewesen sei, wieder herausverlangen.

In Fortführung der RG-Entscheidung vom 17.02.1912 stimmte der II. Zivilsenat des BGH der Rechtsansicht der GmbH zu, da die mit der Generalvollmacht umgangene Gesamtvertretungsbefugnis *„dem Schutz der Gesellschaft vor den*

699 BGH, Urteil vom 12.12.1960 (Az.: II ZR 255/59) = BGHZ 34, 27.

Geschäftsführern" diene. Ein nur gesamtvertretungsberechtigter Geschäftsführer dürfe diesen Schutz deshalb nicht dadurch umgehen, dass er von einem anderen Geschäftsführer dessen Vertretungsmacht „*übertragen*" bekomme oder von diesem – in dessen Eigenschaft als Mitgeschäftsführer – „*bevollmächtigt*" werde, ihn allgemein zu vertreten. Dies gelte auch dann, wenn die Vollmacht wie im vorliegenden Fall widerruflich und nur für begrenzte Zeit erteilt worden sei. Auch durch eine solche Vollmacht würde nämlich der „*Schutz, den die Gesamtvertretung gewähren soll,*" in weitem Umfang preisgegeben. Das Gericht führte außerdem aus, dass auch eine Generalvollmacht, durch die der Geschäftsführer berechtigt worden wäre, „*unmittelbar die GmbH selbst zu vertreten*", ebenfalls nichtig sei, „*weil sie in der Sache eine Übertragung der Geschäftsführungsbefugnisse oder eine allgemeine Vertretung bei der Ausübung dieser Rechte*" dargestellt hätte. Die Verantwortung werde dann entgegen dem Sinn und Zweck der Gesamtvertretung nicht mehr von beiden Geschäftsführern getragen und auch unterliege dann der eine Geschäftsführer nicht mehr der Kontrolle des anderen.

b) Bewertung

In der – soweit ersichtlich – ersten Entscheidung des BGH zur Zulässigkeit einer Generalvollmacht bei der GmbH greift dieser also das Argument des RG, dass durch eine Generalvollmacht nicht der Schutz der Gesellschafter durch die Gesamtvertretungsregelung umgangen werden dürfe, auf. Dabei spielt es nach Ansicht des BGH konsequenterweise auch keine Rolle, ob der von der GmbH nur zur Gesamtvertretung berechtigte Geschäftsführer von seinem Mitgeschäftsführer persönlich bevollmächtigt wird oder dieser die Vollmacht „unmittelbar" für die GmbH selbst erteilt, da der Sinn und Zweck der Gesamtvertretung in beiden Varianten gleichermaßen umgangen wird.

Dagegen lässt sich dem Urteil eine Aussage zur grundsätzlichen Zulässigkeit der Generalvollmacht bei der GmbH nicht entnehmen.[700] Weil der BGH – dem RG folgend – die Unwirksamkeit der Generalvollmacht allein aus der Besonderheit der angeordneten Gesamtvertretung ableitet, kann die Entscheidung vielmehr als konsequente Fortführung der Rechtsprechung des RG gesehen werden. Zu berücksichtigen sind außerdem auch in dieser Entscheidung die Besonderheiten des Einzelfalles, die wiederum Auswirkungen auf die Entscheidung des Gerichts gehabt haben dürften. So hatte der generalbevollmächtigte Geschäftsführer die Grundstücke nämlich noch in den Kriegsjahren an die öffentliche Hand veräußert, was die Gesellschaft anschließend in den Jahren nach der Währungsreform „*bitter bereute*"[701]. Insofern ging es dem BGH sicherlich zu einem großen Teilen um die Wiederherstellung von Einzelfallgerechtigkeit und allenfalls nachrangig um dogmatische Überlegungen zur Generalvollmacht.

700 *Leiner*: Generalvollmacht, S. 72.
701 *Hübner* ZHR 143 (1979), 1, 11.

2. *Entscheidung des BGH vom 22.01.1962*[702]

Das Urteil des BGH vom 22.01.1962 soll nachfolgend zunächst kurz dargestellt und anschließend bewertet werden.

a) *Sachverhalt und Entscheidung*

In dem hier zugrundeliegenden und nicht leicht zu durchschauenden Sachverhalt ging es um zwei an einer KG beteiligte Familienstämme. Beide Stämme sollten ursprünglich jeweils einen persönlich haftenden, geschäftsführenden und vertretungsberechtigten Gesellschafter benennen, während die übrigen Familienmitglieder der beiden Stämme nur Kommanditisten sein sollten. Noch vor dem Tod des einen Familienstamm-Komplementärs übertrug dieser – in Übereinstimmung mit dem Gesellschaftsvertrag – einen Teil seines Gesellschaftsanteils auf seine Tochter und berief diese gleichzeitig *„zur persönlich haftenden Gesellschafterin"*. Die Tochter wiederum *„übertrug"* in einem weiteren Vertrag alle Geschäftsführungs- und Vertretungsbefugnisse auf ihren Ehemann. Diese *„Übertragung"* sollte nach dem Vertrag nur aus wichtigem Grund widerrufen werden können. Später wurde die Vereinbarung noch dahingehend angepasst, dass die *„Übertragung"* jederzeit widerruflich sei und außerdem nur die *Geschäftsführungs-*, nicht aber auch die *Vertretungs*befugnis betreffe.

In seinem Urteil führte der II. Zivilsenat des BGH zunächst aus, dass eine *„echte Übertragung der gesellschaftlichen Geschäftsführungsbefugnis auf einen Dritten"* zwar auf rechtliche Bedenken stoße, da diese Befugnis als *„echtes gesellschaftliches Verwaltungsrecht"* ähnlich wie das Stimmrecht nicht von dem Gesellschaftsanteil abgespalten und insofern auch nicht auf einen Dritten *„übertragen"* werden könne. In dem hier vorliegenden Fall werde aber nicht die Geschäftsführungsbefugnis *„übertragen"*, sondern ein Dritter lediglich *„mit der Wahrnehmung"* der Befugnis *„betraut"*. Des Weiteren sei auch an dem *„Grundsatz, dass die organschaftliche Vertretungsbefugnis eines vertretungsberechtigten Gesellschafters nicht auf einen Dritten übertragen werden könne"*, dass ein Dritter also nicht *„organschaftlicher Vertreter"* einer Personenhandelsgesellschaft sein könne, festzuhalten. Dieser Grundsatz schließe aber nicht *„die Möglichkeit aus, dass ein Dritter mit einer umfassenden Vollmacht (Generalvollmacht), die auch über den gesetzlich festgelegten Umfang einer Prokura hinausgehe, ausgestattet werde"*. Die Erteilung einer solchen Vollmacht sei *„der Personenhandelsgesellschaft ebenso wenig verwehrt wie einer natürlichen oder juristischen Person"*. Denn *„allein in der Erteilung einer Generalvollmacht"* könne nicht eine Umgehung des *„Verbots einer Übertragung organschaftlicher Vertretungsbefugnis"* gesehen werden, denn der Generalbevollmächtigte erhalte durch eine solche Vollmacht *„nicht die Stellung eines gesetzlichen (organschaftlichen) Vertreters*

702 BGH, Urteil vom 22.01.1962 (Az.: II ZR 11/61) = WM 1962, 240 ff.

der Personenhandelsgesellschaft". Diese „*Stellung verbleibe vielmehr bei dem zur Vertretung berufenen Gesellschafter*".

b) Bewertung

Die Entscheidung des BGH stellt zunächst wiederum den Gesellschafterschutz, den er im vorliegenden Fall aber nicht für beeinträchtigt hält, in den Mittelpunkt der Entscheidung. Außerdem erneuert der BGH darin die grundlegende Feststellung des RG, dass die „*organschaftlichen Vertretungs- und Geschäftsführungsbefugnisse*" nicht „*übertragbar*" seien.[703] Wie schon das RG sieht aber auch der BGH dieses Verbot nicht schon zwingend durch eine an einen Dritten erteilte Generalvollmacht, die über den Umfang der Prokura hinausgeht, als erfüllt an. Noch deutlicher als das RG stellt der BGH in diesem Urteil nämlich auch fest, dass ein Dritter durch eine Generalvollmacht nicht die Stellung eines Organs erhalte. Mit dieser Entscheidung hat der BGH also die Generalvollmacht im Gesellschaftsrecht grundsätzlich für zulässig erklärt, ohne dabei den konkreten Umfang oder die Voraussetzungen für die Zulässigkeit im Einzelnen festzulegen.[704]

3. Entscheidung des BGH vom 19.06.1975[705]

Das Urteil des BGH vom 19.06.1975 soll nachfolgend zunächst kurz dargestellt und anschließend bewertet werden.

a) Sachverhalt und Entscheidung

In diesem Fall wurde eine GmbH von einem Geschäftspartner auf Schadensersatz wegen Nichterfüllung eines angeblich zwischen den Parteien bestehenden Vertrages in Anspruch genommen. Die GmbH hielt den Vertrag für unwirksam, weil der für sie unterzeichnende Geschäftsführer nicht alleinvertretungsberechtigt gewesen sei. Der Geschäftspartner war dagegen der Ansicht, dass der Vertrag jedenfalls nachträglich durch eine Genehmigung des unterzeichnenden Geschäftsführers zustande gekommen sei, da dieser durch eine von den Gesellschaftern und den Mitgeschäftsführern erteilte „*Generalvollmacht*" bevollmächtigt gewesen sei.

Dem BGH kam es in seiner Entscheidung dann aber gar nicht auf die Zulässigkeit der „*Generalvollmacht*" an. Die Vollmachtserklärung der Gesellschafterversammlung könne im vorliegenden Fall nämlich nach § 140 BGB in die Erteilung einer auf jeden Fall zulässigen Einzelvertretungsmacht umgedeutet werden. Wäre den Gesellschaftern bewusst gewesen, „*dass einer Generalbevollmächtigung*

703 *Leiner*: Generalvollmacht,S. 73.
704 *Leiner*: Generalvollmacht, S. 73 f.
705 BGH, Urteil vom 19.06.1975 (Az.: II ZR 170/73) = WM 1975, 790.

rechtliche Bedenken entgegenstehen", hätten sie nach Ansicht des BGH diesen Weg gewählt.

b) Bewertung

Dadurch dass in dieser Entscheidung auch die Gesellschafterversammlung die Vollmachtserklärung erteilt hatte, konnte der BGH durch die Umdeutung der Erklärung eine ausdrückliche Aussage zur Generalvollmacht vermeiden. Unklar bleibt deshalb, ob der BGH die Generalvollmacht in diesem konkreten Fall für unzulässig gehalten hat. Allein aus der Bemerkung des BGH, dass der Generalvollmacht „*rechtliche Bedenken entgegenstünden*" kann aber noch nicht geschlossen werden, dass er von dem vom RG begründeten und von ihm fortgeführten Standpunkt der grundsätzlichen Zulässigkeit der Generalvollmacht abweichen wollte. Die Bemerkung ist wohl vielmehr dem Umstand geschuldet, dass hier einer der von ihm angenommenen Gründe für die Unzulässigkeit der Generalvollmacht, nämlich die Umgehung der Einzelvertretungsbefugnis, in Betracht zu ziehen gewesen wäre. Da aber nicht bloß der Mitgeschäftsführer, sondern auch die von der Gesamtvertretung allein geschützten Gesellschafter die Vollmacht erteilt hatten, ist davon auszugehen, dass der BGH in diesem konkreten Fall nicht zur Unzulässigkeit der Generalvollmacht gekommen wäre. Eine Rechtsprechungsänderung des BGH kann der Entscheidung jedenfalls nicht entnommen werden.

4. Entscheidung des BGH vom 18.10.1976[706]

Das Urteil des BGH vom 18.10.1976 soll nachfolgend zunächst kurz dargestellt und anschließend bewertet werden.

a) Sachverhalt und Entscheidung

Der Geschäftsführer einer GmbH hatte mit der Zustimmung der alleinigen Gesellschafterin an deren Ehemann eine Vollmacht mit dem Wortlaut: „*Hiermit bevollmächtigen wir [den Ehemann], [die GmbH] allein zu vertreten und für die Gesellschaft in unbeschränkter Höhe bei Geschäften gleich welcher Art, insbesondere bei banküblichen Geschäften tätig zu werden*" erteilt. Der so bevollmächtigte Ehemann nahm für die GmbH später auf diese von einem Geschäftspartner gezogene Wechsel an. Die GmbH löste die Wechsel bei Fälligkeit aber nicht ein und ging kurze Zeit darauf in Konkurs. Der Geschäftspartner nahm deshalb den bevollmächtigten Ehemann persönlich nach Art. 8 WG mit der Begründung in Anspruch, dass der Ehemann infolge der Unwirksamkeit der „*Generalvollmacht*" als Vertreter ohne Vertretungsmacht gehandelt habe und nun als solcher ihm gegenüber hafte.

---

706 BGH, Urteil vom 18.10.1976 (Az.: II ZR 9/75) = NJW 1977, 199.

Nachdem die Vorinstanzen die Vollmacht des Ehemanns noch für wirksam gehalten und die Klage dementsprechend abgewiesen hatten, kam der II. Zivilsenat des BGH zu einer anderen Einschätzung. Die dem Ehemann erteilte *„Generalvollmacht“* sei unwirksam, weil *„die Befugnis des Geschäftsführers einer GmbH zur organschaftlichen Willensbildung und -erklärung und die damit verbundene Verantwortung unübertragbar“* sei und *„infolgedessen der Geschäftsführer seine Vertretungsmacht nicht im ganzen durch einen anderen ausüben lassen“* könne. Dieser Grundsatz gelte ausnahmslos und insbesondere auch dann, wenn alle Gesellschafter mit der Vollmachterteilung einverstanden seien und deshalb keines *„Vertrauensschutzes“* bedürften. Zwar solle *„das Verbot einer umfassenden Übertragung der organschaftlichen Vertretungsmacht“* die Gesellschafter vor *„einer von ihnen nicht gewollten Ausübung aller Geschäftsführungsbefugnisse durch Personen schützen, die nicht ihr Vertrauen genießen“* würden. Von *„ebenso starkem Gewicht“* für das Verbot sei aber auch *„der Gedanke, dass die Rechtssicherheit und die Belange des Rechtsverkehrs leiden könnten, wenn die Gültigkeit einer Generalvollmacht im Einzelfall jeweils davon abhing, ob ihr alle Gesellschafter zugestimmt“* hätten. Hinzu käme außerdem, dass der Geschäftsführer einer GmbH öffentliche Pflichten, wie z.B. die Konkursantragspflicht habe, die neben dem Interesse der Gesellschaft zugleich dem Schutz der Gesellschaftsgläubiger diene. Es könne dem Geschäftsführer deshalb nicht erlaubt sein, seine *„Aufgaben und die Verantwortung“* für die Erfüllung der öffentlichen Pflichten *„auf einen anderen abzuwälzen“*. Die Gesellschaft könne deshalb *„die Geschäftsführungs- und Vertretungsbefugnis nicht insgesamt einem Dritten anvertrauen“*, ohne diesen gleichzeitig zum Geschäftsführer zu bestellen.

b) Bewertung

Auf den ersten Blick sieht es so aus, also ob der BGH in dieser Entscheidung von seiner bisherigen Rechtsprechung zur Generalvollmacht abgewichen wäre. Es überrascht deshalb auch nicht, dass gerade diese Entscheidung von der Rechtsliteratur häufig als Beleg gegen die Zulässigkeit der Generalvollmacht bei der GmbH herangezogen wird. Tatsächlich enthält das Urteil, obwohl die vom BGH als Generalvollmacht ausgelegte konkrete Vollmacht für unzulässig erklärt worden ist, bei einer genaueren Betrachtung keinen einzigen Satz, dem man eine grundsätzliche Aussage des BGH zur Unzulässigkeit der rechtsgeschäftlichen Bestellung eines Generalbevollmächtigten bei der GmbH entnehmen könnte.[707] Vielmehr wiederholt der BGH lediglich seinen Grundsatz vom *„Verbot der Übertragung organschaftlicher Befugnisse“*, was auch in den vorherigen Entscheidungen stets Grund für die Unzulässigkeit der jeweils konkret erteilten Generalvollmacht gewesen ist. Aus den früheren Entscheidungen des BGH und des RG wird aber deutlich, dass nach Ansicht der Gerichte nicht allein die Erteilung der

707 *Joussen* WM 1994, 273, 277.

Generalvollmacht zu dieser „*verbotenen Übertragung*" führt, sondern immer auch noch andere Umstände hinzutreten müssen.

Schon mangels entsprechender Ausführungen des BGH ist deshalb auch im vorliegenden Fall davon auszugehen, dass für ihn nicht allein die Einräumung einer umfassenden Vertretungsmacht, sondern vielmehr die konkrete Kombination aus „*Vertretungs- und Geschäftsführungsbefugnis*" bzw. aus Willensbildungs- und Willensäußerungsbefugnis ausschlaggebend für die Entscheidung war. Der BGH nahm im vorliegenden Fall also an, dass mit der Vereinbarung zwischen dem Geschäftsführer und dem Ehemann der Alleingesellschafterin *alle* Befugnisse des Geschäftsführers „*übertragen*" werden sollten und der Geschäftsführer sich dadurch gleichzeitig auch noch seiner öffentlichen Pflichten entziehen wollte. Unter Zugrundelegung dieses Sachverhaltes ist es deshalb auch nur konsequent, dass der BGH für eine solche „*unzulässige Übertragung*" nicht die Zustimmung der Alleingesellschafterin ausreichen lassen wollte.

Unklar bleibt m.E. allerdings, worin genau der BGH eine solche verbotene „*vollständige Übertragung*" im vorliegenden Fall gesehen haben will. Denn weder anhand des allein auf die Vertretung der GmbH gerichteten Wortlauts der Vollmachtserklärung noch an dem vom BGH mitgeteilten Sachverhalt kann eine „*Übertragungsabsicht*" oder eine faktische „*Übertragung*" der handelnden Personen festgemacht werden. Vermutlich hat sich der BGH hier nur deshalb für die Unzulässigkeit der „*Generalvollmacht*" entschieden, weil eine gegenteilige Entscheidung zu einem wenig interessengerechten Ergebnis geführt hätte.[708] Motiv für die Entscheidung war mit sehr großer Wahrscheinlichkeit in erster Linie der Schutz des außenstehenden Dritten, der – wäre die Vollmacht wirksam gewesen – nämlich „*Steine statt Brot*"[709] bekommen hätte. Er hätte nämlich statt des Anspruchs gegen den Bevollmächtigten lediglich einen (wohl wertlosen) Anspruch gegen die in Konkurs geratene GmbH gehabt. Betrachtet man also die vorherigen Entscheidungen des BGH und die in diesem Fall zu berücksichtigenden Einzelfallinteressen kann auch mit dieser Entscheidung die Ansicht, dass der BGH die Generalvollmacht bei der GmbH für grundsätzlich unzulässig hält, nicht untermauert werden.

5. Entscheidung des BGH vom 16.11.1987[710]

Das Urteil des BGH vom 16.11.1987 soll nachfolgend zunächst kurz dargestellt und anschließend bewertet werden.

---

708 *Leiner*: Generalvollmacht, S. 77; *Reimer*: Generalvollmacht, S. 33.

709 *Hübner* ZHR 143 (1979), 1, 12.

710 BGH, Urteil vom 16.11.1987 (AZ.: II ZR 92/87) = BB 1988, 291 f.

a) Sachverhalt und Entscheidung

In diesem Fall hatte ein Geschäftspartner einer GmbH, die bei Vertragsschluss nur von einem der beiden gesamtvertretungsberechtigten Geschäftsführer vertreten worden war, ein Darlehen gewährt. Später verklagte der Geschäftspartner sowohl den unterzeichnenden Geschäftsführer als auch die GmbH auf Rückzahlung der Darlehenssumme. Der Geschäftsführer verteidigte sich damit, dass er durch eine (konkludente) Generalvollmacht von seinem Mitgeschäftsführer bevollmächtigt gewesen sei.

Das LG hatte der Klage sowohl gegen die GmbH als auch den Geschäftsführer stattgegeben, das OLG die Berufung der GmbH zurückgewiesen, die Klage gegen den Geschäftsführer jedoch abgewiesen. Der BGH hob mit seinem Urteil das Berufungsurteil wieder auf, da der Geschäftsführer nicht zur Unterzeichnung des Darlehensvertrages bevollmächtigt gewesen sei. Nach Ansicht des BGH könne es dahinstehen, ob der zweite Geschäftsführer der GmbH durch sein Verhalten dem verklagten Geschäftsführer eine stillschweigende (General) Vollmacht erteilen wollte, denn „*die Befugnis zur organschaftlichen Willensbildung und Willenserklärung und die damit verbundene Verantwortung*" seien „*nicht übertragbar*". Zwar könne der Geschäftsführer einer GmbH „*eine Generalhandlungsvollmacht i. S. des § 54 HGB nach außen wirksam erteilen*", aber dadurch könne „*die Gesamtgeschäftsführungsbefugnis nicht in eine Einzelgeschäftsführungsbefugnis umgewandelt werden*".

b) Bewertung

Das Urteil greift erneut den Schutz der Gesellschafter durch die Regelungen zur Gesamtvertretungsbefugnis auf, der es nach Ansicht des BGH (und schon des RG) nicht zulässt, dass der eine gesamtvertretungsberechtigte Geschäftsführer den anderen (bspw. mittels Generalvollmacht) zur Alleinvertretung ermächtigt. Insoweit bringt dieses Urteil wenig Neues, da der BGH, den schon vom RG aufgestellten Grundsatz lediglich wiederholt und auf den vorliegenden Fall konsequent anwendet.

Allerdings könnte man das Urteil auf den ersten Blick auch so verstehen, dass der BGH (in Zukunft) zwischen einer zulässigen „*Generalhandlungsvollmacht*" und einer unzulässigen (weil übertragenden) „*Generalvollmacht*" unterscheiden wolle. Betrachtet man die Urteilsbegründung aber genau, unterscheidet der BGH hier tatsächlich nur zwischen einer zulässigen „*Generalhandlungsvollmacht i. S. des § 54 HGB*" mit der Befugnis die GmbH nach außen zu vertreten und einer unzulässigen „*Umwandlung*" der Gesamtgeschäftsführungsbefugnis in eine Einzelgeschäftsführungsbefugnis, die dem „*Verbot der Übertragung organschaftlicher Befugnisse*" widerspreche. Eine solche „*Umwandlung*" der Gesamtvertretungsbefugnis bzw. „*Übertragung*" von Organbefugnissen sah der BGH hier (wohl zu Recht) als erfüllt an, sodass es für ihn an dieser Stelle auch keine Veranlassung mehr gab zu der „vermeintlich" erteilten Generalvollmacht weiter Stellung zu beziehen. Der BGH hat also schon deshalb hier nicht zwischen einer Generalhandlungsvollmacht und einer Generalvollmacht differenziert.

Außerdem hat auch schon das RG, dessen Grundsätze der BGH in Bezug auf die Generalvollmacht konsequent fortführt, in seiner Entscheidung vom 24.02.1915 zwischen zulässigen „*Handlungsvollmachten*" und der unzulässigen „*Übertragung von Organbefugnissen*" unterschieden. Gleichzeitig haben aber beide Gerichte auch die Generalvollmacht ausdrücklich für zulässig gehalten (das RG mit der Entscheidung vom 04.07.1928 und der BGH mit der Entscheidung vom 22.01.1962). Insofern spricht m.E. daher sehr viel dafür, dass der BGH die Generalvollmacht in dieser Entscheidung entweder als Synonym oder als Unterfall und jedenfalls nicht als unzulässiges Gegenstück zur Handlungsvollmacht interpretiert hat.

6. *Entscheidung des BGH vom 18.07.2002*[711]

Das Urteil des BGH vom 18.07.2002 soll nachfolgend zunächst kurz dargestellt und anschließend bewertet werden.

a) Sachverhalt und Entscheidung

Hier hatte die alleinvertretungsberechtigte Geschäftsführerin einer GmbH ihren Sohn zu ihrem „*Generalbevollmächtigten*" bestellt und ihn gleichzeitig auch zur Besorgung „*aller ihrer Angelegenheiten*" ermächtigt. Insbesondere sollte der Sohn nach den Vorstellungen der Parteien befugt sein, sämtliche Erklärungen und Rechtshandlungen, die sie in ihrer Eigenschaft als Geschäftsführerin zu erfüllen hatte, für sie vorzunehmen. In der Folgezeit schloss der so bevollmächtigte Sohn für die GmbH – unter Bezugnahme auf die Vollmachtsurkunde – verschiedene Verträge mit der Klägerin. Aus diesen Verträgen verlangte die Klägerin später von der GmbH noch offene Restzahlungen.

Das LG hatte der Klage in voller Höhe stattgegeben, das Berufungsgericht hatte sie dagegen unter Bezugnahme auf die Rechtsprechung des BGH zur Unzulässigkeit der Generalvollmacht bei der GmbH abgewiesen. Der diesmal zuständige III. Zivilsenat des BGH sah den Generalbevollmächtigten der GmbH dagegen als ausreichend bevollmächtigt an. Zwar könne der Geschäftsführer seine Vertretungsmacht aufgrund des „*Verbots einer umfassenden Übertragung der organschaftlichen Vertretungsmacht nicht im Ganzen durch einen anderen ausüben*" lassen. Das schließe aber nicht aus, die Vollmachtserteilung „*in geeigneten Fällen*" als eine sogenannte „*Generalhandlungsvollmacht nach § 54 HGB aufzufassen oder in eine solche umzudeuten*". Gegen die Erteilung einer „*allgemeinen Handlungsvollmacht, die sich auf sämtliche Geschäfte erstreckt, die in einem Geschäftsbetrieb wie dem der GmbH üblich sind, und die nicht auf die unmittelbare Vertretung der GmbH, sondern lediglich auf ein Handeln in (Unter-)Vollmacht des oder der Geschäftsführer gerichtet*

711 BGH, Urteil vom 18.07.2002 (Az.: III ZR 124/01) = NJW-RR 2002, 1325.

ist", bestünden nämlich keine Bedenken. In erster Linie gehe es vorliegend um *„das Anliegen der Vollmachtgeberin, in wirksamer Weise eine – auch weit gehende – Bevollmächtigung vorzunehmen*". Die Rechtsstellung der Geschäftsführerin habe ihr *„das Recht, ihrem Sohn Befugnisse zu erteilen, die einem Generalhandlungsbevollmächtigten nach § 54 Absatz 1 HGB zukommen*", verliehen.

b) Bewertung

Wie schon bei der vorherigen Entscheidung könnte man auch beim Lesen dieser Urteilsbegründung leicht auf die Idee kommen, dass der BGH hier zwischen einer zulässigen General*handlungsvollmacht* und einer unzulässigen General*vollmacht* unterscheiden wollte. Aber auch hier gilt, dass sich an keiner Stelle des Urteils eine ausdrückliche Unterscheidung zwischen diesen beiden „Vollmachtstypen" oder eine ausdrückliche Erklärung des BGH, dass die Generalvollmacht bei der GmbH unzulässig sei, finden lässt. Auch hier unterscheidet der BGH lediglich zwischen einer zulässigen *„Handlungsvollmacht*" und einer unzulässigen *„Übertragung von Organbefugnissen*". Anders als in der Entscheidung vom 16.11.1987 sah der BGH in den Umständen in diesem Fall aber keine solche *„Übertragung*". Allerdings wird auch hier nicht klar, an welchen Tatsachen der BGH die fehlende *„Übertragung*" festgemacht haben will. Aus den zu den beiden Urteilen jeweils mitgeteilten Sachverhalten lassen sich jedenfalls keine so gravierenden Unterschiede feststellen, die eine unterschiedliche Behandlung rechtfertigen würden. Auch deshalb griff der BGH in dieser Entscheidung wohl zur „hilfsweisen" Umdeutung der Erklärung. Anders als im obigen Fall war die GmbH hier auch nicht insolvent, sodass es dem BGH offenbar „gerechter" erschien, die rechtsgeschäftlichen Erklärungen der GmbH zuzurechnen und dem Geschäftspartner so ausschließlich einen Anspruch gegen die GmbH und nicht gegen den Bevollmächtigten zu geben. Andernfalls wäre der Geschäftspartner der GmbH wohl auch leer ausgegangen bzw. hätte einen wesentlich weniger solventen Schuldner erhalten. Außerdem hätte sich die GmbH unbilliger Weise ihrer Zahlungsverpflichtungen entledigen können. Zu der Einordnung der Generalvollmacht als (General)Handlungsvollmacht gilt ebenfalls das bereits zur Entscheidung vom 16.11.1987 Gesagte, das an dieser Stelle nicht wiederholt werden muss.

7. Entscheidung des BGH vom 20.10.2008[712]

Das Urteil des BGH vom 20.10.2008 soll nachfolgend zunächst kurz dargestellt und anschließend bewertet werden.

712 BGH, Urteil vom 20.10.2008 (Az.: II ZR 107/07) = NJW 2009, 293.

a) Sachverhalt und Entscheidung

Dem hier zuletzt zu untersuchenden Urteil des BGH lag der Sachverhalt zugrunde, dass der einzige Komplementär einer KG, die Alleingesellschafterin einer GmbH war, einem der beiden Geschäftsführer dieser GmbH eine *„rechtsgeschäftliche Generalvollmacht"* erteilte, die ihn dazu berechtigen sollte, *„ihn in seiner Eigenschaft als Geschäftsführer unter anderem der KG bei allen Rechtsgeschäften zu vertreten mit Ausnahme solcher, bei denen wegen des besonderen Charakters des Rechtsgeschäftes ein Handeln eines Organs der Gesellschaft erforderlich ist"*. Der so bevollmächtigte Geschäftsführer hielt später im Namen des Komplementärs der KG eine Gesellschafterversammlung der GmbH ab, in der er die fristlose Kündigung des Anstellungsvertrages des zweiten Geschäftsführers der GmbH beschloss. Der gekündigte Geschäftsführer begehrte daraufhin gerichtlich die Feststellung, dass die Kündigung unwirksam sei und sein Dienstverhältnis zur GmbH fortbestehe.

Das LG hatte die Klage noch abgewiesen. Das Berufungsgericht hatte die begehrte Feststellung dagegen getroffen. Der BGH hob das Berufungsurteil aber mit der Begründung, dass der Geschäftsführer wirksam bevollmächtigt gewesen sei, die Gesellschafterrechte der KG auszuüben, wieder auf. Dabei könne dahinstehen, ob *„die Grundsätze über die Unwirksamkeit einer vom Geschäftsführer einer GmbH einem Nichtgeschäftsführer erteilten Generalvollmacht"* auf die vom Komplementär einer Personengesellschaft einem Dritten erteilte Generalvollmacht zu übertragen seien. Das Berufungsgericht habe nämlich verkannt, dass hier *„keine umfassende Generalvollmacht"*, sondern eine *„ausdrücklich als solche bezeichnete rechtsgeschäftliche Generalvollmacht, in der von der Vertretungsmacht Rechtsgeschäfte ausgenommen waren, bei denen ein Handeln des Komplementärs als Organ einer Gesellschaft erforderlich ist"*, erteilt worden sei. Es könne des Weiteren auch dahinstehen, ob eine solche *„rechtsgeschäftliche Generalvollmacht"* zulässig sei, weil diese jedenfalls auf eine *„zulässige Generalhandlungsvollmacht nach § 54 HGB"* reduziert werden könne. Diese sei, wenn sie sich *„auf sämtliche Geschäfte erstrecke, die in einem Geschäftsbetrieb üblich sind, und die nicht auf eine unmittelbare Vertretung der Gesellschaft, sondern lediglich auf ein Handeln in Vollmacht des Geschäftsführers gerichtet ist"*, zulässig.

b) Bewertung

Auch wenn das Urteil nicht unmittelbar eine von einer GmbH erteilte Generalvollmacht betraf, stellte sich doch auch hier die für die Untersuchung relevante Frage, ob der Bemerkung des BGH zu den *„Grundsätzen über die Unwirksamkeit einer vom Geschäftsführer einer GmbH einem Nichtgeschäftsführer erteilten Generalvollmacht"* zu entnehmen ist, dass die Generalvollmacht bei der GmbH grundsätzlich unzulässig sein soll, aber unter Umständen als zulässige *„Generalhandlungsvollmacht"* umgedeutet werden kann. Würde man das Urteil tatsächlich in diese Richtung interpretieren wollen, hätte der BGH seinen eigenen oben erläuterten Grundsätzen aus dem Urteil vom 22.01.1962 und auch denen des

RG im Urteil vom 04.07.1928 widersprochen, ohne eine solch gravierende Rechtsprechungsänderung entsprechend deutlich zu machen. Auch wenn eine solche „stille Kehrtwende“ nicht grundsätzlich ausgeschlossen werden kann, ist hier doch zu beachten, dass der BGH nur von den *„Grundsätzen über die Unwirksamkeit einer Generalvollmacht“* und nicht etwa von der grundsätzlichen Unzulässigkeit der Generalvollmacht spricht. Die Ausführungen des BGH sind m.E. deshalb vielmehr dahingehend zu interpretieren, dass der BGH damit zum Ausdruck bringen wollte, dass er gewisse Grundsätze, unter denen die Generalvollmacht bei der GmbH zu bewerten ist und unter denen die Generalvollmacht bei der GmbH auch unzulässig sein kann, aufgestellt hat. Den bereits analysierten Entscheidungen kann – wie ausgeführt – aber wiederum entnommen werden, dass die Generalvollmacht auch bei der GmbH grundsätzlich zulässig und nur wenn weitere Umstände hinzutreten, unzulässig ist. Unzulässig soll die Generalvollmacht danach insbesondere dann sein, wenn sie dazu benutzt wird, die Regelungen über die Gesamtvertretung zu umgehen, oder wenn mit ihr *„organschaftlich Befugnisse übertragen“* werden sollen. In Abgrenzung zu dieser unzulässigen *„organschaftlichen“* Generalvollmacht, bei der eine solche *„Übertragung“* nach Ansicht des BGH stattfindet, spricht der BGH in der vorliegenden Entscheidung dann auch von einer zulässigen *„rechtsgeschäftlichen“* Generalvollmacht.

Der BGH drückt sich allerdings auch in dieser Entscheidung davor, die genauen Grenzen einer solchen (zulässigen *„rechtsgeschäftlichen“*) Generalvollmacht festzulegen, indem er die vorliegende Vollmacht als zulässige Generalhandlungsvollmacht auslegen konnte, da die betroffenen Rechtsgeschäfte auch von einer solchen (im Vergleich zu Generalvollmacht eingeschränkten) Vollmacht umfasst waren. Es kam somit nicht darauf an, ob hier tatsächlich eine Generalvollmacht erteilt worden ist und ob die beschriebenen, zur Unzulässigkeit führenden Gründe vorlagen oder nicht.

Auch diese Entscheidung des BGH fügt sich daher m.E. konsequent in die Reihe der BGH- und RG-Entscheidungen zur Generalvollmacht ein. Eine Rechtsprechungsänderung hin zu einer grundsätzlichen Unzulässigkeit der Generalvollmacht bei der GmbH kann in dieser Entscheidung nicht gesehen werden. Und auch eine Abgrenzung zwischen einer zulässigen General*handlungsvollmacht* und einer unzulässigen General*vollmacht* kann dem Urteil nicht entnommen werden.

III. Zusammenfassende Bewertung: Vorschnell angenommene Unzulässigkeit

In der Rechtsliteratur wird – selbst von den Befürwortern der Generalvollmacht – ganz überwiegend der pauschale Ansatz vertreten, dass der BGH die Generalvollmacht bei der GmbH für unzulässig hielte. Wie durch die Analyse der die Generalvollmacht betreffenden Entscheidungen gezeigt werden konnte, kann diese Aussage – insbesondere in dieser Pauschalität – nicht aufrechterhalten werden. Vielmehr lassen sich den Urteilen des RG und des BGH verschiedene

Grundsätze zur Generalvollmacht entnehmen, die aber nicht speziell auf die GmbH, sondern vielmehr auf alle Gesellschaftsformen anzuwenden sind. Die Tatsache, dass die Urteile ganz überwiegend zur GmbH und nicht zur AG oder zu Personengesellschaften ergangen sind, dürfte der großen Verbreitung der GmbH und der größeren Konfliktbereitschaft der GmbH-Gesellschafter geschuldet sein. Die Argumentation des BGH war jedenfalls in keinem der untersuchten Urteile auf etwaige Besonderheiten in der GmbH-Verfassung ausgerichtet.

In der Analyse hat sich aber auch gezeigt, dass die höchstrichterliche Rechtsprechung zur Generalvollmacht nicht frei von inneren Widersprüchen und dogmatischen Ungereimtheiten ist. Dieser Befund lässt sich aber wohl leicht mit den jeweils unterschiedlichen Sachverhaltskonstellationen, die den verschiedenen Entscheidungen zugrunde lagen, erklären und verstehen. Wie der ehemalige Senatsvorsitzende *Volker Röhricht*[713] bereits in einem anderen Zusammenhang treffend festgestellt hat, sind *„juristische Wissenschaft und rechtsprechende Tätigkeit [...] in ihren Aufgaben und Methoden grundlegend verschieden"*, denn anders als die Arbeit des Rechtswissenschaftlers gelte die Arbeit des Richters *„nicht dem System, sondern dem Fall"*. Das bedeute, dass (auch) der Revisionsrichter in erster Linie im Interesse der am Prozess beteiligten Parteien eine gerechte Entscheidung des ihm unterbreiteten Einzelfalls herbeizuführen habe.

Dass die Rechtsliteratur die Entscheidungen des BGH trotz dieses Befundes gerne auf eine generelle Unzulässigkeit der Generalvollmacht reduziert, entspricht dem Befund *Fleischers*[714], dass gerade zum Gesellschaftsrecht ergangene Gerichtsentscheidungen nicht selten auf ihre Leitsätze reduziert werden. Nach seiner überzeugenden Analyse liegt das nicht zuletzt an der zum Teil *„spärliche[n] Sachverhaltsschilderung deutscher Gerichte"*.[715] Im Gegensatz zum angloamerikanischen Präjudiziensystem, das sich einer *„ausgefeilten Technik kasuistischer Differenzierung"* bediene, erfahre man in deutschen höchstrichterlichen Entscheidungen wenig über den zu Grunde liegenden Lebenssachverhalt und über die soziale und wirtschaftliche Wirklichkeit, in die der konkrete Streitfall eingebettet ist.[716] Auch anders als noch das Reichsgericht, das die Überschriften zu den im RGZ abgedruckten Entscheidungen in Frageform gekleidet und nur intern sogenannte Präjudizienbücher geführt hat, die die wesentlichen Rechtsgedanken der Entscheidungen in Aussageform festhielten, stellt der BGH seinen Urteilen in der Regel Leitsätze voran, die den *„rechtlichen Urteilskern"* herausschälen sollen.[717] So entstanden aus Orientierungshilfen für den innergerichtlichen Gebrauch – zumindest in der öffentlichen Wahrnehmung – *„generell-abstrakte Rechtssätze"*,[718]

713 *Röhricht* ZGR 1999, 445, 453, 458.
714 *Fleischer* NZG 2015, 769.
715 *Fleischer* NZG 2015, 769.
716 *Fleischer* NZG 2015, 769, 770.
717 *Fleischer* NZG 2015, 769, 770.
718 *Fleischer* NZG 2015, 769, 770.

bei denen der konkret entschiedene Einzelfall überhaupt keine Rolle mehr zu spielen scheint. Dies kritisch hinterfragend fordert etwa *Hanack*,[719] dass die Rechtswissenschaft ihren gern gepflegten „*Leitsatzkult*" kritisch überprüfen sollte, weil sie häufig nur die höchstrichterlichen Leitsätze rezipiere und ungefiltert in die Kommentarliteratur einspeise. Abstrakt formulierte Leitsätze sollten also nicht ohne sorgfältige Reflexion aus ihrem konkreten Sachzusammenhang gelöst werden, da sonst die Gefahr besteht, dass Beurteilungsmaßstäbe und Verhaltenspflichten, die nur aus einem bestimmten Entscheidungskontext heraus verständlich sind, ein normatives Eigenleben gewinnen und auf andere Konstellationen übertragen werden, für die sie ursprünglich nicht gedacht waren.[720]

Bezieht man diese grundsätzlichen Überlegungen in die Analyse der Urteilsentscheidungen mit ein, wird deutlich, dass die immer wieder zitierten Leitsätze und Urteilspassagen zu einem falschen Bild über die Ansicht des RG bzw. des BGH zur Frage der Zulässigkeit der Generalvollmacht bei der GmbH geführt haben. Nur wenn die jeweiligen Besonderheiten der den Urteilen zugrunde liegenden Sachverhalte und die jeweiligen Argumentationsketten der Gerichte konsequent außer Acht gelassen werden, lässt sich an der in der Rechtsliteratur vertretenen Pauschalaussage festhalten. Lässt man diesen „*Leitsatzkult*" dagegen bei Seite und führt sich die Rolle des (Revisions-)Richters vor Augen, ergibt sich ein völlig anderes Bild.

So konnten in diesem Kapitel andere Grundsätze des BGH zu dieser Frage herausgearbeitet werden. Danach ist eine Generalvollmacht, die dem Bevollmächtigten umfassende und über diejenigen einer Prokura noch hinausgehende Vertretungsbefugnisse für die Gesellschaft einräumt, (schon im Hinblick auf die Privatautonomie) grundsätzlich zulässig. Unzulässig ist es nach Ansicht des BGH aber, durch eine solche Vollmacht die Regelungen über die Gesamtvertretungsbefugnis, die in erster Linie die Gesellschafter schützen sollen, zu umgehen. Außerdem betont der BGH auch, dass „*die Übertragung organschaftlicher Befugnisse*" unzulässig und eine „*entsprechende*" Generalvollmacht deshalb nichtig sei.[721] Welche Kriterien aber im Einzelnen für eine solche unzulässige Übertragung maßgeblich sein sollen, lässt sich weder den Urteilen des RG noch denen des BGH entnehmen.[722] Festzuhalten bleibt aber, dass nach der BGH-Rechtsprechung jedenfalls eine Generalvollmacht zulässig ist, mit der weder eine Gesamtvertretungsbefugnis eines Geschäftsführers umgangen noch „*organschaftliche*" Aufgaben bzw. Kompetenzen „*übertragen*" werden.[723]

---

719 *Hanack*, S. 189 in Fn. 26 sowie S. 358 in Fn. 31.

720 *Fleischer* NZG 2015, 769, 775.

721 *Reimer*: Generalvollmacht, S. 28.

722 *Reimer*: Generalvollmacht, S. 28.

723 *Joussen* WM 1994, 273, 277; DNotI-Report 1996, 76, 77.

B. Status quo zur Zulässigkeit der Generalvollmacht in der Rechtsliteratur

In der Rechtsliteratur werden zur Zulässigkeit der Generalvollmacht bei der GmbH verschiedene Meinungen vertreten. Neben der wohl h.M., die nach wie vor noch von der Unzulässigkeit der Generalvollmacht ausgeht, gibt es inzwischen auch differenzierende Ansichten, bei denen die Zulässigkeit von der konkreten Ausgestaltung der Generalvollmacht abhängen soll. Eine neuere Ansicht will die Generalvollmacht sogar grundsätzlich zulassen. Diese Ansichten sollen im Folgenden nun näher dargestellt werden.

I. Die (noch vorherrschende?) Meinung in der Rechtsliteratur: Grundsätzliche Unzulässigkeit der Generalvollmacht bei der GmbH

Wie eingangs erwähnt, hält ein Großteil der in der Rechtsliteratur vertretenen Stimmen – auch wenn dabei inzwischen wohl schon nicht mehr von der herrschenden Meinung gesprochen werden kann – die Generalvollmacht bei der GmbH für grundsätzlich unzulässig.[724] Anders als die sogleich darzustellenden differenzierenden Ansichten sind diese Autoren der Auffassung, dass bei der GmbH ausnahmslos jede Erteilung einer Generalvollmacht an einen Dritten, auch wenn diese die daneben weiterbestehende Vertretungsbefugnis des Geschäftsführers unberührt lässt, unzulässig ist.[725]

Meist schließen sich die Autoren der (nur vermeintlich) ablehnenden Meinung des BGH unkritisch an, ohne sich mit den Leitsätzen oder gar den Urteilsgründen vertieft auseinanderzusetzen. Wenn doch einmal der Versuch unternommen wird, die Totalablehnung der Generalvollmacht bei der GmbH zu begründen, wird dafür insbesondere das Argument, dass die Rechtsstellung des Geschäftsführers als Vertretungsorgan der Gesellschaft gemäß § 35 Abs. 1 GmbHG *„zwingend"* sei und einem rechtsgeschäftlich Bevollmächtigten *„keine dem Geschäftsführer vergleichbare Vertretungsmacht"* eingeräumt werden dürfe,

724 So z.B.: Oppenländer/Trölitzsch/*Trölitzsch* § 17 Rn. 3, § 18 Rn. 36; MHLS/*Lenz* GmbHG § 35 Rn. 9; Henssler/Strohn/*Oetker* GmbHG § 35 Rn. 41; Röhricht/Graf von Westphalen/Haas/*Wagner* HGB § 50 Rn. 23; Staudinger/*Schilken* § 167 Rn. 83; Soergel/*Leptien* BGB § 167 Rn. 41; Rowedder/Schmidt-Leithoff/*Koppensteiner/Gruber bzw. Baukelmann* GmbHG § 35 Rn. 9; *Brüggemann*, JA 1977, 500, 502; *Gustavus* GmbHR 1978, 219, 225; *Eder* GmbHR 1962, 265 ff.; *Henze*: Handbuch zum GmbH-Recht, Rn. 1162; *Mack*: Gleichlauf von Geschäftsführungsbefugnis und Vertretungsmacht, S. 54; *Kuhn* WM 1978, 598, 605; *Ripfel* GmbHR 1953, 181 ff., der auch davon ausgeht, dass ein Generalbevollmächtigter, wenn er die GmbH *„in gleicher Weise wie ein Geschäftsführer vertreten kann"*, als Geschäftsführer im Handelsregister anzumelden ist.

725 Rowedder/Schmidt-Leithoff/*Koppensteiner/Gruber* GmbHG § 35 Rn. 9.

genannt.[726] Die Vertretungsmacht des Geschäftsführers beruhe außerdem auf der Erwägung, dass die Vertretung der Gesellschaft in dem dort vorausgesetzten umfassenden Sinne nur durch Personen wahrgenommen werden solle, „*die das Vertrauen der Gesellschafter genießen*" würden.[727] Bei einer Generalvollmacht sei dieses Vertrauen aber mangels Einblick in die Interna der Gesellschaft nicht nach außen erkennbar, weshalb der Rechtsverkehr mit einer untragbaren Unsicherheit belastet würde.[728] Schließlich sei auch die Möglichkeit, Prokuristen oder Handlungsbevollmächtigte im Sinne des § 54 HGB zu bestellen, völlig ausreichend. Zusammengefasst sind also die wesentlichen Argumente gegen die Zulässigkeit der Generalvollmacht bei der GmbH der Gesellschafterschutz, die Rechtssicherheit und der Verkehrsschutz.

Das in allen ablehnenden Ansichten zu Generalvollmacht auftauchende und damit zugleich auch das wichtigste Argument gegen die Generalvollmacht ist außerdem aber, dass die Befugnis des Geschäftsführers zur Abgabe von Willenserklärungen für die GmbH „*unübertragbar*" sei. Der Geschäftsführer könne wegen des „*Verbots der umfassenden Übertragung der organschaftlichen Vertretungsmacht*" seine Vertretungsmacht deshalb auch nicht „*im Ganzen*" in Form einer Generalvollmacht durch einen anderen ausüben lassen. Die diese Ansicht vertretenden Autoren sehen also schon allein in der Erteilung einer Generalvollmacht eine „*Übertragung*" der Geschäftsführerbefugnisse auf den Bevollmächtigten.

II. Differenzierende Ansicht: Unterscheidung zwischen unzulässigen und zulässigen Generalvollmachten

Von der Totalablehnung der Generalvollmacht nicht immer leicht abzugrenzen sind die in der Rechtsliteratur inzwischen sehr verbreiteten Stimmen, die wohl aufgrund einer unzutreffenden Analyse der in § 2 A. dargestellten Entscheidungen des BGH eine Differenzierung zwischen der unzulässigen sog. „*organersetzenden*" bzw. „*organverdrängenden*" und der zulässigen sog. „*rein rechtsgeschäftlichen*" Generalvollmacht vornehmen wollen.[729] Die dabei benutzten Begriffe werden nämlich nicht einheitlich, sondern teilweise synonym oder völlig abweichend

726 Henssler/Strohn/*Oetker* GmbHG § 35 Rn. 41.

727 Rowedder/Schmidt-Leithoff/*Koppensteiner/Gruber* GmbHG § 35 Rn. 9; *Kuhn* WM 1978, 598, 605.

728 *Baumann*: Generalvollmacht, S. 3 ff.

729 Roth/Altmeppen/*Altmeppen* GmbHG § 35 Rn. 15 f.; BeckOK GmbHG/*Wisskirchen/Kuhn* GmbHG § 35 Rn. 7 f.; Baumbach/Hueck/*Noack/Zöllner* GmbHG § 35 Rn. 76; *Wicke* GmbHG § 35 Rn. 3; MüKoGmbHG/*Stephan/Tieves* GmbHG § 35 Rn. 237; *K. Schmidt* GesR, § 36 II. 1. b); *K. Schmidt* HandelsR, § 16 Rn. 8; Lutter/Hommelhoff/*Kleindiek* GmbHG § 35 Rn. 2; BeckHdbGmbH/*Axhausen* § 5 Rn. 155; *Joussen* WM 1994, 273 ff.; *Spitzbarth* BB 1962, 851, 853; Staub/*Joost* HGB § 49 Rn. 47 f.; UHL/*Paefgen* GmbHG § 35 Rn. 122; Hachenburg/*Mertens* GmbHG § 35 Rn. 103; *Leiner*: Generalvollmacht, S. 128; Mertens/Stein/*Mertens* § 35 Rn. 103; Scholz/*Schneider* GmbHG

benutzt,[730] wodurch eine Einordnung der verschiedenen Ansichten ganz erheblich erschwert wird. So wird etwa der Begriff der sog. *„organvertretenden“* Generalvollmacht entweder (selten) synonym zu der *„rechtsgeschäftlichen“* Generalvollmacht oder aber gerade als deren Gegenstück[731] verwendet. Im ersten Fall soll eine so bezeichnete Generalvollmacht also mit einer „zulässigen“ rechtsgeschäftlichen Generalvollmacht und im zweiten Fall mit einer „unzulässigen“, weil „organersetzenden“ Generalvollmacht gleichzusetzen sein. Obwohl die Autoren, die diesen differenzierenden Ansatz verfolgen, mit ihren Begriffen also mehr Verwirrung als Rechtsklarheit stiften, lassen sich hier gleichwohl die verschiedenen in der Literatur vorherrschenden Abgrenzungskriterien zwischen einer unzulässigen und einer zulässigen Form der Generalvollmacht herausarbeiten.

1. Unzulässige Form der Generalvollmacht

Unter unzulässigen, weil *„organersetzenden“* (von manchen Autoren aber auch „organverdrängend“ und „organvertretend“ genannt) Generalvollmachten sollen alle Generalvollmachten verstanden werden, bei denen dem Bevollmächtigten eine vom Geschäftsführer *„unabhängige Rechtsstellung“* eingeräumt wird und die Vollmacht dann – je nach konkreter Ausgestaltung – auch mehr oder weniger frei von Weisungs- und Widerrufsrechten ist.[732] Andere sehen dieses Kriterium bei Generalbevollmächtigten, die *„anstelle“* eines Geschäftsführers *„wie ein Vertretungsorgan“* der GmbH tätig werden, als erfüllt an.[733] Der Begriff des *„organverdrängenden“* Generalbevollmächtigten wird dazu teilweise schlicht synonym verwendet.[734] Teilweise wird ihm aber auch ein eigener Anwendungsspielraum gestattet, wenn der Unterschied darin gesehen wird, dass dabei der Geschäftsführer zusätzlich an der Ausübung seiner Vertretungsbefugnisse gehindert wird, indem etwa seine internen Geschäftsführungskompetenzen beschränkt werden oder er an die Weisungen des Generalbevollmächtigten gebunden ist.[735]

Das Verbindende der in diese Richtung argumentierenden Stimmen ist die Ansicht, dass die Vertretungsmacht der Generalvollmacht nicht so weit gehen dürfe, *„dass die Geschäftsführer in ihrem eigenverantwortlich wahrzunehmenden*

---

§ 35 Rn. 18; *Geitzhaus* GmbHR 1989, 232 ff.; *Geck* DStR 1988, 90, 97; HK-GmbHG/*Fichtelmann* GmbHG § 35 Rn. 38.

730 *Uffmann*: Interim Management, S. 367.

731 So: Scholz/*Schneider* GmbHG § 35 Rn. 18; *Geitzhaus* GmbHR 1989, 232 ff.

732 So: *Schippers* DNotZ 2009, 353, 363; in diese Richtung auch: *Geitzhaus* GmbHR 1989, 229, 232 ff. und Scholz/*Schneider* § 35 Rn. 18 ff., die aber zwischen *„organvertretenden“* und *„rechtsgeschäftlichen“* Generalvollmachten unterscheiden wollen.

733 *Geitzhaus* GmbHR 1989, 229, 230; Mertens/Stein/*Mertens* § 35 Rn. 103.

734 So wohl: *Reetz*/BeckNotarHdB, F. Rn 114; UHL/*Paefgen* GmbHG § 35 Rn. 122: unzulässige Generalvollmacht, wenn Dritter *„statt“* des Geschäftsführers und *„wie ein solcher“* vertreten soll.

735 So: *Schippers* DNotZ 2009, 353, 364.

Tätigkeitsbereich beeinträchtigt“[736] werden bzw. der Geschäftsführer jedenfalls nicht durch den Generalbevollmächtigten „*ersetzt*“ werden dürfe[737]. Der Generalbevollmächtigte müsse also „*neben die Geschäftsführung*“ treten und dem Geschäftsführer müsse immer auch „*eine organschaftliche Vertretung möglich bleiben*“.[738] Selbst bei einer entsprechender Zustimmung aller Gesellschafter soll es unzulässig sein, einen Generalbevollmächtigten zu benennen, dessen Vertretungsmacht der des Geschäftsführers „*gleichstehe*“[739] bzw. an den die Organvertretungsmacht „*delegiert*“ werde, wodurch der Bevollmächtigte die Vertretungsmacht eines Organs „*erlangen*“ würde.[740] Eine solche Vertretungsmacht sei dann nämlich eine unzulässige „*organschaftliche*“ Generalvollmacht.[741] Die Generalvollmacht dürfe aber „*keine Bereiche der organschaftlichen Kompetenz antasten*“.[742] In diesem Bereich sei nämlich „*jede Vertretungsform unabhängig von den Standardisierungstypen der §§ 49 ff. HGB*“ unzulässig.[743] Begründet wird dies für die „*organschaftlichen*“ Handlungen mit einer besonderen Pflichtenbindung zum Schutz des Unternehmens und seiner Gläubiger sowie aus einer besonderen „*öffentlich-rechtlichen Pflichtenbindung*“, die für diese Handlungen erforderlich sei und nur gesetzliche Vertreter, aber nicht Generalbevollmächtigte erfasse.[744]

2. *Zulässige Form der Generalvollmacht*

Bei der für zulässig gehaltenen sog. nur „*rechtsgeschäftlichen*“ Generalvollmacht (von manchen Autoren aber auch „organvertretende“ Generalvollmacht genannt) stehen der Generalbevollmächtigte und der Geschäftsführer als Organ der Gesellschaft strikt nebeneinander. Eine solche Generalvollmacht „*außerhalb reiner Organbefugnisse*“[745] bzw. in Abgrenzung zu einer „*organschaftlichen*“[746] Generalvollmacht soll zulässig sein,[747] da hier „*rechtlich dem Geschäftsführer*

736 *Raiser/Veil* § 42 Rn. 14; Hachenburg/*Mertens* GmbHG § 35 Rn. 103.
737 *K. Schmidt* GesR, § 36 II. 1. b); *K. Schmidt* HandelsR, § 16 Rn. 8; Lutter/Hommelhoff/*Kleindiek* GmbHG § 35 Rn. 2, § 37 Rn. 15a; BeckHdbGmbH/*Axhausen* § 5 Rn. 155; BeckOK GmbHG/*Wisskirchen/Kuhn* GmbHG § 35 Rn. 7 f.
738 MüKoGmbHG/*Liebscher* GmbHG § 45 Rn. 87.
739 MHLS/*Lenz* GmbHG § 35 Rn. 7.
740 *K. Schmidt* HandelsR, § 16 Rn. 8.
741 MHLS/*Lenz* GmbHG § 35 Rn. 7.
742 So auch: *Geitzhaus*, GmbHR 1989, 229 ff.
743 *Geitzhaus* GmbHR 1989, 229, 232.
744 MüKoHGB/*Krebs* HGB Vor. § 48 Rn. 78.
745 *Reetz*/BeckNotarHdB F. Rn. 115
746 *Leiner*: Generalvollmacht S. 70 ff.; *Geitzhaus* GmbHR 1989, 229, 232.
747 MünchHdB GesR III/*Marsch-Barner/Diekmann* § 44 Rn. 1; MüKoHGB/*Krebs* HGB Vor. § 48 Rn. 78 ff.; *Hübner* ZHR 1979, 1 ff.; *Joussen* WM 1994, 273, 277; BeckOK

vorbehaltene Erklärungen von der – ansonsten umfassenden – Vollmacht ausgenommen" wären.[748]

Da nämlich nur die *„organschaftliche Vertretung"*, nicht aber die *„rechtsgeschäftliche Vertretung"* durch einen Generalbevollmächtigten unzulässig sei, könne auch bei der GmbH ein Generalbevollmächtigter ermächtigt werden, die Gesellschaft bei allen Rechtsgeschäften zu vertreten *„mit Ausnahme solcher, bei denen wegen des besonderen Charakters des Rechtsgeschäfts ein Handeln eines Organs der GmbH erforderlich"* sei. Die Generalvollmacht könne dabei wie eine weiter ausgestattete Prokura ausgestaltet werden. Missbilligt sei nämlich nicht das Mittel der Generalvollmacht an sich, sondern der Erfolg, nämlich *„die Anmaßung von Organfunktion und die Verdrängung der Geschäftsführer"*.[749] Der entscheidende Unterschied zu den unzulässigen Generalvollmachten soll also darin bestehen, dass die rein rechtsgeschäftliche Generalvollmacht *„die Organbefugnisse des Geschäftsführers, seine Zuständigkeiten und Verantwortung unberührt"* lasse.[750] Bei einer solchen Gestaltung soll im Gegensatz zu den obigen Gestaltungsformen der Generalvollmacht auch die Verbandsautonomie der GmbH nicht tangiert werden,[751] da weder autonome Vertretungsbefugnisse aus Organhand genommen noch in Nichtorganhand gelegt würden.[752] Eine *„Selbstentmündigung"* oder *„Selbstentrechtung"* der GmbH bzw. eine *„Entäußerung eigener Willens- und Handlungsfähigkeit"* sei hier nicht gegeben.[753]

III. Neue Ansicht von Uffmann u.a.

Eine neuere und deutlich überzeugendere Ansicht, die insbesondere von *Uffmann*[754] und in Ansätzen auch bereits von *Baumann*[755] und *Reimer*[756] vertreten wird, spricht sich dagegen (wie bei richtiger Analyse auch schon der BGH und das RG) für eine generelle Zulässigkeit der Generalvollmacht bei der GmbH aus. Diese Ansicht hat im Gegensatz zu den differenzierenden Ansichten nämlich erkannt, dass die Einräumung einer Generalvollmacht stets nur die rechtsgeschäftliche Vertretung der

---

GmbHG/*Wisskirchen/Kuhn* GmbHG § 35 Rn. 7 f.; Baumbach/Hueck/*Noack/Zöllner* GmbHG § 35 Rn. 76.

748 *Geitzhaus* GmbHR 1989, 229, 230; MüKoHGB/*Krebs* HGB Vor. § 48 Rn. 78; BeckOK GmbHG/*Wisskirchen/Kuhn* GmbHG § 35 Rn. 7 f.

749 *Geitzhaus* GmbHR 1989, 229, 233.

750 Scholz/*Schneider* GmbHG § 35 Rn. 19.

751 *Schippers* DNotZ 2009, 353, 365; so wohl auch: *Reetz*/BeckNotarhdB F. Rn. 114.

752 *Schippers* DNotZ 2009, 353, 365.

753 *Schippers* DNotZ 2009, 353, 365.

754 *Uffmann*: Interim Management, § 19, S. 360 ff.

755 *Baumann*: Generalvollmacht, S. 3 ff., der eine *„die eigene Kompetenz des Vollmachtgebers ausschließende Generalvollmacht"* für unwirksam hält und insofern wohl auch den oben aufgeführten differenzierenden Ansichten zugeordnet werden könnte.

756 *Reimer*: Generalvollmacht, S. 55 ff.

Gesellschaft und damit nicht deren Organkompetenzen betrifft. Sie will deshalb den Blick weg vom Außenverhältnis und stattdessen mehr auf das Innenverhältnis zwischen dem Generalbevollmächtigten und der Gesellschaft lenken. Schon der Ausdruck der *„organschaftlichen"* Generalvollmacht sei nämlich ein Widerspruch in sich, da eine Generalvollmacht dem Bevollmächtigten stets nur eine *„rechtsgeschäftliche"* Vertretungsmacht verschaffen könne.[757] Selbst wenn der Generalbevollmächtigte nahezu alle Befugnisse des Geschäftsführers hätte, würde er damit nicht zum Organ der GmbH werden.[758] Die *„organschaftliche"* Vertretungsmacht des Geschäftsführers könne deshalb durch eine Generalvollmacht – selbst wenn dies gewollt wäre – weder ersetzt noch verdrängt werden.[759] Auch die Verantwortlichkeit des Organwalters werde durch die Einräumung einer weiten rechtsgeschäftlichen Vertretungsmacht überhaupt nicht tangiert.[760] Die oben genannten Autoren gehen allerdings – soweit ersichtlich – davon aus, sich mit dieser Ansicht von der Rechtsprechung des BGH und des RG abzusetzen. Auch sie gehen also davon aus, dass die in § 2 A. analysierte Rechtsprechung des BGH und des RG die Generalvollmacht für grundsätzlich unzulässig hält.

IV. Zusammenfassung

Vergleicht man den differenzierenden Ansatz mit der Totalablehnung der Generalvollmacht, fällt auf, dass dabei nahezu die gleichen Argumente verwendet werden. Auch bei dem zuerst genannten werden – zur Abgrenzung einer zulässigen von einer unzulässigen Generalvollmacht – der Gesellschafterschutz, der Verkehrsschutz bzw. die Rechtssicherheit genannt. Das entscheidende Argument ist auch hier, dass einem nur rechtsgeschäftlich Bevollmächtigten *„keine organschaftliche Vertretungsmacht eingeräumt"* bzw. *„übertragen"* werden könne. Entscheidender Unterschied ist also nur die daraus abgeleitete Folgerung. Die differenzierenden Autoren kommen nämlich zu dem Ergebnis, dass neben der unzulässigen *„organschaftlichen"* Generalvollmacht eine *„rechtsgeschäftliche"* Vollmacht möglich sein soll, bei der eine solche Übertragung nicht (automatisch) stattfindet. Die noch im Einzelnen näher zu beleuchtenden Argumente, die nach Ansicht der Autoren zu einer Unzulässigkeit der Generalvollmacht führen sollen, sind bei beiden Ansichten aber im Wesentlichen die gleichen. Dagegen teilen die Autoren einer neueren Ansicht (wohl unbewusst) die Ansicht des BGH, wonach die Generalvollmacht nur bei Hinzutreten besonderer Umstände, nicht aber schon grundsätzlich unzulässig sein soll. Während der erste Ansatz also stets eine *„organschaftliche"* Generalvollmacht annimmt und die differenzierende Ansicht zwischen einer *„organschaftlichen"* und einer *„rechtsgeschäftlichen"*

757 *Uffmann*: Interim Management, S. 368, 380.
758 *Baumann*: Generalvollmacht, S. 3 ff.
759 *Uffmann*: Interim Management, S. 369 f., 380.
760 *Uffmann*: Interim Management, S. 377.

Generalvollmacht unterscheiden will, hält schließlich die neuere Ansicht eine „*organschaftliche*“ Generalvollmacht von vorherein für grundsätzlich unmöglich.

C. Die Zulässigkeit der Generalvollmacht bei anderen Gesellschaftsformen

Über die Zulässigkeit der Generalvollmacht wird aber nicht nur bei der GmbH, sondern auch bei anderen Gesellschaftsformen – insbesondere bei der AG und bei Personengesellschaften – diskutiert. Möglicherweise lassen sich aus diesen Diskussionen auch Erkenntnisse für die GmbH ableiten. Nachfolgend sollen deshalb auch die dabei vertretenen Ansichten dargestellt werden.

I. Zulässigkeit bei der Aktiengesellschaft

Zwar gibt es auch in der Rechtsliteratur zur Aktiengesellschaft Stimmen, die in der Erteilung einer Generalvollmacht den intentionellen Aufbau der AG, der dem Schutz der Anleger diene, in Gefahr sehen[761] und deshalb die Frage aufwerfen, ob der Vorstand einer AG, bei dem die Persönlichkeit bei der Bestellung eine große Rolle spiele, so weitgehende Befugnisse „*weiterübertragen*“ könne.[762] Obwohl das Aktienrecht weit weniger dispositiv als das GmbH-Recht ist, geht die ganz herrschende Meinung in der Rechtsliteratur – anders als bei der GmbH – trotz dieser vereinzelten Bedenken aber davon aus, dass die Erteilung einer umfassenden Generalvollmacht, die nach außen grundsätzlich alle Geschäfte abdecken soll,[763] die auch der Vorstand vornehmen kann, grundsätzlich zulässig ist.[764] Voraussetzung sei lediglich, dass die Vertretungsbefugnis des Vorstandes erhalten bleibt, die Vollmacht widerruflich ist und sie auch nicht an ein anderes vertretungsberechtigtes Vorstandsmitglied erteilt wird.[765]

---

761 *Hübner* ZHR 143 (1979), 1, 16.

762 *Hübner* ZHR 143 (1979), 1, 17.

763 MüKoAktG/*Spindler* AktG § 78 Rn. 114; Spindler/Stilz/*Fleischer* AktG § 78 Rn. 52.

764 *Grooterhorst*: Vollmachten im Unternehmen, S. 146; MüKoAktG/*Spindler* AktG § 78 Rn. 114; Hüffer/*Koch* AktG § 78 Rn. 10; Hölters/*Weber* AktG § 78 Rn. 41; Spindler/Stilz/*Fleischer* AktG § 78 Rn. 52; MünchHdB GesR IV/*Wiesner* § 23 Rn. 28; *Leiner*: Generalvollmacht, S. 133 ff.; *Reimer*: Generalvollmacht, S. 48 ff.; Schmidt/Lutter/*Seibt* AktG § 78 Rn. 15; GKAktG/*Habersack/Foerster* AktG § 78 Rn. 81 f.; KK-AktG/*Mertens/Cahn* AktG § 78 Rn. 78; *Huber* ZHR 152 (1988), 1, 26; *Frels* ZHR 122 (1959), 173, 187 f.; GKAktG/*Habersack* AktG § 78 Rn. 59.

765 *Grooterhorst*: Vollmachten im Unternehmen, S. 146; MüKoAktG/*Spindler* AktG § 78 Rn. 114; Hüffer/*Koch* AktG § 78 Rn. 10; Hölters/*Weber* AktG § 78 Rn. 41; Spindler/Stilz/*Fleischer* AktG § 78 Rn. 52; MünchHdB GesR IV/*Wiesner* § 23 Rn. 28; *Leiner*: Generalvollmacht, S. 133 ff.; *Reimer*: Generalvollmacht, S. 48 ff.; Schmidt/Lutter/*Seibt* AktG § 78 Rn. 15; GKAktG/*Habersack/Foerster* AktG § 78 Rn. 81 f.; KK-AktG/*Mertens/Cahn* AktG § 78 Rn. 78; *Huber* ZHR 152 (1988), 1, 26; *Frels* ZHR 122 (1959), 173, 187 f.; GKAktG/*Habersack* AktG § 78 Rn. 59.

Im Gegensatz zu einem Vorstandsmitglied besitze der Generalbevollmächtigte dann nämlich keine *„organschaftliche“*, sondern nur eine *„rechtsgeschäftliche“* Vertretungsmacht, die die organschaftliche Zuständigkeit des Vorstandes zur Vertretung der AG unberührt lasse.[766] Außerdem sei mit der Erteilung einer Generalvollmacht auch nicht die Delegation von Leitungsentscheidungen verbunden, sondern lediglich die Übertragung der Vorbereitung oder Ausführung einer Führungsentscheidung, was die Leitungsmacht des Vorstandes gerade nicht berühre.[767] Des Weiteren sei auch ein Generalbevollmächtigter durch die Hierarchie vom bevollmächtigenden Organ abhängig, wodurch also die Struktur der AG erhalten bliebe. Und schließlich sei die Generalvollmacht eine *„althergebrachte Institution“*, die auch im Aktienrecht schon lange eingebürgert sei.[768]

II. Generalvollmachten bei Personengesellschaften

Bei den Personengesellschaften ist die Frage der Zulässigkeit der Generalvollmacht eng mit der Zulässigkeitsfrage der sog. *„Drittorganschaft“* verknüpft und wird deshalb zumeist in diesem Zusammenhang diskutiert.[769] Dabei geht es insbesondere um die *„Zusammengehörigkeit von Herrschaft und Haftung“* sowie um den *„Gleichlauf der Interessen“* der Gesellschaft und der Geschäftsführer.[770] Grundsätzlich hält die herrschende Meinung die Generalvollmacht aber auch bei den Personengesellschaften – jedenfalls unter der Prämisse, dass sie als *„nichtorganschaftliche Vollmacht“* jederzeit von den Gesellschaftern wieder beseitigt werden könne und sie auch nicht die gesetzlich oder vertraglich angeordnete Gesamtvertretung aushöhlen dürfe – für zulässig.[771]

Auch der BGH sah in einem zu einer GbR ergangenen Urteil[772] keine Bedenken gegen die Erteilung einer Generalvollmacht in einer Personengesellschaft. Festzuhalten sei zwar an dem Grundsatz, dass die *„organschaftliche Vertretungsbefugnis eines vertretungsberechtigten Gesellschafters“* nicht auf einen Dritten *„übertragen“* werden könne, ein Dritter also nicht *„organschaftlicher“* Vertreter einer Personalhandelsgesellschaft sein könne. Dieser Grundsatz schließe jedoch die Möglichkeit nicht aus, *„dass ein Dritter mit einer umfassenden Vollmacht (Generalvollmacht), die auch noch über den gesetzlich festgelegten Umfang einer Prokura hinausgeht“*, ausgestattet würde. Die Erteilung einer solchen Vollmacht sei der Personengesellschaft nämlich ebenso wenig verwehrt wie einer natürlichen Person oder

766 MüKoAktG/*Spindler* AktG § 78 Rn. 114; Schmidt/Lutter/*Seibt* AktG § 78 Rn. 15.
767 *Fleischer* ZIP 2003, 1, 8 f.
768 *Hübner* ZHR 143 (1979), 1, 16.
769 *Hübner* ZHR 143 (1979), 1, 8; *Westermann*: Vertragsfreiheit, S. 405 ff.
770 *Hübner* ZHR 143 (1979), 1, 8.
771 *Westermann*: Vertragsfreiheit, S. 405 ff.; *Joussen* WM 1994, 273, 278; *Schippers* DNotZ 2009, 353, 365; *Spitzbarth* BB 1962, 851, 852; *Leiner*: Generalvollmacht, S. 139 ff.; *Reimer*: Generalvollmacht, S. 48 ff.
772 BGH, Urteil vom 22.01.1962, Az.: II ZR 11/61 = NJW 1962, 738.

einer juristischen Person. Auch eine Umgehung *„des Verbots einer Übertragung der organschaftlichen Vertretungsbefugnis“* könne darin nicht grundsätzlich erblickt werden, da der Generalbevollmächtigte durch eine solche Vollmacht nicht etwa die Stellung eines gesetzlichen (organschaftlichen) Vertreters der Personalhandelsgesellschaft erhalte. Diese Stellung verbleibe bei der Erteilung einer Generalvollmacht bei dem zur Vertretung der Gesellschaft berufenen Gesellschafter.

III. Zusammenfassung: Die Generalvollmacht bei anderen Gesellschaftsformen

Im Vergleich zur GmbH wird die Generalvollmacht also bei anderen Gesellschaftsformen wie der AG und den Personengesellschaften deutlich weniger kritisch gesehen und auch nicht grundsätzlich abgelehnt. Auffallend ist aber, dass sowohl bei der AG als auch bei den Personengesellschaften die gleichen Argumente, die bei der GmbH zur Unzulässigkeit der Generalvollmacht führen sollen, verwendet werden. Auch hier steht das Verbot der Umgehung der dem Schutz der Gesellschafter dienenden Gesamtvertretungsbefugnis und das Verbot der *„Übertragung“* von Organbefugnissen ganz eindeutig im Vordergrund der Diskussion. Anders als bei der GmbH sollen diese Argumente aber nicht zur Unzulässigkeit der Generalvollmacht führen, obwohl auch hier überhaupt nicht mit den Besonderheiten der jeweiligen Gesellschaftsform argumentiert wird. Dies lässt m.E. nur den Schluss zu, dass die gesamte Ansicht der Unzulässigkeit der Generalvollmacht bei der GmbH auf die oben dargestellte Fehldeutung der BGH-Urteile bzw. deren fehlende Analyse begründet ist.

D. Die Generalvollmacht im Rahmen von Betriebsführungsverträgen

Gegen die Unzulässigkeit einer Generalvollmacht spricht nicht zuletzt auch noch, dass die Erteilung einer Generalvollmacht im Rahmen eines Betriebsführungsvertrages rechtsformunabhängig anerkannt ist und nicht gegen das Prinzip der *„organschaftlichen Stellvertretung“* verstoßen soll.[773] Auch hier wird argumentiert, dass die juristische Person durch Erteilung einer Generalvollmacht nicht ihre Organisation, sondern nur die Art ihrer Betätigung ändert.[774] Zwar gibt es auch hier Stimmen, die durch die Erteilung einer Generalvollmacht eine Gefahr sehen, *„dass die vom Gesetz zwingend vorgegebenen Organkompetenzen zwar nicht rechtlich, wohl aber faktisch so sehr beeinträchtigt werden, dass die Handlungs- und Haftungsverfassung der Gesellschaft ausgehöhlt wird“*[775] und die *„vollständige Übertragung der Geschäftsführungs- und Vertretungsbefugnisse“* deshalb unzulässig sei,

773 *U. Huber* ZHR 152 (1988), 1, 25.
774 *U. Huber* ZHR 152 (1988), 1, 25.
775 *Martinek*: Moderne Vertragstypen, Bd. II, S. 306 f.

da diese *„zu einem unzulässigen faktischen Funktionsverlust des Organs"* führe.[776] Eine *„Letztentscheidungsbefugnis des betroffenen Organs"* im Sinne, dass dem GmbH-Geschäftsführer ein im Managementvertrag vorbehaltenes Weisungsrecht gegenüber dem Manager verbleibe,[777] sei deshalb notwendig, aber auch ausreichend, um diese Gefahr einzudämmen.[778] Insofern wird also auch in diesem Zusammenhang verkannt, dass allein schuldrechtlich durch die Einräumung einer Generalvollmacht dem Geschäftsführer keine Kompetenzen entzogen werden können, sondern eine Substitution von Organbefugnissen nur innerhalb der Satzung möglich ist. Da sich die heraufbeschworenen *„Gefahren"* aber als unbegründet erweisen, sprechen sich auch die dortigen Literaturstimmen für die grundsätzliche (rechtsformunabhängig) Zulässigkeit der Generalvollmacht aus.

E. Zwischenergebnis zum Status quo

Bei näherer Betrachtung der verschiedenen Gerichtsentscheidungen sowie der verschiedenen Literaturstimmen zeigt sich im Ergebnis, dass die Ausgangslage wesentlich weniger eindeutig ist, als es zunächst den Anschein haben mag. Bei der Rechtsprechung ist zu beobachten, dass hier zumeist Einzelentscheidungen getroffen wurden, bei denen die Einzelfallgerechtigkeit deutlich im Vordergrund stand, und gerade keine dogmatischen Grundsatzentscheidungen formuliert wurden. In der Rechtsliteratur wiederum wurden zumeist nur die Leitsätze der BGH-Urteile übernommen, ohne dass eine tiefergehende Auseinandersetzung mit den Urteilen stattgefunden hätte. Analysiert man dagegen die entsprechenden Urteile etwas gründlicher, zeigt sich, dass diesen überhaupt keine durchgreifenden Bedenken gegen eine grundsätzliche Zulässigkeit der Generalvollmacht bei der GmbH entnommen werden können.

Von der Fehldeutung der BGH-Urteile abgesehen lässt sich außerdem feststellen, dass die Unzulässigkeit der Generalvollmacht in der Rechtsliteratur im Wesentlichen entlang vier verschiedener Argumentationslinien ausgefochten wird: dem Gesellschafterschutz, dem Verkehrsschutz (bzw. der Rechtssicherheit), der öffentlichen Interessen/Pflichten und dem sog. *„Verbot der Übertragung von Organbefugnissen"*.[779] Dieser Befund soll nun im folgenden Abschnitt näher untersucht werden. Dazu sind die herausgearbeiteten Argumente gegen die Generalvollmacht zu analysieren und zu bewerten, um dann die Frage entscheiden zu können, ob die Generalvollmacht tatsächlich, wie von *Uffmann* angenommen, stets oder, wie von einem großen Teil der Rechtsliteratur angenommen, nur unter bestimmten Voraussetzungen zulässig ist.

776 *Martinek*: Moderne Vertragstypen, Bd. II, S. 307.
777 *Martinek*: Moderne Vertragstypen, Bd. II, S. 306 f.
778 *Martinek*: Moderne Vertragstypen, Bd. II, S. 308.
779 So auch: *Uffmann* ZGR 2013, 273, 312.

§ 3: Bewertung der einzelnen in der Rechtsliteratur gegen die Generalvollmacht vorgebrachten Argumente

Die Argumente, die von Teilen der Rechtsliteratur gegen die Generalvollmacht bei der GmbH vorgebracht werden, sollen in diesem Kapitel nun kritisch analysiert und bewertet werden.

A. Der Gesellschafterschutz – Schutz der Gesellschafter vor sich selbst?

Gegen die Generalvollmacht bei der GmbH wird zunächst das Argument vorgebracht, dass die Gesellschafter gegen eine Entmachtung durch einen außerhalb der Gesellschaft stehenden Dritten geschützt werden müssten. Es stellt sich hier deshalb insbesondere die Frage, ob dadurch die Gesellschafter nicht vor sich selbst geschützt werden.

I. Argumentation der Gegner

Das Argument der Gegner besagt im Wesentlichen, der Geschäftsführer solle durch die Erteilung einer Generalvollmacht nicht seinerseits *„organähnliche Vertretungsbefugnisse“*[780] an gesellschaftsfremde Dritte delegieren dürfen. Die Gesellschafter seien vor einer solchen von ihnen nicht gewollten Ausübung der Vertretungsbefugnisse durch Personen, *„die nicht ihr Vertrauen genießen“*[781], zu schützen. Die Gesellschafter hätten sich nämlich schon gem. § 46 Nr. 5 GmbHG selbst auszusuchen, wer sie nach außen vertreten dürfe.

II. Bewertung

Die Argumentation übersieht zunächst schon, dass auch § 46 Nr. 5 GmbHG gem. § 45 Abs. 2 GmbHG dispositiv ist, die Gesellschafter also selbst darüber entscheiden können, ob bspw. auch Dritte den Geschäftsführer bestellen können.[782] Es ist

780 *Schippers* DNotZ 2009, 353, 365.

781 BGH II ZR 9–75; so auch: DNotI-Report 1996, 76, 77.

782 MüKoGmbHG/*Liebscher* GmbHG § 46 Rn. 176; Baumbach/Hueck/*Zöllner/Noack* GmbHG § 46 Rn. 5–6; MHLS/*Römermann* GmbHG § 46 Rn. 86; BeckOK GmbHG/*Schindler* GmbHG § 46 Rn. 4–5; *Hübner* ZHR 143 (1979), 1, 13; Hachenburg/*Hüffer* GmbHG § 46 Rn. 3.

also durchaus möglich und zulässig, dass Personen zu Geschäftsführern bestellt werden, die nicht von den Gesellschaftern direkt bestimmt worden sind und die deshalb auch nicht zwangsläufig das Vertrauen der Gesellschafter genießen müssen. Der dagegen gerichtete Einwand, dass die Gesellschafter aber jedenfalls diejenigen ausgesucht hätten, die im zweiten Schritt den Geschäftsführer bestellen und abberufen, kann in diesem Zusammenhang nicht überzeugen, da ja auch im Fall der Erteilung einer Generalvollmacht die Gesellschafter den Geschäftsführer als denjenigen ausgesucht haben, der im zweiten Schritt die Generalvollmacht an einen Dritten verleiht. Das Vertrauen in den ausgesuchten Geschäftsführer dürfte insofern auch das Vertrauen, dass dieser keine Generalvollmacht an nicht vertrauenswürdige bzw. den Gesellschaftern feindlich eingestellte Dritte erteilt, miteinschließen.

Die Selbstbestimmung der Gesellschafter ist außerdem auch bereits dann ausreichend gewahrt, wenn diese es jederzeit selbst in der Hand haben, jede Einschränkung ihrer Unabhängigkeit wieder zu beseitigen. Dabei ist allein entscheidend, dass diese Möglichkeit rechtlich besteht, denn vor faktischen und insbesondere vor wirtschaftlichen Zwängen sind die Gesellschafter auch sonst nicht gefeit.[783] Die potentielle Gefahr einer Generalvollmacht betrifft nämlich nicht ausschließlich den Bereich der Vertretung, sondern berührt – wie die Frage der Weisungsgebundenheit zeigt – vielmehr auch die interne Befugnis, über die Willensbildung der GmbH entscheiden zu können.[784] Allein mit der Zulassung der Generalvollmacht bei der GmbH ist nämlich noch nichts über die interne Befugnis des Generalbevollmächtigten, die Art und Weise der Vertretung selbst festlegen zu können, entschieden. Mit der Argumentation, dass ein Generalbevollmächtigter aufgrund des Gesellschafterschutzes die Art und Weise der Ausübung seiner Befugnis, die GmbH im Rechtsverkehr unbeschränkt vertreten zu können, in bestimmtem Umfang nicht selbstständig bestimmen dürfe, können deshalb allenfalls Einschränkungen im Innenverhältnis zwischen dem Generalbevollmächtigten und der GmbH gerechtfertigt werden, nicht jedoch die generelle Unzulässigkeit der allein das Außenverhältnis betreffenden Generalvollmacht.

Die Gegner der Generalvollmacht verkennen aber auch, dass die GmbH in ihrem gesetzlichen Normalstatut eine Mitunternehmergemeinschaft ist,[785] in der die Gesellschafter nicht – wie möglicherweise in der AG – vor einem übermächtigen Vorstand geschützt werden müssen. Die Gesellschafter können vielmehr den für die Einräumung der Generalvollmacht zuständigen Geschäftsführer jederzeit selbst auswählen und austauschen. Sie können ihm insbesondere auch entsprechende Weisungen über die Erteilung von Generalvollmachten erteilen.[786] Sie können ihm also beispielsweise die Weisung erteilen, keine Generalvollmachten

783 *Weber*: Privatautonomie, S. 312.
784 *Geitzhaus* GmbHR 1989, 229, 232.
785 Konzen NJW 1989, 2977.
786 *Schippers* DNotZ 2009, 353, 366.

an Dritte zu vergeben, oder die Erteilung zumindest von ihrer Zustimmung abhängig machen. Auch wenn der Geschäftsführer bereits eine Generalvollmacht erteilt hat, können sie ihn jederzeit anweisen, diese wieder zurückzunehmen. Zwar wirken solche Weisungen der Gesellschafterversammlung an den Geschäftsführer nur im Innenverhältnis zwischen ihm und der GmbH, sodass der Geschäftsführer trotzdem (weisungswidrig) eine (im Außenverhältnis wirksame) Generalvollmacht erteilen könnte, allerdings sind die Gesellschafter dagegen durch entsprechende Schadensersatzansprüche gegen den Geschäftsführer geschützt. Der Geschäftsführer wird durch die Erteilung einer Generalvollmacht nämlich nicht aus der Verantwortung genommen,[787] sondern bleibt im Innenverhältnis weiterhin den Gesellschaftern zur Erfüllung seiner Aufgaben verpflichtet. Außerdem darf auch nicht vergessen werden, dass die Gesellschafter auch sonst nicht vor weisungswidrigen Handlungen des Geschäftsführers geschützt sind. Das Risiko eines Organhandelns innerhalb des rechtlichen Könnens unter Überschreitung des rechtlichen Dürfens haben vielmehr grundsätzlich die Gesellschafter als Folge ihrer eigenen Personalentscheidung und ihres selbst investierten Vertrauens in die Person des Geschäftsführers zu tragen.[788] Auch bei allen anderen Entscheidungen kann der Geschäftsführer eine weisungswidrige, aber für die GmbH nach außen wirksame Entscheidung treffen. Es ist kein Grund ersichtlich, weshalb ausgerechnet bei der Erteilung der Generalvollmacht ein Unterschied gemacht werden sollte. Insofern wird das Risiko durch die Möglichkeit einer Generalvollmacht an einen Dritten nicht vergrößert.

Des Weiteren lässt sich gegen das Argument des Gesellschafterschutzes anführen, dass auch Prokuristen und Generalhandlungsbevollmächtigte schon sehr weitgehende Vertretungsbefugnisse haben, aber unstreitig durch den Geschäftsführer ohne vorherige Zustimmung der Gesellschafter ernannt werden können.[789] Allein mit dem unterschiedlichen Umfang der Vollmachten kann eine so unterschiedliche Behandlung nicht gerechtfertigt werden. Auch wenn diese sehr weitgehenden Vertretungsbefugnisse in falsche Hände geraten, kann ein ebenso großer Schaden wie mit einer Generalvollmacht angerichtet werden.

Gegen den übertriebenen Schutz der Gesellschafter lässt sich auch ein bei der AG diskutiertes Problem, die sog. Drittanstellung von Vorstandsmitgliedern, anführen. In der Regel besteht zwischen den Vorstandsmitgliedern und der Aktiengesellschaft wie zwischen dem Geschäftsführer und der GmbH neben dem organschaftlichen Bestellungsverhältnis auch ein rechtsgeschäftlicher Vertrag, der insbesondere die Frage der Vergütung regelt. In der Unternehmenspraxis der AG kommt es aber auch vor, dass Vorstandsmitglieder von einem Dritten Vergütungsleistungen empfangen und kein zusätzliches Anstellungsverhältnis mit der AG begründet wird. Die Zulässigkeit dieser Praxis war in der aktienrechtlichen

787 *Hübner* ZHR 143 (1979), 1, 14.
788 *Schippers* DNotZ 353, 369.
789 *Hübner* ZHR 143 (1979), 1, 13.

Literatur bisher umstritten. Die h.M. hielt sie für zulässig.[790] Eine Mindermeinung lehnte sie grundsätzlich ab.[791] Dagegen hatten das OLG Celle und das KG die Drittanstellung im Fall eines Interim Managements ausdrücklich anerkannt.[792] In einem aktuellen Urteil des BGH[793] stellte dieser in den Urteilsgründen lediglich fest, dass der Abschluss des Vertrages mit dem Dritten nach § 84 Abs. 1 S. 5 i. V. m. §§ 87 und 112 AktG der Zuständigkeit des Aufsichtsrates unterliege, gegen eine Drittanstellung eines Vorstandsmitgliedes ansonsten aber keine Bedenken bestünden. Insbesondere verstößt die Drittanstellung nach Ansicht des BGH nicht gegen die aktienrechtliche Kompetenzordnung, auch nicht im Hinblick auf die in § 76 Abs. 1 AktG geregelte Unabhängigkeit und Weisungsfreiheit des Vorstandes. In der Bewertung dieses Urteils wird in der Literatur deutlich gemacht, dass diese Drittanstellungsverträge dem Dritten nämlich in keinem Fall das Recht zur Einflussnahme hinsichtlich der Leitung der AG gewährten, da das Organverhältnis auf jeden Fall Vorrang hätte. Der Vorstand habe seiner Leitungsaufgabe nach § 76 Abs. 1 AktG in beiden Fällen unabhängig und weisungsfrei nachzukommen.[794] Wenn also selbst in dem Fall, dass das Leitungsorgan von einem gesellschaftsfremden Dritten bezahlt wird, keine Interessenkonflikte mit den Interessen der Gesellschaft und den Gesellschaftern feststellbar sind, können erst recht keine Bedenken bestehen, wenn lediglich ein grundsätzlich weisungsgebundener Generalbevollmächtigter von dem Geschäftsführer bestellt wird und eine das Vertrauen der Gesellschafter erschütternde Dritteinflussnahme noch viel deutlicher als bei der Drittanstellung ausgeschlossen ist.

Jedenfalls wenn aber wie hier die Gesellschafter selbst über den Einsatz eines generalbevollmächtigten Interim Managers bestimmen, käme ein generelles Verbot der Generalvollmacht aus Gründen des Gesellschafterschutzes außerdem auch dem völlig unsinnigen Schutz der Gesellschafter vor sich selbst gleich.[795] Der hier untersuchte generalbevollmächtigte Interim Manager wird nämlich, wie oben erläutert, nicht vom Geschäftsführer eigenmächtig bestimmt, sondern direkt oder durch Weisung an den Geschäftsführer durch die Gesellschafter. Zwar ließe sich gegen dieses Argument wiederum anführen, dass die Wirksamkeit der Generalvollmacht aus Gründen des Verkehrsschutzes nicht von der Zustimmung der Gesellschafterversammlung abhängen dürfe. Dies betrifft allerdings ein

790 Z.B.: *Krieger* FS Hoffmann-Becking, S. 714; Hölters/*Weber* AktG § 84 Rn. 41; Hüffer/*Koch* AktG § 84 Rn. 17 ff.; K. Schmidt/Lutter/*Seibt* AktG § 84 Rn. 26.

791 Z.B.: *Baums*: Der Geschäftsleitervertrag, S. 74; MüKoAktG/*Spindler* AktG § 84 Rn. 76 f.; Grigoleit/*Vedder* AktG § 84 Rn. 21; KK-AktG/*Mertens/Cahn* AktG § 84 Rn. 56; *Raiser/Veil* § 14 Rn. 46; GKAktG/*Kort* AktG § 84 Rn. 319 ff..

792 OLG Celle, Urteil vom 10.02.2010 (Az.: 4 U 68/09) = AG 2012, 41; KG, Urteil vom 28.06.2011 (Az.: 19 U 11/11) = NZG 2011, 865.

793 BGH, Urteil vom 28.04.2015 (Az.: II ZR 63/14) = NZG 2015, 792.

794 *Vetter* NZG 2015, 889, 891.

795 *Geitzhaus* GmbHR 1989, 229, 231; *Schippers* DNotZ 2009, 353, 366.

anderes, sogleich noch zu behandelndes Argument gegen die Generalvollmacht. An dieser Stelle bleibt zunächst nur festzuhalten, dass jedenfalls der Gesellschafterschutz kein Verbot der Generalvollmacht bei der GmbH rechtfertigt.

Schließlich betrifft auch die Problematik der Umgehung der Gesamtvertretungsregelungen nicht den hier untersuchten Fall, da der Generalbevollmächtigte hier ja gerade mit Wissen und Wollen der Gesellschafter handelt und die GmbH allein vertreten soll. Das insbesondere in den oben dargestellten Urteilen immer wieder auftauchende Argument kommt in diesem Fall also nicht zum Tragen, sodass auch diese Bedenken bzgl. der Generalvollmacht jedenfalls für den hier untersuchten Interim Manager unbegründet sind.

B. Der Verkehrsschutz/Rechtssicherheit

Das zweite Argument, das von Teilen des Schrifttums[796] gegen die Zulässigkeit der Generalvollmacht bei der GmbH ins Feld geführt wird, gilt dem Schutz bzw. den Belangen des Rechtsverkehrs sowie allgemein der Rechtssicherheit, die durch die Verwendung von Generalvollmachten gefährdet sei.

I. Argumentation der Gegner

Die Gegner argumentieren hier, dass der Rechtsverkehr – besonders im Vergleich zur Verwendung einer ins Handelsregister einzutragenden Prokura – nicht ausreichend geschützt sei, da er sich bei einer Generalvollmacht gesetzlich nicht auf einen festen Vollmachtsumfang verlassen könne. Dies gelte besonders deshalb, weil die Generalvollmacht dem Bevollmächtigten (bei richtiger Auslegung) die gleichen Vertretungsbefugnisse wie einem Geschäftsführer verleihen könne. Die Rechtssicherheit würde selbst dann noch leiden, wenn man hinsichtlich des Schutzes der Gesellschafter für die Einräumung der Generalvollmacht die Zustimmung der Gesellschafterversammlung verlange, da die Zustimmung für Außenstehende nicht erkennbar sei.[797]

Nach dieser Ansicht besteht durch die Zulassung der Generalvollmacht also die Gefahr, dass im (handelsrechtlichen) Rechtsverkehr ein Bevollmächtigter auftritt, dessen (mit der Bezeichnung konkludent behauptete) umfassende Vertretungsbefugnisse weder gesetzlich geregelt noch registerrechtlich überprüfbar sind, weshalb sowohl das Vertrauen wie auch das Misstrauen in dessen Vertretungsmacht für den Geschäftspartner mit großen Nachteilen verbunden sein kann. Im ersten Fall erklärt sich die Gefahr für den Geschäftspartner von selbst. Aber auch dann, wenn der Geschäftspartner der Vertretungsmacht des Generalbevollmächtigten misstraut, diese aber tatsächlich vorlag, können sich etwa durch ein deshalb nicht zustande gekommenes Rechtsgeschäft ganz erhebliche

---

796 z.B.: *Ripfel* GmbHR 1953, 181, 182.
797 So: DNotI-Report 1996, 76.

Nachteile ergeben. Ob diese Bedenken tatsächlich begründet sind oder ob es sich dabei nicht eher um eine Scheingefahr handelt, soll nun im Folgenden untersucht werden.

II. Bewertung

Dem Argument ist zunächst sicher insoweit zuzugestehen, dass die Geschäftsführerbestellung, die im Gegensatz zur Generalvollmacht im Handelsregister eingetragen wird, auch zu einem großen Teil den Bedürfnissen des Rechtsverkehrs zur einfachen und rechtssicheren Bestimmung des vollumfänglich zur Vertretung berechtigten Organs dient[798]. Allerdings wird der Geschäftsführer der GmbH durch die Einräumung einer Generalvollmacht an einen Dritten nicht von seinen Befugnissen, die GmbH nach außen (insbesondere auch passiv) zu vertreten, entbunden. Der Generalbevollmächtigte tritt vielmehr mit seiner (aktiven und passiven) Vertretungsmacht neben den Geschäftsführer und wird so zu einer zweiten (alternativen) Zurechnungsperson der GmbH. Sollten Dritte Zweifel an der konkreten Vertretungsmacht des Generalbevollmächtigten haben, was nach der obigen Definition der Generalvollmacht als vollumfängliches Vertretungsrecht grundsätzlich aber auszuschließen ist, würde ihnen weiterhin der Geschäftsführer, der im Übrigen für jedermann einsehbar im Handelsregister einzutragen und auf Geschäftsbriefen anzugeben ist, für die Abgabe und Entgegennahme von Willenserklärungen im Geschäftsverkehr zur Verfügung stehen,[799] ohne dass die Generalvollmacht daran etwas ändern würde. Dafür spricht u.a. auch, dass ein Handlungsbevollmächtigter ebenfalls nicht in das Handelsregister eingetragen wird.[800] Für die grundsätzlichen Belange des Rechtsverkehrs ist es also ausreichend, wenn der Geschäftsführer als vertretungsbefugte Person vorhanden und im Handelsregister – für alle (potenziellen) Geschäftspartner einsehbar – eingetragen ist.

Auch dem Vorbringen, dass das Gesetz eine Generalvollmacht, die wie die Prokura oder die Handlungsvollmacht in ihrem Umfang typisiert ist bzw. von der dies vermutet wird, nicht kenne,[801] ist natürlich grundsätzlich zuzustimmen. Die (potenziellen) Geschäftspartner einer GmbH können deshalb nicht durch einen „einfachen" Blick in das Gesetz bzw. in das Register den Umfang der Generalvollmacht bestimmen. Allerdings ist der Umfang einer Vollmacht nach ganz h.M. stets nach dem objektiven Empfängerhorizont entweder des Vertreters (bei der Innenvollmacht) oder des Geschäftsgegners (bei der Außenvollmacht) nach

798 *Geitzhaus* GmbHR 1989, 229, 230.
799 *Geitzhaus* GmbHR 1989, 229, 231.
800 *Spitzbarth* BB 1962, 851, 853.
801 *Geitzhaus* GmbHR 1989, 229, 231.

den §§ 133, 157 BGB auszulegen.[802] Danach kann die hier untersuchte Generalvollmacht nur als völlig unbeschränkte Vollmacht ausgelegt werden. Ein Irrtum über die tatsächliche Reichweite der Vollmacht ist deshalb schon tatsächlich unmöglich oder jedenfalls unschädlich. Für den Rechtsverkehr besteht so gerade kein Risiko, den Umfang der Vollmacht fälschlich als zu umfangreich (bzw. als zu gering) einzuschätzen. Die Geschäftspartner der GmbH können sich vielmehr darauf verlassen, dass jeder Vertrag, der mit dem Generalbevollmächtigten geschlossen wurde, auch wirksam ist bzw. er jedenfalls nicht aufgrund vertretungsrechtlicher Bestimmungen unwirksam ist. Der Rechtsverkehr wird dabei zusätzlich auch durch die Gutglaubensvorschriften der §§ 170, 171 BGB geschützt. Da der Umfang einer Generalvollmacht zwangsläufig auch alle Befugnisse einer Prokura mit einschließt[803], jeder Generalbevollmächtigte zumindest insofern auch gleichzeitig Prokurist ist,[804] würde schließlich auch nichts dagegensprechen, den Generalbevollmächtigten zusätzlich noch als Prokuristen ins Handelsregister einzutragen. Eine Notwendigkeit ergibt sich aus den soeben dargestellten Gründen aber gerade nicht.

Gegen die Ablehnung der Generalvollmacht aus Gründen der Rechtssicherheit kann auch die Entstehungsgeschichte der Prokura angeführt werden. So war bei der Schaffung und Ausgestaltung der Prokura in den Beratungen zu einem Allgemeinen Deutschen Handelsgesetzbuch nämlich gerade der Gedanke, dass die Unbeschränkbarkeit der Prokura im Interesse der *„Erleichterung und Sicherheit des Rechtsverkehrs“* liege, wesentlich für ihre gesetzliche Verankerung.[805] Eine umfangmäßig einschränkbare Prokura hätte dagegen aus Sicht der Autoren im Rechtsverkehr zu erheblichen Verwirrungen gesorgt.[806] Auch aus dieser historischen Sicht gefährdet also nicht die Zulassung einer vollumfänglichen Vollmacht den Rechtsverkehr, sondern deren Gegenteil. Sieht man die Generalvollmacht also richtig als unbeschränkte, vollumfängliche Vollmacht an, ist dies auch aus Sicht der Autoren der Prokura keine Gefährdung des Rechtsverkehrs.

Gegen das Verkehrsschutzargument spricht des Weiteren, dass im Rechtsverkehr auch eigentlich betriebsinterne Funktionsbezeichnungen (wie etwa *„Generaldirektor“*, *„chief executive officer“* – *„CEO“*, *„president“* oder *„general manager“*), die gesetzlich nicht normiert sind und deshalb auch als *„Phantasietitel“* bezeichnet werden,[807] von Geschäftsführern, aber auch von Prokuristen und Handlungsbevollmächtigten benutzt werden dürfen, sofern dies im Einzelfall nicht zu einem

---

802 MüKoBGB/*Schubert* BGB § 167 Rn. 60, 63; HK-BGB/*Heinrich Dörner* BGB § 167 Rn. 1; Jauernig/*Mansel* BGB § 167 Rn. 2; BeckOK BGB/*Schäfer* BGB § 167 Rn. 25, 26; BGH, Urteil vom 09.07.1991 (Az.: XI ZR 218/90) = NJW 1991, 3141

803 *Hübner* ZHR 143 (1979), 1, 21.

804 *Hübner* ZHR 143 (1979), 1, 21.

805 *Hübner* ZHR 143 (1979), 1, 4.

806 *Hübner* ZHR 143 (1979), 1, 5.

807 *Borsch* GmbHR 2004, 1376.

im Rechtsverkehr „*verdrängendem Gebrauch*" führt.[808] Nur der Titel „*Vorstand*" soll nach h.M. eine Irreführung des Rechtsverkehrs wegen Verwechslung mit dem Vorstand der AG bedeuten und wird deshalb für unzulässig gehalten.[809] Wenn mehrere eigentlich nur gesamtvertretungsberechtigte Geschäftsführer vorhanden sind, kann durch die Benutzung solcher Titel auch eine Anscheinsvollmacht hinsichtlich einer Alleinvertretungsberechtigung entstehen, auf die Dritte vertrauen dürfen.[810] Es soll sogar möglich sein, dass durch einen solchen „*Phantasietitel*" der gesetzte Rechtsschein über die handelsrechtliche Kompetenz eines Prokuristen noch hinausgehe.[811] Auch beim Handlungsbevollmächtigten soll es möglich sein, dass dieser qua Anschein das Unternehmen wie ein Geschäftsführer verpflichten kann.[812] Wenn also der Rechtsverkehr durch die Benutzung von „*Phantasietiteln*" stark gefährdet werden kann und auch die Gefahr durch Anscheinsvollmachten stets präsent ist, kann eine Generalvollmacht, die in ihrem Umfang unmissverständlich ist und deren Umfang von der GmbH selbst bestimmt worden ist, nicht überzeugend als Gefährdung des Rechtsverkehrs eingestuft und deshalb als unzulässig abgelehnt werden.

Schließlich kann auch das Argument, dass die Rechtssicherheit leiden würde, wenn die Wirksamkeit einer Generalvollmacht, von der nicht überprüfbaren internen Zustimmung der Gesellschafter abhinge, nicht verfangen. Dabei wird nämlich übersehen, dass bei einer solchen Abhängigkeit des Außenverhältnisses von einer wie auch immer gearteten internen Zustimmungsbeschränkung das System der strikten Trennung zwischen Innen- und Außenverhältnis durchbrochen würde. Für die Erteilung einer Generalvollmacht im Außenverhältnis ist allein der Geschäftsführer zuständig, da dieser für jede Erteilung einer Vollmacht zuständig ist. Der Geschäftsführer besitzt aber gerade eine unbeschränkte (§ 35 Abs. 1 GmbHG) und unbeschränkbare (§ 37 Abs. 2 GmbHG) Vertretungsbefugnis, sodass eine von ihm erteilte Vollmacht grundsätzlich immer wirksam ist. Auch so entsteht also für den Rechtsverkehr keine Unsicherheit. Das mögliche Zustimmungserfordernis würde vielmehr nur das Verhältnis zwischen

808 Baumbach/Hueck/*Zöllner/Noack* GmbHG § 35 Rn. 2; MHLS/*Lenz* GmbHG § 35 Rn. 10; Rowedder/Schmidt-Leithoff/*Schmidt-Leithoff*, GmbHG § 6 Rn. 4; UHL/*Paefgen* GmbHG § 6 Rn 8; HK-GmbHG/*Fichtelmann* GmbHG § 35 Rn. 4; *Borsch* GmbHR 2004, 1376.

809 Scholz/*Schneider* GmbHG § 6 Rn 6; Baumbach/Hueck/*Zöllner/Noack* GmbHG § 35 Rn. 2; UHL/*Paefgen* § 35 Rn. 21; abw. allerdings z.B.: Rowedder/Schmidt-Leithoff/*Schmidt-Leithoff*, GmbHG § 6 Rn. 4; HK-GmbHG/*Fichtelmann* GmbHG § 35 Rn. 4; MHLS/*Lenz* GmbHG § 35 Rn 10.

810 *Borsch* GmbHR 2004, 1376 ff.; OLG München, Urteil vom 28.10.1971 (Az.: 1 U 1391/71) = BB 1972, 113, 114; zur AG auch: BGH, Urteil vom 17.12.1975 (Az.: IV ZR 73/74) = NJW 1976, 1402.

811 *Borsch* GmbHR 2004, 1378.

812 *Borsch* GmbHR 2004, 1378; MüKoHGB/*Krebs* HGB vor § 48 Rn. 52 ff.; Staub/*Joost* HGB § 54 Rn. 93 ff.

dem Geschäftsführer und der GmbH betreffen. Das Argument würde des Weiteren auch nur eine Unzumutbarkeit und Unzulässigkeit eines außenwirksamen Zustimmungserfordernisses begründen, nicht aber die grundsätzliche Unzulässigkeit einer Generalvollmacht.[813]

Auch der Verkehrsschutz steht somit der Zulassung der Generalvollmacht bei der GmbH nicht im Wege. Der Schutz des Rechtsverkehrs spricht vielmehr gerade für die Zulässigkeit der Generalvollmacht, da der Rechtsverkehr auf die Zulässigkeit der Generalvollmacht vertraut und in diesem Vertrauen nicht erschüttert werden sollte.[814] Die unbeschränkte Generalvollmacht macht den Rechtsverkehr daher gerade nicht unsicherer, sondern sicherer. Bei einer von vornherein unzulässigen Generalvollmacht würde der Rechtsverkehr deutlich mehr leiden.[815]

C. Öffentliche Interessen/Pflichten

Als dritte Argumentationslinie gegen die Zulässigkeit der Generalvollmacht bei der GmbH wird das angeblich entgegenstehende öffentliche Interesse vorgebracht.[816]

I. Argumentation der Gegner

Unter dem der Generalvollmacht entgegenstehenden öffentlichen Interesse werden zum einen die (soeben schon unter dem Verkehrsschutz behandelte) fehlende handelsregisterrechtliche Publizität der Generalvollmacht, zum anderen aber auch die hier separat zu behandelnden Pflichten des Geschäftsführers, die dieser im öffentlichen Interesse wahrzunehmen habe, verstanden. So habe der Geschäftsführer nämlich nicht nur gegenüber der Gesellschaft Verantwortung zu tragen, sondern auch gegenüber Dritten und der Allgemeinheit. Zu diesen Pflichten werden u.a. die Insolvenzantragspflicht, die nicht nur den Interessen der Gesellschaft, sondern zugleich auch dem Schutz der Gesellschaftsgläubiger vor weiteren Verlusten diene, die Pflicht, eintragungspflichtige Tatsachen zum Handelsregister anzumelden, die Buchführung, die Aufstellung des Jahresabschlusses, die Einreichung der Gesellschafterliste sowie alle übrigen strafrechtlich sanktionierten Pflichten des Geschäftsführers z.B. in §§ 79, 82, 84 GmbHG, gezählt.[817]

Es handelt sich also im Wesentlichen um die bereits im vorherigen Kapitel behandelten Pflichten, die von Teilen der Literatur – m.E. zu Unrecht – als höchstpersönliche Rechte der Gesellschaft bzw. als sog. Prinzipalgeschäfte

813 *Schippers* DNotZ 353, 367.
814 *Baumann*: Generalvollmacht, S. 6.
815 *Hübner* ZHR 143 (1979), 1, 19.
816 DNotI-Report 1996, 76, 77.
817 *Geitzhaus* GmbHR 1989, 229, 232.

bezeichnet werden. Diese Argumentationslinie stützt sich also auf die besondere Verantwortlichkeit des Geschäftsführers als Organ der GmbH. Diese Pflichten des Geschäftsführers dürften nicht auf andere und insbesondere auch nicht auf einen Generalbevollmächtigten *„abgewälzt“* werden.[818] Durch die Zulassung eines Generalbevollmächtigten wäre außerdem auch die Erfüllung dieser Pflichten gefährdet, da der Generalbevollmächtigte sonst zu einem Quasi-Organ ohne Organverantwortung werden könnte,[819] wodurch wiederum der Zusammenhang zwischen Herrschaft und Haftung ins Wanken gebracht würde.

II. Bewertung

Zunächst fällt auch an dieser Stelle auf, dass die Gegner der Generalvollmacht zu Unrecht annehmen, dass allein durch die Erteilung einer Generalvollmacht der Geschäftsführer als Organ der Gesellschaft von der Wahrnehmung seiner Pflichten befreit wäre, ohne diese Grundannahme ihrer Argumentation auch zugleich offen zu legen. Die Organpflichten des Geschäftsführers werden durch die Erteilung einer Generalvollmacht aber gerade nicht mit befreiender Wirkung auf den Generalbevollmächtigten übertragen,[820] sondern der Geschäftsführer bleibt weiterhin zivilrechtlich und auch strafrechtlich verantwortlich. Mit der Bestellung eines Generalbevollmächtigten tritt neben ihn also vielmehr noch eine weitere vertretungsbefugte Person hinzu.[821] Auch die gesetzliche Organisationsverfassung der GmbH sieht die Existenz mindestens eines Geschäftsführers mit unbeschränkbaren Organbefugnissen und Organpflichten zwingend vor,[822] sodass für jede GmbH stets ein diesen öffentlichen Pflichten verpflichteter Geschäftsführer vorhanden sein muss. Insofern würde – auch wenn man den Generalbevollmächtigten zur Ausübung dieser Pflichten als berechtigt ansehen würde – der Geschäftsführer von der Ausübung dieser Pflichten trotzdem nicht befreit, sondern die Befugnis zur Aufgabenerfüllung wäre nur dupliziert und die Aufgaben könnten dann von beiden wahrgenommen werden.[823]

Es könnte also viel eher zu überlegen sein, ob nicht der Generalbevollmächtigte sogar neben dem Geschäftsführer ebenfalls zur Wahrnehmung dessen öffentlicher Aufgaben verpflichtet ist[824] und sich bei deren Nichtbefolgung strafbar oder zumindest haftbar macht. Sollte dies der Fall sein, spräche das aber nicht gegen die Zulässigkeit der Generalvollmacht, da den Schuldnern bzw. der Öffentlichkeit

---

818 DNotI-Report 1996, 76, 77; *Reetz*/BeckNotarhdB F. Rn. 114.

819 S. z.B.: *Schippers* DNotZ 353, 367.

820 *Schippers* DNotZ 353, 370; *Joussen* WM 1994, 273, 277; *Baumann*: Generalvollmacht, S. 7 f.

821 *Schippers* DNotZ 353, 370.

822 *Schippers* DNotZ 353, 372.

823 Im Ergebnis unter dem Begriff „rechtsgeschäftliche Übertragung“ wohl auch *Geitzhaus* GmbHR 1989, 229, 232.

824 *Hübner* ZHR 143 (1979), 1, 22.

ein zusätzliches Haftungsobjekt zur Verfügung stünde. Dieser Frage muss deshalb an dieser Stelle nicht weiter nachgegangen werden.

Gegen die Argumentation der Gegner spricht aber auch, dass diese Pflichten – wie oben bereits dargelegt – ohnehin ausschließlich die Person des Geschäftsführers (also den Organwalter) und nicht die Gesellschaft selbst treffen. Es ist dem Geschäftsführer deshalb auch gar nicht möglich durch die Erteilung einer für die GmbH wirkenden Generalvollmacht, durch die der Bevollmächtigte also ausschließlich die GmbH und nicht etwa den Geschäftsführer als natürliche Person vertreten kann, diese ihm persönlich *„als Organ der GmbH zugewiesene[n] Aufgaben [...] alleinverantwortlich an andere [...] zu übertragen"*[825] bzw. auf eine andere natürliche Person *„abzuwälzen"*.

Schließlich vermag auch das Argument, dass der Generalbevollmächtigte im Bereich der öffentlichen Pflichten anders als der Geschäftsführer völlig weisungsgebunden sei und die öffentlichen Pflichten deshalb ausschließlich dem Geschäftsführer vorbehalten bleiben müssten, da andernfalls die Gesellschafter auf die Ausübung der Pflichten Einfluss nehmen könnten, wodurch die Wahrnehmung im öffentlichen Interesse nicht mehr sichergestellt sei,[826] nicht zu überzeugen. Die allgemein unbeschränkte Weisungsgebundenheit des Generalbevollmächtigten wird von den diese Ansicht vertretenden Literaturstimmen zwar korrekt aus dessen Dienstvertrag und dem dazugehörigen Weisungsrecht des Dienstberechtigten abgeleitet. Verkannt wird dabei aber, dass auch der Geschäftsführer mit der GmbH (in der Regel) durch einen Dienstvertrag verbunden ist. Der Grund für die Weisungsfreiheit des Geschäftsführers im Bereich der öffentlichen Pflichten – im Gegensatz zu den übrigen Bereichen – liegt außerdem keineswegs allein in seiner Stellung als Organ der GmbH. Vielmehr soll der Geschäftsführer durch die Weisungsfreiheit in diesem Bereich – wie es bspw. *Gieseke* sehr gut dargestellt hat[827] – vor den hier auftretenden Interessens- und Pflichtenkollision geschützt werden. Würde man also annehmen, dass ein Generalbevollmächtigter auch befugt wäre, die öffentlichen Pflichten des Geschäftsführers wahrzunehmen, wäre er den gleichen Interessens- und Pflichtenkollisionen ausgesetzt wie dieser, sodass auch die zur Weisungsfreiheit des Geschäftsführers gehörende Begründung auf ihn ebenfalls zuträfe und anzuwenden wäre. Nur weil der Generalbevollmächtigte kein Organ der GmbH ist, ist nicht einzusehen, weshalb für ihn etwas anderes gelten solle und weshalb nicht auch er einen weisungsfreien bzw. weniger weisungsgebundenen Tätigkeitsbereich haben müsste. Auch öffentliche Interessen können der Zulässigkeit der Generalvollmacht bei der GmbH also nicht überzeugend entgegengehalten werden.[828]

---

825 *Geitzhaus* GmbHR 1989, 229, 231.
826 So *Geitzhaus* GmbHR 1989, 229, 232.
827 *Gieseke* GmbHR 1996, 486 ff.
828 *Hübner* ZHR 143 (1979), 1, 21.

D. Das Verbot der Übertragung von Organbefugnissen

Das zentrale Argument, das der BGH vermeintlich grundsätzlich – tatsächlich, wie oben gezeigt werden konnte, aber nur unter bestimmten Voraussetzungen – gegen die Zulässigkeit der Generalvollmacht vorbringt, ist schließlich das sog. *„Verbot der Übertragung von Organbefugnissen"* (auf organfremde Dritte). Auch die dieser (vermeintlichen) Rechtsprechung des BGH folgenden bzw. die Unzulässigkeit der Generalvollmacht bei der GmbH fordernden Literaturstimmen sehen in diesem Verbot das Hauptargument, da dieses Verbot durch die (bzw. teilw. nur durch die *„organschaftliche"*) Generalvollmacht verletzt werde.

I. Argumentation der Gegner

Die Argumentation der Vertreter des sog. Verbots der Übertragung von Organbefugnissen ist mit den soeben behandelten Argumenten eng verknüpft. Sie geht davon, dass der Geschäftsführer seine Befugnisse nicht auf einen (gesellschaftsfremden) Dritten *„übertragen"* könne. Er soll insbesondere seine Vertretungsmacht nicht *„im Ganzen"* durch einen anderen ausüben lassen bzw. seine Aufgaben und die Verantwortung für deren Erfüllung nicht *„voll"* auf einen anderen *„abwälzen"* können. Dies soll auch unabhängig davon gelten, ob die Gesellschafter(versammlung) der Erteilung der Generalvollmacht zugestimmt habe(n) oder nicht.[829] Auch dieses Verbot soll damit also den *„in der Organstellung institutionalisierten"* Zusammenhang zwischen Herrschaft und Haftung sicherstellen.[830] Zu untersuchen ist deshalb im Folgenden insbesondere, ob mit der Erteilung einer Generalvollmacht tatsächlich *„organschaftliche"* Befugnisse *„übertragen"* werden. Sollte dies nämlich nicht der Fall sein, wäre das Argument vom *„Verbot der Übertragung von organschaftlichen Rechten und Pflichten"* von vornherein haltlos.

II. Bewertung

Bei der Bewertung dieses Arguments ist zunächst zu konstatieren, dass der Begriff der *„Übertragung"* im Zusammenhang mit der Diskussion der Generalvollmacht bei der GmbH zwar von nahezu allen Autoren in der Rechtsliteratur (Befürwortern und Gegnern gleichermaßen) sowie auch vom BGH und vom RG benutzt wird, aber – soweit ersichtlich – bisher noch nie der Versuch unternommen worden ist, den Begriff zu definieren oder ihn rechtlich einzuordnen, geschweige denn ihn in schon bestehende rechtliche Kategorien einzuordnen. Dabei zeigt ein Blick in das Auftragsrecht (§ 664 BGB), das Dienstvertragsrecht (§ 613 BGB) oder auch das Recht der Verwahrung (§ 691 BGB), dass der Begriff der *„Übertragung"* an verschiedenen Gesetzesstellen, die gerade alle auch die Einbeziehung eines Dritten in die einem Vertragspartner obliegenden Pflichten

---

829 *Reetz*/BeckNotarhdB F. Rn. 114.
830 *Schippers* DNotZ 2009, 353, 369; *Krebs* ZHR 159, 635, 643.

regeln, bereits gesetzlich kodifiziert wurde. So darf der Beauftragte gem. § 664 Abs. 1 S. 1 BGB im Zweifel die Ausführung des Auftrags nicht einem Dritten *„übertragen"* und auch der Anspruch des Ausführungsberechtigten ist gem. § 664 Abs. 2 BGB im Zweifel nicht *„übertragbar"*. Gem. § 613 BGB ist der Anspruch des Dienstberechtigten auf die Dienste im Zweifel ebenfalls nicht *„übertragbar"* und der Dienstverpflichtete hat seine Dienste *„in Person zu leisten"*, was nichts anderes bedeutet, als dass auch sein Anspruch auf die Ausführung der Dienste nicht *„übertragbar"* sein soll. Im Recht der Verwahrung wird in § 691 BGB zwar wie in § 613 S. 1 BGB nicht ausdrücklich von einer *„Übertragung"* gesprochen, doch auch hier ist geregelt, dass der Verwahrer im Zweifel seine vertraglich übernommene Pflicht nicht dadurch erfüllen darf, dass er die Sache bei einem Dritten hinterlegt, seine vertragliche Pflicht also einem anderen *„überträgt"*. Der Begriff der Übertragung wird hier (wie bei § 613 S. 1 BGB) also allein aus sprachlichen Gründen nicht verwendet. Der regelungstechnische Hintergrund stimmt mit denen der § 613 BGB bzw. § 664 BGB überein.

Die *„Übertragung"* vertraglicher Pflichten bzw. Kompetenzen ist, wie dieser Blick in das Gesetz zeigt, also als rechtliche Kategorie nicht ungeregelt geblieben. Auch wenn damit selbstverständlich nicht schon automatisch gesagt ist, dass es sich in den angesprochenen Fällen auch um eine einheitliche, verallgemeinerungsfähige und auf die hier zu untersuchende Frage auch anwendbare Rechtskategorie handelt, ist es doch sehr verwunderlich, dass diese gesetzlich geregelten Fälle der *„Übertragung"* bisher überhaupt nicht in die Diskussion mit einbezogen worden sind. Vielmehr wird der Begriff der *„Übertragung"* nahezu einhellig als scheinbar feststehender oder jedenfalls selbsterklärender Begriff in den Raum gestellt. In den folgenden Abschnitten ist deshalb zunächst näher zu untersuchen, was in den angesprochenen Fällen jeweils unter einer *„Übertragung"* zu verstehen ist und wie diese abgegrenzt werden kann. Anhand des dabei gefundenen Ergebnisses ist zu prüfen, ob durch die Erteilung einer Generalvollmacht tatsächlich Kompetenzen bzw. Pflichten *„übertragen"* werden könnten.

1. Die „Übertragung" im rechtlichen Sinne

Es stellt sich zunächst die Frage, was unter einer „Übertragung" im rechtlichen Sinne verstanden werden kann und ob diese Erkenntnisse auf die Frage der Zulässigkeit der Generalvollmacht bei der GmbH angewendet werden können.

a) Gesetzlich geregelte Fälle der Übertragung

Hintergrund der drei soeben genannten gesetzlich geregelten Fälle der *„Übertragung"* ist jeweils, dass regelmäßig eine besondere Vertrauensbeziehung zwischen den ursprünglichen Vertragspartnern herrscht. Der jeweilige Gläubiger (bzw. Schuldner) der vertraglichen Leistung soll deshalb vor einer unberechtigten Ersetzung des Schuldners (bzw. Gläubigers) durch einen Dritten geschützt werden. Für diesen Zweck hat der Gesetzgeber diese gesetzlichen Auslegungsregeln geschaffen.

In den Kommentierungen zu den soeben genannten Normen (im Auftrags-[831] und Dienstvertragsrecht[832] und auch im Recht der Verwahrung[833]) wird der Begriff der *„Übertragung"* einer vertraglichen Pflicht so verstanden, dass dabei (nach einer Gesamtbetrachtung) – insbesondere im Unterschied zum Einsatz einer bloßen *Hilfsperson* – die vertragliche Pflicht vom Verpflichteten nicht mehr selbst in eigener Verantwortung, sondern von einem Dritten ausgeführt wird. Die Erfüllung der vertraglichen Pflicht ist dann nicht mehr als Erfüllung des ursprünglich Verpflichteten, sondern des Dritten anzusehen. Nur wenn dies der Fall ist, wenn also der ursprünglich vertraglich Verpflichtete durch einen Dritten (vollständig bzw. weit überwiegend) *„ersetzt"* wird, liegt eine *„Übertragung"* im Sinne des Gesetzes vor. Der Begriff der *„Übertragung"* von vertraglichen Pflichten wird im Gesetz also als Ersetzung (Substitution) verstanden, nämlich so, *„dass etwas aus seiner bisherigen Stellung herausgenommen wird bzw. aus dieser ausscheidet und dass etwas Neues an seiner Stelle eingesetzt wird"*[834]. Der Begriff der *„Übertragung"* wird hier also ausschließlich als sog. *„Substitution im technischen Sinne"* verstanden, bei der der ursprünglich vertraglich Verpflichtete durch einen Dritten ersetzt wird, sodass der Dritte diese Pflichten übernimmt und der ursprünglich vertraglich Verpflichtete vollständig oder zumindest weit überwiegend (dazu sogleich unter lit. b)) von diesen Pflichten entbunden ist.

Nicht unerwähnt bleiben darf aber, dass auch in anderen Zusammenhängen von einer *„Übertragung"* gesprochen wird. Hier wird dann allerdings, anders als in den gesetzlich geregelten Fällen, keine eigene übernommene vertragliche Pflicht auf einen Dritten *„übertragen"*. Vielmehr ist – wie u.a. das Beispiel des Vermittlungsauftrages zeigt – die vertragliche Pflicht des Beauftragten von vornherein auf die Auswahl eines geeigneten Dritten, der wiederum die eigentlich vom Auftraggeber benötigte vertragliche Pflicht erfüllen soll, beschränkt. Die vertraglichen Pflichten des Dritten und die des Beauftragten sind also gerade nicht deckungsgleich, sondern unterscheiden sich von Anfang an. Auch bleiben beide Vertragspartner für ihre unterschiedlichen vertraglichen Verpflichtungen unabhängig voneinander einstandspflichtig, ohne dass einer durch den anderen ersetzt würde. Diese Konstellation ist deshalb nicht mit der hier untersuchten zu vergleichen. Ausgangspunkt der Diskussion um die Übertragung von Organbefugnissen ist gerade die Annahme, dass der Generalbevollmächtigte die gleichen Kompetenzen wie der Geschäftsführer bekommen soll. Diese Form der „Übertragung" muss deshalb hier auch nicht näher untersucht werden.

---

831 MüKoBGB/*Schäfer* BGB § 664 Rn. 1; BeckOK BGB/*Detlev Fischer* BGB § 664 Rn. 3.
832 MüKoBGB/*Müller-Glöge* BGB § 613 Rn. 2.
833 MüKoBGB/*Henssler* BGB § 691 Rn. 1 f.; BeckOK BGB/*Gehrlein* BGB § 691 Rn. 1.
834 *Metzler* AcP 159, 143, 159 m. w. N.

b) Reichweite und Abgrenzung der Substitution

Zur Reichweite einer Substitution in diesem soeben beschriebenen Sinne hat das RG[835] schon früh entschieden, dass es dabei maßgeblich sei, „*ob der an zweiter Stelle Beauftragte die Geschäfte nunmehr als Selbstbeauftragter in der Art zu besorgen hat, dass er an die Stelle des (zuerst) von dem Auftraggeber Beauftragten tritt*". Dies sei dann der Fall, wenn der zuerst Beauftragte die Auftragsausführung so an den Dritten weitergegeben habe, dass er seinerseits aus ihr „*ausscheide*" und er den Dritten „*an seine Stelle setzen*" will. Der BGH[836] präzisierte diese Definition des RG später noch dahingehend, dass es für die Substitution aber nicht erforderlich sei, dass der ursprünglich Beauftragte aus dem Vertragsverhältnis „*vollständig*" ausgeschieden und der Dritte „*völlig*" an seine Stelle getreten sei. Entscheidend ist für das Vorliegen einer solchen „*Übertragung*" also, wer die Kontrolle und damit auch die Verantwortung über die vertragliche Pflicht in den Händen hält. Vom Begriff der „*Übertragung*" werden deshalb solche Formen der Einbeziehung Dritter in den Vertrag nicht erfasst, durch die das Vertrauen des Vertragspartners nicht beeinträchtigt wird. Das sind bspw. solche (Hilfs-)Tätigkeiten Dritter, bei denen eine besondere bzw. spezielle Tätigkeit des ursprünglich Verpflichteten nicht erforderlich ist und der Verpflichtete deshalb einen Gehilfen einsetzen darf.[837] Dieser von der „Übertragung" zu unterscheidende Einsatz von Hilfspersonen wird in der Literatur teilweise auch als „*Delegation*" bezeichnet.[838]

c) Anwendung der Ergebnisse auf die Untersuchung

Die Vorschrift des § 664 BGB ist durch entsprechende Verweisungen auch außerhalb des Auftragsrechts – nämlich u.a. auf den Vereinsvorstand (§ 27 III BGB) und -liquidator (§§ 48 II, 28 II BGB), auf Stiftungen (§§ 86, 28 II BGB), auf den geschäftsführenden Gesellschafter (§ 713 BGB) und auf den Testamentsvollstrecker (§ 2218 BGB) – entsprechend anzuwenden. Es spricht deshalb m.E. sehr viel dafür, dass es sich bei den aufgeführten gesetzlichen Regelungen zur „*Substitution im technischen Sinne*" nicht bloß um eine gesetzlich geregelte Sonderkonstellation handelt, sondern ihr vielmehr grundsätzliche Wertungen des Gesetzgebers zu Grunde liegen. Dafür spricht des Weiteren auch, dass das schon aus dem klassisch römischen Recht stammende Auftragsrecht („*mandatum*") ein umfassendes Regelungsmuster für alle Vertragsverhältnisse bereitstellte, die nicht lediglich auf den Austausch von Leistungen angelegt waren und daher aus dem Anwendungsbereich von Kauf und Verdingung herausfielen.[839] Wegen dieser breiten

835 RG, Urteil vom 04.07.1939 = RGZ 161, 68, 73.

836 BGH, Urteil 17.12.1992, Az.: III ZR 133/91 = NJW 1993, 1704, 1705.

837 BeckOGK/*Maties* BGB § 613 Rn. 16; Jauernig/*Mansel* § 611 Rn. 6; HK-BGB/*Schreiber*Rn. 1.

838 Emmerich/Habersack/*Emmerich* AktG § 308 Rn. 12.

839 *Harke* SchuldR BT Rn. 415.

Ergänzungsfunktion sind die für den Auftrag formulierten Abwicklungspflichten nämlich derart abstrakt gefasst, dass sie ein vielfältig einsetzbares Regelungsschema für komplexe Leistungen bilden.[840]

Im Zusammenhang mit der Diskussion über das *„Verbot der Übertragung von Organbefugnissen"* wird der Begriff der „Übertragung" dahingehend verwendet, dass eine Kompetenz von einem Gesellschaftsorgan auf einen Dritten übergeht. Das Verbot soll sich dann insbesondere dadurch rechtfertigen, dass diese „Übertragung" bewirke, dass die Kompetenz beim Organ (in welcher Form auch immer) verloren ginge und dafür gerade bei dem Dritten entstehe. Wie bei der hier erläuterten gesetzlich geregelten Form der Übertragung wird also etwas aus seiner bisherigen Stellung herausgenommen (die Kompetenz beim Organ) und etwas Neues (nämlich die Kompetenz beim Dritten) an seiner Stelle eingesetzt. Die Verwendung des Begriffs der „Übertragung" entspricht also sehr genau der Verwendung des Begriffs im Auftragsrecht in § 644 BGB. Insofern sind die in diesem Abschnitt gefundenen Erkenntnisse zur „Übertragung" auch in dieser Untersuchung anzuwenden.

Im folgenden Abschnitt ist deshalb zu prüfen, ob durch die Einräumung einer Generalvollmacht, wie von den Gegnern angenommen, Kompetenzen des Geschäftsführers auf den Generalbevollmächtigten *„übertragen"*, also im Sinne von § 644 BGB substituiert werden. Dies würde nach den soeben gefundenen Ergebnissen voraussetzen, dass mit der Erteilung der Generalvollmacht eine Ersetzung in dem Sinne stattfinden würde, dass der Geschäftsführer, als Organ und ursprünglich Berechtigter und Verpflichteter, seine Rechtsstellung (zumindest weit überwiegend) aufgeben und der Generalbevollmächtigte in diese Rechtsstellung eingesetzt würde.

2. Keine Substitution von Organkompetenzen durch die Generalvollmacht

Wie bereits oben im ersten Teil in Kapitel § 4 A. gezeigt werden konnte, sind die (gesetzlichen) Organe durch die Verfassung der juristischen Person zwingender Bestandteil der Körperschaft. Sie sind innerhalb des Systems der Normativbestimmungen als *„genetischer Baustein"* der betreffenden gesellschaftsrechtlich zugelassenen Vereinigung im Gesetz vorgeformt und entstehen zwingend bereits mit der Gründung der Körperschaft. Aus der Trennung von Organ und Organmitglied folgt wiederum, dass das Organ völlig unabhängig von seinen Mitgliedern ist, ähnlich wie auch die juristische Person selbst von ihren Gesellschaftern unabhängig ist.[841] Das bedeutet, dass, wenn etwa alle Geschäftsführer versterben würden, nicht etwa das Organ „Geschäftsführer" untergehen würde, sondern lediglich vorübergehend unbesetzt wäre.[842] Das Organ muss und kann in einem solchen Fall also nicht neu „geschaffen", sondern nur neu besetzt werden.[843]

840 *Harke* SchuldR BT Rn. 415.
841 MüKoGmbHG/*Stephan/Tieves* GmbHG § 35 Rn. 16; *Beuthien* FS Zöllner S. 97.
842 MüKoGmbHG/*Stephan/Tieves* GmbHG § 35 Rn. 16.
843 MüKoGmbHG/*Stephan/Tieves* GmbHG § 35 Rn. 16; *Beuthien* FS Zöllner S. 97.

Aus diesen Feststellungen folgt wiederum zwingend, dass die Organbefugnisse auch ausschließlich dem Organ selbst und nicht etwa der natürlichen Person als Organwalter persönlich zustehen können. Die Befugnisse, die eine natürliche Person als Organwalter wahrnehmen kann, sind untrennbar mit deren Organstellung verbunden und können weder durch Satzung noch durch sonstige Regelung beseitigt werden.[844] Genauso können die Befugnisse aber auch nur als Organwalter ausgeübt werden und nur mit der Beendigung der Organstellung endet diese Ausübungsmöglichkeit.[845]

Deshalb können die Befugnisse, die einer natürlichen Person als Organwalter zustehen, aber auch niemals in der Weise auf eine andere natürliche Person *„übertragen"* werden, dass der bisherige Organwalter in seinen Ausübungsmöglichkeiten durch den Dritten ersetzt wird, ohne dass dieser Dritter selbst zum Organwalter bestellt wird.[846] Nur als bestellter Organwalter können die aus der Organstellung folgenden Kompetenzen ausgeübt werden. Die Kompetenzen eines Organs können also nicht durch *„Zessionsgeschäft"* des Organwalters *„übertragen"*, sondern nur durch *„Kreationsakt"* des Bestellungsorgans *„verliehen"* werden.[847] Soll hingegen ein Nicht-Organ die Befugnis erhalten, findet keine *„Übertragung"* von Organbefugnissen statt, sondern das Nichtorgan erhält nur eine vom Organ abgeleitete Befugnis; die ursprüngliche Befugnis verbleibt aber beim Organ. Eine *„Übertragung"* im Sinne einer Substitution liegt also auch dann nicht vor.

Könnte ein Organwalter die Vertretungsbefugnis seines Organs der juristischen Person einschränken, indem er diese in diesem Sinne *„überträgt"*, würde die juristische Person damit vollständig ihrer Vertretung im Rechtsverkehr und damit zugleich ihrer Möglichkeit, ihren Willen nach außen hin zu äußern, beraubt. Die Folge wäre eine nicht handlungsfähige juristische Person, die aber per Definition damit keine mehr wäre. Denn die juristische Person muss jederzeit alle ihr zustehenden Kompetenzen ausüben können. Da sie das nicht unmittelbar selbst kann, muss sie dies mittelbar durch ihre Organe können. Allein durch die Vollmachtserteilung auf ein Nicht-Organ kann die juristische Person – insbesondere nach der herrschenden Organtheorie (s. dazu oben im ersten Teil, § 4 A. II. 1. lit. a)) allerdings gerade nicht selbst handeln. Schon deshalb muss es bei der bestehenden innergesellschaftlichen Organisation bleiben, sodass auch das Organ nach wie vor die betreffende Kompetenz besitzen muss.[848]

Weder die Organstellung als solche noch die mit ihr verbundene organschaftliche Vertretungsbefugnis können deshalb mit Verfügungswirkung und mit der

844 BeckOK GmbHG/*Wisskirchen/Kuhn* GmbHG § 35 Rn. 5.

845 UHL/*Paefgen* GmbHG § 35 Rn. 20, 43; Kelber/Zeißig/Birkefeld/*Adelhardt* Kapitel C Rn. 56.

846 MHLS/*Lenz* GmbHG § 35 Rn. 10.

847 *Schippers* DNotZ 2009, 353,362.

848 So z.B. auch: BeckOK GmbHG/*Schindler* GmbHG § 45 Rn. 68; UHL/Heermann GmbHG § 52 Rn. 318.

Folge eines echten Rechtsübergangs auf einen organfremden Dritten übertragen werden.[849] Beides ist auch kein selbstständig subjektives Recht i.S.d. §§ 398, 413 BGB.[850] Nach dem Prinzip der Organstellung ist der Transfer auf externe Dritte, die nicht zum Organ bestellt sind, überhaupt nicht möglich[851] und nicht etwa nur lediglich nichtig[852]. Auch die Anwendung von § 328 BGB ist an dieser Stelle nicht möglich;[853] insbesondere können Dritten nicht innergesellschaftliche Befugnisse über § 328 BGB i. V. m. Organbegriff zuerkannt werden.[854]

Eine *„Übertragung"* im Sinne der unter Ziff. 1 herausgearbeiteten rechtlichen Ersetzung findet also nur dann statt, wenn eine andere natürliche Person zum Organ bestellt wird, wobei auch dann nicht das Organ als solches, sondern allenfalls der bisherige Organwalter durch einen anderen Organwalter ersetzt würde.[855] Da aber, wie bereits oben ebenfalls gezeigt werden konnte, der Interim Manager auch durch die Einräumung einer Generalvollmacht nicht zum Organ (und damit auch nicht zum Organwalter) der GmbH wird, sogar selbst dann nicht, wenn ihm neben der Generalvollmacht noch weitere Kompetenzen eingeräumt werden, scheidet eine *„Übertragung"* im Sinne einer rechtlichen Ersetzung der Organstellung oder auch nur der Vertretungskompetenz des Geschäftsführers durch die Einräumung der Generalvollmacht aus. Durch die Einräumung einer rechtsgeschäftlichen Vollmacht wird die Bestellung eines Geschäftsführers auch weder entbehrlich[856], noch wird die ausschließlich durch die Organstellung des Geschäftsführers begründete Kompetenz, die GmbH zu vertreten, verändert oder sonst in irgendeiner Form berührt.[857]

Insbesondere wird durch die schuldrechtliche Erteilung einer Generalvollmacht auch nicht in die Satzung der GmbH eingegriffen, da eine schuldrechtliche Vereinbarung nicht das *„zwingende korporationsrechtliche Kompetenzgefüge suspendieren"*[858] kann. Der Geschäftsführer ist deshalb durch die Satzung auch nach der Erteilung einer Generalvollmacht vollumfänglich zur Vertretung der GmbH im Rechtsverkehr berufen. Es kommt weder zu einem Rechtsübergang noch zu einer Rechtsteilung noch zu einer Rechtsverdoppelung, da durch die Erteilung einer Generalvollmacht auch keine Organbefugnisse abgespalten oder dupliziert

849 MüKoBGB-*Schubert* § 167 Rn. 82; Lutter/Hommelhoff/*Kleindiek* GmbHG § 35 Rn. 2, § 37 Rn. 15a; UHL/*Paefgen* GmbHG § 35 Rn. 20, 43; So auch schon: *Schippers* DNotZ 2009, 353, 361.

850 Emmerich/Habersack/*Emmerich* AktG § 308 Rn. 16; Hüffer/*Koch* AktG § 308 Rn. 6.

851 So: MüKoGmbHG/*Stephan/Tieves* GmbHG § 35 Rn. 16.

852 So aber z.B.: *Schippers* DNotZ 2009, 353, 362; MüKoBGB-*Schubert* § 167 Rn. 82.

853 So aber: *Hammen* WM 1994, 765 ff.

854 Baumbach/Hueck/*Zöllner* GmbHG § 45 Rn. 17.

855 Vgl. auch Emmerich/Habersack/*Emmerich* AktG § 308 Rn. 16, wonach bei einer *„Übertragung"* eine *„Vertragsänderung"* zu verstehen sei.

856 *Uffmann*: Interimmangement S. 368; so auch: *Flume* BGB AT I/2, § 10 II.

857 So auch: *Flume* BGB AT I/2, § 10 II.

858 *Uffmann*: Interimmangement S. 368.

werden können.[859] Die Generalvollmacht tritt nur parallel zur organschaftlichen Vertretung hinzu und erweitert dadurch den Kreis, der für die Gesellschaft Handelnden. Sie führt also zu einer Schaffung eines neuen und von der Organbefugnis verschiedenen Rechts, das *„quasi aus der Quelle „Organbefugnis" geschöpft wird, ohne die Quelle selbst zu verändern oder mit ihr identisch zu sein"*.[860] Eine Substitution im Sinne des § 664 BGB ist mit der Einräumung einer Generalvollmacht an einen Dritten also grundsätzlich nicht verbunden.

3. Keine unzulässige „organschaftliche" Vertretungsmacht

Das *„Verbot der Übertragung von Organbefugnissen"* könnte schließlich aber auch noch so verstanden werden, dass durch eine Generalvollmacht keine (zusätzliche) *„organschaftliche"* Vertretungsmacht neben der des Geschäftsführers eingeräumt werden darf. Fraglich wäre danach, ob der Generalbevollmächtigte als Nichtorgan durch seine Vollmacht eine unzulässige *„organschaftliche"* Vertretungsmacht erhält. Das würde voraussetzen, dass es so etwas wie eine *„organschaftliche"* Vertretungsmacht überhaupt gibt und, sollte diese Frage zu bejahen sein, dass die GmbH allein mit Erteilung einer Generalvollmacht dem so Bevollmächtigten auch eine *„organschaftliche"* Vollmacht einräumt.

Unter dem Begriff der Stellvertretung wird allgemein das rechtsgeschäftliche Handeln im Namen des Vertretenen mit der Wirkung, dass die Rechtsfolgen unmittelbar den Vertretenen treffen, verstanden. Dabei wird üblicherweise zwischen der gewillkürten Stellvertretung, also Stellvertretung aufgrund einer rechtsgeschäftlichen Erteilung, und der gesetzlichen Stellvertretung, bei der die Vertretungsmacht unmittelbar auf einer gesetzlichen Vorschrift beruht, unterschieden. Daneben soll als dritte (eigenständige) Vertretungsart nach der wohl h.M. die sogenannte *„organschaftliche"* Vertretung der juristischen Person durch ihre Organe stehen.[861] Diese sei deshalb als eine eigenständige Vertretungsart einzuordnen, weil sie eine Reihe eigener Probleme aufwerfe, die sich bei den beiden anderen Vertretungsarten so nicht stellen würden. Außerdem sei sie in ihrer sachlichen Reichweite unbeschränkt.

Tatsächlich ist die Bedeutung dieser Unterscheidung allerdings eher gering[862], da die *„organschaftliche"* im Vergleich zur rechtsgeschäftlichen Zurechnung auch nach dieser Ansicht zwar eine andere Qualität hat[863], trotzdem aber die

---

859 *Schippers* DNotZ 2009, 353, 362.

860 So treffend ausgedrückt von: *Schippers* DNotZ 2009, 353, 362.

861 MüKoBGB-*Schramm* Vor. §§ 164 Rn. 7; MüKoBGB-*Schubert* § 167 Rn. 82; BeckOK GmbHG/*Wisskirchen/Kuhn* GmbHG § 35 Rn. 4; *Wicke* GmbHG § 35 Rn. 2; *Schürnbrand* S. 9 ff; *Köhl* NZG 2005, 197; *Beuthien* FS Canaris Band II, S. 41; *Mack*: Gleichlauf von Geschäftsführungsbefugnis und Vertretungsmacht, S. 34; *Raiser/Veil* § 42 Rn. 14; Baumbach/Hueck/*Zöllner/Noack* GmbHG § 35 Rn. 75; dagegen kritisch zu diesem Begriff: *Beuthien* FS Zöllner, S. 87 ff.; *Beuthien* NJW 1999, 1142.

862 Baumbach/Hueck/*Zöllner/Noack* GmbHG § 35 Rn. 75.

863 *K. Schmidt* GesR, § 10 II. 1.

Zurechnungsvorschriften der §§ 164 ff. BGB neben den vertretungsrechtlichen Sondervorschriften entsprechend anwendbar sein sollen.[864] Die rechtsgeschäftliche Vertretungsmacht steht insofern nicht in einem Subordinationsverhältnis zur *„organschaftlichen"* Vertretung, sondern unterscheidet sich vor allem durch die Art und Weise ihrer Einräumung[865] (Bevollmächtigung und Bestellung zum Organ) und der soeben beschriebenen *„fehlenden Subdelegationsmöglichkeit"*[866] der *„organschaftlichen"* Vertretungsmacht.

Aus diesen Ausführungen, aber auch aus den schon oben angestellten Überlegungen folgt also, dass die *„organschaftliche"* Vertretung, sofern man sie überhaupt als eigene Vertretungsform anerkennen und aus dieser Unterscheidung auch noch unterschiedliche Rechtsfolgen ableiten will, jedenfalls aber auf der Stellung als Organ beruht und sie einer natürlichen Person deshalb nur durch deren Bestellung zum Organ der juristischen Person eingeräumt werden kann. Schon die Einräumung einer unzulässigen *„organschaftlichen"* Vertretungsmacht an ein Nichtorgan ist deshalb überhaupt nicht möglich, da ein organschaftliches Handeln ohne Organstellung rein begrifflich nicht möglich ist. Auch rechtsgeschäftlich kann deshalb kein *„organschaftliches"* Stellvertretungsrecht an ein Nichtorgan eingeräumt werden.[867] Entweder wird die Vertretungsbefugnis *„organschaftlich"* bereits in der Satzung eingeräumt, wodurch immer ein neues Organ geschaffen wird, oder sie wird außerhalb der Satzung verliehen. Dann liegt aber gerade keine *„organschaftliche"*, sondern *„nur"* eine rechtsgeschäftliche Stellvertretungsbefugnis vor. Ein rechtsgeschäftlich Bevollmächtigter einer juristischen Person erhält also stets eine nur abgeleitete (derivative) Vertretungsbefugnis, die kumulativ neben die aufgrund Bestellungsakt ex lege bestehende *„organschaftliche"* (originäre) Vertretungsmacht hinzutritt.[868]

---

864 MüKoBGB-*Schramm* Vor. §§ 164 Rn. 9.

865 Baumbach/Hueck/*Zöllner/Noack* GmbHG § 35 Rn. 75; MHLS/*Lenz* GmbHG § 35 Rn. 9; Lutter/Hommelhoff/*Kleindiek* GmbHG § 35 Rn 1; *Arlt* NZG 2002, 407, 408.

866 MHLS/*Lenz* GmbHG § 35 Rn. 10; BeckOK GmbHG/*Wisskirchen/Kuhn* GmbHG § 35 Rn. 5.

867 MüKoBGB-*Schubert* § 167 Rn. 82; BeckOK GmbHG/*Wisskirchen/Kuhn* GmbHG § 35 Rn. 4.

868 *Schippers* DNotZ 2009, 353, 362.

§ 4: Ergebnis des zweiten Teils: Die Generalvollmacht zur Steuerung der GmbH im Außenverhältnis durch ein Nichtorgan

Nach dem bisherigen Status quo der Diskussion in der Rechtswissenschaft ist die Verwendung einer – nach der h.M. aber grundsätzlich auch im Handelsrecht zulässigen – Generalvollmacht bei der GmbH im Gegensatz zu (allen) anderen Gesellschaftsformen grundsätzlich unzulässig. Zulässig soll bei der GmbH allein eine General*handlungs*vollmacht sein, die sich bzgl. ihres Umfangs nach den hier gefundenen Ergebnissen entscheidend von der Generalvollmacht als uneingeschränkte und vollumfassende Form der Vollmacht unterscheidet und deshalb nicht mit ihr gleichgesetzt werden kann. Würde man dieser Ansicht folgen, wäre es für den hier untersuchten Interim Manager deshalb auch schlicht unmöglich, die GmbH durch eine Generalvollmacht im Außenverhältnis zu steuern. Auch wenn schon bisher unter den Vertretern dieser ablehnenden Ansicht verschiedene Begründungen und Differenzierungen verwendet worden sind, war man sich jedenfalls, was die Unzulässigkeit betrifft, weitestgehend einig. Inzwischen scheint sich aber auch eine etwas differenzierende Ansicht durchzusetzen. Entscheidend durchbrochen wurde diese Phalanx innerhalb der Rechtsliteratur jedoch erst durch neuere Arbeiten – wobei an dieser Stelle insbesondere die Arbeit von *Uffmann* zu erwähnen ist.

Einig war man sich bis vor kurzem aber noch auch darüber, dass diese Ablehnung der Generalvollmacht von der höchstrichterlichen Rechtsprechung geteilt wird bzw. die Ablehnung sogar mit dieser Rechtsprechung zu begründen ist. Wie in diesem Teil der Arbeit unter § 2 A. gezeigt werden konnte, basiert diese Grundannahme der Rechtsliteratur allerdings zum ganz großen Teil auf einer Missinterpretation einzelner Urteilspassagen, einem „*Leitsatzkult*" bzw. einer Fehleinschätzung in Bezug auf die Aufgaben der rechtsprechenden Gewalt. Bleibt man bei der Analyse, der sich mit der Generalvollmacht auseinandersetzenden höchstrichterlichen Urteile nicht bei den Leitzsätzen stehen, zeigt sich, dass auch in den RG/BGH-Urteilen die Herstellung von Einzelfallgerechtigkeit eine entscheidende Rolle spielt. Diese dürfte nicht selten den Ausschlag für die jeweilige Entscheidung gegeben haben. Aber auch wenn man diese Gerechtigkeitserwägungen beiseitelässt, kann den analysierten Urteilen nicht die Aussage, dass die Generalvollmacht bei der GmbH (grundsätzlich) unzulässig sei, entnommen werden. In den Fällen, in denen die verwendete Vollmacht tatsächlich für unwirksam gehalten wurde, lagen diesem Abwägungsergebnis keine grundsätzlichen Unzulässigkeitserwägungen, sondern jeweils begründete Einzelfälle zugrunde, weshalb im konkreten Fall – nach Ansicht des BGH – eine

Generalvollmacht ausnahmsweise nicht verwendet werden durfte. So soll die Generalvollmacht insbesondere nicht zur Umgehung einer Gesamtvertretungsbefugnis der Geschäftsführer verwendet werden können. Außerdem dürften auch die Organkompetenzen nicht *„insgesamt“* (u.a. mittels einer Generalvollmacht) auf einen Dritten *„übertragen“* werden. Dass allein schon mit der bloßen Einräumung einer Generalvollmacht immer (automatisch) eine solche *„Übertragung“* verbunden sei, hat der BGH – anders als dies die Rechtsliteratur überwiegend anzunehmen scheint – allerdings nie behauptet.

Auch wenn man sich die gegen die Generalvollmacht vorgebrachten Argumente der Rechtsliteratur im Detail ansieht – also den Schutz der Gesellschafter, den Schutz des Rechtsverkehrs, den Schutz öffentlicher Interessen und das Verbot der Übertragung von Organbefugnissen –, muss man feststellen, dass sich damit eine Unzulässigkeit der Generalvollmacht bei der GmbH nicht begründen lässt. Insbesondere kann durch die Einräumung einer Generalvollmacht eine *„Übertragung“* von Organkompetenzen schon gar nicht stattfinden. Eine solche als Substitution zu definierende *„Übertragung“* ist zum einen überhaupt nicht gewollt und zum anderen mit der bloßen Einräumung dieses Vertretungsrechts auch nicht möglich. Der Generalbevollmächtigte erlangt durch die Einräumung seiner Vollmacht nicht eine Vertretungsbefugnis, die auf einer Organstellung beruht, sondern eine rechtsgeschäftlich begründete. Durch die Einräumung einer Generalvollmacht ist schließlich auch nicht die Organstellung des Geschäftsführers betroffen, sodass dieser aufgrund des zwingenden § 35 GmbHG weiterhin durch diese Organstellung vertretungsbefugt bleibt. Auf die Frage, ob die *„organschaftliche“* Vertretungsbefugnis einen anderen Charakter als die rechtsgeschäftliche besitzt, kommt es somit im Ergebnis gar nicht an. Der GmbH-Geschäftsführer bleibt immer neben dem Generalbevollmächtigten weiterhin zivil- und strafrechtlich verantwortlich. Es wird also nicht die Zurechnungsperson ausgetauscht, sondern (in begrenztem Umfang) eine weitere neben dem originären Geschäftsführer geschaffen. Gerade für die öffentlichen Pflichten gilt deshalb, dass diese durch die Bestellung eines Generalbevollmächtigten nicht nur nicht beeinträchtigt, sondern sogar noch besser gewahrt werden.[869] Nicht zuletzt wird durch die Zulassung der Generalvollmacht bei der GmbH auch ein Gleichlauf zwischen den Personengesellschaften, der Aktiengesellschaft und der GmbH erreicht und eine nicht praxistaugliche und außerdem dogmatisch nicht zu rechtfertigende Differenzierung vermieden.[870]

Schließlich spricht hier auch der Vergleich mit einer natürlichen Person für die Zulässigkeit der Generalvollmacht. Auch wenn dieser Vergleich zwar hinkt, kann der Blick darauf trotzdem nützlich sein. Wenn etwas bei der natürlichen Person völlig unproblematisch möglich ist, bedarf es deshalb schon einer sehr schwerwiegenden Begründung, wollte man eine entsprechende Regelung für die

---

869 *Hübner* ZHR 143 (1979), 1, 22.
870 EBJS/*Weber* Vor. §§ 48 ff. HGB, Rn. 5.

juristische Person als unzulässig ansehen.[871] Überzeugende Gründe für eine solche Ungleichbehandlung sind im Fall der Generalvollmacht zwischen der natürlichen und der juristischen Person aber nicht mal ansatzweise zu erkennen.

Auch bei der GmbH sind also keine durchgreifenden Bedenken gegen die Verwendung einer Generalvollmacht ersichtlich. Diese unterliegt in ihrem Umfang auch keinen Beschränkungen, die sich auf die hier vorgesehene Verwendung auswirken würden. Insbesondere konnte in diesem Teil auch gezeigt werden, dass es höchstpersönliche bzw. Prinzipalgeschäfte in Bezug auf eine juristische Person nicht geben kann. Es ist demnach auch möglich, einen Interim Manager mit einer Generalvollmacht auszustatten und die GmbH durch diesen nach außen zu steuern, indem er alle relevanten Willenserklärungen für sie im Rechtsverkehr abgeben kann. Im dritten Teil der Arbeit ist nun zu untersuchen, ob und wie der Interim Manager die GmbH auch im Innenverhältnis steuern kann, indem er allein bzw. abschließend in der Lage und auch berechtigt ist, ihren Willen zu bilden.

871 *Teichmann* S. 191.

§ 1: Das Weisungsrecht der Gesellschafterversammlung

Um beurteilen zu können, ob und wenn ja wie das Weisungsrecht der Gesellschafterversammlung durch den Interim Manager ausgeübt werden kann, soll das Weisungsrecht in diesem Kapitel zunächst näher dargestellt werden.

A. Ausübung des Weisungsrechts durch die Gesellschafterversammlung

Die Gesellschafterversammlung nimmt ihre Zuständigkeit als Organ der GmbH gemäß § 47 Abs. 1 GmbHG grundsätzlich durch das Fassen von Beschlüssen,[873] also durch eine Abstimmung der an einer Gesellschafterversammlung teilnehmenden Gesellschafter,[874] wahr. Dementsprechend wird auch das Weisungsrecht der Gesellschafterversammlung gegenüber dem Geschäftsführer dadurch ausgeübt, dass die Gesellschafterversammlung einen entsprechenden (grundsätzlich formfreien)[875] Beschluss fasst.[876] Ein so gefasster Gesellschafterbeschluss bewirkt in erster Linie, dass der Beschlussinhalt als Wille der Gesellschaft verbindlich festgelegt ist.[877] Muss der Beschluss nicht nach außen umgesetzt werden, tritt seine intendierte Rechtsfolge bereits ipso iure ein.[878] Umgesetzt werden müssen die Beschlüsse deshalb nur dann, wenn sie außerhalb der Gesellschaft wirken sollen, wenn sie also nicht nur den allein internen Willensbildungsprozess der Gesellschaft betreffen,[879] sondern der gebildete Wille der Gesellschaft auch in eine außerhalb wirkende Willensäußerung transformiert werden muss. Ein eventuell notwendiges Ausführungsgeschäft unterliegt als Willenserklärung

---

873 MüKoGmbHG/*Drescher* GmbHG § 47 Rn. 1 ff; Rowedder/Schmidt-Leithoff/Ganzer GmbHG § 47 Rn. 1; MHLS/*Römermann* GmbHG § 47 Rn. 6; Henssler/Strohn/*Hillmann* GmbHG § 47 Rn. 2; BeckOK GmbHG/*Schindler* GmbHG § 47 Rn. 8; *Renkl*: Der Gesellschafterbeschluss, S. 78; *Saenger*: Beteiligung Dritter, S. 89.

874 Baumbach/Hueck/*Noack/Zöllner* GmbHG § 47 Rn. 2.

875 Oppenländer/Trölitzsch/*Trölitzsch* § 16 Rn. 22; MüKoGmbHG/*Drescher* GmbHG § 47 Rn. 34; Rowedder/Schmidt-Leithoff/*Ganzer* GmbHG § 47 Rn. 14.

876 Oppenländer/Trölitzsch/*Trölitzsch* § 16 Rn. 22; § 19 Rn. 18; *Beuthien/Gätsch* ZHR 157 (1993), 483, 497; BeckOK GmbHG/*Haas/Ziemons* GmbHG § 43 Rn. 82.

877 Rowedder/Schmidt-Leithoff/*Koppensteiner/Gruber* GmbHG § 47 Rn. 6.

878 Baumbach/Hueck/*Zöllner/Noack* GmbHG § 47 Rn. 9; MüKoGmbHG/*Drescher* GmbHG § 47 Rn. 10.

879 Rowedder/Schmidt-Leithoff/*Koppensteiner/Gruber* GmbHG § 47 Rn. 6; Baumbach/Hueck/*Zöllner/Noack* GmbHG § 47 Rn. 9; MüKoGmbHG/*Drescher* GmbHG § 47 Rn. 11.

dann wiederum unstreitig den einschlägigen Regelungen des BGB über Willenserklärungen und Rechtsgeschäfte und damit auch der Vertretungsbefugnis des Geschäftsführers.[880]

Weisungsbeschlüsse als Ergebnis der innergesellschaftlichen Willensbildung wirken demgemäß grundsätzlich zunächst nur gesellschaftsintern, binden aber somit alle Gesellschaftsorgane, also auch den Geschäftsführer, unmittelbar.[881] Damit sich der Geschäftsführer der Weisung entsprechend verhalten und den Willen umsetzen bzw. beachten kann, muss ihm die Weisung jedenfalls zur Kenntnis gebracht werden. Eine förmliche Eröffnung oder Übermittlung des Beschlusses ist dabei aber eben so wenig notwendig wie der Zugang.[882] Es genügt vielmehr, dass der Geschäftsführer vom Beschlussinhalt auf irgendeine Weise Kenntnis erhält.[883] So soll diese Verlautbarung etwa durch den Versammlungsleiter oder durch einen bei der Beschlussfassung anwesenden weiteren Geschäftsführer bzw. einen Gesellschafter erfolgen können, wenn der betroffene Geschäftsführer nicht ohnehin bei der Beschlussfassung anwesend ist.[884]

B. Rechtsnatur des Weisungsbeschlusses

Der Bundesgerichtshof[885] kennzeichnete den Beschluss der Gesellschafterversammlung ursprünglich noch als *„Sozialakt der körperschaftlichen Willensbildung durch Mehrheitsentscheid"*, weshalb kein Rechtsgeschäft vorliege. Dagegen sah die wohl ganz überwiegende Meinung in der Rechtsliteratur in dem Beschluss schon immer ein mehrseitiges, auf den Stimmabgaben verschiedener Gesellschafter beruhendes Rechtsgeschäft *„eigener Art"*, das auf die verbindliche Fixierung des gemeinsamen Willens als Willen der Gesellschaft gerichtet ist.[886] Nach dieser Auffassung

---

880 Rowedder/Schmidt-Leithoff/*Koppensteiner/Gruber* GmbHG § 47 Rn. 6.

881 MüKoGmbHG/*Drescher* GmbHG § 47 Rn. 10; Baumbach/Hueck/*Zöllner/Noack* GmbHG § 47 Rn. 9; Roth/Altmeppen/*Roth* GmbHG § 47 Rn. 2; Henssler/Strohn/*Hillmann* GmbHG § 47 Rn. 4.

882 MüKoGmbHG/*Drescher* GmbHG § 47 Rn. 9; Rowedder/Schmidt-Leithoff/*Koppensteiner/Gruber* GmbHG § 47 Rn. 6; Baumbach/Hueck/*Zöllner/Noack* GmbHG § 47 Rn. 9.

883 Baumbach/Hueck/*Zöllner/Noack* GmbHG § 47 Rn. 9.

884 Roth/Altmeppen/*Roth* GmbHG § 47 Rn. 2a; *Renkl*: Der Gesellschafterbeschluss, S. 107 f.; *Vogel*: Gesellschafterbeschlüsse und Gesellschafterversammlung, S. 12.

885 Vgl.: BGH, Urteil vom 22.09.1969 (Az.: II ZR 144/68) = BGHZ 52, 316, 318.

886 Rowedder/Schmidt-Leithoff/*Koppensteiner/Gruber* GmbHG § 47 Rn. 3; Roth/Altmeppen/*Roth* GmbHG § 47 Rn. 2; Henssler/Strohn/*Hillmann* GmbHG § 47 Rn. 3; *Wiedemann* GesR I, § 3 III. 1. a), b); MüKoGmbHG/*Drescher* GmbHG § 47 Rn. 8; BeckOK GmbHG/*Schindler* GmbHG § 47 Rn. 9, 10; MHLS/*Römermann* GmbHG § 47 Rn. 8 ff.; Baumbach/Hueck/*Zöllner/Noack* GmbHG § 47 Rn. 4; Bork/Schäfer/*Casper* GmbHG § 47 Rn. 3; Scholz/*K. Schmidt* § 45 GmbHG Rn. 18; *K. Schmidt* GesR, § 15 I. 2. a); *Renkl*: Der Gesellschafterbeschluss, S. 76.

unterscheidet sich der Beschluss von einem Vertrag dadurch, dass er nicht auf korrespondierenden Willenserklärungen beruht und auch diejenigen binden kann, die sich ablehnend geäußert bzw. gar nicht an der Abstimmung teilgenommen haben.[887] Inzwischen folgt dieser Ansicht wohl auch die Rechtsprechung.[888]

Koppensteiner/Gruber merken zu dieser begrifflichen Diskussion allerdings zu recht an, dass *„sich die Sachfragen ohnehin nicht auf begrifflicher Ebene, sondern nur mit Hilfe anderer Erwägungen lösen"* lassen.[889] Denn trotz Einordnung des Beschlusses als Rechtsgeschäft sollen auch nach dieser Ansicht die zivilrechtlichen Grundsätze über Willenserklärung und Rechtsgeschäfte der §§ 104ff. BGB nicht ohne weiteres Anwendung finden.[890] So sollen die §§ 145ff., 305ff. BGB schon deshalb nicht anzuwenden sein, weil hier zwar ein Rechtsgeschäft, aber eben kein Vertrag vorliege.[891] Auch die Vorschriften über Willensmängel nach §§ 116ff. BGB sollen auf die Beschlüsse – im Gegensatz zur Stimmabgabe selbst – nicht anzuwenden sein, weil der Beschluss keine Willenserklärung einer einzelnen Person ist und die Regelungen deshalb nicht passen würden.[892] Der Beschluss soll ferner nicht als eigenständiger Rechtsakt der Versammlung verstanden werden, der durch einen konstitutiven Akt der Beschlussfeststellung zustande kommt, sondern die abgegebenen Stimmen werden der Gesellschaft durch die rechtlichen Regeln über die Mehrheitserfordernisse, die Gültigkeit der Stimmen und die Stimmkraft ohne zwischengeschalteten Feststellungsakt zugerechnet.[893]

C. Folgepflicht des Geschäftsführers

Ist ein Weisungsbeschluss in der Gesellschafterversammlung vom Versammlungsleiter festgestellt worden, wird dieser – sofern kein Nichtigkeitsgrund vorliegt – mit Ablauf der Anfechtungsfrist wirksam[894] und für den Geschäftsführer verbindlich.[895]. Der Geschäftsführer ist dann bei Kenntnis des Beschlusses auf

---

887 MüKoGmbHG/*Drescher* GmbHG § 47 Rn. 8; MHLS/*Römermann* GmbHG § 47 Rn. 9; UHL/*Hüffer/Schürnbrand* GmbHG § 47 Rn. 3.

888 BGH, Beschluss vom 18.09.1975 (Az.: II ZB 6/74) = BGHZ 65, 93.

889 Rowedder/Schmidt-Leithoff/*Koppensteiner/Gruber* GmbHG § 47 Rn. 3.

890 Rowedder/Schmidt-Leithoff/*Koppensteiner/Gruber* GmbHG § 47 Rn. 4; MüKoGmbHG/*Drescher* GmbHG § 47 Rn. 9.

891 MHLS/Römermann GmbHG § 47 Rn. 10; UHL/*Hüffer/Schürnbrand* GmbHG § 47 Rn. 3.

892 MüKoGmbHG/*Drescher* GmbHG § 47 Rn. 9; Baumbach/Hueck/*Zöllner/Noack* GmbHG § 47 Rn. 5.

893 MüKoGmbHG/*Drescher* GmbHG § 47 Rn. 8; UHL/*Hüffer/Schürnbrand* GmbHG § 47 Rn. 4.

894 Oppenländer/Trölitzsch/*Trölitzsch* § 16 Rn. 22.

895 *Ebert* GmbHR 2003, 444, 446; BGH, Urteil vom 28.01.1980 (Az.: II ZR 84/79) = BGHZ 76, 154; Baumbach/Hueck/*Zöllner/Noack* § 37 Rn. 22; BeckOK GmbHG/*Haas/Ziemons* GmbHG § 43 Rn. 79; Scholz/*Schneider* GmbHG § 43 Rn. 130.

Grund der sog. „*Folgepflicht*" grundsätzlich verpflichtet, diesen zu befolgen, selbst wenn er ihm unzweckmäßig erscheint.[896] Dies gilt sogar dann, wenn sich die Weisung der Gesellschafterversammlung „*offensichtlich wirtschaftlich nachteilig*" auswirkt.[897]

Die Fassung eines wirksamen Weisungsbeschlusses bewirkt also, dass der Geschäftsführer diesen „*beachten*" muss, er also diesem nicht entgegen handeln darf. Wenn der Beschluss ihm ein Handeln, etwa ein bestimmtes Rechtsgeschäft vorzunehmen etc., aufgibt, bewirkt der Beschluss zugleich, dass der Geschäftsführer diesen auch entsprechend durchzuführen hat.[898] Ein Weisungsbeschluss ist nur unbeachtlich und darf vom Geschäftsführer dann auch nicht ausgeführt werden, wenn er mit Erfolg gerichtlich angefochten worden[899] oder von vornherein nichtig ist.[900] Die Folgepflicht richtet sich also danach, ob die Weisung eine Nicht- oder Scheinweisung ist bzw. erfolgreich angefochten worden ist (keine Folgepflicht) oder ob sie nur unzweckmäßig, bloß anfechtbar, bereits angefochten oder unanfechtbar ist (Folgepflicht).[901]

Bei Zweifeln an der Rechtswirksamkeit eines Weisungsbeschlusses kann ein Fremdgeschäftsführer (anders als der Vorstand einer Aktiengesellschaft) nach h.M. nicht selbst Anfechtungsklage erheben, sondern kann (bzw. muss) anfechtungsbefugte Gesellschafter auf die (vermutete) Rechtswidrigkeit des Beschlusses und die dadurch begründete Anfechtungsmöglichkeit hinweisen.[902] Bis zu einer rechtskräftigen Entscheidung über die Anfechtung bleibt es bei der Folgepflicht

---

896 Oppenländer/Trölitzsch/*Trölitzsch* § 16 Rn. 26; *Ebert* GmbHR 2003, 444, 446; OLG Frankfurt, Urteil vom 07.02.1997 (Az.: 24 U 88/95) = GmbHR 1997, 346, 348; Baumbach/Hueck/*Zöllner/Noack* § 37 Rn. 22; BeckOK GmbHG/*Haas/Ziemons* GmbHG § 43 Rn. 79; Lutter/Hommelhoff/*Kleindiek* § 37 Rn. 17 ff.; Saenger/Inhester/*Lücke/Simon* GmbHG § 37 Rn 13; so auch: OLG Zweibrücken, Urteil vom 22.12.1998 (Az.: 8 U 98/98) = NZG 1999, 506.

897 So ausdrücklich z. B.: OLG Frankfurt, Urteil vom 07.02.1997 (Az.: 24 U 88/95) = NJW-RR 1997, 736.

898 Baumbach/Hueck/*Zöllner/Noack* GmbHG § 47 Rn. 9.

899 Roth/Altmeppen/*Altmeppen* § 37 Rn. 16.

900 Oppenländer/Trölitzsch/*Trölitzsch* § 16 Rn. 26; BeckOK GmbHG/*Haas/Ziemons* GmbHG § 43 Rn. 84 ff.; Roth/Altmeppen/*Altmeppen* § 37 Rn. 6; Baumbach/Hueck/*Zöllner/Noack* § 43 Rn. 35; *Konzen* NJW 1989, 2977, 2981; so z.B. auch: OLG Naumburg, Urteil vom 10.02.1999 (Az.: 6 U 1566–97) = NJW-RR 1999, 1343.

901 *Ebert* GmbHR 2003, 444, 446, 447; *Mack*: Gleichlauf von Geschäftsführungsbefugnis und Vertretungsmacht, S. 66.

902 Oppenländer/Trölitzsch/*Trölitzsch* § 16 Rn. 22, 26; BeckOK GmbHG/*Haas/Ziemons* GmbHG § 43 Rn. 88; *Mack*: Gleichlauf von Geschäftsführungsbefugnis und Vertretungsmacht, S. 66; BGH, Urteil vom 28.01.1980 (Az.: II ZR 84/79) = BGHZ 76, 154; Scholz/*K. Schmidt* GmbHG § 45 Rn. 134; Lutter/Hommelhoff/*Bayer* GmbHG Anh. zu § 47 Rn. 73 f., 30; differenzierend für ausführungsbedürftige Beschlüsse: Roth/Altmeppen/*Roth* § 47 Rn. 139; Rowedder/Schmidt-Leithoff/*Ganzer* Anh. § 47 Rn. 46; ähnlich: Baumbach/Hueck/*Zöllner/Noack* Anh. § 47 Rn. 140.

des Geschäftsführers. Kommt der Geschäftsführer einer Weisung nicht nach, so können die Gesellschafter die Handlung mangels Vertretungsbefugnis allerdings nicht selbst vornehmen, sondern die Gesellschaft – die in diesem Fall durch die Gesellschafterversammlung vertreten wird – muss den Geschäftsführer auf Vollzug der Weisung verklagen.[903]

Andersrum bewirkt die Folgepflicht, dass der Geschäftsführer keine Pflichtverletzung begeht, wenn er einer verbindlichen Weisung folgt.[904] Denn er kann nicht für ein Verhalten zur Verantwortung gezogen werden, zu dem er durch das vorgesetzte Organ in bindender Weise veranlasst worden ist.[905] Im Übrigen kann einer Inanspruchnahme durch die Gesellschaft der Einwand der unzulässigen Rechtsausübung aus Treu und Glauben gem. § 242 BGB entgegengehalten werden, wenn die Gesellschafter die Ergebnisse ihres eigenen rechtswidrigen Tuns auf jemanden abwälzen, der von ihnen als Werkzeug eingesetzt worden ist.[906]

D. Zwischenergebnis: Das Weisungsrecht

Insbesondere aufgrund der soeben beschriebenen Folgepflicht des Geschäftsführers ist das als Rechtsgeschäft „*eigener Art*" zu qualifizierende Weisungsrecht der Gesellschafterversammlung also grundsätzlich ein wirksames Mittel, den Geschäftsführer zu einem bestimmten Handeln bzw. zu einem bestimmten Unterlassen zu bestimmen. Auf diesem Wege können auch die von ihm im Rechtsverkehr abzugebenden Willenserklärungen kontrolliert bzw. vorgegeben werden. Eine umfassende „*Steuerung*" durch den Interim Manager wäre aber nur dann möglich, wenn das Weisungsrecht der Gesellschafterversammlung auch keinen Einschränkungen unterliegt, die Einfluss auf die Willensbildung der GmbH haben. Es kommt dabei also insbesondere entscheidend darauf an, ob dem Geschäftsführer ein „*unentziehbarer Kernbereich*" eigener Willensbildung für die GmbH verbleibt, in dem jede Weisung durch die Gesellschafterversammlung ausgeschlossen ist. Damit wären nämlich die Einflussnahme auf den Geschäftsführer und damit auch die Möglichkeiten des Weisungsrechts zur alleinigen Willensbildung der GmbH von vornherein erheblich eingeschränkt. Dies gilt es nun im nächsten Kapitel eingehend zu untersuchen.

---

903 Henssler/Strohn/*Oetker* GmbHG § 37 Rn. 15; Lutter/Hommelhoff/*Kleindiek* GmbHG § 37 Rn. 40; UHL/*Paefgen* GmbHG § 37 Rn. 64; a.A. aber: Roth/Altmeppen/*Altmeppen* GmbHG § 37 Rn. 29, der eine solche Klagemöglichkeit ausschließt und die Klage ohnehin für irrelevant hält, da Gesellschafter unmittelbar neuen Geschäftsführer einsetzen würden; ähnlich auch: UHL/*Raiser* § 14 Rn. 72 mwNw.

904 *Mennicke* NZG 2000, 622, 624.

905 *Mennicke* NZG 2000, 622, 624.

906 *Mennicke* NZG 2000, 622, 624.

§ 2: Einschränkungen des Weisungsrechts im Hinblick auf die Willensbildung der GmbH

Ob das Weisungsrecht der Gesellschafterversammlung zur Steuerung der GmbH durch den Interim Manager geeignet ist, hängt im Wesentlichen auch davon ab, ob und wenn ja, wie stark es im Bereich der Willensbildung für die GmbH eingeschränkt ist.

A. Beschränkung des Weisungsrechts auf die sog. „Geschäftsführung"

Inhaltlich ist das Weisungsrecht der Gesellschafterversammlung nach der ganz überwiegenden Meinung in der Literatur zunächst stets auf die sog. *„Geschäftsführung"* beschränkt, wohingegen Eingriffe in die *„Organisationsverfassung"*, worunter etwa die Schaffung weisungsbefugter (fakultativer) Gesellschaftsorgane fällt, der Satzung vorbehalten sein sollen.[907] Zwar ist der Begriff der *„Geschäftsführung"*, wie bereits oben dargelegt, für die hier zu untersuchende Frage der Willensbildung für die GmbH nicht ausreichend aussagekräftig und daher nicht hilfreich. Allerdings kann in diesem Zusammenhang der in der Literatur vorgenommenen Abgrenzung entnommen werden, dass jedenfalls nur Organisationsbefugnisse vom Weisungsrecht der Gesellschafter ausgenommen werden sollen, nicht aber die Willensbildung für die GmbH.[908] Die interne Organisation der GmbH gehört aber bereits nach der im ersten Teil der Arbeit aufgestellten Definition schon nicht zum Willen der GmbH. Mit der Installation des hier untersuchten Interim Managers soll auch kein (weisungsbefugtes) Gesellschafts*organ* geschaffen werden, was, wie ebenfalls im ersten Teil der Arbeit gezeigt werden konnte, nur durch eine Änderung der Satzung möglich wäre. Auch insofern besteht also kein Widerspruch zu der herrschenden Literaturmeinung. Mit der inhaltlichen Einschränkung des Weisungsrechts auf die *„Geschäftsführung"* ist also keine Beschränkung in Bezug auf die Willensbildung der GmbH verbunden. Für die hier untersuchte Fragestellung ist diese Feststellung bereits ausreichend, sodass eine weitere Untersuchung dieser inhaltlichen Beschränkung des Weisungsrechts an dieser Stelle somit nicht notwendig ist.

---

907 Henssler/Strohn/*Oetker* GmbHG § 37 Rn. 12; Baumbach/Hueck/*Zöllner/Noack* GmbHG § 37 Rn. 26; Hachenburg/*Mertens* GmbHG § 37 Rn. 22; Roth/Altmeppen/*Altmeppen* GmbHG § 37 Rn. 28; UHL/*Paefgen* GmbHG § 37 Rn. 49; BeckOK GmbHG/*Wisskirchen/Kuhn* GmbHG § 37 Rn. 15 ff.; MHLS/*Lenz* GmbHG § 37 Rn. 16 ff.

908 Auch: *Dreher* FS Hopt, S. 522.

B. Eingeschränkte Weisungsgebundenheit des Geschäftsführers im Bereich der „öffentlichen Pflichten"?

An Grenzen könnte das Weisungsrecht der Gesellschafterversammlung aber auch dort stoßen, wo solche Kompetenzen des Geschäftsführers betroffen sind, die im vorrangigen Interesse der Allgemeinheit oder der Gläubiger der Gesellschaft begründet sind.[909] Dazu gehören z.B. die Pflicht zur sachgemäßen Buchführung (§ 41 GmbHG) und zur fristgerechten Erstellung des Jahresabschlusses (§ 264 Abs. 1 HGB), die Insolvenzantragspflicht (§ 15a Abs. 1 S. 1 InsO), die Pflicht zu Massesicherung (§ 64 GmbHG) sowie die Pflichten im Zusammenhang mit der Kapitalaufbringung und Kapitalerhaltung. Neben diesen schon im zweiten Teil der Arbeit zu genüge behandelten Pflichten liegt aber auch die Beachtung und Einhaltung der auf die Gesellschaft und ihre Aktivitäten anwendbaren Gesetze, wofür der Geschäftsführer ebenfalls verantwortlich ist, im Interesse der Allgemeinheit.[910] Dieser auch als sog. „*Compliance*" bezeichnete Bereich soll bspw. betriebsbezogene strafrechtliche Vorschriften, öffentlich-rechtliche Genehmigungserfordernisse, die Ermöglichung der Wahrnehmung von Aufsichtsbefugnissen, das Kartellrecht, das Außenwirtschaftsrecht und die Exportkontrolle, Regelungen zur Verhinderung von Geldwäsche, das Umweltrecht, das Steuerrecht, die Pflicht zu Abführung der Sozialversicherungsbeiträge und das Datenschutzrecht umfassen.[911]

Da der Gesetzgeber in diesen Bereichen an die Handlung oder Unterlassung auch persönliche Sanktionen für den Geschäftsführer geknüpft hat, ist den Literaturstimmen zuzustimmen, die die Auffassung vertreten, dass die Weisungsgebundenheit des Geschäftsführers an diesen Stellen (jedenfalls nicht uneingeschränkt) gelten kann. Der Geschäftsführer kann von der Gesellschafterversammlung unmöglich gezwungen werden, gegen gesetzliche Vorschriften zu verstoßen und sich dadurch haftbar und eventuell sogar strafbar zu machen. Die Vorschriften, die ihn im öffentlichen Interesse sanktionieren, begründen also gleichzeitig auch einen Verbotstatbestand für das Weisungsrecht der Gesellschafterversammlung.[912] Weisungen zu für den Geschäftsführer unerlaubten bzw. strafbaren Handlungen müssen für diesen zwingend unbeachtlich und nichtig sein.[913]

---

909 So u.a.: MüKoGmbHG/*Stephan/Tieves* GmbHG § 37 Rn. 118; Roth/Altmeppen/*Altmeppen* GmbHG § 37 Rn. 6; so auch: OLG Nürnberg, Urteil vom 09.06.1999 (Az.: 12 U 4408/98) = NZG 2000, 154; *Müller/Wolff* GmbHR 2003, 810, 813; *Goette* DStR 1998, 938, 942.

910 MüKoGmbHG/*Stephan/Tieves* GmbHG § 37 Rn. 25; Saenger/Inhester/*Lücke/Simon* GmbHG § 35 Rn. 77; *Ebert* GmbHR 2003, 444, 445, 446; so auch: BGH, Urteil vom 28.04.2008 (Az.: II ZR 264/06) = NJW 2008, 2437, 2441; BGH, Urteil vom 13. 04. 1994 (Az.: II ZR 16/93) = BGHZ 125, 366.

911 Aufzählung in: MüKoGmbHG/*Stephan/Tieves* GmbHG § 37 Rn. 25.

912 MüKoGmbHG/*Stephan/Tieves* GmbHG § 37 Rn. 118.

913 *Gieseke* GmbHR 1996, 486, 488; *Geißler* GmbHR 2009, 1071, 1074; MüKoGmbHG/Stephan/Tieves GmbHG § 37 Rn. 118; Roth/Altmeppen/*Roth* GmbHG § 47 Rn. 97;

Die obige Aufzählung der insbesondere von der Compliance betroffenen Bereiche zeigt deutlich, dass von der Beschränkung des Weisungsrechts durch einen insofern weisungsfreien Bereich anders als durch die Beschränkung auf die sog. „*Geschäftsführung*“ auch die Willensbildung für die GmbH betroffen ist. Der Gesellschafterversammlung ist es durch diese Einschränkung nämlich nicht möglich, den Geschäftsführer zu Willensäußerungen für die GmbH im Rechtsverkehr zu veranlassen, für die der Geschäftsführer aus „Allgemeinwohlgründen“ sanktioniert würde. Insofern ist der durch die Gesellschafterversammlung zu bildende Wille für die GmbH also entsprechend beschränkt.

Sollte dem hier untersuchten Interim Manager ein Weisungsrecht gegenüber dem Geschäftsführer auf nichtorganschaftlicher Basis eingeräumt werden können, wäre auch er an diese Einschränkung gebunden. Da sie sich allerdings nur auf gesetzeswidrige Handlungen, also auf besonders krasse Ausnahmefälle, beschränkt, bei denen sich der Geschäftsführer durch die Ausführung im Außenverhältnis haftbar oder strafbar machen würde, ist dadurch aber nicht die grundsätzliche Eignung des Weisungsrechts zur Willensbildung für die GmbH beeinträchtigt. Dass auch der Interim Manager dem Geschäftsführer keine Weisungen erteilen darf, die für diesen eine Außenhaftung bzw. sogar eine Strafbarkeit begründen würden, versteht sich vielmehr von selbst. Solange mit dem Einsatz des Interim Managers also keine kriminellen Zwecke verfolgt werden sollen, wird er durch diese Einschränkung des Weisungsrechts nicht gefährdet oder behindert.

C. Unentziehbarer Kernbereich des Geschäftsführers

Schließlich wird über die beiden soeben behandelten Einschränkungen des Weisungsrechts noch hinausgehend von Teilen der Literatur gefordert, dass dem Geschäftsführer stets „*ein Raum für ein eigenverantwortliches Handeln*“ bzw. „*ein gewisser Mindestbereich autonomen unternehmerischen Ermessens, ohne Einflussnahmemöglichkeit der Gesellschafter*“ verbleiben müsse, in dem also allein der Geschäftsführer den Willen für die GmbH bilden könne. Während es an der grundsätzliche Kompetenz der Gesellschafterversammlung, durch Weisungen oder Satzungsregelungen die Befugnisse des Geschäftsführers zur eigenständigen Willensbildung für die GmbH jederzeit einschränken zu können, keine ernstzunehmende Kritik gibt,[914] werden von vielen Autoren Bedenken geäußert, wenn der Geschäftsführer – wie es in der Praxis besonders bei Familiengesellschaften häufig vorkommt – durch einen exzessiven Gebrauch des Weisungsrechts immer mehr „*dem Erscheinungsbild eines*

Oppenländer/Trölitzsch/*Trölitzsch* § 16 Rn. 21; MHLS/*Lenz* GmbHG § 37 Rn. 19; BeckOK GmbHG/*Wisskirchen/Kuhn* GmbHG § 37 Rn. 21; *Mennicke* NZG 2000, 622, 623; *Ebert* GmbHR 2003, 444, 445, 446; *Raiser/Veil* § 41 Rn. 3; auch in der Rechtssprechung anerkannt: BGH, Urteil vom 14.12.1959 (Az.: II ZR 187/57) = BGHZ 31, 258; BGH, Urteil vom 14.03.1983 (Az.: II ZR 103/82) = NJW 1983, 1856.

914 *Geißler* GmbHR 2009, 1071.

leitenden Angestellten angenähert wird"[915] oder der Geschäftsführer gar zum *„bloßen Vollzugsgehilfen*"[916] bzw. *„reinem Exekutivorgan*"[917] der GmbH degradiert wird. Es stellt sich also die Frage, ob der GmbH-Geschäftsführer für die sachgerechte Ausübung seiner Kompetenzen einen autonomen und unentziehbaren Kernbereich eigener Willensbildungsbefugnis für die GmbH hat (bzw. haben muss), der Weisungen der Gesellschafterversammlung (und damit konsequenterweise auch bei der Ausübung durch andere Organe diesen und damit letztendlich auch einem außenstehenden Interim Manager) vollständig entzogen ist.

In der Literatur ist diese Frage – wie gleich noch näher zu erläutern sein wird – nach wie vor umstritten. Die dazu vertretenen Meinungen schwanken zwischen der Forderung eines solchen *„Kernbereichs*", über die einschränkende Ablehnung, wenn jedenfalls eine entsprechende Festlegung im Gesellschaftsvertrag erfolgt ist, bis hin zur völligen Ablehnung der *„Kernbereichslehre*" durch die wohl herrschende Meinung. Anders als die beiden bisher behandelten Einschränkungen des Weisungsrechts würde die Bejahung eines solchen *„Kernbereichs*" die Möglichkeit für den hier untersuchten Interim Manager, den Willen der GmbH über das Weisungsrecht der Gesellschafterversammlung gegenüber dem Geschäftsführer bindend bilden zu können, ganz erheblich einschränken. Im Folgenden sollen daher die diesen Kernbereich fordernde Ansicht und die ablehnende h.M. näher dargestellt werden, bevor anschließend dazu Stellung genommen werden kann.

I. Die Forderungen nach einem unentziehbaren Kernbereich in der Literatur

Die Vertreter der sog. *„Kernbereichslehre*"[918] sind der Auffassung, dass die *„Geschäftsführungsbefugnisse*" des Geschäftsführers nicht völlig *„entkernt*"

---

915 *Konzen* NJW 1989, 2977, 2978.

916 *Geißler* GmbHR 2009, 1071.

917 *Geißler* GmbHR 2009, 1071; Baumbach/Hueck/*Zöllner/Noack* GmbHG § 37 Rn. 21; *Sigle* NZG 1998, 619, 620 f.; so aber dagegen z.B. ausdrücklich: *Lutter/Leinekugel* ZIP 1998, 225, 231; MüKoGmbHG/*Spindler* GmbHG § 52 Rn. 756; Lutter/Hommelhoff/*Kleindiek* GmbHG § 37 Rn. 18a; OLG Nürnberg, Urteil vom 09.06.1999 (Az.: 12 U 4408/98) = NZG 2000, 154; OLG Karlsruhe, Urteil vom 25.08.1995 (Az.: 15 U 286/94) = GmbHR 1996, 208.

918 *Hommelhoff* ZGR 1978, 119, 127; *Zöllner* ZGR 1977, 319, 325; Baumbach/Hueck/*Zöllner/Noack* § 37 GmbHG Rn 18; Schwerdtfeger/*Alexander* GmbHG § 37 Rn. 11 ff; *Gieseke* GmbHR 1996, 486 ff; *Geißler* GmbHR 2009, 1071 ff; *Teichmann* S. 184; Hachenburg/*Hüffer* GmbHG § 45 Rn. 17 (jedenfalls andeutend); HK-GmbHG/*Fichtelmann* GmbHG § 45 Rn. 5; *Härer*: Erscheinungsformen und Kompetenzen des Beirats in der GmbH, S. 94 ff.; mit Beschränkung auf Weisungen ohne Satzungsregelung: MHLS/*Lenz* GmbHG § 37 GmbHG Rn. 18; Lutter/Hommelhoff/*Kleindiek* § 37 GmbHG Rn. 18a; MHLS/*Römermann* GmbHG § 46 Rn. 11; *Zöllner* ZGR 1977, 319, 324 ff.; *Sigle* NZG 1998, 619, 620.

werden dürfen, da dieser sonst zu einer reinen „*Vertretungsmarionette*" bzw. zum „*Ausführungsorgan*" der Gesellschafterversammlung verkommen würde.[919] Der Geschäftsführer wäre dann „*nicht mehr Geschäftsführer im Sinne dieses Wortes und des Gesetzes*"[920], was die Erfüllung seiner zwingenden Aufgaben schwer gefährden, die vom Gesetz zugrunde gelegte GmbH-Verfassung pervertieren und schließlich auch seine Autorität bei den Mitarbeitern unterlaufen würde.[921] Bei der Frage, ob der „*Kernbereich*" verletzt ist, soll es nicht nur auf die singulären Weisungsakte ankommen. Wertungsrelevant soll vielmehr die gezielt verdichtete „*Summation*" von Weisungen sein, da mit der steigenden Intensität auch die Gefahr, dass ein systemwidriger Zustand eintrete, steige. Teilweise wird die Forderung nach einem weisungsfreien „*Kernbereich*" auch dahingehend eingeschränkt, dass Weisungen jedenfalls „*originäre Aufgaben und Verantwortung des Geschäftsführers nicht gegenstandslos machen dürfen und zweckmäßig sein sollen*".[922]

Argumentiert wird hier auch, dass es dem Gesetzeszweck des § 43 Abs. 1 GmbHG entsprechen würde, wenn die Weisungsautorität der Gesellschafterversammlung durch einen „*Kernbereich*", der je nach Geschäftsgegenstand der GmbH in den „*elementaren kaufmännischen Pflichten*" und in allen den Fortbestand des Unternehmens sichernden Pflichten zu sehen sei, begrenzt werde.[923] Dem Geschäftsführer müsse damit ein (sogar einklagbarer) Status verbleiben, „*der ihn – vor dem Personal und nach außen – als primär verantwortlichen Unternehmensleiter ausweist*"[924]. Nur so könne den Anforderungen, die das Gesetz für das Amt und die Pflichten des Geschäftsführers statuiere, ausreichend Rechnung getragen werden.

Das GmbHG gebe des Weiteren auch keine Anhaltspunkte vor, die eine „*omnipräsente Weisungsmacht der Gesellschafter*" rechtfertige. Vielmehr verlöre der enumerierte Zuständigkeitskatalog in § 46 GmbHG ohne einen weisungsfreien „*Kernbereich*" weitgehend seinen Sinn.[925] Und auch der Katalog der in § 6 Abs. 2 GmbHG festgelegten Bestellungshindernisse vermittle das Leitbild eines durch besondere Leitungsverantwortung charakterisierten Geschäftsführers, der sich so durch diese Integrität auch etwa vom Prokuristen unterscheide, obwohl dieser mit ähnlich weitreichenden Kompetenzen ausgestattet sei.

Mit dem intensiven Machtentzug sei auch ein Verstoß gegen gesellschaftsrechtliche Treuepflichten verbunden.[926] Denn die Gesellschafter hätten nicht nur auf die Minderheitsgesellschafter Rücksicht zu nehmen, sondern gleiches gelte

---

919 Schwerdtfeger/*Alexander* GmbHG § 37 Rn. 11, 17.
920 Schwerdtfeger/*Alexander* GmbHG § 37 Rn. 17.
921 Baumbach/Hueck/*Zöllner/Noack* GmbHG § 37 Rn. 18.
922 *Ebert* GmbHR 2003, 444.
923 *Gieseke* GmbHR 1996, 486, 491; *Geitzhaus* GmbHR 1989, 229, 232.
924 *Geißler* GmbHR 2009, 1071.
925 *Geißler* GmbHR 2009, 1071, 1074; *Wiedemann* GesR I, § 6 III. 2. a); *Hommelhoff* ZGR 1978, 119, 128.
926 *Geißler* GmbHR 2009, 1071, 1075.

auch für *„die Interessen der GmbH"*, die ihnen eine unstatthafte Einflussnahme auf die Geschäftsführung verbiete.[927] Ein Mehrheitsgesellschafter könne etwa ohne einen entsprechenden *„Kernbereich"* durch eine Vielzahl von Einzelweisungen das gleiche Ergebnis wie durch *„eine Verlagerung der Geschäftsführungsbefugnis"* erreichen, sodass der Minderheitsgesellschafter gezwungen wäre, seine Interessen durch permanente Teilnahme an der Entscheidungsfindung zu sichern.[928]

Und schließlich würde durch ein umfassendes Weisungsrecht auch die nach außen gerichtete Handlungsfähigkeit des Unternehmens gefährdet.[929] Unternehmerische Entscheidungen müssten nämlich oft schnell und zielstrebig getroffen werden. Ein völlig weisungsgebundener Geschäftsführer könne aber gar nicht adäquat darauf reagieren, sondern müsse zunächst eine Gesellschafterversammlung einberufen. Eine völlige Abkopplung sei nur bei dem sog. Zölibatsgeschäftsführer möglich, der ohne eigenes Ressort ist und erst schrittweise an seine künftigen Aufgaben herangeführt werde.[930] Dies sei aber mit dem völligen Machtentzug nicht vergleichbar.

II. H.M. in der Literatur und Rechtsprechung

Die ganz überwiegende Meinung in der Rechtsliteratur[931] und auch in der Rechtsprechung[932] lehnt dagegen einen weisungsfreien *„Kernbereich"* für den Geschäftsführer, der über die gesetzliche uneinschränkbare Vertretungsmacht und die oben besprochenen Einschränkungen hinaus geht, ab. Der Geschäftsführer soll

---

927 *Geißler* GmbHR 2009, 1071, 1075.
928 Lutter/Hommelhoff/*Kleindiek* § 37 GmbHG Rn. 18a.
929 *Geißler* GmbHR 2009, 1071, 1075.
930 *Geißler* GmbHR 2009, 1071, 1076.
931 MüKoGmbHG/*Spindler* GmbHG § 52 Rn. 743; *Mennicke* NZG 2000, 622, 623; *Ebert* GmbHR 2003, 444, 445 ff.; Henssler/Strohn GesR/Oetker GmbHG § 37 Rn. 11 ff.; Scholz/*Schneider* GmbHG § 37 Rn. 36 ff.; Hachenburg/*Mertens* GmbHG § 37 Rn. 16 ff.; *Lutter/Leinekugel* ZIP 1998, 225, 231; UHL/*Paefgen* GmbHG § 37 Rn. 27 f.; UHL/*Heermann* GmbHG § 52 Rn. 351; Rowedder/Schmidt-Leithoff/*Koppensteiner/Gruber* GmbHG § 37 Rn. 12, 22; *Eisenhardt* FS Pfeiffer, S. 839, 846; *Ziemons*, S. 21; *Westermann-Menger* DWiR 1991, 143, 148 f.; *Rohleder*: Die Übertragbarkeit von Kompetenzen auf GmbH-Beiräte, S. 32 ff.; *Geitzhaus* GmbHR 1989, 229, 230; *Müller/Wolff* GmbHR 2003, 810, 813; *Uffmann*: Interim Management, S. 354 ff. (im Ergebnis); *Wank* GmbHR 1980, 121, 123; Saenger/Inhester/*Lücke/Simon* GmbHG § 37 Rn 13; MünchHdB GesR III/*Wolff* § 37 Rn. 30; *Goette* DStR 1998, 938, 942; Bork/Schäfer/*Jacoby* GmbHG § 37 Rn. 8; *Konzen* NJW 1989, 2977, 2979; in diese Richtung auch: *Thümmel* DB 1995, 2461, 2464 f.; *Beuthien/Gätsch* ZHR 157 (1993), 483, 498; Oppenländer/Trölitzsch/*Trölitzsch* § 16 Rn. 20, § 7 Rn. 6, § 9 Rn. 67; *Tillmann/Mohr* Rn. 51; *Jula*: Der GmbH-Geschäftsführer S. 27; *Semrau*: Dritteinflussnahme, S. 219 ff.
932 Z.B.: BGH, Urteil vom 14.12.1959 (Az.: II ZR 187/57) = BGHZ 31, 258; OLG Frankfurt, Urteil vom 07.02.1997 (Az.: 24 U 88/95) = NJW-RR 1997, 736.

vielmehr grundsätzlich den Weisungen der Gesellschafter unterworfen sein. Auch die Tatsache, dass er (auch nach dieser Ansicht, s.o.) zwingend nach außen als Exekutivorgan der Gesellschaft auftreten muss, soll nichts daran ändern, dass die Geschäftsführung im Innenverhältnis *„durch ein dichtes Netz von Weisungen eingebunden sein kann"* und die Gesellschafter *„dadurch die Unternehmensleitung faktisch selbst wahrnehmen"*[933] können. Die Schranken des Weisungsrechts seien auch nicht in deren Umfang, sondern bei deren Inhalt, insbesondere wenn diese gegen die Treuepflicht eines Gesellschafters verstoßen, zu suchen.[934]

Nach Ansicht der h.M. verkenne die Gegenansicht u.a. die Organisationsverfassung der GmbH, die den Gesellschaftern (durch die Gesellschafterversammlung) nach deren Entscheidung die Möglichkeit gebe, die Geschicke der Gesellschaft selbst zu bestimmen.[935] Die *„latente Allzuständigkeit der Gesellschafter"*[936], mit der sie alle Angelegenheiten der Gesellschaft an sich ziehen könnten, soll dabei insbesondere aus der *„domminierenden Stellung"*, die das GmbHG in §§ 37, 45 f. GmbHG der Gesellschafterversammlung einräume,[937] und einer fehlenden zwingenden rechtlichen Vorgabe zum Umfang der Entscheidungsfreiheit des Geschäftsführers[938] folgen. Das GmbHG kenne nämlich gerade keinen Grundsatz, wonach der Geschäftsführer das Zentrum der unternehmerischen Initiative und Entscheidung zu sein habe.[939] Und es sei auch nicht seine Aufgabe, die GmbH vor ihren eigenen Gesellschaftern gegen deren Willen zu schützen, da das Gesellschaftsinteresse in der GmbH allein zur Disposition der Gesellschafter stehe.[940] Deshalb seien die Gesellschafter bei der Gestaltung des gesellschaftlichen Innenverhältnisses frei[941] und könnten sowohl eine allgemeine Richtlinienpolitik betreiben als auch unmittelbar in das Tagesgeschäft *„hineinregieren"*.[942]

Des Weiteren spreche gegen die *„Kernbereichslehre"* auch, dass ein solcher Bereich schon im Sinne der Rechtssicherheit[943] und der sich sonst ergebenden Abgrenzungsschwierigkeiten[944] abzulehnen sei. So eigne sich eine Abgrenzung

---

933 *Konzen* NJW 1989, 2977, 2978.
934 *Konzen* NJW 1989, 2977, 2979.
935 Roth/Altmeppen/*Altmeppen* GmbHG § 37 Rn. 5.
936 *Ebert* GmbHR 2003, 444, 445.
937 *Eisenhardt* FS Pfeiffer, S. 839, 846; MüKoGmbHG/*Spindler* GmbHG § 52 Rn. 743.
938 UHL/*Paefgen* GmbHG § 37 Rn. 28.
939 MüKoGmbHG/*Spindler* GmbHG § 52 Rn. 743; UHL/Heermann GmbHG § 52 Rn. 351; *Rohleder*: Die Übertragbarkeit von Kompetenzen auf GmbH-Beiräte, S. 34; Scholz/*Schneider* GmbHG § 37 Rn 24; *Müller/Wolff* GmbHR 2003, 810, 813; MünchHdB GesR III/*Marsch-Barner/Diekmann* § 49 Rn. 15; MHLS/*Lenz* GmbHG § 37 Rn. 10; *Thümmel* DB 1995, 2461, 2464 f.
940 Roth/Altmeppen/*Altmeppen* GmbHG § 37 Rn. 5.
941 *Beuthien/Gätsch* ZHR 157 (1993), 483, 498.
942 So auch: MünchHdb GesR III/*Wolff* § 37 Rn. 30.
943 UHL/*Paefgen* GmbHG § 37 Rn. 28.
944 *Ziemons*, S. 23; *Beuthien/Gätsch* ZHR 157 (1993), 483, 498.

in zulässige und unzulässige Weisungen danach, ob der Umfang der Weisungen so weit gehe, dass der Geschäftsführer nur noch als bloßes Exekutivorgan tätig ist, nicht.[945] Ob eine Weisung für ihn verbindlich ist oder nicht, könne der Geschäftsführer dann überhaupt nicht erkennen. Gerade aufgrund des Zwiespalts zwischen Folgepflicht und Haftungsrisiko sei eine klare Grenzziehung aber besonders wichtig.[946]

Gegen das *„Marionetten-Argument“* der Befürworter wird wiederum pointiert vorgebracht, dass Bedenken gegen menschliche Marionetten jedenfalls *„aus humanitären Gründen“* zwar zu Recht bestünden, sich aus diesem Bild jedoch keine schutzwürdigen Interessen des Geschäftsführers ergeben würden.[947] Die Rechtsordnung dulde zwar keine geknebelten Gesellschafter, für Arbeitnehmer, die im fremden Namen und für fremde Rechnung handeln und zu denen letztendlich auch Fremdgeschäftsführer gehören würden, sei das Weisungsrecht aber gerade typisch.[948]

III. Stellungnahme

Nachfolgend soll nun zu den einzelnen Argumenten, die von den Vertreter der *„Kernbereichslehre“* vorgebracht werden, Stellung genommen werden.

1. Fehlende Konturen eines „Kernbereichs“

Der Ausgangspunkt der Vertreter der *„Kernbereichslehre“*, dass es für den Geschäftsführer mitunter schwierig sein kann, Weisungen der Gesellschafter zu folgen, wenn diese ihm unzweckmäßig erscheinen, insbesondere dann, wenn er einen Schaden für die Gesellschaft befürchtet, ist sicherlich nicht verfehlt. Zutreffend erkennen aber auch die meisten Befürworter dieser Ansicht, dass es sehr schwer werden wird, diesen *„Kernbereich“* zu identifizieren und festzulegen, da es hier immer einen weiten Beurteilungsspielraum geben wird. Abgesehen davon, dass die Tatsache, ob ein *„Schaden“* oder eine für die Gesellschaft *„unzweckmäßige“* Entscheidung vorliegt, so gut wie nie objektiv, sondern nur subjektiv zu bestimmen sein wird, liegt die Schwierigkeit aber auch insbesondere darin begründet, dass diese Entscheidung noch vor der Ausführung der Weisung getroffen werden müsste und damit stets auf einer nur sehr vagen Tatsachengrundlage basieren würde.

Nicht ohne, sondern mit einem weisungsfreien *„Kernbereich“* wäre die Entscheidungsfähigkeit der GmbH im Rechtsverkehr deshalb eingeschränkt. Lehnt man diesen nämlich ab, ist für den Geschäftsführer jederzeit völlig klar, dass

945 *Mennicke* NZG 2000, 622, 623.
946 *Mennicke* NZG 2000, 622, 623.
947 *Wank* GmbHR 1980, 121, 123.
948 *Wank* GmbHR 1980, 121, 123.

er den Weisungen der Gesellschafterversammlung zu folgen hat, unabhängig davon, ob er diese für zweckmäßig hält oder nicht, sodass es auch zu keiner Entscheidungsverzögerung kommen kann. Bei der Existenz eines weisungsfreien „*Kernbereichs*" müsste der Geschäftsführer dagegen bei jeder Weisung aufs Neue entscheiden, ob diese in seinen weisungsfreien Bereich fällt, und könnte (bei Bejahung dieser Frage) erst anschließend seine eigentliche Sachentscheidung treffen. Zu weiteren Verzögerungen bei der Entscheidungsfindung würde es dann auch dadurch kommen, dass jede einzelne Berufung des Geschäftsführers auf seinen weisungsfreien „*Kernbereich*" streitig wäre und zu gerichtlichen und außergerichtlichen Streitigkeiten (ob zwischen Geschäftsführer und Gesellschaft oder auch zwischen Mehrheits- und Minderheitsgesellschafter) führen würde. Schon aus diesem Grund ist eine weisungsfreier „*Kernbereich*" des Geschäftsführers abzulehnen.

2. Schutz des Geschäftsführers nicht notwendig

Die „*Kernbereichslehre*" ist aber auch aus einem weiteren Grund abzulehnen: Ein Schutz des Geschäftsführers durch die Einräumung eines „*Kernbereichs*" ist nämlich schon gar nicht notwendig, weil sich das von den Befürwortern angeführte Problem der Interessenkollision nicht in dem von ihnen beschriebenen Ausmaß stellt. Kommt der Geschäftsführer einer seiner Ansicht nach schädlich bzw. unzweckmäßigen Weisung nach und entsteht dadurch ein Schaden für die GmbH, ist er durch die oben beschriebene Folgepflicht nach ganz h.M. in der Rechtsliteratur umfassend geschützt, sodass eine haftungsbegründende Pflichtverletzung nicht angenommen werden kann.[949] Dies folgt aus der allgemeinen Erwägung, dass der Folgepflicht der Geschäftsführers eine Haftungsbefreiung gegenüberstehen muss, um Wertungswidersprüche zu vermeiden[950], und aus einem Umkehrschluss zu § 43 Abs. 3 S. 3 GmbHG.[951]

949 Scholz/*Schneider* GmbHG § 43 Rn. 119 ff.; Baumbach/Hueck/*Zöllner/Noack* § 43 GmbHG Rn. 33; UHL/*Paefgen* GmbHG § 43 Rn. 215; MüKoGmbHG/*Fleischer* § 43 GmbHG Rn. 275; BeckOK GmbHG/*Haas/Ziemons* GmbHG § 43 Rn. 269 ff.; *Fleck* GmbHR 1974, 224, 226; vgl. auch: BGH, Urteil vom 10.05.1993 (Az.: II ZR 74/92) = NJW 1993, 1922 und BGH, Urteil vom 31.01.2000 (Az.: II ZR 189/99) = NZG 2000, 544, wonach der Alleingesellschaftergeschäftsführer nicht nach § 43 Abs. 2 GmbHG haften kann, da er quasi nur seine eigene Weisung ausführt.

950 *Fleck* GmbHR 1974, 224, 226; *Ebert* GmbHR 2003, 444, 445; Oppenländer/*Trölitzsch/Ziemons* § 29 Rn. 1; Baumbach/Hueck/*Zöllner/Noack* § 43 GmbHG Rn. 33; UHL/*Paefgen* GmbHG § 43 Rn. 215; Lutter/Hommelhoff/*Kleindiek* GmbHG § 43 Rn. 40; MüKoGmbHG/*Fleischer* § 43 GmbHG Rn. 275; BeckOK GmbHG/*Haas/Ziemons* GmbHG § 43 Rn. 269 ff.

951 UHL/Paefgen GmbHG § 43 Rn. 214; MüKoGmbHG/*Fleischer* § 43 GmbHG Rn. 275; Baumbach/Hueck/*Zöllner/Noack* § 43 GmbHG Rn. 33; BeckOK GmbHG/*Haas/Ziemons* GmbHG § 43 Rn. 269 ff.

Des Weiteren ist der Geschäftsführer auch dadurch geschützt, dass er nach der h.M. in der Rechtsliteratur und in der Rechtsprechung jederzeit zur einseitigen Amtsniederlegung mit der Folge der Beendigung der Organstellung berechtigt ist.[952] Nach neuerer Rechtsprechung des BGH ist die Amtsniederlegung selbst dann wirksam, wenn ein wichtiger Grund weder vorliegt noch behauptet wird.[953] Das Recht wird auch durch das MoMiG, das neue Regeln für den Fall der Führungslosigkeit der GmbH aufstellt, bestärkt, da es diesen Fall anerkennt und Pflichten nicht etwa dem ausgeschiedenen Geschäftsführer, sondern unmittelbar den Gesellschaftern selbst auferlegt. Auch die von einigen oberlandesgerichtlichen Entscheidungen aufgestellte Ausnahme der Amtsniederlegung für Missbrauchsfälle hat – unabhängig von der Frage nach der Sinnhaftigkeit einer solchen Ausnahmeregelung[954] – andere Fälle im Blick.[955] Sie betrifft lediglich Fälle, in denen ein Zusammenwirken zwischen Gesellschaftern und dem Geschäftsführer zum Schaden der Gesellschaft bzw. ihrer Gläubiger stattfindet. Das bedeutet also, dass der Geschäftsführer, wenn er mit den Weisungen der Gesellschafterversammlung nicht einverstanden ist und er diese auch nicht von seinen Zweifeln an der rechtlichen Zulässigkeit des Handelns oder der seiner Ansicht nach fehlenden Zweckmäßigkeit überzeugen kann, jederzeit sein Amt niederlegen kann. Da die Amtsniederlegung nicht automatisch mit der Kündigung des Anstellungsvertrages verknüpft sein muss[956], verliert der Geschäftsführer auch nicht automatisch seinen Vergütungsanspruch, insbesondere dann nicht, wenn er beweisen kann, dass die Gesellschaft bei Nichtausführung der Weisung vor einem Schaden hätte bewahrt werden können.

Es ist schließlich aber auch nicht einzusehen, weshalb der Geschäftsführer durch Einräumung eines großen Ermessensspielraums besser geschützt werden soll als ein „normaler“ Angestellter des Unternehmens. Auch dieser kann sich einer zweckwidrigen Weisung seines Vorgesetzten gegenübersehen. Auch er muss dann entscheiden, ob er diese ausführt und dem Unternehmen dadurch einen Schaden zufügt, oder ob er sich dieser widersetzt und damit seine Kündigung und entsprechende Schadensersatzforderungen des Unternehmens riskiert.

---

952 MüKoGmbHG/*Tieves/Stephan* GmbHG § 38 Rn. 53; Baumbach/Hueck/*Zöllner/Noack* GmbHG § 38 Rn. 86; Roth/Altmeppen/*Altmeppen* GmbHG § 38 Rn. 77; *Goette* DStR 1998, 938, 941; BGH, Urteil vom 08.02.1993 (Az.: II ZR 58/92) = NJW 1993, 1198.

953 BGH, Urteil vom 08.02.1993 (Az.: II ZR 58/92) = BGHZ 121, 257; BGH, Urteil vom 26.06.1995 (Az.: II ZR 109/94) = NJW 1995, 2850; *Goette* DStR 1998, 938, 941 f.

954 Ablehnend etwa: MüKoGmbHG/*Tieves/Stephan* GmbHG § 38 Rn. 61.

955 Siehe z.B.: OLG Köln, Beschluss vom 01.02.2008 (Az.: 2 Wx 3/08) = NZG 2008, 340; Pfälz. OLG Zweibrücken, Beschluss vom 15.02.2006 (Az.: 3 W 209/05) = DNotZ 2006, 709; OLG Düsseldorf, Beschluss vom 06.12.2000 (Az.: 3 Wx 393/00) = NJW-RR 2001, 609, 610; BayObLG, Beschluss vom 15.06.1999 (Az.: 3Z BR 35/99) = NZG 1999, 1003; OLG Hamm, Beschluss vom 21.06.1988 (Az.: 15 W 81/88397) = DNotZ 1989, 396, 397.

956 MüKoGmbHG/*Tieves/Stephan* GmbHG § 38 Rn. 55.

Sicherlich ist sowohl das zivil- als auch das strafrechtliche Risiko des Geschäftsführers wesentlich höher als das eines „normalen" Angestellten, doch wird dieses erhöhte Risiko in der Regel durch eine auch entsprechend höhere Vergütung und andere Möglichkeiten des Geschäftsführers, mit Interessenkollisionen umzugehen, ausgeglichen.

3. *Schutz der Minderheitsgesellschafter*

Auch das Argument, dass durch ein umfassendes Weisungsrecht der Gesellschafterversammlung die Rechte der Minderheitsgesellschafter gefährdet wären, vermag in der Sache nicht zu überzeugen. Die Minderheitsgesellschafter stehen nämlich schon nicht schutzlos da, sondern können vielmehr gegen jeden dieser Beschlüsse, die sie nach ihrer Auffassung in ihren Rechten beschneiden, in analoger Anwendung der aktienrechtlichen Vorschriften Nichtigkeits- und Anfechtungsklage (§§ 248, 246 AktG) erheben.[957] Dass sich die Minderheitsgesellschafter dann nicht „auf die faule Haut legen" können, sondern an den Beschlussfassungen teilnehmen bzw. sich über die gefassten Beschlüsse informieren müssen, ist in der personalistischen GmbH, die auf Mitunternehmerschaft angelegt ist, kein Argument für einen „*Kernbereich*", sondern dieser stets immanent.

Die Minderheitsgesellschafter wären im Gegenteil durch einen weisungsfreien „*Kernbereich*" sogar deutlich schlechter geschützt. Sie könnten dann die entsprechenden Handlungen des Geschäftsführers gar nicht angreifen, da diese der Beschlussfassung der Gesellschafterversammlung und damit auch dem Einflussbereich des Minderheitsgesellschafters entzogen wären. Es bestünde dann das Risiko, dass der Mehrheitsgesellschafter durch indirekte Einflussnahmemöglichkeiten den Geschäftsführer unter Druck setzen könnte oder mit diesem auf anderem Wege gemeinsame Sache zum Nachteil des Minderheitsgesellschafters machen würde. Bestünde dann ein „*weisungsfreier Kernbereich*" des Geschäftsführers, könnte sich der Minderheitsgesellschafter überhaupt nicht praktikabel gegen dieses Vorgehen zur Wehr setzen.

4. *Eigentümer der GmbH*

Bei der Diskussion um einen weisungsfreien „*Kernbereich*" des Geschäftsführers stellt sich außerdem automatisch die Frage, auf wessen Meinung bzw. Sicht es bei der Beurteilung des „*Gesellschaftsinteresses*" und der Zweckmäßigkeit einer Weisung letztendlich ankommen soll. Das Ergebnis kann nur lauten, dass es den Gesellschaftern als Unternehmern und Eigentümern der GmbH überlassen bleiben muss, die letzte Entscheidung in diesen Fragen zu treffen. Auch wenn sie nicht die gleiche persönliche Verantwortung in zivil- und strafrechtlicher Hinsicht wie den Geschäftsführer trifft, tragen sie doch das Unternehmensrisiko der

---

957 *Mennicke* NZG 2000, 622,623.

GmbH und haften im schlimmsten Fall mit dem Totalverlust ihres in die GmbH eingebrachten Kapitals. Es muss deshalb auch ihnen überlassen bleiben, wie sie mit diesem Kapital umgehen und wie sie es einsetzen wollen. Gerade bei den in der Regel kleinen Strukturen innerhalb der GmbH darf sich der Geschäftsführer nicht über die Interessen der Gesellschafter, die ihren Ausdruck in den ihm gegenüber erklärten Weisungen der Gesellschafterversammlungen finden, hinwegsetzen. Zu diesem Zweck darf er auch nicht das nur scheinbar objektive – in Wirklichkeit wie jedes Interesse aber nur subjektive – *„Gesellschaftsinteresse"* missbrauchen.

Die Zulässigkeit einer umfassenden Weisungsdichte ist deshalb auch gerade die Konsequenz der im Gesetz verankerten Verfassung der GmbH, die den Gesellschaftern als Eigentümern der Gesellschaft (und damit auch zu Recht) die oberste Stellung einräumt und sich u.a. dadurch auch von der Aktiengesellschaft unterscheidet, bei der die Hauptversammlung als Organ der Gesellschafter aus Praktikabilitätsgründen und zum Schutz der vielen Kleinanleger vor einem mächtigen Mehrheitsaktionär von der eigenständigen Geschäftsführung ausgeschlossen ist (§ 119 Abs. 2 AktG).[958] Anders als der Vorstand in der AG gemäß § 76 Abs. 1 AktG leitet der Geschäftsführer der GmbH die Gesellschaft auch nicht eigenverantwortlich. Im Unterschied zum Aktiengesetz sieht das Gesetz keinen Anlass, die Eigenverantwortlichkeit der Leitung zu betonen, indem es die Gesellschafterversammlung wie die Hauptversammlung bei der AG nach § 119 Abs. 2 AktG von der eigenständig durchsetzbaren Geschäftsführung ausschließt oder wie in § 111 Abs. 4 S. 1 AktG gegenüber dem Kontrollorgan die Eigenständigkeit der Geschäftsführung reklamiert.[959] § 37 Abs. 1 GmbHG unterstreicht vielmehr, dass die Gesellschafter das Unternehmensinteresse ganz konkret selbst definieren dürfen und müssen.[960] Kennzeichnend für die GmbH ist also, dass die Gesellschafter selbst als unternehmerisches Initiativ- und Entscheidungszentrum fungieren können.[961] Ohne ein vollumfassendes Weisungsrecht der Gesellschafterversammlung, das lediglich durch die oben beschriebenen Einschränkungen begrenzt wird, ließe sich dieses gesetzgeberische Ziel aber nicht verwirklichen.

5. Die Einmanngesellschaft

Gegen die *„Kernbereichslehre"* spricht schließlich auch die sog. „Einmann-" bzw. „Einpersonen-GmbH", in der der Alleingesellschafter auch zugleich alleiniger Geschäftsführer der GmbH ist. Eine solche Konstellation ist – wie auch § 6 i.V.m. § 48 Abs. 3 GmbHG deutlich macht – anders als eine „Einmann-AG" unbestritten

958 *Mennicke* NZG 2000, 622, 623.
959 *Konzen* NJW 1989, 2977, 2979.
960 *Konzen* NJW 1989, 2977, 2979; *Raiser/Veil* § 42 Rn. 90.
961 *Mennicke* NZG 2000, 622, 623.

zulässig.[962] Die Einmann-GmbH als Extremfall des durch die Satzungsautonomie eingeräumten Gestaltungsspielraums, in der eine Balance und wechselseitige Kontrolle der Organe sowie die organisationsrechtliche Gliederung der Organe von vornherein aufgehoben ist,[963] zeigt sehr deutlich, dass es jenseits der oben beschriebenen Einschränkung bezüglich bestimmter gläubigerschützender Normen ein eigenständiges schützenswertes, vom Gesell*schafter*interesse zu unterscheidendes Gesell*schafts*interesse nicht geben kann.[964] Würde man ein solches bejahen wollen, würde man vom Alleingesellschaftergeschäftsführer eine Persönlichkeitsspaltung verlangen, da dieser seine eigenen Unternehmensinteressen ausblenden und zu rein objektiv auf das Wohl der Gesellschaft ausgerichteten Entscheidungen gelangen müsste – worin auch immer dieses Wohl konkret bestehen soll.

Wenn es aber kein zu schützendes Gesellschaftsinteresse gibt, ist auch kein weisungsfreier *„Kernbereich"* des Geschäftsführers notwendig, da dessen Handeln stets auf das durch Weisungen der Gesellschafterversammlung zu bestimmende Interesse der Gesellschafter ausgerichtet sein muss. Oder anders ausgedrückt: Wenn der Gesellschafter in der Einpersonen-GmbH nicht auf den Willen eines Dritten Rücksicht nehmen muss, ist nicht einzusehen, warum sich das ändern soll, wenn der Gesellschafter einen Dritten zum weisungsgebundenen Geschäftsführer gemacht hat. Jedenfalls eine über die oben unter Ziff. A. und B. erläuterten Einschränkungen hinausgehende Beschränkung des Weisungsrechts der Gesellschafterversammlung ist deshalb abzulehnen.

IV. Zusammenfassung

Die Forderung nach einer Kernbereichslehre für das Weisungsrecht der Gesellschafterversammlung gegenüber dem Geschäftsführer ist demnach mit der ganz herrschenden Meinung in der Rechtsliteratur abzulehnen. Völlig zurecht hält die h.M. den Befürwortern eines unentziehbaren Kernbereichs vor, dass diese die Organisationsverfassung der GmbH mit einer *„domminierenden Stellung"* der Gesellschafterversammlung verkennt. Das Gesellschaftsinteresse der GmbH

962 MüKoGmbHG/*Liebscher* GmbHG § 45 Rn. 23; Zwar kann eine AG gem. § 2 AktG auch nur durch eine Person *gegründet* werden. Allerdings muss jede AG mindestens drei Aufsichtsratsmitglieder und mindestens ein Vorstandsmitglied haben, wobei gem. § 105 Abs. 1 AktG eine Personenidentität ausgeschlossen ist, sodass bei einer AG mind. vier natürliche Personen vorhanden sein müssen.

963 *Raiser/Veil* § 41 Rn. 4.

964 *Wedemann*: Gesellschafterkonflikte in geschlossenen Kapitalgesellschaften, S. 328; *Fleck* GmbHR 1974, 224, 226; Vgl. auch: BGH, Urteil vom 28.09.1992 (Az.: II ZR 299/91) = BGHZ 119, 257; BGH, Urteil vom 31.01.2000 (Az.: II ZR 189/99) = NZG 2000, 544, wonach der Alleingesellschaftergeschäftsführer nicht nach § 43 Abs. 2 GmbHG haften kann, da er quasi nur seine eigene Weisung ausführt; a.A.: *Ziemons*, S. 97 ff., 137; kritisch auch: *Grigoleit:* Gesellschafterhaftung, S. 319 ff.

steht allein zur Disposition der Gesellschafter. Auch bei der Bewertung der sich aus einer solchen Unterscheidung ergebenden Abgrenzungsschwierigkeiten und der daraus folgenden Auswirkungen auf die Rechtssicherheit ist der h.M. zuzustimmen. Wie an dieser Stelle herausgearbeitet werden konnte, sprechen aber auch das Beispiel einer Einmann-GmbH, die fehlende Schutzbedürftigkeit des Geschäftsführers und der Minderheitsgesellschafter sowie die fehlenden Konturen eines solchen Kernbereichs gegen die Argumentation der Befürworter.

D. Zwischenergebnis: Steuerung im Innenverhältnis durch Weisungsrecht

Wie in diesem Kapitel gezeigt werden konnte, sind die Einschränkungen, denen das Weisungsrecht der Gesellschafterversammlung gegenüber dem Geschäftsführer der GmbH unterworfen ist, nicht so weitgehend, dass dadurch dem Weisungsrecht die Möglichkeit, den Willen für die GmbH verbindlich festzulegen, genommen wäre. Nicht nur mittels des Gesellschaftsvertrages, sondern auch durch umfassende Weisungen kann also das gesetzliche Führungsmodell der GmbH nahezu beliebig modifiziert werden.

Dabei kann der Geschäftsführer durch die Gesellschafterversammlung als oberstes Gesellschaftsorgan auch so weitgehend entmachtet werden, bis er nur noch eine abhängige, arbeitnehmerähnliche Position innehat. Einen unentziehbaren Kernbereich, in dem der Geschäftsführer vollkommen weisungsfrei agieren darf, muss ihm die Gesellschafterversammlung nicht überlassen. Unentziehbar ist nur die Vertretungsmacht des Geschäftsführers nach § 37 Abs. 2 GmbHG (wie bereits im Zweiten Teil der Arbeit herausgearbeitet werden konnte), eine Anzahl öffentlich-rechtlicher Pflichten sowie diejenigen Entscheidungen, die der Geschäftsführer zum Schutz der Gläubiger und der Öffentlichkeit in eigener Verantwortung zu erfüllen hat, die für die hier vorgesehene Verwendung durch einen Interim Manager nicht relevant sind. Die Leitungsbefugnisse des GmbH-Geschäftsführers ergeben sich nämlich im Gegensatz zum Vorstand einer AG nicht autonom, sondern nur derivativ[965], denn sie sind nur von der Gesellschafterversammlung als „*Unternehmensinhaber*“ abgeleitet. Damit ist richtigerweise auch gleichzeitig festgestellt, dass innerhalb der GmbH den Gesellschaftern und damit auch der Gesellschafterversammlung als Organ im Organisationsrecht der GmbH die höchste Stellung zukommt,[966] und diese somit das Entscheidungszentrum der Gesellschaft darstellt.[967] Die maßgeblichen Entscheidungen zur Unternehmenspolitik und zur Geschäftsführung liegen allein in den Händen der

965 *Geißler* GmbHR 2009, 1071.
966 *Geißler* GmbHR 2009, 1071; *Raiser/Veil* § 41 Rn. 2.
967 *Raiser/Veil* § 41 Rn. 2.

Gesellschafter.[968] Sie können alle Entscheidungen an sich ziehen und sind auch befugt, dem Geschäftsführer umfassende Weisungen zu erteilen.[969]

Als Ergebnis dieses Kapitels ist somit festzuhalten, dass durch das Weisungsrecht der Gesellschafterversammlung gegenüber dem Geschäftsführer der oben herausgearbeitete Wille der GmbH verbindlich gebildet werden kann. Das Weisungsrecht ist ein wirkungsvolles Mittel, die GmbH im Innenverhältnis zu steuern. In den nächsten Kapiteln ist nun zu untersuchen, ob dieses grundsätzlich allein der Gesellschafterversammlung zustehende Weisungsrecht dem hier untersuchten Interim Manager eingeräumt werden kann, ohne ihn zum Organ der GmbH zu bestellen zu müssen.

968 *Raiser/Veil* § 41 Rn. 2.
969 *Raiser/Veil* § 41 Rn. 2.

§ 3: Ausübung des Weisungsrechts durch ein Nichtorgan?

Ausgangspunkt der Untersuchung ist, dass eine durch die Satzung einzuräumende Organstellung für den hier untersuchten Interim Manager nicht in Betracht kommt. Die Kompetenz zur Ausübung des Weisungsrechts kann deshalb auch nicht „einfach" im Sinne einer Substitution „*übertragen*" werden. Es stellt sich somit die Frage, ob eine andere Möglichkeit außerhalb einer Organstellung besteht. Dabei ist zunächst zu prüfen, ob das Weisungsrecht der Gesellschafterversammlung nicht schon zwingend von ihr selbst ausgeübt werden muss und auch bei einer entsprechenden Satzungsänderung nicht auf ein anderes (fakultatives) Organ der GmbH „*übertragen*" werden kann. Scheidet nämlich schon eine solche (interne) „*Übertragung*" aus, würde wohl auch die hier gesuchte Lösung von vornherein scheitern. Ist das Weisungsrecht dagegen nicht zwingend an die Gesellschafterversammlung geknüpft, ist anschließend nach einer Ausübungsmöglichkeit für den hier untersuchten Interim Manager zu suchen. Dabei ist zu untersuchen, ob die schon im zweiten Teil zur Generalvollmacht gefundene Erkenntnis, dass organschaftliche Kompetenzen (bei der Generalvollmacht die Willensäußerung für die GmbH) grundsätzlich nicht zwingend von dem Organ persönlich ausgeübt werden müssen, sondern das Organ sich hierzu (bei der Generalvollmacht mittels Erteilung von Vollmachten) der Mithilfe nachgeordneter Angestellter und sogar eines (beliebigen) Dritter bedienen kann, auch für die Weisungskompetenz der Gesellschafterversammlung gilt.

A. Zwingende Ausübung des Weisungsrechts durch die Gesellschafterversammlung?

Die Zulässigkeit der Ausübung des Weisungsrechts durch ein Nichtorgan wäre insbesondere dann nur schwer vorstellbar, wenn die Ausübung durch die Gesellschafterversammlung schon gesetzlich zwingend vorgeschrieben wäre. Dagegen spricht aber die bei der GmbH grundsätzlich geltende Satzungsfreiheit. Fraglich ist also, ob die Satzungsfreiheit ausreicht oder in Bezug auf das Weisungsrecht eingeschränkt ist.

I. Der Grundsatz der Satzungsfreiheit

In § 45 Abs. 2 GmbHG ist der „*Grundsatz der freien Gestaltung der inneren Verfassung der GmbH*" festgelegt.[970] Dieser besagt, dass die Gesellschafter grundsätzlich

---

970 MHLS/*Römermann* GmbHG § 45 Rn. 4, § 46 Rn. 11; UHL/*Hüffer/Schürnbrand* GmbHG § 45 Rn. 1; Scholz/*K. Schmidt* GmbHG § 45 Rn 2; BeckOK GmbHG/*Schindler*

frei über die Ausgestaltung ihrer Rechte in allen Angelegenheiten der Gesellschaft entscheiden können,[971] wodurch der „*Realtypus*" der GmbH durch entsprechende Satzungsänderungen den jeweiligen Bedürfnissen der Gesellschafter angepasst werden kann.[972] Aus diesem Grundsatz ergibt sich, dass auch die gesetzlichen Kompetenzzuweisungen an die Gesellschaftsorgane nur insoweit gelten, als durch die Satzung keine abweichenden Regelungen getroffen worden sind („*in Ermangelung besonderer Bestimmungen des Gesellschaftsvertrages*"). Der Anwendungsbereich der Norm umfasst nämlich nicht nur die mitgliedschaftlichen Befugnisse der Gesellschafter, wie etwa Verwaltungs- oder Herrschaftsrechte, sondern insbesondere auch die Freiheit zur inhaltlichen Gestaltung der sog. „*inneren Verfassung*" der GmbH.[973]

Gerade in dieser Flexibilität bei der Gestaltung des Innenverhältnisses ist auch die Besonderheit und der damit verbundene Erfolg der GmbH begründet.[974] Zum Teil wird in der Literatur zwar vorgeschlagen, in diesem Zusammenhang nicht von „*Satzungsfreiheit*", sondern stattdessen von der „*Subsidiarität der gesetzlichen Vorschriften*" zu sprechen,[975] da damit deutlicher betont werde, dass die Gesellschafter zwar die Regelungen der §§ 46 bis 51 GmbHG erweitern oder einschränken, nicht jedoch alles dort Niedergelegte beliebig „*beiseiteschieben*" könnten. In der Sache dürfte damit gegenüber der herkömmlichen Begrifflichkeit aber kein relevanter Unterschied verbunden sein.[976]

II. Grenzen der Satzungsfreiheit

Der Grundsatz der Satzungsfreiheit gilt aber nicht unbeschränkt, sondern endet jedenfalls dort, wo zwingende gesetzliche Vorschriften einer abweichenden Satzungsregelung entgegenstehen. Solche Normen zwingenden Rechts sind bspw. § 49 Abs. 3 und § 51a GmbHG.[977] Aber auch die Individualrechte der Gesellschafter (wie bspw. ein Sonderrecht zur Ausübung der Geschäftsführung)[978] können die Satzungsfreiheit einengen.[979] Wegen der die GmbH prägenden

---

GmbHG § 45 Rn. 1; Baumbach/Hueck/*Zöllner* GmbHG § 45 Rn. 8; MüKoGmbHG/*Liebscher* GmbHG § 45 Rn. 2.

971 BeckOK GmbHG/*Schindler* GmbHG § 45 Rn. 1.

972 MüKoGmbHG/*Liebscher* GmbHG § 45 Rn. 2; MHLS/*Römermann* GmbHG § 45 Rn. 3; UHL/*Hüffer/Schürnbrand* GmbHG § 45 Rn. 2.

973 MüKoGmbHG/Liebscher GmbHG § 45 Rn. 3.

974 BeckOK GmbHG/*Schindler* GmbHG § 45 Rn. 1.

975 Baumbach/Hueck/*Zöllner* GmbHG § 45 Rn. 8; ähnlich auch Rowedder/Schmidt-Leithoff/*Koppensteiner/Gruber* GmbHG § 45 Rn. 2.

976 MHLS/*Römermann* GmbHG § 45 Rn. 14; a.A.: Baumbach/Hueck/*Zöllner*, § 45 Rn. 8.

977 Baumbach/Hueck/*Zöllner*, § 45 Rn. 7.

978 Baumbach/Hueck/*Zöllner* GmbHG § 45 Rn. 10; MHLS/*Römermann* GmbHG § 45 Rn. 30.

979 MHLS/*Römermann* GmbHG § 45 Rn. 4.

Haftungsbeschränkung auf das Gesellschaftsvermögen ist zudem der Schutz von Gesellschaftsgläubigern als weitere – allerdings wenig verallgemeinerungsfähige und abstrakt definierbare – Schranke der Satzungsautonomie anerkannt.[980]

Ob darüber hinaus noch in Form von *„ungeschriebene(n) Prinzipien des GmbH-Rechts“*[981] weitere Grenzen der Satzungsautonomie bestehen, und wenn ja, wo diese zu finden sind, ist in der Rechtsliteratur dagegen bis heute nicht abschließend geklärt. In der Literatur[982] und der Rechtsprechung[983] wird aber allgemein für die juristische Person insbesondere im Grundsatz der sog. *„Verbandssouveränität“* eine solche Grenzen gesehen. Diese soll deshalb im Folgenden nun näher betrachtet werden.

1. Der Grundsatz der Verbandssouveränität bei der GmbH

Der Grundsatz der Verbandssouveränität besagt im Wesentlichen, dass das Schicksal des Verbandes bzw. der juristischen Person stets in den Händen der Gesellschafter liegen muss, weil diese – und nicht Dritte – die Grundlagen des Verbandes zu bestimmen und zu gestalten hätten.[984] Der Verband müsse deshalb stets von der Willensbildung und -betätigung der Mitglieder *„getragen“* werden.[985] Vereinzelt wird auch argumentiert, dass schon das *„Hineindringen demokratischer Selbstverständlichkeiten in das Privatrecht“* verbiete, dass Gesellschaftsfremde den Willen der Gesellschaft bilden.[986] Aus diesen eher allgemeinen Überlegungen leitet die h.M. insbesondere den nachfolgend beschriebenen Grundsatz

980 Baumbach/Hueck/*Zöllner* GmbHG § 45 Rn. 1.

981 U.a.: Baumbach/Hueck/*Zöllner* GmbHG § 45 Rn. 7.

982 Baumbach/Hueck/*Zöllner*, § 45 Rn. 7; MüKoGmbHG/*Liebscher* GmbHG § 45 Rn. 41–44; BeckOK GmbHG/*Schindler* GmbHG § 45 Rn. 24; Henssler/Strohn/*Mollenkopf* GmbHG § 45 Rn. 9; MHLS/*Römermann* GmbHG § 45 Rn. 19; Rowedder/Schmidt-Leithoff/*Ganzer* GmbHG § 45 Rn. 6; *Schubel*: Verbandssouveränität und Binnenorganisation, S. 563 ff.; UHL/*Hüffer/Schürnbrand* GmbHG § 45 Rn. 14; MünchHdB GesR III/*Wolff* § 36 Rn. 4; *Müller/Wolff* GmbHR 2003, 810, 815.

983 U.a.: OLG Zweibrücken, Beschluss vom 27.06.2013 (Az.: 3 W 19/13) = NZG 2013, 1271; OLG Karlsruhe, Beschluss vom 17.01.2012 (Az.: 14 Wx 21/11) = NZG 2012, 1314; OLG Stuttgart, Beschluss vom 27.01.1986 (Az.: 8 W 252/85) = NJW–RR 1986, 995; OLG Frankfurt, Beschluss vom 09.03.1982 (Az.: 20 W 577/81) = NJW 1983, 2576; BayObLG, Beschluss vom 23.08.1979 (Az.: BReg. 2 Z 14/79) = NJW 1980, 1756; KG, Beschluss vom 12.10.1973 (Az.: 1 W 1332/71) = OLGZ 1974, 385; LG Hildesheim, Beschluss vom 05.07.1965 (Az.: 5 T 282/65) = NJW 1965, 2400; andeutungsweise auch: BVerfG, Beschluss vom 05.02.1991 (Az.: 2 BvR 263/86) = NJW 1991, 2623.

984 Baumbach/Hueck/*Zöllner/Noack* GmbHG § 45 Rn. 7; *Wiedemann* FS Schilling, S. 111 ff.; *Teubner* ZGR 1986, 565 ff.; MüKoGmbHG/*Liebscher* GmbHG § 45 Rn. 41; Rowedder/Schmidt-Leithoff/*Ganzer* GmbHG § 45 Rn. 5; *Weber*: Privatautonomie, S. 212 ff.; *Huber*: Beirat, Rn. 95 ff.

985 MüKoGmbHG/*Liebscher* GmbHG § 45 Rn. 41.

986 *Teichmann* S. 191.

der Unzulässigkeit des sog. „*Dritteinflusses*“ (bzw. der „*Selbstentmachtung der Gesellschafter*“) ab.[987]

Unter diesem Verbot versteht man, dass sich die Gesellschafterversammlung – als Organ der Gesellschafter – ihrer „*zentralen*“ Kompetenzen wie Satzungsänderungen einschließlich Kapitalerhöhung und -herabsetzung, Verschmelzung, Spaltung und Formwechsel, Zustimmung zum Abschluss von Unternehmensverträgen, Auflösung sowie Fortsetzung der Gesellschaft, Bestellung und Abberufung von Liquidatoren sowie Einforderung von Nachschüssen, nicht „*begeben*“ dürfe.[988] Die Kompetenzverlagerung auf andere Organe dürfe deshalb nicht so weit gehen, dass die Zuständigkeit der Gesellschafterversammlung „*bis zur Bedeutungslosigkeit*“ ausgehöhlt werde.[989] Der dann unzulässige „*Dritteinfluss*“ soll erreicht sein, wenn die soeben aufgeführten Kompetenzen zumindest überwiegend von Nichtgesellschaftern getroffen werden.[990]

Im Vordergrund stehen also jeweils die sog. „*Grundlagenentscheidungen*“ der GmbH, die stets der Gesellschafterversammlung soweit vorbehalten bleiben müssen, dass sie diese jedenfalls jederzeit wieder selbst ausüben kann und sich nicht selbst dauerhaft von diesen Kompetenzen ausschließen darf. Mit anderen Worten: Die Gesellschafter dürfen sich nicht selbst in die Lage versetzen, dass sie gegen den Willen Dritter eine Änderung des Gesellschaftsvertrags nicht mehr herbeiführen können.[991]

2. Andere Ansätze

Da dem Grundsatz der Verbandssouveränität aber „*keine unmittelbare Ableitung aus dem Gesetz, sondern eine Interpretation einzelner, die Funktion der Gesellschafterversammlung betreffender Normen zugrunde*“[992] liegt und sich dieser Verfassungskern allenfalls in den Grundzügen abstrakt umreißen lässt, gibt es gegenüber solchen „*Strukturprinzipien*“ als Argumentationsansatz auch deutlich zurückhaltendere

---

987 Baumbach/Hueck/*Zöllner/Noack* GmbHG § 45 Rn. 7; Henssler/Strohn/*Mollenkopf* GmbHG § 45 Rn. 9; BeckOK GmbHG/*Schindler* GmbHG § 45 Rn. 24 f.; Rowedder/Schmidt-Leithoff/*Ganzer* GmbHG § 45 Rn. 5; *Schubel,* Verbandssouveränität und Binnenorganisation, S. 570 ff.

988 MüKoGmbHG/*Liebscher* GmbHG § 45 Rn. 41; Henssler/Strohn/*Mollenkopf* GmbHG § 45 Rn. 9; BeckOK GmbHG/*Schindler* GmbHG § 45 Rn. 24 f.

989 Scholz/*K. Schmidt* GmbHG § 45 Rn. 10; ähnlich: Lutter/Hommelhoff/*Bayer* GmbHG § 45 Rn. 10 ff.; erheblich weitergehend *Wiedemann* GesR I, § 6 III. 2. a); *Teichmann*, S. 182 ff.; *Härer*: Erscheinungsformen und Kompetenzen des Beirats in der GmbH, S. 37.

990 BeckOK GmbHG/*Schindler* GmbHG § 45 Rn. 24 f.

991 Rowedder/Schmidt-Leithoff/*Ganzer* GmbHG § 45 Rn. 5; in diese Richtung auch: Ehrenberg/*Feine* S. 474 f.

992 *Weber*: Privatautonomie, S. 34.

Stimmen,[993] die insbesondere auf die Unschärfe der vorgebrachten Kriterien und die damit für die Praxis verbundene Rechtsunsicherheit verweisen[994]. Zumindest solange sich keine klaren, abstrakten, subsumtionsfähigen und aus dem Gesetz abzuleitenden Kriterien zeigen würden, sei eine solche Gesamtbetrachtung daher abzulehnen. Sie sei weder dogmatisch hinreichend abgesichert, noch genüge sie den Anforderungen der praktischen Umsetzbarkeit in einigermaßen verlässlicher Art und Weise. Die durch Satzungsänderung vorzunehmende Zuständigkeitsverlagerung zwischen den Organen würden nur in jeweils im Einzelnen aus dem Gesetz zu begründenden Ausnahmefällen ausscheiden. Ausgangspunkt müsse dabei stets allein die aus dem Gesetz abzuleitende Grenze der Kompetenzübertragung sein,[995] die insbesondere in der gesetzlichen Vorgabe einer zweigliedrigen Gesellschafter-/Geschäftsführerstruktur bestehe.[996]

3. *Stellungnahme*

Trotz der m.E. durchaus berechtigten Kritik an dem ziemlich konturlosen Begriff der Verbandssouveränität besteht in der Rechtsliteratur jedoch zumindest weitestgehend Einigkeit darüber, dass sich aus dem Normzweck der GmbH eine Festlegung auf eine gesellschaftsrechtliche Struktur mit der Gesellschafterversammlung als oberstem Organ der GmbH ergibt[997], die zu bestimmten „*satzungsfesten*“ Kompetenzregelungen führt. Aufgrund dieser unbestrittenen „Grundübereinstimmung“ kommt es an dieser Stelle nicht auf die genauen Unterschiede zwischen den genannten Ansätzen an. Mit der insofern h.M. ist davon auszugehen, dass jedenfalls hier die Grenzen der Satzungsfreiheit liegen. Deshalb dürfen durch die Satzung auch nicht sämtliche Kompetenzen aus § 46 GmbHG

---

993 MünchHdB GesR III/*Wolff* § 36 Rn. 4; MHLS/*Römermann* GmbHG § 45 Rn. 41; *Rohleder*: Die Übertragbarkeit von Kompetenzen auf GmbH-Beiräte, S. 63 f; *Wedemann*: Gesellschafterkonflikte in geschlossenen Kapitalgesellschaften, S. 328 f.; Roth/Altmeppen/*Roth* GmbHG § 45 Rn 3 ff.

994 MHLS/*Römermann* GmbHG § 45 Rn. 20.

995 MHLS/*Römermann* GmbHG § 45 Rn. 42; Rowedder/Schmidt-Leithoff/*Ganzer* GmbHG § 45 Rn. 10; MünchHdB GesR III/*Marsch/Barner/Diekmann* § 49 Rn. 14; Hachenburg/*Raiser* GmbHG § 52 Rn. 317; Schloz/*K. Schmidt* GmbHG § 45 Rn. 8; in diese Richtung geht auch: BGH, Urteil vom 25.02.1965 (Az.: II ZR 287/63) = NJW 1965, 1378.

996 MHLS/*Römermann* GmbHG § 45 Rn. 32 ff.

997 MHLS/*Römermann* GmbHG § 46 Rn. 11; Baumbach/Hueck/*Zöllner*, § 46 Rn. 6, § 45 Rn. 7; *Wiedemann* ZGR 1996, 286, 294; Mertens/Stein/*Mertens* § 35 Rn. 1; Hachenburg/*Hüffer* GmbHG § 45 Rn. 17; *Hofbauer*: Beirat, S. 142; *Voormann*: Der Beirat im Gesellschaftsrecht, S. 61; UHL/*Hüffer/Schürnbrand* GmbHG § 46 Rn 4; Scholz/*K. Schmidt* GmbHG § 45 Rn 5, 10; Lutter/Hommelhoff/*Bayer* GmbHG § 45 Rn. 10; HK-GmbHG/*Fichtelmann* GmbHG § 45 Rn. 8; krit.: MünchHdb. GesR III/*Wolff*, § 36 Rn 4; *Teichmann* S. 92.

unwiderruflich auf andere Organe wie bspw. den Geschäftsführer übertragen werden,[998] wodurch die gesellschaftsinterne Willensbildung vollständig auf diese verlagert würde.[999] Der Gesellschafterversammlung muss danach auch stets die „*Grundlagenzuständigkeit*", also die Kompetenz zur Satzungsänderung[1000] und das Recht zu anderen Strukturänderungen (Kapitalerhöhung und -herabsetzung, Umwandlung, Verschmelzung, Auflösung und Fortsetzung, Unternehmensverträge)[1001] verbleiben. Das schließt mit ein, dass die Gesellschafterversammlung „notfalls" etwa auch durch Satzungsänderung jederzeit die einem anderen Organ eingeräumten Kompetenzen wieder auf sich zurückverlagern kann.[1002] Erhalten bleiben muss der Gesellschafterversammlung jedenfalls auch die Möglichkeit, zumindest aus wichtigem Grunde den Geschäftsführer abzuberufen sowie eine gewisse Kontrolle und Überwachung der Geschäftsführungstätigkeit (Maßregeln zur Prüfung und Überwachung der Geschäftsführung im Sinne des § 46 Nr. 6 GmbHG)[1003.1004]

Somit gilt auch, dass – insofern wiederum doch quasi als Ausfluss der Verbandssouveränität[1005] – die Verantwortlichkeit der Geschäftsführung gegenüber den Gesellschaftern im Kern nicht abdingbar ist.[1006] Unwirksam wäre außerdem auch eine Regelung, die der Gesellschafterversammlung eine Kompetenz entzieht,

998 MHLS/*Römermann* GmbHG § 46 Rn. 11.

999 Scholz/*K. Schmidt* GmbHG § 45 Rn 6; UHL/*Hüffer/Schürnbrand* GmbHG § 45 Rn 17, 21.

1000 Oppenländer/Trölitzsch/*Trölitzsch* § 7 Rn. 6; *K. Schmidt* GesR, § 36 IV. 3.; Schwerdtfeger/*Schauer* GmbHG § 52 Rn. 27; *Wagner*: Aufsichtsgremien im Gesellschaftsrecht, S. 161 ff., 174 ff.; Reichert/*Reichert/Ullrich* § 19 Rn. 67; MüKoGmbHG/*Spindler* GmbHG § 52 Rn. 744; *Thümmel* DB 1995, 2461, 2462 f.; *Flume* FS Coing, S. 98; *Hommelhoff* ZGR-Sonderheft 13, S. 42 ff.; Lutter/Hommelhoff/*Bayer* GmbHG § 45 Rn. 10; *Mertens* FS Stimpel, S. 420 ff.; *Reuter* FS 100 Jahre GmbH-Gesetz S. 631 ff.; *Robertz* MittRhNotK 1991, 239, 242; krit. aber bspw.: *Sigle* FS Hoffmann-Becking, S. 1158.

1001 MHLS/*Römermann* GmbHG § 45 Rn. 43; Roth/Altmeppen/*Roth* GmbHG § 45 Rn. 3; UHL/*Hüffer/Schürnbrand* GmbHG § 45 Rn 21; Scholz/*K. Schmidt* GmbHG § 45 Rn 8; Rowedder/Schmidt-Leithoff/*Koppensteiner/Gruber* GmbHG § 45 Rn. 13; Baumbach/Hueck/Zöllner, § 45 Rn 7; Lutter/Hommelhoff/*Bayer* GmbHG § 45 Rn 6.

1002 MHLS/*Römermann* GmbHG § 46 Rn. 242; Roth/Altmeppen/*Roth* GmbHG § 45 Rn. 3.

1003 *Vogel*: Gesellschafterbeschlüsse und Gesellschafterversammlung, S. 12; UHL/*Hüffer/Schürnbrand* GmbHG § 45 Rn. 21; a.A.: MHLS/*Römermann* GmbHG § 45 Rn. 49; Rowedder/Schmidt-Leithoff/*Koppensteiner/Gruber* GmbHG § 45 Rn. 13, die der Meinung sind, dass eine Kompetenzverlagerung anzuerkennen sei, wobei den Gesellschaftern aber über eine Kontrolle des Überwachungsorgans jedenfalls eine indirekte Prüfung der Geschäftsführer verbleiben müsse.

1004 MHLS/*Römermann* GmbHG § 45 Rn. 48; Rowedder/Schmidt-Leithoff/*Koppensteiner/Gruber* GmbHG § 45 Rn. 13; UHL/*Hüffer/Schürnbrand* GmbHG § 45 Rn. 17 ff.

1005 MüKoGmbHG/*Spindler* GmbHG § 52 Rn. 741; *Thümmel* DB 1995, 2461, 2462.

1006 Scholz/*K. Schmidt* GmbHG § 46 Rn. 112.

ohne gleichzeitig ein geeignetes Organ zur Übernahme der jeweiligen Funktion zur Verfügung zu stellen,[1007] da dadurch die GmbH ihrer Handlungsfähigkeit beraubt wäre und eine handlungsunfähige juristische Person nicht existieren kann. Außerdem soll bei Störungen im Organisationsgefüge der Gesellschaft die sog. *„Letztentscheidungsbefugnis“*[1008] der Gesellschafterversammlung wieder aufleben.[1009] Von einer Kompetenzverlagerung ausgeschlossen sollen nach Ansicht des BGH schließlich auch noch *„Aufgaben, die das damit betraute Organ der Sache nach nicht wahrnehmen kann“* sein[1010], weshalb z.B. der Geschäftsführer nicht die Entschließung über seine eigene Entlastung oder Abberufung treffen könne.

Einigkeit besteht schließlich auch darüber, dass auch die Verfassung der GmbH stets ein insgesamt *„ausgewogenes Ganzes“* bilden muss, das *„gravierende[n] Abweichungen der Vertragsregelung hinsichtlich der Kompetenzordnung oder der mitgliedschaftlichen Verwaltungsrechte“*[1011] nicht zulässt. Angesichts der im Vergleich zur AG sehr viel gefährdeteren Stellung des einzelnen Mitglieds soll es deshalb u.a. nicht zulässig sein, die GmbH Satzung an die Verfassung der AG derart anzugleichen, dass für die Gesellschafterversammlung nur die Kompetenzen der Hauptversammlung der AG verblieben. Vor dem Hintergrund dieser Grundsätze und Grenzen der Satzungsautonomie ist im Folgenden nun näher zu prüfen, ob das Weisungsrecht der Gesellschafterversammlung einem fakultativen Gesellschaftsorgan mit verdrängender oder zumindest alternativer Zuständigkeit eingeräumt werden kann.

III. „Übertragung“ der Weisungskompetenz auf ein fakultatives Gesellschaftsorgan

Es ist nun zu prüfen, ob die Weisungskompetenz der Gesellschafterversammlung auch auf ein fakultatives Gesellschaftsorgan *„übertragen“* werden kann. Bevor dabei speziell die *„Übertragung“* der Weisungskompetenz betrachtet werden soll, ist zunächst noch die grundsätzliche *„Übertragung“* von Kompetenzen auf ein fakultatives Organ zu untersuchen.

1. Allgemein zur „Übertragung“ von Kompetenzen

Die Frage der *„Übertragung“* von Organkompetenzen zwischen Organen innerhalb der GmbH wird in der Rechtsliteratur kontrovers diskutiert.[1012] Nach den

---

1007 MHLS/*Römermann* GmbHG § 46 Rn. 8; Baumbach/Hueck/*Zöllner/Noack*, § 46 Rn. 6, 92.

1008 Dafür prägend: *Brodmann*: GmbHG § 45 Rn. 1.

1009 *Raiser/Veil* § 41 Rn. 3.

1010 BGH, Urteil vom 25.2.1965 (Az.: II ZR 287/63) = BGHZ 43, 261, 264 (Beispiel: Dem Geschäftsführer ist seine eigene Entlastung oder Abberufung übertragen).

1011 Baumbach/Hueck/*Zöllner/Noack* GmbHG § 45 Rn. 7.

1012 Vgl. dazu etwa: *Sigle* NZG 1998, 619, 620.

oben geschilderten Grundsätzen steht aber jedenfalls grundsätzlich auch die Kompetenzverteilung im Innenverhältnis weitgehend zur beliebigen Disposition der Gesellschafterversammlung,[1013] sodass durch die Satzung u.a. auch die Rechte der Gesellschafterversammlung weitgehend auf andere Organe der Gesellschaft verlagert werden können.[1014] Zu diesem Zweck kann die Satzung auch zusätzliche Gesellschaftsorgane – insbesondere einen fakultativen Aufsichtsrat oder Beirat – einrichten.[1015]

Das so eingerichtete fakultative Gesellschaftsorgan kann, wie oben schon herausgearbeitet, grundsätzlich nur die aus der Satzung wirklich erkennbaren Kompetenzen haben[1016] und wäre sonst im Übrigen auf informelle Aufgaben, insbesondere Beratung der Geschäftsführer, beschränkt, weshalb eine sorgfältige Satzungsregelung zwingend vorauszusetzen ist.[1017] Auch wenn dem Organ auf diesem Weg Kompetenzen eingeräumt worden sind, soll bei der Installierung zusätzlicher Organe stets ein Minimaleingriff in die GmbH-Verfassung anzunehmen sein.[1018]

Abwandlungen der gesetzlichen Zuständigkeitsverteilung durch den Gesellschaftsvertrag können die daneben weiterbestehende Zuständigkeit des gesetzlichen Organs intakt lassen oder diese auch verdrängen.[1019] Eine weitere Variante besteht nach Ansicht der Literatur darin, Organentscheidungen an die Zustimmung eines anderen Organs zu binden, ohne diesem eine originäre Zuständigkeit einzuräumen. In keinem dieser Fälle ist es den Gesellschaftern möglich, die Entscheidung eines so ausgestatteten Organs wiederaufzuheben.[1020] Bei einer bloß konkurrierenden Zuständigkeit kommt aber natürlich ein actus contrarius in Betracht.[1021] Außerdem können die Gesellschafter die aufgegebenen

---

1013 Roth/Altmeppen/*Altmeppen* GmbHG § 35 Rn. 3; *Huber* GmbHR 2004, 772.

1014 *Raiser/Veil* § 41 Rn. 3; Baumbach/Hueck/*Zöllner/Noack* GmbHG § 45 Rn. 1; MHLS/*Römermann* GmbHG § 46 Rn. 8; BeckHdbGmbH/*Schmiegelt/Schmidt* § 3 Rn. 10; *Nießen/Kempermann* NJW-Spezial 2012, 271.

1015 MHLS/*Römermann* GmbHG § 45 Rn. 38; *Härer*: Erscheinungsformen und Kompetenzen des Beirats in der GmbH, S. 36; a.A. soweit ersichtlich lediglich: *Reuter* FS GmbHG 1992, 635 ff., der die Auffassung vertritt, dass der Beirat nur als Organ i. S. d. § 52 GmbHG zu verstehen und eine Übertragung von „Grundlagenzuständigkeiten" auf ihn deshalb nicht zulässig sei.

1016 Ähnl. OLG Köln DWiR 1991, 253.

1017 Baumbach/Hueck/*Zöllner/Noack* GmbHG § 45 Rn. 19.

1018 Weniger einschränkend: MüKoGmbHG/*Liebscher* GmbHG § 45 Rn 94 ff.; UHL/*Hüffer/Schürnbrand* GmbHG § 45 Rn. 19; *Hofbauer*: Beirat, S. 113.

1019 Konkurrierende oder verdrängende Zuständigkeit: Scholz/*K. Schmidt* GmbHG § 45 Rn. 9; UHL/*Hüffer/Schürnbrand* GmbHG § 45 Rn. 19; *Hofbauer*: Beirat, S. 94 ff.; *Weber*: Privatautonomie, S. 310 f.; *Spindler/Kepper* DStR 2005, 1738, 1741.

1020 Scholz/*K. Schmidt* GmbHG § 45 Rn. 9; UHL/*Hüffer/Schürnbrand* GmbHG § 45 Rn. 20; krit. dazu aber z.B.: *Härer*: Erscheinungsformen und Kompetenzen des Beirats in der GmbH, S. 53 ff.; *Hofbauer*: Beirat, S. 102 ff.

1021 *Hofbauer*: Beirat, S. 108 ff.

Zuständigkeiten durch eine jederzeit mögliche Änderung des Gesellschaftsvertrages für die Zukunft auch wieder an sich ziehen.

Die Befugnisse der gesetzlichen und der fakultativen Organe können in der Satzung also grundsätzlich sowohl eingeengt als auch erweitert werden.[1022] Dem fakultativen Organ sollen auch alle Kompetenzen übertragen werden können, die der Gesellschafterversammlung obliegen und keine Grundlagenentscheidungen (Satzungs- und Strukturänderungen) darstellen, insbesondere Kontrollrechte (§§ 45 II; 46 Nr. 5, 6 GmbHG), die nach dem gesetzlichen Leitbild ohnehin auch „Kernaufgabe" des fakultativen Aufsichtsrates sind.[1023] Die Kompetenzübertragung an ein fakultatives Organ soll aber auch bei allen Kompetenzen, die die Gesellschafterversammlung nicht auf die Geschäftsführer übertragen kann, möglich sein, worunter insbesondere die Bestellung und Abberufung des Geschäftsführers[1024] und dessen Entlastung sowie die Entscheidung über die Geltendmachung von Ersatzansprüchen gegen ihn fallen.[1025].

In der Literatur wird allerdings auch die Meinung vertreten, dass einem fakultativen Gesellschaftsorgan nur die Aufgaben übertragen werden können, die nicht zwingend einem anderen Organ der GmbH zugewiesen sind[1026]. Unter diese „gesetzlich zwingenden Aufgaben" fallen nach dieser Ansicht insbesondere die Änderung des Gesellschaftsvertrages oder der Abschluss von Unternehmensverträgen, letztendlich also nur die oben schon ausgenommenen Grundlagenentscheidungen.[1027] Wie so oft bleibt aber auch hier unklar, wo genau die Grenzen zwingend zugewiesener Aufgaben verlaufen sollen.

1022 MHLS/*Römermann* GmbHG § 45 Rn. 37; *Härer*: Erscheinungsformen und Kompetenzen des Beirats in der GmbH, S. 37.

1023 Roth/Altmeppen/*Altmeppen* GmbHG § 52 Rn. 75, 69; Baumbach/Hueck/*Zöllner* GmbHG § 46 Rn. 94; MüKoGmbHG/*Stephan/Tieves* GmbHG § 35 Rn. 35; so auch: BGH, Urteil vom 25.02.1965 (Az.: II ZR 287/63) = BGHZ 43, 261; *Wiedemann/Kögel*: Beirat und Aufsichtsrat im Familienunternehmen, S: 45. *Habbe* NZG 2016, 1010, 1012; *Robertz* MittRhNotK 1991, 239, 242 f.; UHL/Heermann GmbHG § 52 Rn. 349 ff.; *Großfeld/Brondics* AG 1987, 293, 295 f.; *Robertz* MittRhNotK 1991, 239, 241.

1024 MHLS/*Tebben* GmbHG § 6 Rn. 61; Baumbach/Hueck/*Zöllner* GmbHG § 46 Rn. 34a; Baumbach/Hueck/Hueck/*Fastrich*, GmbHG § 6 Rn 30; Roth/Altmeppen/*Roth*, GmbHG § 6 Rn 59; Rowedder/Schmidt-Leithoff/*Schmidt-Leithoff* GmbHG § 6 Rn. 39; *Habbe* NZG 2016, 1010, 1012; *Großfeld/Brondics* AG 1987, 293, 295 f.

1025 BGH, Beschluss vom 02.02.2016 (Az.: II ZB 2/15) = NZG 2016, 429; zustimmend: *Habbe* NZG 2016, 1010, 1012; *Großfeld/Brondics* AG 1987, 293, 295 f.

1026 *Voormann*: Der Beirat im Gesellschaftsrecht; *Sigle* NZG 1998, 619, 620; Baumbach/Hueck/*Zöllner* GmbHG § 46 Rn. 94; *Nießen/Kempermann* NJW-Spezial 2012, 271; *Wicke* § 52 Rn. 22; MHLS/*Römermann* GmbHG § 45 Rn. 66; Roth/Altmeppen/Altmeppen GmbHG § 52 Rn. 69; s. auch *Weber*: Privatautonomie, S. 212 f.

1027 *Nießen/Kempermann* NJW-Spezial 2012, 271, 272.

Nach richtiger allgemeiner Ansicht[1028] besteht für die Gesellschafterversammlung immer eine sog. Rückfallkompetenz[1029] (bzw. Ersatz- oder auch subsidiäre Zuständigkeit[1030]) für den Fall, dass sich das satzungsmäßig bestellte Entscheidungsorgan als funktionsunfähig herausstellt. Eine in der Literatur vertretene Gegenmeinung erkennt eine solche Ersatzzuständigkeit dagegen nur ganz ausnahmsweise an, wenn nämlich unaufschiebbare und zur Wahrung der Handlungsfähigkeit der GmbH notwendige Maßnahmen zu treffen seien und der Gesellschafterbeschluss mit einer für Satzungsänderungen erforderlichen Dreiviertel-Mehrheit gefasst werde.[1031] Eine dritte Literaturauffassung schließt sich dem i.E. an, leitet die Dreiviertel-Mehrheit aber ausdrücklich nicht aus dem Gesichtspunkt einer Satzungsänderung, sondern aus dem Ausnahmecharakter und aus der Wichtigkeit der Entscheidung ab.[1032]

2. Speziell in Bezug auf das Weisungsrecht

Auch speziell in Bezug auf das Weisungsrecht der Gesellschafterversammlung ist die „*Übertragung*" von Kompetenzen auf ein fakultatives Organ schon untersucht worden. Die dazu vertretene h.M. soll hier deshalb kurz dargestellt und anschließend kritisch bewertet werden.

a) Die wohl h.M.

Der wohl überwiegende Teil der Rechtsliteratur[1033] erkennt zwar die grundsätzliche Möglichkeit der Übertragung von Kompetenzen an ein fakultatives Gesellschaftsorgan an. In Bezug auf das Weisungsrecht der Gesellschafterversammlung

---

1028 BGH, Urteil vom 24.2.1954 (Az.: II ZR 88/53) = BGHZ 12, 337, 340; Rowedder/Schmidt-Leithoff/*Schmidt-Leithoff* GmbHG § 6 Rn. 39; Rowedder/Schmidt-Leithoff/*Koppensteiner/Gruber* GmbHG § 45 Rn. 16; UHL/*Hüffer/Schürnbrand* GmbHG § 45 Rn. 23; Roth/Altmeppen/*Altmeppen*, GmbHG § 6 Rn. 59; Roth/Altmeppen/*Roth*, GmbHG § 45 Rn. 4; HK-GmbHG/*Fichtelmann* GmbHG § 45 Rn. 7; MünchHdb. GesR III/Wolff, § 37 Rn 74; Scholz/*K. Schmidt* GmbHG § 45 Rn 11; Baumbach/Hueck/*Zöllner* GmbHG § 46 Rn. 94; Lutter/Hommelhoff/*Bayer* GmbHG § 45 Rn 13.

1029 UHL/*Hüffer/Schürnbrand* GmbHG § 45 Rn. Rn 23.

1030 Scholz/*K. Schmidt* GmbHG § 45 Rn 11.

1031 U.a.: MHLS/*Römermann* GmbHG § 45 Rn. 47 sieht in einer Ersatzzuständigkeit lediglich eine durch die besondere Notlage gerechtfertigte ad-hoc-Satzungsdurchbrechung, da es sich in der Sache darum handle, im Einzelfall von der satzungsmäßigen Kompetenzverteilung abzuweichen.

1032 *Rohleder*: Die Übertragbarkeit von Kompetenzen auf GmbH-Beiräte, S. 162 ff.

1033 MüKoGmbHG/*Liebscher* GmbHG § 45 Rn. 109; Lutter/Hommelhoff/*Bayer* GmbHG § 46 Rn. 31; Roth/Altmeppen/*Roth* GmbHG § 46 Rn. 47 f.; Scholz/*K. Schmidt* GmbHG § 45 Rn. 15, § 46 Rn. 112; Baumbach/Hueck/*Zöllner* GmbHG § 46 Rn. 51; *Konzen* NJW 1989, 2977 (2980); ausf. und differenzierend auch *Fleck* ZGR 1988, 104 (132 ff.).

gehen die Autoren allerdings davon aus, dass die Satzung dieses nicht vollständig beseitigen kann, sodass den Gesellschaftern immer das Recht zukomme, der Geschäftsführung zumindest konkurrierend Weisungen zu erteilen. Danach wäre eine *verdrängende* Zuständigkeit des fakultativen Gesellschaftsorgans unzulässig bzw. wirkungslos.

Gegen eine weitergehende, verdrängende Weisungsbefugnis soll insbesondere sprechen, dass, wie oben dargelegt, die Verantwortlichkeit der Geschäftsführer gegenüber den Gesellschaftern nicht abdingbar sei.[1034] Deshalb könne die Beschlusskompetenz der Gesellschafterversammlung nur insoweit auf ein anderes Organ übertragen werden, als Kompetenzen neben der fortbestehenden Beschlusskompetenz der Gesellschafterversammlung geschaffen würden.[1035] Außerdem dürfe die Delegation des Weisungsrechts nicht zu einer Verkürzung des Minderheitenschutzes führen,[1036] was aber dadurch zu verhindern sei, dass die Beschlüsse des fakultativen Organs genau wie die Gesellschafterbeschlüsse durch eine Nichtigkeits- bzw. Anfechtungsklage kontrolliert werden könnten[1037] und die entsprechenden Organwalter ebenso wie die Gesellschafter an die Treuepflicht gebunden seien und auch wie die Gesellschafter für rechtswidrige Weisungen haften würden[1038].

b) Bewertung

Der andere Teil der Rechtsliteratur vertritt dagegen zu Recht die Auffassung, dass zu den von der Gesellschafterversammlung auf ein anderes Organ frei zu *„übertragenden"* (also substitutionsfähigen) Kompetenzen neben der Bestellungs-/Abberufungskompetenz und der Überwachungskompetenz[1039]

1034 MüKoGmbHG/*Liebscher* GmbHG § 45 Rn. 109; BSG, Urteil vom 22.08.1973 (Az.: 12 RK 24/72) = NJW 1974, 207.

1035 MüKoGmbHG/*Liebscher* GmbHG § 45 Rn. 109.

1036 MüKoGmbHG/*Liebscher* GmbHG § 45 Rn. 109; *Konzen* NJW 1989, 2977, 2980; *Hölters* BB 1977, 105, 107 f.; *Hölters*: Der Beirat, S. 38.

1037 MüKoGmbHG/*Liebscher* GmbHG § 45 Rn. 109; ausdrücklich auch: BGH, Urteil vom 25.02.1965 (Az.: II ZR 287/63) = BGHZ 43, 261; Scholz/*K. Schmidt* GmbHG § 45 Rn. 184 ff.; Hachenburg/*Raiser* GmbHG § 52 Rn. 80 ff.; *Hölters* BB 1977, 105, 109; *Großfeld/Brondics* AG 1987, 293, 302 f.; a.A.: Baumbach/Hueck/*Zöllner/Noack* GmbHG § 47 Anh. Rn. 208; Rowedder/Schmidt-Leithoff/*Schnorbus* GmbHG § 52 Rn. 27 ff.; krit. *Voormann*: Der Beirat im Gesellschaftsrecht, S. 192 ff.

1038 MüKoGmbHG/*Liebscher* GmbHG § 45 Rn. 109; *Hölters* BB 1977, 105 (110 f.); *Konzen* NJW 1989, 2977, 2978.

1039 MHLS/*Römermann* GmbHG § 46 Rn. 217, 239; *Robertz* MittRhNotK 1991, 239, 242; *Wagner*: Aufsichtsgremien im Gesellschaftsrecht, S. 174 f.; *Robertz* MittRhNotK 1991, 239, 241; UHL/*Hüffer/Schürnbrand* GmbHG § 46 Rn 78; Scholz/*K. Schmidt* GmbHG § 46 Rn 72; *Beuthien/Gätsch* ZHR 157 (1993), 483, 498 f.; Rowedder/Schmidt-Leithoff/*Koppensteiner/Gruber* GmbHG § 37 Rn. 30; *Voormann*: Der Beirat im Gesellschaftsrecht, S. 79 f.; Baumbach/Hueck/*Zöllner/Noack* GmbHG § 46

auch die *„Geschäftsführungskompetenzen“*[1040] und damit also das Weisungsrecht der Gesellschafterversammlung gehören soll.[1041] Die Befürworter einer solchen Übertragungsmöglichkeit sind nämlich der Auffassung, dass die oben dargelegte Möglichkeit der Zuständigkeitsübertragung auch für die in § 46 GmbHG aufgeführten Primärzuständigkeiten der Gesellschafterversammlung gelte.[1042] Die Gegenmeinung ist mit dem in § 45 Abs. 2 GmbHG ausgedrückten Prinzip nicht zu vereinbaren und außerdem *„gesellschaftsrechtsfunktional gesehen“* auch überflüssig, weil den Gesellschaftern zumindest immer ein indirektes Überwachungsrecht zusteht[1043] und sie zudem stets das Recht haben, die Satzung erneut zu ändern und die Kompetenzverlagerung damit wieder rückgängig zu machen.

Auch das Recht der Gesellschafterversammlung, sich über die Kontrolltätigkeit des entsprechenden Organs zu informieren und die Organmitglieder im Falle der nicht ordnungsgemäßen Erfüllung ihrer Pflichten zur Rechenschaft zu ziehen, kann nicht aufgehoben werden,[1044] da auch der Gesellschaftsvertrag den Gesellschaftern nicht das Recht nehmen kann, die Wahrnehmung der an andere Gesellschaftsorgane übertragenen Befugnisse zu überwachen.[1045] Durch die Einräumung eines Weisungsrechts für ein fakultatives Gesellschaftsorgan ist auch

---

Rn. 6, 94; UHL/Paefgen GmbHG § 37 Rn. 17; *Herfs*: Einwirkung Dritter S. 140 ff.; *Konzen* NJW 1989, 2977, 2979 ff.

1040 Reichert/*Reichert/Ullrich* § 19 Rn. 67; MüKoGmbHG/*Spindler* GmbHG § 52 Rn. 754 ff.; *Spindler/Kepper* DStR 2005, 1775; UHL/*Heermann* GmbHG § 52 Rn. 349; *Großfeld/Brondics* AG 1987, 293, 295 f.; *Hölters*: Der Beirat, S. 13 f.; *Voormann*: Der Beirat im Gesellschaftsrecht, S. 67 ff.

1041 *K. Schmidt* GesR, § 36 IV. 1.; *Tillmann/Mohr* Rn. 55; Oppenländer/Trölitzsch/*Trölitzsch* § 7 Rn. 6; § 19 Rn. 17; *Wagner*: Aufsichtsgremien im Gesellschaftsrecht, S. 174 f.; Reichert/*Reichert/Ullrich* § 19 Rn. 67; MüKoGmbHG/*Spindler* GmbHG § 52 Rn. 754 ff.; *Hölters* BB 1977, 106; *Sigle* NZG 1998, 619, 620; *Robertz* MittRhNotK 1991, 239, 241 f.; *Hölters* BB 1977, 105, 106; *Schneider* BB 1973, 1464, 1468; *Hinterhuber/Minrath* BB 1991, 1201, 1206; HK-GmbHG/*Fichtelmann* GmbHG § 37 Rn. 12; *Voormann*: Der Beirat im Gesellschaftsrecht, S. 78 f.; *Hölters*: Der Beirat, S. 14; *Hofbauer*: Beirat, S. 155 ff.; *Spindler/Kepper* DStR 2005, 1775; *Schwerdtfeger* NZG 2017, 455, 458; Roth/Altmeppen/*Altmeppen*, GmbHG § 37, Rn. 28; Henssler/Strohn/*Mollenkopf* GmbHG § 45 Rn. 5 ff.; Rowedder/Schmidt-Leithoff/*Koppensteiner/Gruber* GmbHG § 45 Rn. 15; *Bacher* GmbHR 2005, 465; *Beuthien/Gätsch* ZHR 157 (1993), 483, 497; *Konzen* NJW 1989, 2977, 2980; Gegenteilig aber *Teichmann*, S. 183; Oppenländer/Trölitzsch/*Trölitzsch* § 16 Rn. 23, 24.

1042 Henssler/Strohn/ *Mollenkopf* GmbHG § 45 Rn. 5 ff.; Roth/Altmeppen/Roth GmbHG § 45 Rn.3; Baumbach/Hueck/*Zöllner/Noack* GmbHG § 46 Rn. 94.

1043 Rowedder/Schmidt-Leithoff/*Koppensteiner/Gruber* GmbHG § 45 Rn. 16; Gegen diese Argumente: *Hofbauer*: Beirat, S. 142 f.

1044 *Mertens* FS Stimpel, S. 421; Rowedder/Schmidt-Leithoff/*Koppensteiner/Gruber* GmbHG § 45 Rn. 16; *Teichmann* S. 183; *Voormann*: Der Beirat im Gesellschaftsrecht, S. 122.

1045 Rowedder/Schmidt-Leithoff/*Koppensteiner/Gruber* GmbHG § 45 Rn. 16.

die Autonomie der Gesellschafter nicht in unzulässiger Weise verkürzt, denn diese wird in erster Linie durch einen „*Kernbereich*“ von unverzichtbaren Gesellschafterrechten gewahrt, zu denen das Weisungsrecht gerade nicht gehört. Zu diesen gehören lediglich die Änderung des Gesellschaftsvertrages (§ 53 GmbHG), die Einforderung von Nachschüssen (§ 26 GmbHG), die Auflösung der Gesellschaft, die Verschmelzung und Umwandlung der Gesellschaft, Zuständigkeiten im Zusammenhang mit der Liquidation der Gesellschaft und nach der Holzmüllerentscheidung auch sog. Grundlagenentscheidungen.[1046] Für die Einräumung des Weisungsrechts spricht schließlich auch noch, dass auch der Geschäftsführer kein Gesellschafter der GmbH sein muss und ein solcher Fremdgeschäftsführer nach der ganz h.M. in der Rechtsliteratur[1047] in der Satzung von Weisungen freigestellt werden kann, sodass zu einem weisungsbefugten fakultativem Gesellschaftsorgan kein entscheidender Unterschied mehr besteht.[1048]

IV. Zusammenfassung

Nach den hier gefundenen Ergebnissen steht also fest, dass das Weisungsrecht der Gesellschafterversammlung aufgrund der weiten Satzungsfreiheit zumindest auch durch ein fakultatives Gesellschaftsorgan ausgeübt werden kann. Insbesondere aufgrund der oben dargelegten Satzungsfreiheit bei der GmbH und der Satzungsänderungskompetenz, die nach richtiger Auffassung grundsätzlich immer bei der Gesellschafterversammlung verbleibt, gibt es auch keine überzeugenden Argumente gegen eine vollständige Übertragung des Weisungsrechts auf ein fakultatives Organ der GmbH. Die Gesellschafterversammlung behält auch bei einer verdrängenden Kompetenzeinräumung die Handlungshoheit innerhalb der GmbH, indem sie jedenfalls das von ihnen geschaffene Organ wieder beseitigen kann. Nur darauf kann es hier ankommen.

Der dargestellte Meinungsstreit muss für die hier untersuchte Frage allerdings gar nicht endgültig entschieden werden. Vorliegend kam es nur darauf an, dass das Weisungsrecht nicht stets ausschließlich von der Gesellschafterversammlung selbst ausgeübt werden muss, sondern eine Ausübung durch fakultative Gesellschaftsorgane wegen der Satzungsautonomie bei der GmbH möglich ist. Für den hier untersuchten Interim Manager wäre ein ausschließliches bzw. verdrängendes Weisungsrecht auch gar nicht notwendig, da dieser in den untersuchten Fällen stets mit der Zustimmung und auf Veranlassung der Gesellschafterversammlung eingesetzt wird. Sollten zwischen dem Interim Manager und der Gesellschafterversammlung dann Meinungsverschiedenheiten bei der

---

1046 *Hölters*: Der Beirat, S. 3 ff., S. 20 ff.; Rowedder/Schmidt-Leithoff/*Ganzer* GmbHG § 45 Rn. 5; Scholz/*K. Schmidt* GmbHG § 46 Rn. 178.

1047 So z.B.: UHL/*Paefgen* GmbHG, § 37 Rn. 51; MüKoGmbHG/*Stephan/Tieves* GmbHG § 37 Rn. 77; Lutter/Hommelhoff/*Kleindiek* GmbHG § 37 Rn. 25.

1048 So schon: *Herfs*: Einwirkungen Dritter, S. 140 ff.

Ausübung des Weisungsrechts auftreten, ist der Einsatz des Interim Managers ohnehin zum Scheitern verurteilt.

B. Die Kompetenzeinräumung bei der Rechtsfigur des „schuldrechtlichen Gremiums"

Bevor im nächsten Kapitel ein Weisungsrecht des Interim Managers konstruiert werden soll, ist in diesem Kapitel zunächst noch zu überlegen, ob die von anderen Autoren schon zu der oben bereits erwähnten Rechtsfigur des sog. *„schuldrechtliches Gremiums (bzw. Organs)"* gefundenen Ergebnisse für den hier untersuchten Fall nutzbar gemacht werden können. Eventuell ist der hier untersuchte Interim Manager auch selbst als ein solches *„schuldrechtliches Organ"* anzusehen. Zwar ist nach den oben gefundenen Ergebnissen eine solche Einordnung zunächst nicht unmittelbar mit einem Erkenntnisgewinn verknüpft, da ein solches nur schuldrechtlich errichtetes *„Organ"* tatsächlich ja gerade kein Organ der Gesellschaft ist und entsprechende Kompetenzen auf dieses *„schuldrechtliche Gremium"* deshalb auch nicht organschaftlich *„übertragen"* werden können. Vielmehr können die Kompetenzen auch dem *„schuldrechtlichen Gremium"* nur schuldrechtlich eingeräumt werden. Trotzdem wäre die Einordnung insofern hilfreich, als dann die dazu bisher in der Rechtswissenschaft gefundenen Ergebnisse gegebenenfalls auf das hier untersuchte Problem übertragen werden könnten. Deshalb soll an dieser Stelle zunächst näher untersucht werden, ob aus den Untersuchungen zum *„schuldrechtlichen Gremium"* hierfür Erkenntnisse gezogen werden können und ob der Interim Manager unter die Definition des *„schuldrechtlichen Organs"* subsumiert werden kann.

I. Die Zulässigkeit eines „schuldrechtlichen Gremiums"

Nach der wohl ganz h.M. ist jedenfalls die Errichtung eines solchen Gremiums auf schuldrechtlicher Grundlage sowohl bei der GmbH[1049] als auch bei der AG[1050] zulässig. Da hier letztendlich nur schuldvertragliche Vereinbarungen zwischen den Mitgliedern des Gremiums und der GmbH bzw. u.U. auch unmittelbar mit

---

1049 BeckOK GmbHG/*Schindler* GmbHG § 45 Rn. 67; *Reichert* FS Maier-Reimer, S. 545; UHL/*Heermann* GmbHG § 52 Rn. 318; *Habbe* NZG 2016, 1010, 1012; Achilles/Ensthaler/Schmidt/*Schmidt* GmbHG § 52 Rn. 58; Baumbach/Hueck/*Zöllner/Noack* GmbHG § 45 Rn. 23; MünchHdB GesR III/*Marsch-Barner/Diekmann* § 49 Rn. 3; MHLS/*Giedinghagen* GmbHG § 52 Rn. 7, Rn. 429; MüKoGmbHG/*Spindler* GmbHG § 52 Rn. 35, 723; *Hölters* BB 1977, 105; *Voormann*: Der Beirat im Gesellschaftsrecht, S. 53; *Robertz* MittRhNotK 1991, 239, 240; *Hinterhuber/Minrath* BB 1991, 1201, 1204 f.; *Wiedemann/Kögel*: Beirat und Aufsichtsrat im Familienunternehmen, S. 45.

1050 *Robertz* MittRhNotK 1991, 239, 250; MünchHdB GesR IV/*Hoffmann-Becking* § 29 Rn. 21 ff.; MünchHdB GesR IV/*Herfs* § 79 Rn. 86; Hüffer/Koch/*Koch* AktG § 95 Rn. 4; MüKoAktG/*Habersack* AktG § 95 Rn. 6.

den Gesellschaftern geschlossen werden, muss dies auch nicht wie bei fakultativen Gesellschaftsorganen mit der (insbesondere in den Grenzen nicht unumstrittenen) Satzungsautonomie des GmbH-Rechts gerechtfertigt werden. Diese Zulässigkeit ergibt sich vielmehr bereits aus der allgemeinen, und deshalb auch für die GmbH als juristische Person und ihre Gesellschafter geltenden, Privatautonomie[1051]. Umstritten ist deshalb nicht die grundsätzliche Zulässigkeit eines solchen Gremiums, sondern allein seine im Folgenden näher zu beleuchtende konkrete Errichtung sowie die in diesem Zusammenhang stattfindende Kompetenzeinräumung.

II. Die Errichtung eines „schuldrechtlichen Gremiums"

Wie sich schon aus dem Namen unschwer erschließen lässt, erfolgt die Errichtung eines *„schuldrechtlichen Gremiums"* nicht wie bei den fakultativen Gesellschaftsorganen (z.B. dem Aufsichtsrat bei der GmbH) durch die Satzung,[1052] sondern das Gremium wird in der Regel durch einen Vertrag zwischen den Gesellschaftern (ein sog. *„Shareholders' Agreement"*)[1053] oder durch einen Vertrag zwischen der Gesellschaft und den einzelnen Mitgliedern des Gremiums errichtet.[1054] Theoretisch vorstellbar wären zwar auch Verträge zwischen dem Gremium bzw. den Mitgliedern und den jeweiligen Organwaltern bei der GmbH, allerdings dürften solche Verträge in der Regel wegen der Treuepflicht des Organwalters zu „seiner" juristischen Person *„unwirksam"*, *„rechtswidrig"*, oder jedenfalls *„unpraktikabel"* sein.[1055]

Nach der wohl h.M. in der Rechtsliteratur, die u.a. auf das Recht der Gesellschafterversammlung, einen Sonderprüfer einsetzen zu können, verweist,[1056] soll die Bildung eines solchen Gremiums auch schon durch einen mit einfacher Mehrheit gefassten Gesellschafterbeschluss und insbesondere ohne spezielle,

---

1051 BeckOK GmbHG/*Schindler* GmbHG § 45 Rn. 67.

1052 *Robertz* MittRhNotK 1991, 239, 240; MHLS/*Giedinghagen* GmbHG § 52 Rn. 429.

1053 BeckOK GmbHG/*Schindler* GmbHG § 45 Rn. 67.

1054 *Reichert* FS Maier-Reimer, S. 545; Baumbach/Hueck/*Zöllner/Noack* GmbHG § 45 Rn. 23; MHLS/*Heyder* § 52 Rn. 430; MünchHdB GesR III/Marsch-Barner/Diekmann § 49 Rn. 3; MHLS/*Giedinghagen* GmbHG § 52 Rn. 7; MüKoGmbHG/*Spindler* GmbHG § 52 Rn. 35, 723; *Buth/Hermanns* DStR 1996, 597; *Voormann*: Der Beirat im Gesellschaftsrecht, S. 53; BeckOK GmbHG/*Schindler* GmbHG § 45 Rn. 67; *Habbe* NZG 2016, 1010, 1012; *Robertz* MittRhNotK 1991, 239, 240; *Hinterhuber/Minrath* BB 1991, 1201, 1204f.; *Wiedemann/Kögel*: Beirat und Aufsichtsrat im Familienunternehmen, S. 45.

1055 BeckOK GmbHG/*Schindler* GmbHG § 45 Rn. 67.

1056 *Uffmann* NZG 2015, 169, 172; UHL/*Hüffer/Schürnbrand* GmbHG § 46 Rn. 90; *Fleischer* GmbHR 2001, 45 ff.; *Leinekugel*, GmbHR 2008, 632; vgl. dazu: *Schürnbrand*, ZIP 2013, 1301; *Grote*: Die Sonderprüfung im Recht der GmbH.

genau diesen Fall regelnde Satzungsgrundlage möglich sein.[1057] Dagegen wird von anderen Stimmen in der Literatur aber der schon oben behandelte Grundsatz der „*Verbandssouveränität*“ eingewendet. Denn anders als etwa bei einem konkreten Sonderprüfungsbeschluss würden dem „*schuldrechtlichen Gremium*“ abstrakt-generelle und insbesondere „*organähnliche*“ Kompetenzen eingeräumt, weshalb eine Verankerung in der Satzung oder aber jedenfalls ein Beschluss mit qualifizierter Mehrheit vorauszusetzen sei.[1058]

Die gegen die h.M. eingewendeten Argumente können jedoch nicht überzeugen. Vielmehr verkennt die Gegenauffassung gerade den Unterschied zwischen *organschaftlichen* und nur *schuldrechtlich* eingeräumten Kompetenzen. Nach den bereits im ersten Teil der Arbeit gefundenen Ergebnissen wird ein Gremium nämlich dann zum Organ der GmbH, wenn ihm in der Satzung Kompetenzen für die GmbH eingeräumt werden. Nur in diesem Fall sind die eingeräumten Kompetenzen auch „*organschaftlich*“. Werden einem Gremium dagegen die Kompetenzen nur schuldrechtlich eingeräumt, sind diese also gerade nicht „*organschaftlich*“. Abgesehen von der Tatsache, dass auch schon überhaupt nicht klar ist, was unter „*organähnlichen*“ Kompetenzen zu verstehen sein soll, ist für eine solche „Zwischenkategorie“ jedenfalls kein Raum.

Der einzige Unterschied zwischen diesen beiden Kategorien besteht nämlich nicht in ihrem Umfang oder ihrem Inhalt, sondern allein in dieser satzungsrechtlichen Verankerung. Diese bewirkt u.a., dass *organschaftliche* Kompetenzen nur institutionell durch eine Satzungsänderung, *schuldrechtliche* Kompetenzen dagegen schon durch eine einfache Willenserklärung der Gesellschaft zurückgenommen werden können, also keinen Einfluss auf die Satzung haben. *Schuldrechtliche* Kompetenzen verpflichten außerdem auch die Gesellschaft als solche nur schuldrechtlich, wohingegen *organschaftliche* Kompetenzen unmittelbar innerhalb der Gesellschaft wirken. Eine satzungsrechtliche Verankerung einer *schuldrechtlichen* Kompetenzübertragung ist deshalb nicht nur überflüssig, sondern schon gar nicht möglich, da durch eine solche Verankerung eine schuldrechtliche gerade zu einer *organschaftlichen* Kompetenz umgewandelt würde. Für die Errichtung eines „*schuldrechtlichen Gremiums*“ genügt grundsätzlich also ein entsprechender Beschluss der Gesellschafterversammlung. Eine Satzungsgrundlage ist dagegen nicht notwendig.

III. Die Kompetenzeinräumung an ein „schuldrechtliches Gremium“

Die Aufgaben und Kompetenzen, die einem „*schuldrechtlichen Gremium*“ in der Regel in der GmbH-Praxis anvertraut werden, gehen über eine rein beratende

---

1057 Scholz/*Schneider* GmbHG § 52 Rn. 49; MüKoGmbHG/*Spindler* GmbHG § 52 Rn. 723; *Bacher* GmbHR 2005, 465; *Uffmann* NZG 2015, 169, 171 ff.

1058 BeckOK GmbHG/*Schindler* GmbHG § 45 Rn. 67.

Funktion meist weit hinaus[1059] und umfassen bspw. die Mediation von Gesellschafterkonflikten, verschiedene Sonderaufgaben bei der Generationennachfolge oder in Sanierungsfällen, aber auch umstrittenere Felder wie die Überwachung des Geschäftsführers.[1060] Anders als die grundsätzliche Zulässigkeit eines solchen Gremiums ist die Frage, ob und wenn ja welche Kompetenzen einem nur schuldrechtlich eingerichteten Gremium übertragen werden können, bisher noch weitgehend ungeklärt. In der Rechtsprechung ist diese Problematik bisher – soweit ersichtlich – noch überhaupt nicht angekommen und in der Literatur ist das Thema bis vor kurzem – jedenfalls noch nicht befriedigend – untersucht worden.[1061] Insbesondere ist dabei die Möglichkeit einer „*Delegation*" von Kompetenzen der Gesellschafterversammlung auf ein solches Gremium umstritten.[1062] Die vereinzelten Stellungnahmen in der Literatur zu diesem Themenkomplex sollen im Folgenden kurz dargestellt werden.

1. Bisher wohl h.M.: Bloße Beratungsfunktion

Aus der Erkenntnis, dass ein außerstatuarisches Gremium – wie gerade erläutert – kein Organ der Gesellschaft ist, schließt die wohl ganz h.M. in der Rechtsliteratur zu Recht, dass einem solchem Gremium auch keine „*organschaftlichen*" Befugnisse eingeräumt werden können.[1063] Überwiegend wird vielmehr davon ausgegangen, dass „*schuldrechtliche Gremien*" auf eine reine Beratungsfunktion begrenzt seien,[1064] was allerdings zumeist nicht näher – und schon gar nicht

1059 BeckOK GmbHG/*Schindler* GmbHG § 45 Rn. 68; *Gräwe/Stütze* GmbHR 2012, 877, 880; *Uffmann* NZG 2015, 169, 172; *Wiedemann* FS Schilling, S. 107; a.A. zur Praxisrelevanz: Lutter/Hommelhoff/*Lutter/Hommelhoff* GmbHG § 52 Rn. 111; MünchHdB GesR III/Marsch-Barner/Diekmann § 49 Rn. 3.

1060 *Wiedemann/Kögel*: Beirat und Aufsichtsrat im Familienunternehmen, S. 25 ff.

1061 Jetzt aber: *Uffmann* NZG 2015, 169 ff.

1062 Z.B.: *Blasche* GmbHR 2013, 176 ff.; grundlegend schon: *Ulmer* FS Werner, S. 930 f.

1063 BeckOK GmbHG/*Schindler* GmbHG § 45 Rn. 68; *Bacher* GmbHR 2005, 465; Oppenländer/Trölitzsch/*Jaeger* § 20 Rn. 60; Lutter/Hommelhoff/*Lutter/Hommelhoff* GmbHG § 52 Rn. 111; UHL/*Paefgen* GmbHG § 37 Rn. 49; UHL/*Heermann* GmbHG § 52 Rn. 318; Achilles/Ensthaler/Schmidt/*Schmidt* GmbHG § 52 Rn. 58; *Vogel*: Gesellschafterbeschlüsse und Gesellschafterversammlung, S. 10; *Reichert* FS Maier-Reimer, S. 545; *Teubner* ZGR 1986, 565, 572; MHLS/*Giedinghagen* GmbHG § 52 Rn. 429; Scholz/*Schneider* GmbHG § 52 Rn. 49; *Teubner* ZGR 1986, 565, 572; *Weber*: Privatautonomie, S. 361; *Habbe* NZG 2016, 1010, 1012; BeckHdbGmbH/*Müller* § 6 Rn. 21; HK-GmbHG/*Fichtelmann* GmbHG § 52 Rn. 5; *Wiedemann/Kögel*: Beirat und Aufsichtsrat im Familienunternehmen, S. 45; *Härer*: Erscheinungsformen und Kompetenzen des Beirats in der GmbH, S. 25 f.; *Hölters*: Der Beirat, S. 5; *Hofbauer*: Beirat, S. 51 ff.; *Rohleder*: Die Übertragbarkeit von Kompetenzen auf GmbH-Beiräte, S. 14 f.; *Wiedemann* FS Schilling, S. 107.

1064 Lutter/Hommelhoff/*Lutter/Hommelhoff* GmbHG § 52 Rn. 111; *Reichert* FS Maier-Reimer, S. 545; UHL/*Heermann* GmbHG § 52 Rn. 318; BeckHdbGmbH/*Müller* § 6

dogmatisch – begründet wird. In den meisten Fällen wird schlicht allgemein – ganz ähnlich wie schon im Zusammenhang mit der Generalvollmacht – von einem „*Verbot*", organschaftliche Befugnisse auf ein Nichtorgan zu „*übertragen*", ausgegangen.[1065]

Nach dieser Ansicht sollen einem solchen Gremium insbesondere keine Kontroll- und Überwachungsfunktionen „*übertragen*" werden dürfen,[1066] da dafür „*rechtskonstruktiv die Übertragung der organschaftlichen Überwachungskompetenz notwendig sei*", weil für die Erfüllung von Überwachungsaufgaben auch Entscheidungskompetenzen benötigt würden, wie etwa die Aufforderung der Geschäftsführung zur Berichterstattung.[1067] Teilweise wird auch vertreten, dass sich ein Geschäftsführer, der sich einer Weisung eines solchen Gremiums unterwerfe, pflichtwidrig verhalte und sich deshalb so auch schadensersatzpflichtig machen könne.[1068] Argumentiert wird dabei, dass eine „*Modifikation der gesellschaftsrechtlichen Zuständigkeitsordnung*" nur durch Änderung des Gesellschaftsvertrages erfolgen könne und schuldrechtlich deshalb nur Hilfsfunktionen eingeräumt werden könnten, die „*die bestehende Organisationsverfassung nicht berühre*"[1069], was nur bei Beratungsfunktionen der Fall sei[1070]. Ohne organschaftliche Kompetenz sei daher die Erfüllung der Überwachungsaufgabe nicht möglich.[1071] Für darüberhinausgehende „*organersetzende*" Funktionen eines schuldrechtlichen Gremiums sei eine satzungsrechtliche Verankerung notwendig.[1072]

2. A.A.: Vertrag zwischen Gremium und Gesellschaft (bzw. Organ)

Eine andere Ansicht in der Literatur erkennt zwar an, dass ein Nichtorgan keine organschaftlichen Rechte für die juristische Person übernehmen kann. Sie

---

Rn. 21; MünchHdB GesR III/*Marsch-Barner/Diekmann* § 49 Rn. 3, 20; Mertens/Stein/*Mertens* § 37 Rn. 22; *Robertz* MittRhNotK 1991, 239, 241; *Teubner* ZGR 1986, 565 ff.

1065 Siehe etwa: MHLS/*Lenz* GmbHG § 37 Rn. 17; BeckOK/*Wisskirchen/Kuhn* GmbHG § 37 Rn. 25.

1066 *Robertz* MittRhNotK 1991, 239, 240; *Hölters*: Der Beirat, S. 5; *Wiedemann* FS Schilling, S. 107; *Voormann*: Der Beirat im Gesellschaftsrecht, S. 1.

1067 *Thümmel*, DB 1995, 2461, 2464; *Buth/Hermanns* DStR 1996, 597.

1068 MünchHdB GesR III/*Marsch-Barner/Diekmann* § 49 Rn. 20.

1069 *Voormann*: Der Beirat im Gesellschaftsrecht, S. 53, S. 52; *Noack*: Gesellschaftervereinbarungen bei Kapitalgesellschaften, S. 139; *Weber*: Privatautonomie, S. 361; UHL/Heermann GmbHG § 52 Rn. 321.

1070 So explizit: *Weber*: Privatautonomie, S. 361; ebenso: *Buth/Hermanns* DStR 1996, 597; *Noack*: Gesellschaftervereinbarungen bei Kapitalgesellschaften, S. 139, 140; anders dagegen: *Schürnbrand* S. 405, wonach die Organstruktur also solche durch die schuldrechtliche Regelung nicht betroffen werde; *Huber*: Beirat, Rn. 50.

1071 *Uffmann* NZG 2016, 169, 170; pointiert: *Huber*: Beirat Rn. 50, 62.

1072 *Voormann*: Der Beirat im Gesellschaftsrecht, S. 52.

zieht aus dieser Erkenntnis aber von der bisher herrschenden Ansicht abweichende Schlüsse. Danach soll einem „*schuldrechtlichem Gremium*" (bzw. verallgemeinernd: „*Dritten*") über reine Beratungsfunktionen hinaus auch die (nicht ausschließliche) Wahrnehmung von anderen Kompetenzen der Gesellschafterversammlung (namentlich insbesondere die Kompetenz zur Bestellung des Geschäftsführers) rechtlich möglich sein.[1073] Eine dogmatische Begründung, auf welche rechtskonstruktive Weise diese Kompetenzwahrnehmung erfolgen soll, wird allerdings zumeist nicht gegeben. Es wird nur darauf hingewiesen, dass Entscheidungen des „*schuldrechtlichen Gremiums*" im Unterschied zu denen eines statuarischen Organs nur schuldrechtliche Rechte und Pflichten auslösten.[1074] Worin der (oben erläuterte) Unterschied besteht, wird nicht erläutert.

Die Organe einer juristischen Person selbst scheiden allerdings als Schuldvertragsparteien aus, da sie nicht rechtsfähig sind; rechtsfähig ist nur die jeweilige juristische Person.[1075] Diese aber wiederum kann sich nicht selbst verfassen, sondern wird mittels Satzung von ihren Mitgliedern organisiert, weshalb sie sich bzgl. ihrer satzungsautonomen Bildung, Struktur und der Zuständigkeit ihrer Organe zu nichts verpflichten kann.[1076] Der juristischen Person selbst steht deshalb auch kein organisationsrechtliches Weisungsrecht gegenüber ihren Organen zu.[1077] Insofern verkennt diese Ansicht, dass die juristische Person durch schuldrechtlichen Vertrag Dritten auch keine Organkompetenzen einräumen oder „*übertragen*" kann.[1078] Vertreten wird deshalb u.a., dass der Kompetenzeinräumung nicht nur die Gesellschafter, sondern auch die Mitglieder des jeweils betroffenen Organs (also die jeweiligen Organwalter) zustimmen müssten, da diese dann an die Weisungen oder die vereinbarten Zustimmungspflichten des „*schuldrechtlichen Gremiums*" gebunden wären.[1079]

1073 *Schürnbrand* S. 55; *Bacher* GmbHR 2005, 465; *Gräwe/Stütze* GmbHR 2012, 877, 880; *Rohleder*: Die Übertragbarkeit von Kompetenzen auf GmbH-Beiräte, S. 14f.; *Wiedemann* FS Schilling, S. 107; MHLS/*Tebben* GmbHG § 6 Rn. 65; Vermischung von organschaftlichen und schuldrechtlichen Verpflichtungen: Baumbach/Hueck/*Fastrich* GmbHG § 6 Rn. 31; MHLS/*Giedinghagen* GmbHG § 52 Rn. 429; Roth/Altmeppen/*Roth* GmbHG § 6 Rn 59; Saenger/Inhester/*Pfisterer* GmbHG § 6 Rn 24; *Flume* FS Coing, S. 99ff.; *Beuthien/Gätsch* ZHR 157 (1993) 483, 493 f; Rowedder/Schmidt-Leithoff/*Koppensteiner/Gruber* GmbHG § 45 Rn. 10; a.A. z.B.: Baumbach/Hueck/*Zöllner* GmbHG § 46 Rn 34a; *Fleck* ZHR 149 (1985), 387, 404.

1074 *Wiedemann* FS Schilling, S. 107; *Rohleder*: Die Übertragbarkeit von Kompetenzen auf GmbH-Beiräte, S. 14f.; Scholz/*Schneider* GmbHG, § 52 Rn. 49; *Bacher* GmbHR 2005, 465; *Schürnbrand* S. 55; *Fleck* ZHR 149 (1985), 387, 404.

1075 *Beuthien/Gätsch* ZHR 157 (1993), 483, 487 ff.

1076 *Beuthien/Gätsch* ZHR 157 (1993), 483, 487 ff.

1077 *Beuthien/Gätsch* ZHR 157 (1993), 483, 487 ff.

1078 *Beuthien/Gätsch* ZHR 157 (1993), 483, 487 ff.

1079 BeckOK GmbHG/*Schindler* GmbHG § 45 Rn. 68; *Gräwe/Stütze* GmbHR 2012, 877, 880.

Handlungen eines „*schuldrechtlichen Gremiums*“, wie z.B. ein Informationsbegehren oder die Zustimmung bzw. Verweigerung zu einer Geschäftsführungsmaßnahme gegenüber der Geschäftsführung, hätten aber auch nach dieser Auffassung zunächst keine unmittelbare Wirkung,[1080] sondern würden stets eine zusätzliche gesellschaftsinterne bzw. schuldrechtliche Verpflichtung der Geschäftsführung, Beschlüssen des „*schuldrechtlichen Gremiums*“ nachzukommen, erfordern.[1081] Außerdem soll eine solche Vereinbarung auch nur diejenigen Gesellschafter, die an dem Beschluss mitgewirkt haben, nicht aber neu hinzutretende Gesellschafter binden,[1082] wobei allerdings unklar bleibt, welche Bindungswirkung eine solche Weisung für diejenigen Gesellschafter hätte, die zwar an der Entscheidung mitgewirkt, aber dagegen gestimmt haben. Verstöße des betroffenen Organs gegen die Kompetenzen des „*schuldrechtlichen Gremiums*“ hätten nach dieser Auffassung des Weiteren auch nicht die Nichtigkeit der Maßnahme zur Folge,[1083] sondern würden nur die allgemeinen zivilrechtlichen Folgen bei einer vertraglichen Pflichtverletzung auslösen. Verstoßen Gremiumsmitglieder, Organwalter oder die Gesellschafter der GmbH gegen eine vertragliche Verpflichtung, können sie sich insofern schadensersatzpflichtig machen, eine vereinbarte Vertragsstrafe auslösen oder auf Erfüllung der Vereinbarung in Anspruch genommen werden.[1084] Bspw. könnte ein Geschäftsführer im Fall, dass zwischen den Mitgliedern des Gremiums und der Gesellschaft ein Vertrag besteht, und dieser dem Rat des schuldrechtlichen Gremiums nicht nachkommt, der Gesellschaft auch zum Schadensersatz gemäß § 43 Abs. 2 GmbHG verpflichtet sein, sofern der Gesellschaft daraus ein Schaden entsteht.[1085] Da in einem solchen Verstoß des Geschäftsführers in der Regel zugleich eine Pflichtverletzung des Anstellungsvertrages liegen dürfte, könnte der Geschäftsführer von der GmbH auch abberufen werden.[1086] *Tebben* merkt zu einer solchen schuldrechtlichen Kompetenz*einräumung* deshalb auch zu Recht an, dass hier zwar keine Kompetenz*übertragung* (und auch keine direkte Kompetenzeinräumung) stattfände, die GmbH aber aufgrund von möglicherweise vereinbarten Vertragsstrafen oder Schadensersatzansprüchen (faktisch) sogar stärker gebunden sein könnte als bei einer echten „*Übertragung*“, die durch die Gesellschafterversammlung jederzeit einseitig wieder aufgehoben werden kann.

1080 *Gräwe/Stütze* GmbHR 2012, 877, 880; *Schürnbrand* S. 55.

1081 *Gräwe/Stütze* GmbHR 2012, 877, 880.

1082 BeckOK GmbHG/*Schindler* GmbHG § 45 Rn. 67.

1083 BeckOK GmbHG/*Schindler* GmbHG § 45 Rn. 69.

1084 BeckOK GmbHG/*Schindler* GmbHG § 45 Rn. 69; MHLS/*Giedinghagen* GmbHG § 52 Rn. 429; Scholz/*Schneider* GmbHG § 52 Rn. 49; *Voormann*: Der Beirat im Gesellschaftsrecht, S. 53.

1085 BeckOK GmbHG/*Schindler* GmbHG § 45 Rn. 69; MHLS/*Giedinghagen* GmbHG § 52 Rn. 429.

1086 BeckOK GmbHG/*Schindler* GmbHG § 45 Rn. 69.

3. A.A.: „Erfüllungsgehilfe" der Gesellschafterversammlung

Eine dritte hier darzustellende Ansicht, die von *Uffmann* und *Liebscher* vertreten wird, sieht in der Kompetenzeinräumung an ein *„schuldrechtliches Gremium"* dagegen einen Fall der Erfüllungsgehilfenschaft.

a) Ansicht Uffmann

Einen – soweit ersichtlich – neuen und eigenen Ansatz in Bezug auf *„schuldrechtliche Gremien"* verfolgt *Uffmann* am Beispiel der Überwachung der Geschäftsführung.[1087] Wie die soeben dargestellten Literaturansichten stellt auch sie zunächst klar, dass einem *„schuldrechtlichen Gremium"* im Gegensatz zu einem statuarischen Organ keine „*Organ*aufgaben" *„übertragen"* werden können. Anders als die bisher dargestellten Ansichten zieht sie aber daraus den Schluss, dass es deshalb (wie bei der Erteilung einer Generalvollmacht) schon grundsätzlich nie zu einer unzulässigen und folglich unwirksamen *„organschaftlichen"* Kompetenzverlagerung kommen kann. Ein *„schuldrechtliches Gremium"*, das mit der Überwachung der Geschäftsführung betraut sei, werde deshalb zwar nicht mit eigenen *„organschaftlichen"* Rechten ausgestattet und dementsprechend auch nicht Inhaber eines eigenen organschaftlichen Rechts, allerdings – und in dieser Erkenntnis liegt das eigentlich Neue – sei das Gremium, wenn ihm solche Kompetenzen schuldrechtlich eingeräumt werden, als *„bloßer Erfüllungsgehilfe"*[1088] des Organs (in der Regel wird dies die Gesellschafterversammlung sein) anzusehen. Im Beispiel des Überwachungsrechts bedeutet dies, dass die Gesellschafterversammlung ihr kollektives Überwachungsrecht dann nicht mehr selbst ausübe, sondern von der Überwachungskompetenz in besonderer Weise Gebrauch mache, indem sie damit ein außerstatuarisch installiertes Gremium betraue.[1089] Demnach fände in diesem Fall kein Kompetenzträgerwechsel statt, sondern ein Dritter werde von dem jeweiligen Kompetenzträger (also dem jeweiligen Organ) zur Aufgabenwahrnehmung *„beigezogen"*.[1090]

1087 *Uffmann* NZG 2015, 169 ff.

1088 In diese Richtung im Zusammenhang mit der Stellvertretung aber auch schon: *Altmeppen* FS Lutter, S. 977 f., wonach der Delegatur nur *„Erfüllungsgehilfe"* des gesetzlichen Vertreters ist, der nach dem Gesetz die Kompetenz auszuüben hat. Dieser muss die Ausübung kontrollieren und verantworten.

1089 *Uffmann* NZG 2015, 169, 171; für die Delegation des Weisungsrechts auch schon: *Altmeppen* FS Lutter, S. 978.

1090 *Uffmann* NZG 2015, 169, 171; *Uffmann* Interim Management, S. 392; *Rohleder*: Die Übertragbarkeit von Kompetenzen auf GmbH-Beiräte, S. 20; den Beirat als so genanntes Suborgan der Gesellschafter einordnend, wenn die Überwachung von der Gesellschafterversammlung auf außenstehende Dritte übertragen wird, die dann die Befugnisse der Gesellschafter ausüben in Scholz/*K. Schmidt* GmbHG § 46 Rn. 113.

Nach der Ansicht *Uffmanns* könnte einem „*schuldrechtlichen Gremium*", ohne dass diesem organschaftliche Rechte eingeräumt werden, also ohne dass das Gremium zum Organ der Gesellschaft würde, die Ausübung solcher Kompetenzen auf einem rein schuldrechtlichen Weg gestattet werden. Da das Gremium unmittelbar (fremde) Organkompetenzen ausübe, wären dadurch auch die betroffenen Gesellschaftsorgane – anders als nach den oben geschilderten Literaturansichten – unmittelbar an die entsprechende Kompetenzausübung gebunden und müssten nicht erst noch durch Schadensersatzansprüche, Vertragsstrafen oder ähnliches zur Umsetzung der Entscheidung „gezwungen" werden. Trotzdem würde die Kompetenz stets bei dem dafür zuständigen Organ verbleiben, das diese weiterhin primär ausübt und die Ausübungs*möglichkeit* dem „*schuldrechtlichen Gremium*" auch jederzeit wieder entziehen könnte.

b) Ansicht Liebscher

In die gleiche Richtung wie *Uffmann* argumentiert *Liebscher*[1091], auch wenn dieser dabei eine andere Konstellation im Blick haben dürfte. Er geht davon aus, dass die Kompetenzen der Organe nicht nur durch Satzungsänderung einem anderen Organ eingeräumt werden können, sondern dass es einem Organ „*im Einzelfall*" auch möglich sei, eine solche Kompetenz nicht selbst wahrzunehmen, sondern sie auf ein anderes Organ „*zu delegieren*".[1092] Eine solche „*Delegation einer Aufgabe*" sei nämlich „*kein Zuständigkeitsverzicht*", sondern „*eine bestimmte Art der Aufgabenerledigung durch die Gesellschafter selbst*" und bedürfe daher auch keiner gesellschaftsvertraglichen Grundlage. Daher könne „*die Delegation*" auch jederzeit durch einfachen Mehrheitsbeschluss widerrufen werden.

Auch wenn *Liebscher* hier also nur die Delegation innerhalb der GmbH zwischen zwei Gesellschaftsorganen im Blick hat, entspricht die Argumentation der von *Uffmann*. Bei beiden dargestellten Ansichten ist der Kern der Aussage nämlich jeweils darin zu sehen, dass eine Organkompetenz auch dann noch durch das Organ selbst ausgeübt wird und deshalb eben nicht unzulässigerweise „*übertragen*" worden ist, wenn das Organ einem Dritten die Ausübung gestattet; vorausgesetzt, es kann sie jederzeit auch selbst ausüben und dem Dritten die Ausübungsmöglichkeit wieder entziehen. In diesem Fall ist in dem Handeln des Dritten nämlich ein Handeln des Organs zu sehen.

4. Stellungnahme

Zunächst gilt wie schon im Zusammenhang mit der Generalvollmacht, dass diejenigen Autoren, die ein „*schuldrechtliches Gremium*" auf eine reine Beratungsfunktion begrenzen wollen, offensichtlich allein den Fall im Blick haben, dass

1091 MüKoGmbHG/*Liebscher* GmbHG § 45 Rn. 113.

1092 In diese Richtung auch: BGH, Urteil vom 30.11.1967 (Az.: II ZR 68/65) = BGHZ 49, 117; OLG Frankfurt, Beschluss vom 28.04.1981 (Az.: 20 W 795/80) = NJW 1982, 2388.

die entsprechende Organkompetenz dem Gremium als *eigene* Organaufgabe zugewiesen wird. Insofern wird dann auch an diesen Stellen lediglich bereits die im ersten Teil der Arbeit gefundene Erkenntnis wiederholt, dass *organschaftliche* Befugnisse nur im Innenverhältnis der juristischen Person (also in der Satzung) und deshalb auch nur an ein Organ vergeben werden können. Ein solches Gremium wird durch die bloße Kompetenzeinräumung aber gerade nicht bereits zum Organ der Gesellschaft. Da alle Kompetenzen der GmbH auch in der Satzung verteilt sein müssen, weil andernfalls eine (zumindest teilweise) handlungsunfähige juristische Person vorliegen würde, scheidet auch die schuldrechtliche Einräumung einer ausschließlichen Kompetenz an ein Nichtorgan von vornherein aus. Dagegen beschäftigt sich die dargestellte h.M. mit der Frage, ob dem schuldrechtlichen Gremium *neben* dem dafür primärzuständigen Organ (bzw. von diesem abgeleitet) eine entsprechende Kompetenz eingeräumt werden kann, nicht, da sie diesen Unterschied ignoriert oder ihn nicht erkennt.

Im Gegensatz dazu erkennt die hier als zweites dargestellte Literaturmeinung diesen Unterschied, der auch so ausgedrückt werden kann, dass bei einem „*schuldrechtlichen Gremium*" Kompetenzen durch Rechtsgeschäft zwischen zwei nebeneinanderstehenden Rechtssubjekten (nämlich der GmbH und dem Gremium) und nicht nur innerhalb eines Rechtssubjektes (bei einer Substitution, s.o.) erteilt werden. Allerdings haben diese Literaturstimmen noch erhebliche Schwächen in der dogmatischen Konstruktion der Kompetenzeinräumung. Diese Konstruktion ist entweder auf eine (mangels Rechtsfähigkeit) nicht umsetzbare schuldrechtliche Bindung des betroffenen Organs oder eine Bindungswirkung nur durch indirekten bzw. mittelbaren Druck (nämlich durch Schadensersatzansprüche) auf den entsprechenden Organwalter angewiesen.

Der neue Ansatz von *Uffmann* und von *Liebscher* überzeugt dagegen deshalb, weil die beiden Autoren zum einen den Unterschied zwischen der „*Übertragung*" von Organkompetenzen und der nur schuldrechtlich eingeräumten Ausübungsmöglichkeit klarstellen. Und zum anderen beseitigen sie die konstruktiven Schwächen der bisher vertretenen Ansichten, indem sie eine überzeugende Lösung für die Kompetenzeinräumung an ein schuldrechtliches Gremium anbieten. Der Ansatz, dass bei der bloßen Ausübung der (fremden) Organkompetenz lediglich eine „*Erfüllungsgehilfenschaft*" und eben keine „*Übertragung*" im Sinne einer Substitution vorliegt, überzeugt vor allem dann, wenn man sich die im zweiten Teil zur Generalvollmacht dargestellten Ergebnisse zur rechtlichen Übertragung vor Augen führt. Wesentliches Kriterium einer Substitution im Sinne einer Ersetzung war nämlich, dass der eigentlich Verpflichtete vollständig oder jedenfalls weit überwiegend von dem Dritten abgelöst wird und die Pflicht bzw. Kompetenz dadurch nicht mehr als die des eigentlich Verpflichteten angesehen werden kann. Gestattet das berechtigte Organ einem anderen Organ oder einem Dritten, seine Kompetenz vorübergehend auszuüben, ohne diese aber zugleich vollständig aus der Hand zu geben, da es diese jederzeit selbst ausüben und das andere Organ bzw. den Dritten jederzeit von der Ausübung ausschließen kann, liegt demnach keine Ersetzung, sondern lediglich eine Erfüllungsgehilfenschaft vor.

Für diesen Ansatz spricht ferner aber auch noch, dass bei der Frage, ob und in welchem Umfang ein herrschendes Unternehmen befugt ist, sein Weisungsrecht gegenüber dem beherrschten Unternehmen auf Dritte zu *„übertragen"*, ein ganz ähnlicher Ansatz gewählt wird. Auch an dieser Stelle wird üblicherweise zwischen der bloßen *„Delegation"* und der *„(echten) Übertragung"* des Weisungsrechts unterschieden.[1093] Während bei einer Delegation lediglich ein Dritter zur Wahrnehmung des Weisungsrechts durch die eigentlich dazu nach § 309 Abs. 1 AktG berufenen Personen hinzugezogen wird, wird mit der *„Übertragung"* die *„Ermächtigung"* Dritter zur Ausübung des Weisungsrechts *„anstelle"* der Vertreter des herrschenden Unternehmens bezeichnet.

IV. Übertragung der Ergebnisse zum „schuldrechtlichen Gremium" auf den Interim Manager

Wie schon im zweiten Teil der Arbeit angedeutet, ist der Begriff des *„schuldrechtlichen Gremiums"* eine reine Worthülse, an der sich deshalb grundsätzlich noch keine konkreten und fassbaren rechtlichen Anknüpfungspunkte festmachen lassen. Trotzdem können die in diesem Zusammenhang angestellten Überlegungen u.U. für die hier zu untersuchende Fragestellung nutzbar gemacht werden. Folgt man nämlich der (wie soeben dargelegt) überzeugenden Ansicht von *Uffmann*, ist es möglich, einem *„schuldrechtlichen Gremium"* und damit einem gesellschaftsfremden Dritten die Ausübung von Kompetenzen eines Gesellschaftsorgans zu ermöglichen. Der Dritte kann das Recht dann zwar nicht als *eigenes* Recht und nicht in *alleiniger* Verantwortung ausüben, die entsprechende Kompetenz steht vielmehr auch weiterhin allein dem jeweiligen Organ selbst zu. Das Organ kann auch jederzeit die Kompetenzeinräumung rückgängig machen bzw. eine eigene Entscheidung anstelle der Entscheidung des Gremiums treffen. Gleichwohl kann das Organ auf diese Art und Weise (freiwillig) zugunsten des Gremiums auf die Ausübung der Kompetenz vorläufig verzichten und somit dem Gremium die faktische (einvernehmliche) Alleinausübung der jeweiligen Kompetenz ermöglichen.

Zwar wird in diesem Zusammenhang in der Regel von einem schuldrechtlichen Beirat oder einem anderen Gremium gesprochen, sodass der Interim Manager als Einzelperson grundsätzlich nicht unter diesen Begriff subsumiert werden könnte. Doch die hier angestellten Überlegungen sind in keiner Weise an das Vorhandensein einer Personenmehrheit, also an ein Gremium geknüpft, sondern lassen sich auch genauso gut auf eine nur schuldrechtlich mit der GmbH verbundene Einzelperson anwenden. Wie das hier dargestellte *„schuldrechtliche Gremium"* kann also auch der Interim Manager als *„bloßer Erfüllungsgehilfe"* eines Gesellschaftsorgans bei der Ausübung seiner jeweiligen Organkompetenz eingesetzt werden.

1093 Emmerich/Habersack/*Emmerich* AktG § 308 Rn. 12 ff.

In Bezug auf das Weisungsrecht der Gesellschafterversammlung bedeutet dieses Ergebnis, dass der Interim Manger als „*Erfüllungsgehilfe*" der Gesellschafterversammlung anzusehen sein könnte, der mit Zustimmung der Gesellschafterversammlung dieses Weisungsrecht gegenüber dem Geschäftsführer ausüben kann, ohne damit selbst zum Organ der Gesellschaft zu werden bzw. werden zu müssen. Zwar ist diese Position immer von der Zustimmung der Gesellschafterversammlung abhängig, die ihm dieses Recht jederzeit wieder entziehen und jederzeit auch eigene Weisungen an den Geschäftsführer richten kann. Wie aber schon im ersten Teil der Arbeit bei den Initiatoren des Interim Managements angemerkt, soll der hier untersuchte Interim Manager nur auf Veranlassung der Gesellschafterversammlung tätig werden. Er handelt dementsprechend auch ausschließlich in deren (Grund)Einverständnis. Sollten zwischen dem Interim Manager und der Gesellschafterversammlung grundsätzliche Unstimmigkeiten in Bezug auf die Ausübung des Weisungsrechts entstehen, wäre ohnehin der gesamte Einsatz des Interim Managers zum Scheitern verurteilt.

Das bedeutet also, dass die für das „*schuldrechtliche Gremium*" gefundenen Ergebnisse auch auf den Interim Manager zu übertragen sind. Der Interim Manager könnte auf diese Weise das Weisungsrecht für die Gesellschafterversammlung gegenüber dem Geschäftsführer der GmbH ausüben. Durch das Weisungsrecht könnte er wiederum den für die GmbH vom Geschäftsführer im Rechtsverkehr abzugebenden Willen und damit auch zugleich die von ihm selbst oder dem Geschäftsführer abzugebenden Willenserklärungen der GmbH im Rechtsverkehr verbindlich festlegen. Nach der oben im ersten Teil der Arbeit gefundenen Definition kann der Interim Manager mit diesem Mittel also die GmbH auch im Außenverhältnis steuern. Nicht geklärt ist damit aber noch, wie dieses „Ausübungsrecht" als „*Erfüllungsgehilfe*" der Gesellschafterversammlung rechtsdogmatisch konstruiert werden und ob bzw. wie damit auch tatsächlich eine Bindungswirkung gegenüber dem Geschäftsführer erreicht werden kann. Dies ist nun im nächsten Kapitel zu zeigen.

C. Rechtsdogmatische Konstruktion eines solchen Weisungsrechts

Unter Zugrundelegung der soeben zum sog. „*schuldrechtlichen Gremium*" gefundenen Ergebnisse ist an dieser Stelle also zu überlegen, wie ein in diesem Sinne schuldrechtlich eingeräumtes Weisungsrecht zur Steuerung der Willensbildung der GmbH für den hier untersuchten Interim Manager rechtsdogmatisch konstruiert werden kann. Eine solche Konstruktion ist deshalb notwendig, weil „*organexterne Dritte*" allein auf rein schuldrechtlicher Grundlage tätig werden und deshalb zunächst auch keine den Geschäftsführer unmittelbar bindenden Rechte haben.[1094] Eine solche Rechtsverbindlichkeit des Handelns des „*organexternen*

1094 So für einen „*schuldrechtlichen Beirat*": *Uffmann* NZG 2015, 169, 172.

Dritten" gegenüber dem Geschäftsführer muss deshalb also besonders begründet bzw. rechtsdogmatisch erklärt werden. Die soeben unter B. gefundene grundsätzliche Zulässigkeit reicht als dogmatische Erklärung noch nicht aus.

Nachdem insbesondere *Uffmann*[1095] – wie oben erläutert – schon überzeugend die grundsätzliche Zulässigkeit der Ausübung von Organkompetenzen durch ein „*schuldrechtliches Gremium*" am Beispiel des Überwachungsrechts der Gesellschafterversammlung als „*Erfüllungsgehilfenschaft*" dargelegt hat, versucht sie in diesem Zusammenhang an gleicher Stelle auch noch zu klären, wie den Entscheidungen des Gremiums als „*bloßer Erfüllungsgehilfe*" der Gesellschafterversammlung trotzdem gegenüber dem von der Überwachungsfunktion betroffenem Geschäftsführer eine Bindungswirkung beigemessen werden kann. Zur Herstellung einer solchen Verbindlichkeit hält sie drei Wege für methodisch denkbar: eine Ausübungsermächtigung entsprechend § 185 BGB, eine Stellvertretung gem. §§ 164ff. BGB oder aber eine Weisung der Gesellschafterversammlung an den Geschäftsführer, entsprechenden Überwachungsmaßnahmen des Dritten Folge zu leisten. Da die für das „*schuldrechtliche Gremium*" gefundenen Ergebnisse auch auf den hier untersuchten Interim Manager angewendet werden können, sollen diese von *Uffmann* vorgeschlagenen „Konstruktionswege" deshalb im Folgenden speziell für diesen näher beleuchtet werden.

I. Ausübungsermächtigung entsprechend § 185 BGB

Der erste von *Uffmann*[1096] in diesem Zusammenhang diskutierte Ansatz zielt dahin, den Beschluss der Gesellschafterversammlung, mit dem das Gremium „*installiert*" wird, gleichzeitig auch dahingehend auszulegen bzw. zu verstehen, dass dieses damit konkludent zur Ausübung des jeweiligen Rechts der Gesellschafterversammlung im eigenen Namen gegenüber dem Geschäftsführer „*ermächtigt*" werde. Zu diesem Ansatz soll nach einer kurzen Darstellung kritisch Stellung bezogen werden.

1. Ansatz Uffmann

Uffmann ist der Auffassung, eine solche „*Ausübungsermächtigung*" basiere auf dem „*allgemeinen Rechtsgedanken*" des § 185 Abs. 1 BGB, wonach die Verfügung eines Nichtberechtigten wirksam ist, wenn sie mit Einwilligung des Berechtigten erfolgt. Auch dem Gesellschaftsrecht sei die Ermächtigung eines Dritten, ein fremdes mitgliedschaftliches Recht im eigenen Namen auszuüben, nicht unbekannt. Bspw. sei dies bei den Stimmrechten im Aktienrecht schon länger anerkannt[1097] und habe inzwischen mit § 129 Abs. 3 AktG auch zu einer gesetzlichen Regelung geführt.

1095 *Uffmann* NZG 2015, 169, 172.
1096 *Uffmann* NZG 2015, 169, 172.
1097 So z.B. nämlich: MünchHdB GesR IV/*Wiesner* § 17 Rn. 10.

Im GmbH-Recht sei die Rechtsfigur der Ausübungsermächtigung jedoch äußerst umstritten und auch im vorliegenden Fall hält *Uffmann* diesen Ansatz für falsch. Problematisch sei dabei nämlich insbesondere, dass die Ausübungsermächtigung eine Trennung von Rechts*inhaberschaft* und Rechts*ausübung* nach sich ziehe, wodurch das Nichtorgan berechtigt würde, das organschaftliche Recht im eigenen Namen gegenüber der Geschäftsführung geltend zu machen. Der Dritte hätte damit ein *„organschaftliches Weisungsrecht"* gegenüber der Geschäftsführung, zwar nicht als „Rechts*inhaber*", aber als „Rechts*ausübender*". Damit würde aber die organschaftliche Kompetenzverteilung ebenso wie im Falle der (echten also substituierenden) *„Übertragung"* der Rechtsinhaberschaft verändert, was aber nur durch Anpassung des Gesellschaftsvertrags möglich sei.[1098]

2. Stellungnahme

Um diesen ersten Ansatz von *Uffmann* bewerten zu können, sind zunächst die Unterschiede zwischen Ermächtigung und Stellvertretung herauszuarbeiten. Außerdem stellt sich hier die Frage, ob die Ermächtigung tatsächlich wie von *Uffmann* angenommen ein allgemeines Rechtsinstitut darstellt.

a) Unterschied zwischen Ermächtigung und Stellvertretung

Nach der Ansicht von *Uffmann* lässt sich über die Rechtsfigur der Ausübungsermächtigung also deshalb keine zulässige Verbindlichkeit gegenüber dem Geschäftsführer begründen, weil diese letztendlich wie eine unzulässige Substitution von Organbefugnissen wirke. Dies ist m.E. durchaus fraglich, wenn man die nur schwer feststellbaren Unterschiede zwischen der Ermächtigung im Sinne des § 185 BGB und der Stellvertretung betrachtet. In der Rechtsliteratur wird dazu lediglich ausgeführt, dass es dabei maßgeblich sei, ob die zur Verfügung gestellte Rechtsmacht im eigenen oder im fremden Namen verliehen werden soll.[1099] Außerdem soll die Ermächtigung *„gegenstandsbezogen"*, die Stellvertretung dagegen *„personenbezogen"* sein,[1100] da die Vollmacht zu einer Wirkung für und gegen die Person, die sie erteilt hat, führe, die Wirkung der Ermächtigung sich dagegen in der Ermöglichung einer Rechtsänderung hinsichtlich des betroffenen Gegenstands erschöpfe. Ein weiterer Unterschied zwischen den beiden Rechtsinstituten soll auch darin liegen, dass der bei der Stellvertretung nach § 164 Abs. 2 BGB zu beachtende Offenkundigkeitsgrundsatz bei der Einwilligung nicht gelten soll, da § 185 BGB nämlich keine Norm des Gutglaubensschutzes

---

1098 *Grote*: Die Sonderprüfung im Recht der GmbH, S. 357 f.

1099 BeckOGK/*Regenfus* BGB § 185 Rn. 48; Staudinger/*Schilken* Vor. §§ 164 ff. BGB Rn. 64; Scholz/*K. Schmidt* GmbHG § 47 Rn. 76; Soergel/*Leptien* BGB § 167 Rn. 3.

1100 Staudinger/*Schilken* Vor. §§ 164 ff. BGB Rn. 64; MüKoBGB/*Schubert* BGB § 164 Rn. 58; *Flume* BGB AT II, § 57 1. b).

darstelle.[1101] Beiden Rechtsinstituten gemeinsam soll dagegen sein, dass beide ihrem Inhaber nur eine von der Rechtsposition des Rechtsinhabers abgeleitete Rechtsmacht verleihen und dieser vorrangig zuständig bleibe. Schließlich besteht eine gewisse Ähnlichkeit in beiden Rechtsinstituten darin, dass es beide ermöglichen, dass jemand durch rechtsgeschäftliches Handeln unmittelbar auf den Rechtskreis eines anderen einwirkt.[1102]

Danach besteht zwischen beiden Rechtsinstituten jedenfalls kein so wesentlicher Unterschied, der zu einer unterschiedlichen Zulässigkeitsbewertung führen kann. Bei beiden Rechtsinstituten wird der Dritte nämlich, anders als bei der Substitution, vom Rechtsinhaber nur ermächtigt, die Kompetenz für ihn auszuüben, wohingegen die Kompetenz selbst trotzdem beim Rechtsinhaber verbleibt.[1103] Die Ermächtigung kann außerdem auch jederzeit wieder rückgängig gemacht werden und schließt auch eine abweichende Ausübung durch den Rechtsinhaber nicht aus. Ob der Dritte die Kompetenz dagegen im eigenen oder im fremden Namen ausübt, ist letztendlich nur eine Frage der Begrifflichkeit und kann m.E. über die Frage der Zulässigkeit einer solchen Konstruktion nicht den Ausschlag geben.

b) Allgemeines Rechtsinstitut der Ermächtigung

Ob zwischen der Ermächtigung und der Stellvertretung tatsächlich ein so wesentlicher Unterschied besteht, muss hier aber auch gar nicht entschieden werden, da die dogmatische Konstruktion über die Ermächtigung im Sinne des § 185 BGB schon daran scheitert, dass sich ein allgemeines Rechtsinstitut der *„Ermächtigung"* aus den einzelnen im Gesetz geregelten Erscheinungsformen gerade nicht ableiten lässt[1104] und eine unmittelbare Anwendbarkeit von § 185 BGB hier ohnehin nicht in Betracht kommt und auch von *Uffmann* nicht angenommen wird. Sowohl die tatbestandlichen Voraussetzungen als auch die Rechtsfolgen der gesetzlich geregelten Fälle sind viel zu heterogen, als dass sich aus diesen Gemeinsamkeiten ableiteten ließen, die wiederum zur Lösung anderer (nicht gesetzlich geregelter) Fragen fruchtbar gemacht werden könnten.[1105] Die im Detail sehr unterschiedlichen und nur vereinzelten gesetzlichen Regelungen der *„Ermächtigung"* sprechen

---

1101 BeckOK BGB/*Bub* BGB § 185 Rn. 1; MüKoBGB/*Bayreuther* § 185 BGB Rn. 21; Staudinger/*Gursky* BGB 185 Rn. 27.

1102 Staudinger/*Schilken* Vor. §§ 164 ff. BGB Rn. 64.

1103 Siehe dazu: MüKoBGB/*Schubert* BGB § 164 Rn. 57.

1104 Staudinger/*Gursky* § 185 BGB Rn. 111 f.; BeckOGK/*Regenfus*, § 185 Rn. Rn. 200; Soergel/*Leptien* BGB § 185 Rn. 32; *Flume* BGB AT II, § 57 BGB 1. b); a.A. mit Versuchen einer allg. Definition: Palandt/*Ellenberger* BGB § 185 Rn. 13; *Doris*: Die rechtsgeschäftliche Ermächtigung, S. 155 ff.; BeckOK BGB/*Bub* BGB § 185 Rn. 3 f; befürwortend im Zusammenhang mit der Ermächtigung eines Gesamtvertreters durch die anderen Gesamtvertreter: *Schwarz* NZG 2001, 529 ff.

1105 BeckOGK/*Regenfus*, § 185 Rn. 200; Staudinger/*Gursky* § 185 BGB Rn. 111.

m.E. vielmehr dafür, dass es ein solches allgemeines Rechtsinstitut gerade nicht gibt und eine Ermächtigungsmöglichkeit deshalb an den verschiedenen Stellen im Gesetz besonders geregelt werden musste.[1106] Abgesehen von den im Gesetz geregelten Ermächtigungsformen, ein fremdes verbandsrechtliches Stimmrecht im eigenen Namen ausüben zu können, nämlich der Stimmrechtsvollmacht (§ 134 Abs. 3 AktG) und der sog. Legitimationsübertragung (§ 129 Abs. 3 AktG), kommt eine analoge Anwendung dieser Regelungen deshalb nicht in Betracht.[1107] Die Ermächtigung ist also immer nur dann zulässig, wenn sie gesetzlich geregelt worden ist. Beim Weisungsrecht der Gesellschafterversammlung bzw. bei allen Kompetenzen der Gesellschafterversammlung ist dies nicht der Fall. Vorliegend ist auch kein Grund ersichtlich, weshalb die Ermächtigung hier in analoger Anwendung von § 185 BGB ausnahmsweise zugelassen werden sollte.[1108] Schon aus diesem Grund kann auf diesem Wege für die Entscheidungen eines Dritten gegenüber dem Geschäftsführer keine Verbindlichkeit konstruiert werden.

II. Rechtsgeschäftliche Stellvertretung nach den §§ 164 ff. BGB

Als zweite Lösungsmöglichkeit schlägt *Uffmann*[1109] eine Stellvertretung im Sinne der §§ 164ff. BGB vor. Der organfremde Dritte übe dann als Bevollmächtigter der Gesellschafterversammlung bzw. der Gesellschafter die organschaftliche (Überwachungs- bzw. Weisungs-) Kompetenz *„nicht im eigenen Namen"* aus, sondern mache aus dem fremden Recht der Gesellschafterversammlung in deren Namen Kompetenzen gegenüber dem Geschäftsführer geltend.

1. Ansatz Uffmann

Die Konstruktion über eine rechtsgeschäftliche Stellvertretung nach den §§ 164 ff. BGB erachten neben Uffmann auch andere einzelne Stimmen in der Literatur als zulässig.[1110] Der organfremde Dritte werde auf diese Weise auch nicht zum Träger organschaftlicher Rechte, sondern handle ausschließlich aus fremdem Recht als Bevollmächtigter und damit quasi als *„verlängerter Arm"* der Gesellschafterversammlung.[1111] Auf Grund der Vollmacht würden die Entscheidungen des Dritten

1106 Staudinger/*Schilken* Vor. §§ 164 ff. BGB Rn. 64.

1107 MüKoBGB/*Bayreuther* BGB § 185 Rn. 39

1108 Scholz/*K. Schmidt* GmbHG § 47 Rn. 21 m.w.Nw.; a.A. aber z.B.: UHL/*Hüffer/Schürnbrand* GmbHG § 47 Rn. 57 m.w.Nw.

1109 *Uffmann* NZG 2015, 169, 172; neben Uffmann jetzt auch: MHLS/*Giedinghagen* GmbHG § 52 Rn. 429, allerdings ohne nähere Begründung.

1110 Mit Verweis u.a. auf: *Schneider*, BB 1973, 1464, 1468; *Reuter* FS 100 Jahre GmbHG, S. 635, 643, allerdings unter der Voraussetzung, dass der Gesellschaftsvertrag eine entspr. Regelung beinhaltet.

1111 So auch: *Schneider* BB 1973, 1464, 1468; kritisch zu dieser Differenzierung dagegen: *Voormann*: Der Beirat im Gesellschaftsrecht, S. 64f.

ausschließlich der bevollmächtigenden Gesellschafterversammlung zugerechnet, womit der Dritte eine verbindliche Entscheidung im Rahmen des Willensbildungsprozesses der Gesellschaft treffen könne.

Möglich sei außerdem, dass sich nicht die Gesellschafterversammlung als Organ, sondern die jeweiligen Gesellschafter in ihrer Gesamtheit bei der Ausübung ihres Stimmrechts vertreten lassen. Dabei sei allein fraglich, ob die jeweilige Organkompetenz, bei *Uffmann* also das kollektive Überwachungsrecht der Gesellschafterversammlung, gesellschaftsrechtlich als *„höchstpersönliches Recht"* ausgestaltet sei, was bedeuten würde, dass ein organexterner Dritter rechtsgeschäftlich nicht damit bevollmächtigt werden könnte. Jedenfalls bzgl. des Überwachungsrechts lasse sich eine *„Höchstpersönlichkeit"* dogmatisch aber nicht begründen. Das GmbHG beinhalte nämlich – anders als bspw. § 111 Abs. 6 AktG bzgl. der höchstpersönlichen Natur des Aufsichtsratsamtes – gerade keine explizite Regelung, wonach die Gesellschafter ihr Überwachungsrecht nach § 46 Nr. 6 GmbHG höchstpersönlich ausüben müssten. Im Gegenteil sei auch zu bedenken, dass die Gesellschafterversammlung nach überwiegender Ansicht noch nicht einmal eine haftungsrechtlich unterlegte Überwachungs*pflicht* und auch keine Überwachungs*obliegenheit*, sondern nur ein Überwachungs*recht* habe.

Nach der Ansicht von *Uffmann* ließe sich also über den Weg der Stellvertretung die Verbindlichkeit der Entscheidung des Dritten gegenüber dem Geschäftsführer begründen. Wenn man dieses Ergebnis auf den hier untersuchten Interim Manager überträgt, hätte der Interim Manager in der zweiten von *Uffmann* hier diskutierten Variante, also im Fall der Stimmrechtsvollmachten, dann aber nicht nur unmittelbar zur GmbH, sondern auch zu den einzelnen Gesellschaftern der GmbH Rechtsbeziehungen in Form von Vollmachtsverhältnissen. Die Gesellschafter würden sich dann von dem Interim Manager hinsichtlich der Stimmrechtsabgabe in der Gesellschafterversammlung in Bezug auf Weisungen gegenüber dem Geschäftsführer vertreten lassen. Entscheidungen des Interim Managers wären dann, auch wenn es sich nicht um Gesellschafterbeschlüsse in der Gesellschafterversammlung handelt, auf Grund der zu Grunde liegenden Stimmrechtsvollmachten wie solche der Gesellschafterversammlung zu behandeln und damit von der Geschäftsführung zu beachten.[1112]

2. Stellungnahme

Zuzustimmen ist *Uffmann* zunächst bzgl. der fehlenden *„Höchstpersönlichkeit"* von Entscheidungen der Gesellschafterversammlung im Rahmen von Überwachungsaufgaben und der Stimmrechtsabgabe der der einzelnen Gesellschafter[1113]. M.E. folgt dieses Ergebnis auch schon daraus, dass die Gesellschafter, anders als bspw. der Aufsichtsrat bei der AG, der im Interesse der Aktionäre zu handeln hat

---

1112 *Uffmann* NZG 2015, 169, 173; *Schneider* BB 1973, 1464, 1468.

1113 Vgl. auch: UHL/*Hüffer/Schürnbrand* GmbHG § 47 Rn. 100.

und speziell zur Überwachung des Vorstands eingesetzt wird, nur im eigenen Interesse handeln und insofern auch frei darüber entscheiden dürfen, wie sie ihre Kompetenzen ausüben wollen. Im Gegensatz zur Ermächtigung im Sinne des § 185 BGB ist die Stellvertretung auch grundsätzlich zulässig und ein allgemeines Rechtsinstitut. Insofern ist also die Stellvertretung zumindest ein grundsätzlich zulässiger Ausgangspunkt. Ob *Uffmann* auch im Übrigen zuzustimmen ist, die Stellvertretung in diesem Zusammenhang also auch tatsächlich möglich ist und in der untersuchten Konstellation eine praktikable Lösung darstellt, ist nun im folgenden Abschnitt zu untersuchen.

a) Rechtsgeschäftliche Stellvertretung der Gesellschafterversammlung

Eine Vollmacht kann grundsätzlich nur von rechtsfähigen Personen im Rahmen ihrer Geschäftsfähigkeit erteilt werden,[1114] da die Bevollmächtigung eine die Rechtsfähigkeit voraussetzende Willenserklärung darstellt. Vollmachtgeber können also nur natürliche und juristische Personen und wohl auch teilrechtsfähige Personengesellschaften sein. Nichtrechtsfähige Organe als (unselbständiger) Teil einer rechtsfähigen juristischen Person können dagegen schon keine Vollmacht erteilen, da sie immer nur den Willen ihrer juristischen Person, aber keinen eigenen „*Organwillen*" bilden oder erklären können. Eine Lösung in dem Sinne, dass die Gesellschafterversammlung als Organ dem Dritten eine Vollmacht erteilt, sodass dieser sie bei der Ausübung ihres Weisungsrechts gegenüber dem Geschäftsführer vertreten könnte, ist also nicht möglich.

b) Rechtsgeschäftliche Stellvertretung der einzelnen Gesellschafter

Recht hat *Uffmann* aber natürlich damit, dass die Stellvertretung gem. §§ 164ff. BGB der einzelnen Gesellschafter bei ihren jeweiligen Willenserklärungen im Rahmen der Beschlussfassung schon nach § 47 Abs. 3 GmbHG ohne weiteres zulässig ist.[1115] Richtig ist auch, dass die Gesellschafter, soweit die Satzung nichts Abweichendes bestimmt, – im Rahmen und unter Wahrung der Treuepflicht – frei darüber entscheiden können, wen sie bevollmächtigen[1116]. Auch Vollmachten zur Stimmabgabe, die sich umfangmäßig nicht auf eine einzelne Angelegenheit (Spezialvollmacht) beschränken, sondern sich auf einen ganzen Bereich beziehen, sind grundsätzlich nicht unzulässig.[1117] Auch die (freiwillige) Gruppenvertretung mehrerer Gesellschafter durch den gleichen Bevollmächtigten ist ohne

1114 MüKoBGB/*Schubert* BGB § 167 Rn. 3

1115 So z.B.: Scholz/*K. Schmidt* GmbHG § 47 Rn. 76; UHL/*Hüffer/Schürnbrand* GmbHG § 47 Rn. 100; MünchHdB GesR III/*Wolff*, § 38 Rn. 13; *Saenger*: Beteiligung Dritter, S. 96, 99.

1116 MHLS/*Römermann* GmbHG § 47 Rn. 387; Scholz/*K. Schmidt* GmbHG § 47 Rn. 84.

1117 MünchHdB GesR III/*Wolff*, § 38 Rn. 13; Scholz/*K. Schmidt* GmbHG § 47 Rn. 79.

weiteres möglich.[1118] Schließlich sind auch andere Gründe, die gegen die Zulässigkeit einer solchen Konstruktion sprechen könnten, nicht ersichtlich.

Insofern ist es also möglich, dass die einzelnen Gesellschafter der GmbH jeweils einzeln oder im Sinne einer Gruppenvertretung abgestimmt den Interim Manager bevollmächtigen, sie im Rahmen der Beschlussfassung der Gesellschafterversammlung als Organ der GmbH zu vertreten. Diese – jederzeit widerrufliche – Bevollmächtigung könnte dabei auch auf das Weisungsrecht gegenüber dem Geschäftsführer im Rahmen der Willensbildung für die GmbH beschränkt werden. Der Interim Manager würde dann im Namen der einzelnen Gesellschafter eigene Beschlussanträge in Bezug auf das Außenhandeln des Geschäftsführers (bzw. auf sein eigenes) vorbringen und über diese abstimmen können. Im Namen der einzelnen Gesellschafter könnte er konkrete, an den Geschäftsführer gerichtete Weisungsbeschlüsse fassen. Er könnte aber auch einen Beschluss fassen, wonach der Geschäftsführer grundsätzlich nicht ohne seine Zustimmung Willenserklärungen für die GmbH abgeben dürfte. Auf diesem Wege könnte der Interim Manager jede für die GmbH im Rechtsverkehr abzugebende Willenserklärung kontrollieren und deren Inhalt bestimmen und so auch die Willensbildung für die GmbH steuern.

Ein entscheidender Nachteil an dieser Konstruktion für die hier untersuchte Fragestellung wäre allerdings, dass der Interim Manager nicht nur zur GmbH selbst in vertraglicher Beziehung stünde, sondern durch das einer Bevollmächtigung zugrundeliegende Kausalverhältnis auch mit den durch ihn vertretenen Gesellschaftern vertraglich verbunden wäre. Damit würde er sich aber u.U. nicht nur vertraglichen (Schadensersatz)Ansprüchen der GmbH, sondern auch solchen der einzelnen Gesellschafter aussetzen, was den oben im ersten Teil der Arbeit dargestellten Grundsätzen des schuldrechtlichen Interim Manager Einsatzes eigentlich zuwiderlaufen würde. Ein weiterer Nachteil dieser Konstruktion besteht darin, dass durch die Bevollmächtigung auch die damit verbundenen Probleme bei der Vollmachtsausübung, wie etwa der Missbrauch und die Überschreitung der Vertretungsmacht, dass Offenkundigkeitsprinzip etc., auftreten könnten. Und schließlich ist diese Konstruktion auch stets auf das Mitwirken der einzelnen Gesellschafter angewiesen, die jeweils nur für sich handeln und auch nur bei Erteilung der Vollmacht an das Handeln des Interim Managers gebunden wären. Wenngleich insbesondere das letzte Argument nicht gänzlich gegen eine solche Konstruktion spricht, wäre ihr eine Konstruktion ohne diese zuvor genannten Schwächen vorzuziehen.

1118 UHL/*Hüffer/Schürnbrand* GmbHG § 47 Rn. 110; *Noack*: Gesellschaftervereinbarungen bei Kapitalgesellschaften, S. 77 ff.

III. Beschluss der Gesellschafterversammlung

Der dritte von *Uffmann*[1119] diskutierte Ansatz, wie die Rechtsverbindlichkeit des Handelns eines Dritten begründet werden kann, besteht darin, den Geschäftsführer unmittelbar durch eine Weisung der Gesellschafterversammlung zu verpflichten, den entsprechenden Maßnahmen bzw. Entscheidungen des Dritten so nachzukommen und zu entsprechen, als ob die Gesellschafterversammlung ihr Recht unmittelbar selbst ausüben würde.

1. Ansatz Uffmann

Nach der Ansicht von *Uffmann* würde der auf § 46 und § 37 Abs. 1 GmbHG zu stützende Beschluss der Gesellschafterversammlung also den Geschäftsführer anweisen, mit dem Dritten im Rahmen dieses im Beschluss festzulegenden Aufgabenbereichs zusammenzuarbeiten und dessen Entscheidungen Folge zu leisten.[1120] Die Handlungen und Entscheidungen des Dritten seien in einem solchen Fall durch den *„Gestattungswillen"* der Gesellschafterversammlung legitimiert. Der in dieser Weise gebundene Geschäftsführer könne sich deshalb auch nicht über die Entscheidungen des Dritten hinwegsetzen, da er sonst entgegen der ausdrücklichen Weisung der Gesellschafterversammlung handeln würde. Den Unterschied zur Lösung über das Modell der Stellvertretung sieht *Uffmann* insbesondere darin, dass die Verbindlichkeit der konkreten Handlung nicht unmittelbar durch einen eigenen, der Gesellschafterversammlung nur zuzurechnenden Beschluss des Dritten legitimiert werde, sondern nur mittelbar durch den *„(Rahmen)Beschluss"*[1121] der Gesellschafterversammlung.

2. Stellungnahme

Wenn dem Ansatz Uffmanns zum Beschluss der Gesellschafterversammlung gefolgt werden könnte, würde das für den hier untersuchten Interim Manager bedeuten, dass dieser allein mit der GmbH schuldrechtlich verbunden bliebe und seine Rechtsposition auch nicht von den Rechtshandlungen (z.B. Vollmachtserteilungen) einzelner Gesellschafter abhängig wäre. Es würde vielmehr genügen, dass die Gesellschafterversammlung zu Beginn des Einsatzes dem Geschäftsführer einen entsprechenden Weisungsbeschluss erteilen würde, nach dem dieser allen Entscheidungen bzw. Weisungen des Interim Managers entsprechend zu handeln hätte. Zwar würde die Gesellschafterversammlung ihre Weisungskompetenz damit nicht aus der Hand geben, sondern könnte diese jederzeit selbst und auch abweichend ausüben, sodass der Interim Manager also keine „eigene", von

---

1119 *Uffmann* NZG 2015, 169, 173.

1120 Neben *Uffmann* jetzt auch: MHLS/*Giedinghagen* GmbHG § 52 Rn. 429, allerdings ohne nähere Begründung.

1121 *Uffmann* NZG 2015, 169, 173.

der Gesellschafterversammlung unabhängige Weisungskompetenz hätte. Diese „Abhängigkeit" von der Gesellschafterversammlung ist bei dem hier untersuchten Einsatz des Interim Managers, wie im ersten Teil der Arbeit bereits festgestellt, aber nicht nur hinnehmbar, sondern sogar gewollt.

Der Weg über einen solchen „*Rahmenbeschluss*" der Gesellschafterversammlung wäre für den Interim Manager – auch im Vergleich zum Weg über die Stellvertretung – also ein ideales Mittel, den Willen für die GmbH verbindlich festzulegen und insofern die Willensbildung für die GmbH zu steuern. Im Folgenden soll deshalb überprüft werden, ob dem Ansatz von *Uffmann* gefolgt werden kann. Dafür müsste ein Beschluss mit einem solchen Inhalt möglich sein und der Geschäftsführer müsste an einen solchen Beschluss auch gebunden sein. Außerdem müsste der so ausgestattete Interim Manager auch noch als „*Erfüllungsgehilfe*" der Gesellschafterversammlung im Sinne der oben gefunden Ergebnisse anzusehen sein, was die Feststellung miteinschließt, dass allein durch einen solchen Beschluss noch keine unzulässige Substitution von Organbefugnissen stattfindet.

a) Inhalt eines solchen Gesellschafterbeschlusses

Ein solcher „*Rahmenbeschluss*" der Gesellschafterversammlung könnte sich in Bezug auf den hier untersuchten Interim Manager nicht wie in dem von *Uffmann* untersuchten Fall auf Überwachungs- und Auskunftskompetenzen beschränken, sondern müsste zwingend den Inhalt haben, dass der Geschäftsführer allen Weisungen des Interim Managers Folge zu leisten hat. Im Hinblick auf die oben zur Steuerung der GmbH gefundenen Ergebnisse sollte der Beschluss darüber hinaus aber zugleich auch jedes Vertretungshandeln des Geschäftsführers, also jede von ihm für die GmbH im Rechtsverkehr abzugebende Willensäußerung, unmittelbar von der Zustimmung bzw. der Weisung des Interim Managers abhängig machen. Da jede für die GmbH erteilte Vollmacht auf der Vertretungskompetenz des Geschäftsführers als Vertretungsorgan der GmbH aufbaut und von dieser abgeleitet ist, könnte der Interim Manager dadurch nämlich jede Willensäußerung, die für die GmbH im Rechtsverkehr abgegeben wird, kontrollieren. Auf diesem Wege könnte er also die Willensäußerung der GmbH vollständig steuern. Zu prüfen ist deshalb nun, ob der Geschäftsführer durch einen solchen umfassenden Beschluss den Entscheidungen bzw. Weisungen des Interim Managers zu folgen hätte.

b) Folgepflicht des Geschäftsführers bzgl. der Weisungen des Interim Managers

Wie bereits oben in diesem Teil unter § 1 dargelegt, ist der Geschäftsführer auf Grund der sog. Folgepflicht grundsätzlich verpflichtet, jeder formal ordnungsgemäß zustande gekommenen und inhaltlich rechtmäßigen Weisung der Gesellschafterversammlung nachzukommen. Auch wenn er eine solche Weisung für unzweckmäßig halten würde, weil er etwa den Interim Manager für nicht ausreichend kompetent oder aus anderen Gründen für ungeeignet hielte, wäre er deshalb verpflichtet, die Weisung auszuführen. Wie oben unter § 2 ebenfalls herausgearbeitet werden konnte, besteht für den Geschäftsführer der GmbH über den Bereich der ihm durch das GmbHG auferlegten öffentlichen Pflichten hinaus im Bereich der Willensbildung für die GmbH auch kein zu beachtender weisungsfreier Kernbereich. Dem Geschäftsführer muss also kein Bereich verbleiben, in dem dieser den Willen für die GmbH unabhängig von der Gesellschafterversammlung festlegen kann, sodass der Geschäftsführer auch insofern kein Recht hat, sich einem entsprechenden „*Rahmenbeschluss*“ der Gesellschafterversammlung, mit dem dieser faktisch „*entmachtet*“ würde, zu widersetzen. Vielmehr steht die Willensbildung und damit auch die Entscheidung über die Art und Weise, wie dieser Wille gebildet wird, allein der Gesellschafterversammlung als „*obersten Willensbildungsorgan*“[1122] der GmbH zu. Aus diesem Grund ändert auch die Tatsache, dass die Gesellschafterversammlung keine eigenen konkretisierenden Weisungsbeschlüsse erlässt, sondern ihre Weisung an den Geschäftsführer inhaltlich durch einen Dritten „ausfüllen“ lässt, nichts an der Folgepflicht des Geschäftsführers. Wenn diesem nämlich kein Raum für eigene Entscheidungen bleiben muss, ist kein Grund ersichtlich, weshalb er den Inhalt der für ihn geltenden Entscheidungen in Frage stellen können sollte.

Des Weiteren sprechen sich auch Teile der Literatur in der (inhaltlich vergleichbaren) Konstellation des Sonderprüfers in der GmbH für die Verbindlichkeit eines solchen Weisungsbeschlusses aus.[1123] Auch in diesem Fall muss die Verbindlichkeit des Handelns des Sonderprüfers als Nichtorgan gegenüber dem Geschäftsführer gesondert begründet werden, weil dem Sonderprüfer im GmbHG im Unterschied zum Aktiengesetz in § 145 Abs. 2 AktG keine eigenen Rechte eingeräumt werden können. Dem Geschäftsführer muss korrespondierend zu der Untersuchungsbefugnis des Sonderprüfers eine Kooperationspflicht obliegen.[1124] Grundlage hierfür ist nach Ansicht der Literatur der für den Geschäftsführer verbindliche Gesellschafterbeschluss, in dem die Aufgaben des Sonderprüfers aufgeführt werden.[1125] Auch hier wird also argumentiert, dass der Dritte somit quasi lediglich die Kompetenz der Gesellschafterversammlung (hier die angeordnete Überwachung bzw. Prüfung) konkretisiere.[1126]

Für die bindende Wirkung eines solchen Beschlusses gegenüber dem Geschäftsführer spricht schließlich auch noch, dass die Gesellschafterversammlung nach

---

1122 So z.B.: OLG Frankfurt, Urteil vom 07.02.1997 (Az.: 24 U 88/95) = NJW-RR 1997, 736.

1123 *Grote*: Die Sonderprüfung im Recht der GmbH, S. 358; Scholz/*K. Schmidt* GmbHG § 46 Rn. 114; *Fleischer* GmbHR 2001, 45, 47; *Gräwe/Stütze* GmbHR 2012, 877, 880; *Leinekugel* GmbHR 2008, 632, 634.

1124 *Leinekugel* GmbHR 2008, 632 633; *Grote*: Die Sonderprüfung im Recht der GmbH, S. 361.

1125 *Grote*: Die Sonderprüfung im Recht der GmbH, S. 357 f.; Scholz/*K. Schmidt* GmbHG § 46 Rn. 114; *Fleischer* GmbHR 2001, 45, 47; *Gräwe/Stütze* GmbHR 2012, 877, 880.

1126 *Grote*: Die Sonderprüfung im Recht der GmbH, S. 358.

Ansicht der h.M. in der Rechtsliteratur ihr Weisungsrecht durch einfachen Mehrheitsbeschluss auf einen einzelnen Gesellschafter (z.B. den Mehrheitsgesellschafter) *„übertragen"* kann.[1127] Rechtskonstruktiv handelt es sich dabei um das gleiche Problem. Auch ein einzelner Gesellschafter ist wie der hier untersuchte Interim Manager grundsätzlich kein Organ der GmbH und auch ihm kann deshalb ein solches Weisungsrecht nicht „einfach" im Rahmen einer Satzungsänderung im Sinne einer Substitution *„übertragen"* werden. Auch hier muss vielmehr eine Verbindlichkeit erst gesellschaftsrechtlich konstruiert werden. Hier könnte zwar zunächst richtig eingewendet werden, dass ein Gesellschafter anders als ein externer Dritter an der Gesellschaft beteiligt ist, ihr also nähersteht als der Dritte, doch ändert dieser Einwand nichts an der hier untersuchten Verbindlichkeitsproblematik. Allenfalls spielt die fehlende Verbindung des Dritten bei der unten noch näher zu untersuchenden Grenze bei der Einräumung einer solchen Weisungsbefugnis eine Rolle. Für die Frage, wie den Entscheidungen eines Nichtorgans Verbindlichkeit gegenüber dem Geschäftsführer eingeräumt werden kann, sind ein Gesellschafter und ein externer Dritter dagegen gleich zu behandeln. Wenn also den Entscheidungen eines einzelnen Gesellschafters durch einen entsprechenden Weisungsbeschluss der Gesellschafterversammlung Verbindlichkeit gegenüber dem Geschäftsführer verliehen werden kann, muss dies rechtskonstruktiv auch für einen gesellschaftsfremden Dritten wie den hier untersuchten Interim Manager gelten.

3. Grundsätzliche Zulässigkeit eines solchen Rahmenbeschlusses

Der Ansatz über einen Weisungsbeschluss der Gesellschafterversammlung kann aber nur dann vollends überzeugen, wenn eine solche Hinzuziehung eines Dritten bei der Ausführung der Kompetenzen der Gesellschafterversammlung auch grundsätzlich zulässig ist.

a) Ausgangspunkt: Vergleich mit dem Auftragsrecht

Als Ausgangspunkt der Überlegungen kann wie schon bei der Untersuchung der Zulässigkeit der Generalvollmacht im zweiten Teil unter § 3 D. II. 1. erneut der bereits im Auftragsrecht in § 664 BGB geregelte Fall der Hinzuziehung eines

---

1127 Henssler/Strohn/*Oetker* GmbHG § 37 Rn. 14; *Konzen* NJW 1989, 2977, 2979 f.; Lutter/Hommelhoff/*Kleindiek* GmbHG § 37 Rn. 21; Bork/Schäfer/*Jacoby* GmbHG § 37 Rn. 10; UHL/*Paefgen* GmbHG § 37 Rn. 36; grds. Zustimmend, aber für Notwendigkeit einer entsprechenden Satzungsregelung: Rowedder/Schmidt-Leithoff/*Baukelmann* GmbHG § 37 Rn. 30; Baumbach/Hueck/*Zöllner/Noack* GmbHG § 37 Rn. 26; HK-GmbHG/*Fichtelmann* GmbHG § 37 Rn. 12; BeckOK GmbHG/*Wisskirchen/Kuhn* GmbHG § 37 Rn. 24; zur Möglichkeit der Delegation einer Aufgabe der Gesellschafterversammlung auf den Geschäftsführer durch einfachen Mehrheitsbeschluss: MünchHdB GesR III/*Wolff* § 37 Rn. 73.

Dritten zur eigenen Aufgabenerfüllung herangezogen werden,[1128] auch wenn das Auftragsrecht auf die Aufgabenerfüllung durch ein Organ selbstverständlich nicht unmittelbar anwendbar ist und auch die Ausgangslagen insofern nicht völlig vergleichbar sind. Wie nämlich schon im zweiten Teil der Arbeit unter § 3 D. II. 1. gezeigt werden konnte, können die grundsätzlichen Regeln des Auftragsrecht auch auf andere Rechtsgebiete übertragen werden. Auch wenn ein Organ von „seiner" juristischen Person natürlich nicht im Sinne des Auftragsrechts „beauftragt" ist, da es selbst Teil der juristischen Person ist und dieser erst zur vollen Handlungsfähigkeit verhilft, ist das Organ nicht völlig mit der juristischen Person identisch, sondern handelt – wie ein Beauftragter für und im Interesse seines Auftraggeber handelt – ausschließlich für und im Interesse der juristischen Person bzw. der Gesellschafter. In beiden Fällen ist ein Rechtsobjekt ausschließlich für ein anderes tätig und zwischen beiden besteht ein besonderes Vertrauensverhältnis. Es ist deshalb auch nicht zu weit hergeholt, die Wertungskriterien des Gesetzes im Auftragsrecht auf das Verhältnis zwischen einem Organ und *„seiner"* juristischer Person zu übertragen.

Die Frage, ob dem Beauftragten die Hinzuziehung eines Gehilfen gestattet ist oder nicht, richtet sich im Auftragsrecht in erster Linie nach dem Inhalt des Auftrags.[1129] Sie ist – wie schon z.B. die deklaratorische Erwähnung von § 278 BGB in § 664 Abs. 1 S. 3 BGB deutlich macht – trotz der grundsätzlich bestehenden persönlichen Verpflichtung – anders als die Substitution – im Regelfall zulässig und bedarf keiner besonderen Gestattung.[1130] Möglich und zulässig ist es also, dass Dritte als Unterstützung zur unselbstständigen (Teil)Aufgabenerfüllung des Organs hinzugezogen werden. Das gilt insbesondere dann, wenn das Organ nicht speziell wegen seiner besonderen Sachkunde oder Vertrauensstellung für die ihm übertragene Aufgabe bzw. Kompetenz eingerichtet worden ist.

Zwar sind abweichende Vereinbarungen zwischen dem Auftraggeber und dem Beauftragten im Rahmen der Vertragsfreiheit möglich, doch wird es aufgrund der grundsätzlich bestehend bleibenden Verantwortlichkeit des Auftragnehmers gem. § 278 BGB (§ 664 Abs. 1 S. 3 BGB) eher selten Gründe dafür geben. Nur wenn der Auftraggeber den Beauftragten besonders ausgewählt hat, weil etwa seine persönlichen Eigenschaften, Fähigkeiten oder Fertigkeiten eine verlässliche Ausführung garantieren, mag das ein Motiv für den (konkludenten) Ausschluss von der Hinzuziehung eines Gehilfen darstellen.[1131] Wesentliches Wertungskriterium ist insofern also, ob es sich bei dem Auftrag um eine qualifizierte Tätigkeit handelt, die gerade im Hinblick auf die besondere Sachkunde oder Vertrauensstellung des Beauftragten zum Gegenstand des Auftrags geworden ist.[1132]

1128 In diese Richtung auch *Uffmann*: Interim Management, S. 400.
1129 MüKoBGB/*Seiler* BGB § 664 Rn. 12.
1130 MüKoBGB/*Seiler* BGB § 664 Rn. 12; BeckOGK/*Riesenhuber* BGB § 664 Rn. 15.
1131 MüKoBGB/*Seiler* BGB § 664 Rn. 12; BeckOGK/*Riesenhuber* BGB § 664 Rn. 23..
1132 MüKoBGB/*Seiler* BGB § 664 Rn. 12.

Die Gesellschafterversammlung ist als Organ der Gesellschafter der juristischen Person aber schon gesetzlich zwingend vorgeschriebenes Organ der GmbH, das den Gesellschaftern zwingend die Teilhabe an ihrer Gesellschaft ermöglicht. Sie ist insofern also auch nicht irgendwie von der Gesellschaft „ausgewählt". Vielmehr wäre der Gesellschafterversammlung umgekehrt ihre vielfältige Aufgaben- und Kompetenzerfüllung ohne die Zuhilfenahme Dritter in der Praxis oft gar nicht möglich, zumindest aber wesentlich erschwert. Auch weil alle Gesellschafter unmittelbar auch im Organ der Gesellschafterversammlung vertreten sind, wäre ein besonderes Vertrauensverhältnis zwischen Gesellschaftern und Gesellschafterversammlung extrem gekünstelt. Nach den Wertungen des Auftragsrecht wäre es der Gesellschafterversammlung als Organ der GmbH also gestattet, zu ihrer Aufgaben- und Kompetenzerfüllung unselbstständige Dritte hinzuzuziehen.

b) Erfüllungsgehilfenschaft

Nach den hier gefundenen Ergebnissen ist der hier untersuchte Rahmenbeschluss also nur dann zulässig, wenn der durch den Weisungsbeschluss hinzugezogene Dritte als Erfüllungsgehilfe der Gesellschafterversammlung anzusehen ist und somit keine Substitution vorliegt. Wie für die im dritten Teil behandelte Vertretungsmacht des Geschäftsführers gilt auch für die Weisungskompetenz der Gesellschafterversammlung, dass eine befreiende schuldrechtliche „*Übertragung*" organschaftlicher Kompetenzen auf einen Dritten rechtlich jedenfalls nicht möglich ist.[1133]

(1) Definition der Erfüllungsgehilfenschaft

Als „Erfüllungsgehilfe" wird nach der h.M. zu § 278 BGB derjenige angesehen, *„der nach den tatsächlichen Gegebenheiten mit dem Willen des Schuldners bei der Erfüllung einer diesem obliegenden Verbindlichkeit als seine Hilfsperson tätig wird"*.[1134] Der Gehilfe muss demnach objektiv eine Aufgabe übernommen haben, die im Verhältnis zum Gläubiger seinem Auftraggeber obliegt. Dabei kommt es nicht auf die Art der dem Verhältnis zwischen „Auftraggeber" und dem Gehilfen zugrundeliegenden rechtlichen Beziehung an.[1135]

(2) Unterscheidung zwischen Erfüllungsgehilfenschaft und Substitution

Die Erfüllungsgehilfenschaft unterscheidet sich von der Substitution – wie bereits oben im zweiten Teil im Zusammenhang mit der Definition der rechtlichen

---

1133 *Uffmann*: Interim Management, S. 368, 396.

1134 Z.B.: BGH, Urteil vom 23.09.2010 (Az.: III ZR 246/09) = BGHZ 187, 86; BeckOK BGB/*Lorenz* BGB § 278 Rn. 11; Jauernig/*Stadler* BGB § 278 Rn. 6; HK-BGB/*Reiner Schulze* BGB § 278 Rn. 5.

1135 MüKoBGB/*Grundmann* BGB § 278 Rn. 43; BeckOK BGB/*Lorenz* BGB § 278 Rn. 11.

Übertragung bei der Generalvollmacht gezeigt wurde – insbesondere und maßgeblich in der sog. „*Sachherrschaft*". So lässt die Hinzuziehung eines Gehilfen die Rechtsstellung des ursprünglichen Rechtsinhabers grundsätzlich unverändert, wohingegen bei der Substitution zumindest ein Teil der Rechtsstellung auf den Dritten übergeht und der ursprüngliche Rechtsinhaber seine Rechtsposition damit aus der Hand gibt.[1136] Der Gehilfe ist unselbstständig und abhängig, der Leitung des eigentlichen Rechteinhabers unterworfen und steuert im Zuge der Arbeitsteilung meist nur einen kleinen Teil zur Erfüllung der dem Rechtsinhaber obliegenden Leistung bei. Auf den Substituten trifft dagegen die entgegengesetzte Beschreibung zu. Er ist selbstständig, unabhängig, nicht unter der Leitung des Rechtsinhabers, sondern in eigener Verantwortung tätig und bewirkt nicht neben dem Rechtsinhaber, sondern statt ihm meist die ganze oder aber jedenfalls den wesentlichen Teil der obliegenden Leistung.

Zur Abgrenzung der Substitution von der Gehilfenstellung wollen Teile der Literatur außerdem (zusätzlich) darauf abstellen, inwieweit dem ursprünglichen Vertragspartner noch ein Weisungsrecht zusteht.[1137] Substitution soll dann vorliegen, wenn diesem der Vertragsgegenstand vollständig aus seinem eigenen Verantwortungsbereich entzogen ist und damit in der alleinigen Verantwortung des Dritten liegt.[1138] Beim Gehilfen dagegen behält der ursprüngliche Vertragspartner seine Einflussmöglichkeit und seine Verantwortung.[1139] Werden dem ursprünglichen Vertragspartner also noch Überwachungs- und Weisungsmöglichkeiten eingeräumt, würde dieser richtigen Ansicht folgend keine Substitution vorliegen.

c) *Anwendung der Ergebnisse auf den hier untersuchten Fall*

Wendet man diese Ergebnisse auf die hier untersuchte Konstellation an, zeigt sich, dass der Interim Manager, der über einen „*Rahmenbeschluss*" der Gesellschafterversammlung, der den Geschäftsführer anweist, die Weisungen des Interim Managers auszuführen, verbindliche Weisungen an den Geschäftsführer richten kann, als „*bloßer*" Erfüllungsgehilfe der Gesellschafterversammlung handelt und insofern auch keine Substitution vorliegt. Dafür spricht insbesondere, dass auch bei einem solchen „*Rahmenbeschluss*" ausschließlich die Gesellschafterversammlung selbst die Weisungskompetenz gegenüber dem Geschäftsführer ausübt und nicht etwa der Interim Manager. Die Kompetenz übt nämlich stets nur derjenige

---

1136 Vgl. etwa zum Auftragsrecht bzw. dem Recht der Verwahrung, denn auch hier in den §§ 664 Abs. 1 und 691 BGB unterteilt das Gesetz die Gesamtheit der Hilfspersonen in zwei gegensätzliche, einander ausschließende Untergruppen: Substituten und Gehilfen, bspw.: BeckOGK/*Riesenhuber* BGB § 664 Rn. 15; BeckOGK/*Schlinker* BGB § 691 Rn. 7.

1137 Soergel/*Schur* BGB § 691 Rn. 2.

1138 Soergel/*Schur* BGB § 691 Rn. 2; MüKoBGB/*Henssler* BGB § 691 Rn. 3; BeckOK BGB/*Gehrlein* BGB § 691 Rn. 1.

1139 MüKoBGB/*Henssler* BGB § 691 Rn. 3.

aus, der unabhängig und aus eigenem (nicht abgeleitetem) Recht bestimmen kann, wie die Kompetenz auszuüben ist, also anders gesagt nur derjenige, der die Art und Weise der Ausübung verbindlich festlegen kann. Dies ist auch im Fall eines solchen „*Rahmenbeschlusses*" allein die Gesellschafterversammlung und nicht der Dritte, da allein sie aus eigenem Recht und verbindlich festlegt, dass die Entscheidungen bzw. Weisungen des Dritten den Willen der GmbH darstellen sollen. Nur sie kann dies festlegen und nur sie und nicht der Dritte kann diese Festlegung jederzeit wieder aufheben.

Der Dritte kann den konkreten Inhalt der von der Gesellschafterversammlung an den Geschäftsführer gerichteten Weisung dagegen nur dann und auch nur solange festlegen, wie die Gesellschafterversammlung dies durch die Aufrechterhaltung des Beschlusses festlegt. Die „*Letztentscheidungsbefugnis*" über das Ob und das Wie bleibt sozusagen stets bei der Gesellschafterversammlung und liegt nie, auch nicht für einen kurzen Zeitpunkt, bei dem Interim Manager. Also verbleibt die „*Sachhoheit*" bei der Gesellschafterversammlung. Da die Gesellschafterversammlung bei der Ausübung ihrer Kompetenz aber die Hilfe des Interim Managers in Anspruch nimmt und dieser kein Teil des Organs ist, handelt er als deren Erfüllungsgehilfe.

IV. Zusammenfassung

Durch einen „*Rahmenbeschluss*" der Gesellschafterversammlung, der den Geschäftsführer anweist, den Entscheidungen bzw. den Weisungen eines Dritten, hier also des Interim Managers, zu folgen, wird das der Gesellschafterversammlung zustehende Weisungsrecht gegenüber dem Geschäftsführer nicht im Sinne einer Substitution „*übertragen*", sondern der Dritte handelt als bloßer Erfüllungsgehilfe der Gesellschafterversammlung bei deren Kompetenzausübung. Die Weisungen des Interim Managers haben auf diesem Wege – jedenfalls gegenüber der Gesellschafterversammlung – im Vergleich zu den Weisungen eines statuarisch verankerten Organs der Gesellschaft, dem die Kompetenz im Rahmen der Satzung „*übertragen*" worden ist, eine geringere Verbindlichkeit.[1140] Die Gesellschafterversammlung kann nämlich Entscheidungen des Interim Managers jederzeit durch einfachen Gesellschafterbeschluss revidieren, da dessen nur schuldrechtliche Legitimation nicht zu einer Verdrängung von Kompetenzen des Organs führen kann.[1141] Anders als bei der Stellvertretung der einzelnen Gesellschafter erlässt der Interim Manager auch keine eigenen Beschlüsse für die Gesellschafter im Rahmen der Gesellschafterversammlung, sondern handelt lediglich im

1140 Für den schuldrechtlichen, überwachenden Beirat: *Uffmann* NZG 2015, 169, 175; *Schürnbrand* S. 50, S. 57.

1141 Für den schuldrechtlichen, überwachenden Beirat: *Uffmann* NZG 2015, 169, 175; *Schürnbrand* S. 50, S. 57.

Rahmen des von der Gesellschafterversammlung selbst gefassten „*Rahmenbeschlusses*“ und füllt diesen inhaltlich aus.

D. Zwischenergebnis: Dogmatische Konstruktion des Weisungsrechts für ein Nichtorgan

In diesem Kapitel konnte zunächst herausgearbeitet werden, dass das Weisungsrecht der Gesellschafterversammlung aufgrund der sehr weiten Satzungsfreiheit bei der GmbH auch auf andere (fakultative) Organe übertragen werden kann. Auch wenn der hier untersuchte Interim Manager gerade nicht zum Organ der GmbH bestellt werden soll, konnte damit doch gezeigt werden, dass das Weisungsrecht nicht zwingend von der Gesellschafterversammlung selbst ausgeübt werden muss. Es bestehen also zumindest keine grundsätzlichen Bedenken gegen die Ausübung des Weisungsrechts durch andere.

Überlegungen, ob und wie Kompetenzen eines Organs durch organfremde Dritte ausgeübt werden können, sind auch schon im Zusammenhang mit der Rechtsfigur des sog. „*schuldrechtlichen Gremiums*“, das wie der hier untersuchte Interim Manager nur schuldrechtlich mit einer juristischen Person verbunden ist, angestellt worden. Während die grundsätzliche Errichtung eines solchen Gremiums seit jeher nahezu unumstritten war, ging man hinsichtlich der Kompetenzeinräumung lange Zeit davon aus, dass einem solchen Gremium – abgesehen von der (unbrauchbaren) Konstruktion über einen Vertrag zwischen dem Gremium und der Gesellschaft – nur bloße Beratungs-, keinesfalls aber darüber hinausgehende Kompetenzen eingeräumt werden können. Wie schon bei der Frage der Zulässigkeit der Generalvollmacht war auch hier das „*Verbot der Übertragung von Organbefugnissen auf ein Nichtorgan*“ das wesentliche Kernargument. Es überrascht deshalb nicht, dass auch hier die darauf aufbauende Begründung bei genauerer Betrachtung nicht zu überzeugen vermag und durch *Liebscher* und *Uffmann* widerlegt werden konnte. Wie bei der Generalvollmacht findet auch durch die Ausübung des Weisungsrechts durch einen Dritten keine Substitution von Organbefugnissen statt, wenn die Ausübungsermächtigung nicht durch die Satzung, sondern neben dieser auf schuldrechtlicher Ebene und durch einfachen Beschluss der Gesellschafterversammlung geregelt wird. Das Organ gestattet lediglich einem Dritten die Ausübung der jeweiligen Kompetenz, kann sie aber jederzeit auch selbst ausüben und dem Dritten die Ausübungsmöglichkeit auch wieder entziehen. In dem Handeln des Dritten ist in diesem Fall ein Handeln des jeweiligen Organs zu sehen. Begrifflich lässt sich diese Kompetenzeinräumung als „*Delegation*“ bzw. aus Sicht des Dritten und gerade in Abgrenzung zur unzulässigen Substitution als „*Erfüllungsgehilfenschaft*“ beschreiben.

Allein durch die Bejahung der Zulässigkeit eines solchen Handelns eines Dritten lässt sich aber noch nicht die konkrete rechtsdogmatische Konstruktion dieser Form der Kompetenzeinräumung erklären. Zu dieser Frage hat *Uffmann* bereits drei Erklärungsversuche angeboten: eine Ausübungsermächtigung, die Stellvertretung der Gesellschafter in der Gesellschafterversammlung und schließlich einen Beschluss der Gesellschafterversammlung. Während sich die beiden erstgenannten bei genauerer Betrachtung aus unterschiedlichen Gründen als untauglich erwiesen haben, hält der letzte Weg auch einer tiefergehenden Untersuchung stand und erweist sich als dogmatisch konsistent. Ein solcher „*Rahmenbeschluss*" der Gesellschafterversammlung ermächtigt den Dritten, im Namen dieser (also nicht im eigenen Namen) Weisungen an den Geschäftsführer zu richten. Das darauf gerichtete Handeln des Dritten füllt den noch offengelassenen Beschluss der Gesellschafterversammlung inhaltlich aus, ohne dass dabei ein Wechsel des Kompetenzträgers stattfinden würde. Die Ausübung des Weisungsrechts durch den Dritten ist insofern als bloßes „*Erfüllungsgehilfenhandeln*" zu bewerten. Wenn man die zum „*schuldrechtlichen Gremium*" gefundenen Ergebnisse auf diese Untersuchung überträgt, erweist sich das Handeln des Dritten deshalb auch als zulässig.

Zwar bedeutet dieses Ergebnis für den hier untersuchten Interim Manager, dass dieser bei der Ausübung von dem Wohlwollen der Gesellschafterversammlung abhängig ist und keine „*eigene*" Kompetenz erhält. Wie auch schon bei der Erteilung der Generalvollmacht gilt aber, dass die Zustimmung der Gesellschafterversammlung Grundvoraussetzung für den Einsatz des Interim Managers ist und ohne diese der Einsatz von vornherein zum Scheitern verurteilt ist.

§ 4: Gesellschaftsrechtliche Grenzen eines solchen Weisungsrechts für den Interim Manager

Zu prüfen bleibt damit schließlich noch, ob das dem Interim Manager auf dem im vorherigen Kapitel gefundenen Weg eingeräumte Weisungsrecht gesellschaftsrechtlichen Grenzen unterliegt.

A. Der Grundsatz der Verbandssouveränität

Die erste hier in Betracht zu ziehende Grenze könnte der schon oben unter § 2 Ziff. A. II. 1. näher beleuchtete sogenannte *„Grundsatz der Verbandssouveränität"* darstellen, der oftmals gegen die Einbeziehung Dritter bei der Aufgaben- und Kompetenzerfüllung eines Organs vorgebracht wird.

I. Unzulässige Einbeziehung Dritter

Der Grundsatz der Verbandssouveränität soll es grundsätzlich verbieten, gesellschaftsfremden Dritten die Entscheidung über wesentliche Fragen der GmbH einzuräumen.[1142] Bedenken werden von Teilen der Literatur dann geäußert, wenn ein Dritter *„in einem Maße Geschäftsführungsmaßnahmen wahrnimmt, die über bloße Zustimmungserfordernisse hinausgehen"*.[1143] Die Besetzung eines fakultativen Gesellschaftsorgans mit Nichtgesellschaftern wird in der Regel dagegen für unproblematisch gehalten, sofern das Organ nur beratende Funktionen habe oder einem Aufsichtsrat entspreche.[1144]

Speziell in Bezug auf die Einräumung eines Weisungsrechts gegenüber dem Geschäftsführer an einen gesellschaftsfremden Dritten argumentiert etwa *Teichmann*[1145], dass ein solches Weisungsrecht *„den Gesellschafterwillen ausschalten"*

1142 MHLS/*Römermann* GmbHG § 45 Rn. 19; Hachenburg/*Hüffer* GmbHG § 45 Rn. 13; UHL/*Hüffer/Schürnbrand* GmbHG § 45 Rn 13; MünchHdb. GesR III/*Wolff* § 37 Rn 70 ff.

1143 *Robertz* MittRhNotK 1991, 239, 248; *Voormann*: Der Beirat im Gesellschaftsrecht, S. 100 ff.; *Rohleder*: Die Übertragbarkeit von Kompetenzen auf GmbH-Beiräte, S. 76 ff.; *Härer*: Erscheinungsformen und Kompetenzen des Beirats in der GmbH, S. 154 ff.; *Ebert* GmbHR 2003, 444; Oppenländer/Trölitzsch/*Trölitzsch* § 16 Rn. 24; 19 Rn. 17; UHL/*Heermann* GmbHG § 52 Rn. 318; Scholz/*K. Schmidt* GmbHG § 45 Rn 15; *Ulmer* FS Werner, S. 911 ff.

1144 *Robertz* MittRhNotK 1991, 239, 248; Scholz/*Schneider* GmbHG § 52 Rn. 40; Meyer-Landrut/Miller/*Niehus* § 52 Rn. 46; Baumbach/*Zöllner* GmbHG § 52 Rn. 22

1145 *Teichmann* S. 198.

könne. Anders als wenn nur *„nur die Gesellschaft“* schuldvertraglich gebunden sei, werde dieser dann nicht die Gelegenheit belassen, sich *„vertragswidrig“* zu verhalten, wodurch dem Dritten eine *„unmittelbare Einflussnahme“* gewährt werde und er nicht nur auf Leistung klagen könne. Die insofern nur schuldrechtliche Weisungsbefugnis eines Dritten gegenüber dem Geschäftsführer müsse daher immer unter dem Vorbehalt stehen, dass die Gesellschafterversammlung oder ein anderes Organ eine gegenteilige Weisung erteilen kann. Ein Weisungsrecht dürfe auch nicht wie eine Zustimmungsbefugnis ausgestaltet sein, so dass es die Willensbildung in der Gesellschaft lähmen würde. So dürfe dem Dritten nicht in Abwehr aller ihm missliebigen Maßnahmen faktisch die alleinige Entscheidungsbefugnis zufallen. Sonst bestünde die Gefahr, dass überhaupt kein Beschluss zustande komme. Es müsse sichergestellt werden, dass alle sachlich notwendigen Beschlüsse auch gefasst werden könnten.

Ähnlich wie *Teichmann* geht auch die vorzuziehende, weil in der Argumentation überzeugendere h.M.[1146] davon aus, dass der Grundsatz der Verbandssouveränität überhaupt keine Einschränkungen hinsichtlich der Tätigkeit von Nichtgesellschaftern in Gesellschaftsorganen gebiete. Die (substituierende) Übertragung von Aufgaben an Dritte bzw. an ein mit gesellschaftsfremden Dritten besetztes Organ sei jedenfalls dann zulässig, wenn hierbei die Selbstbestimmung der Gesellschaft durch die Gesellschafter gewahrt bleibe.[1147] Soweit eine Delegation von Aufgaben grundsätzlich zulässig sei, solle dies unabhängig davon sein, ob dies Nichtgesellschafter oder ausschließlich Gesellschafter betreffe.[1148] Denn die Gesellschafter hätten auch jederzeit die Möglichkeit, so *„übertragene“* Aufgaben wieder an sich zu ziehen oder die Dritten durch (satzungsändernden) Beschluss ganz abzuschaffen bzw. Dritte von den Aufgaben abzuberufen.[1149] Die Selbstbestimmung der Gesellschaft sei deshalb gewahrt, da die Abberufungskompetenz

---

1146 Henssler/Strohn/ *Mollenkopf* GmbHG § 45 Rn. 5 ff.; Baumbach/Hueck/*Zöllner/Noack* GmbHG § 46 Rn. 94; Lutter/Hommelhoff/*Kleindiek* GmbHG § 37 Rn. 15; Rowedder/Schmidt-Leithoff/*Schmidt-Leithoff* GmbHG § 6 Rn. 39; Roth/Altmeppen/*Altmeppen*, § 6 Rn. 59; *Beuthien/Gätsch* ZHR 157 (1993), 483, 492 ff.; sowie: Weber: Privatautonomie, S 129 ff.

1147 Henssler/Strohn/ *Mollenkopf* GmbHG § 45 Rn. 5 ff.; Baumbach/Hueck/*Zöllner/Noack* GmbHG § 46 Rn. 94; Lutter/Hommelhoff/*Kleindiek* GmbHG § 37 Rn. 15; Rowedder/Schmidt-Leithoff/*Schmidt-Leithoff* GmbHG § 6 Rn. 39; Roth/Altmeppen/*Altmeppen*, § 6 Rn. 59; *Beuthien/Gätsch* ZHR 157 (1993), 483, 492 ff.; sowie: Weber: Privatautonomie, S 129 ff.

1148 *Robertz* MittRhNotK 1991, 239, 248; Hachenburg/*Raiser* § 52 GmbHG Rn. 318, 343; *Hölters*: Der Beirat, S. 22 ff. im Ergebnis auch: *Großfeld/Brondics* AG 1987, 293, 299; *Härer*: Erscheinungsformen und Kompetenzen des Beirats in der GmbH, S. 154 ff.

1149 *Robertz* MittRhNotK 1991, 239, 248; Hachenburg/*Raiser* GmbHG § 52 Rn. 318; MüKoGmbHG/*Spindler* GmbHG § 52 Rn. 733; Scholz/*U. H. Schneider* GmbHG § 52 Rn. 58; UHL/*Heermann* GmbHG § 52 Rn. 337; aber a.A.: *Wiedemann* FS Schilling, S. 105, 111; *Voormann*: Der Beirat im Gesellschaftsrecht, S. 110 ff.

zumindest im Falle eines wichtigen Grundes unentziehbar sei und im Zweifel der Gesellschafterversammlung verbleiben müsse. Die Gesellschafter könnten insbesondere auch die Satzung jederzeit ohne Zustimmung des Dritten ändern. Außerdem verbliebe den Gesellschaftern ein eigener, nicht übertragbarer Kernbereich an Kompetenzen (z.B. Grundlagenentscheidungen oder Satzungsänderungen).[1150] Schließlich seien auch die Nichtgesellschafter in dieser Situation in das gesellschaftsrechtliche Pflichten- und Treueverhältnis eingebunden und damit zur Wahrung des Gesellschaftsinteresses verpflichtet.[1151]

II. Stellungnahme

Dem hier untersuchten Interim Manager als *„bloßem Erfüllungsgehilfen"* der Gesellschafterversammlung werden, wie soeben unter § 3 gezeigt werden konnte, schon keine eigenen Organaufgaben mit substituierender und deshalb auch nicht mit verdrängender Wirkung zugewiesen, weshalb auch die Gesellschafterversammlung mit dem oben diskutierten *„Rahmenbeschluss"* keine eigenen Kompetenzen aufgibt.[1152] Da dem Interim Manager durch die Konstruktion des *„Rahmenbeschlusses"* außerdem auch nur ermöglicht wird, den oben herausgearbeiteten *Willen* der GmbH verbindlich festzulegen, sind von dieser Kompetenzeinräumung auch keine vom Grundsatz der Verbandssouveränität erfassten *„Grundlagenentscheidungen"* betroffen, sodass die Konstruktion auch insofern diesen Grundsatz schon gar nicht tangiert.

Vielmehr kann die Gesellschafterversammlung – wie oben herausgearbeitet werden konnte – alle Entscheidungen eines solchen Dritten durch einen einfachen Gesellschafterbeschluss revidieren, an dessen Stelle eine eigene Weisung setzen und dem Interim Manager durch einfachen (aufhebenden) Gesellschafterbeschluss auch jederzeit seine Ausübungsmöglichkeit wieder entziehen.[1153] Zudem unterliegt der Interim Manager auf Grund des fremdnützigen Interessenwahrungsvertrags gem. der §§ 675, 611 BGB einer besonderen Interessenwahrungs- und Treuepflicht.[1154] Eine *„Selbstentmachtung"* der Gesellschafter in dem oben dargestellten Sinne liegt bei dieser Konstruktion also von vornherein nicht vor. Vielmehr setzt die Gesellschafterversammlung durch ihren Weisungsbeschluss unmittelbar den Interim Manager als Dritten ein und bestimmt auch dessen

---

1150 Scholz/*K. Schmidt* GmbHG § 45 Rn. 15.

1151 UHL/*Heermann* GmbHG § 52 Rn. 329; *Konzen* NJW 1989, 2977, 2980; *Teubner* ZGR 1986, 565, 572; *Fleck* ZGR 1988, 104, 133 ff.; *Fleck* ZHR 149 (1985), 387, 404; Hachenburg/*Raiser* § 52 GmbHG Rn. 318; ablehnend: *Ulmer* FS Werner, S. 922 ff. und Hachenburg/*Ulmer* GmbHG § 3 Rn. 44, § 5 Rn. 166.

1152 *Uffmann* NZG 2015, 169, 175.

1153 *Uffmann* NZG 2015, 169, 175; s. auch: MünchHdB GesR III/*Wolff* § 37 Rn. 74.

1154 *Uffmann* NZG 2015, 169, 175; *Staudinger/Martinek* BGB § 662 Vorb. Rn. 26, § 675 A 22; MüKoBGB/*Heermann* BGB § 675 Rn. 13; MüKoBGB/*Schäfer* BGB § 662 Rn. 51 ff.

Person. Auf die gleiche Art und Weise wird sie ihn aber auch wieder los, wenn sie sich von ihm nicht mehr adäquat repräsentiert fühlt. Der Wille der Gesellschaft bzw. der Gesellschafter steht also fest und die Gesellschafter üben die Macht über die Willensbildung des Verbandes jederzeit selbst aus. Wie schon oben im zweiten Teil unter § 3 A. gezeigt werden konnte, benötigen die Gesellschafter schließlich auch keinen übertriebenen Schutz vor sich selbst, der mit einer solchen Einschränkung verbunden wäre.

B. Interessen der Minderheitsgesellschafter

Im Zusammenhang mit der oben erwähnten Möglichkeit, einem einzelnen Gesellschafter das Weisungsrecht gegenüber dem Geschäftsführer einzuräumen, wird u.a. auch über den Schutz der dabei nicht beteiligten bzw. diesem Beschluss nicht zustimmenden (Minderheits)Gesellschafter diskutiert. Auch für die hier angedachte Konstruktion eines „*Rahmenbeschlusses*" sind diese Interessen zu berücksichtigen. Diese könnten hier dadurch benachteiligt werden bzw. der Minderheitenschutz könnte gefährdet sein, wenn die Willensbildung für die GmbH nicht mehr im Rahmen der Gesellschafterversammlung stattfindet, sondern mittels eines „*Rahmenbeschlusses*" auf den Interim Manager „ausgelagert" wird.

Bei genauerer Betrachtung wird m.E. allerdings sehr schnell deutlich, dass der Schutz der Minderheitsgesellschafter durch den hier befürworteten „*Rahmenbeschluss*" nicht gefährdet wird. Schon im Normalstatut der Gesellschaft findet nämlich, wie oben festgestellt, die Willensbildung für die GmbH nicht ausschließlich im Rahmen der Gesellschafterversammlung, sondern auch bzw. meist sogar überwiegend durch den Geschäftsführer statt. Da nur eine einfache Mehrheit erforderlich ist, haben die Minderheitsgesellschafter auf dessen Bestellung gegen die Mehrheit aber ebenso wenig Einfluss wie auf die Fassung eines Weisungsbeschlusses an den Geschäftsführer innerhalb der Gesellschafterversammlung. Der Einfluss der Minderheitsgesellschafter auf den Willen der GmbH ist also von vornherein sehr beschränkt. Andernfalls wäre es wohl (insbesondere im Falle eines Gesellschafterstreits) nahezu unmöglich, einen einheitlichen Willen für die GmbH zu bilden.

Zwar bleibt auch zu beachten, dass, wenn Weisungsbeschlüsse durch die Gesellschafterversammlung getroffen werden, die Minderheitsgesellschafter diese mittels Nichtigkeits- oder Anfechtungsklage vor Gericht angreifen können. Jedoch bedeutet auch dies keine Verschlechterung des Minderheitenschutzes durch den hier diskutierten „*Rahmenbeschluss*". Denn zum einen besteht eine solche Klagemöglichkeit nur dann, wenn solche Beschlüsse auch tatsächlich gefasst werden, nicht dagegen, wenn der Wille der GmbH durch den von der Mehrheit ausgewählten Geschäftsführer gebildet wird. Wie oben bereits erwähnt, ist jedoch überwiegend Letzteres der Fall. Auch insofern verschlechtert sich die Ausgangsposition der Minderheitsgesellschafter also nicht. Zum anderen sind die Minderheitsgesellschafter auch durch den „*Rahmenbeschluss*" selbst geschützt. Gerade das Beschlusserfordernis dient nämlich dazu, dass sich die nicht beteiligten bzw. nicht zustimmenden Gesellschafter gegen einen solchen Beschluss durch Nichtigkeits- bzw. Anfechtungsklage wehren können.[1155] Und schließlich können diese, wenn bspw. der durch den Interim Manager gebildete Wille der GmbH rechtswidrig ist oder aus anderen Gründen von den Minderheitsgesellschaftern nicht hingenommen werden muss, gegen den oder die Mehrheitsgesellschafter auf Zustimmung zu einem bestimmten Weisungsbeschluss an den Geschäftsführer bzw. Zustimmung zur Aufhebung des „*Rahmenbeschlusses*" klagen, sodass auch insofern dem Minderheitenschutz ausreichend gedient ist.

C. Sanktionsgefahr für den Geschäftsführer

Gegen eine solche Konstruktion könnte aber sprechen, dass der Geschäftsführer durch die Befolgung der vom Interim Manager erteilten Weisungen Gefahr laufen könnte, unbeschränkt haften zu müssen. Er befände sich dann in einer Zwickmühle, da er vor die Entscheidung gestellt wäre, entweder die Weisungen zu missachten, wodurch er sich wohlmöglich pflichtwidrig verhielte und dementsprechend in Anspruch genommen werden könnte, oder den Weisungen zu folgen, dadurch aber der organschaftlichen Haftung ausgesetzt zu sein. Zu denken ist hier insbesondere an die Buchführungspflicht des § 41 GmbHG und die Insolvenzantragspflicht des § 64 GmbHG. Hier hat der Gesetzgeber an die Handlung oder Unterlassung auch persönliche Sanktionen für den Geschäftsführer angeordnet. Ob eine solche Sanktionsgefahr für den Geschäftsführer aber auch tatsächlich besteht, soll an dieser Stelle näher untersucht werden.

I. Haftung des Geschäftsführers bei einer seine Handlung deckenden Weisung

Grundsätzlich gilt im Umkehrschluss zu § 43 Abs. 3 S. 3 GmbHG und der oben beschriebenen Folgepflicht, dass der Geschäftsführer bei Befolgung von (verbindlichen) Weisungen der Gesellschafterversammlung keine Pflichtverletzung begeht und daher auch nicht haften muss,[1156] da der Wille der GmbH im Verhältnis zu ihrem Geschäftsführer grundsätzlich durch eine solche Weisung repräsentiert

---

1155 So z.B. zur Einräumung eines Weisungsrechts an einen Gesellschafter: *Konzen* NJW 1989, 2977, 2979 f., der die Auffassung vertritt, dass insofern auch dem Minderheitenschutz ausreichend gedient sei.

1156 *Konzen* NJW 1989, 2977, 2979; Oppenländer/Trölitzsch/*Trölitzsch* § 16 Rn. 27; BeckOK GmbHG/*Haas/Ziemons* GmbHG § 43 Rn. 79, 269 ff.; Scholz/*Schneider* GmbHG § 43 Rn. 119; Lutter/Hommelhoff/*Kleindiek* GmbHG § 43 Rn. 41; *Ebenroth/Lange* GmbHR 1992, 69, 72 f.; so auch: BGH, Urteil vom 14.12.1959 (Az.: II ZR 187, 57) = BGHZ 31, 258; BGH, Urteil vom 28.09.1992 (Az.: II ZR 299/61) = BGHZ 119, 257 (262); BGH, Urteil vom 10.05.1993 (Az.: II ZR 74/92) = BGHZ 122, 333 (336); BGH, Urteil vom 31.01.2000 (Az.: II ZR 189/99) = NJW 2000, 1571; BGH, Urteil vom 26.10.2009 (Az.: II ZR 222/08) = NJW 2010, 64.

wird[1157]. Eine Ausnahme soll nur dann gelten, wenn dabei gleichzeitig ein Verstoß gegen die §§ 30, 31, 64 Satz 3 GmbHG vorliegt.[1158] Da der Interim Manager in der hier untersuchten Konstellation lediglich, wie dargelegt, als *„Erfüllungsgehilfe“* der Gesellschafterversammlung deren Weisungsrecht ausübt, folgt aus der oben dargelegten Folgepflicht des Geschäftsführers auch hier eine entsprechende Freistellung. Im Ergebnis ändert sich hier für den Geschäftsführer also nichts. Es gilt für ihn das gleiche wie bei einer entsprechenden „direkten“ Weisung durch die Gesellschafterversammlung. Allein dadurch, dass der Interim Manager den *„Rahmenbeschluss“* der Gesellschafterversammlung *„ausfüllt“*, ist der Geschäftsführer also keiner größeren Haftungsgefahr ausgesetzt.

II. „Zirkelschluss“ durch Überwachungspflichten des Geschäftsführers?

Dieser zunächst sehr eindeutige Ausgangspunkt könnte jedoch anders zu beurteilen sein, wenn der Geschäftsführer verpflichtet wäre, den hier untersuchten generalbevollmächtigten und weisungsbefugten Interim Manager zu kontrollieren und zu überwachen.[1159]

1. Problemaufriss

Für eine solche Überwachungspflicht könnte u.a. sprechen, dass allein der Geschäftsführer im Außenverhältnis die Rechte der Gesellschaft ausüben kann,[1160] eine unmittelbare Kontrolle des Interim Managers durch die Gesellschafterversammlung also eigentlich ausscheidet.[1161] Wäre aber der Geschäftsführer verpflichtet, den ihm Weisungen erteilenden Interim Manager zu überwachen, käme das einem Zirkelschluss gleich. Der Geschäftsführer müsste dann nämlich bei ihm unzweckmäßig erscheinenden Weisungen durch den Interim Manager sein Überwachungsrecht ihm gegenüber ausüben und als gesetzlicher Vertreter der GmbH für diese entsprechende Gegenweisungen auf Grundlage des grundsätzlich bestehenden Weisungsrechts der GmbH aus dem zwischen ihr und dem Interim Manager abgeschlossenen Managementvertrag ausüben. Andernfalls würde sich der Geschäftsführer wegen Verletzung seiner Überwachungspflichten doch wieder nach § 43 Abs. 2 GmbHG haftbar machen. Fraglich ist aber, ob eine solche Überwachungspflicht des Geschäftsführers überhaupt besteht.

1157 BGH, Urteil vom 31.01.2000 (Az.: II ZR 189/99) = NJW 2000, 1571; BGH, Urteil vom 07.04.2003 (Az.: II ZR 193/02) = NZG 2003, 528 f.

1158 Oppenländer/Trölitzsch/*Trölitzsch* § 16 Rn. 27.

1159 So etwa: Lutter/Hommelhoff/*Kleindiek* GmbHG § 35 Rn. 2; *Geitzhaus* GmbHR 1989, 229, 230 ff.

1160 *Martinek*: Moderne Vertragstypen, Bd. II, S. 308.

1161 *Martinek*: Moderne Vertragstypen, Bd. II, S. 308.

2. Stellungnahme

Hinter der allgemein anerkannten organschaftlichen Überwachungspflicht des Geschäftsführers sind zunächst zwei unterschiedliche „*Kontrolldimensionen*“[1162] zu unterscheiden. Zum einen ist bei einer mehrköpfigen Geschäftsführung jeder einzelne Geschäftsführer wegen des Grundsatzes der Gesamtverantwortung verpflichtet, den Gang der Geschäfte über seine jeweiligen Ressortgrenzen hinweg fortlaufend zu beobachten.[1163] Den Geschäftsführer trifft darüber hinaus aber auch gegenüber nachgeordneten Unternehmensebenen eine Überwachungspflicht.[1164] Eine solche nachgeordnete Unternehmensebene ist der hier untersuchte Interim Manager aber gerade nicht. Er ist in dem speziell hier untersuchten Fall auch kein „*Delegat*“ des Geschäftsführers,[1165] da er abgesehen von der durch die Generalvollmacht vermittelten Kompetenz, Willenserklärungen für die GmbH abgeben zu dürfen, keine Kompetenzen des Geschäftsführers, sondern das Weisungsrecht der Gesellschafterversammlung ausübt. Da er also vielmehr wie ein Sonderprüfer Kompetenzen der Gesellschafterversammlung gegenüber dem Geschäftsführer ausübt, ist es nur konsequent, auf ihn auch die zum Sonderprüfer geltenden Ergebnisse zu übertragen. Für diesen ist anerkannt, dass für den Abschluss des Vertrages zwischen der GmbH und ihm und den sich daraus ergebenden Kompetenzen (auch in Bezug auf die Vertretung der Gesellschaft nach außen) allein die Gesellschafterversammlung zuständig sein kann.[1166] Andernfalls – so zu Recht die Argumentation der Literatur – könnte der zu kontrollierende Geschäftsführer auf die Ausführung des Prüfungsbeschlusses durch den Sonderprüfer Einfluss nehmen und die Ausführung des Prüfungsbeschlusses somit entsprechend „*sabotieren*“.[1167]

1162 MüKoGmbHG/*Fleischer* GmbHG § 43 Rn. 108.

1163 MüKoGmbHG/*Fleischer* GmbHG § 43 Rn. 109; Baumbach/Hueck/*Zöllner/Noack* GmbHG § 43 Rn. 26, 43; Lutter/Hommelhoff/*Kleindiek* GmbHG § 43 Rn. 29; MHLS/*Ziemons* GmbHG § 43 Rn. 343; Roth/Altmeppen/*Altmeppen* § 37 Rn. 34; Rowedder/Schmidt-Leithoff/*Koppensteiner/Gruber* GmbHG § 43 Rn. 11; Scholz/*Schneider* GmbHG § 43 Rn. 39; *Goette* DStR 1998, 938, 942.

1164 MüKoGmbHG/*Fleischer* GmbHG § 43 Rn. 110; Bork/Schäfer/*Klöhn* GmbHG § 43 Rn. 25; Lutter/Hommelhoff/*Kleindiek* GmbHG § 43 Rn. 30; MHLS/*Ziemons* GmbHG § 43 Rn. 164 ff.; Scholz/*Schneider* GmbHG § 43 Rn. 41.

1165 Möglicherweise anders bei einem „nur“ generalbevollmächtigten Interim Manager, vgl. etwa: *Uffmann*: Interim Management, S. 410.

1166 MüKoGmbHG/*Liebscher* GmbHG § 46 Rn. 199; UHL/*Hüffer/Schürnbrand* GmbHG § 46 Rn. 92; Rowedder/Schmidt-Leithoff/*Koppensteiner/Gruber* GmbHG § 46 Rn. 34; MHLS/*Römermann* GmbHG § 46 Rn. 339.

1167 MüKoGmbHG/*Liebscher* GmbHG § 46 Rn. 199; UHL/*Hüffer/Schürnbrand* GmbHG § 46 Rn. 92; Rowedder/Schmidt-Leithoff/*Koppensteiner/Gruber* GmbHG § 46 Rn. 34; MHLS/*Römermann* GmbHG § 46 Rn. 339.

Gegen eine Überwachungspflicht des Geschäftsführers spricht außerdem auch, dass nach Ansicht der Rechtsliteratur schon *„wesentlich weniger wichtige"* Entscheidungen nicht mehr allein vom Geschäftsführer getroffen werden dürfen. So wird auch schon zur Bestellung eines „nur" Generalbevollmächtigten vertreten, dass dieser dem Rechtsgedanken der § 46 Nr. 5 und 7 GmbHG folgend der internen Zustimmung der Gesellschafterversammlung unterliege, da der Generalbevollmächtigte als *„Zwischenstufe"* zwischen Organ und dem handelsrechtlichen Vertreter angesehen werden könne und ein Mehr gegenüber Prokura und Handlungsvollmacht sei.[1168] Auch wenn der Geschäftsführer einen von der gesetzlichen Bezeichnung abweichenden Titel gebrauchen will, kann er dies nicht selbst entscheiden, sondern benötigt dafür mindestens einen Gesellschafterbeschluss.[1169] Wenn aber sogar schon für solche *„einfachen"* Handlungen die Zustimmung der Gesellschafterversammlung notwendig ist, wäre es widersinnig, dem Geschäftsführer eine Überwachungspflicht für einen ihm gegenüber weisungsbefugten Dritten aufzuerlegen. Auch gegenüber dem hier untersuchten Interim Manager bestehen für den Geschäftsführer demnach also weder Überwachungsrechte noch -pflichten. Ein Zirkelschluss liegt somit nicht vor.

III. Amtsniederlegung

Schließlich ist der Geschäftsführer auch dadurch vor ihn gefährdenden Weisungen, die der Interim Manager auf diesem Wege erteilen kann, geschützt, dass er sein Amt jederzeit niederlegen kann. Nach überzeugender Rechtsprechung des BGH kann der Geschäftsführer insbesondere auch aus einem von der GmbH zu vertretenden wichtigen Grund sein Amt niederlegen, ohne zugleich das Anstellungsverhältnis fristlos kündigen zu müssen.[1170] Einen solchen wichtigen Grund wird man zumindest immer dann annehmen können, wenn die von ihm durch die Weisung verlangte Handlung sanktionsbedroht ist. Zwar trägt der Geschäftsführer in diesem Fall das Risiko, dass sich später herausstellt, dass die von ihm verlangte Handlung doch nicht sanktionsbedroht war, doch unterscheidet sich dieses Risiko nicht von dem „Normalfall", wenn Weisungen unmittelbar durch die Gesellschafterversammlung selbst erteilt werden. Der Geschäftsführer ist auch durch den Einsatz eines hier untersuchten Interim Managers nicht mehr sanktions- bzw. haftungsgefährdet als bei „gewöhnlichen" Weisungen, die unmittelbar durch die Gesellschafterversammlung selbst erteilt werden. Auch in

---

1168 *Geitzhaus* GmbHR 1989, 229, 233; Scholz/*Schneider* GmbHG § 35 Rn. 20.

1169 Rowedder/Schmidt-Leithoff/*Schmidt-Leithoff*, GmbHG § 6 Rn. 4; *Lutter/Hommelhoff/Kleindiek* GmbHG § 6 Rn. 4; MüKoGmbHG/*W. Goette* GmbHG § 6 Rn. 14; MHLS/*Tebben* GmbHG § 6 Rn. 11.

1170 Siehe u.a.: BGH, Urteil vom 09.02.1978 – (Az.: II ZR 189/76) = NJW 1978, 1435; *Goette* DStR 1998, 938, 941.

der Sanktionsgefahr des Geschäftsführers ist also kein Argument gegen die hier befürwortete Konstruktion zu sehen.

D. Interessen der Gläubiger und der Allgemeinheit

Weder der Allgemeinheit noch den Gläubigern der GmbH wird im Normalstatut der GmbH eine direkte oder unmittelbare Einflussnahmemöglichkeit auf den Willen der GmbH zugestanden. Auch der statuarische Gläubigerschutz beschränkt sich im Wesentlichen auf die (Gründungs-)Vorschriften über Aufbringung und Erhaltung des Stammkapitals (wie z.B. die §§ 3 Abs. 1 Nr. 3 und 4, 5, 7 Abs. 2 und 3, 8 Abs. 1 Nr. 4 und 5 und Abs. 2, 9–9c, 19, 21–24, 30–33 GmbHG), die in diesem Zusammenhang bestehenden Rechtsregeln der Unterbilanzhaftung und des Kapitalersatzrechts sowie die Unbeschränkbarkeit der Vertretungsmacht des Geschäftsführers (§ 37 Abs. 2 GmbHG).[1171] Der darüber noch hinausgehende Schutz der Interessen der Allgemeinheit wird im GmbHG insgesamt nur durch sehr wenige Vorschriften (wie bspw. § 49 Abs. 3 GmbHG)[1172] geschützt. Lediglich dem Geschäftsführer sind durch das Gesetz – wie oben dargestellt – bestimmte, auch im Interesse der Allgemeinheit und der Gläubiger wahrzunehmende Pflichten auferlegt. Auch betrifft keine der in diesem Zusammenhang genannten Vorschriften den oben im ersten Teil der Arbeit herausgearbeiteten Willen der GmbH. Es ist deshalb auch grundsätzlich nicht einzusehen, weshalb die Gesellschafter als wirtschaftlich Berechtigte der GmbH bei der Willensbildung für die GmbH auf die Interessen der Allgemeinheit oder derjenigen der Gläubiger Rücksicht zu nehmen hätten.[1173] Insofern können diese Interessen auch nicht bei der Frage, auf welche Art und Weise und mit welchem Inhalt die Gesellschafter in der Gesellschafterversammlung den Willen für die GmbH bilden, zu berücksichtigen sein.

Allerdings werden die Gläubiger – und insofern in gewissem Maße auch das Interesse der Allgemeinheit – zumindest auch durch die organschaftliche Haftung des Geschäftsführers (§ 43 Abs. 2 und § 64 GmbHG) geschützt. Dessen persönliche Haftung soll nämlich nicht nur einen durch sein Fehlverhalten bereits eingetretenen Schaden der GmbH wiedergutmachen, sondern durch die drohende persönliche Inanspruchnahme den Geschäftsführer von vornherein zu einer größeren Sorgfalt anhalten.[1174] Auch wenn die Gesellschaftsgläubiger bei der GmbH

1171 MüKoGmbHG/*Liebscher* GmbHG § 45 Rn. 60; *Hommelhoff* ZGR-Sonderheft 13, S. 40 ff.; UHL/*Hüffer/Schürnbrand* Rn. 1; Rowedder/Schmidt-Leithoff/Koppensteiner/Gruber Rn. 26; MünchHdB GesR III/Wolff § 37 Rn. 67 f.

1172 MüKoGmbHG/*Liebscher* GmbHG § 45 Rn. 60; Baumbach/Hueck/*Zöllner/Noack* GmbHG § 45 Rn. 7.

1173 So auch: *Wedemann*: Gesellschafterkonflikte in geschlossenen Kapitalgesellschaften, S. 334.

1174 MüKoGmbHG/*Fleischer* GmbHG § 43 Rn. 1; MHLS/*Ziemons* GmbHG § 43 Rn. 7.

anders als bei der AG (§ 93 Abs. 5 AktG)[1175] darauf verwiesen sind, zunächst einen Titel gegen die GmbH zu erwirken und sodann deren Ersatzansprüche gegen den Geschäftsführer zu pfänden (§ 829 ZPO) und sich zur Einziehung überweisen zu lassen (§ 835 ZPO)[1176], kommt ihnen die organschaftliche Haftung (nicht zuletzt auch in der Insolvenz der GmbH) zugute.

Dabei haftet der Geschäftsführer nach § 43 Abs. 1 GmbHG grundsätzlich für alle Schäden, die *„seiner"* GmbH durch sein Verhalten entstanden sind, wenn er diesen Schaden durch ein pflichtwidriges und schuldhaftes Handeln verursacht hat. Eine Pflichtwidrigkeit seines Handelns ist immer dann anzunehmen, wenn er in den Angelegenheiten der Gesellschaft die Sorgfalt eines ordentlichen Geschäftsmannes außer Acht lässt.[1177] Dabei ist der Geschäftsführer aufgrund seiner Loyalitätspflicht allein dem Wohl der Gesellschaft verpflichtet und darf nicht zu seinem eigenen Vorteil handeln. Bei der Beurteilung, worin dieses Wohl besteht, ist ihm allerdings ein weiter Handlungsspielraum zuzubilligen (sog. *„Business Judgement Rule"*), ohne den eine unternehmerische Tätigkeit nicht denkbar ist.[1178] Dazu gehört insbesondere auch die Gefahr von Fehlbeurteilungen und Fehleinschätzungen.

Die organschaftliche Haftung des Geschäftsführers als zusätzliches Schutzelement fehlt – wie soeben herausgearbeitet werden konnte – aber dann, wenn dessen Handlungen durch eine Weisung des Interim Managers als Nichtorgan, die wiederum durch den *„Rahmenbeschluss"* der Gesellschafterversammlung legitimiert ist, gedeckt sind. Eine Pflichtwidrigkeit seines Handelns kann dann nämlich nicht mehr angenommen werden. Es ist also zu überlegen, ob durch den Einsatz eines Interim Managers mittels einer solchen Konstruktion eine Haftungslücke entsteht, die gegen die Zulässigkeit der Konstruktion spricht.

Nicht entschieden werden muss dagegen, ob den hier untersuchten Interim Manager auch die für den Geschäftsführer vom BGH entwickelte deliktische Außenhaftung für Organisations- und Kontrollfehler treffen kann,[1179] da diese inzwischen vom BGH selbst wieder relativiert worden ist,[1180] nachdem sie zuvor in der Literatur auf erhebliche Kritik[1181] gestoßen war. Nach der sog. Baustoff-Entscheidung des BGH[1182] wurde ursprünglich lange Zeit die Auffassung vertreten, dass der Geschäftsführer für das Unterlassen geeigneter

1175 Eine Mindermeinung befürwortet allerdings eine analoge Anwendung in der Insolvenz der GmbH: *Bayer* GmbHR 2014, 897, 902; Lutter/Hommelhoff/*Kleindiek* GmbHG § 43 Rn. 51; UHL/*Paefgen* GmbHG § 43 Rn. 310.

1176 MüKoGmbHG/*Fleischer* GmbHG § 43 Rn. 325; *Fleck* GmbHR 1974, 224, 233.

1177 U.a.: MüKoGmbHG/*Fleischer* GmbHG § 43 Rn. 10 ff.; 215 ff. m.w.Nw.

1178 U.a.: MüKoGmbHG/*Fleischer* GmbHG § 43 Rn. 66 ff. m.w.Nw.

1179 So z.B. noch: *Leiner*: Generalvollmacht, S. 216 ff.

1180 BGH, Urteil vom 10.07.2012 (Az.: VI ZR 341/10).

1181 Nachweise bei: Baumbach/Hueck/Zöllner/Noack GmbHG § 43 Rn. 76.

1182 BGH, Urteil vom 05.12.1989 (Az.: VI ZR 335/88).

Organisationsmaßnahmen als Garant deliktisch unmittelbar gegenüber Dritten für sog. mittelbare Verletzungen der Rechtsgüter des § 823 I BGB haftbar sein sollte, was zu einer erheblichen Ausweitung der Haftung des Geschäftsführers geführt hatte. Inzwischen ist aber weitgehend unstrittig, dass allein aus der Geschäftsführerstellung keine allgemeine Verkehrs- oder Organisationspflicht zum Schutz fremden Eigentums und erst recht keine Garantenstellung gegenüber fremdem Vermögen folgt.[1183] Eine Projizierung verbandsinterner Organisationspflichten des Geschäftsführer ins Außenverhältnis kommt vielmehr nur in wenigen „*Sonderfällen*“ in Betracht[1184] und bildet deshalb insofern auch keinen allgemeinen Schutz für die Gläubiger der GmbH oder die Allgemeinheit, der durch den Einsatz eines Interim Managers unterlaufen werden könnte.

I. Haftung des Interim Managers gegenüber der GmbH

Eine solche Haftungslücke wäre insbesondere dann nicht anzunehmen, wenn der Interim Manager als Nichtorgan gleich oder zumindest ähnlich wie der Geschäftsführer für seine Handlungen – jedenfalls gegenüber der GmbH – haftet und nicht nur sich selbst oder der ihn anstellenden Providergesellschaft verantwortlich ist. Im Folgenden soll deshalb geprüft werden, ob und wenn ja, unter welchen Voraussetzungen der hier untersuchte Interim Manager gegenüber der ihn einsetzenden GmbH haftet.

1. Keine Haftung als Organ der GmbH

Da der lediglich mit einer Generalvollmacht und einem umfassenden Weisungsrecht ausgestattete Interim Manager kein Organ der Gesellschaft ist, scheidet eine organschaftliche Haftung gegenüber dem Unternehmen grundsätzlich aus.[1185] Der Interim Manager haftet mangels Organstellung also wie auch leitende Angestellte, Mehrheitsgesellschafter, Banken oder professionelle Berater insbesondere nicht (unmittelbar) nach § 43 Abs. 2 (oder auch § 64 GmbHG).[1186] Eine andere Meinung wird auch in der Literatur – soweit ersichtlich – nicht vertreten. Die genannten Vorschriften könnten also allenfalls analog auf den hier untersuchten Interim Manager anzuwenden sein, wenn dieser (ausnahmsweise) als

1183 Baumbach/Hueck/*Zöllner/Noack* GmbHG § 43 Rn. 78; BeckOK GmbHG/*Haas/Ziemons* GmbHG § 43 Rn. 417ff; MHLS/*Ziemons* GmbHG § 43 Rn. 610; MüKoGmbHG/*Fleischer* GmbHG § 43 Rn. 350 f.

1184 BeckOK GmbHG/*Haas/Ziemons* GmbHG § 43 Rn. 417ff; MHLS/*Ziemons* GmbHG § 43 Rn. 610; MüKoGmbHG/*Fleischer* GmbHG § 43 Rn. 350 f.

1185 *Uffmann* NZG 2015, 169, 175.

1186 MüKoGmbHG/*Fleischer* GmbHG § 43 Rn. 215; Bork/Schäfer/*Klöhn* GmbHG § 43 Rn. 8; *Martinek*: Moderne Vertragstypen, Bd. II, S. 308.

ein sog. *„faktisches Organ"* bzw. als faktischer Geschäftsführer der GmbH anzusehen wäre. Ob dies der Fall ist, soll im folgenden Abschnitt näher untersucht werden.

2. Haftung als sog. „faktisches Organ" der GmbH

Wie bereits am Ende des ersten Teils der Arbeit herausgearbeitet werden konnte, stellt die Rechtsfigur des *„faktischen Organs"* bzw. des faktischen Geschäftsführers kein weiteres (fakultatives) Gesellschaftsorgan einer juristischen Person dar, sondern lediglich eine Haftungsfigur, mittels derer derjenige, der die Geschicke der Gesellschaft *„wie ein Geschäftsführer"* maßgeblich bestimmt[1187] oder auf einen Geschäftsführer dauerhaft Einfluss nimmt[1188], nach Maßgabe des § 43 Abs. 2 GmbHG analog haften soll. Der BGH[1189] hat in diesem Zusammenhang u.a. entschieden, dass es bei der Beurteilung einer solchen faktischen Organstellung nicht darauf ankommen könne, ob das gesetzlich bestellte Organmitglied in seiner Handlungsfähigkeit vollständig verdrängt sei. Die für den *„faktischen Geschäftsführer"* angenommene Haftung nach den für den (regulären) Geschäftsführer geltenden Bestimmungen basiert vielmehr auf der tatsächlichen Geschäftsführung als solche und ist deshalb nicht ausgeschlossen, wenn der Betreffende wie hier neben den gesetzlich bestellten Organen tätig wird.[1190] Die Annahme, dass der in der Arbeit beschriebene Interim Manager als *„faktischer Geschäftsführer"* angesehen werden könnte, liegt deshalb sehr nahe.[1191] Um diese Frage beantworten zu können, sind im Folgenden deshalb zunächst die Voraussetzungen dieser Haftungsfigur herauszuarbeiten.

a) Ansätze in Rechtsprechung und Literatur

In der Rechtsprechung und der Rechtsliteratur werden unterschiedliche Ansätze vertreten, die nachfolgend dargestellt werden sollen.

(1) Rechtsprechung zum „faktischen Organ"

Das BayOLG sah in einer die gesamte weitere Diskussion (zumindest mit-) prägenden Entscheidung die Rechtsfigur des faktischen Geschäftsführers dann als gegeben, wenn ein für die GmbH *„Tätiger"* eine *„überragende Stellung"* in der Geschäftsführung eingenommen hatte. Dies ist nach Auffassung des Gerichts dann der Fall, wenn von den folgenden acht Merkmalen mindestens sechs erfüllt

1187 *Schürnbrand* S. 294.

1188 U.a.: Scholz/*Schneider* GmbHG § 43 Rn. 22.

1189 BGH, Urteil vom 08.02.2016, BeckRS 2016, 07417.

1190 *Zöllner/Noack*, in: Baumbach/Hueck GmbHG § 43 Rn. 3.

1191 Zum „nur" generalbevollmächtigten Interim Manager auch: *Uffmann*: Interim Management, S. 383.

würden: Bestimmung der Unternehmenspolitik, Bestimmung der Unternehmensorganisation, Einstellung und Entlassung von Mitarbeitern, Gestaltung der Geschäftsbeziehung zu Vertragspartnern der GmbH, Verhandlung mit Kreditgebern, eine dem Geschäftsführergehalt entsprechende Vergütung, Entscheidung der Steuerangelegenheiten, Steuerung der Buchführung und Bilanzierung.[1192] Bemerkenswert ist dabei, dass nicht nur das Verhalten des *„faktischen Geschäftsführers“* im Außenverhältnis, sondern auch das Innenverhältnis entscheidend sein soll. Es soll also nicht nur darauf ankommen, ob der *„faktische Geschäftsführer“* nach außen den Willen für die GmbH erklärt hat, sondern auch darauf, ob er auch intern für deren Willensbildung verantwortlich war.

Der BGH hat sich in seinen Entscheidungen bzgl. eines *„faktischen Geschäftsführers“* dagegen nicht auf einen solchen Indizienkatalog festgelegt, sondern sich lediglich ganz allgemein auf den Gedanken der Übernahmeverantwortung gestützt: Wer, ohne dazu berufen zu sein, wie ein Geschäftsführer handle, solle auch die Verantwortung eines Geschäftsführers tragen und wie ein solcher haften.[1193] In einer neueren Entscheidung hat der BGH außerdem, wie oben bereits angemerkt, klargestellt, dass es bei der Beurteilung einer *„faktischen Organstellung“* auch nicht darauf ankommen könne, ob das gesetzlich bestellte Organmitglied in seiner Handlungsfähigkeit vollständig verdrängt sei.[1194] Es sei nur zu prüfen, ob sein Wirken hinsichtlich *„Bedeutung und Nachhaltigkeit“* mit der Tätigkeit eines bestellten Geschäftsführers vergleichbar sei,[1195] was insbesondere dann der Fall sein soll, wenn *„nachhaltig“* in den kaufmännischen, personellen oder finanziellen Geschäftsbereich der Gesellschaft *„in wahrnehmbarer Art und Weise“* eingewirkt werde. Diese Voraussetzung sei aber nicht erfüllt, wenn der nach außen Handelnde die Entscheidung zwar beeinflusse, dabei allerdings auf ein abschließendes Entscheidungsrecht des eingetragenen Geschäftsführers verweist; dann sei der Handelnde nämlich nur Berater oder Angestellter der Gesellschaft.[1196] Nach Ansicht des BGH genügt es außerdem nicht, wenn der Betroffene lediglich *„gesellschaftsintern“* auf die Geschäftsleiter einwirke, sondern er müsse auch nach außen als Geschäftsleiter in Erscheinung treten.[1197] Die Strafsenate des BGH halten es außerdem für erforderlich, dass der Betroffene wie ein Geschäftsführer mit grds. Billigung der Gesellschafter gehandelt habe, da andernfalls

---

1192 BayObLG, Urteil vom 20.02.1997 (Az.: 5St RR 159/96).

1193 Z.B.: BGH, Urteil vom 21.03.1988 (Az.: II ZR 194/87); ebenso: OLG Düsseldorf, Urteil vom 20.10.1999 (Az.: 15 U 221/96).

1194 BGH, Urteil vom 21.03.1988 (Az.: II ZR 194/87); BGH, Urteil vom 25.02.2002 (Az.: BGH II ZR 196/00); BGH, Urteil vom 27.06.2005 (Az.: II ZR 113/03); BGH, Hinweisbeschluss vom 11.02.2008 (Az.: II ZR 291/06); ebenso: LG Hannover, Urteil vom 08.02.2016 (Az.: 1 O 169/13); anders aber Strafsenate, z.B.: BGH, Urteil vom 22.09.1982 (Az.: 3 StR 287/82).

1195 BGH, Hinweisbeschluss vom 11.02.2008 (Az.: II ZR 291/06).

1196 BGH, Hinweisbeschluss vom 11.02.2008 (Az.: II ZR 291/06).

1197 BGH, Urteil vom 25.02.2002 (Az.: BGH II ZR 196/00).

keine für die analoge Anwendung der organschaftlichen Haftung hinreichende Verbindung zur Gesellschaft bestehe.[1198]

(2) Literaturansichten

Gegen die Rechtsprechung zum *„faktischen Organ“* wird in der Rechtsliteratur nur vereinzelt Kritik geäußert, die u.a. damit begründet wird, dass *„rein tatsächliche Umstände keine rechtliche Sonderverbindung begründen“* könnten.[1199] Des Weiteren stünden andere Haftungsgrundlagen der vertrags- und deliktsrechtlichen sowie der mitgliedschaftlichen Verantwortung zur Verfügung, sodass dieses Rechtskonstrukt gar nicht gebraucht würde.[1200] Schließlich lasse sich der Begriff des *„faktischen Organs“* gar nicht mit der gebotenen Rechtssicherheit definieren, weshalb insbesondere in strafrechtlicher Hinsicht auch nicht unerhebliche verfassungsrechtliche Bedenken gegen das Rechtsinstitut bestünden (Analogieverbot).[1201] Der Anwendungsbereich sei daher auf fehlerhaft bestellte Geschäftsführer zu beschränken.[1202]

Der wohl ganz überwiegende Teil der Literatur stimmt dagegen der Rechtsprechung des BGH grundsätzlich zu und weist die dagegen geäußerte Kritik zurück.[1203] So soll sich in den diskutierten Fällen nämlich sehr wohl eine Sonderverbindung begründen lassen.[1204] Auch zahlreiche Beispiele aus anderen Bereichen des Zivilrechts würden belegen, dass an die faktische Verantwortungsübernahme Haftungsfolgen geknüpft werden könnten. Den Einwand, dass

---

1198 Z.B.: BGH, Urteil vom 28.06.1966 (Az.: 1 StR 414/65); BGH, Urteil vom 22.09.1982 (Az.: 3 StR 287/82); BGH, Urteil vom 10.05.2000 (Az.: 3 StR 101/00); ebenso: OLG Karlsruhe, Beschluss vom 07.03.2006 (Az.: 3 Ss 190/05); in der Lit. außerdem: *Geißler* GmbHR 2003, 1106, 1108; Lutter/Hommelhoff/*Kleindiek* GmbHG § 43 Rn. 3; Weimar GmbHR 1997, 473 (474); a.A.: *Fleischer* GmbHR 2011, 337, 343; *Stein* ZHR 148 (1984), 207, 216; *Strohn* DB 2011, 158, 162 f.; *Schürnbrand* S. 306 f.; *Fleischer* AG 2004, 517, 526.

1199 Baumbach/Hueck/*Zöllner/Noack* GmbHG § 43 Rn. 2; *Dinkhoff*: Der faktische Geschäftsführer, S. 99 ff., 184 f.; *Reiner*: Unternehmerisches Gesellschaftsinteresse und Fremdsteuerung, S. 176 f.; Hachenburg/*Mertens* GmbHG § 43 Rn. 7.

1200 Baumbach/Hueck/*Zöllner/Noack* GmbHG § 43 Rn. 3.

1201 *Dinkhoff*: Der faktische Geschäftsführer, S. 109 f.; Hachenburg/*Mertens* GmbHG § 43 Rn. 7.

1202 Baumbach/Hueck/*Zöllner/Noack* GmbHG § 43 Rn. 2; *Dinkhoff*: Der faktische Geschäftsführer, S. 99 ff., 184 f.; *Reiner*: Unternehmerisches Gesellschaftsinteresse und Fremdsteuerung, S. 176 f.

1203 MüKoGmbHG/*Fleischer* GmbHG § 43 Rn. 225 f.; MHLS/*Ziemons* GmbHG § 43 Rn. 22; *Fleischer* GmbHR 2011, 337, 340; *Fleischer* AG 2004, 517, 523, 524; *Stein*: Das faktische Organ, S 184; Bork/Schäfer/*Klöhn* GmbHG § 43 Rn. 9 ff.; *Grigoleit:* Gesellschafterhaftung, S. 115 ff.; Lutter/Hommelhoff/*Kleindiek* GmbHG § 43 Rn. 2 ff.; Scholz/*Schneider* GmbHG § 43 Rn. 26 ff.; *Schürnbrand* S. 303 ff.

1204 MüKoGmbHG/*Fleischer* GmbHG § 43 Rn. 225.

sich „*in Randbereichen tatbestandliche Unschärfen*“ ergeben, lassen die Befürworter ebenfalls nicht gelten, da dies bei einem Typusbegriff unvermeidlich sei. Überwiegend abgelehnt wird in der Rechtsliteratur mangels einer „*theoretischen Basis*“[1205] allerdings die Forderung des BayObLG, dass von einem nicht näher begründeten Kriterienkatalog mindestens sechs von acht Merkmalen vorliegen müssten. Haftungsbegründend wirke vielmehr erst und ausschließlich die Wahrnehmung „*organspezifischer Funktionen in organtypischer Weise*“,[1206] wobei es nicht darauf ankomme, ob diese Wahrnehmung mit Billigung des zuständigen Bestellungsorgans geschehe oder nicht.[1207] Zunehmend kritisiert wird auch das vom BGH aufgestellte Kriterium des organtypischen Auftretens im Außenverhältnis,[1208] weil es unter Schutzgesichtspunkten keine Rolle spiele, ob die Einflussnahme auch im Außenverhältnis sichtbar ist.[1209] Es werde auch nicht in allen Einzelzügen eine Übereinstimmung mit der Tätigkeit eines Organs verlangt, solange die nicht übereinstimmenden Punkte durch besonders ausgeprägte Elemente ausgeglichen werden.[1210] Das Auftreten im Außenverhältnis als Quasi-Organ soll also zwar ein typisches, aber kein unabdingbares Merkmal faktischer Organschaft darstellen.[1211] Betrachte man aber die Schwierigkeiten, das konkrete Handeln eines Dritten als unzulässig und haftungsauslösend einzuordnen, wird verständlich, weshalb gerade die Rechtsprechung an dem zumindest leichter zu beurteilenden Kriterium des „*für die faktische Geschäftsführung typischen Auftreten[s] im Außenverhältnis*“[1212] festhalten will.

Die h.Lit. hält bei der Rechtsfigur des „*faktischen Organs*“ entweder die „*Okkupierung der Organstellung*“[1213] oder einen „*Gleichlauf von Herrschaft und Haftung*“[1214] für das haftungsauslösende Element.[1215] „*Die organspezifische Gefährdungslage verlange nach einem organschaftlichen Verantwortlichkeitsregime*“[1216]. Einen Dritten, der, ohne zum Geschäftsführer bestellt zu sein, „*sich als solcher geriere*“, nur nach allgemeinen Regeln haften zu lassen und nur in Ausnahmefällen aus Gründen des

1205 *Fleischer* GmbHR 2011, 337, 341; MüKoGmbHG/*Fleischer* GmbHG § 43 Rn. 228; *Bison* GmbHR 2005, 843, 850; *Strohn* DB 2011, 158, 164.

1206 *Fleischer* AG 2004, 517, 524.

1207 *Fleischer* AG 2004, 517, 524.

1208 *Grigoleit:* Gesellschafterhaftung, S. 115 ff.; *Schürnbrand* S. 304 ff.; *Servatius*: Gläubigereinfluss durch Covenants, S. 356 ff.; *Burgard* NZG 2002, 606, 608.

1209 *Fleischer* AG 2004, 517, 525; *Burgard* NZG 2002, 606, 608.

1210 Dazu: *Leenen*, Typus und Rechtsfindung, 1971, S. 34.

1211 *Fleischer* AG 2004, 517, 525; *Schürnbrand* S. 309.

1212 MüKoGmbHG/*Wißmann* GmbHG § 82 Rn. 48.

1213 *Fleischer* AG 2004, 517, 523.

1214 So z.B.: Bork/Schäfer/*Klöhn* GmbHG § 43 Rn. 9.

1215 *Fleischer* AG 2004, 517, 525; *Fleischer* GmbHR 2011, 337, 341; GKAktG/*Hopt* AktG § 93 Rn. 49, 51; *Roth* ZGR 1989, 421, 424; *Strohn* DB 2011, 158, 160; *Schürnbrand* S. 309 f.; MüKoAktG/*Spindler* AktG § 93 Rn. 18.

1216 *Fleischer* AG 2004, 517, 525.

Gläubigerschutzes in Anspruch nehmen zu können, widerspreche dagegen dem *„auf Gesellschaftsschutz gerichteten § 43 GmbHG"*.[1217] Sobald die Einwirkungsmöglichkeiten des Betroffenen eine bestimmte Wesentlichkeitsschwelle überschritten hätten, könne es aus Gründen einer wirkungsvollen Verhaltenssteuerung nicht mehr auf das Vorhandensein gesetzlicher Geschäftsführer ankommen.[1218] Nicht ausreichend soll deshalb aber die Erledigung von *„Routineaufgaben"* durch den Dritten sein.[1219] Auch sollen nur *„punktuelle Eingriffe"* die Organisationsstruktur der Gesellschaft in Takt lassen,[1220] weshalb nur ausnahmsweise, wenn nämlich der Einzeleingriff die Gesellschaft ebenso schädige, das Zeitelement außer Acht gelassen werden könne.[1221]

Wenn die Voraussetzungen einer faktischen Organschaft vorliegen, gelten nach Ansicht der h.Lit. für die Verantwortlichkeit der tatsächlichen Geschäftsleiter dieselben Regeln wie für die Haftung ordnungsgemäß bestellter Organleiter.[1222] Das bedeutet aber auch, dass dem faktischen Organ bei seinem Handeln auch das breite Geschäftsleiterermessen zugutekommen muss.[1223] Außerdem beschränkt sich seine Haftung auf den von ihm übernommenen bzw. ihm übertragenen Aufgaben- und Wirkungskreis, jedenfalls wenn und sofern daneben in beschränktem Maße eine Geschäftsführung durch die dazu berufenen Geschäftsleiter weiterläuft.[1224]

(3) Fallgruppen

Wie gezeigt, sind sich Rechtsprechung und h.Lit. jedenfalls in den grundsätzlichen Überlegungen zum *„faktischen Organ"* weitestgehend einig. Gleichzeitig wird aber auch deutlich, dass sich daraus selbst bei Aufstellung eines Tatbestandskataloges nur sehr schwer handhabbare Folgen für die Praxis ergeben. Deshalb sind in der Rechtsliteratur besonders typische und besonders häufig auftretende Fallgruppen herausgearbeitet worden.[1225] Danach sollen in der Regel u.a. Angestellte auf einer der der Geschäftsleitung nachgeordneten Führungsebenen,[1226] GmbH-Gesellschafter,[1227] Banken und andere Kreditgeber der

---

1217 MHLS/*Ziemons* GmbHG § 43 Rn. 22.

1218 *Fleischer* GmbHR 2011, 337, 341.

1219 *Fleischer* AG 2004, 517, 525 ff; *Fleischer* GmbHR 2011, 337, 341 ff.; *Geißler* GWR 2016, 260; *Krause/Meier* DStR 2014, 905.

1220 *Fleischer* AG 2004, 517, 525; *Fleischer* GmbHR 2011, 337, 342.

1221 GKAktG/*Hopt* AktG § 93 Rn. 51.

1222 *Fleischer* AG 2004, 517, 528; *Fleischer* GmbHR 2011, 337, 345.

1223 *Fleischer* AG 2004, 517, 528; *Fleischer* GmbHR 2011, 337, 345.

1224 *Fleischer* AG 2004, 517, 528; *Fleischer* GmbHR 2011, 337, 345.

1225 *Fleischer* AG 2004, 517, 526 ff.; *Fleischer* GmbHR 2011, 337, 344 ff.; *Stein*: Das faktische Organ, S. 145 ff.; 186 ff.; *Reich* DB 1967, 1663 ff.

1226 *Fleischer* AG 2004, 517, 526; *Fleischer* GmbHR 2011, 337, 344.

1227 *Fleischer* GmbHR 2011, 337, 345; Baumbach/Hueck/*Zöllner/Noack* GmbHG § 43 Rn. 3; Bork/Schäfer/*Klöhn* GmbHG § 43 Rn. 11; Lutter/Hommelhoff/*Kleindiek*

Gesellschaft[1228] und auch professionelle Berater der Gesellschaft[1229] nicht unter die Definition des *„faktischen Organs"* subsumiert werden können. Auch wenn diese Fallgruppen in der Rechtsliteratur keinen Anspruch auf *„Allgemeinverbindlichkeit"* erheben, sollen sie der Praxis zumindest eine gewisse Richtschnur vorgeben. Ob der hier untersuchte Interim Manager als *„faktisches Organ"* der GmbH anzusehen ist, wird deshalb auch davon abhängen, ob dieser in eine der im Folgenden zu schildernden Fallgruppen eingeordnet werden kann bzw. die bei der für die Fallgruppenbildung entscheidenden Kriterien zumindest indirekt eine Einschätzung zulassen.

Da der Interim Manager gerade nicht nur untergeordnete Entscheidungen treffen und auch die Entscheidungen des Geschäftsführers nicht nur vorbereiten und evtl. durchführen, sondern vielmehr verbindliche Weisungen an diesen erteilen und durch eine Generalvollmacht auch umfassend selbst zur Stellvertretung befugt sein soll, scheidet jedenfalls die Fallgruppe des auf einer nachgeordneten Führungsebene angesiedelten Angestellten von vornherein aus. Weil der Interim Manager, wie oben festgestellt, auch nicht der Überwachung durch den Geschäftsführer unterliegt und selbst Leitentscheidungen trifft, fehlt ihm außerdem auch das für diese Fallgruppe kennzeichnende Merkmal der *„Weisungsgebundenheit und Subordination"*[1230].

Und auch die Fallgruppe der Banken und Kreditgeber der Gesellschaft, bei der die Abhängigkeit der Gesellschaft nicht auf gesellschaftsrechtlich vermittelten Einwirkungsmöglichkeiten, sondern allein auf wirtschaftlichen Gesichtspunkten beruht,[1231] passt auf den hier untersuchten Interim Manager nicht. Weder handelt er hier wie eine Bank der Gesellschaft aus eigenen wirtschaftlichen Interessen, noch soll er hier nur indirekt über wirtschaftliche Einflussnahme auf die Gesellschaft die GmbH steuern. Von den in der Lit. diskutierten Fallgruppen sind also nur die GmbH-Gesellschafter und die externen Berater im Folgenden näher zu betrachten.

GmbHG § 43 Rn. 3; MHLS/*Ziemons* GmbHG § 43 Rn. 29; Scholz/*Schneider* GmbHG § 43 Rn. 23 f.; *Grigoleit*: Gesellschafterhaftung, S. 117; *Reich* DB 1967, 1663, 1665.

1228 *Fleischer* AG 2004, 517, 527; *Fleischer* GmbHR 2011, 337, 344; U.a.: *Himmelsbach/Achsnick* NZI 2003, 355 ff.; *Weimar* GmbHR 1997, 473 ff.; *Weimar* GmbHR 1997, 538 ff.; Schmidt/Uhlenbruck/*Schkuck-Amend*, S. 62, Rn. 1.167 u. *Vallender/Schluck-Amend* S. 538, Rn. 5.278 ff.; Buth/Hermanns/*Knecht/Haghani* RSI § 18 Rn. 90; Buth/Hermanns/*d'Avoine* RSI § 32 Rn. 106; *Hoffmann/Liebs* Rn. 2018.

1229 Anders: *Dinkhoff*: Der faktische Geschäftsführer, S. 109; *Schürnbrand* S. 313.

1230 *Fleischer* AG 2004, 517, 526; *Fleischer* GmbHR 2011, 337, 344; *Reich* DB 1967, 1663 ff.; *Stein* ZHR 148 (1984) 207, 232 f.

1231 *Fleischer* AG 2004, 517, 527; in diese Richtung: BGH, Urteil vom 26.03.1984 (Az.: II ZR 171/83) = BGHZ 90, 381.

(a) GmbH-Gesellschafter

§ 37 Abs. 1 GmbHG gestattet den GmbH-Gesellschaftern über das Organ der Gesellschafterversammlung ausdrücklich, durch Weisungen Einfluss auf die Willensbildung und den Geschäftsführer zu nehmen. Wie oben gezeigt werden konnte, besteht für den Geschäftsführer auch kein weisungsfreier „*Kernbereich*". Folgerichtig geht die h.Lit. zur faktischen Organschaft deshalb davon aus, dass die Gesellschafter der GmbH grundsätzlich auch nicht als faktische Geschäftsführer anzusehen sind, wenn sie in der Gesellschafterversammlung ihre diesbezüglichen Mitwirkungsrechte ausüben und sich dabei auch eingehend mit Gesellschaftsangelegenheiten befassen.[1232]

Allerdings soll die Grenze dann überschritten sein, wenn die von einem Gesellschafter „*angemaßten Kompetenzen*" den Bereich „*zulässiger Weisungsausübung*" verlassen und sich dann zu einer maßgebenden Mitwirkung an „*originären Geschäftsführungsaufgaben*" verdichten,[1233] auch wenn dabei erneut unklar bleibt, wo genau diese Grenzen verlaufen sollen. Noch keine Grenzüberschreitung soll etwa eine bloß engmaschige Weisungserteilung an den Geschäftsführer darstellen, auch wenn dem Geschäftsführer im Innenverhältnis kein eigener Handlungsspielraum mehr verbleibe und er insofern zu einem „*reinen Befehlsempfänger degradiert*" würde.[1234] Die geschäftsführende Tätigkeit soll nämlich von internen Einwirkungen auf den bestellten Geschäftsführer, die nicht die Tätereigenschaft, sondern gegebenenfalls nur eine Strafbarkeit wegen Anstiftung oder eine zivilrechtliche Haftung nach § 826 BGB begründen kann, abzugrenzen sein.[1235] Etwas anderes soll demnach dann gelten, wenn ein (Mehrheits-) Gesellschafter unter Ausschaltung der hierfür allein zuständigen Gesellschafterversammlung unmittelbar selbst Weisungen an den Geschäftsführer erteile und die Geschäftsführung so maßgeblich steuere.[1236] Erst recht gelte das dann, wenn ein (Mehrheits-)Gesellschafter sich zum Geschäftsführer aufspiele und die Maßnahmen eigenhändig, ohne Weisungen an den eigentlichen Geschäftsführer zu erteilen, selbst vornehme.[1237]

1232 *Fleischer* GmbHR 2011, 337, 345; *Fleischer* AG 2004, 517, 526; Baumbach/Hueck/*Zöllner/Noack* GmbHG § 43 Rn. 3; Bork/Schäfer/*Klöhn* GmbHG § 43 Rn. 11; Lutter/Hommelhoff/*Kleindiek* GmbHG § 43 Rn. 3; MHLS/*Ziemons* GmbHG § 43 Rn. 29; Scholz/*Schneider* GmbHG § 43 Rn. 23 f.; *Grigoleit:* Gesellschafterhaftung, S. 117.

1233 *Fleischer* GmbHR 2011, 337, 345; MHLS/*Ziemons* GmbHG § 43 Rn. 34; *Schnürbrand* S. 317; *Strohn* DB 2011, 158, 161 f.

1234 MüKoGmbHG/*Wißmann* GmbHG § 82 Rn. 48; BGH, Urteil vom 27.06.2005 (Az.: II ZR 113/03) = NZG 2005, 755; *Reich* DB 1967, 1663 ff.; a.A.: *Geißler* GmbHR 2003, 1106, 1112.

1235 MüKoGmbHG/*Wißmann* GmbHG § 82 Rn. 48; BGH, Urteil vom 24.10.1973 (Az.: VIII ZR 82/72) = WM 1973, 1354; Rowedder/Schmidt-Leithoff/*Schaal* GmbHG § 82 Rn. 12 f.

1236 *Fleischer* GmbHR 2011, 337, 345; *Schürnbrand* S. 318, 321; *Strohn* DB 2011, 158, 161.

1237 *Fleischer* GmbHR 2011, 337, 345; *Schürnbrand* S. 318.

Die große Schwierigkeit liegt demnach bei dieser Fallgruppe darin, festzustellen, wo im konkreten Einzelfall die legitime Einflussnahme endet und die illegitime Einmischung in Geschäftsleiterbelange beginnt. Festgehalten werden kann aber zumindest, dass allein eine engmaschige Weisungserteilung zu Recht noch nicht als haftungsauslösend angesehen wird. Hinzukommen muss vielmehr immer auch, dass sich der betroffene Gesellschafter über die verbindlichen Regeln zur Willensbildung in der GmbH hinwegsetzt, sodass das Handeln des Gesellschafters immer auch gesellschaftsrechtlich unzulässig sein dürfte.

(b) Professionelle Berater der Gesellschaft

Auch gesellschaftsfremde professionelle Berater sollen nach einer in der Literatur verbreiteten Ansicht in der Regel nicht unter den Begriff des *„faktischen Organs"* zu subsumieren sein.[1238] Berater seien nämlich nicht mit *„organtypischen Entscheidungskompetenzen"* ausgestattet, sondern auf Beratungsfunktionen beschränkt, indem sie kaufmännischen, juristischen oder technischen Sachverstand beisteuern. Nicht auszuschließen seien allerdings *„pathologische Fälle"*, bei denen Berater nicht nur Handlungsempfehlungen abgeben, sondern die Unternehmensleitung *„selbst in die Hand nehmen"*. Eine ähnliche Abgrenzung klingt auch in einem anderem Zusammenhang in der Leitentscheidung des BGH zur Inhabilität des Wirtschaftsprüfers an, die insbesondere dann vorliegen soll, wenn die Tätigkeit des Beraters nicht auf die Abgabe oder Erörterung von Empfehlungen im Hinblick auf künftige *„Entscheidungen des Ratsuchenden"* beschränkt ist.[1239] Es dürfen zwar Handlungsmöglichkeiten und ihre Konsequenzen aufgezeigt werden; die Entscheidung selbst muss aber stets dem Beratenen vorbehalten bleiben.

Entscheidendes Abgrenzungskriterium ist in dieser Fallgruppe also die Feststellung, ob die Berater der Gesellschaft tatsächlich nur die Entscheidungen der Gesellschaftsorgane vorbereiten oder selbst Entscheidungen treffen. Bei der bloßen Vorbereitung von fremden Entscheidungen treffen die Berater nämlich keine „eigenen" Entscheidungen für die Gesellschaft und sind deshalb für die von der Gesellschaft abgegebenen bzw. nicht abgegebenen Willenserklärungen auch nicht (letzt)verantwortlich. Nur wenn die Berater über die reine Beratungstätigkeit hinaus sich Kompetenzen der Gesellschaftsorgane, insbesondere derjenigen des Geschäftsführers, anmaßen und wie ein Gesellschaftsorgan auftreten, sollen sie auch wie dieses haften müssen.

1238 *Fleischer* AG 2004, 517, 527; *Fleischer* GmbHR 2011, 337, 344; *Strohn* DB 2011, 158, 164; *Schürnbrand* S. 313; *Dinkhoff*: Der faktische Geschäftsführer, S. 109; *Uffmann*: Interim Management, S 384; weniger eindeutig: *Müller-Feldhammer* NJW 2008, 1777, 1782.

1239 BGH, Urteil vom 21.04.1997 (Az.: BGH II ZR 317/95).

b) Stellungnahme zum faktischen Organ

Aus den obigen Darstellungen wird m.E. sehr deutlich, dass es bisher weder dem BGH noch der Rechtsliteratur gelungen ist, eine verallgemeinerungsfähige und zugleich auch praktikable Definition für die Rechtsfigur des *„faktischen Organs"* zu finden. Bisher konnte insbesondere auch noch keine einheitliche Rechtsfigur des *„faktischen Geschäftsführers"*, die zur Lösung der konkreten Normanwendungsfrage herangezogen werden könnte, gefunden werden.[1240] Dabei erweisen sich besonders die Anforderungen, die an das tatsächliche Verhalten des Dritten hinsichtlich der Qualität und Intensität seines Handelns gestellt werden, das dann die Anwendung der für den Geschäftsführer geltenden (Haftungs-) Normen rechtfertigen soll, als größtes Hindernis, da sie nur äußerst schwer zu fassen sind.[1241] Exemplarisch dafür steht etwa die Voraussetzung des *„Führens der Geschäfte wie ein Geschäftsführer"*. Für die Subsumtion eines bestimmten Handelns unter diese Voraussetzung fehlt nämlich schon ein gesetzlich zwingender Aufgabenkreis des Geschäftsführers oder ein anderer praktisch handhabbarer Vergleichsmaßstab.[1242] Außerdem liegt die Bestimmung des der Geschäftsführung durch den Geschäftsführer zuzuordnenden Aufgabenbereichs im Wesentlichen in der originären Zuständigkeit der Gesellschafterversammlung.[1243]

Die Entscheidungen des BGH stellen sich also vielmehr als eine Sammlung von Einzelfallentscheidungen dar, bei denen die jeweilige Einzelfallgerechtigkeit und insofern eine Folgenabwägung im Vordergrund gestanden haben dürfte. Aber auch bei den in der Rechtsliteratur aufgestellten Fallgruppen wird in der Diskussion nicht deutlich, welche Abgrenzungskriterien im Einzelnen gelten sollen und in welcher Intensität die verschiedenen Kriterien jeweils vorliegen müssen bzw. zu gewichten sind. Auch daraus lassen sich deshalb keine über die behandelten Einzelfälle hinaus verwendbaren Schlüsse ziehen. Einig ist man sich in Rechtsprechung und h.Lit. letztendlich also nur darin, dass jedenfalls eine vollständige Verdrängung der bestellten Organe nicht zwingend notwendig sein soll und die verschiedenen diskutierten Voraussetzungen der Haftungsfigur in einer Art *„Gesamtschau"*[1244] zu betrachten sind – was schlussendlich also zu einer Einzelfallrechtsprechung führen muss.[1245] Die Rechtsfigur des *„faktischen Organs"*

1240 *Zöllner/Noack*, in Baumbach/Hueck GmbHG § 43 Rn. 3; *Krause/Meier* DStR 2014, 905; *Stein*: Das faktische Organ, S. 33; MHLS/*Tebben* GmbHG § 6 Rn. 96; *Geißler* GmbHR 2003, 1106 ff., 1114; *Weimar* GmbHR 1997, 473 ff.; *Stein* ZHR 148 (1984), 207, 212 ff.

1241 *Zöllner/Noack*, in Baumbach/Hueck GmbHG § 43 Rn. 3.

1242 *Zöllner/Noack*, in Baumbach/Hueck GmbHG § 43 Rn. 3; BeckOK GmbHG/*Haas/Ziemons* GmbHG § 43 Rn. 20; MHLS/*Ziemons* GmbHG § 43 Rn. 23.

1243 *Zöllner/Noack*, in Baumbach/Hueck GmbHG § 43 Rn. 3.

1244 *Krause/Meier* DStR 2014, 905, 906.

1245 *Fleischer* GmbHR 2011, 337 ff; MüKoGmbHG/*Fleischer* GmbHG § 43 Rn. 228; *Strohn* DB 2011, 158, 161; anders aber: *Stein*: Das faktische Organ, S. 184 ff.; KK-AktG/*Mertens/Chan* AktG § 93 Rn. 12.

und die daraus abgeleitete Erweiterung der Haftung nach § 43 Abs. 2 GmbHG ist also dogmatisch mehr als umstritten.[1246]

Bemerkenswert ist deshalb auch die fehlende Konsequenz von *Fleischer*, der zwar zugibt, dass es für eine gesetzliche Umschreibung des faktischen Geschäftsführers gegenwärtig an der erforderlichen „*Kodifikationsreife*" fehle, da die Diskussion um Tatbestand und Struktur der Rechtsfigur „*noch stark im Fluss*" sei, trotzdem aber die (auf Einzelfallentscheidungen beruhende) Haftung nach den Grundsätzen der „*faktischen Organschaft*" befürwortet.[1247] Wenn doch aber die Konturen der Rechtsfigur des „*faktischen Organs*" so undeutlich sind, dass daraus – selbst wenn man dies wollte – keine gesetzliche Regelung entwickelt werden könnte, ist nicht einzusehen, dass die handelnden Personen eines Unternehmens stets dem Risiko einer Einzelfallhaftung ausgesetzt sind, ohne sich – mangels allgemeingültiger Regeln – darauf einstellen zu können. Anders ausgedrückt: Wenn nicht von vornherein klar genug formuliert werden kann, wie sich für das Unternehmen handelnde Personen zu verhalten haben, um sich nicht haftbar zu machen, können sie auch nicht im Nachhinein für ihr Verhalten haftbar gemacht werden. Schon im Sinne der Rechtssicherheit ist die Rechtsfigur des „*faktischen Organs*" deshalb vollumfänglich abzulehnen.

Die Rechtsfigur ist aber auch obsolet. So bleibt nämlich in jeder juristischen Person stets das nach den gesetzlichen Regeln haftende Organ (letzt)verantwortlich.[1248] Das gilt selbst dann, wenn (daneben) eine Person für die juristische Person handelt bzw. auftritt, die nach den Kriterien der Rechtsprechung und der Literatur als „*faktisches Organ*" zu beurteilen wäre. Ob dieser Dritte neben dem Organ Handlungen vornehmen kann, die der juristischen Person zugerechnet werden, hängt einzig und allein von dem gesetzlichen Organ bzw. dessen Organwalter ab. Nur wenn dieser im Rechtsverkehr nicht deutlich macht, dass allein er und nicht der Dritte für die juristische Person befugt ist, Willenserklärungen abzugeben, kann der Dritte Handlungen vornehmen, die der juristischen Person auf welche Weise auch immer zugerechnet werden. Insofern ist auch der jeweilige Organwalter für die Handlungen des Dritten verantwortlich und deshalb auch nach den gesetzlichen Regeln haftbar. Auch wenn die Einflussnahme des Dritten nicht im direkten Außenhandeln, sondern in einer „*unzulässigen Einflussnahme*" bestehen sollte, liegt es stets an dem betroffenen Organ, ob die „*Anweisungen*" umgesetzt werden oder nicht. Nimmt es solche „*Anweisungen*" von einer dazu nicht befugten dritten Person an und handelt danach, liegt keine die Haftung ausschließende Weisung vor. Auch in diesem Fall entscheidet allein der jeweilige

1246 *Strohn* DB 2011, 158, 159 ff.

1247 *Fleischer* GmbHR 2011, 337, 346.

1248 Ähnlich allerding nur für die „Übertragung" von Organaufgaben an Angestellte der Gesellschaft: *Stein*: Das faktische Organ, S. 146; außerdem auch: *Dreher* FS Hopt, S. 534 ff.

Organwalter, ob eine Einflussnahme stattfinden kann oder nicht, sodass auch nur er nach den organschaftlichen Haftungsregeln zu haften hat.

Gegen die Rechtsfigur des *„faktischen Organs“* spricht schließlich auch noch das damit verwandte und ebenso überzeugende Argument von *Reiner*[1249], dass die Geschäftsführerhaftung ihren Ursprung nämlich nicht in der Willensbildung und Willensdurchsetzung habe, sondern vielmehr in der Geschäftsführung als Besorgung der Geschäfte anderer. Nur für diesen zuletzt genannten Fall sei sie auch gerechtfertigt, wenn also der Geschäftsführer die fremden Geschäfte der GmbH (bzw. der dahinterstehenden Gesellschafter) besorge. Wenn ein Dritter aber bloß durch Einflussnahme in die Willensbildung der juristischen Person eingreift, ohne selbst dabei die Geschäfte der GmbH zu besorgen, fehlt der Haftungsgrund der Geschäftsführerhaftung. Dies verkennt bzw. diese beiden Phänomene vermischt die h.M.

c) Anwendung der Ergebnisse auf den hier untersuchten Interim Manager

Auch wenn die Haftungsfigur des *„faktischen Organs“* aufgrund der soeben dargelegten Argumente also insgesamt abzulehnen ist, soll an dieser Stelle dennoch geprüft werden, ob der hier untersuchte Interim Manager unter die oben zusammengefassten Voraussetzungen zu subsumieren ist. Bei der Anwendung der soeben gefundenen Ergebnisse sind wegen der mehr als undeutlichen Konturen der Haftungsfigur – und damit schon aus Gründen der Rechtssicherheit – allerdings an das Vorliegen einer faktischen Organschaft äußerst strenge Anforderungen zu stellen. Wie insbesondere auch die von der Literatur aufgestellte Fallgruppe der GmbH-Gesellschafter zeigt, kann nicht schon jede gesellschaftsbezogene Machtausübung dem organschaftlichen Verantwortlichkeitsregime unterstellt werden.[1250] In der Literatur wird deshalb auch zu Recht vertreten, dass haftungsbegründend erst und auch nur die *„Wahrnehmung organspezifischer Funktionen in organtypischer Weise“* wirken kann.[1251] Speziell für die organschaftliche Haftung des Geschäftsführer soll das bedeuten, dass nur durch die Ausübung von Tätigkeiten, die nach dem Gesellschaftsvertrag oder dem Gesetz zumindest originär dem Geschäftsführer obliegen, eine solche Haftung begründet werden kann.[1252] Das bedeutet, dass die „kritische Zone“ also erst dann beginnt, wenn der Dritte *„in die Organisationsstruktur der Gesellschaft eindringt und im Ergebnis selbst den Willen der Gesellschaft bilden“* kann bzw. darf,[1253] indem er organtypische Entscheidungsbefugnisse, wie etwa die alleinige Übernahme

---

1249 *Reiner*: Unternehmerisches Gesellschaftsinteresse und Fremdsteuerung, S. 176 f.

1250 *Fleischer* GmbHR 2011, 337, 341; MüKoGmbHG/*Fleischer* GmbHG § 43 Rn. 227.

1251 *Fleischer* GmbHR 2011, 337, 341; *Fleischer* AG 2004, 517, 524.

1252 Baumbach/Hueck/*Zöllner/Noack* GmbHG, § 43 Rn. 3; MHLS/*Ziemons* GmbHG § 43 Rn. 29.

1253 *Fleischer* AG 2004, 517, 527; *Fleischer* GmbHR 2011, 337, 344.

der Finanzangelegenheiten in Krisenzeiten, wahrnimmt.[1254] Trotzdem soll es zwar bedenklich, aber dennoch vertretbar sein, wenn ein Gesellschaftsgläubiger (z.B. eine Bank) eine mit *„Geschäftsführungsbefugnissen"* ausgestattete Vertrauensperson einsetzen darf.[1255]

Blickt man zunächst auf die oben zuletzt behandelte Fallgruppe der Berater, könnte man leicht annehmen, dass der hier untersuchte Interim Manager die Anforderungen der Haftungsfigur schon durch die Verleihung der Generalvollmacht[1256] völlig unzweifelhaft erfüllt. Seine Tätigkeit soll, wie in diesem und den vorherigen Kapiteln ausgeführt, gerade nicht auf reine Beratung, also die Vorbereitung von Entscheidungen eines Gesellschaftsorgans, beschränkt sein.[1257] Vielmehr soll der Interim Manager die GmbH steuern, für sie also den Willen bilden und äußern dürfen.

Führt man sich allerdinge die Fallgruppe der GmbH-Gesellschafter vor Augen, wird deutlich, dass allein diese Feststellung noch nicht ausreichen kann, sondern wie festgestellt ein *„Eindringen in die Organisationsstruktur"* der GmbH zu verlangen ist. Also nur dann, wenn die gesetzlichen (oder auch fakultativen) Gesellschaftsorgane umgangen, ihre Kompetenzen also ignoriert werden, der Dritte sich über diese Organstruktur hinwegsetzt, kann von einem *„faktischen Organ"* gesprochen werden. Dabei wird auch nicht verkannt, dass die Rechtsprechung und die Literatur gerade kein vollständiges Verdrängen des betroffenen Organs voraussetzen. Denn das Hinwegsetzen bzw. das Eindringen des Dritten ist nicht mit einem vollständigen Verdrängen des Organs gleichzusetzen. Letzteres ist dann anzunehmen, wenn nur noch der Dritte anstelle des Organs handeln würde. Ein Hinwegsetzen bzw. Eindringen liegen dagegen schon dann vor, wenn der Dritte neben aber unabhängig von dem betroffenen Organ handelt. Entscheidend ist dabei nur die fehlende gesellschaftsrechtliche *„Berechtigung"* zu diesem Handeln. Anders ausgedrückt: Wenn der Dritte lediglich in zulässiger Weise an ihn *„delegierte"* Aufgaben wahrnimmt, kann dies keine Haftung auslösen.[1258] Speziell für das Weisungsrecht muss das bedeuten, dass nur *„illegal"*, nicht aber formell und materiell rechtmäßige erteilte Weisungen haftungsrelevant werden können, da ansonsten auch die *„prinzipiell unbeschränkte Herrschaft der Gesellschafter über die Gesellschaft"* verletzt würde.[1259] Die Gesellschafter als eigentliche Eigentümer der GmbH könnten dann nicht mehr frei über *„ihre"* GmbH entscheiden, sondern

---

1254 *Bertheau*: Die Haftung der Kreditgeberbank, S. 123 ff., S. 133 ff.; *Fleischer* AG 2004, 517, 527; *Fleischer* GmbHR 2011, 337, 344; *Schürnbrand* S. 314; *Strohn* DB 2011, 158, 162.

1255 *Himmelsbach/Achsnick* NZI 2003, 355, 360.

1256 So z.B.: *Leiner*: Generalvollmacht, S. 211 f.

1257 So auch für den „nur" generalbevollmächtigten Interim Manager: *Uffmann*: Interim Management, S. 384.

1258 So auch: *Uffmann*: Interim Management, S. 387; *Dreher* FS Hopt, S. 517, 539.

1259 So auch: *Stein*: Das faktische Organ, S. 154.

wären bei ihren Entscheidungen wie ein Treuhänder an das – wie auch immer zu ermittelnde Wohl – der Gesellschaft gebunden. Wenn aber durch eine *„legale“* Weisung der Wille der GmbH gerade feststeht, kann ein diesen Willen der GmbH Erklärender nicht hinterher gegenüber der GmbH haften.

Der hier untersuchte Interim Manager setzt sich aber gerade nicht über die Organisationsstruktur der GmbH hinweg. Er maßt sich auch keine eigenen Kompetenzen eines Organs an. Vielmehr wird er von der Gesellschafterversammlung zur Erfüllung deren eigener Aufgaben als Erfüllungsgehilfe herangezogen und handelt innerhalb des Weisungsbeschlusses der Gesellschafterversammlung und somit nach dem Willen der GmbH. Auch die Generalvollmacht wird dem Interim Manger von der Gesellschaft durch den Geschäftsführer verliehen, sodass er insofern also lediglich eine abgeleitete Kompetenz des Geschäftsführers ausübt und sich keine Organkompetenz anmaßt. Trotz der enormen Kompetenz des Interim Managers ist dieser demnach auch dann nicht als *„faktisches Organ“* der Gesellschaft anzusehen und haftet deshalb auch nicht analog nach den für den GmbH-Gesellschafter geltenden Haftungsnormen des GmbHG, wenn man diese nicht nur dogmatisch fragwürdige Haftungsfigur anerkennen will.

3. Vertragliche Haftung des Interim Managers

Auch ohne die Rechtsfigur des *„faktischen Organs“* kommen für die Haftung des Interim Managers gegenüber der GmbH, wenn dieser – wie in der Arbeit zu Vereinfachungszwecken angenommen wurde – ohne einen dazwischen geschalteten Provider im Unternehmen eingesetzt wird, insbesondere vertragliche Ansprüche der GmbH in Betracht. Die Grundlage für eine vertragliche Haftung gem. § 280 Abs. 1 BGB bildet das Vertragsverhältnis zwischen Interim Manager und Unternehmen, das, wie im ersten Teil der Arbeit unter § 1 Ziff. II. 2. dargestellt, entweder als Managementvertrag, also ein Geschäftsbesorgungsvertrag mit Dienstleistungscharakter, oder auch als Werkvertrag ausgestaltet werden kann.

Bei einem Werkvertrag schuldet der Werkunternehmer einen bestimmten Erfolg und trägt somit das Risiko des Erfolgseintritts. Tritt der versprochene Erfolg nicht ein, muss der Unternehmer für das Ausbleiben vollumfänglich und insbesondere verschuldensunabhängig haften. Sollte der konkrete Interim Management Vertrag also als Werkvertrag auszulegen sein, wäre die Haftung des Interim Managers gegenüber der GmbH noch deutlich umfangreicher und weitgehender als die eines durchschnittlichen Geschäftsführers, dessen Haftung nämlich nach ganz h.M.[1260] keine Erfolgshaftung, sondern eine Haftung für sorgfaltswidriges Verhalten ist und deshalb stets zumindest sein Verschulden voraussetzt.

1260 MüKoGmbHG/*Fleischer* GmbHG § 43 Rn. 67; Baumbach/Hueck/*Zöllner/Noack* GmbHG § 43 Rn. 17; Wicke/*Wicke* GmbHG § 43 Rn. 8.

Sollte der jeweilige Interim Management Vertrag dagegen (wie wohl in der Regel) als Managementvertrag im Sinne eines Geschäftsbesorgungsvertrags mit Dienstvertragscharakter auszulegen sein, wäre der Interim Manager als Dienstverpflichteter lediglich zur Erbringung der Dienstleistung als solcher verpflichtet. Die Haftung des Interim Managers wäre dann auf die Verletzung seiner Dienstpflichten beschränkt. Darüber hinaus soll aber auch durch die Verweisung in § 675 Abs. 1 BGB auf das Auftragsrecht zum Ausdruck kommen, dass der Geschäftsbesorger auch die für das Auftragsrecht typischen Pflichten zu sorgfältiger und sachkundiger Wahrnehmung des fremden Geschäfts zu erfüllen hat und zur Loyalität verpflichtet ist.[1261] Werden dem Interim Manager also Kompetenzen eingeräumt, die dieser nach dem zugrundeliegenden Vertrag für die GmbH auszuüben hat, übernimmt er gleichzeitig auch die damit verbundene Handlungsverantwortung.[1262] Eine *„bloß“* schuldrechtliche Haftung des Interim Managers kann im Übrigen unter Umständen (z.B. durch Vertragsstrafen, u.ä.) sogar positiver für die Gesellschaft sein, als wenn der Interim Manager zum Organ der GmbH bestellt worden wäre. Umgekehrt ist der Interim Manager aber auch durch die Anwendung der sog. „Business-Judgement-Rule“ geschützt. Nach überzeugender Darlegung von *Uffmann*[1263] ist diese nämlich nicht auf Organe der Gesellschaft beschränkt, sondern kann als *„generelles haftungsrechtliches Regelungsmuster für fremdnützige, unternehmerische Handlungen“* deshalb auch auf den hier untersuchten Interim Manager angewendet werden.

Unterschiede zwischen den Schadensersatzansprüchen aus Organhaftung und aus vertraglicher Haftung bestehen allerdings tatsächlich in den unterschiedlichen Verjährungsregeln. Anders als bei der für die vertragliche Haftung geltenden regelmäßigen Verjährung beträgt die Frist für die Organhaftung fünf statt drei Jahre. Anders als man auf den ersten Blick meinen könnte, stellt diese unterschiedliche Regelung ausweislich der Regierungsbegründung zum Gesetz zur Anpassung von Verjährungsvorschriften an das Schuldrechtsmodernisierungsgesetz von 2004 keine Schlechterstellung, sondern eine Privilegierung des Geschäftsführers dar.[1264] Denn anders als die subjektive regelmäßige Verjährungsfrist, bei der Verjährungsbeginn kumulativ von Anspruchsentstehung und Kenntnis oder grob fahrlässiger Unkenntnis des Gläubigers von den anspruchsbegründenden Umständen abhängig ist und eine Höchstfrist von zehn bzw. dreißig Jahren bei fehlender Kenntnis oder grob fahrlässiger Unkenntnis (§ 199 Abs. 2–4 BGB) kennt, ist die organschaftliche Verjährungsfrist nach § 43 Abs. 4 GmbHG nach ganz h.M. eine völlig kenntnisunabhängige (rein objektive)

1261 MüKoBGB/*Heermann* BGB § 675 Rn. 13.

1262 *Uffmann*: Interim Management, S. 418.

1263 *Uffmann*: Interim Management, S. 426 ff.

1264 Begr. RegE, BT-Drs. 15/3653, 12; So auch: MüKoGmbHG/*Fleischer* GmbHG § 43 Rn. 330; *Fleck* ZIP 1991, 1269, 1270.

Fünfjahresfrist.[1265] Diese Privilegierung beruhe auf der Erkenntnis, dass eine Fristenspanne von drei bis zu zehn oder gar dreißig Jahren nicht den Bedürfnissen des Geschäftsführers entspreche und durch die Privilegierung zudem die Risikokalkulation für die in diesem Bereich enorm wichtigen D&O-Versicherer erleichtert werde.[1266]

Der Unterschied zwischen der vertraglichen Haftung und der Haftung des Geschäftsführers gem. § 43 Abs. 2 GmbHG dürfte deshalb äußerst gering sein.[1267] Das zeigt sich auch daran, dass in der Literatur eine mögliche Anspruchskonkurrenz zwischen der Organhaftung und der Haftung aus dem der Bestellung zugrundeliegenden Anstellungsvertrag beim Geschäftsführer auch mit dem Argument zurückgewiesen wird, dass diese keine praktischer Relevanz habe, da kein wesentlicher Unterschied zwischen beiden Haftungsinstituten bestünde.[1268] Nicht die Organstellung, sondern wohl vielmehr der konkrete Gegenstand des „*Auftrags*" an den Manager bestimmt und begrenzt also dessen Pflichten- und Verantwortungsbereich.[1269]

II. Zurechnung des Handelns des Interim Managers zu der GmbH

Die Gläubiger der Gesellschaft bzw. die Allgemeinheit werden aber nicht nur durch die Haftung des Geschäftsführers gegenüber der GmbH, sondern auch durch die Verantwortlichkeit der GmbH für die Handlungen des Geschäftsführers geschützt. Gem. § 31 BGB ist eine juristische Person für das Handeln der sie im Rechtsverkehr repräsentierenden Personen wie eine natürliche Person für ihr eigenes Handeln verantwortlich.[1270] Die Bestimmung ist also kein selbstständiger haftungsbegründender Tatbestand und keine eigenständige Anspruchsgrundlage, sondern eine haftungszuweisende Zurechnungsnorm, da sie das Handeln bestimmter Personen der juristischen Person als Eigenhandeln zurechnet.[1271] Ohne eine solche Regelung entfiele sowohl die Haftung der juristischen Person

---

1265 U.a.: MüKoGmbHG/*Fleischer* GmbHG § 43 Rn. 329 ff.; Baumbach/Hueck/*Zöllner/Noack* GmbHG § 43 Rn. 57; MHLS/*Ziemons* GmbHG § 43 Rn. 531; Roth/Altmeppen/*Altmeppen* GmbHG § 43 Rn. 144.

1266 MüKoGmbHG/*Fleischer* GmbHG § 43 Rn. 330; UHL/*Paefgen* GmbHG § 43 Rn. 287; *Fleck* ZIP 1991, 1269, 1270.

1267 Vgl. auch die umfassende Darstellung bei: *Uffmann*: Interim Management, S. 418 ff.

1268 Baumbach/Hueck/*Zöllner/Noack* GmbHG § 43 Rn. 4; MüKoGmbHG/*Fleischer* GmbHG § 43 Rn. 8; MHLS/*Ziemons* GmbHG § 43 Rn. 14; *Fleck* ZIP 1991, 1269, 1270; Scholz/*Schneider* GmbHG § 43 Rn. 18.

1269 *Uffmann*: Interim Management, S. 418.

1270 MüKoBGB/*Arnold* BGB § 31 Rn. 2; BeckOK BGB/*Schöpflin* BGB § 31 Rn. 1.

1271 BeckOK BGB/*Schöpflin* BGB § 31 Rn. 1; BGH, Urteil vom 13.01.1987 (Az.: VI ZR 303/85) = BGHZ 99, 298; Palandt/*Ellenberger* BGB § 31 Rn. 2.

für eigenes Handeln als auch die Verantwortlichkeit der juristischen Person für fremdes Handeln der für sie handelnden Personen.[1272]

Auch wenn § 31 BGB ursprünglich nur für den Verein geschaffen wurde, ist mittlerweile durch unangefochtene Rechtsprechung[1273] völlig unstreitig, dass die Norm auf sämtliche juristische Personen und insbesondere auch die GmbH anzuwenden ist.[1274] Die Zurechnung ist außerdem – anders als der Wortlaut *„anderer verfassungsmäßig berufener Vertreter"* vermuten lassen könnte – auch nicht auf in der Satzung verankerte Repräsentanten der juristischen Person beschränkt, sondern soll vielmehr auch dann gelten, wenn die Repräsentation in Regelungen außerhalb der Satzung verankert ist.[1275] Das muss auch schon deshalb gelten, weil es ansonsten im Belieben der juristischen Person läge, ob sie für ihre Repräsentanten in der Intensität des § 31 BGB haftet oder nicht.[1276] Zu Recht kommt es deshalb nach der Rechtsprechung des BGH allein entscheidend darauf an, ob die jeweilige Person eine herausgehobene hierarchische Position innerhalb der juristischen Person innehat.[1277] Das soll dann der Fall sein, wenn *„dem Vertreter durch die allgemeine Betriebsregelung und Handhabung bedeutsame, wesensmäßige Funktionen der juristischen Person zur selbstständigen, eigenverantwortlichen Erfüllung zugewiesen sind, dass er also die juristische Person auf diese Weise repräsentiert"*[1278]. Dabei schadet selbst eine Weisungsgebundenheit im Innenverhältnis nicht, sofern der Vertreter nach außen selbstständig auftritt.[1279] Gefordert ist also jedenfalls eine *„gewisse Selbstständigkeit der Entschließung"*.[1280]

Diese von der Rechtsprechung und der Rechtsliteratur aufgestellten Kriterien treffen auf einen „normalen" Generalbevollmächtigten und insbesondere auf den hier beschriebenen Interim Manager zweifelsfrei zu. Wenn von der oben dargestellten Definition schon leitende Angestellte *„in selbstständiger verantwortlicher Stellung"* erfasst sind,[1281] ist § 31 BGB erst recht auf den hier untersuchten Interim Manager anzuwenden. Diesem sind ganz unzweifelhaft *„funktionell betrachtet bedeutsame Geschäftsführungsaufgaben zur selbstständigen, eigenverantwortlichen*

1272 MüKoBGB/*Arnold* BGB § 31 Rn. 2; BeckOK BGB/*Schöpflin* BGB § 31 Rn. 1.

1273 So schon: RG, Urteil vom 18.10.1917 = RGZ 91, 72 (75); 163, 21; später auch: BGH, Urteil vom 30.10.1967 (Az.: VII ZR 82/65) = BGHZ 49, 19.

1274 MüKoBGB/*Arnold* BGB § 31 Rn. 11; Staudinger/*Weick* BGB § 31 Rn. 42; Soergel/*Hadding* BGB § 31 Rn. 6; PWW/*Schöpflin* BGB § 31 Rn. 2.

1275 MüKoBGB/*Arnold* BGB § 31 Rn. 5; Staudinger/*Weick* BGB § 31 Rn. 34 f.; Soergel/*Hadding* BGB § 31 Rn. 10; PWW/Schöpflin BGB § 31 Rn. 4.

1276 MüKoBGB/*Arnold* BGB § 31 Rn. 5; Staudinger/*Weick* BGB § 31 Rn. 34.

1277 BGH, Urteil vom 14.03.2013 (Az.: III ZR 296/11) = NJW 2013, 3366.

1278 BGH, Urteil vom 30.10.1967 (Az.: VII ZR 82/65) = BGHZ 49, 19; seither stereotyp wiederholte Formel, vgl. nur BGH, Urteil vom 21.09.1971 (Az.: VI ZR 122/70) = NJW 1972, 334; BGH, Urteil vom 12.07.1977 (Az.: VI ZR 159/75) = NJW 1977, 2259.

1279 BGH, Urteil vom 12.07.1977 (Az.: VI ZR 159/75) = NJW 1977, 2259.

1280 Staudinger/*Weick* BGB § 31 Rn. 36.

1281 Soergel/*Hadding* BGB § 31 Rn. 10.

Erfüllung zugewiesen".[1282] Er repräsentiert deshalb insofern auch das Einsatzunternehmen im Sinne des § 31 BGB.[1283] Der Interim Manager ist also ebenfalls als „*verfassungsmäßig berufener Vertreter*" im Sinne der §§ 30, 31 BGB anzusehen[1284] bzw. § 31 BGB ist auf ihn analog anzuwenden,[1285] auch wenn ihm seine Kompetenzen nicht in der Satzung – also der Verfassung – der GmbH eingeräumt werden.

Der ebenfalls als Zurechnungsnorm ausgestaltete § 278 BGB ist für den Interim Manager dagegen nicht anzuwenden. Zwar beruht auch dieser ähnlich wie § 31 BGB auf dem Gedanken, dass jeder Schuldner für seinen Geschäfts- und Gefahrenkreis gegenüber seinen Gläubigern verantwortlich ist und dass hierzu auch die Tätigkeit seiner Hilfspersonen gehört.[1286] Der Schuldner, der sich im Rahmen eines Schuldverhältnisses die Vorteile der Arbeitsteilung zunutze macht, soll für das Fehlverhalten seiner Hilfskräfte ohne Entlastungsmöglichkeit einstehen.[1287] Allerdings wird § 278 BGB (ebenso wie § 831 BGB) durch § 31 BGB als lex specialis verdrängt, da in dem Handeln einer unter § 31 BGB zu subsumierenden Person schon ein „*eigenes Handeln der Gesellschaft*" zu sehen sein soll, eine weitere Zurechnung deshalb schon gar nicht möglich ist.[1288]

III. Zusammenfassung: Keine Haftungslücke

Wie in diesem Kapitel gezeigt werden konnte, wird die Organhaftung durch die hier untersuchte Konstruktion nicht ausgehöhlt. Zwar haftet der Interim Manager gegenüber der GmbH nicht als Organ und auch nicht als sog. „*faktisches Organ*". Diese nicht kodifizierte (und wohl auch nicht kodifizierbare) Haftungsfigur gilt zwar als allgemein anerkannt, ist von seinen Voraussetzungen und seinen Konturen aber nach wie vor unklar, heftig umstritten und deshalb unbrauchbar. Selbst wenn man sie trotz dieser Bedenken auf den hier untersuchten Interim Manager anwenden will, muss man aber zu der Überzeugung gelangen, dass die dazu vorgeschlagenen Fallgruppen nicht auf ihn angewendet werden können, er also auch nicht auf diesem Wege haftet. Bei näherer Betrachtung zeigt sich

---

1282 *Uffmann*: Interim Management, S. 423.

1283 *Uffmann*: Interim Management, S. 423.

1284 *Hübner* ZHR 143 (1979), 1, 20.

1285 Nach einer in der Lit. vertretenen Ansicht handelt es sich bei der Ausweitung der Anwendung von § 31 BGB um eine analoge Anwendung auf andere Repräsentanten, die gerade keine „*verfassungsmäßig berufener Vertreter*" sind: MüKoBGB/*Arnold* BGB § 31 Rn. 5; Staudinger/*Weick* BGB § 31 Rn. 34; *Martinek*: Moderne Vertragstypen, Bd. II, S. 196 ff.

1286 BeckOK BGB/*Lorenz* BGB § 278 Rn. 1; BGH, Urteil vom 08.02.1974 (Az.: V ZR 21/72) = BGHZ 62, 119; BGH, Urteil vom 23.11.1995 (Az.: IX ZR 213/94) = BGHZ 131, 200.

1287 BeckOK BGB/*Lorenz* BGB § 278 Rn. 1; BGH, Urteil vom 27.06.1985 (Az.: VII ZR 23/84) = BGHZ 95, 128.

1288 MüKoBGB/*Grundmann* BGB § 278 Rn. 10.

aber, dass der Interim Manager als „starker“ Generalbevollmächtigter vertraglich im Wesentlichen nicht anders als ein Geschäftsführer gegenüber der GmbH im Innenverhältnis haftet, weshalb es der Rechtsfigur des *„faktischen Organs“* auch aus diesem Grund nicht bedarf. Die schuldrechtliche Implementierung des Interim Managers kann deshalb auch nicht dazu benutzt werden, dass sich dieser aus der für die Gläubiger notwendigen Innenhaftung stehlen kann. Risiko und Verantwortung stehen also bei einer solchen Konstruktion in einem angemessenen Verhältnis. Speziell für das Weisungsrecht gegenüber dem Geschäftsführer gilt außerdem, dass ein gleiches Ergebnis – also ein rein weisungsausführender und deshalb nichthaftender Geschäftsführer – auch bei einer zulässigen Delegation des Weisungsrechts innerhalb der Gesellschaft bzw. extensiven Ausübung des Weisungsrechts durch die Gesellschafterversammlung möglich wäre.[1289] Die Interessen der Gläubiger und der Allgemeinheit sind deshalb ebenfalls keine Argumente gegen die Ausübung des Weisungsrechts durch den Interim Manager.

E. Prinzip von Herrschaft und Haftung

Das sog. *„Prinzip von Herrschaft und Haftung“* beruht auf dem Gedanken, dass nur bei einem Zusammenhang zwischen diesen beiden Elementen sichergestellt sei, dass *„der Schuldner schon im eigenen Interesse Vermögenseinbußen zu vermeiden suche“*.[1290] Selbst wenn man dieses Prinzip überhaupt als allgemeines Wertungskriterium anerkennen will[1291], trägt es hier nicht, weil es nur zwischen den Beteiligten, aber nicht nach außen wirkt und deshalb eine einverständliche Regelung zwischen den Beteiligten, dass der Haftende sich bezüglich seiner Entscheidungsbefugnis einem Dritten unterwirft, nicht verbietet.[1292] Nur eine Unterwerfung gegen seinen Willen würde das Prinzip verbieten; dies ist hier aber ohnehin nicht der Fall. Da aber auch schon der oben diskutierte Grundsatz der Verbandssouveränität letztendlich auf dem *„notwendigen Zusammenhang zwischen Entscheidungsmacht und Verantwortlichkeit“*[1293] und auch im Rahmen der Haftung als faktisches Gesellschaftsorgan auf den *„Zusammenhang zwischen Herrschaft und Haftung“*[1294] abgestellt wird, ist es m.E. überzeugender, das Prinzip als eigenständiges bzw. zusätzliches Wertungskriterium im Gesellschaftsrecht nicht anzuerkennen.

1289 *Martinek*: Moderne Vertragstypen, Bd. II, S. 308.
1290 *Reuter* ZGR 1978, 633, 640.
1291 Kritisch etwa: *Grigoleit*: Gesellschafterhaftung, S. 18 ff., 29.
1292 *Teichmann* S. 191.
1293 MüKoGmbHG/*Liebscher* GmbHG § 45 Rn. 42; *Reuter* ZGR 1978, 633, 640.
1294 Z.B.: Bork/Schäfer/*Klöhn* GmbHG § 43 Rn. 9; *Uffmann*: Interim Management, S. 384; BGH, Urteil vom 21.03.1988 (Az.: II ZR 194/87) = BGHZ 104, 44, 47; OLG Düsseldorf, Urteil vom 25.11.1993 (Az.: 6 U 245/92) = GmbHR 1994, 317.

F. Zwischenergebnis: Keine durchgreifenden Bedenken gegen ein solches Weisungsrecht

Zusammenfassend lässt sich damit also festhalten, dass das dogmatisch als zulässige Erfüllungsgehilfenschaft zu qualifizierende und auf dem „*Rahmenbeschluss*" der Gesellschafterversammlung beruhende Weisungsrecht für den Interim Manager auch nicht gegen spezielle gesellschaftsrechtliche Grundsätze verstößt. Es verletzt insbesondere nicht den ohnehin nur schwer greifbaren Grundsatz der Verbandssouveränität, da sich die GmbH durch die bloße Ermächtigung eines Dritten, das Weisungsrecht der Gesellschafterversammlung auszuüben, nicht „*selbst entmachtet*". Aber auch die Interessen der Minderheitsgesellschafter, der Gläubiger und der Allgemeinheit sowie das Prinzip von Herrschaft und Haftung, sofern man dieses überhaupt als eigenständige gesellschaftsrechtliche Grenze anerkennen will, werden hier nicht beeinträchtigt. Schließlich ist auch der Geschäftsführer durch diese Konstruktion keiner größeren Sanktionsgefahr ausgesetzt, als wenn die Gesellschafterversammlung ihr Weisungsrecht selbst umfassend ausüben würde. Für die Zulässigkeit einer solchen Konstruktion spricht m.E. davon abgesehen im Übrigen auch die Eigentumsgarantie der beteiligten Gesellschafter, die eine unbegründete und zu weitgehende Einschränkung der Gesellschafter in Bezug auf „ihre" GmbH als deren wirtschaftliche Eigentümer verbietet.

§ 5: Ergebnis des dritten Teils: Das Weisungsrecht zur Steuerung der GmbH im Innenverhältnis durch ein Nichtorgan

Wie schon im ersten Teil der Arbeit gezeigt werden konnte, ist die Gesellschafterversammlung das *„oberste Willensbildungsorgan“* der Gesellschaft, da diese insbesondere über ihre Weisungskompetenz die ansonsten auch dem Geschäftsführer zustehende Willensbildung kontrollieren und bestimmen kann. Das als Rechtsgeschäft *„eigener Art“* zu qualifizierende Weisungsrecht der Gesellschafterversammlung ist insbesondere aufgrund der Folgepflicht des Geschäftsführers dazu geeignet, diesen zu einem bestimmten Handeln bzw. zu einem bestimmten Unterlassen zu bewegen. Das Weisungsrecht unterliegt auch keinen so weitgehenden Einschränkungen, dass ihm dadurch die Möglichkeit, den Willen für die GmbH verbindlich festzulegen, genommen wäre. Insbesondere musss dem Geschäftsführer kein unentziehbarer Kernbereich verbleiben, in dem dieser vollkommen weisungsfrei agieren kann. Durch das Weisungsrecht der Gesellschafterversammlung gegenüber dem Geschäftsführer kann also der im ersten Teil der Arbeit herausgearbeitete Wille der GmbH verbindlich gebildet werden.

Bewiesen werden konnte in diesem Teil zunächst auch, dass die Gesellschafterversammlung in ihrer Entscheidung, in welchem Maße sie diese Kompetenz selbst nutzen will, aufgrund der sehr weiten Satzungsautonomie bei der GmbH grundsätzlich frei ist und diese Kompetenz auch auf andere (fakultative) Gesellschaftsorgane übertragen kann. Das Weisungsrecht muss also nicht zwingend von ihr selbst ausgeübt werden. Wie aber Untersuchungen zu der Rechtsfigur des sog. *„schuldrechtlichen Gremiums“* schon beweisen konnten, können Kompetenzen der Gesellschafterversammlung auch durch Nichtorgane ausgeübt werden. Ebenso wie bei der Einräumung einer Generalvollmacht findet auch dann keine Substitution von Organbefugnissen statt. Denn das Organ gestattet in diesem Fall lediglich einem Dritten die Ausübung der jeweiligen (immer noch) eigenen Kompetenz, kann sie aber jederzeit auch selbst ausüben und dem Dritten die Ausübungsmöglichkeit auch jederzeit wieder entziehen. In dem Handeln des Dritten ist in diesem Fall deshalb weiterhin ein Handeln des jeweiligen Organs zu sehen. Begrifflich lässt sich diese Kompetenzeinräumung als *„Delegation“* bzw. aus Sicht des Dritten und gerade in Abgrenzung zur unzulässigen Substitution als *„Erfüllungsgehilfenschaft“* beschreiben.

Es konnte in diesem Teil der Arbeit dann aber auch gezeigt werden, dass durch einen *„Rahmenbeschluss“* der Gesellschafterversammlung der Dritte – hier also der Interim Manager – ermächtigt werden kann, im Namen dieser Weisungen an den Geschäftsführer zu richten. Das darauf gerichtete Handeln des Dritten füllt den noch offengelassenen Beschluss der Gesellschafterversammlung inhaltlich aus, ohne dass dabei ein Wechsel des Kompetenzträgers stattfinden würde. Anders als bspw. bei einem Beherrschungsvertrag wird das Weisungsrecht der Gesellschafterversammlung dann nicht auf den Dritten substituiert, sondern dieser wird lediglich als Gehilfe der Gesellschafterversammlung bei deren Ausübung des Weisungsrechts eingesetzt. Das zeigt sich darin, dass die Gesellschafterversammlung das Weisungsrecht anders als bspw. beim Beherrschungsvertrag jederzeit wieder selbst ausüben kann und durch den rein schuldrechtlich wirkenden Vertrag mit dem Interim Manager daran nicht gehindert wird.

Dieses so zu konstruierende Weisungsrecht unterliegt schließlich auch keinen speziellen gesellschaftsrechtlichen Grenzen, die den Einsatz bei der GmbH für sich genommen oder in Verbindung mit der Generalvollmacht verbieten könnten. Insbesondere der ohnehin nur schwer greifbare Grundsatz der Verbandssouveränität ist hier nicht verletzt, da sich die GmbH durch die bloße Ermächtigung eines Dritten, das Weisungsrecht der Gesellschafterversammlung auszuüben, nicht *„selbst entmachtet"*, sondern diese (selbst gewollte) *„Fremdbestimmung"* jederzeit ohne aufwendige Eingriffe in die Satzung wieder beenden kann. Es stellt deshalb für den hier untersuchten Interim Manager Einsatz ein wirkungsvolles Mittel dar, die GmbH im Innenverhältnis zu steuern, indem damit der für die GmbH im Rechtsverkehr abzugebende Wille für alle zur Willensäußerung Berechtigten verbindlich festgelegt werden kann.

Fazit: Der generalbevollmächtigte und weisungsbefugte Interim Manager als zulässiger „Quasigeschäftsführer"

Abschließend sollen nun anhand der zuvor in den drei Hauptteilen der Arbeit gewonnenen Ergebnisse und Erkenntnisse die in der Einleitung umrissenen Ausgangsfragen beantwortet werden. Wie dort einleitend erläutert, war das Ziel dieser Arbeit, die Forschungslücke in Bezug auf die Frage zu schließen, ob es speziell bei der Gesellschaftsform der GmbH möglich ist, einem außenstehenden Dritten auf rein schuldrechtlichem Weg, also ohne ihn zu einem Organ zu bestellen, die umfassende „*Steuerung*" der GmbH zu ermöglichen und damit zugleich den regulären Geschäftsführer zu „*entmachten*". Dieses bisher in Bezug auf die Zulässigkeit der Generalvollmacht bei der GmbH noch wenig und in Bezug auf das darüber hinaus gehende Innenverhältnis sogar noch gar nicht untersuchte, – bis vor kurzem wohl auch noch rein theoretische Problem – stellt sich in der Praxis in zunehmendem Maße durch den schuldrechtlichen Einsatz von Interim Managern insbesondere bei mittelgroßen Unternehmen, die ganz überwiegend als GmbH organisiert sind. Die Problemstellung wurde deshalb gerade ausschließlich an dieser konkreten Fallkonstellation untersucht.

Im ersten Teil konnte zunächst der in dieser Arbeit erstmals in dieser Form verwendete Begriff der „*Steuerung*" der GmbH, auf dem auch die weitere Untersuchung aufbaut, als Kontrolle über die Bildung und die Äußerung des Willens der GmbH im Rechtsverkehr definiert werden. Anders als der in der Literatur zwar häufig, aber gerade nicht einheitlich verwendete Begriff der sog. „*Geschäftsführung*" lässt sich durch diese Definition insbesondere das Außen- vom Innenverhältnis deutlicher unterscheiden. Wird bei der Untersuchung der Kompetenzen nicht sauber zwischen der „*organschaftlichen Vertretungsbefugnis*" als Außenhandeln und dem nach Innen gerichteten Handeln unterschieden, werden nämlich Wertungsfragen, die oft nur für das Innen- oder das Außenhandeln gelten, vermischt und auch für den Bereich verwendet, für den sie gerade nicht entwickelt wurden. Für die Steuerung im Außenverhältnis, also die Kompetenz, den Willen für die GmbH im Rechtsverkehr umfassend äußern zu können, kommt nur die Generalvollmacht als umfassendste rechtsgeschäftlich erteilte Vollmacht in Betracht. Für die Steuerung im Innenverhältnis, also die Kompetenz, den zu äußernden Willen für die GmbH auch verbindlich festlegen zu können, ist die Frage dagegen nicht ganz so leicht zu beantworten. Wie nämlich ebenfalls im ersten Teil der Arbeit gezeigt werden konnte, ist die Gesellschafterversammlung zwar grundsätzlich das eigentliche Willens*bildungs*organ[1295] der GmbH. Der

1295 *K. Schmidt* GesR, § 36 III. 1; Scholz/*K. Schmidt* GmbHG § 45 Rn. 1.

Geschäftsführer ist aber gleichzeitig als „*grundsätzliches intentionelles Zuständigkeitsobjekt der Geschäftsführung*“[1296] auch ihr primäres *Leitungs*organ.[1297] Da im Normalstatut nur der Geschäftsführer den Willen der GmbH äußern kann und ohne satzungsrechtliche Regelungen oder Weisungen durch die Gesellschafterversammlung in der Art und Weise der Ausübung dieser Kompetenz auch im Innenverhältnis weitgehend frei ist, wird dieser Wille schon rein faktisch durch die Ausübung der Vertretungskompetenz von ihm überhaupt erst gebildet. Bedenkt man aber, dass die Gesellschafter als „*Eigentümer*“ der GmbH stets hinter einem erfolgreichen Einsatz eines Interim Managers stehen müssen, ist es ausreichend, wenn mit der gesuchten Kompetenz ausschließlich die Willens*äußerung* der GmbH durch den Geschäftsführer und damit auch aller anderen von diesem abhängigen Vertreter der GmbH kontrolliert werden. Kann der Interim Manager nämlich selbst frei den Willen der GmbH *äußern* und gleichzeitig jede andere Willens*äußerung* kontrollieren, bestimmt er damit auch über die Willens*bildung* der GmbH. Als letztes Ergebnis des ersten Teils ist außerdem noch die Feststellung zu erwähnen, dass ein Interim Manager selbst dann nicht zu einem Organ der GmbH wird, wenn ihm diese umfassenden Kompetenzen rein schuldrechtlich und durch einfachen Gesellschafterbeschluss und nicht durch die Satzung der GmbH eingeräumt werden. Zu Recht macht nämlich die herrschende Meinung die Organqualität insbesondere von der Einräumung der Kompetenzen durch die Satzung abhängig.

Wie sich bei der Untersuchung der Generalvollmacht im zweiten Teil der Arbeit gezeigt hat, ging die bisherige Diskussion um die Zulässigkeit der Generalvollmacht bei der GmbH größtenteils an dem eigentlichen Problem vorbei. Auch wenn die Stimmen, die eine (Total)Ablehnung der Generalvollmacht bei der GmbH zu Recht kritisieren, erheblich zugenommen haben, wurden auch von diesen Autoren nach wie vor die der Debatte eigentlich zu Grunde liegenden Wertungsschwierigkeiten nicht offengelegt bzw. herausgearbeitet. So war die bisherige Diskussion in der Rechtsliteratur auch mehr ein Streit um Begrifflichkeiten, denn um die eigentlich entscheidende Frage, nämlich den Ausgleich der von der Frage betroffenen Wertungsgesichtspunkte. Außerdem konnte durch eine Analyse der entscheidenden BGH- bzw. RG-Urteile nachgewiesen werden, dass die Gerichte entgegen der bisher ganz einheitlichen Auffassung in der Rechtsliteratur gerade nicht von einer (grundsätzlichen) Unzulässigkeit der Generalvollmacht für die GmbH ausgehen, womit dem wesentlichen Argument der herrschenden Literatur gegen die Zulässigkeit schon der Boden entzogen werden konnte. Übrig bleiben damit noch der Schutz der Gesellschafter (vor sich selbst?), der Verkehrsschutz bzw. die Rechtssicherheit, der Schutz öffentlicher Interessen und Pflichten sowie das „*Verbot der Übertragung von Organbefugnissen*“. In einer

---

1296 *Uffmann* ZGR 2013, 273, 305.

1297 *Geißler* GmbHR 2009, 1071, 1073; UHL/*Paefgen* GmbHG § 35 Rn. 103; Scholz/*K. Schmidt* GmbHG § 45 Rn. 6.

eingehenderen Untersuchung konnte sich allerdings keines dieser Argumente als überzeugend erweisen. Insbesondere in der Untersuchung des „*Verbots der Übertragung von Organbefugnissen*" hat sich gezeigt, dass die in der Rechtsliteratur oftmals scheinbar einheitlich verwendeten Begrifflichkeiten noch nie definiert und sauber unterschieden wurden. So wird auch der Begriff der „*Übertragung*" nicht in bereits bestehende rechtliche Kategorien eingeordnet. Unternimmt man aber diesen Versuch, kann ein Verbot nur dann gerechtfertigt werden, wenn darunter eine Substitution im Sinne des § 664 Abs. 1 S. 1 BGB verstanden wird. Da aber sowohl eine Organstellung als auch eine Organkompetenz ausschließlich im Rahmen der Satzung „*übertragen*" – also substituiert – werden können, ist eine „*Übertragung von Organbefugnissen*" durch eine rein schuldrechtlich wirkende Generalvollmacht von vornherein ausgeschlossen, wie u.a. auch bereits *Uffmann* deutlich gemacht hat. Die Generalvollmacht verleiht schließlich auch grundsätzlich die gleichen Vertretungskompetenzen wie die eines Geschäftsführers und unterliegt keinen relevanten Einschränkungen. Das Ergebnis des zweiten Teils ist deshalb die Erkenntnis, dass der Interim Manager durch eine Generalvollmacht die GmbH im Außenverhältnis „*steuern*", also den Willen der GmbH im Rechtsverkehr umfassend äußern kann.

Im dritten Teil ist in dieser Arbeit erstmals die Frage untersucht worden, ob ein nur schuldrechtlich eingesetzter Interim Manager, dem neben einer Generalvollmacht auch noch zusätzliche Kompetenzen im Innenverhältnis eingeräumt werden, das von der Gesellschaft eingesetzte und bestellte Geschäftsführungsorgan „*entmachten*" und die Geschäfte der Gesellschaft auf diesem Weg selbstständig „*führen*" kann. Hier konnte zunächst gezeigt werden, dass die Willens*bildungs*kompetenz der Gesellschafterversammlung in Form der Weisungskompetenz gegenüber dem Geschäftsführer nicht durch einen in der Literatur zum Teil angenommenen „*Kernbereich*", in dem der Geschäftsführer autonom über die Ausübung seiner Vertretungskompetenz entscheiden können soll, eingeschränkt wird. Sie muss auch nicht zwingend von ihr selbst, sondern kann grundsätzlich mittels entsprechender Satzungsänderung durch andere (fakultative) Organe ausgeübt werden. Darüberhinausgehend kann diese Kompetenz nach den hier gefundenen Erkenntnissen auch durch gesellschaftsfremde Dritte – wie etwa ein sog. „*schuldrechtliches Gremium*", aber auch den hier untersuchten Interim Manager – ausgeübt werden, auch wenn dieser Dritte kein Gesellschaftsorgan bzw. Organmitglied ist. Denn dadurch, dass einem Dritten die Möglichkeit eingeräumt wird, diese Willensbildungskompetenz der Gesellschafterversammlung auszuüben, wird – wie bei der Einräumung einer Generalvollmacht – die Kompetenz nicht substituiert und geht der Gesellschafterversammlung somit auch nicht verloren, sondern verbleibt vielmehr bei ihr. Sie hat außerdem jederzeit die Möglichkeit und das Recht, dem Dritten diese Kompetenz wieder zu entziehen. Dogmatisch ist diese Kompetenzausübung durch einen Dritten – in Abgrenzung zur oben beschriebenen Substitution – als sog. „*Erfüllungsgehilfenschaft*" zu qualifizieren. Sie kann dogmatisch dadurch erklärt werden, dass die Gesellschafterversammlung einen Rahmenbeschluss trifft, der den Geschäftsführer anweist, den Weisungen des Dritten Folge zu leisten. Die darauf aufbauenden Weisungen des Dritten sind dann als inhaltliche Ausformungen dieses Rahmenbeschlusses und insofern auch als keine eigenständige Kompetenz zu bewerten. Da sich die Gesellschaft durch eine solche Form der Kompetenzausübung gerade nicht selbst *„entmündigt"*, steht ihr auch nicht der Grundsatz der Verbandssouveränität entgegen. Auch die Interessen der Minderheitsgesellschafter, die Sanktionsgefahr für den Geschäftsführer, die Interessen der Gläubiger und der Allgemeinheit sowie das Prinzip von Herrschaft und Haftung sprechen auch aus speziell gesellschaftsrechtlicher Sicht nicht gegen eine solche Konstruktion. Als Ergebnis des dritten Teils konnte somit festgestellt werden, dass der Interim Manager als ein solcher Dritter durch eine solche Ausübungsmöglichkeit des der Gesellschafterversammlung zustehenden Weisungsrechts gegenüber dem Geschäftsführer den Willen für die GmbH abschließend bilden und die GmbH auf diese Weise auch im Innenverhältnis *„steuern"* kann.

Fasst man die oben gefundenen Erkenntnisse dieser Arbeit zu einem Gesamtergebnis zusammen, konnte vorliegend erstmals umfassend gezeigt werden, dass bei einer GmbH ein externer Interim Manager eingesetzt werden kann, der im Außenverhältnis mit einer Generalvollmacht und im Innenverhältnis mit einer gegenüber dem Geschäftsführer wirkenden Weisungsbefugnis ausgestattet ist. Damit gehen die Erkenntnisse dieser Arbeit noch über die bisherigen Arbeiten zur Generalvollmacht bei der GmbH und zum Interim Management hinaus. So konnte hier nämlich erstmals nachgewiesen werden, dass es möglich ist, einem solchen Interim Manager sowohl nach außen als auch nach innen die (im Wesentlichen) gleichen Kompetenzen wie dem gesetzlichen Geschäftsführer der GmbH zuzuweisen, ohne ihn gleichzeitig zum Organ der GmbH zu bestellen. Durch diese Erkenntnisse werden die Einsatzmöglichkeiten für das Interim Management – bei zugleich auch deutlich mehr Rechtssicherheit für die Manager und die Unternehmensträger – zukünftig noch größer werden. So muss ein so ausgestatteter Interim Manager dem Geschäftsführer nämlich nicht mehr zwingend unterstellt werden, da er diesem gegenüber nicht weisungsunterworfen ist, sondern ihm vielmehr selbst Weisungen erteilen kann. Mit einem solchen Interim Manager kann der Geschäftsführer insofern also sogar *„entmachtet"* werden, sodass der Interim Manager selbst die GmbH umfassend *„steuern"* kann. Einzige Voraussetzung dieser Konstruktion ist die Zustimmung der Gesellschafterversammlung als *„oberstem"* Gesellschaftsorgan. Nur wenn diese (möglichst natürlich als Initiator) dem Einsatz des Interim Managers zustimmt, ist eine solche umfassende nichtorganschaftliche Kompetenzeinräumung rechtlich möglich. Aber auch nur dann, wenn die Gesellschafter als *„Eigentümer"* der GmbH hinter dem Einsatz stehen und ihn in dieser Form auch wollen und entsprechend fördern, kann der *„Steuerungseinsatz"* eines Interim Managers von Erfolg gekrönt werden.

Die Ergebnisse der Arbeit lassen sich abschließend in den folgenden zehn Thesen zusammenfassen:

1.) Ein mit einer Generalvollmacht und einem schuldrechtlichen (also nicht organschaftlichen) Weisungsrecht gegenüber dem Geschäftsführer ausgestatteter Interim Manager ist mangels Verankerung dieser Kompetenzen in der Satzung kein Organ der GmbH.
2.) Es ist zwischen Organbefugnissen bzw. -kompetenzen und schuldrechtlich eingeräumten Befugnissen bzw. Kompetenzen zu unterscheiden.
3.) Organbefugnisse bzw. -kompetenzen können nur an ein anderes Organ „*übertragen*" werden, denn nur von Organen einer juristischen Person können diese wahrgenommen werden. Eine „*Übertragung*" im Sinne einer Substitution an ein Nichtorgan würde sonst bewirken, dass eine Organkompetenz nicht mehr wahrgenommen werden könnte. Dies würde aber bedeuten, dass die juristische Person, die nur durch ihre Organe handeln kann, nicht mehr handlungsfähig wäre.
4.) Werden Organbefugnisse bzw. -kompetenzen an ein Nicht-Organ „*übertragen*", liegt deshalb keine Substitution vor, sondern in diesem Vorgang ist die rein schuldrechtlich wirkende Einsetzung eines Gehilfen in der Ausübung der Organkompetenz zu sehen, die sich nicht auf die Verfassung der juristischen Person auswirkt.
5.) Ob eine „*Übertragung*" in diesem Sinne zulässig ist oder nicht, hat sich an dem Sinn und Zweck einer konkreten Kompetenz bzw. Pflicht zu orientieren. Dabei ist insbesondere zu berücksichtigen, wer oder was mit der konkreten Pflicht geschützt werden soll und ob ein solcher Schutz nicht auch bei Einsetzung eines Gehilfen gewahrt wird.
6.) Eine Generalvollmacht ist bei der GmbH nicht grundsätzlich unzulässig, da damit keine Organbefugnisse im Sinne einer Substitution „*übertragen*" werden. Die Organe der GmbH bleiben weiterhin verantwortlich. Die gegen die Generalvollmacht bei der GmbH angeführten Argumente verfangen deshalb nicht und sind insofern abzulehnen.
7.) Mit Hilfe einer Generalvollmacht kann ein Interim Manager im Außenverhältnis mit der gleichen Kompetenz wie ein Geschäftsführer ausgestattet werden.
8.) Dem Geschäftsführer muss kein „*Kernbereich*" eigenverantwortlichen Handelns verbleiben.
9.) Die Gesellschafterversammlung kann den Interim Manager gegenüber dem Geschäftsführer mit einer umfassenden Weisungsbefugnis ausstatten. Auch insofern liegt keine verbotene Substitution vor.
10.) Durch die Einsetzung eines mit einer Generalvollmacht und einer umfassenden Weisungsbefugnis gegenüber dem Geschäftsführer ausgestatteten Interim Managers kann der Geschäftsführer einer GmbH „*entmachtet*" und die GmbH durch den Interim Manager umfassend „*gesteuert*" werden.

Literaturverzeichnis

Achilles, Wilhelm-Albrecht/Ensthaler, Jürgen/Schmidt, Burkhard: Kommentar zum GmbH-Gesetz. GmbHG, München 2005. (zit.: Achilles/Ensthaler/Schmidt/*Bearbeiter*)

Alewell, Dorothea: Zeitarbeit und Interimsmanagement in Deutschland – Ein empirischer und institutioneller Vergleich, Schmalenbachs Zeitschrift für betriebswirtschaftliche Forschung, 2006, 58, S. 990 ff. (zit.: *Alewell*: Zeitarbeit und Interimmangement)

Altmeppen, Holger: Zur Delegation des Weisungsrechts im mehrstufigen Konzern, in: Festschrift für Marcus Lutter zum 70. Geburtstag. Deutsches und europäisches Gesellschafts-, Konzern- und Kapitalmarktrecht, Köln 2000, S. 975 ff. (zit.: *Altmeppen* FS Lutter)

Arlt, Ulrich: Verbot der Fremdorganschaft bei der GbR, NZG 2002, S. 407 ff. (zit.: *Arlt* NZG 2002, 407)

Bacher, Philipp: Die Einrichtung eines schuldrechtlichen GmbH-Beirats, GmbHR 2005, S. 465 ff. (zit.: *Bacher* GmbHR 2005, 465)

Bachmann, Gregor: Die Haftung des Geschäftsleiters für die Verschwendung von Gesellschaftsvermögen, NZG 2013, S. 1121 ff. (zit.: Bachmann NZG 2013, 1121)

Bachmann, Gregor: Organhaftung in der Eigenverwaltung, ZIP 2015, S. 101 ff. (zit.: *Bachmann* ZIP 2015, 101)

Bähring, Katrin: Intermediäre im Bereich des Interimsmanagements. Ökonomische Funktionen, Wettbewerbssituation und (Ansatzpunkte für) Geschäftsfeldstrategien, Diss., Berlin 2009. (zit.: *Bähring*: Intermediäre im Bereich des Interimsmanagements)

Baumann, Peter: Die Generalvollmacht bei der GmbH, in: Beiträge zum Gesellschafts- und Notarrecht. Freundesgabe für Willi Weichler zum 70. Geburtstag, Köln 1997, S. 1 ff. (zit.: *Baumann*: Generalvollmacht)

Baumbach, Adolf/Hopt, Klaus: Beck'sche Kurzkommentare. Handelsgesetzbuch mit GmbH & Co. KG, Handelsklauseln, Bank- und Börsenrecht, Transportrecht (ohne Seerecht), 37. Auflage, München 2016. (zit.: Baumbach/Hopt/*Bearbeiter* HGB)

Baumbach, Adolf/Hueck, Alfred: Beck'sche Kurzkommentare. GmbHG. Gesetz betreffend die Gesellschaften mit beschränkter Haftung, 20. Auflage, München 2013 (zit.: Baumbach/Hueck/*Bearbeiter* GmbHG)

Baums, Theodor: Der Geschäftsleitervertrag. Begründung, Inhalt und Beendigung der Rechtsstellung der Vorstandsmitglieder und Geschäftsführer in den Kapitalgesellschaften und Genossenschaften, Köln 1987. (*zit.*: *Baums*: Der Geschäftsleitervertrag)

Barkowski, Dirk: Interimsmanagement: Praxiserfahrungen im Finanz- und Rechnungswesen, BC 2012, Seite 193 ff. (zit.: *Barkowski* BC 2012, 193)

Bayer, Walter: Die Haftung des Beirats im Recht der GmbH und der GmbH & Co. KG, in: Festschrift für Uwe. H. Schneider zum 70. Geburtstag, S. 75 ff. (zit.: *Bayer* FS Schneider)

Bayer, Walter: Die Innenhaftung des GmbH-Geschäftsführers de lege lata und de lege ferenda, GmbHR 2014, S. 897 ff. (zit.: Bayer GmbHR 2014, 897)

Beck'sches Handbuch der GmbH: herausgegeben von Ulrich Prinz und Norbert Winkeljohann, 5. Auflage, München 2014. (zit.: BeckHdbGmbH/*Bearbeiter*)

Beck'sches Notar-Handbuch: herausgegeben von Heribert Heckschen u.a., 6. Auflage, München 2015. (zit.: *Bearbeiter*/BeckNotarHdB)

Beck'scher Online-Kommentar BGB: herausgegeben von Heinz Georg Bamberger Herbert Roth, 38. Edition, München 2016. (zit.: BeckOK BGB/*Bearbeiter*)

Beck'scher Online-Kommentar GmbHG: herausgegeben von Hildegard Ziemons und Carsten Jaeger, 26. Edition, München 2016. (zit.: BeckOK GmbHG/*Bearbeiter*)

Beck'scher Online-Kommentar HGB: herausgegeben von Martin Häublein und Roland Hoffman-Theinert, 9. Edition, München 2015. (zit.: BeckOK HGB/*Bearbeiter*)

Beck'scher Online-Kommentar InsO: herausgegeben von Alexander Fridgen, Arndt Geiwitz und Burkard Göpfert, 7. Edition, München 2017. (zit.: BeckOK InsO/*Bearbeiter*)

Beck-Online – GROSSKOMMENTAR: herausgegeben von Beate Gsell u.a. (zit.: BeckOGK/*Bearbeiter*)

Bertheau, Fortunat: Die Haftung der Kreditgeberbank gegenüber den Kreditnehmern, Diss., Zürich 1998. (zit.: *Bertheau*: Die Haftung der Kreditgeberbank)

Beuthien, Volker/Gätsch, Andreas: Vereinsautonomie und Satzungsrechte Dritter. Statuarischer Einfluss Dritter auf die Gestaltung von Körperschaftssatzungen, ZHR 156 (1992), S. 459 ff. (zit.: *Beuthien/Gätsch* ZHR 156 (1992), 459)

Beuthien, Volker/Gätsch, Andreas: Einfluss Dritter auf die Organbesetzung und Geschäftsführung bei Vereinen, Kapitalgesellschaften und Genossenschaften, ZHR 157 (1993), S. 483 ff. (zit.: *Beuthien/Gätsch* ZHR 157 (1993), 483)

Beuthien, Volker: Zur Theorie der Stellvertretung im Gesellschaftsrecht, in: Festschrift für Wolfgang Zöllner zum 70. Geburtstag Band I, Köln 1998. (zit.: *Beuthien* FS Zöllner)

Beuthien, Volker: Gibt es eine organschaftliche Stellvertretung?, NJW 1999, S. 1142 ff. (zit.: *Beuthien* NJW 1999, 1142)

Beuthien, Volker: Zur Grundlagenungewissheit des deutschen Gesellschaftsrechts, NJW 2005, S. 855 ff. (zit.: *Beuthien* NJW 2005, 855)

Beuthien, Volker: Gibt es im Gesellschaftsrecht eine gesetzliche Stellvertretung?, in: Festschrift für Claus-Wilhelm Canaris zum 70. Geburtstag, Band II, München 2007, S. 41 ff. (zit.: *Beuthien* FS Canaris II)

Bisson, Frank: Die Strafbarkeit des Geschäftsführers oder Liquidators einer GmbH wegen Insolvenzverschleppung, GmbHR 2005, S. 843 ff. (zit.: *Bisson* GmbHR 2005, 843)

Blasche, Sebastian: Überwindung von Pattsituationen unter Gesellschaftern mit Hilfe von gesellschaftsexternen Dritten, GmbHR 2013, S. 176 ff. (zit.: *Blasche* GmbHR 2013, 176)

Bloemer, Vera: Interim Management: Top-Kräfte auf Zeit: Aufgaben – Auswahl – Kosten, Berlin 2003. (zit.: *Bloemer*: Interim Management)

Bork, Reinhard/ Schäfer, Carsten: Kommentar zum GmbH-Gesetz, 3. Auflage, Köln 2015. (zit.: Bork/Schäfer/*Bearbeiter*)

Borsch, Uwe: Die Anscheinsvollmacht des head of, vice president oder general manager einer GmbH, GmbHR 2004, S. 1376 ff. (zit.: *Borsch* GmbHR 2004, 1376)

Brandner, Hans Erich: Geschäftsführungsbefugnis, Unternehmensgegenstand und Unternehmenszweck, in: Festschrift für Heinz Rowedder zum 75. Geburtstag, S. 41 ff., München 1994. (zit.: *Brandner* FS Rowedder)

Braun, Eberhard: Insolvenzordnung (InsO). InsO mit EuInsVO. Kommentar, 7. Auflage, München 2017. (zit.: Braun InsO/*Bearbeiter*)

Brodmann, Erich: Gesetz betreffend die Gesellschaft mit beschränkter Haftung. Kommentar, 2. Auflage, Berlin 1930. (zit.: *Brodmann*)

Brouwer, Tobias: Organschaftliche Pflichtendelegation im Verein. Zum Pflichten- und Haftungsverhältnis zwischen gesetzlichem Vorstand und fakultativer Verbandsgeschäftsführung, NZG 2017, S. 481 ff. (zit.: *Boruwer* NZG 2017, 481)

Brüggemann, D.: Besprechung zu BGH Urteil vom 18.10.1976 – II ZR 9/75, JA 1977, S. 500 ff. (zit.: *Brüggemann* JA 1977, 500)

Burgard, Ulrich: Garantie- und Verschuldenshaftung von Mitgesellschaftern einer GmbH, NZG 2002, S. 606 ff. (zit.: *Burgard* NZG 202, 606)

Buschbaum, Jörg/Klösel, Daniel: Interim Management aus Sicht der arbeitsrechtlichen Vertragspraxis, NJW 2012, Seite 1482 ff. (zit.: *Buschbaum/Klösel* NJW 2012, 1482)

Burgard, Ulrich: Gestaltungsfreiheit im Stiftungsrecht, Köln 2006. (zit.: *Burgard*: Gestaltungsfreiheit)

Buth, Andrea/Hermanns, Michael: Unternehmenspolitische Erwägungen zum Beirat in der GmbH, DStR 1996, S. 597 ff. (zit.: *Buth/Hermanns* DStR 1996, 597)

Buth, Andrea/Hermanns, Michael: Restrukturierung, Sanierung, Insolvenz. Handbuch, 4. Auflage, München 2014. (zit.: Buth/Hermanns/*Bearbeiter*RSI)

Canaris, Claus-Wilhelm: Handelsrecht, 24. Auflage, München 2006. (zit.: *Canaris* HandelsR)

Crone, Andreas/Werner, Henning: Modernes Sanierungsmanagement: Sanierungskonzepte, Finanzierungsinstrumente, Insolvenzverfahren, Haftungsrisiken, Arbeitsrecht und Verhandlungsführung, 5. Auflage, München 2017. (zit.: Crone/Werner/*Bearbeiter*: Modernes Sanierungsmanagement)

Dahl, Holger: Interim Management zwischen Selbstständigkeit und Arbeitsverhältnis, DB 2005, S. 1738 ff. (zit.: *Dahl* DB 2005, 1738)

Dilenge, Michele: Die Reform des Werk- und Dienstvertragsrechts: Auswirkungen für Interim Manager, BB 2016, S. 2678 ff. (zit.: *Dilenge* BB 2016, 2678)

Dinkhoff, Marc: Der faktische Geschäftsführer in der GmbH, Diss., Baden-Baden 2003. (zit.: *Dinkhoff*: Der faktische Geschäftsführer)

Doris, Philippos: Die rechtsgeschäftliche Ermächtigung bei Vornahme von Verfügungs-, Verpflichtungs- und Erwerbsgeschäften, Diss., München 1974. (zit.: Doris: Die rechtsgeschäftliche Ermächtigung)

Dreher, Meinrad: Nicht delegierbare Geschäftsleiterpflichten, in: Festschrift für Klaus J. Hopt zum 70. Geburtstag am 24. August 2010. Unternehmen, Markt und Verantwortung, Band 1, Berlin 2010. (zit.: *Dreher* FS Hopt)

Ebenroth, Carsten Thomas/Lange, Knut Werner: Sorgfaltspflichten und Haftung des Geschäftsführers einer GmbH nach § 43 GmbHG, GmbHR 1992, S. 69 ff. (zit.: *Ebenroth/Lange* GmbHR 1992, 69)

Ebert, Sabine: Folgepflicht und Haftung des GmbH-Geschäftsführers beim Erhalt und bei der Ausführung von Weisungen, GmbHR 2003, S. 444 ff. (zit.: *Ebert* GmbHR 2003, 444)

Eder, Karl: „Generalvollmacht" bei der GmbH?, GmbHR 1962, S. 225 ff. (zit.: *Eder* GmbHR 1962, 225)

Ehrenberg, Victor: Handbuch des gesamten Handelsrechts. Mit Einschluß des Wechsel-, Scheck-, See- und Binnenschifffahrtsrechts, des Versicherungsrechts sowie des Post- und Telegraphenrechts, Leipzig 1914. (zit.: Ehrenberg/*Bearbeiter*)

Eidenmüller, Horst: Unternehmenssanierung zwischen Markt und Gesetz. Mechanismen der Unternehmensreorganisation und Kooperationspflichten im Reorganisationsrecht, Köln 1999. (zit.: Eidenmüller)

Eisenhardt, Ulrich: Zum Weisungsrecht der Gesellschafter in der nicht mitbestimmten GmbH, in: Festschrift für Gerd Pfeiffer zum Abschied aus dem Amt als Präsident des Bundesgerichtshofes, S. 839 ff., Köln 1988 (zit.: *Eisenhardt* FS Pfeiffer)

Emmerich, Volker/Habersack, Mathias: Aktien- und GmbH-Konzernrecht. Kommentar, 8. Auflage, München 2016. (zit.: Emmerich/Habersack/*Bearbeiter*)

Erman. Bürgerliches Gesetzbuch, Band I: Handkommentar mit AGG, EGBGB (Auszug), ErbbauRG, LPartG, ProdHaftG, VBVG, VersAusglG und WEG, herausgegeben von: Westermann, Harm Peter/Grunewald, Barbara/Maier-Reimer, Georg, 15. Auflage, Köln 2017. (zit.: Erman/*Bearbeiter*)

Erfurter Kommentar zum Arbeitsrecht: herausgegeben von: Müller-Glöge, Rudi/Preis, Ulrich/Schmidt, Ingrid, 17. Auflage, München 2017 (zit.: ErfK/*Bearbeiter*)

Exner, Stefan: Der Unternehmensberatungsvertrag, Diss., Köln 1992. (zit.: Exner: Der Unternehmensberatungsvertrag)

Faber, Manfred/Till, Thomas: Interim Management erfolgreich gestalten. Ein Praxisratgeber für Unternehmen, Wiesbaden 2015. (zit.: *Faber/Till* Interim Management)

Felden, Birgit/Goldschmidt, Marc/Singer, Jens: Unterstützung des Managements in Krisen- und Sanierungskonstellationen. Coaching und Kommunikation als Erfolgsfaktoren in KMU – ein Erfahrungsbericht, KSI 2012, S. 265 ff. (zit.: *Felden/Goldschmidt/Singer* KSI 2012, 265)

Fleck, Hans-Joachim: Zur Haftung des GmbH-Geschäftsführers, GmbHR 1974, S. 224 ff. (zit.: *Fleck* GmbHR 1974, 224)

Fleck, Hans-Joachim: Die Drittanstellung des GmbH-Geschäftsführers, ZHR 149 (1985), S. 387 ff. (zit.: *Fleck* ZHR 149 (1985), 387)

Fleck, Hans-Joachim: Schuldrechtliche Verpflichtungen einer GmbH im Entscheidungsbereich der Gesellschafter, ZGR 1988, S. 104 ff. (zit.: *Fleck* ZGR 1988, 104)

Fleck, Hans-Joachim: Vertrag, unerlaubte Eigengeschäftsführung und Anspruchsverjährung, ZIP 1991, S. 1269 ff. (zit.: *Fleck* ZIP 1991, 1269)

Fleischer, Holger: Die Sonderprüfung im GmbH-Recht. Überlegungen de lege lata und de lege ferenda, GmbHR 2001, S. 45 ff. (zit.: *Fleischer* GmbHR 2001, 45)

Fleischer, Holger: Zur Leitungsaufgabe des Vorstands im Aktienrecht, ZIP 2003, S. 1 ff. (zit.: *Fleischer* ZIP 2003, 1)

Fleischer, Holger: Zur aktienrechtlichen Verantwortlichkeit faktischer Organe, AG 2004, S. 517 ff. (zit.: *Fleischer* AG 2004, 517)

Fleischer, Holger: Zur Abberufung von Vorstandsmitgliedern auf Druck Dritter, DStR 2006, S. 1507 ff. (zit.: *Fleischer* DStR 2006, 1507)

Fleischer, Holger: Zur GmbH-rechtlichen Verantwortlichkeit des faktischen Geschäftsführers, GmbHR 2011, S. 337 ff. (zit.: *Fleischer* GmbHR 2011, 337)

Fleischer, Holger: Gesellschaftsrechts-Geschichten. Annäherungen an die narrative Seite des Gesellschaftsrechts, NZG 2015, S. 769 ff. (zit.: *Fleischer* NZG 2015, 769)

Fleischer, Holger: Vorstandshaftung und Rechtsirrtum über die Vertretungskompetenz beim Abschluss eines Interim-Management-Vertrags, DB 2015, Seite 1764 ff. (zit.: *Fleischer* DB 2015, 1764)

Flume, Werner: Allgemeiner Teil des Bürgerlichen Rechts, Erster Band, Zweiter Teil: Die juristische Person, Berlin 1983. (zit.: *Flume* BGB AT I/2)

Flume, Werner: Allgemeiner Teil des Bürgerlichen Rechts, Zweiter Band, Das Rechtsgeschäft, 2. Auflage, Berlin 1975. (zit.: *Flume* BGB AT II)

Flume, Werner: Die Vereinsautonomie und ihre Wahrnehmung durch die Mitglieder hinsichtlich der Selbstverwaltung der Vereinsangelegenheiten und der Satzungsautonomie, in: Festschrift für Helmut Coing zum 70. Geburtstag, Band II, München 1982, S. 97 ff. (zit.: *Flume* FS Coing)

Frels, Harro: Überweisung von Vertretungsmacht an einzelne Mitglieder des Vorstands der Aktiengesellschaft, ZHR 122 (1959), S. 173 ff. (zit.: Frels ZHR 122 (1959), 173)

Frind, Frank: Gefahrenzone Eigenverwaltung. Eine Zwischenbilanz über das Instrument Eigenverwaltung nach „ESUG" aus gerichtlicher Sicht, WM 2014, S. 590 ff. (zit.: *Frind* WM 2014, 590)

Frisch, Thomas: Die Behandlung von Betriebsführungsverträgen in der Fusionskontrolle, AG 1995, S. 362 ff. (zit.: *Frisch* AG 1995, 362)

Fromm, Rüdiger: Banken als faktische Gesellschafter bei Turnaround-Finanzierungen. Gefahren für Unternehmen und Kreditinstitute, GmbHR 2003, S. 1114 ff. (zit.: *Fromm* GmbHR 2003, 1114)

Fues, Johannes: Management auf Zeit in Deutschland. Strategische Ansätze zur Professionalisierung, Diss., Wiesbaden 2009. (zit.: *Fues*: Management auf Zeit)

Geck, Reinhard: Organschaftliche Vertretung bei Personen- und Kapitalgesellschaften, DStR 1988, S. 90 ff. (zit.: *Geck* DStR 1988, 90)

Gehrlein, Markus: Leitung einer juristischen Person durch juristische Person?, NZG 2016, S. 566 ff. (zit.: Gehrlein, NZG 2016, 566)

Geißler, Dennis: Anm. zu LG Hannover: Faktische Geschäftsführung bestimmt sich nach dem Gesamterscheinungsbild des Auftretens nach außen, GWR 2016, S. 260. (zit.: *Geißler*, GWR 2016, 260)

Geißler, Markus: Die Haftung des faktischen Geschäftsführers, GmbHR 2003, S. 1106 ff. (zit.: *Geißler* GmbHR 2003, 1106)

Geißler, Markus: Begrenzung bei der Weisungsbindung des GmbH-Geschäftsführers, GmbHR 2009, S. 1071 ff. (zit.: Geißler GmbHR 2009, 1071)

Geitzhaus, Georg: Die Generalbevollmächtigung – empfehlenswertes Instrument der Unternehmensführung? (Teil I), GmbHR 1989, S. 229 ff. (zit.: *Geitzhaus* GmbHR 1989, 229)

Gessler, Ernst: Der Betriebsführungsvertrag im Licht der Aktienrechtlichen Zuständigkeitsordnung, in: Festschrift für Wolfgang Hefermehl zum 70.

Geburtstag am 18. September 1976. Strukturen und Entwicklungen im Handels-, Gesellschafts- und Wirtschaftsrecht, München 1976, S. 263 ff. (zit.: *Gessler* FS Hefermehl)

v. Gierke, Otto: Deutsches Privatrecht, Band I, Leipzig1895. (zit.: *v. Gierke*: Deutsches Privatrecht, Bd. I)

Gieseke, Horst: Interessenskonflikte der GmbH-Geschäftsführer bei Pflichtenkollisionen, GmbHR 1996, S. 486 ff. (zit.: *Gieseke* GmbHR 1996, 486)

Ginal, Jens/Heinemann-Diehl, Anna: Die arbeitsrechtliche Stellung des Fremd-Geschäftsführers, GWR 2014, S. 408 ff. (zit.: *Ginal/Heinemann-Diehl* GWR 2014, 408)

Goette, Wulf: Das Organverhältnis des GmbH-Geschäftsführers in der Rechtsprechung des Bundesgerichtshofs, DStR 1998, S. 938 ff. (zit.: *Goette* DStR 1998, 938)

Gräwe, Daniel/Stütze, Sebastian: Rechte und Pflichten des GmbH-Beirats bei offenen Satzungsgestaltungen, GmbHR 2012, S. 877 ff. (zit.: *Gräwe/Stütze* GmbHR 2012, 877)

Grigoleit, Christoph: Gesellschafterhaftung für interne Einflussnahme im Recht der GmbH. Dezentrale Gewinnverfolgung als Leitprinzip des dynamischen Gläubigerschutzes, Habil., München 2006. (zit.: *Grigoleit*: Gesellschafterhaftung)

Grigoleit, Christoph: Aktiengesetz. Kommentar, München 2013. (zit.: Grigoleit/*Bearbeiter*)

Grobler, Thorsten: Der Interim Manager als Beirat von mittelständischen Familienunternehmen – Ergebnisse einer empirischen Studie, Magazin der Dachgesellschaft Deutsches Interim Management E.V., Ausgabe IV, 2014, S. 46 ff. (zit.: *Grobler*: Der Interim Manager als Beirat von mittelständischen Familienunternehmen)

Grooterhorst, Ursula: Vollmachten im Unternehmen. Handlungsvollmacht, Prokura, Generalvollmacht, 6. Auflage, Berlin 2014 (zit.: *Grooterhorst*: Vollmachten im Unternehmen)

Großfeld, Bernhard/Brondics, Klaus: Die Stellung des fakultativen Aufsichtsrates (Beirat) in der Gesellschaft mit beschränkter Haftung und in der GmbH & Co. KG, AG 1987, S. 293 ff. (zit.: *Großfeld/Brondics* AG 1987, 293)

Großkommentar zum Aktiengesetz: herausgegeben von: Klaus J. Hopt u.a., Dritter Band, §§ 76–94, 4. Auflage, Berlin 2008. (zit.: GKAktG/*Bearbeiter*)

Großkommentar zum Aktiengesetz: herausgegeben von: Heribert Hirte u.a., Vierter Band, Teilband 1, §§ 76–91, 5. Auflage, Berlin 2015. (zit.: GKAktG/*Bearbeiter*)

Grote, Matthias: Die Sonderprüfung im Recht der GmbH, Diss., Bern 2013. (zit.: *Grote*: Die Sonderprüfung im Recht der GmbH)

Grub, Volker/Rinn, Katja: Die neue Insolvenzordnung – ein Freifahrtschein für Bankrotteure?, ZIP 1993, S. 1583 ff. (zit.: *Grub/Rinn* ZIP 1993, 1583)

Grub, Volker: Überjustizialisierung und die Eigenverwaltung des Pleitiers, WM 1994, S. 880 f. (zit.: *Grub* WM 1994, 880)

Gustavus, Eckart: Die Vollmacht zu Handelsregisteranmeldungen bei Personengesellschaften und Gesellschaften mit beschränkter Haftung, GmHR 1978, S. 219 ff. (zit.: *Gustavus* GmbHR 1978, 219)

Haag, Oliver/Tiberius, Victor: Interimsmanagement – rechtliche Aspekte und Einordnung, NZA 2004, S. 190 ff. (zit.: *Haag* NZA 2004, 190)

Habbe, Sophia/Gieseler, Konrad: Freunde kann man sich aussuchen, Familie hat man – Strategien zur Vermeidung und Lösung von Konflikten in Familienunternehmen, NZG 2016, S. 1010 ff. (zit.: *Habbe* NZG 2016, 1010)

Hachenburg, Max: Gesetz betreffend die Gesellschaften mit beschränkter Haftung (GmbHG). Großkommentar, Erster Band §§ 1–34, 8. Auflage, Berlin 1992. (zit.: Hachenburg/*Bearbeiter*)

Hachenburg, Max: Gesetz betreffend die Gesellschaften mit beschränkter Haftung (GmbHG). Großkommentar, Zweiter Band §§ 35–52, 8. Auflage, Berlin 1997. (zit.: Hachenburg/*Bearbeiter*)

Hadding, Walther: Einschränkung des Umfangs organschaftlicher Vertretungsmacht bei OHG und KG entsprechend § 179a AktG?, in: Festschrift für Marcus Lutter, Köln 2000 (zit.: *Hadding* FS Lutter)

Haggeney, Markus/Hausmanns, Jens: Der Einfluss von Geheimhaltungsvereinbarungen auf die Informationsrechte des Aktionärs und des GmbH-Gesellschafters, NZG 2016, S. 814 ff. (zit.: *Haggeney/Hausmanns* NZG 2016, 814)

Hamburger Kommentar zum Insolvenzrecht: InsO, EuInsVO, InsVV, VbrInsFV, Insolvenzstrafrecht, 6. Auflage, Köln 2017. (zit.: HambKomm/Bearbeiter)

Hammen, Horst: Zur Begründung von (organschaftlichen) Rechten Dritter im Gesellschaftsvertrag einer GmbH. Zugleich ein Beitrag zur Anwendung von § 328 Abs. 1 BGB im Kapitalgesellschaftsrecht, WM 1994, S. 765 ff. (zit.: *Hammen* WM 1994, 765)

Hammes, Dirk: Keine Eigenverwaltung ohne Berater?, NZI 2017, S. 233 ff. (zit.: *Hammes* NZI 2017, 233)

Hanack, Ernst-Walter: Der Ausgleich divergierender Entscheidungen in der oberen Gerichtsbarkeit. Eine prozeßrechtliche Studie insbesondere zur Vorlegungspflicht und der Rechtsmittelzulässigkeit wegen Abweichung, Hamburg 1962. (zit.: *Hanack*)

Handkommentar Bürgerliches Gesetzbuch: herausgegeben von Reiner Schulze u.a., 8. Auflage, 2014. (zit.: HK-BGB/*Bearbeiter*)

Härer, Ralf-Dietmar: Erscheinungsformen und Kompetenzen des Beirats in der GmbH, Diss., Frankfurt 1991. (zit.: *Härer*: Erscheinungsformen und Kompetenzen des Beirats in der GmbH)

Harke, Jan Dirk: Besonderes Schuldrecht, Berlin 2011. (zit.: *Harke* SchuldR BT)

Heckschen, Heribert/Heidinger, Andreas: Die GmbH in der Gestaltungs- und Beratungspraxis, 3. Auflage, Köln 2013. (zit.: *Heckschen/Heidinger*)

Heidel, Thomas/Schall, Alexander: Handelsgesetzbuch. Handkommentar, 2. Auflage, Baden-Baden 2015. (zit.: Heidel/Schall/*Bearbeiter*)

Heidelberger Kommentar zum GmbH-Recht: herausgegeben von Harald Bartl u.a., 6. Auflage, Heidelberg 2009. (zit.: HK-GmbHG/*Bearbeiter*)

Henssler, Martin/Strohn, Lutz: Beck'sche Kurzkommentare. Band 62. Gesellschaftsrecht, 3. Auflage, München 2016. (zit.: Henssler/Strohn/*Bearbeiter*)

Henze, Hartwig: Handbuch zum GmbH-Recht, 2. Auflage, Köln 1997. (zit.: Henze: Handbuch zum GmbH-Recht)

Herfs, Achim: Einwirkung Dritter auf den Willensbildungsprozess der GmbH. Eine Untersuchung von Mitwirkungsrechten Dritter im Entscheidungsbereich der Gesellschafter aufgrund von Satzungsrechten, Stimmbindungsverträgen oder Verpflichtungen der GmbH, Diss., Baden-Baden 1994. (zit.: *Herfs*: Einwirkung Dritter)

Himmelsbach, Rainer/Achsnick, Jan: Faktische Geschäftsführung durch Banken: Gefahr oder Scheinproblem?, NZI 2003, S. 355 ff. (zit.: *Himmelsbach/Achsnick* NZI 2003, 355)

Hinterhuber, Hans/Minrath, Reiner: Der Beirat einer mittelständischen Familienunternehmung. Ein Beitrag aus unternehmerischer Sicht, BB 1991, S. 1201 ff. (zit.: *Hinterhuber/Minrath* BB 1991, 1201)

Hofbauer, Peter: Die Kompetenzen des (GmbH-) Beirats: Unter besonderer Berücksichtigung der Rückfallzuständigkeit der Gesellschaftsversammlung einer GmbH bei Funktionsunfähigkeit eines statutarischen Beirats, Diss., Köln 1996. (zit.: *Hofbauer*: Beirat)

Hoffmann, Dietrich/Liebs, Rüdiger: Der GmbH-Geschäftsführer. Handbuch des Unternehmers und Managers, 3. Auflage, München 2009. (zit.: Hoffmann/Liebs)

Hofmann, Dieter: Headhunter. Blick hinter die Kulissen einer verschwiegenen Branche, Wiesbaden 2011. (zit.: Hofmann/*Bearbeiter*)

Hölters, Wolfgang: Der Beirat der GmbH und GmbH & Co. KG, Köln 1979. (zit.: *Hölters*: Der Beirat)

Hölters, Wolfgang: Der Beirat in der GmbH – Verantwortlichkeit, Haftung und Rechtsschutz, insbesondere unter dem Gesichtspunkt des Minderheitenschutzes, BB 1977, S. 105 ff. (zit.: *Hölters* BB 1977, 105)

Hölters, Wolfgang: Aktiengesetz, 3. Auflage, München 2017. (zit.: Hölters/*Bearbeiter*)

Hommelhoff, Peter: Unternehmensführung in der mitbestimmten GmbH, ZGR 1978, S. 119 ff. (zit.: *Hommelhoff* ZGR 1978, 119)

Hommelhoff, Peter: Die Konzernleitungspflicht. Zentrale Aspekte eines Konzernverfassungsrechts, Habil. Köln 1982. (zit.: *Hommelhoff*: Die Konzernleitungspflicht)

Hommelhoff, Peter: Gestaltungsfreiheit im GmbH Recht, in: ZGR-Sonderheft 13: Gestaltungsfreiheit im Gesellschaftsrecht, Berlin 1998, S. 36 ff. (zit.: *Hommelhoff* ZGR-Sonderheft 13)

Huber, Herwart: Beirat und Beiratsmitglied – praxisrelevante Aspekte für ihre Tätigkeit, GmbHR 2004, S. 772 ff. (zit.: *Huber* GmbHR 2004, 772)

Huber, Herwart: Der Beirat. Praxisratgeber für Gesellschaften, Beiräte und ihre Berater, Köln 2004. (zit.: *Huber*: Beirat)

Huber, Ulrich: Betriebsführungsverträge zwischen selbständigen Unternehmen, ZHR 152 (1988), S. 1 ff. (zit.: *U. Huber* ZHR 152 (1988), 1)

Hübner, Ulrich: Zur Zulässigkeit der Generalvollmacht bei Kapitalgesellschaften, ZHR 143 (1979), S. 1 ff. (zit.: *Hübner* ZHR 143 (1979), 1)

Hueck, Alfred: Das Recht der offenen Handelsgesellschaft. Systematisch dargestellt, 4. Auflage, Berlin 1971. (zit.: *Hueck* OHG)

Hüffer, Uwe: Die Gesellschafterversammlung – Organ der GmbH oder bloßes Beschlussverfahren?, in: Festschrift 100 Jahre GmbH-Gesetz, S. 521 ff., Köln 1992. (zit.: *Hüffer* FS 100 Jahre GmbHG)

Hüffer, Uwe/Koch, Jens: Aktiengesetz, 12. Auflage, München 2016. (zit.: Hüffer/Koch/*Bearbeiter*)

Institut der Wirtschaftsprüfer: Kapitalmarktorientierte Unternehmensüberwachung: Chancen und Risiken; Bericht über die Fachtagung 2000 des Instituts der Wirtschaftsprüfer in Deutschland e.V., 26. und 27. Oktober 2000 in München, Düsseldorf 2001. (zit.: IDW/*Bearbeiter*: Kapitalmarktorientierte Unternehmensüberwachung)

Jauernig, Bürgerliches Gesetzbuch. Kommentar: herausgegeben von Rolf Stürner, 17. Auflage, München 2018. (zit.: Jauernig/*Bearbeiter*)

Joachim, Willi: Der Managementvertrag (I). Ein Betriebsführungsvertrag, mit Anwendungsbeispielen aus der Hotellerie und Gastronomie, DWiR 1992, S. 397 ff. (zit.: *Joachim* DWiR 1992, 397)

Joost, Detlev/Strohn, Lutz: Handelsgesetzbuch, Band 1, §§ 1–342e, 3. Auflage, München 2014. (zit.: EBJS/*Bearbeiter* HGB)

Joussen, Edgar: Gesellschafterabsprachen neben Satzung und Gesellschaftsvertrag, Diss., Köln 1995. (zit.: *Joussen*: Gesellschafterabsprachen neben Satzung und Gesellschaftsvertrag)

Joussen, Edgar: Die Generalvollmacht im Handels- und Gesellschaftsrecht, WM 1994, S. 273 ff. (zit.: *Joussen* WM 1994, 273)

Jula, Rocco: Der GmbH-Geschäftsführer. Rechte und Pflichten, Anstellung, Vergütung und Versorgung, Haftung und Strafbarkeit, 4. Auflage, Heidelberg 2012. (zit.: *Jula*: Der GmbH-Geschäftsführer)

Kabst, Rüdiger/Thost, Wolfgang/Isidor, Rodrigo: Vorteil Interim Management, PERSONAL 2009, S. 20 ff. (zit.: *Kabst/Thost/Isidor*: Vorteil Interim Management)

Kabst, Rüdiger/ Giardini, Angelo/ Wehner, Marius: International komparatives Personalmanagement. Evidenz, Methodik & Klassiker des "Cranfield Projects on International Human Ressource Management", München u. Mering, 2009. (zit.: *Kabst/Giardini/Wehner*: International komparatives Personalmanagement)

Kayser, Godehart/Thole, Christoph: Heidelberger Kommentar zur Insolvenzordnung, 9. Auflage, Köln 2018. (zit.: HK-InsO/*Bearbeiter*)

Kebekus, Frank/Zenker, Wolfgang: Business Judgement Rule und Geschäftsleiterermessen – auch in Krise und Insolvenz?, in: Festschrift für Georg Maier-Reimer zum 70. Geburtstag, München 2010, S. 319 ff. (zit.: *Kebekus/Zenker* FS Maier-Reimer)

Kebekus, Frank/Zenker, Wolfgang: Das Gesellschaftsorgan als Insolvenzverwalter? – Zur Haftungssituation bei der Eigenverwaltung, in: Festschrift für Bruno M. Kübler zum 70. Geburtstag, München 2015, S. 331 ff. (zit.: *Kebekus/Zenker* FS Kübler)

Kelber, Markus/Zeißig, Rolf/Birkenfeld, Jan: Rechtshandbuch Führungskräfte, Arbeits-, Gesellschafts-, Sozialversicherungs- und Steuerrecht, Berlin 2016. (zit.: *Kelber/Zeißig/Birkenfeld*)

Kessler, Nicholas: Die Aktiengesellschaft in der Eigenverwaltung, Diss., Berlin 2005. (zit.: *Kessler*)

Klein, Christian/Thiele, Frank: Der Sanierungsgeschäftsführer einer GmbH in der Eigenverwaltung – Chancen und Risiken im Spannungsfeld der divergierenden Interessen, ZinsO 2013, S. 2233 ff. (zit.: *Klein/Thile* ZInsO 2013, 2233)

Klein, Nico: Ausschlagung einer Erbschaft durch einen Prokuristen einer gGmbH, ZErb 2016, S. 89 ff. (zit.: *Klein* ZErb 2016, 89)

Knepper, Karl: Bedeutung, Anwendungsformen und steuerliche Wirkungen von Unternehmensverträgen, BB 1982, S. 2061 ff. (zit.: *Knepper* BB 1982, 2061)

Köhl, Dietmar: Der Prokurist in der unechten Gesamtvertretung, NZG 2005, S. 197 ff. (zit.: *Köhl* NZG 2005, 197)

Köhn, Kai: Der Betriebsführungsvertrag. Rechtliche Qualifikation und gesellschaftsrechtliche Wirksamkeitsvoraussetzungen, Der Konzern 2011, S. 530 ff. (zit.: *Köhn* Konzern 2011, 530)

Koepff, Klaus: Institutionelles Krisenmanagement: Ein empirischer Vergleich von Inhouse- und Interim-Management (Planung, Organisation und Unternehmungsführung), Diss., Köln 2007. (zit.: *Koepff*: Institutionelles Krisenmanagement)

Koller, Ingo/Kindler, Peter/Roth, Wulf-Henning/Morck, Winfried: Handelsgesetzbuch. Kommentar, 8. Auflage, München 2015. (zit.: Koller/Kindler/Roth/Morck/*Bearbeiter*)

Kölner Kommentar zum Aktiengesetz: Band 2/1, §§ 76–94 AktG, 3. Auflage, Köln 2010. (zit.: KK-AktG/*Bearbeiter*)

Konnertz-Häußler, Christine: Ein Corporate Governance-Kodex für die GmbH, GmbHR 2012, S. 68 ff. (zit.: Konnertz-Häußler GmbHR 2012, 68)

Konzen, Horst: Geschäftsführung, Weisungsrecht und Verantwortlichkeit in der GmbH und GmbH & Co. KG, NJW 1989, S. 2977 ff. (zit.: Konzen NJW 1989, 2977)

Koppensteiner, Hans-Georg: Sonderrechte bei Auflösung, Unternehmensübertragung und verschmelzender Umwandlung im Recht der GmbH, in: FS Sigle, Köln 2000, S. 183 ff. (zit.: *Koppensteiner* FS Sigle)

Körner, Martin: Die Eigenverwaltung in der Insolvenz als bestes Abwicklungsverfahren?, NZI 2007, S. 270 ff. (zit.: Körner NZI 2007, 270)

Kort, Michael: Die Änderung der Unternehmenspolitik durch den GmbH-Geschäftsführer. Zugleich Besprechung des BGH-Urteils vom 25. Februar 1991 – II ZR 76/90, ZIP 1991, 509, ZIP 1991, S. 1274 ff. (zit.: *Kort* ZIP 1991, 1274)

Krause, Christian/Meier, Norbert: Fallgruppen zur Haftung von „faktischen" GmbH-Geschäftsführern im Steuerrecht, DStR 2014, S. 905 ff. (zit.: *Krause/Meier* DStR 2014, 905)

Krebs, Peter: Ungeschriebene Prinzipien der handelsrechtlichen Stellvertretung als Schranken der Rechtsfortbildung – speziell für Gesamtvertretungsmacht und Generalvollmacht, ZHR 159 (1995), S. 635–662. (zit.: *Krebs* ZHR 159, 635)

Krieger, Gerd: Interim Manager im Vorstand der AG, in: Festschrift für Michael Hoffmann-Becking zum 70. Geburtstag, München 2013. (zit.: *Krieger* FS Hoffmann-Becking)

Kübler, Bruno: Handbuch Restrukturierung in der Insolvenz. Eigenverwaltung und Insolvenzplan, 2. Auflage, Köln 2014. (zit.: Kübler: HRI)

Kuhn, Georg: Die Rechtsprechung des BGH zur GmbH, WM 1978, S. 598 ff. (zit.: *Kuhn* WM 1978, 598)

Lanzinner, Denis/Nath, Raffael: Beitragsrechtliche Folgen der verdeckten Überlassung von Scheinselbständigen – Teil I, NZS 2015, S. 210 ff. (zit.: *Lanzinner/Nath* NZS 2015, 210)

Laroche, Peter/Pruskowski, Wolfgang/Schöttler, Alexandra/Siebert, Volker/Vallender, Heinz: 30 Monate ESUG – Eine Zwischenbilanz aus insolvenzrechtlicher Sicht, ZIP 2014, S. 2153 ff. (zit.: *Laroche/Pruskowski/Schöttler/Siebert/Vallender* ZIP 2014, 2153)

Leinekugel, Rolf: Voraussetzungen und Grenzen einer GmbH-rechtlichen Sonderprüfung gemäß § 46 Nr. 6 GmbHG bei Konflikten unter Gesellschaftern, GmbHR 2008, S. 632 ff. (zit.: *Leinekugel* GmbHR 2008, 632)

Leiner, Ralf: Die Generalvollmacht im Recht der Kapital- und Personengesellschaften. Zulässigkeit, Grenzen und Haftung, unter besonderer Berücksichtigung der organschaftlichen Verantwortlichkeit eines Generalbevollmächtigten, Diss., Bielefeld 1998. (zit.: *Leiner*: Generalvollmacht)

Lembke, Mark: Der Einsatz von Fremdpersonal im Rahmen von freier Mitarbeit, Werkverträgen und Leiharbeit, NZA 2013, S. 1312 ff. (zit.: *Lembke* NZA 2013, 1312)

Loeber, Ralf/Weniger, Stefan: Der Sanierungs-Geschäftsführer in der Unternehmenskrise, Aufgabenstellungen und Erfolgsfaktoren effektiven Handelns, KSI 2008, S. 53 ff. (zit.: *Loeber/Weniger* KSI 2008, 53)

Löffler, Joachim: Betriebsführungsverträge mit Personengesellschaften, NJW 1983, S. 2920 ff. (zit.: *Löffle r* NJW 1983, 2920)

Lutter, Marcus/Leinekugel, Rolf: Kompetenzen von Hauptversammlung und Gesellschafterversammlung beim Verkauf von Unternehmensteilen, ZIP 1998, S. 225 ff. (zit.: *Lutter/Leinekugel* ZIP 1998, 225)

Lutter, Peter/Hommelhoff, Marcus: GmbH-Gesetz. Kommentar, 19. Auflage, Köln 2016. (zit.: Lutter/Hommelhoff/*Bearbeiter*)

Mack, Martin: Der Gleichlauf von Geschäftsführungsbefugnis und Vertretungsmacht, Diss., Frankfurt 1998. (zit.: *Mack*)

Martinek, Michael: Moderne Vertragstypen, Band II: Franchising. Know-how-Verträge, Management- und Consultingverträge, München 1992. (zit.: *Martinek*: Moderne Vertragstypen. Bd. II)

Maschmann, Frank: Fremdpersonaleinsatz im Unternehmen und die Flucht in den Werkvertrag, NZA 2013, S. 1305 ff. (zit.: *Maschmann* NZA 2013, 1305)

Maschmann, Frank/Sieg, Rainer/Göpfert, Burkhard: Vertragsgestaltung im Arbeitsrecht, 2. Auflage, München 2016. (zit.: *Maschmann/Sieg/Göpfert* Vertragsgestaltung im Arbeitsrecht)

Mennicke, Petra: Zum Weisungsrecht der Gesellschafter und der Folgepflicht des GF in der mitbestimmungsfreien GmbH, NZG 2000, S. 622 ff. (zit.: *Mennicke* NZG 2000, 622)

Mertens, Hans-Joachim: Der Beirat in der GmbH – besonders der mitbestimmten –, in: Festschrift für Walter Stimpel zum 68. Geburtstag am 29. November 1985, Berlin 1985. (zit.: Mertens FS Stimpel)

Mertens, Hans-Joachim/Stein, Ursula: Das Recht des Geschäftsführers der GmbH, 2. Auflage, Berlin 1997. (zit.: Mertens/Stein)

Mestwerdt, Christian: Management-auf-Zeit in kleinen und mittleren Unternehmen (KMU). Eine Analyse der potenziellen Einsätze sowie der Gestaltung des Einsatzprozesses unter Berücksichtigung der Nachhaltigkeit des Einflusses auf die Unternehmung, Diss., Bamberg 1998. (zit.: *Mestwerdt*: KMU)

Metzler, Ewald: Zur Substitution, insbesondere zu ihrer Abgrenzung von der Erfüllungsgehilfenschaft, AcP 159 (1960/1961), S. 143 ff. (zit.: *Metzler* AcP 159, 143)

Michalski, Lutz: Kommentar zum Gesetz betreffend die Gesellschaften mit beschränkter Haftung (GmbH-Gesetz), herausgegeben von: Heidinger, Andreas /Leible, Stefan/Schmidt, Jessica, Band I, Systematische Darstellungen §§ 1–34 GmbHG, 3. Auflage, München 2017. (zit.: MHLS/*Bearbeiter*GmbHG)

Michalski, Lutz: Kommentar zum Gesetz betreffend die Gesellschaften mit beschränkter Haftung (GmbH-Gesetz), herausgegeben von: Heidinger, Andreas/Leible, Stefan/Schmidt, Jessica, Band II, §§ 35–88 GmbHG, EGGmbHG, 3. Auflage, München 2017. (zit.: MHLS/*Bearbeiter*GmbHG)

Mönning, Rolf-Dieter: Der Zwang zur Kooperation: Kompetenzen in der Eigenverwaltung, in: Festschrift für Jobst Wellensiek zum 80. Geburtstag, München 2011, S. 641 ff. (zit.: *Mönning* FS Wellensiek)

Müller, Klaus/Wolff, Reinmar: Verlagerung von Zuständigkeiten auf den Beirat der GmbH, GmbHR 2003, S. 810 ff. (zit.: *Müller/Wolff* GmbHR 2003, 810)

Müller-Feldhammer, Ralf: Vertragserfüllung und Haftung des Unternehmensberaters, NJW 2008, S. 1777 ff. (zit.: *Müller-Feldhammer* NJW 2008, 1777)

Münchner Handbuch des Gesellschaftsrechts: Band 3. Gesellschaft mit beschränkter Haftung, 5. Auflage, München 2018. (zit.: MünchHdB GesR III/*Bearbeiter*)

Münchner Handbuch des Gesellschaftsrechts: Band 4. Aktiengesellschaft, 4. Auflage, München 2015. (zit.: MünchHdB GesR IV/*Bearbeiter*)

Münchner Kommentar zum Aktiengesetz: Band 2. §§ 76–117, MitbestG, DrittelbG, herausgegeben von Wulf Goette und Mathias Habersack, 4. Auflage, München 2014. (zit.: MüKoAktG-*Bearbeiter*)

Münchner Kommentar zum Aktiengesetz: Band 5. §§ 278–328, SpruchG, ÖgesAusG, Österreichisches Konzernrecht, herausgegeben von Wulf Goette und Mathias Habersack, 4. Auflage, München 2015. (zit.: MüKoAktG-*Bearbeiter*)

Münchener Kommentar zum Bilanzrecht: Band 2. Bilanzrecht. §§ 238–342e HGB, 1. Auflage, München 2013. (zit.: MüKoBilR/*Bearbeiter*)

Münchner Kommentar zum Bürgerlichen Gesetzbuch: Band 1. Allgemeiner Teil (§§ 1–240) BGB, ProstG, AGG, herausgegeben von Franz Jürgen Säcker, Roland Rixecker, 7. Auflage, München 2015. (zit.: MüKoBGB/*Bearbeiter*)

Münchner Kommentar zum Bürgerlichen Gesetzbuch: Band 4. Schuldrecht. Besonderer Teil II (§§ 611–704) BGB, EFZG, TzBfG, KSchG, herausgegeben von Martin Henssler, 7. Auflage, München 2016. (zit.: MüKoBGB/*Bearbeiter*)

Münchner Kommentar zum Bürgerlichen Gesetzbuch: Band 5/2. Schuldrecht. Besonderer Teil III/2 (§§ 705–853) BGB, Partnerschaftsgesellschaftsgesetz, Produkthaftungsgesetz, herausgegeben von Mathias Habersack, 7. Auflage, München 2017. (zit.: MüKoBGB/*Bearbeiter*)

Münchner Kommentar zum Bürgerlichen Gesetzbuch: Band 6. Schuldrecht. Besonderer Teil IV (§§ 705–853) BGB, Partnerschaftsgesellschaftsgesetz, Produkthaftungsgesetz, herausgegeben von Mathias Habersack, 7. Auflage, München 2017. (zit.: MüKoBGB/*Bearbeiter*)

Münchner Kommentar zum Bürgerlichen Gesetzbuch: Band 10. Internationales Privatrecht, Europäisches Kollisionsrecht, Einführungsgesetz zum Bürgerlichen Gesetzbuch (Art. 1–24), 6. Auflage, München 2015. (zit.: MüKoBGB/*Bearbeiter*)

Münchener Kommentar zum GmbHG: Band 2. (§§ 35–52), herausgegeben von Holger Fleischer und Wulf Goette, 2. Auflage, München 2016. (zit.: MüKoGmbHG/*Bearbeiter*)

Münchener Kommentar zum Handelsgesetzbuch: Band 1. Erstes Buch. Handelsstand (§§ 1–104a), herausgegeben von Karsten Schmidt, 3. Auflage, München 2010. (zit.: MüKoHGB/*Bearbeiter*)

Münchener Kommentar zum Handelsgesetzbuch: Band 2. Zweites Buch. Handelsgesellschaften und stille Gesellschaft, Erster Abschnitt. Offene Handelsgesellschaft (§§ 105–160), herausgegeben von Karsten Schmidt, 4. Auflage, München 2016. (zit.: MüKoHGB/*Bearbeiter*)

Münchener Kommentar zum Handelsgesetzbuch: Band 3. Zweites Buch. Handelsgesellschaften und stille Gesellschaft, Zweiter Abschnitt. Kommanditgesellschaft, Dritter Abschnitt. Stille Gesellschaft (§§ 161–237), Konzernrecht der Personengesellschaft, herausgegeben von Karsten Schmidt, 3. Auflage, München 2012. (zit.: MüKoHGB/*Bearbeiter*)

Münchner Kommentar zur Insolvenzordnung: Band 1, §§ 1–79 InsO, Insolvenzrechtliche Vergütungsverordnung (InsVV), 3. Auflage, München 2013. (zit.: MüKoInsO/*Bearbeiter*)

Münchner Kommentar zur Insolvenzordnung: Band 3, §§ 217–359 InsO, Art. 103a-110 EGInsO, Konzerninsolvenzrecht, Insolvenzsteuerrecht, 3. Auflage, München 2014. (zit.: MüKoInsO/*Bearbeiter*)

Nerlich, Jörg/Kreplin, Georg: Münchner Anwaltshandbuch Insolvenz und Sanierung, 2. Auflage, München 2012. (zit.: MüAnwHB Insolvenz und Sanierung/*Bearbeiter*)

Nerlich, Jörg/Römermann, Volker: Insolvenzordnung. Kommentar, München, 31. Ergänzungslieferung, Stand Januar 2017. (zit.: Nerlich/Römermann/*Bearbeiter*)

Nießen, Tobias/Kempermann, Maximilian: Der Beirat in der GmbH als Gestaltungsinstrument, NJW-Spezial 2012, S. 271 f. (zit.: *Nießen/Kempermann* NJW-Spezial 2012, 271)

Noack, Ulrich: Gesellschaftervereinbarungen bei Kapitalgesellschaften, Habil. Tübingen 1994. (zit.: *Noack*: Gesellschaftervereinbarungen bei Kapitalgesellschaften)

Oetker, Hartmut: Kommentar zum Handelsgesetzbuch (HGB), 5. Auflage, München 2017. (zit.: Oetker/*Bearbeiter*)

Oetker, Hartmut: Handelsrecht, 7. Auflage, Heidelberg 2015. (zit.: *Oetker* HandelsR)

Oppenländer, Frank/Trölitzsch, Thomas: Praxishandbuch der GmbH-Geschäftsführung, 2. Auflage, München 2011. (zit.: Oppenländer/Trölitzsch/*Bearbeiter*)

Otte-Gräbener, Sabine/Deilmann, Barbara: Abschluss eines Betriebsführungsvertrags mit einer Personengesellschaft, NZG 2016, S. 1361 ff. (zit.: *Otte-Gräbener/Deilmann* NZG 2016, 1361)

Palandt: Bürgerliches Gesetzbuch, 77. Auflage, München 2017. (zit.: Palandt/*Bearbeiter*)

Pfeiffer, Thomas: Handbuch der Handelsgeschäfte, Köln 1999. (zit.: Pfeiffer/*Bearbeiter*)

Priester, Hans-Joachim: Betriebsführungsverträge im Aktienkonzern – organisationsrechtliche Instrumente, in: Festschrift für Peter Hommelhoff, Köln 2012, S. 875 ff. (zit.: *Priester* FS Hommelhoff)

Prütting, Hanns/Wegen, Gerhard/Weinreich, Gerd: BGB Kommentar, 8. Auflage, Köln 2013. (zit.: PWW/*Bearbeiter*)

Raiser, Thomas/Veil, Rüdiger: Recht der Kapitalgesellschaften. Ein Handbuch für Praxis und Wissenschaft, 6. Auflage, München 2015. (zit.: *Raiser/Veil*)

Reck, Reinhard: Der Berater und die Insolvenzverschleppung, ZInsO 2000, S. 121 ff. (zit.: *Reck* ZInsO 2000, 121)

Reich, Norbert: Die zivil- und strafrechtliche Verantwortlichkeit des faktischen Organmitglieds im Gesellschaftsrecht, DB 1967, S. 1663 ff. (zit.: *Reich* DB 1967, 1663)

Reichert, Jochem: Der Beirat als Element der Organisationsverfassung einer Familiengesellschaft, in: Festschrift für Georg Maier-Reimer zum 70. Geburtstag, München 2010, S. 543 ff. (zit.: *Reichert* FS Maier-Reimer)

Reichert, Jochem: GmbH & Co. KG, 7. Auflage, München 2015. (zit.: *Reichert*)

Reimer , Sabine: Die Generalvollmacht im Handels- und Gesellschaftsrecht, Diss., Gießen 2001. (zit.: *Reimer*: Generalvollmacht)

Reiner, Günter: Unternehmerisches Gesellschaftsinteresse und Fremdsteuerung. Eine rechtsvergleichende Studie zum Schutz der Kapitalgesellschaft vor dem Mißbrauch organschaftlicher Leitungsmacht, Diss., München 1995. (zit.: *Reiner*: Unternehmerisches Gesellschaftsinteresse und Fremdsteuerung)

Rendels, Dietmar: Eigenverwaltung: Schutz der Masse durch Honorarkriterien, in: Festschrift für Bruno M. Kübler zum 70. Geburtstag, München 2015, S. 577 ff. (zit.: *Rendels* FS Kübler)

Renkl, Günter: Der Gesellschafterbeschluss, Stuttgart 1982. (zit.: *Renkel*: Der Gesellschafterbeschluss)

Reuter, Dieter: Stimmrechtsvereinbarungen bei treuhänderischer Abtretung eines GmbH-Anteils, ZGR 1978, S. 633 ff. (zit.: *Reuter* ZGR 1978, 633)

Reuter, Dieter: Der Beirat der GmbH, in: Festschrift 100 Jahre GmbH-Gesetz, Köln 1992, S. 631 ff. (zit.: *Reuter* FS 100 Jahre GmbHG)

Ribbert, Susanne: Interim-Management durch externe Führungskräfte. Eine Analyse der Einsatzgebiete, Erfolgsdeterminanten und Gestaltungsmöglichkeiten, Diss., Münster 1995. (zit.: *Ribbert*: Interim-Management)

Rieble, Volker: Betriebsführungsvertrag als Gestaltungsinstrument, NZA 2010, S. 1145 ff. (zit.: *Rieble* NZA 2010, 1145)

Ripfel, Franz: Ist Generalvollmacht an GmbH-Gesamtgeschäftsführer oder Dritten zulässig?, GmbHR 1953, S. 181 ff. (zit.: *Ripfel* GmbHR 1953, 181)

Rix, Reinhard: Gesellschaftsrechtliche Probleme von Gewinnabführungsverträgen bei der GmbH, MittRhNotK 1986, S. 29 ff. (zit.: *Rix* MittRhNotK 1986, 29)

Rohleder, Michael: Die Übertragbarkeit von Kompetenzen auf GmbH-Beiräte, Diss., Köln 1991. (zit.: *Rohleder*: Die Übertragbarkeit von Kompetenzen auf GmbH-Beiräte)

Röhricht, Volker: Von Rechtswissenschaft und Rechtsprechung, ZGR 1999, S. 445 ff. (zit.: *Röhricht* ZGR 1999, 445)

Röhricht, Volker/ Graf von Westphalen, Friedrich/Haas, Ulrich: Handelsgesetzbuch. Kommentar zu Handelsstand, Handelsgesellschaften, Handelsgeschäften und besonderen Handelsverträgen, 4. Auflage, Köln 2014. (zit.: Röhricht/Graf von Westphalen/Haas/*Bearbeiter*)

Rowedder, Heinz/Schmidt-Leithoff, Christian: Gesetz betreffend die Gesellschaften mit beschränkter Haftung. Kommentar, 6. Auflage, München 2017. (zit.: Rowedder/Schmidt-Leithoff/*Bearbeiter* GmbHG)

Roth, Günter: Die Haftung als faktischer Geschäftsführer im Konkurs der GmbH. Besprechung der Entscheidung BGHZ 104, 44 ff., ZGR 1989, S. 421 ff. (zit.: *Roth* ZGR 1989, 421)

Roth, Günter/Altmeppen, Holger: Gesetz betreffend die Gesellschaften mit beschränkter Haftung. Kommentar, 8. Auflage, München 2015. (zit.: Roth/Altmeppen/*Bearbeiter* GmbHG)

Robertz, Franz-Joachim: Der Beirat als freiwilliges Organ der Gesellschaft, MittRhNotK 1991, S. 239 ff. (zit.: *Robertz* MittRhNotK 1991, 239)

Rüthers, Bernd/Stadler, Astrid: Allgemeiner Teil des BGB, 18. Auflage, München 2014. (zit.: *Rüthers/Stadler*: BGB AT)

Rybnikova, Irma: Interim Management. Analyse einer atypischen Beschäftigungsform für Führungskräfte, Diss., Dresden 2009. (zit.: *Rybnikova*: Interim Management)

Saenger, Ingo: Beteiligung Dritter bei Beschlussfassung und Kontrolle im Gesellschaftsrecht, Berlin 1990. (zit.: *Saenger*: Beteiligung Dritter)

Saenger, Ingo/Inhester, Michael: GmbHG. Handkommentar, 3. Auflage, Baden-Baden 2016. (zit.: Saenger/Inhester/*Bearbeiter*)

v. Savigny, Friedrich Carl: System des heutigen römischen Rechts, Band II, Berlin 1840. (zit.: *v. Savigny*: System des heutigen römischen Rechts, Bd. II)

Schaub, Bernhard: Stellvertretung bei Handelsregisteranmeldungen, DStR 1999, S. 1699 ff. (zit.: *Schaub* DStR 1999, 1699)

Schaub, Günter/Schrader, Peter/Straube, Gunnar/Vogelsang, Hinrich: Arbeitsrechtliches Formular- und Verfahrenshandbuch, 11. Auflage, München 2015 (zit.: Schaub/Schrader/Straube/Vogelsang/*Bearbeiter* Arbeitsrechtliches Formular- und Verfahrenshandbuch)

Schippers, Josef Christian: Organvertretende Generalvollmachten – Zulässigkeitsgrenzen von „shared legal services“ im GmbH-Konzern, DNotZ 2009, S. 353 ff. (zit.: *Schippers* DNotZ 2009, 353)

Schlüter, Andreas: Management- und Consulting-Verträge, Berlin 1987. (zit.: Schlüter: Management- und Consulting-Verträge)

Schmidt, Karsten/Lutter, Marcus: Aktiengesetz. Kommentar, I. Band, §§ 1 – 149, 3. Auflage, Köln 2015. (zit.: Schmidt/Lutter/*Bearbeiter*)

Schmidt, Karsten: Insolvenzordnung. InsO mit EuInsVO. Beck'scher Kurz-Kommentar, 16. Auflage, München 2016. (zit.: Schmidt InsO/*Bearbeiter*)

Schmidt, Karsten: Handelsrecht. Unternehmensrecht I, 6. Auflage, Köln 2014. (zit.: *K. Schmidt* HandelsR)

Schmidt, Karsten: Gesellschaftsrecht, 4. Auflage, Köln 2002. (zit.: *K. Schmidt* GesR)

Schmidt, Karsten: Betriebspacht, Betriebsüberlassung und Betriebsführung im handelsrechtlichen Stresstest. Ein „anderer“ Blick auf „andere“ Unternehmensverträge nach § 292 Abs. 1 Nr. 3 und auf Geschäftsführungsverträge nach § 291 Abs. 1 AktG, in: Festschrift für Michael Hoffmann-Becking zum 70. Geburtstag, München 2013, S. 1053 ff. (zit.: *K. Schmidt* FS Hoffmann-Becking)

Schmidt, Karsten/Uhlenbruck, Wilhelm: Die GmbH in Krise, Sanierung und Insolvenz. Gesellschaftsrecht, Insolvenzrecht, Steuerrecht, Arbeitsrecht, Bankrecht und Organisation bei Krisenvermeidung, Krisenbewältigung und Abwicklung, 5. Auflage, Köln 2016. (zit.: Schmidt/Uhlenbruck/*Bearbeiter*)

Schmidt-Leithoff, Christian: Die Verantwortung der Unternehmensleitung, Habil., Tübingen 1989. (zit.: *Schmidt-Leithoff*: Die Verantwortung der Unternehmensleitung)

Schneider, Dieter: Betriebswirtschaftslehre. Band 3: Theorie der Unternehmung, München 1997. (zit.: *Schneider*: Theorie der Unternehmung)

Schneider, Uwe: Das Verhältnis von obligatorischem Aufsichtsrat und Beirat bei der GmbH. Zur Begrenzung der Satzungsautonomie durch unternehmensrechtliche Normen, BB 1973, S. 1464 ff. (zit.: Schneider BB 1973, 1464)

Schneider, Uwe: Konzernleitung als Rechtsproblem. Überlegungen zu einem Konzernverfassungsrecht, BB 1981, S. 249 ff. (zit.: *Schneider* BB 1981, 249)

Schubel, Christian: Verbandssouveränität und Binnenorganisation der Handelsgesellschaften, Habil., Tübingen 2003. (zit.: *Schubel*: Verbandssouveränität und Binnenorganisation)

Schürnbrand, Jan: Organschaft im Recht der privaten Verbände, Habil., Tübingen 2007. (zit.: *Schürnbrand*)

Schürnbrand, Jan: Sonderprüfung und Sondervertretung in der GmbH, ZIP 2013, S. 1301 ff. (zit.: *Schürnbrand* ZIP 2013, 1301)

Schwarz, Günter Christian: Die Gesamtvertreterermächtigung – Ein zivil- und gesellschaftsrechtliches Rechtsinstitut, NZG 2001, S. 529 ff. (zit.: *Schwarz* NZG 2001, 529)

Schwerdtfeger, Armin: Gesellschaftsrecht. Kommentar, 3. Auflage, Köln 2015. (zit.: Schwerdtfeger/*Bearbeiter*)

Schwerdtfeger, Max: Gesellschaftsrechtliche Ausgestaltung der Rechte und Pflichten des GmbH-Aufsichtsrates als Grundentscheidung für die strafrechtliche Risikoexposition seiner Mitglieder, NZG 2017, S. 455 ff. (zit.: *Schwerdtfeger* NZG 2017, 455)

Semrau, Susanne: Die Dritteinflussnahme auf die Geschäftsführung von GmbH und Personengesellschaften, Köln 2001. (zit.: *Semrau*: Dritteinflussnahme)

Servatius, Wolfgang: Gläubigereinfluss durch Covenants, Habil., Tübingen 2008. (zit.: *Servatius*: Gläubigereinfluss durch Convenants)

Sigle, Walter: Beiräte, NZG 1998, S. 619 ff. (zit.: *Sigle* NZG 1998, 619)

Sigle, Walter: Beiräte in Familienunternehmen. Berater, Wächter, Feuerwehr, in: Festschrift für Michael Hoffmann-Becking zum 70. Geburtstag, München 2013, S. 1147 ff. (zit.: *Sigle* FS Hoffmann-Becking)

Sina, Peter: Voraussetzungen und Wirkungen der Delegation von Geschäftsführer-Verantwortung in der GmbH, GmbHR 1990, S. 65 ff. (zit.: *Sina* GmbHR 1990, 65)

Sitzenfrei, Wolfram/Tischer, Christiane: Gesellschafterbeschluss als Voraussetzung für die Wirksamkeit der Kündigung von Arbeitsverhältnissen?, DB 2008, S. 1307 ff. (zit.: *Sitzenfrei/Tischer* DB 2008, 1307)

Skauradszun, Dominik/Spahlinger, Andreas: Die Haftung des Geschäftsführers in der Eigenverwaltung, DB 2015, S. 2559 ff. (zit.: *Skauradszun/Spahlinger* DB 2015, 2559)

Soergel Kommentar zum Bürgerliches Gesetzbuch: mit Einführungsgesetz und Nebengesetzen, herausgegeben von: Siebert, W., Band 1, Allgemeiner Teil 1, §§ 1–103, 13. Auflage, Stuttgart 2000. (zit.: Soergel/*Bearbeiter*)

Soergel Kommentar zum Bürgerliches Gesetzbuch: Kohlhammer-Kommentar mit Einführungsgesetz und Nebengesetzen, herausgegeben von: Siebert, W., Band 2, Allgemeiner Teil 2, §§ 104–240, 13. Auflage, Stuttgart 1999. (zit.: Soergel/*Bearbeiter*)

Soergel Kommentar zum Bürgerliches Gesetzbuch: Kohlhammer-Kommentar mit Einführungsgesetz und Nebengesetzen, herausgegeben von: Siebert, W., Band 10, Schuldrecht 8, §§ 652–704, 13. Auflage, Stuttgart 2011. (zit.: Soergel/*Bearbeiter*)

Spindler, Gerald/Kepper, Katrin: Funktionen, rechtliche Rahmenbedingungen und Gestaltungsmöglichkeiten des GmbH-Beirats (Teil I), DStR 2005, S. 1738 ff. (zit.: *Spindler/Kepper* DStR 2005, 1738)

Spindler, Gerald/Kepper, Katrin: Funktionen, rechtliche Rahmenbedingungen und Gestaltungsmöglichkeiten des GmbH-Beirats (Teil II), DStR 2005, S. 1775 ff. (zit.: *Spindler/Kepper* DStR 2005, 1775)

Spindler, Gerald/Stilz, Eberhard: Kommentar zum Aktiengesetz, 3. Auflage, München 2015. (zit.: Spindler/Stilz/*Bearbeiter*)

Spitzbarth, Reimar: Die rechtliche Stellung des Generalbevollmächtigten, BB 1962, S. 851 ff. (zit.: *Spitzbarth* BB 1962, 851)

Stagat, Rolf: Risiken und Nebenwirkungen von Geschäftsführer-Anstellungsverträgen, NZA-RR 2011, S. 617 ff. (zit.: *Stagat* NZA-RR 2011, 617)

Staub, herausg. v. Canarais, Claus-Wilheilm/Habersack, Mathias/Schäfer, Carsten: Handelsgesetzbuch. Großkommentar. Zweiter Band, §§ 48 – 104, 5. Auflage, Berlin 2008. (zit.: Staub/*Bearbeiter*)

von Staudinger, Julius: Kommentar zum Bürgerlichen Gesetzbuch, 1. Buch: Allgemeiner Teil, Neubearbeitung, Berlin 2013. (zit.: Staudinger/*Bearbeiter*)

von Staudinger, Julius: Kommentar zum Bürgerlichen Gesetzbuch, 1. Buch: Allgemeiner Teil 2, §§ 21–79, Neubearbeitung, Berlin 2005. (zit.: Staudinger/*Bearbeiter*)

von Staudinger, Julius: Kommentar zum Bürgerlichen Gesetzbuch, 1. Buch: Allgemeiner Teil 5, §§ 164–240, Neubearbeitung, Berlin 2014. (zit.: Staudinger/*Bearbeiter*)

von Staudinger, Julius: Kommentar zum Bürgerlichen Gesetzbuch, 2. Buch: Buch 2: Recht der Schuldverhältnisse, §§ 662–675b (Auftrag und Geschäftsbesorgung), Neubearbeitung, Berlin 2017. (zit.: Staudinger/*Bearbeiter*)

von Staudinger, Julius: Kommentar zum Bürgerlichen Gesetzbuch, 2. Buch: Recht der Schuldverhältnisse, §§ 675c-676c (Zahlungsdienstrecht), Neubearbeitung, Berlin 2012. (zit.: Staudinger/*Bearbeiter*)

Stein, Ursula: Das faktische Organ, Köln 1984. (zit.: *Stein*: Das faktische Organ)

Stein, Ursula: Die Normadressaten der §§ 64, 84 GmbHG und die Verantwortlichkeit von Nichtgeschäftsführern wegen Konkursverschleppung, ZHR 148 (1984), S. 207 ff. (zit.: *Stein* ZHR 148 (1984), 207)

Strohn, Lutz: Faktische Organe – Rechte, Pflichten, Haftung, DB 2011, S. 158 ff. (zit.: *Strohn* DB 2011, 158)

Teichmann, Arndt: Gestaltungsfreiheit in Gesellschaftsverträgen, München 1970. (zit.: *Teichmann*)

Teubner, Gunther: Der Beirat zwischen Verbandssouveränität und Mitbestimmung – Zu den Schranken der Beiratsverfassung in der GmbH, ZGR 1986, S. 565 ff. (zit.: *Teubner* ZGR 1986, 565)

Thiele, Frank: Die Rechtsfigur des Sanierungsgeschäftsführers – Teil 3, ZInsO 2015, S. 1083 ff. (zit.: *Thiele* ZInsO 2015, 1083)

Thümmel, Roderich: Möglichkeiten und Grenzen der Kompetenzverlagerung auf Beiräte in der Personengesellschaft und in der GmbH, DB 1995, S. 2461 ff. (zit.: *Thümmel* DB 1995, 2461)

Thole, Christoph/Brünkmans, Christian: Die Haftung des Eigenverwalters und seiner Organe, ZIP 2013, S. 1097 ff. (zit.: Thole/Brünkmans ZIP 2013, 1097)

Tiberius, Victor: Interimsmanagement. Management auf Zeit – in der Praxis, Berlin 2004. (zit.: *Tiberius*: Interimsmanagement)

Tillmann, Bert/Mohr, Randolf: GmbH-Geschäftsführer. Rechts- und Steuerberatung. Vertragsgestaltung, 9. Auflage, Köln 2009. (zit.: *Tillmann/Mohr*)

Traumann, Clemens: Probleme der Vollmacht zum Abschluss von Geschäftsanteilsveräußerungsverträgen, GmbHR 1985, S. 78 f. (zit.: *Traumann* GmbHR 1985, 78)

Uffmann, Katharina: Überwachung der Geschäftsführung durch einen schuldrechtlichen GmbH-Beirat?, NZG 2015, S. 169 ff. (zit.: *Uffmann* NZG 2015, 169)

Uffmann, Katharina: Interim Management in Zeiten nachhaltiger Unternehmensführung?, ZGR 2013, S. 273 ff. (zit.: *Uffmann* ZGR 2013, 273)

Uffmann, Katharina: Interim Management, Habil., Tübingen 2015. (zit.: *Uffmann*: Interim Management)

RWS Verlag Kommunikationsforum GmbH, Köln RWS Verlag Kommunikationsforum GmbH, Köln 0723–9416 Zeitschrift für Wirtschaftsrecht ZIP 2016 Aufsätze*Uffmann, Katharina/Specovius, Detlef:* Interim Management in der Unternehmenskrise, ZIP 2016, 295 ff. (zit.: *Uffmann* ZIP 2016, 295)

Uhlenbruck, Wilhelm: Chancen und Risiken eines plangesteuerten Insolvenzverfahrens als Eigenverwaltung, in: Festschrift für Friedrich Wilhelm Metzeler zum 70. Geburtstag, Köln 2003. (zit.: *Uhlenbruck* FS Metzler)

Uhlenbruck, Wilhelm: Die Rechtsstellung des Geschäftsführers in der GmbH-Insolvenz. Verfahrensmäßige Beschränkungen, Rechte und Pflichten, GmbHR 2005, S. 817 ff. (zit.: *Uhlenbruck* GmbHR 2005, 817)

Uhlenbruck, Wilhelm: Insolvenzgeschäftsführung und Sachwalterschaft in der Eigenverwaltung, in: Festschrift für Klaus Hubert Görg zum 70. Geburtstag, München 2010. (zit.: *Uhlenbruck* FS Görg)

Uhlenbruck, Wilhelm: Insolvenzordnung. Kommentar, 14. Auflage, München 2015. (zit.: Uhlenbruck/*Bearbeiter*)

Ulmer, Peter/Habersack, Mathias/Löbbe, Marc: Gesetz betreffend die Gesellschaft mit beschränkter Haftung (GmbHG). Großkommentar, Band I, Einleitung; §§ 1 bis 28, 2. Auflage, Tübingen 2013. (zit.: UHL/*Bearbeiter*)

Ulmer, Peter/Habersack, Mathias/Löbbe, Marc: Gesetz betreffend die Gesellschaft mit beschränkter Haftung (GmbHG). Großkommentar, Band II, §§ 29 bis 52, 2. Auflage, Tübingen 2014. (zit.: UHL/*Bearbeiter*)

Ulmer, Peter: Begründung von Rechten Dritter in der Satzung einer GmbH, in: Festschrift für Winfried Werner zum 65. Geburtstag, S. 911 ff., München 1984. (zit.: *Ulmer* FS Werner)

Ulmer, Peter: Nochmals: Begründung von Rechten für Dritte in der Satzung einer GmbH?, in: Festschrift für Herbert Wiedemann zum 70. Geburtstag, S. 1297 ff., München 2002. (zit.: *Ulmer* FS Wiedemann)

Ulrici, Bernhard: Geschäftsähnliche Handlungen, NJW 2003, S. 2053 ff. (zit.: *Ulrici* NJW 2003, 2053)

Veelken, Winfried: Der Betriebsführungsvertrag im deutschen und amerikanischen Aktien- und Konzernrecht, Baden-Baden 1975. (zit.: *Veelken*: Der Betriebsführungsvertrag)

Veil, Rüdiger: Unternehmensverträge. Organisationsautonomie und Vermögensschutz im Recht der Aktiengesellschaft, Habil., Tübingen 2003. (zit.: *Veil*: Unternehmensverträge)

van Venrooy, Gerd: Widersprüchliche Ausübung des arbeitsrechtlichen Direktionsrechts durch mehrere GmbH-Geschäftsführer, GmbHR 2001, S. 7 ff. (zit.: *van Venrooy* GmbHR 2001, 7)

van Venrooy, Gerd: Zwingende Zustimmungsvorbehalte der Gesellschafterversammlung gegenüber der Geschäftsführung, GmbHR 2005, S. 1243 ff. (zit.: *van Venrooy* GmbHR 2005, 1243)

Vetter, Eberhard: Drittanstellung von Vorstandsmitgliedern, aktienrechtliche Kompetenzverteilung und Exkulpation des Vorstandes bei rechtlicher Beratung, NZG 2015, S. 889 ff. (zit.: *Vetter* NZG 2015, 889)

Vogel, Wolfgang: Gesellschafterbeschlüsse und Gesellschafterversammlung, 2. Auflage, Köln 1986. (zit.: *Vogel*: Gesellschafterbeschlüsse und Gesellschafterversammlung)

Vogt, Volker/Deepen, Lars: Interimsmanagement im Spannungsfeld zwischen selbständiger und abhängiger Beschäftigung, ArbRAktuell 2012, Seite 573 ff. (zit.: *Vogt/Deepen* ArbRAktuell 2012, 573)

Voormann, Volker: Der Beirat im Gesellschaftsrecht, Diss., 2. Auflage, Köln 1990. (zit.: *Voormann*: Der Beirat im Gesellschaftsrecht)

Wagenhals, Michael: Der Betriebsführungsvertrag als Gestaltungsinstrument und seine Auswirkungen auf die betriebliche Mitbestimmung, Diss., Stuttgart 2014. (zit.: *Wagenhals*: Betriebsführungsvertrag)

Wagner, Jürgen: Aufsichtsgremien im Gesellschaftsrecht unter Einbeziehung des Rechts in der Schweiz und in Lichtenstein und unter besonderer Berücksichtigung des Gesetztes zur Kontrolle und Transparenz im Unternehmensbereich (KonTraG), Stuttgart 1998. (zit.: *Wagner*: Aufsichtsgremien im Gesellschaftsrecht)

Wank, Rolf: Der Kompetenzkonflikt zwischen Gesellschaftern und Aufsichtsrat in der mitbestimmten GmbH, GmbHR 1980, S. 121 ff. (zit.: *Wank* GmbHR 1980, 121)

Weber, Christoph: Privatautonomie und Außeneinfluß im Gesellschaftsrecht, Habil., Tübingen 2000. (zit.: *Weber*: Privatautonomie)

Wedemann, Frauke: Gesellschafterkonflikte in geschlossenen Kapitalgesellschaften, Habil., Tübingen 2013. (zit.: *Wedemann*: Gesellschafterkonflikte in geschlossenen Kapitalgesellschaften)

Weimar, Robert: Grundprobleme und offene Fragen um den faktischen GmbH-Geschäftsführer (I), GmbHR 1997, S. 473 ff. (zit.: *Weimar* GmbHR 1997, 473)

Weimar, Robert: Grundprobleme und offene Fragen um den faktischen GmbH-Geschäftsführer (II), GmbHR 1997, S. 538 ff. (zit.: *Weimar* GmbHR 1997, 538)

Weißenmüller, Wolfgang: Der Betriebsführungsvertrag – eine Alternative zum Unternehmenskauf?, BB 2000, S. 1949 ff. (zit.: *Weißenmüller* BB 2000, 1949)

Wesel, Uwe: Geschichte des Rechs. Von den Frühformen bis zur Gegenwart, 4. Auflage, München 2014. (zit.: *Wesel*: Geschichte des Rechts)

Westermann, Harm Peter: Vertragsfreiheit und Typengesetzlichkeit im Recht der Personengesellschaften, Berlin 1970. (zit.: *Westermann*: Vertragsfreiheit)

Westermann, Harm Peter/Menger, Matthias: Gesellschafterstreitigkeiten im GmbH-Recht. Die jüngste Entwicklung der obergerichtlichen und höchstrichterlichen Rechtsprechung, DWiR 1991, S. 143 ff. (zit.: *Westermann-Menger* DWiR 1991, 143)

Wicke, Hartmut: Gesetz betreffend die Gesellschaften mit beschränkter Haftung. Kommentar, 3. Auflage, München 2016. (zit.: *Wicke* GmbHG)

Wiedemann, Andreas/Kögel, Rainer: Beirat und Aufsichtsrat im Familienunternehmen, München 2008. (zit.: *Wiedemann/Kögel*: Beirat und Aufsichtsrat im Familienunternehmen)

Wiedemann, Herbert: Verbandssouveränität und Außeneinfluss. Gedanken zur Errichtung eines Beirats in einer Personengesellschaft, in: Festschrift für Wolfgang Schilling zum 65. Geburtstag am 5. Juni 1973, Berlin 1973. (zit.: *Wiedemann* FS Schilling)

Wiedemann, Herbert: Gesellschaftsrecht. Ein Lehrbuch des Unternehmens- und Verbandsrechts, Band I. Grundlagen, München 1980. (zit.: *Wiedemann* GesR I)

Wiedemann, Herbert: Gesellschaftsrecht. Ein Lehrbuch des Unternehmens- und Verbandsrechts, Band II. Recht der Personengesellschaften, München 2004. (zit.: *Wiedemann* GesR II)

Wiedemann, Herbert: Die Personengesellschaft – Vertrag oder Organisation?, ZGR 1996, S. 286 ff. (zit.: *Wiedemann* ZGR 1996, 286)

Windbichler, Christine: Gesellschaftsrecht, 23. Auflage, München 2013. (zit.: *Windbichler* GesR)

Windbichler, Christine: Betriebsführungsverträge zur Bindung kleiner Unternehmen an große Ketten, ZIP 1987, S. 825 ff. (zit.: *c*)

Winter, Michael/Theisen, Dominik: Betriebsführungsverträge in der Konzernpraxis, AG 2011, S. 662 ff. (zit.: *Winter/Theisen* AG 2011, 662)

Ziemons, Hildegard: Die Haftung der Gesellschafter für die Einflussnahme auf die Geschäftsführung der GmbH, Diss., Köln 1996. (zit.: *Ziemons*)

Zitzmann, Axel: Die Vorlagepflichten des GmbH-Geschäftsführers, Diss., Heidelberg 1991. (zit.: *Zitzmann*: Die Vorlagepflichten des GmbH-Geschäftsführers)

Zöllner, Wolfgang: GmbH & Co. KG in der Mitbestimmung, ZGR 1977, S. 319 ff. (zit.: *Zöllner* ZGR 1977, 319)

Zöllner, Wolfgang: Inhalt und Wirkungen von Beherrschungsverträgen bei der GmbH, ZGR 1992, S. 173 ff. (zit.: *Zöllner* ZGR 1992, 173)

www.ingramcontent.com/pod-product-compliance
Ingram Content Group UK Ltd.
Pitfield, Milton Keynes, MK11 3LW, UK
UKHW021834290926
8980IPUK00004B/438

9 783631 838198